William Rishanger, Henry Thomas Riley

Chronicles and Memorials of Great Britain and Ireland

During the Middle Ages

William Rishanger, Henry Thomas Riley

Chronicles and Memorials of Great Britain and Ireland
During the Middle Ages

ISBN/EAN: 9783741112430

Manufactured in Europe, USA, Canada, Australia, Japa

Cover: Foto ©ninafisch / pixelio.de

Manufactured and distributed by brebook publishing software (www.brebook.com)

William Rishanger, Henry Thomas Riley

Chronicles and Memorials of Great Britain and Ireland

RERUM BRITANNICARUM MEDII ÆVI SCRIPTORES,

OR

CHRONICLES AND MEMORIALS OF GREAT BRITAIN AND IRELAND

DURING

THE MIDDLE AGES.

THE CHRONICLES AND MEMORIALS

OF

GREAT BRITAIN AND IRELAND

DURING THE MIDDLE AGES.

PUBLISHED BY THE AUTHORITY OF HER MAJESTY'S TREASURY, UNDER THE DIRECTION OF THE MASTER OF THE ROLLS.

On the 26th of January 1857, the Master of the Rolls submitted to the Treasury a proposal for the publication of materials for the History of this Country from the Invasion of the Romans to the Reign of Henry VIII.

The Master of the Rolls suggested that these materials should be selected for publication under competent editors without reference to periodical or chronological arrangement, without mutilation or abridgment, preference being given, in the first instance, to such materials as were most scarce and valuable.

He proposed that each chronicle or historical document to be edited should be treated in the same way as if the editor were engaged on an Editio Princeps; and for this purpose the most correct text should be formed from an accurate collation of the best MSS.

To render the work more generally useful, the Master of the Rolls suggested that the editor should give an account of the MSS. employed by him, of their age and their peculiarities; that he should add to the work a brief account of the life and times of the author, and any remarks necessary to explain the chronology; but no other note or comment was to be allowed, except what might be necessary to establish the correctness of the text.

The works to be published in octavo, separately, as they were finished; the whole responsibility of the task resting upon the editors, who were to be chosen by the Master of the Rolls with the sanction of the Treasury.

The Lords of Her Majesty's Treasury, after a careful consideration of the subject, expressed their opinion in a Treasury Minute, dated February 9, 1857, that the plan recommended by the Master of the Rolls "was well calculated for the accomplishment of this important national object, in an effectual and satisfactory manner, within a reasonable time, and provided proper attention be paid to economy, in making the detailed arrangements, without unnecessary expense."

They expressed their approbation of the proposal that each chronicle and historical document should be edited in such a manner as to represent with all possible correctness the text of each writer, derived from a collation of the best MSS., and that no notes should be added, except such as were illustrative of the various readings. They suggested, however, that the preface to each work should contain, in addition to the particulars proposed by the Master of the Rolls, a biographical account of the author, so far as authentic materials existed for that purpose, and an estimate of his historical credibility and value.

Rolls House,
    December 1857.

WILLELMI RISHANGER,

QUONDAM MONACHI S. ALBANI,

ET QUORUNDAM ANONYMORUM,

CHRONICA ET ANNALES,

REGNANTIBUS HENRICO TERTIO ET EDWARDO PRIMO.

CHRONICA MONASTERII S. ALBANI.

WILLELMI RISHANGER,

QUONDAM MONACHI S. ALBANI,

ET QUORUNDAM ANONYMORUM,

CHRONICA ET ANNALES,

REGNANTIBUS HENRICO TERTIO ET EDWARDO PRIMO.

EDITED
BY
HENRY THOMAS RILEY, M.A.,
OF CORPUS CHRISTI COLLEGE, CAMBRIDGE;
AND OF THE INNER TEMPLE, BARRISTER-AT-LAW.

A.D. 1259—1307.

PUBLISHED BY THE AUTHORITY OF THE LORDS COMMISSIONERS OF HER MAJESTY'S
TREASURY, UNDER THE DIRECTION OF THE MASTER OF THE ROLLS.

LONDON:
LONGMAN, GREEN, LONGMAN, ROBERTS, AND GREEN.
1865.

TABLE OF CONTENTS.

	Page
INTRODUCTION	ix
WILLELMI RISHANGER, MONACHI S. ALBANI, CHRONICA (MS. Cotton. Faustina B. ix.)	1
ANNALES REGNI SCOTIÆ (MS. Cotton. Claudius D. vi.)	233
ANNALES ANGLIÆ ET SCOTLÆ (MS. Cotton. Claudius D. vi.)	371
WILLELMI RISHANGER GESTA EDWARDI PRIMI, REGIS ANGLIÆ (MS. Bibl. Reg. 14 C. i. and MS. Cotton. Claudius D. vi.)	411
ANNALES REGIS EDWARDI PRIMI. FRAGMENTUM (I.) (MS. Cotton. Claudius D. vi.)	437
ANNALES REGIS EDWARDI PRIMI. FRAGMENTUM (II.) (MS. Cotton. Claudius D. vi.)	473
ANNALES REGIS EDWARDI PRIMI. FRAGMENTUM (III.) (MS. Bibl. Reg. 14 C. i.)	481
GLOSSARY	503
INDEX	509

INTRODUCTION.

INTRODUCTION.

THE earlier part of the *English History*, which passes under the name of Thomas Walsingham, is mostly [1]derived from the Saint Alban's Chronicle, MS. Bibl. Reg. 13 E. ix., fols. 177-326. This, in its turn, so far as the reign of Edward the First is concerned, A.D. 1272-[2]1306, is, to a considerable extent, an abbreviation of the Saint Alban's Chronicle, known for the last three centuries as the *Continuation of Matthew Paris* by William Rishanger, the first in the present Volume. Certain portions, again, of the context of MS. Bibl. Reg. 13 E. ix., not derived from Rishanger, are borrowed from matter contained in the other Saint Alban's Chronicles and Annals in this Volume, which, in other parts, beyond a doubt, had previously afforded Rishanger's *Chronicle* a considerable portion of its later matter; while, on the other hand, they contain much information not to be found in either Walsingham, MS. Bibl. Reg. 13 E. ix., or Rishanger, relative to the latter half of the reign of Edward the First. {Previous uses that have been made of the Chronicles and Annals contained in this Volume.}

Of William Rishanger, Rissanger, or Rysangre,—for the name appears to have been spelt in [3]various ways {Of William Rishanger, but}

---

[1] See the *Introduction* to Walsingham's *History*, in this Series, Vol. I.

[2] At which point the most extended copy of Rishanger's *Chronicle* (MS. Cotton. Faustina B. ix.) concludes. See page 230 of this Volume.

[3] See page 411 *post*, and Walsingham's *English History*, Vol. I., p. 165. In the *Acta Johannis Whethamstede, secunda vice*, (No. III. MSS. Arundel. College of Arms,) in fol. 194 (a fly-leaf inserted, in a

x   INTRODUCTION.

little
known.

 —the reputed writer of the first of the compilations contained in the present Volume, but very little is known. From the resemblance in the name, we have at least some reason for concluding that he was a native of the place now known as "Rishangles," a small village situate about four miles from the market-town of Eye, in Suffolk. For the other assertions that have been made relative to Rishanger by [1]Pits, Gerardus Johannes Vossius, and Tanner, we are almost wholly indebted to the earliest and brief notice of him given by John Bale (*Illustr. Vit.* Basil, 1557, pp. 376, 377, Cent. iv. Script. 94). As the writers above-named have done little more than alter or expand Bale's language to their respective tastes, with the addition of a few errors or wrong inferences of their own, it will suffice for the present purpose, if Bale's notice only, to the exclusion of the others, is here subjoined.—

All assertions relative to him, derived from Bale's account.

Bale's account of Rishanger and his writings.

" Guillelmus Rishanger, Benedictinorum Instituti ad
" fanum Albani monachus, et chronographus, Regis
" Henrici Tertii stipendio, post Matthæi Parisii mor-
" tem, conductus, eidem in eo successit officio. Mos
" enim et consuetudo Occidentalium mundi regum
" semper erat, secum habere eos qui gesta eorum
" veritate præcipua notarent; sed nec viventibus
" ipsis, nec filiis, aperire. Ea deinde in regalibus
" archivis ad posteros custodiebant, ut in Brytan-
" norum Historia Ponticus Virunnius habet. Hoc
" certe officium annis multis Albanensis hujus Cœnobii
" monachis in Anglia delegatum fuit, qui Regum facta
" per annos singulos scripserunt. In ea functione

---

hand of the latter part of the 14th century) there is a quotation relative to the claim of Edward I. (A.D. 1293), against the Abbot of Saint Alban's, of the advowson of the Priory of Tynemouth, professing to be extracted " ex Albo Libro et " Cronicis Risangre;" but in none of the works that have been attributed to William Rishanger, is that subject to be found mentioned.

[1] Pits, p. 403; Vossius, *Hist. Lat.* B. iii. C. ix.; Tanner, *Bibl. Brit. Hibern.*, p. 634.

INTRODUCTION. xi

" præsens hic Guillelmus ad Johannem, ejus loci Ab-
" batem, ab anno Domini 1259 ad suam ætatem
" usque, insigni labore composuit :—
"Chronicorum Opus, Lib. I. . . . . . 'Sunt quædam
" ' vetustatis indicia.'"
" De Bello Leues et Eusham, Lib. I. . . . 'Quam-
" ' plurimorum prava inolevit consuetudo.'"
" Super Electione Scotorum Regis, Lib. I. . . . ' Ad
" ' regiæ celsitudinis Angliæ.'"
" De Johanne Balliolo Rege, Lib. I. . . . ' Con-
" ' venientibus apud Norham.'"
" De Jure Regis Anglorum ad Scotiam, Lib. I. . . .
" ' Sanctissimo in Christo Patri, Bonifacio."
" Continuationes Matthæi Parisii, Lib. I . . . . ' Rex
" ' Henricus componit cum Rege.'"
" Annales Edwardi Primi, Lib. I. . . . ' Anno
" ' Domini 1300, septimo Nonas.'"—
" sed et alia plura edidisse dicitur, quorum non
" novi titulos. Claruit anno a Christi Jesu Natalitio
" 1312, annos ætatis habens 62, in monachatu vero
" 41, sub prædicto Rege Edwardo Secundo, in suo
" tandem Cœnobio sepultus."

The only statements, it will be found in the sequel, *Statements*
here made relative to Rishanger, which are not evi- *by Bale,*
dently mere inferences from still existing works that *not mere*
are attributed to him, are to the effect, that he was *inferences*
officially " Chronographer," or Chronicler, to King *works*
Henry the Third, and that he succeeded Matthew *attributed*
Paris in that office upon his death, or, in other *anger.*
words, in A.D. 1259; that he was 62 years of age in
1312; and that he was buried in his own Monastery :
statements which have been improved by Pits into
the assertion that he was " Chronographer Royal "—
whatever that shadowy office may have been — to
Henry III., Edward I., and Edward II.; and by Tanner,
into the still more confident assertion that he *died* in
1312, aged 62.

Before entering upon the question of the authorship and identity of the several works above attributed to Rishanger, a few lines may be not unprofitably devoted to an examination of the presumptive evidence on which the assertions, as to his employment as Chronographer Royal to Henry III. and his successors, and his death in 1312, have been made.

Presumptive evidence on which it has been asserted, that Rishanger was Chronographer Royal to Henry III.

In the Cotton MS. Claudius D. vi. (which bears abundant internal evidence of having belonged to the Monastery of Saint Alban's), we find a Latin [1] Chronicle of *The Wars of the Barons, and the Battles of Lewes and Evesham* (fols. 97 a.—114 b.), headed with a rubric of evidently contemporary date (the end of the 13th, or beginning of the 14th, century), attributing it to William de Rishanger;—"Incipiunt Cronica Fratris "Willelmi de Rishanger." At the foot of this page [2] were formerly written, in an ancient hand, these words; —" Memorandum quod ego, Frater Willelmus de Rish- "anger, Cronigraphus, die Inventionis Sanctæ Crucis "Anno Gratiæ m° ccc^mo xii°, qui est annus Regis "Edwardi, filii Regis Edwardi, quintus, habui in ordine "xli. annos, et in ætate lxii. annos.—Hic est liber "Sancti Albani." Now, as Mr. Halliwell has [3] remarked, Bale had evidently seen this memorandum when he wrote his brief notice of Rishanger; and indeed, despite the misstatements which Bale has evidently made as to Rishanger's writings, there can be

---

[1] Edited by Mr. Halliwell for the Camden Society, in 1840.

[2] At some remote period this memorandum was cut away from the foot of the page to which it originally belonged, and pasted upon the commencing page of the MS. now known as MS. Reg. 14 C. i.; with the object, apparently, of making it appear that Rishanger was the composer of King Edward the First's Letter (commencing in that page) to Pope Boniface the Eighth (A.D. 1301), in reference to his claims to the Scottish crown. Sir Frederic Madden has very judiciously restored the memorandum to its original locality, the foot of the first page of the Chronicle of the *Wars of the Barons*, folio 97a. of MS. Claudius D. vi.

[3] Introd. p. vi.

equally little doubt that he had had before him all
the [1] identical folios (now found in MS. Cotton.
Claudius D. vi. and MS. Reg. 14 C. i.) which he
has so unhesitatingly attributed to Rishanger's pen.
Supposing this memorandum to be genuine,—and there
seems no sufficient reason for doubting its genuine-
ness,—on a moment's reflection it would have been
self-evident to Bale, as to every one else, that a person
could never have succeeded Matthew Paris as Chronographer Royal in 1259, who was but 62 years of age
in 1312: in addition to which consideration, as will
be remarked more at length in the sequel, the first
Chronicle contained in the present Volume, or rather the
latter part of that Chronicle, bears internal evidence
that it could not have been the composition of a person
who was engaged in literary pursuits so early as A.D.
1259.

Again, despite Bale's assertion, and his reference to
Ponticus Virunnius, it admits of some, perhaps considerable, doubt, whether Rishanger ever was Royal Chronographer, or "Historiographer," as some think proper
to call it. We have already seen that he styled himself
"*Cronigraphus*"—meaning probably nothing more than
"[2] writer of Chronicles"—and that till recently (and
not improbably from a very early period) his memorandum to that effect was subjoined to the first page
of a copy of a royal Letter to Pope Boniface. In
another instance too—see page 411 of the present Volume,—we again find him calling himself "Chronicler"
(*Cronicator*); and this also may possibly have had its
weight in furnishing Bale and other [3] learned men of

---

[1] With the exception of the *Continuation of Matthew Paris*. What
copy, if any, he had seen of that
work, it is impossible to conjecture.

[2] It seems not at all improbable
that he may have held that office in
the Abbey of Saint Alban's.

[3] Such as the writer (belonging
to the 16th century) of the memorandum in MS. Corp. Chr. Cant., No.
" cx., p. 131. "Willemus Rishanger
" et alii colligunt quamplurima reg-
" num Scotiæ concernentia, et ejus
" subjectionem regno Angliæ."

those times with the impression that Rishanger was Chronographer Royal to Henry III. and his successors. Beyond the above memorandum, in the presumed handwriting of Rishanger, the Rubric to the *Wars of the Barons*, and the passage in the *Gesta Edwardi* (page 411 of this Volume), neither the name of Rishanger nor the slightest allusion to his personal history is to be found in any of the works that have been so confidently attributed to him; nor is his name mentioned, in all probability, or any fact in connexion with him, by any [1] writer prior to Bale, or by any writer at all, who is not indebted to Bale for his facts or his inferences.

Evidence on which Tanner's assertion that Rishanger died in 1312, is based.

As to Bishop Tanner's assertion that Rishanger died *in* 1312,—it is based, there can hardly be a doubt, upon the words of Bale, as copied from Rishanger's memorandum above-mentioned; a statement which had already been improved by Pits and Vossius into— "obiit . . . . . *circa* annum 1312." So far from this certainly being the fact, if the first Chronicle in the present Volume, which has been so unhesitatingly attributed to Rishanger, or at least, the part of it containing the reign of Edward I., really was written by him, he must have been living in the reign of Edward the Third.[2]

All the articles contained in this Volume, attributed by Bale to Rishanger.

On running over the Table of Contents, it will not escape remark that the Editor has only ventured to give the name of Rishanger as the compiler of two out of the seven articles contained in the present Volume; whereas Bale has had no hesitation in attributing the whole of them to that writer. Had he examined them

---

[1] The early, but misleading, memorandum noticed in page ix., *ante*, Note 3, excepted; as also, Walsingham (or rather, the compiler of MS. Reg. 13 E. ix., Walsingham's basis); who, misled, probably, as Mr. Hardy has remarked (*Mon. Hist. Brit.*, Introd. p. 30) by the rubric above the *Wars of the Barons*, has attributed to Rishanger (I. p. 165) a Chronicle of Edward II., the latter part of which, if not the whole, was written by John de Trokelowe.

[2] See the allusion to the death of Edward II., in page 119.

INTRODUCTION.

page by page, and not been misled by hearsay or a momentary impression, he would have found from the great variations in style and diction, from the many discrepancies in chronology, and from the different accounts that are sometimes given of the same transaction, that it is next to impossible that they should all have been compiled by the same hand. Though Leland, the great authority on our monastic writers, makes no mention of Rishanger, it is just possible that Bale may have gathered some slight traditional information about him and his writings, and have been misled thereby; though, on the other hand, there is another and a more probable ground to be found for his having attributed [1]all these compilations *en masse* to Rishanger's pen. *{Improbability that they were all written by the same hand.}*

From the form and size of the leaves, the general similarity of the writing, and the peculiar style of ornamentation of the pages, with three perpendicular lines of triple colours, [2]it does not admit of a doubt that the Cotton. MS. Claudius D. vi. (fol. 97 to the end) and the first 19 folios of MS. Reg. 14 C. i. originally formed part, if not the whole, of one and the same volume. If so, and supposing the Chronicle of the *Wars of the Barons* to have occupied, as it does now, the foremost place in the series, the first words that would strike the eye would be the rubric at the head of the first page (now folio 97 a. of Claudius D. vi.): "Incipiunt Cronica Fratris Willelmi de Rishanger;" words which, no doubt, were originally intended to apply more especially to the Chronicle of *The Wars of the Barons*, and by no means to all the other works bound up with it. It has been already remarked (p. xiv. *ante*, Note 1) that Walsingham (or rather, his basis) was probably misled by this same rubric into attributing to Rishanger the undoubted compilation of another *{Probable ground on which Bale has made this assertion.}*

---

[1] Except the *Chronicle* (No. I. in this Volume); which does not appear in Claudius D. vi., or Reg. 14 C. i. See p. xxiv. *post*.

[2] The fact also, that the context of MS. Reg. 14 C. i., fol. 6 b., is continued in MS. Claudius D. vi., fol. 189 a., by the same hand.

person; and the same error, in all probability, has been committed by Bale, who might have given us different and much more reliable information, had he carefully gone through the several works, and ascertained what internal evidence there really was of their having proceeded from the same hand.

<small>The seven works attributed by Bale to Rishanger.</small>
The reader's attention is now requested, while we pass succinctly in review the statements made by Bale in reference to the seven works attributed by him to Rishanger; with a view to enquiry how far those statements admit of being supported, or to what extent they must be rejected.

<small>Chronicorum Opus.</small>
Chronicorum Opus, Lib. I.—" Sunt quædam vetustatis indicia." This Chronicle (A.D. 1260–1297), now forms fols. 115 a.–134 b. of MS. Cotton. Claudius D. vi., and will be printed in the succeeding Volume of the *Chronicles of Saint Alban's*. For the present it will suffice to say, that if the Chronicle generally known as Rishanger's (the first in the present Volume) really was compiled by him, the great probabilities are that the *Chronicorum Opus* proceeded from another pen. It professes to have been written (fol. 115 a.) by an inmate of the Monastery of Saint Alban's, at the desire of Abbot John—" Incipit Liber Cronicorum, editus ad " instantiam venerabilis patris nostri, Domini Johannis, " Dei gratia, Abbatis hujus Ecclesiæ;" by whom, as it speaks of a murrain of sheep continuing at a period of 28 years after A.D. 1274, Abbot John Maryns, who was Abbot from A.D. 1301 to 1308, must be meant.

<small>De Bellis Leues et Eusham.</small>
De Bellis Leues et Eusham, Lib. I. — " Quampluri" morum prava inolevit consuetudo." This work is proclaimed alike by the rubric and the memorandum so often mentioned to have been the composition of William Rishanger. In the only copy now known to exist (Claudius D. vi., fols. 97 a.–114 b.), the reading is —" Quamplurimorum *incommendabilis* inolevit con" suetudo ;"—from which we must either conclude that

Bale had had a second copy before him, now lost, or that, in reading "*prava*," he has committed an oversight by inadvertence.

Super Electione Scotorum Regis, Lib. I.—" Ad regiæ " celsitudinis Angliæ." This piece (Claudius D. vi., fol. 135), printed in pp. 233-239 of the present Volume, does not merit the description of " Lib. I." It consists merely of a single folio, and, though apparently in a different hand, is only a sort of Introduction to, and Summary of, the work next mentioned. It contains no proof whatever of having been Rishanger's compilation. *Super Electione Scotorum Regis.*

De Johanne Balliolo Rege, Lib. I.—"Convenientibus " apud Norham." Under this head, Bale would probably include the whole of the *Annales* printed in pp. 240-408 of the present Volume. As will be more fully pointed out in the sequel, there seems to be no sufficient reason for ascribing to Rishanger the compilation of these *Annales*. *De Johanne Balliolo Rege.*

De Jure Regis Anglorum ad Scotiam, Lib. I.— " Sanctissimo in Christo Patri, Bonifacio." This, which in reality is the Letter of Edward I. to Pope Boniface, in support of his claim to the Scottish crown, is nothing more than a [1] continuation of the context of the *Annales* last mentioned: but as its rubric (*De Jure, etc.*) stands at the head of a page (MS. Reg. 14 C. i., fol. 1 a.), the one to which Rishanger's memorandum was formerly transferred, Bale has inadvertently considered it as an independent work; possibly misled to some extent by the memorandum above-mentioned. To all appearance, not noticing the break in the handwriting, and in the context, in folio 4 b. col. 1 (noticed in Note I. to p. 411), he seems to have intended to include under the [2] above head not only the [3] Letter and *De Jure Regis Anglorum ad Scotiam.*

---

[1] See page 408, Note 4, of this Volume; also pp. 200-208.

[2] Or, perhaps, in part, under the head "*Annales Edwardi Primi*," mentioned below.

[3] It has been omitted in p. 408, as it has already appeared as a portion of Rishanger's *Chronicle* in pp. 200-208. See Note 4 to page 408.

the verses which follow, but the four independent works, fragmentary or otherwise, which are printed in this Volume, between p. 411 and p. 499.

Continuationes Matthæi Parisii.

Continuationes Matthæi Parisii, Lib. I.—" Rex " Henricus componit cum Papa." This is the most extensive and most important work attributed to Rishanger, and is the only one ascribed to him by Bale and his copyists that is not to be found in the two MSS. so often mentioned, Claudius D. vi. and Reg. 14 C. i. What particular manuscript of the work Bale may have had in view, or on what authority he has ascribed its compilation to Rishanger, it is to all appearance impossible to ascertain. The time and sources of its compilation will be matter for consideration in a future page.

Annales Edwardi Primi.

Annales Edwardi Primi, Lib. I.—-" Anno Domini " MCCC., septimo Nonas Julii." This Chronicle, which is found in MS. Claudius D. vi., commencing at folio 192 a. in reality begins at the year 1307 (the true context being—" Anno Domini MCCCVII., Nonas Julii,") and is a Chronicle of the reign of Edward II. At its close in folio 210 a., in the middle of a column, its compilation is distinctly attributed to another hand than Rishanger's,—" Hucusque scripsit Frater Johannes de " Trokelowe. Incipiunt Cronica Fratris Henrici de " Blaneford." The only reasonable solution of this error is, that Bale, like Walsingham's basis, as [1] previously suggested, was misled by the rubric, " Incipiunt " Cronica Fratris Willelmi de Rishanger," at the head of the Chronicle of *The Wars of the Barons* and the commencement of the then existing volume, and overlooked the name of Trokelowe, inserted in the middle of a column.

Thus far in reference to the unsatisfactory nature of the account given by Bale of Rishanger and his

---

[1] See page xiv. *ante*, Note 1.

literary productions. Pits, as already stated, says little or nothing about Rishanger or his works, beyond expanding the language of Bale. It is evident that he had never seen the collection in the two MSS. Claudius D. vi. and Reg. 14 C. i.; for he fancies (*puto*) that the *Chronicorum Opus*, the first work in Bale's list, is identical with a Collection of historical tracts in the Library of Bennet College (Corpus Christi), Cambridge; whereas that Collection is in reality only a 16th century transcript of the Letter of Pope Boniface to Edward the First, claiming the kingdom of Scotland in behalf of the Church of Rome, of King Edward's Letter to Boniface in support of his own claim to the Scottish throne, and of some of the Scottish documents in the two British Museum Manuscripts, under the title of—[1] "*Testimonia Historicorum de Jure Regis Angliæ in regnum Scotiæ, collecta a G. Rishanger et aliis;*" [2] the assertion as to Rishanger's authorship being probably based upon the rubric and memorandum already noticed. Pits then goes on to assert that this work (the *Chronicorum Opus*) is identical with the one noticed by Walsingham as being in his time preserved at Saint Alban's; another mistake on his part, as we have already seen that, almost beyond a doubt, it is Trokelowe's *Annals of Edward II.* that is noticed in Walsingham's pages. Pits next repeats Bale's errors as to the *Annales Edwardi Primi* (see page xviii. *ante*), and Rishanger's so-called "Book" (*Liber* I.) *De Jure Regis Anglorum ad Scotiam* (see

Errors committed by Pits in reference to Rishanger.

---

[1] See pp. 455-460 of this Volume, where the contribution of the Abbey of Saint Alban's to the evidence in support of Edward's claim, is given. It differs very considerably from that given in the Great Roll of Scotland, as published in the New Rymer, I. p. 769. The latter document includes, no doubt, the contributions of other Abbeys, as well as Saint Alban's. The contribution being found in a MS. attributed to Rishanger, the credit of the eventual compilation would be the more readily given to him in consequence. See page xxxix. *post*.

[2] See Nasmith's *Catalogue*, p. 116.

page xvii. *ante*); but he seems to have been enabled to ascertain that the third and fourth items in Bale's list are in reality but different portions of one and the same work.

<small>Errors committed by Bishop Tanner, in reference to a work wrongly attributed to Rishanger.</small>

Bishop Tanner, in his *Bibl. Brit. Hibern.*, says that Rishanger's *Annales Edwardi Primi* (correctly, *Secundi*)—the mistake already mentioned as originated by Bale and repeated by Pits,—is in the Royal MS. 14 C. i., whereas in reality it is in the concluding portion of MS. Claudius D. vi.; a second error on his part, but arising, probably, from the fact that MS. Reg. 14 C. i. (commencing with King Edward's Letter to Pope Boniface, and formerly containing the detached memorandum in Rishanger's autograph), has been incorrectly labelled, evidently in the earlier half of last century,—"Gul. "Rishanger de Jure Regis Anglorum ad Scotiam. "Annal. R. E. I. Cod. Sec. xiv. Lib. S. Albani."

<small>Sources and contents of the works printed in this Volume.</small>

The reader's patience is now further requested, while his attention is briefly directed to the sources and contents of such of the before-mentioned "Chronicles "of Saint Alban's" as are found in the pages of the present Volume.

<small>Willelmi Rishanger Chronica.</small>

Willelmi Rishanger [1]*Chronica*, A.D. 1259–1306 (pp. 1–230), from MS. Cotton. Faustina B. ix. It has been already subject of notice, that the exact period at which Rishanger flourished, has long been a matter of doubt and perplexity; and to a considerable extent it must, in all probability, remain so. Bale and his copyists, as previously mentioned, would make out that he succeeded Matthew Paris as Chronographer Royal in 1259; while on the other hand, supposing him to have been the writer of the whole of the Chronicle which goes under his name, from the [2] mention in it of the death of Edward the Second, he

---

[1] Formerly known as his "Continuation of M. Paris."

[2] See page 119 of this Volume.—

"*usque ad obitum Regis Edwardi,* "*post Conquæstum Secundi, etc.*"

must have been living in 1327, or even later, in the reign of Edward the Third.

Unfortunately for our chances of obtaining anything like certainty on this subject, no perfect manuscript of the whole of this Chronicle is known to exist. The earliest probably is the MS. Bibl. Reg. 14 C. vii., fols. 219-231, where it is given as a Continuation of Matthew Paris, prefaced by a rubric in the following words (the name of the compiler being carefully concealed), and ending with the death of Henry III. [1] in 1272:—" Sciendum est quod hucusque perscripsit ve-
" nerabilis vir, Frater Matthæus Parisiensis, et licet
" manus in stilo varietur, modo tamen compositionis
" eodem servato, eidem totum ascribitur. Quod autem
" amodo appositum est et prosecutum, cuidam alteri
" fratri sit ascribendum; qui tanti prædecessoris opem
" præsumens aggredi, indigne prosecuturus, cum non
" sit ejusdem dignus corrigiam solvere calciamenti,
" paginæ non meruit nomine tenus annotari." It is probably this identical copy that Pits and Vossius had in view, when describing Rishanger's Chronicle as a [2]Continuation of, or Appendix to, the History of Matthew Paris, down to the death of Henry III., and as then being in the Library of Baron Lumley. The next in date probably is MS. Cotton. Claudius E. iii., fols. 306-331, where the narrative commences, as in the preceding manuscript, at A.D. 1259, and is extended [3] to A.D. 1297. The next is MS. Cotton. Faustina B. ix., fols. 75 a.-144 b., beginning, like the others, at A.D. 1259, and extending to 1306, but incomplete, in consequence of a sheet or sheets being torn away at the end. In MS. Bodl. 462, a Saint

The three earliest Manuscripts of Rishanger's Chronicle.

---

[1] At the words "*omnia penetran-tem*," p. 75 of this Volume.
[2] This *Continuation*, as given in MS. Reg. 14 C. vii., has been printed with Wats's text of Matthew Paris (1640), but with several variations from the text of MS. Reg. 14 C. vii., and great inaccuracy, in general.
[3] See page 169 of this Volume.

xxii   INTRODUCTION.

Alban's Manuscript of the 15th century, which professes to be a [1] Chronicle from A.D. 1259 to 1420, the portion down to A.D. 1272 —" omnia penetrantem" (p. 75)—seems to be [2] identical in its readings with Faustina B. ix., after which it appears to adopt the text of MS. Reg. 13 E. ix., the basis of Walsingham's *History*. MS. Bodl. 463, A.D. 1259-1420, seems to be a manuscript of the 15th century, of a similar description. The MS. Corp. Chr. Camb. No. lvi., is merely a transcript of the *Continuation* down to A.D. 1272, made in the 16th century by order of Archbishop Parker, as an addition to the *Minor History* of Matthew Paris.

Relation which the three earliest MSS. of of Rishanger's Chronicle bear to each other.

The three first-named MSS. appear then to be the earliest now existing copies of Rishanger's Chronicle. Now, whatever may be the respective dates of their compilation, it is clear, from the internal evidence which they afford, that MS. Claudius E. iii. is not only a Continuation of MS. Reg. 14 C. vii., but a sort of second edition of it, with additions; and that, in its turn, MS. Faustina B. ix., is a Continuation, with some slight additions to the text which the two manuscripts have in common, A.D. 1272-1297 (pp. 75-169), of MS. Claudius E. iii.

Suggested origin of Bale's representation that Rishanger

It was in all probability the peculiar form and nature of the *Continuation* of Matthew Paris (or, in other words, the earlier part of Rishanger's *Chronicle*), as given in MS. Reg. 14 C. vii., beginning at A.D. 1259

---

[1] In a hand, apparently of the 16th century, before the words, "*Electio regis novi Edwardi*" (see p. 75 of this Volume), the following Note is inserted :—"*Hic desinit Guil. Rishanger. Incipit Thomas Walsingham. Hoc exemplar multa habet quæ desunt in impressis.*" The Editor is indebted to the courtesy of the Rev. W. D. Macray, of the Bodleian Library, for the information that this hand, though by no means unfamiliar in the Oxford MSS., cannot at present be identified.

[2] Judging from a very careful collation of the earlier part of its text, which has been kindly placed in the Editor's hands by Mr. T. Duffus Hardy, Deputy Keeper of the Public Records.

and ending at A.D. 1272, that induced Bale and his copyists to represent Rishanger as having been officially employed, — " stipendio, post Matthæi Parisii " mortem, conductum"—as Chronographer Royal by Henry the Third. But not only, as already noticed, is it impossible for a person aged 62 in 1312, to have been officially writing Chronicles in 1259; but this, the earliest copy, bears internal evidence that it was compiled at a very much later date than A.D. 1259-1272; as it makes mention (p. 64 of this Volume) of the marriage of Gilbert, Earl of Gloucester, to the Princess Johanna of Acre, which took place in 1290 (see p. 120). It cannot then be of earlier origin than that date; unless indeed the latter part of this *Continuation* (A.D. 1259-1272), as given in MS. Reg. 14 C. vii., was written at some appreciably later date than the preceding, which, although there certainly are variations in the handwriting, there seems no reason to believe. *was Chronographer Royal to Henry III.*

The earliest part of the Chronicle composed later than A.D. 1290.

The historical sources from which this *Continuation* (A.D. 1259-1272) is drawn, appear to be the same, in many instances, that have been employed by Nicholas Trivet in the compilation of his *Annales*, as also the [1] materials used by the writer of the *Chronicorum Opus*, already mentioned, and Rishanger's Chronicle of *The Wars of the Barons*, as was indeed to be expected, together with other materials, probably not now to be ascertained. Whatever the exact date of its compilation, this *Continuation*, or portion of the Chronicle which goes by his name, may, to all appearance, be *Historical sources of the earlier part of Rishanger's Chronicle.*

The earlier part of the Chronicle

---

[1] If we admit that the compiler of this early part of the *Continuation* drew from the *Chronicorum Opus* itself, we must then admit that his compilation was made at a later date than 1302, which seems to have been exactly the date of the composition of the *Chronicorum Opus*.

Not only does it allude to the marriage of Ralph de Monthermer to the Princess Johanna, in 1297, but also to a murrain among sheep, which had commenced, it says, in the year 1274, and had continued during the 28 following years. See page xvi. *ante.*

attributed to Rishanger with a fair degree of certainty, the more especially as Bale, who was the first to attribute it to him, could not in this instance have been misled, as in other instances already noticed, by the rubric heading the Chronicle of *The Wars of the Barons* in MS. Claudius, D. vi.

probably compiled by the person to whom it has been ascribed.

The compilation of the remaining portion of Rishanger's *Chronicle*, as contained in MS. Claudius E. iii., A.D. 1272–1297 (pp. 75–169 of this Volume), and MS. Faustina B. ix., AD. 1272–1306 (pp. 75–230), each of which appears to be written in a similar hand throughout, undoubtedly belongs to a much later date, containing, as it does, the [1] allusion to the death of Edward the Second, already noticed. In addition to other sources, which probably cannot now be traced, the materials used in the compilation of this part of the *Chronicle* are, to a considerable extent, the same that have been employed by Trivet in compiling his *Annales;* or else that work itself, to which, by name, distinct reference in [2] one instance is made. Another source of its materials is the *Chronicorum Opus*, already mentioned, to a small extent; from which it borrows a few passages, and, among them, the one in reference to the long-continued murrain among sheep (p. 84), [3] previously noticed; the honours paid to the memory of Queen Eleanor at Saint Alban's (p. 121); and the account of the disturbances between the scholars and burgesses of Oxford in 1294 (p. 167). A third traceable source to which the compiler has been indebted are the various *Annales* penned at Saint Alban's, which are printed in the latter part of this Volume; for example (p. 191), the alleged perjury of Balliol, and the discovery at Dover of the

The compilation of the latter part of the Chronicle must belong to a much later date.

Historical sources from which the latter part of the Chronicle has been derived.

Use made in the Chronicle of the various Annales

---

[1] See pages xiv. *ante*, Note 2, xx., *ante*, Note 2, and p. 119 of this Volume.
[2] See page 82 of this Volume. "*Multaque alia scripsit, ad utilita-* "*tem legentium, quæ diligens lector* "*invenire poterit intitulata in Chro-* "*nicis Nicholai Triveth.*"
[3] See Note to page xxiii. *ante.*

regalia of Scotland in his possession, [1] *Annales Angliæ* printed in this Volume. *et Scotiæ*, pp. 390, 391; (p. 192), King Edward's marriage to Margaret of France, which is evidently condensed from the full account given of the ceremony in the same *Annales*, pp. 394-397; (pp. 192, 193), King Edward's abandonment of his resolution to relieve Stirling Castle, condensed from the *Annales*, pp. 402, 403; (p. 193), King Edward's visit to the Monastery of Saint Alban's, condensed from the *Annales*, pp. 397, 398; (pp. 193, 194), his Letter to the Archbishop of Canterbury, from the *Annales*, p. 399; (p. 194), Queen Margaret's visit to Saint Alban's, condensed from the *Annales*, p. 401; (p. 194), chains and manacles stored by order of King Edward in the Tower of London, from the *Annales*, p. 403; the account (pp. 216-221) of the insurrection against Pope Boniface the Eighth, by the Cardinals Colonna and others, condensed from a much fuller narrative in the *Annales* (Third Fragment), pp. 482-491, evidently penned before the death of Pope Boniface in 1303; and (pp. 225, 226) particulars relative to William Wallace and the Battle of Falkirk, from the *Annales Angliæ et Scotiæ*, pp. 383-385.

In conclusion, the identity of the compiler of the latter part of this Chronicle, A.D. 1272-1306, though it has been so generally and so unhesitatingly attributed to Rishanger, must of necessity be deemed an open question; depending, in fact, to a great extent, upon the probability, or otherwise, of a person aged 62 in the year 1312, being engaged at so late a date as 1327, or even after that period, in completing a Chronicle which he had commenced some twenty or thirty years before. The identity of the compiler of the latter part of this Chronicle an open question.

Annales Regni Scotiæ, A.D. 1291, 1292 (pp. 234-368), printed from MS. Claudius D. vi. This is a *Annales Regni Scotiæ*.

---

[1] The text of the *Annales* says that Balliol was sent to a certain castle of Wales (*Cambria*); in the Chronicle, this is corrected to, "the territory of Bailleul, which he had in France."

Forms a Supplement to the Great Roll of Scotland, printed in Rymer I. pp. 762-784.

remarkable document, and forms a valuable and interesting Supplement to the contents of the more formal " *Magnus Rotulus Scotiæ, in quo totus processus Competitorum regni Scotiæ continetur, ab initio Petitionum usque ad Sententiam Regis Edwardi Primi,*" printed in the New *Rymer,* Vol. I. pp. 762–784, an official instrument, which, by royal mandate, was drawn up in due form by a Notary public.

Collation of the narrative of the Annales Scotiæ with that given in Rymer.

The portion of this piece (pp. 233–239) which bears the title " *De Controversia habita super Electione regni Scotiæ,*" is only, as previously [1] remarked, a Summary of, and Introduction to, the more detailed narrative that follows. From p. 240 to p. 253, it is little more than a condensation of the contents of the " *Great Roll of Scotland,*" as given in the New *Rymer,* I. pp. 762–768; with the exception that, whereas the *Great Roll* mentions *ten* preliminary meetings (*conventiones*) as having been held by King Edward in the months of May and June 1291, at or near Norham on Tweed, —alternately in the church of that parish, [2] " in a green " field near the river Tweed, in the open air, opposite

---

[1] In page xvii. *ante.*

[2] " *In Parochia villæ de Upsete-* " *lintone, in Scotia, prope flumen de* " *Tueda, in area viridi, sub divo,* " *ex opposito Castri de Norham,*" p. 252. These localities were visited by the Editor in the month of September last. From the ruined, but still massive, walls on the north side of " Norham's castled " steep" is to be seen far below, what once was the *area viridis* — the green field — mentioned in these pages, in the Parish of Upsettleton, across the Tweed. Though still uninvaded by houses or other buildings, the green sward of 1291, where more than once, in open air, beneath a June sun, were gathered, in pomp and panoply, the prelates, the nobles, the chivalry, the lawyers, and the literates, of England and Scotland, to listen to King Edward's imperious behests, is now a ploughed field, destitute apparently of any memorial of the past. The interior of the Castle, —the memories of which will be more fresh to recent generations in the opening lines of *Marmion*—has been almost wholly destroyed by the joint agencies of warfare, time, and peculation or thriftiness; but the lofty window of what was once the *Camera Regis*—the King's Chamber — looking southwards upon the former site of the drawbridge, is still pointed out as such, by the hinds who have taken up their abode in some of the dilapidated out-houses beyond the Castle walls.

" to the Castle of Norham," and in the King's Chamber within the Castle—but *nine* such preliminary meetings are named in the present account (p. 252) as having been held. An eleventh meeting, or convention, was held by Edward and the prelates and nobles, as we learn from *Rymer* (I. p. 774), in the Castle of Berwick on the 3rd of August 1291 ; all notice of which meeting is omitted in the present account, though the fact of the appointment of commissioners (which then took place) is alluded to.

At this meeting, 124 commissioners were appointed to sit and receive the petitions of the competitors ; who thereupon duly sat, in the deserted Church of the Friars Preachers (Dominicans) at Berwick, to receive the same. These petitions, also omitted in the present compilation, are given, from the *Great Roll*, in the New *Rymer*, pp. 775-777. The twelfth meeting took place at Berwick, on the 1st of June 1292 (New *Rymer*, I. p. 777), matter of a comparatively formal nature only being transacted at it : no mention is made of it in the present work. At the thirteenth meeting (*Rymer*, I. pp. 777, 778), held at Berwick, on the 14th of October 1292, Robert de Brus and John de Balliol give in the particulars of their respective claims, at considerable length in *Rymer*, but briefly noticed only in the present account. A meeting next took place at Berwick, on the Friday before the Feast of the Apostles Simon and Jude (24th of October), 1292, which is given at considerable length in this account (pp. 254-257), but of which no notice is taken in *Rymer*. The same in respect of the meetings at Berwick, on Wednesday the 29th of October, Friday 31st October, Monday 3rd November, and Wednesday 5th November (pp. 257-262), of which no mention is made in the *Great Roll*, as given in *Rymer*. The minutes of the important meeting at Berwick, of Thursday the 6th of November, as mentioned in

Rymer (p. 779), are given here (p. 265) in a very similar form; but in reference to other points discussed at that meeting, matter is reported here ("Postea, die Jovis," p. 262, to "requisitus, etc., concordat," p. 265), which in *Rymer* is not to be found. The proceedings of Friday 7th November (pp. 265, 266), Saturday 8th November (pp. 266–268), Monday 10th November (pp. 268–272), Wednesday 12th November (pp. 272, 273), Thursday 13th November (p. 273), Friday 14th November (pp. 273, 274), do not appear in *Rymer*, and reference to their transactions is made in only a few lines in the latter column of page 779.

Pleadings of the Candidates for the Scottish crown, given in these *Annales*, but not in *Rymer*.

The only candidates who seem persistently to have urged their claims to the Scottish crown, were, Florence, Count of Holland, John de Hastings, Lord of Bergavenny, Robert de Brus, Lord of Annandale, and John de Balliol, Lord of Galloway. Their reasonings and pleadings, both in support of their own claims, and in rebuttal of those of their opponents, next follow, as originally [1] proffered, in Norman French, at the several sittings between Monday the 10th and Saturday the 15th of November. In the *Great Roll*, as given in *Rymer*, (which only deals in results,) these pleadings do not appear. The reasons and arguments of the Count of Holland, in support of his claim, are here given, in pp. 274–280. These are answered by John de Balliol and John de Hastings, jointly, in pp. 281–291, and by Balliol, separately, in pp. 291–302. The reply of the Count of Holland to the arguments of Balliol follows in pp. 302–309. Sir John de Hastings then claims a partition of the kingdom, as representing one of several co-parceners, the three daughters of David,

---

[1] Whether given in writing, or not, does not distinctly appear; but verbally, most probably, and taken down by the Notary in attendance.

Earl of Huntingdon, pp. 309-321. Balliol's answer to the claim of Hastings then follows (p. 321); Hastings to Balliol (pp. 321-324); Balliol to Hastings (pp. 324, 325); Hastings again to Balliol (pp. 325-327); Balliol again to Hastings (p. 327); Hastings finally to Balliol (pp. 328-339); [1] Balliol to Hastings (pp. 339-341).

Robert de Brus, whose claim to the entire kingdom of Scotland has been previously rejected, now presents his petition for a partition of the kingdom, as representing one of the three co-parceners, daughters of Earl David, together with his reasons in support of his demand (pp. 342-350). Balliol answers the arguments of Brus and Hastings, who are now making common cause in their claim for partition, in pp. 351-354. The concluding part of the transactions (final judgment being given in favour of Balliol, on Monday, the 17th of November, 1292), from p. 354 of this Volume to p. 368, is in nearly the same language as the narrative given from the *Great Roll* in *Rymer;* which contains, however, two pages of additional matter after the close of the present account (New *Rymer*, I. pp. 783, 784), concluding with the following words:—" Ego, Johannes Erturi de Cadamo, " Apostolicæ Sedis auctoritate, Notarius publicus, præ- " missis, quæ acta fuerunt prout superius continetur, " omnibus præsens interfui; et, ut adhibeatur eisdem " de cætero plena fides, rogatus, propria manu scripsi, " et mei singni annotatione in hanc publicam formam " redegi."

This piece, as already [2]noticed, is also attributed to Rishanger by Bale and his copyists. There seems however, to be no sufficient ground for the assertion, and indeed some reason for supposition to the contrary. In

This piece attributed to Rishanger by Bale and others; but

---

[1] It seems most probable that *die Jovis*, "Thursday," in p. 339, is a mistake for *die Sabbati*, "Saturday;" that being the day on which Hastings' last "Reasons" (p. 335) are given in.

[2] See page xi. *ante.*

on questionable grounds.

page 252, the writer, so far, distinctly says that he is a Notary public, the same person who has already drawn up certain public instruments thereon, in which the events narrated in pp. 240–252 are more fully set forth. In page 253, he proceeds to give his name,—
" Ego, Johannes Erturi de Cadamo, Apostolicæ Sedis
" auctoritate, Notarius publicus, qui præmissis omnibus
" interfui, ea, de mandato Domini Regis Angliæ,
" prout processerunt et facta fuerunt, propria manu
" scripsi, et, ad evidentiam pleniorem, rogatus, mei
" signi annotatione in hanc publicam formam redegi,"
—the same Jean Erturi of Caen, in fact, whose name is formally given at the conclusion of the *Great Roll* of Scotland, above quoted.

At this point (p. 253), the more formal part of the document (tallying with, or a condensation of, the matter given in *Rymer*, I. pp. 762–768) is brought to a conclusion. The rest of the narrative, or at least that from p. 253 to p. 354, where the formal relation, corresponding with the text of *Rymer*, recommences, is in the nature of notes or reports of the transactions which took place at Berwick, in reference to the various claims to the Scottish crown, between the 14th of October and the 15th of November 1292; a very small portion of which, as already stated, is to be found in the public instrument as given in *Rymer*. Jean Erturi, we know, was on the spot from the commencement of the conferences, on the 10th of May 1291, (New *Rymer*, I. p. 762) down to the final acquittance of all claims upon King Edward, executed by John Balliol, now King of Scotland, at Newcastle-on-Tyne, on the 2nd of January 1293. (New *Rymer*, I. 784.)

More probable that it was written by Jean Erturi of Caen, a Notary public of that time.

What more likely—more highly probable, in fact, from the peculiar nature of the work—than that this report of the proceedings, though not required for insertion in the formal public instruments, should have proceeded from his pen? and this too for the purpose, as we know such documents often were, of being forwarded, for preservation, to the more important Monasteries in the kingdom. Be this as it may, whether the narrative was written by Erturi, or, under his direction, by some *employé* of his, the present text, as it stands, bears strong marks of having emanated from the pen of a Frenchman by birth : hence such uninterpretable names for Scottish localities, as " Dubing," (p. 263) " Haust'," " Gloigux " (p. 363); and such perversions of words as " Hozom " (p. 255) for " Hotham," " Strazerne " (pp. 263, 358,) for " Stratherne," " Panbrokiæ " (p. 268) for " Pembrochiæ," " Bouczhan " (p. 358) for " Buchan," " Golicztly " (p. 358) for " Galythly"; mistakes, some of them, which at the present day a Frenchman, even fairly educated, would be not unlikely to make.¹

[margin: or by one of his employés.]

In reference to this compilation, it only remains for remark, that at times the French context is so ²carelessly copied, and in so imperfect a state, as, to all appearance, to defy an intelligible or satisfactory interpretation.

[margin: The French context of this piece carelessly copied, and occasionally unintelligible.]

Annales Angliæ et Scotiæ, pp. 371-408, from MS. Claudius D. vi. These *Annales* not improbably were intended as a ³Continuation of the preceding narrative; but as they commence at a new page, are written in another hand, and no longer bear reference to Scotland exclusively, the Editor has thought it advisable to print them as a distinct work, and under another and more appropriate title. From the fact that, in this compilation, Edward the First is styled " Edwardus ⁴III.," or " Tertius," throughout, it seems

[margin: Annales Angliæ et Scotiæ.]

[margin: Probably penned by the Compiler of the]

---

¹ This Jean Erturi, of Caen, seems to have been much employed by Edward the First, in his official capacity of Notary public. On reference to the New *Rymer*, Vol. I. pp. 685, 688, 689, 690, 691, 692, and 695, we find him employed as such in Arragon, and at Oleron in Bearn, in the year 1288 ; at King's Clypston (Vol. I. p. 741), in 1290 ; and at Westminster (Vol. I. p. 969), in 1305.

² The *Great Roll of Scotland* is in the handwriting of Erturi, no doubt ; a hand which is not to be found in any part of these *Annales*.

³ See page 371, Note 1.

⁴ See page 371, Note 4.

Chronicorum Opus, already mentioned.

Matter in these Annales not to be found in Rishanger's Chronicle.

highly probable that it was penned by the same hand to which we owe the *Chronicorum Opus,* already mentioned (p. xvi.); the same designation of that sovereign being employed throughout that work.

The fact has been previously noticed (p. xxv.), that it is to these *Annales* that the compiler of the latter part of Rishanger's *Chronicle* has evidently been indebted. Among other matters of interest in this compilation, which have not been transferred to the pages of that Chronicle, we may mention the account given of the singular inertness and incompetence of John Balliol (pp. 391, 392); the capture of Berwick in 1295 by Edward the First, and the remorseless slaughter of its inhabitants (pp. 373, 374); a foss dug to the north of Berwick, King Edward himself wheeling a barrow at the work (p. 375); Balliol's interview with King Edward, and his abject submission (p. 377); the Cardinal sent into England by Pope Boniface, to treat of peace between England and France, exacts yearly four pence per mark from the churches of England; and at the end of two years returns to Rome, and dies (p. 382); shipwreck of many of the Scots, after the battle of Falkirk (p. 387); Wallace crossing over to France, King Philip seizes him at Amiens, and offers to deliver him to Edward (p. 387); a circumstantial and interesting account of the marriage, at Canterbury, of King Edward to the Princess Margaret of France (pp. 394-397); visits paid by the King and Queen to the Monastery of Saint Alban's (pp. 397-402); King Edward's conversations with the prelates and nobles, on being requested to confirm Magna Charta (pp. 404, 405).

These Annales attributed to Rishanger by Bale and his copyists.

These Annals, evidently intended by him to be included under the same head as the preceding article— " De Johanne Balliolo Rege, Lib. I.," have been attributed to Rishanger by Bale and his copyists. They are, however, so totally unlike what we know to have been Rishanger's composition, that there can be little hesitation in concluding that, although undoubtedly written at Saint Alban's, they were not written by him. Neither in his *Chronicle* nor in his *Gesta* (the article which follows the one under consideration) does he ever style Edward the First "Edwardus Tertius," —a peculiarity previously noticed; he never calls Llewelyn "Leoninum," as he is here named (p. 377), but always "Leulinum;" Athol in Rishanger's *Chronicle* is "Asceles," and in the *Gesta* "Asseles," here it is "Auteel" (p. 376); the name of Pope Cœlestinus the Fifth, in Rishanger's *Chronicle* (p. 143), is Peter de "Murrone," not "Maroni," as he is here called, p. 381; and in Rishanger's *Chronicle* his accession is given at its right date, A.D. 1294, while in these *Annales* the gross blunder is made of postponing his accession to the year 1297: "Falkirk" in these *Annales* (p. 385) is written "Faukurke," while in Rishanger's *Chronicle* it appears under a different form, as "Fowkirke." On closer examination, the grounds very probably might admit of being enlarged, upon which it would seem impossible to allow that these *Annales* and the *Chronicle*, or these *Annales* and the *Gesta Edwardi* have proceeded from the same hand.

Though written at Saint Alban's, probably not by Rishanger.

Willelmi Rishanger Gesta Edwardi Primi, Regis Angliæ,—Annales Regum Angliæ, pp. 411-430, from MS. Bibl. Reg. 14 C. i., and MS. Cotton. Claudius D. vi. These *Gesta*, as already mentioned (pp. xvii., xviii.), Bale and his copyists would probably intend to include under the head,—"*De Jure Regis Anglorum ad Scotiam* "Lib. I;" a title which, as previously noticed, he has borrowed from that of King Edward's Letter to Pope Boniface, with which folio I. of MS. Reg. 14 C. i. now begins, but which Letter in reality forms [1] part of the *Annales* in MS. Claudius D. vi., the compilation last noticed. Though the *Gesta* run on immediately after the verses at the conclusion of the preceding article, it

The Gesta Edwardi Primi by William Rishanger.

---

[1] See page 408, Note 4.

is abundantly clear that they form an independent work, and cannot be looked upon as a [1] Continuation of the previous narrative.

These Gesta undoubtedly written by Rishanger; and the handwriting of the greater portion, probably in his autograph.

The composition of these *Gesta* can with certainty be attributed to Rishanger, as he himself has given his name at the commencement (p. 411), as the compiler. The writing, from MS. Reg. 14 C. i., fols. 4 b. and 5, down to the foot of MS. Claudius D. vi. folio 189 a. (in which folio the narrative is continued)—[2] " vicissim per "—seems to be in the same hand throughout; and on a careful comparison there appears room for little, if any, doubt that it is Rishanger's autograph; penned, in fact, by the same hand, professing to be Rishanger's, that has written the memorandum, already mentioned (p. xii.) as having been recently transferred from the first page of MS. Reg. 14 C. i. to its original locality at the foot of the opening page (fol. 97 a. in MS. Claudius D. vi.) of the Chronicle of the *Wars of the Barons*.

Analysis of the contents of the Gesta.

These *Gesta*, which seem to have been compiled shortly after the death of King Edward the First, as a sort of compendium of facts bearing reference to his history, personal or otherwise, constitute but a poor and weak performance in the result, and do not give us an exalted notion of the Chronographer's abilities, either as a compiler or a scholar. He first (p. 412) recapitulates some of the events of Edward's reign, anything but due chronological sequence being observed; and then settles down to give a somewhat more valuable account (pp. 412–414) of Edward's expedition to Flanders in 1297, and the contentions between his Welch troops and the people of Ghent. The ravages committed by Wallace in the North of England are next succinctly mentioned (pp. 414); but, like a dutiful brother of Saint Alban's, he does not omit to tell us

---

[1] See page 411, Note 1.
[2] See page 425, line 28. Whether the writing in fols. 189b and 190 is by the same hand, seems to admit of some doubt.

that Tynemouth, the favourite Cell of that house, had
the good fortune to be spared. The Battle fought at
Falkirk receives a slight notice (pp. 414, 415), though
the locality of the battle is not named. The marriage
of King Edward to the Princess Margaret of France
next follows, and the liberation of English prisoners
by the French (p. 415). He then runs off from his
narrative to give an account of Edward's children by
his two wives, Queens Eleanor and Margaret (p. 416),
and of the marriages contracted by his daughters;
alluding also to his anger at the marriage of his
daughter Johanna to a person of low degree (Ralph de
Monthermer); whom he at first imprisoned at Bristol,
but afterwards liberated, and became much attached
to—" postea vero multum dilexit" (p. 416). After
alluding to several matters that transpired between
A.D. 1298 and 1302, and giving a fuller account of the
exactions practised upon the religious houses of England
by the Pope's Nuncio, Cardinal Peter d'Espaigne, than
that given in the preceding [1] Annals, he reverts (p. 418)
to transactions that took place between A.D. 1279 and
1300, speaking generally of the extortionate proclivi-
ties of King Edward (p. 418), and of the opposition
of the English clergy thereto (p. 419). He then mentions (p. 419) the punishment by Edward, on his
return from Arragon in 1289, of his corrupt Justiciars,
Adam de Strattone, in particular (p. 420); and the
robbery (at a much later date) of the King's Treasury
at Westminster.

He then alludes (p. 421) to the deprivation of the
Archbishop of Canterbury (Robert de Winchelsea), of
spirituals and temporals, in 1306; and says that he
remained at the Court of Rome until the death of
King Edward,[2]—" as will afterwards be shown." Now
as he nowhere mentions the Archbishop's return, which

---

[1] See page xxxii. *ante.* | [2] *" Sicut postea declarabitur."*

in fact did not take place until about two years after the accession of Edward the Second, this would almost [1] seem to point to the *History of Edward II.* in the same volume, which is generally attributed to John de Trokelowe, (and the commencement of which may have been then contemplated,) or else to some Chronicle which Rishanger himself then intended to write. The words, too, at the conclusion of these *Gesta* (p. 424),— " Huic successit in regno Angliæ Edwardus, filius ejus, " prout apparet inferius," — would appear to make a similar allusion.

After alluding briefly (pp. 421, 422) to the nomination by King Edward of Balliol as King of Scotland, Balliol's rebellion against his superior lord, his final submission and his banishment to [2] France, he ends with a brief account of the death of King Edward at Burgh " Upe the Sondes" (pp. 422, 423), and of the honours paid to his memory before, and at, his funeral at Westminster (pp. 423, 424).

Annals of the English Kings, attached to the Gesta.

This brief and unartistic compilation, as already noticed, seems to have been written shortly after the death of Edward the First.[3] It is immediately followed (p. 424) by a few halting and meaningless verses, and then by a brief set of Annals of the English Kings, beginning at Lucius (p. 425), down to the death of Queen Eleanor, wife of Edward I. (p. 430), in 1292 (correctly, 1291), where the context suddenly terminates (folio 190 b. of the MS.), a leaf or leaves being probably lost. The next page in the manuscript (folio 191 a.) seems to contain what may possibly have been intended as a substitute for the loss, in a rhyming Chronicle, A.D. 1285-1327, evidently penned at

---

[1] See page 421, Note 2.
[2] Not Wales, as stated in the *Annales Angliæ et Scotiæ.* See page xxv. *ante*, Note.

[3] The line " *Mille trecentesimus* " *denus comitatur et unus*," in p. 424, would seem to point to 1310 as the date.

¹ Saint Alban's in the early part of the reign of Edward the Third (pp. 430-433).

Annales Regis Edwardi Primi, Fragmentum I., from MS. Cotton. Claudius D. vi. (pp. 437-469). This and the scattered leaves—" disjecta membra "—of the next two sets of *Annales* in the present Volume, were most probably, like the preceding article, intended by Bale to be attributed to Rishanger under the head of " *De Jure Regis Anglorum ad Scotiam*, Lib. I.," or possibly, among the "*Annales Edwardi Primi*, Lib. I. ;" it seems doubtful which.

Annales Edwardi Primi, First Fragment.

The first set of these *Annales*, evidently a fragment only, and unfinished at the end, commences (p. 437), with the death of the Count of Holland, husband of the Princess Elizabeth, in 1299. As in the *Chronicorum Opus* and the *Annales Angliæ et Scotiæ*, as ² already noticed, the writer, with some degree of apparent affectation, styles Edward the First, " Edwardus ³ Tertius" throughout.

The main value of this fragment is, that we here find authorities for several statements in Walsingham's *History*, which probably are nowhere else to be traced. The reader, on reference to Vol. I. of Walsingham, as printed in this Series, will find that in the margin of pages 81-83, the only authority given for the statements there contained is MS. Bibl. Reg. 13 E. ix. That manuscript, in its turn, very generally borrows from Rishanger's *Chronicle ;* but here, on reference to the *Chronicle*, it was found not to be the authority, and indeed, until examination was made of the contents of this fragment, no such authority could be found.

Authorities in the First Fragment for several statements in Walsingham's History, which, probably, are nowhere else to be found.

---

¹ See the mention of the death of Abbot Roger [Norton], A.D. 1290, in page 431.

² See page xxxi. *ante*, and page 371, Note 4.

³ It is just possible, however, that this may have been intended to imply that he was the *third* Edward, who was King of England and Scotland jointly *de jure*. How this position would be supported, we forbear to suggest, but political reasons may have suggested the form of expression.

We here discover then (p. 438) the authority for the story related in Walsingham (I. p. 81) of the repugnance of the infant Prince, Thomas of Brotherton, to the milk of a French nurse; the authority, too (pp. 439-442), for the brief account in Walsingham (I. p. 81) of Edward's campaign in Scotland in the year 1300;— that brevity being due, no doubt, to the inability of the compiler of MS. Reg. 13 E. ix. (Walsingham's immediate authority) to understand the roundabout story of the repulse of the Scots, as given in these *Annales* (pp. 441, 442); an inability, it is presumed, that will be abundantly shared with him by [1] most readers of the present day. Again, the account of the victory gained by Cassanus, King of the Tartars, over the Soldan of Babylon (in Egypt), as given in Walsingham (I. p. 82), is evidently derived (through MS. Reg. 13 E. ix.) from the narrative here given in pp. 442-444; while for the incorrect statement, that it was in the year 1300 that Edward the First created his son Edward Prince of Wales and Earl of Chester, Walsingham (I. p. 83) is indebted (through MS. Reg. 13 E. ix.) for his misleading authority to this compilation (p. 464). The account of the dower granted by Parliament to the widow of Edmund, Earl of Cornwall, is similarly derived by Walsingham (I. p. 83) from the same source (p. 465.) The account in Walsingham of the intercession of Pope Boniface the Eighth in behalf of the Scots (I. p. 81), and of Edward's peremptory answer to the Pope's envoy (I. p. 82), is borrowed, no doubt, from the account of those transactions given in these *Annales* (pp. 446, 447). The short account also in Walsingham (I. p. 80) of the indulgences granted by Pope Boniface the Eighth, to such penitents as should personally resort to Rome, is probably derived from the Papal Letter as given in full in pages 449, 450.

---

[1] Page 441 is unintelligible, by any reader, it is believed.

In pages 454, 455 we find a copy of the precept that was sent by King Edward to the Abbot and Convent of Saint Alban's, enjoining them—as he also did the other Abbots throughout his kingdom—(p. 455), to collect materials from the Chronicles of their Abbey in support of his claim to the Scottish crown. This Letter is followed by what was evidently the separate contribution of Saint Alban's to this evidence (pp. 455-460); a compilation which, on a cursory examination, will be found to contain but a very small part of the evidence, as given in full, from the *Great Roll of Scotland*, in the New *Rymer*, I. p. 769, and in the Letter ultimately addressed on the subject by King Edward to the Pope, as given in MS. Reg. 14 C i., fols. 1-4, and printed in Rishanger's *Chronicle*, pp. 200-208. It is the fact, not improbably, of this collection of evidence, gathered from the Chronicles in the Library of Saint Alban's, appearing in a volume of which Rishanger was presumed to be the writer, that (in combination with the insertion of the Letter itself in the same volume) has in former times acquired for him the reputation of having been the sole composer of that letter.

These *Annales*, after giving (pp. 460-462) a few more passages of some historical value, stop short (p. 469) towards the close of the Bull (*Nova gaudia*) of Pope Boniface the Eighth, in reference to the recovery of the Holy Land.

Annales Regis Edwardi Primi, Fragmentum II. (pp. 473-478), from MS. Cotton. Claudius D. vi. This is a mere fragment, which, no doubt, once concluded some more extended Chronicle of the latter part of the reign of Edward the First. *Annales Edwardi Primi, Second Fragment.*

His exactions from the clergy are enlarged upon, and the strenuous resistance offered by the Archbishop of Canterbury to his violence and extortion (pp. 473, 474). A curious story is then told (p. 474) of a cer- Its contents.

tain knight, who, while thinking to rival the rapacity displayed by his royal master, received a sound drubbing, on the road to Canterbury, from a doughty rector; to whose sleek and well-fed steed he had taken a fancy, which he proposed indulging in the way of a forced exchange. The King's answer, on learning the mishap which had thus befallen the unlucky knight, bespeaks him more of the calculating knave than a man of the chivalrous prowess with which he has ordinarily been credited. The other ecclesiastics of England, making their peace with the offended sovereign, bribery their grand agent, the Bishops of Lincoln, Norwich, and Ely " fearing the Lord of " heaven more than a king of earth," persist in their opposition (p. 475).

Like other Abbey Chronicles, the affairs and interests of the house find a place even in this small fragment; and we learn that at this period (A.D. 1300) the water-mill at Redburn, belonging to the Chamberlain of Saint Alban's, was accidentally burnt. Owing to the density of the surrounding trees, the neighbouring manor-house was saved (p. 476): consequently, the general utility of trees, as surrounding farms and manor-houses, is enlarged upon.

The election of Thomas de Colebrugge (correctly, Corbridge) as Archbishop of York, is next mentioned. On returning from Rome after consecration, and landing at Dover, he ordered his Cross, we are told, to be raised on high before him (p. 477). This, however, was objected to by the " men of the Archbishop of " Canterbury," who, after vainly murmuring and expostulating, at last resorted to main force. The offended Archbishop then hastened to York, where he found the King; but whether he thought proper to disclose to the sovereign the affront he had so lately met with, the Chronicler omits to say.

This fragment concludes (pp. 477, 478) with a curious

story of a windmill built by one Martin, a recluse, on Coket (Coquet) Island, off the coast of Northumberland; and the violence displayed by Sir Roger Fitz-Roger—"the *quasi* prince of all that country,"—who, with an eye, no doubt, to the seignorial rights of himself or one of his friends, remorselessly ordered it to be levelled with the ground. This story, there can be little doubt, would be conveyed to the people of St. Alban's through the medium of their Cell at Tynemouth; from the walls of whose stately edifice the doomed windmill, raised at no small expense (*magnis sumptibus*) would, on a clear day, easily be discerned.

The Volume concludes with *Annales Regis Edwardi Primi*, a Third Fragment (pp. 481-499), from MS. Reg. 14 C. i.

Annales Edwardi Primi, Third Fragment. Its Contents.

It commences (p. 481) with the death, in 1285, of Prince Alfonso, eldest son of Edward the First; whom the writer styles "Alphundus," owing either to affectation or ignorance. After this event has been lamented in a few halting verses, hexameters with a pentameter interlarded, he passes on to the birth of Prince Edward, in the preceding year; after which, with singular carelessness, the election of Pope Nicholas the Fourth is put down (p. 481) as having taken place at the same time, instead of the correct date, A.D. 1288. The liberation of Charles of Achaia (under the names of "Karolus de Carier'" and "Princeps de Mureo") from captivity in Arragon, through the intervention of King Edward, is next alluded to (p. 482); and then, after cursorily mentioning the death of Pope Nicholas the Fourth (the date omitted), and the award of the crown of Scotland to John de Balliol, the writer passes on to A.D. 1303, to give a circumstantial account (pp. 483-491) of the insurrection, by the Cardinals Colonna and others, against Pope Boniface the Eighth; to which much fuller narrative, as [1] previously noticed,

---

[1] See page xxv. *ante.*

Rishanger's *Chronicle*, and, through it, Walsingham's *History*, has been so largely indebted.

The rapid successions of Popes Benedict the Tenth and Clement the Fifth next follow (p. 492); and the fragment concludes with some extracts from the formal proceedings of Philip the Fourth, King of France (pp. 492–499), against the Knights Templars; a proof that its composition is of later date than 1307.

In folios 7 a.–10 b. of MS. Reg. 14 C. i. a short Life is given of Louis the Ninth of France (or Saint Louis), together with a form of the Service appointed to be said in commemoration of him; but it forms no part of any one of these Fragments, and is therefore omitted.

The facsimile facing the title-page of this Volume. The facsimile, facing the title-page of this Volume, is from MS. Bibl. Reg. 14 C. i. fol. 4 b.; the handwriting of which, as already mentioned (p. xxxiv.), appears, in all probability, to be Rishanger's own autograph.

H. T. R.

CORRIGENDA.

Page 13, Side-note, *for* " Earl of Ferrers " *read* " Earl of Derby."
Page 25, lines 3 and 15, *for* " Willelmum " *and* " Willelmus " (incorrect readings in orig.) *read* " Walterum " *and* " Walterus."
Page 27, Side-note, *for* " Earl's troops " *read* " King's troops."
Page 50, line 21, *for* " quiden " *read* " quidem."
Page 71, line 10, *for* " sexagesimo " *read* " septuagesimo."
Page 122, Side-note, *for* " Achaia " *read* " Valois."
Page 148, line 28, *for* " Cita " *read* " Cito."
Page 178, Side-note, *for* " slain by Albert " *read* " succeeded by Albert."

WILLELMI RISHANGER,

MONACHI S. ALBANI,

CHRONICA.

WILLELMI RISHANGER, MONACHI S. ALBANI, CHRONICA.

Rex Henricus componit cum Rege Franciæ de terris transmarinis, pro pecunia.

[1] Anno gratiæ millesimo ducentesimo quinquagesimo nono, Rex Anglorum, Henricus, Tertius a Conquæstu, anno regni sui quadragesimo tertio, in Galliam transfretavit, et a Rege Francorum [2] petiit restitutionem terrarum sibi ac patri suo, Johanni, injuste ablatarum, per avum ejusdem Regis Franciæ, Philippum, et patrem Lodowycum, et ab ipso injuriose hactenus detentarum. Sed Gallicis multa contra Regem Angliæ allegantibus, et specialiter dominationem Normanniæ antiquam non fuisse spontaneam, sed primum per Ducem Rollonem a Rege Francorum vi extortam, cum Rex nec haberet animum readquirendi perdita, nec pecuniam ad conducendum exercitum, et præcipue cum cerneret suos jam in procinctu insurgendi contra eum, pacem subscriptam, quodammodo compulsus, admisit:—Ut, videlicet, Regi Franciæ remanerent in pace Ducatus Normanniæ et Comitatus Andegaviæ; pro quibus Rex Franciæ solvit sibi trecenta librarum Turonensium [3] *parvarum*, pro-

A.D. 1259. Henry III. makes peace with the King of France, and finally surrenders Normandy and Anjou.

---

[1] *Eodem anno, Rex Anglorum, Henricus, etc.* in Reg. 14 C. vii.
[2] There is an hiatus after this word in orig. and Reg. 14 C. vii.; in the latter, "*Lodowico*" is added in the margin, in a later hand.
[3] *parvorum* in orig. and Reg. 14 C. vii.

A.D. 1259. misitque restitutionem terrarum ad valorem viginti millium librarum annui census in Wasconia. Quo pacto, omnibus terris in manu Regis Francorum existentibus resignavit plene et pure. Ex tunc vero litterarum suarum abbreviavit titulum, ut nec Ducem Normanniæ nec Comitem Andegaviæ se vocaret.

Excommunicatur [1] *Menfredus.*

<small>Manfred is excommunicated by Pope Alexander IV.</small>

Eo tempore, Menfredus, filius Frederici, se fecit in Regem Siciliæ coronari, nepotis sui, Coradini, morte conficta. Quem Papa Alexander, tanquam regni invasorem, fautoremque Saracenorum, excommunicavit, omnique honore et dignitate sententia judiciali privavit.

De gravi dominatione alienigenarum in hac terra.

<small>The English are oppressed by the alien connexions of King Henry.</small>

Eodem tempore, Regis fatuitate et desidia, in multis opprimebatur Anglia dominatione Pictavensium et Romanorum, et præcipue Eymeri, Wyntoniensis Electi, Willelmi de Valencia, fratris Regis uterini, et Petri de Sabaudia, avunculi Reginæ; qui inciviliter tam religiosos regni tractabant, quam alios sæculares. Si quis autem, injuriam passus, ad ipsius Willelmi Senescallum accessisset, justitiam petiturus, hujusmodi responsa reportabat;—" Si ego tibi injuriam facio, quis tibi rectum " faciet? Dominus Rex vult quicquid dominus meus " vult, sed non e converso." Sicque nec Regi nec magnatum alicui reverentiam deferebant. Dominabantur etiam hiis diebus et Romani et eorum legati in Anglia, tam laicis quam ecclesiasticis super advocationibus ecclesiarum multa gravamina inferentes, providentes suis beneficia ampla vacantia, pro suæ arbitrio voluntatis Episcopos vel Abbates, aliosque religiosos, contradicentes excommunicationis sententia innodantes. Unde con-

---

[1] *Menifredus* in Reg. 14 C. vii.

tigit, ut magnates, de tanto supercilio indignati, licet A.D. 1259. sero, ad remedium apponendum surrexerunt, et alienigenas de regno fugere compulerunt, ut in sequentibus plenius apparebit; non tamen omnes, sed præcipue Pictavenses.

Durus annus.

¹Transit annus iste frugibus et fructibus destitutus, quia in Vigilia Sancti Johannis Baptistæ tempestas ²valida fuit pluviarum, ³inundantium super rivos aquarum Sabrinæ et fluviorum versus Bristolliam, qualis non est visa perante. Ex cujus inundatione, quasi ex abditis inferorum finibus ⁴erumpentes aquæ, omnia prata juxta Sabrinam, simul et sata, perdita sunt. ⁵Dimersi sunt etiam in illis aquis vehementibus homines nonnulli et pueri plurimi, quorum nescitur numerus, et animalia diversi generis velut innumerabilia. *Great inundations in England.*

In eadem æstate obierunt multa millia hominum Londoniis et alibi per Angliam, fame attenuatorum; et tam tarda subsequebatur in autumno frugum maturatio, præ nimia pluviarum ⁶abundantia, quod in pluribus regni partibus ad festum Omnium Sanctorum vix messes reconderentur.⁷ *Numerous deaths from famine, and late harvest.*

Anno gratiæ millesimo ducentesimo sexagesimo, qui est annus regni Regis Henrici, a Conquæstu Tertii, quadragesimus quartus, fuit Rex ad Natale ⁸Parisius, cum Rege Franciæ et cum multitudine alienigenarum. A.D. 1260.

---

¹ From this passage down to "*alienigenarum*," the context is omitted in Reg. 14 C. vii.

² *varida* in orig., by inadvertence.

³ This is probably the word; in orig. it is *in ira dans*, and in Claudius E. iii. it is *inundantis*.

⁴ Qy. if not "*erumpentis*."

⁵ *Diversi* in orig.

⁶ *undantia* in orig.; *habundantia* in Claudius E. iii.

⁷ The whole of this passage, from "*Durus annus*," is omitted in Wats's printed text (Lond. 1640).

⁸ *Londini, cum multitudine, etc.*, in Wats's text; *Londoniis cum multitudine, etc.*, in Reg. 14 C. vii.

A.D. 1260.

Obiit Alexander Papa.

Accession of Pope Urban IV. (A.D. 1261.)

Hoc anno obiit Alexander Papa; cui successit Urbanus Quartus. Hic prius extiterat Patriarcha Ierosolomitanus, et, post coronationem suam, auxilio Cruce-signatorum, fugavit exercitum Romanorum quem Menifredus intruserat in Patrimonium Sancti Petri.

Charles I. Count of Anjou, King of Sicily.

Hic contulit Karolo, fratri Regis Franciæ, regnum Siciliæ, (et extunc Reges Siculorum gestare cœperunt arma Regis Franciæ, [1]cum labellis,) eo pacto ut Menifredum inde expelleret; quod et factum est.

Judæus moritur in latrina, pro superstitione.

Shocking death of a Jew, and cruelty of Richard, Earl of Gloucester.

Eo tempore, apud [2]Teokesbiry quidam Judæus cecidit in latrinam; sed quia tunc erat Sabbatum, non permisit se extrahi, [3]ne honorem sui Sabbati violaret. Quod audiens Ricardus de Clara, Comes Gloverniæ, non permisit eum extrahi sequenti die Dominica, propter reverentiam sui Sabbati; quamobrem Judæum mori contigit in fœtore.

Causa discordiæ inter Regem et Proceres.

Dissensions as to the Provisions of Oxford, and the King's encouragement of aliens.

Hoc anno suborta est discordia inter Regem et regni proceres, super Ordinationibus in Parliamento Oxoniæ constitutis, et ab ipso Rege non observatis; et præcipue, quia prodigaliter et indiscrete ditabat et exaltabat alienigenas, regno nec utiles nec fideles. Quapropter proceres, una conspiratione, jusserunt Willelmum de Valencia et ejusdem complices Angliam sine reditu vacuare, ut dicetur plenius infra.

Rex absolvitur a juramento.

King Henry is

Rex autem, quia juraverat cum Edwardo, primo-

---

[1] These two words are omitted in Wats's text, and Reg. 14 C. vii.
[2] *Theokesbyri* in Reg. 14 C. vii.
[3] *nisi sequenti die Dominica, ... in fœtore.* in Wats's text.

genito suo, et ¹Baronagia, Provisiones Oxonienses se inviolabiliter servaturum, et pœnituerat ²eum jam jurasse taliter, metuens quodammodo notam perjurii, misit ad Papam secrete, rogans ut ab hoc se juramento absolveret; quod facillime impetravit.

A.D. 1260. absolved from his oath as to the Provisions of Oxford.

Justiciarii repelluntur.

Eo tempore Justiciarii Regis Angliæ, qui dicuntur "Itinerantes," missi sunt Herefordiam pro suo officio exequendo. Qui non sunt admissi, allegantibus majoribus illarum partium ipsos contra formam Provisionum nuper Oxoniæ factarum venisse; et sic infecto negotio redierunt.

The Justiciars Itinerant are repulsed from Hereford.

Florentini vincuntur.

Super eisdem diebus, Florentini coadunati ut civitatem Senensem destruerent, a militibus Menifredi, et Jordano Comite, qui partem fovit Menifredi, vincuntur; captaque eorum civitate, et in parte destructa, ipsi ³dominio subjiciuntur Senensium et Menifredi.

The Florentines are conquered by Manfred.

Hungari superantur.

Per illud tempus bellum grave commissum est inter Reges Hungariæ et Boemiæ, pro quibusdam terris, in quo fugientibus Hungaris, plurimi de eis occiduntur gladio, sed multo plures submerguntur in fluvio, quem transire oportuit fugientes. Itaque Rege Boemiæ intrante regnum Hungariæ, Rex Hungariæ, terras usurpatas restituens, pacem fecit, et, mediante matrimonio, amicitias in futurum firmavit.

The Hungarians are defeated by the Bohemians, and peace is made.

Pictavenses eliminantur.

Eo tempore, Symon de Monte Forti Comes Leycestriæ, Ricardus de Clara Comes Gloverniæ, Nicholaus

Certain of the aliens

---

¹ *Baronagio* in Wats's text, and Reg. 14 C. vii.
² These two words are omitted in Claudius E. iii.
³ *domino* in orig. and Claudius E. iii.; *dominio* in Reg. 14 C. vii.

A.D. 1260. filius Johannis, Johannes filius Galfridi, multique nobiles, ipsis adhærentes, convenerunt Oxoniis, equis et armis
sufficienter instructi; firmiter statuentes in animo, aut
mori pro pace patriæ, aut pacis eliminare a patria
turbatores. Convenerant et Eymerus, Wyntoniensis
electus, Willelmus de Valencia, cæterique Pictavenses et
extranei, ad locum supradictum, stipati magna caterva
satellitum et fautorum. Sed cum Domini vellent
eos vocare ad standum judicio pro suis nequam factis,
simul et communiter jurandum cum eis, ad observan-
dum Provisiones pro utilitate regni factas, et ipsi
¹ cernerent se tantæ virtuti impares, subire judicium
formidantes, noctu fugerunt ad castrum de ² Wulvesheya;
quos ³ mox Barones insequentes, castrum reddere et
regnum exire illico compulerunt.

Are expelled from the kingdom by the Barons.

Accusantur Pictavenses.

Igitur magnates, metuentes si Electus Wyntoniensis
Romam perveniret, et, data pecunia, suam promotionem
procuraret, et sic efficacior foret ad nocendum, miserunt quatuor milites satis facundos, qui epistolam,
sigillis suis firmatam, Papæ et Cardinalibus exhiberent;
in qua ⁴ plura continebantur facinora quæ perpetrave-
rant prædicti Electus et fratres ejus, de homicidiis, rapinis, injuriis, et oppressionibus variis, quibus populum
afflixerant et attriverant regionis.

Charges sent to Rome against Aymer de Valence, Bishop of Winchester.

Romani suppeditantur ad horam.

Mandaverunt insuper dicti magnates viris ⁵ religiosis
qui tenebant ad firmam ecclesias Romanorum, ne de
firmis ⁶ eorundem eis responderent; sed dictas firmas
et redditus darent suis procuratoribus, die et loco per

Provisions made by the Barons as to those holding churches

---

¹ *cernerentur* in Wats's text.
² Preceded by the word *Wlfesheye* in orig.
³ Omitted in Wats's text, and Reg. 14 C. vii.
⁴ Omitted in Wats's text.
⁵ *reliosis* in orig., by inadvertence.
⁶ *eorum* in Wats's text.

Barones assignatis. Quod si aliter facerent, sua in- A.D. 1260.
cendio subjicerent, et nihilominus periculum, quod belonging
Romanis parabatur, ipsi in personis suis sentirent. to Romans.
Idem mandatum dederunt Episcopis, ne quisquam de
Romanis et eorum redditibus interponeret, sub pœna
primitus intentata. Hac provisione Baronum quievit
Anglia ab exactoribus fere per triennium, donec idem
Simon de Monte Forti [1]morti succubuit, martyrio, pro-
ut [2]credimus, coronatus.

[3] *Dira portenta hujus anni.*

[4]Transit annus iste priore severior, crudelior, terri- Pestilence
bilior, et cunctis molestior viventibus super terram. and famine,
Nam æstivo tempore magna et enormia evenerunt evils, afflict
portenta ab aere, ita ut multi crederent jam extre- the land.
mum judicium imminere. Pestis [5]nempe, et fames, super
hæc omnia, fuit intolerabilis, et assidua coruscabant
tonitrua, domos, blada, et nemora, devastando, et ubique pericula ingerendo; tantæ quoque tempestates erant
grandinum, ut non tantum lapilli ut pisæ, sed et
lapides grossitudinis trium digitorum, et in locis quibusdam quindecim, terram terribiliter verberarent.

Rex [6]communiri facit Turrim Londoniarum.

Anno gratiæ millesimo ducentesimo sexagesimo primo, A.D. 1261.
qui est annus regni Regis Henrici, a Conquæstu Tertii, King
quadragesimus quintus, fuit Rex ad Natale apud [7]Wyn- termines to
deleshores, cum Regina. Aversus est autem, quorundam break his
nequam consilio, a pacto quod fecerat cum magnatibus, with the
Barons.

---

[1] *morte* in Wats's text; omitted in Claudius E. iii.
[2] *creditur* in Wats's text; *martyrio, credimus, coronatus*, in Reg. 14 C. vii.
[3] Before this word, there is another word, that is partly cut away in the binding, and is consequently illegible.
[4] The context, down to *verberarent*, is omitted in Reg. 14 C. vii.
[5] *namque* in Claudius E. iii.
[6] *communi* in orig.
[7] *Londini* in Wats's text; *Londoniis in Turri*, in Reg. 14 C. vii.

A.D. 1261.
He takes certain precautions.

et palam suam [1] nunc iracundiam prodere cogitabat. Idcirco se inclusit in Turri, et thesaurum ibi depositum ab antiquo, diruptis seris, consumendum dispersit. Conduxit insuper operarios, qui eandem Turrim repararent, et firmarent in locis maxime opportunis. Mandavit præterea civitatem Londoniarum seris et clausuris muniri per gyrum; convocatisque singulis de civitate, a duodecim annis et supra, fecit omnes jurare de fidelitate sibi servanda, clamante præcone, ut quotquot vellent Regi militare, advenirent alacriter, illius sustinendi pecuniâ. Hiis auditis, Barones undique confluebant, cum magna virtute bellatorum; et hospitati sunt extra muros, hospitio intra civitatem illis penitus denegato.

The Barons encamp without London.

Legatio Baronum ad Regem.

Prince Edward refuses to be absolved from his oath.

Eo tempore, impetrata fuit Papalis littera de absolutione regia, et Edwardi, filii sui, super juramentis præstitis, prout diximus. Sed Edwardus illam absolutionem noluit acceptare, Rege in pertinacia persistente.

The Barons humiliate themselves, and propose to make terms with the King.

Audientes magnates Regem taliter absolutum, missis nunciis, rogabant humiliter, ut communiter præstitum juramentum inviolabiliter observare vellet; et si quid displiceret, eisdem ostenderet ad emendandum. Qui, nequaquam adquiescens, dure et minaciter respondit, dicens quod eis a conventione deficientibus non amplius adquiesceret; sed unusquisque deinceps propriis defensionibus provideret. Tandem quibusdam mediantibus, eo res perducta est, ut duo eligerentur, unus pro parte Regis, alter pro parte Baronum, qui tertium sibi assumerent, et, auditis hinc inde querelis, utrobique pacem stabilem providerent. Sed præsens negotium, usque ad adventum Edwardi, qui tunc in transmarinis agebat, conceditur differendum.

---

[1] *inde* in Wats's text.

Edwardus, hæc audiens in remotis, ne pax per suam absentiam differretur, confestim repatriavit, ducens secum Willelmum de Valencia, de regno nuper eliminatum; qui tunc ingressum obtinere non potuit, donec præstitisset juramentum quod Baronum provisioni in omnibus obediret, et querelis contra eum deponendis, si necesse foret, humiliter responderet.

A.D. 1261. Prince Edward returns to England, with William de Valence.

Conjuratio.

Cum autem venisset Edwardus, et de vanis Regis consiliis fuisset edoctus, iratus valde, a patris absentavit se conspectibus, adhærens Baronibus in hac parte, prout juraverat; fitque conjuratio inter eos, quod malos consiliarios, et eorum fautores, [1] inquirerent, et a Rege pro viribus elongarent. Quod Rex præsentiens, confestim infra Turrim Londoniarum, cum suis consiliariis, se recepit; Edwardo, filio suo, foris cum magnatibus remanente.

Prince Edward enters into a compact with the Barons.

Imperator Constantinopolitanus dejicitur.

Eo anno, Baldewynus, Græcorum Imperator, per Græcos et auxilium Januensium, in odium [2] Venetorum, cum Francis, expellitur, et Latinis. Et sic Græci, recuperato [3] imperio, quendam sibi præficiunt, quem [4] Periologum appellabant. Baldewynus vero, fugiens, exul in Galliis morabatur.

The Emperor Baldwin II. is expelled from Constantinople.

[5] Hoc anno obiit Papa Alexander; cui successit Patriarcha Ierosolomitanus, et vocatus est "Urbanus "Quartus."

Accession of Pope Urban IV.

Transit annus iste Angliæ formidolosus, Regi et Baronibus inquietus, Græcis lætus, Latinis invisus; frugifer [6] et fructifer, et mediocriter temperatus.

---

[1] *adquirerent* in Wats's text.
[2] *Venatorum* in orig.; *Januensium et Venetorum, cum Francis*, in Wats's text.
[3] *regno, imperio quendam*, in Wats's text.
[4] Correctly, "*Palæologum*," as in Wats's text.
[5] This passage is omitted in Claudius E. iii., Reg. 14 C. vii., and Wats's text.
[6] These two words are omitted in Wats's text.

A.D. 1262. Anno gratiæ millesimo ducentesimo sexagesimo secundo, qui est annus Regis Henrici quadragesimus sextus, fuit idem Rex ad Natale in Turri Londoniarum, cum Regina et consiliariis, [1] sibi nec utilibus neque fidis. Qui timentes sibi vim inferri, præmunierunt se, et intra Turris claustra receperunt. Sed tandem, interveniente Regina, vix quibusdam concordati magnatibus, in pacis amplexibus invicem sunt suscepti. Quo facto, Dominus Rex audacius se extra Turrim exposuit, et, Domino Johanne Maunsel in Turri dimisso, versus Doveriam properavit, et castellum intravit, aditu nec sibi negato nec oblato. Et tunc primo Rex se sensit falsis deceptionibus circumventum, cum videret castellum illud, Baronum custodia tam diligenter custoditum, tam facile ejus ingressui patefactum. Rex autem commendavit illius castri custodiam [2] Domino E. de Waleram, et ad castellum de Roffa properavit, et quædam alia; et ubique liberum invenit introitum et exitum, juxta vota.

The King retires, first, to Dover, and then to Rochester.

Eo tempore, Rex, concepta securitate, decrevit palam a juramento resilire, tanquam absolutus a Papa ab eo, quod fecerat, sacramento. Circuivit igitur per civitates audacter, et castella, volens eorum et totius regni plene possidere dominia; animatus quam maxime quod Rex Franciæ, una cum suis magnatibus, nuper [3] promisit sibi se velle succurrere manu forti. Veniens ergo Wyntoniam, Justiciarium et Cancellarium, nuper institutos a Baronagio, suis privavit officiis, et novos creavit pro suæ beneplacito voluntatis. Quo audito, Barones, communiti armis atque viribus, Wyntoniam properabant. Johannes Maunsel, hæc præsentiens, [4] Regem clam adiit, et de periculo satis docuit; atque ad Turrim Londoniarum redire compulit festinanter.

King Henry determines to break his oath to the Barons.

He returns to the Tower of London.

---

[1] Omitted in Claudius E. iii.
[2] Omitted in Wats's text.
[3] *promiserat* in Wats's text, and Reg. 14 C. vii.
[4] *Rege* in orig., by inadvertence; *Regem* in Wats's text, and Claudius E. iii.

¹ Hoc anno ² Cicestrensis Episcopus Romæ canonizatus A.D. 1262.
est; cujus festivitatis dies celebratur tertio Nonas
Aprilis.

Transit annus iste frugifer satis et fructifer, ³ sed
fallax Anglicis, et fraudulentus.

Compromissio Regis et Procerum in Regem Franciæ.

Anno gratiæ millesimo ducentesimo sexagesimo ter- A.D. 1263.
tio, qui est annus regni Regis Henrici, a Conquæstu
Tertii, quadragesimus septimus, fuit Rex ad Natale,
cum Regina, suisque consiliariis, in Turri Londoniarum. Quo tempore elaboratum est, tam a regni *The King*
Angliæ Pontificibus, quam Prælatis regni Franciæ, ut *and Barons submit to*
pax reformaretur inter Regem Angliæ et Barones. *the arbitra-*
Ventumque est ad illud, ut Rex et proceres se sub- *tion of the King of*
mitterent ordinationi Regis Franciæ, in præmissis *France.*
Provisionibus Oxoniæ, necnon pro deprædationibus et
damnis utrobique illatis.

Rex Franciæ dat sententiam contra Proceres Angliæ.

Igitur, in crastino Sancti Vincentii congregato *The King*
Ambianis populo ⁴ pene innumerabili, Rex Franciæ, *of France awards in*
Lodowycus, coram Episcopis et Comitibus, aliisque *favour of*
Francorum proceribus, solemniter dixit sententiam pro *King Henry.*
Rege Angliæ contra Barones, Statutis Oxoniæ, provisionibus, ordinationibus, et obligationibus, penitus an-
nullatis; hoc excepto, quod antiquæ chartæ Regis
Johannis, Angliæ universitati concessæ, per illam sententiam in nullo intendebat penitus derogare. Quæ *Determi-*
quidem exceptio Comitem Leycestriæ, et cæteros qui *nation of the Earl of*
habebant sensus exercitatos, compulit in proposito *Leicester to uphold*

---

¹ This passage, down to *Aprilis*, is omitted in Reg. 14 C. vii., and Watts's text.
² *Sanctus Ricardus Cicestrensis*, in Claudius E. iii.
³ Omitted in Reg. 14 C. vii., and Watts's text.
⁴ Omitted in Claudius E. iii.

A.D. 1263. tenere firmiter Statuta Oxoniæ, [1] quia fundata fuerant
the Statutes super illam chartam.
of Oxford.

Llewelyn   Hoc tempore, Princeps Walliæ, Lewlinus, Regis
ravages the Angliæ adversarius, fecit cædes et rapinas in terris
lands of
Prince   Edwardi, filii Regis Henrici.
Edward.
[2] Sub eisdem diebus, Philippus, Regis Francorum filius,
accepit uxorem Arrogonum Regis filiam, [3] Ysabellam.

Richard (de   Hoc tempore, Papa Urbanus Beatum Ricardum, Cices-
la Wiche),
Bishop of   trensem, Catalogo Sanctorum ascripsit.
Chichester,   Eo tempore redierunt a Francia qui Parliamento
inserted in
the Cata-   Regis Franciæ interfuerant; Rex, videlicet, Angliæ,
logue of   Henricus, et Regina [4] Alienora, Archiepiscopus Cantu-
Saints.
Machina-   ariensis, Bonifacius, Petrus, Herefordensis Episcopus,
tions con- Johannes Maunsel; qui Baronibus mala quanta potu-
tinued
against the erunt, [5] non cessabant machinari.
Barons.

[6] *Quidam juramentum factum violant.*

Certain of   Ab eo autem tempore, factus est novissimus error
the adhe-   pejor priore. Nempe multi magnates a fidelitate
rents of the
Earl of Lei- Comitis Leycestriæ, qui pro justitia decertabat, perjuri
cester for- recesserunt. Henricus, filius Regis Alemanniæ, accepto
sake him.
honore de Tykhul, a Domino Edwardo, Regis filio, sibi
collato, accessit ad Consulem, dicens ei;—" Domine
" Comes, contra patrem meum, Regem Alemanniæ, et
" avunculum meum, Regem Angliæ, et affines meos,
" non possum ulterius militare. Cum vestra ergo
" benevolentia, licentiatus a vobis recedo. Veruntamen
" contra vos nunquam [7] arma portabo." Cui Consul,
hilariter respondens, ait;—" Domine Henrice, non

---

[1] *quæ* in Wats's text.
[2] From this word down to *ascripsit*, the context is omitted in Wats's text.
[3] *nomine Isabellam*, in Claudius E. iii.
[4] *Elinora* in Reg. 14 C. vii.
[5] *inferebant* in Claudius E. iii., in place of this and the next two words.
[6] Part of this word and the next is cut away in the binding.
[7] Omitted in orig.; supplied from Reg. 14 C. vii., and Claudius E. iii.

"propter arma vestra contristor, sed propter [1] incon- A.D. 1263.
"stantiam quam in vobis cerno. Ite ergo, et cum
"armis vestris redite, [2] quia ea nullatenus pertimesco."

Eo tempore, Rogerus de Clifforde, Rogerus de Leyburne, Johannes de Vallibus, Hamo le Estraunge, et plures alii, muneribus excœcati, a fidelitate quam Baronibus in commune juraverant, recesserunt.

Rogerus de Mortuo Mari Barones infestat.

Eo tempore, Rogerus de Mortuo Mari, fautor partis regiæ, insurrexit contra Comitem Simonem, et terras ipsius ac prædia deprædabatur. Consul autem, jam sibi in amicitia copulato Lewlino, Principe Walliæ, præclarum illuc misit exercitum; qui terras dicti Rogeri invasit, destruxit, et combussit. *The Earl of Leicester enters into alliance with Llewelyn against Roger de Mortimer.*

Eo tempore, Edwardus castra Humfridi de Boun, videlicet, Hay et Huntyngdone, obsedit et cepit: cepit etiam castrum de Brekenoke, et universa dicto Rogero tradidit custodienda. *Prince Edward supports Mortimer.*

Perfidia Roberti de Ferrariis.

Per illud tempus, Robertus de Ferrariis, Comes de Derby, fidus nec Regi nec Baronibus, [3] quasi nomine Baronum, multa mala fecit; ducens nempe fortem exercitum, [4] Wygorniam cepit et intravit, et Judaismum evertit ibidem. Religiosos passim, cum sæcularibus, [5] prædabatur, parca Regis destruxit, et alia plura mala perpetravit; unde postea accusatus capitur, et Londoniis carceri mancipatur. *Robert, Earl of Ferrers, lays waste the royal parks.*

[6] Eodem tempore, Edwardus, Regis filius, astute cepit Gloucestriam, cum castello, et, in odium Baronum, compulit eos redimere villam pro mille libris. *Prince Edward takes Gloucester.*

---

[1] *instantiam* in orig.; corrected from Reg. 14 C. vii., and Wats's text.
[2] *quoniam* in Wats's text.
[3] *quasi non in Baronum numero*, in Wats's text.
[4] *Wyntoniam* in Claudius E. iii.
[5] *deprædabatur* in Claudius E. iii.
[6] *Eo tempore* in Wats's text.

A.D. 1263. [¹ *Narratio notabilis.*]

Miraculous incidents in reference to a Christian, made captive by the Saracens.

²Eodem anno commissum est bellum in terra Regis ³Belmarinorum inter Christianos ¹ et Saracenos; Christianisque vincentibus, Saracenorum plurimi sunt oppressi. Quidam autem ex Saracenis, cujus pater in hoc bello peremptus fuerat, dolens nimium de morte paterna, cupiensque quovismodo vindicari, emit quemdam militem Christianum de aliquo Saraceno, dudum captum, quem fecit omni die stare in conspectu suo, quando processurus fuit ad templum, ut illuderet Christiano. Cujus illusio talis fuit,—Mox ut ad eum accedere potuit, vellebat crines radicitus de dextra parte barbæ suæ, dicens,—" Hoc pro anima patris mei." Et consequenter, de sinistra dixit,—" Hoc pro anima matris " meæ." Cumque per multos dies sic faceret, videbatur pœna intolerabilis Christiano. Tandem ad quemdam Christianorum presbyterum, prout potuit, licet cum difficultate, accessit, quia compeditus erat, et confitebatur eidem quod non valuit hanc pœnam tolerare diutius; requisivitque a presbytero si posset evadere, et arma sumere et aliquos suæ fidei adversantes perimere, numquid tali ausu placere posset Deo. Cui presbyter utique dixit,—" Quanto plures peremeris, tanto plures coronas " promereberis." Suscepit ille dictum, licet inconsultum, quippe quem nimia cogebat angaria, et qui quovis pacto dissolvi ⁴ cuperet ab hac vita; et diruptis quadam die vinculis, sumpsit gladium, et, ingressus templum, quos repperit, obtruncavit. Deinde progressus in civitatem, cunctos obvios, vel in via constitutos, jugulavit, et erat numerus maximus peremptorum. Demum a quadam fœmina, in solario constituta, lapis super caput ejus

---

¹ Omitted in orig; supplied from Claudius E. iii.
² The whole of this narrative, down to A.D. 1264, is omitted in Reg. 14 C. vii., and Wats's text.
³ *Belmariorum* in Claudius E. iii.
⁴ *cupivit* in Claudius E. iii.

demissus est, qui testam, cum cerebro, capitis sui A.D. 1263. rupit. Sicque velut alter Sampson, vel [1] Abimelech, occubuit.

Confestimque hujus facti rumor pervenit ad Regem, videlicet, quod iste vinctus Christianus centum triginta Saracenos manu propria peremisset; et respondit Rex hiis qui de hoc infortunio sunt conquesti,—" Et quid," inquit, "possum modo facere Christiano, nisi ut dimit-" tam corpus ejus canibus devorandum?" Igitur corpus ea nocte, sub divo dimissum, a canibus est intactum, et [2] lumen de cœlo circa corpus micuit, tanquam cum locus aliquis facibus vel luminaribus lucere solet, vel clarescere, apportatis.

Res mane Regi refertur; sed ipse discredit narrantibus, dicens se velle nocte sequente oculata fide videre miraculum, si se ita habeat ut ferebant. Nocte secuta, lux de cœlo, sicut ante, descendit, et tanquam torticii vel grandes cerei accensi fuissent, sic corpus undique illustrabant. Tunc Rex ait,—" Vere," inquit, "bonus " Christianus erat iste, et bona est fides et imita-" bilis Christianorum." Viderat nempe mane corpus conspersum et complutum circa crura et humeros quasi guttis ceræ mundissimæ, quæ quasi deguttassent [3] a cereis de cœlo missis.

Videns autem quidam zelator legis Saracenorum Regem pene tractum ad credendum Christo, cum juramento dixit Regi, quod dictum audivit Christianum per dies aliquot ante phrenesim, quam incurrit, abnegasse Christum, et confessum fuisse se sectatorem legis Machometi. "Et propterea," inquit, "jam ista miracula " contigerunt." Tunc Rex,—" Si ita se res habet, ut

---

[1] Omitted, with an hiatus, in orig.; supplied from Claudius E. iii. See *Judges* x. 53.
[2] Apparently written *lurnē* in orig.; corrected from Claudius E. iii.
[3] *e* in Claudius E. iii.

A.D. 1263. "asseris, expectemus et hanc noctem tertiam, et mane "feramus corpus ad templum, cum gloria tumulandum."

Placuit cunctis Regis sententia, et nox est ab omnibus cum sollicitudine expectata, sicut et duæ noctes priores. Venit ergo nox, venit [1] et lumen de cœlo, multis videntibus, sicut prius. Mane Rex, cum turba maxima civitatis, accessit [2] ut corpus levatum ad templum ferrent, et more Saracenico honorarent. Sed frustrata est eorum opinio nutu Dei. Nam corpus quidem tangere potuerunt, sed de terra levare minime suffecerunt, licet plurimi id tentassent. Apportantur ergo funes, et circumnectitur cadaver tibias, crura, et humeros, centenis Saracenis uno nisu tractantibus. Sed tamen immobile corpus manet.

Erant tunc in civitate multi mercatores Christiani, qui ista videntes supplicaverunt Regi ut venderet eis corpus. Qui, accepta pecunia, permisit eos tollere corpus, si possent. Christiani igitur accedentes, stupentibus [3] Saracenis, sine difficultate corpus elevaverunt, et in feretro posuerunt; quod a quatuor Christianis cum [4] hymnis et canticis delatum est ad ecclesiam quam [5] ibi dicti mercatores habebant, [6] cum lætitia tumulatum.

Saracenorum Rex, hæc videns, et plures de secta sua, Christianorum fidem plurimum prædicabant; et multi de secta Machometi conversi sunt ad fidem Christi. Rex vero, vehementer offensus illi Saraceno, qui juraverat se audisse de ore Christiani se fuisse perversum ad sectam Machometi, jussit eum cædi rigidissime, et ejici de civitate. Confessus nempe fuerat se mendacium confinxisse, ne Rex et populus sectæ suæ, desertis legibus Machometi, se subderent

---

[1] *etiam* in Claudius E. iii.
[2] *ad* in orig., by inadvertence; corrected from Claudius E. iii.
[3] *cunctis Sarasenis* in Claudius E. ix.
[4] *ympnis* in orig.
[5] Omitted in Claudius E. iii.
[6] *et cum* in Claudius E. iii.

legi Christi. Sed Rex, reprobans zelum fultum menda- A.D. 1263.
cio, digne mendacem subjecit ¹ exitio, ut nunquam de
cætero illius urbis solatio vel contubernio frueretur.

Acta Baronum.

Anno gratiæ millesimo ducentesimo sexagesimo A.D. 1264.
quarto, qui est annus regni Regis Henrici, a Conquæstu ².Tertii, quadragesimus octavus, fuit Rex, ad
Natale, Londoniis, cum Regina et Rege Alemanniæ,
Ricardo, aliis quoque multis.

Eo tempore, Simon de Monte Forti, Baronum capita- The Earl of
neus, prædabatur bona Regi adhærentium, et præcipue Leicester
eorum, qui, Reginæ attinentes, per eam introducti possessions
fuerant in Angliam; quos "alienigenas" appellabant. connexions
Quidam vero de parte Baronum ceperunt Episcopum of the
Herefordensem in ecclesia sua Cathedrali, vocatum of other
" Petrum," natione Burgundum, et duxerunt ad castel- adherents
lum de Ordeleya, thesaurum suum inter se ³ pariliter of the King.
dividentes. Deinde, duce Simone de Monte Forti, progreditur exercitus versus Gloverniam, et obsedit castrum per dies quatuor; capiuntque cum ⁴magno labore
Custodem illius castri, Mathiam de Besille, alienige-
nam, sed profecto strenuum militem, et audacem; qui
ductus est ad Episcopum, simili custodiæ mancipandus.
Deinde processit exercitus ad Wygorniam et ⁵ Brugiam,
sive Salopiam, et eas, levi negotio redditas, intraverunt. Deinde proficiscitur Comes ad partes regni
Australes, cum Baronum exercitu; qui insulam Elien- The Barons
sem intraverunt in manu robusta, et totam illam the Isle of
patriam subjugaverunt. Ely.

Rex et Regina per ⁶istud tempus Londoniis mora- John
bantur. Johannes Maunsel per id temporis, clericus, takes to
flight.

---

¹ Sic in orig. and Claudius E. iii.; but qy. if not *exilio?*
² Omitted in orig., Reg. 14 C. vii., and Claudius C. iii.; supplied from Wats's text.
³ *pariter* in Wats's text.
⁴ *exiguo* in Wats's text.
⁵ *Burgiam* in Reg. 14 C. vii.
⁶ *id* in Wats's text.

VOL. II. B

A.D. 1264. quo non erat, ut dicebatur, in toto orbe ditior, Regis et Reginæ consiliarius specialissimus, timens Baronum sævitiam, fugit a Turri latenter.

Henry of Almaine seized by the King's partisans.

Eo tempore captus est per regios satellites Henricus, filius Regis Alemanniæ, ¹ quia favit parti Comitis et Baronum.

Prince Edward garrisons Windsor Castle with aliens.
The King temporizes.

Interea Edwardus, filius Regis, veniens de partibus transmarinis, munivit castrum de Wyndeleshores copiis militaribus alienigenarum, quos secum adduxerat paulo ante. Rex autem timens ne per Baronum exercitum in Turri artaretur, mediantibus viris timoratis, paci Baronum adquievit ad tempus, et Provisiones Oxoniæ servare promisit.

Regina dehonestatur.

The Queen is insulted by the Londoners.

Regina vero, fœminea malitia instigata, quantum potuit contradixit. Quamobrem, cum se transferre vellet ad castrum de Wyndeleshores per flumen ² Tamisii, et ³ scapham ascendisset, multitudo civitatis plebeia, ad pontem, sub quo transitura erat, congregata, in eam convitia et maledicta confuso clamore congessit, et jactu luti atque lapidum ad Turrim reverti coegit.

Forma pacis, cito fracta.

Heads of a treaty made, but soon broken.

Forma pacis inter Regem, Comitem, et Barones, istis conditionibus includebatur :— Ut inprimis, Henricus, Regis Almanniæ filius, de custodia liberaretur. Ut castra Regis omnia, per totam Angliam, Baronum custodiæ traderentur. Ut Provisiones Oxoniæ inviolabiliter observarentur. Ut omnes alienigenæ infra certum tempus regnum evacuarent; exceptis hiis, quorum ⁴ moram ⁵ fideles de regno unanimi assensu acceptarent. Ut indigenæ, regno fideles et utiles, negotia regni de cætero sub Rege disponerent.

---

¹ *qui* in Reg. 14 C. vii., and Wats's text.
² *Tamisiæ* in Wats's text.
³ *sapham* in orig., by inadvertence.
⁴ *mora* in Claudius E. iii.
⁵ *fidelem* in Wats's text.

Edwardus artatur Bristollii.

A.D. 1264.

Hiis ita ¹peractis, post pusillum, non obstantibus pactis, permissionibus, sacramentis, milites quidam de parte Regis castrum de Wyndeleshores munierunt victualibus multis et armis. *(Windsor Castle is victualled and fortified.)*

Edwardus vero, Regis filius, eo tempore ad castrum ²Bristolli venit; ubi inter milites suos et villanos suborta discordia, villani paraverunt obsidionem ponere circa castrum. Quod pertimescens Edwardus, Walterum, Wygorniensem Episcopum, qui partem Baronum fovit, accersiri fecit, ut in ejus conductu patris Curiam adire posset securus; spondens se patri, et ejus Consilio, ³ea quæ pacis erant, efficaciter ⁴suadere. Profectus igitur cum Episcopo, cum appropinquaret castro de Wyndeleshores, ingressus est illud; quod suspectum habens, Episcopus male tulit. *(Prince Edward enters Windsor Castle.)*

Castrum de Wyndeshores redditur Comiti.

Aderat tunc Comes Simon, volens castrum obsidere; cui occurrit Edwardus circa villam de ⁵Niggestone, offerens tractatum pacis eidem. Sed Comes, fretus consilio præfati Walteri, Episcopi, Edwardum, suo frustratum proposito, et redire volentem, ⁶detinuit. Sicque redditum est castrum de Wyndeleshores Comiti, concessa custodibus ejus ad recedendum, cum suis omnibus, quo volebant, libera facultate. ⁷Alienigenis autem, et volentibus trans mare redire, salvus datur conductus. *(The Earl of Leicester seizes Prince Edward, and the Castle is delivered to him.)*

---

¹ *pactis* in Wats's text.
² *Bristolliæ* in Reg. 14 C. vii.
³ *ad ea* in Reg. 14 C. vii.
⁴ *evadere* in orig.; corrected from Wats's text, and Claudius E. iii.
⁵ *Kynggestone* in Reg. 14 C. vii.; *Kyngestone* in Wats's text and Claudius E. iii.
⁶ *prohibuit et detinuit* in Wats's text.
⁷ *Alienigenas* in orig.; corrected from Reg. 14 C. vii., Wats's text, and Claudius E. iii.

Acta in Wallia.

Ravages committed by Llewelyn.

Eo tempore, Lewlinus, Princeps Walliæ, Comiti Simoni confœderatus, Comitatum Cestriæ, et Marchiam ejus, interim devastavit, duoque Edwardi castra, [1] Dissard, et Gannok, diruens ad solum complanavit.

Parliamentum.

Henry of Almaine and others, forsake the Earl of Leicester.

Post hæc, Parliamentum Londoniis convocatur; in quo, dum multi qui parti Comitis prius adhæserant, ad partem se regiam contulerunt, inter quos præcipuus erat Henricus de Alemannia, Ricardi, Regis Alemannorum, de prima uxore filius, potestas regia cœpit aliquantulum respirare. Denique Rex Doveriam accedens, satagit castrum illud de manu [2] Comitis extorquere; sed frustratus intento discessit.

Acta Romanorum.

Charles I. of Sicily, is made Senator of Rome.

Karolus, Comes, in perpetuum urbis Romanæ eligitur [3] in Senatorem. Cui Papa Urbanus regnum Siciliæ, usque ad quartum hæredem contulit, eo pacto, ut illud auferret Menifredo.

Rex Henricus Sanctam visitat Fredeswidam.

King Henry visits Saint Frideswide at Oxford.

Eo tempore, Henricus Rex, Oxoniam veniens personaliter, orationis gratia, Sanctam adiit Fredeswydam, quod nullus regum Angliæ ante ipsum audere præsumpsit; non veritus superstitiosam opinionem illorum, qui putant illicitum Anglorum regibus villam intrare, ultionem in illos virgine exercente. Ad quem cum advenisset filius ejus Edwardus, coadunato exercitu, disposuit Barones in manu valida propulsare.[4]

He is joined by Prince Edward.

---

[1] *Diffard* in Reg. 14 C. vii.
[2] *Regis* in Claudius E. iii., by inadvertence.
[3] Supplied from Claudius E. iii.; omitted in Reg. 14 C. vii., and Wats's text.

[4] *Ejecit primo clerum de Oxoniis ne faveret Baronibus. Interim Londonienses, etc.*, in Reg. 14 C. vii.; *Ejecit primo clerum de Oxonia, et interim Londinenses, etc.*, in Wats's text.

CHRONICA. 21

Interim Londonienses, Justiciarios Regis et Barones de Scaccario capientes, carceri manciparunt. Rex vero, habens secum illustres principes, Ricardum, germanum suum, Regem Alemanniæ, ac filium suum Edwardum, Willelmumque de Valencia, fratrem uterinum, clarissimosque milites, Johannem Comyn de Scotia, cum Scotorum multitudine, Johannem de Balliolo, dominum [1] Galwydiæ, Robertum de Brus, [2] dominum de Vallis [3] Anandiæ, Rogerum de Clifforde, Philippum [4] Marmyun, Johannem de [5] Vallibus, Rogerum de Leyburne, Henricum de Percy, Philippum Basset, Rogerum de Mortuo Mari, cum exercitu progrediens, villam [6] Norhamptone obsedit, quam Dominica in Passione, fracto muro, intravit. A.D. 1264. King Henry besieges, and enters, Northampton.

Rex capit adversarios.

Cepitque in illa milites vexilliferos quindecim, videlicet, Simonem Juniorem, Willelmum de Ferrariis, Petrum de Monte Forti, Baldewynum Wake, Adam de Novo Mercato, Rogerum Bertrandi, Simonem filium Simonis, qui primo vexillum contra Regem erexerat, Berengarium de Watervyle, Hugonem Gubyone, Thomam Maunsel, Rogerum Boteveleyne, Nicholaum Wake, Robertum de Newyntone, Philippum de Driby, Grymbaldum Paunsenont, quos omnes transmisit ad diversa castra, sub arta custodia conservandos. Capti sunt insuper milites minoris gradus circiter quadraginta, scutiferique non pauci. Prisoners captured at Northampton.

Acta Regis et Baronum.

Perrexit inde Rex versus Notyngham, maneria Baronum ubique tam incendio quam [7] cæde vastans, Further warlike proceed-

---

[1] *Galizidiæ* in Claudius E. iii.
[2] *Dominum Rallis* in Wats's text.
[3] *Inandiæ* in orig.; corrected from Claudius E. iii.
[4] *de Marmyun* in Claudius E. iii.
[5] *Rallibus* in Wats's text.
[6] *Northamptone* in Claudius E. iii. and Reg. 14 C. vii.; *Northamton* in Wats's text.
[7] *gladio vastans* in Wats's text.

auctusque est regalium numerus vehementer. Comes
Simon, hiis auditis, pergit Londonias, et, paratis machinis, decrevit expugnare urbem Roffensem, quam
Comes Johannes de Warenna tunc tenuit, et defendit.
Cujus cum [1] portam primam, una cum ponte, cepis-
sent Simon et sui, nunciatum est Regem venire
Londonias; propter quod, omissa obsidione, in ejus
occursum celeriter redierunt. Rex autem, declinans
a civitate Londoniarum, cepit castrum de Kynggestone,
quod erat Comitis Gloverniæ, profectusque Roffam,
quosdam qui in obsidione remanserant, fugavit, plurimis interfectis. Deinde cepit castrum de Tonbrigge,[2]
et in eo Gloverniæ Comitissam, quam tamen liberam
abire permisit; relictaque ad custodiam militia competenti, perrexit Wynchilseyham, ubi Portuenses ad
pacem recepit. Ultraque profectus, pervenit usque
Lewes, receptusque est ipse in Prioratu, et filius ejus
in Castro; ubi dum esset, scripserunt ei Barones litteras hujus tenoris:—

Littera Baronum, Regi missa.

" Excellentissimo Domino suo, Henrico, Dei gratia,
" illustri Regi Angliæ, Domino Hiberniæ, [3] Duci
" Aquitanniæ, Barones et alii fideles sui, sacramentum
" et fidelitatem Deo et sibi observare volentes, salu-
" tem et debitum, cum honore et reverentia, famula-
" tum. Cum per plurima experimenta liqueat, quod
" quidam, vobis assistentes, multa de nobis mendacia
" vestræ dominationi ingesserunt, mala quantum pos-
" sunt, non solum nobis, sed etiam vobis et toti regno
" vestro, intentantes, noverit excellentia vestra, quod
" salutem, sanitatemque corporis vestri, totis viribus,
" et fidelitate vobis debita, volumus observare, inimi-
" cos non solum nostros, sed etiam [4] vestros, et totius

---

[1] *partem* in Wats's text.
[2] This word is followed by *et cepit illud*, in orig., by inadvertence.
[3] *et Duci* in Claudius E. iii.
[4] *vestris* in orig., by inadvertence.

"regni vestri, juxta posse gravare proponentes, illis, A.D. 1264.
"si placet, supradictis non credatis. Nos vero fideles
"vestri semper inveniemur; et nos, Comes Leycestriæ
"et Gilbertus de Clara, ad petitionem aliorum, pro
"nobis ipsis signa apposuimus. Data, etc."

Hanc epistolam contemnens, Rex ad bellum totis affectibus inardescit, rescribens eis hanc litteram diffiduciationis, sub hac forma:—

Littera Regis diffiduciationis.

"Henricus, Dei gratia, Rex Angliæ, Dominus Hiberniæ, Dux Aquitanniæ, Simoni de Monte Forti, Gilberto de Clara, et eorum complicibus. Cum per [1] werram et perturbationem generalem in regno nostro jam per vos [2] subortas, necnon incendia et alia damna enormia, appareat manifeste, quod fidelitatem nostram nobis non observatis, nec de securitate [3] cordis nostri in aliquo curatis; eo quod magnates et [4] alios fideles nostros, nostræ fidei constanter adhærentes, enormiter gravastis, et ipsos pro posse vestro gravare proponitis, sicut per litteras vestras nobis [5] significastis, nos, ipsorum gravamen nostrum proprium, et eorum inimicos nostros, reputantes, cum tamen præcipue prædicti fideles nostri pro fidelitate sua observanda contra infidelitatem vestram [6] vobis viriliter insistant, de vestra fidelitate non curamus, nec amore, et eorum inimicos diffidamus. Teste meipso apud Lewes, duodecimo die Maii, anno regni nostri quadragesimo octavo."

Rex [7] etiam Alemanniæ, et Edwardus, filius Regis, nomine suo et aliorum Regi adhærentium, scripserunt dictis Comitibus, et eorum complicibus, in hac forma:—

Letter of defiance, sent by the King in answer.

---

[1] *bellum* in Wats's text; *guerram* in Claudius E. iii.
[2] *suborta* in Wats's text.
[3] *corporis* in Wats's text, and Claudius E.iii.; *coris* in Reg.14 C.vii.
[4] *significatis* in Wats's text.
[5] *nobis viriliter assistant* in Wats's text.
[6] Omitted in Wats's text.

A.D. 1264. *Littera Regis Alemaniæ ad Barones.*

Letter of defiance sent to the Barons by the King of Almaine and Prince Edward.

"Ricardus, Dei gratia, Rex Romanorum, semper
"Augustus, et Edwardus, illustris Regis Angliæ pri-
"mogenitus, cæterique Barones omnes et [1] nobiles,
"prædicto Regi Angliæ constanter adhærentes fide
"sincera et operibus, [2]Simon[i] de Monte Forti, Gilberto
"de Clara, ac cæteris universis et singulis perfidiæ
"suæ complicibus. Ex litteris vestris, quas illustri
"Regi Angliæ, Domino nostro, transmisistis, accepimus
"nos esse diffidatos a vobis, licet hujusmodi verbalis
"diffidatio [3]satis fuerit in nos realiter ante, manu
"hostili, [3]in rerum nostrarum incendiis et bonorum
"nostrorum depopulationibus, [4]persecutione probata.
"Nos igitur [5]scire [6]vos volumus, vos a nobis universis
"et singulis, tanquam hostes publicos, ab hostibus
"diffidatos, [7]qui deinceps personarum vestrarum et
"rerum dispendiis, ubicunque nobis ad hoc facultas
"fuerit, totis viribus insistemus. Et hoc quod [8]falso
"nobis imponitis, quod nec fidele nec bonum ipsi
"Domino Regi damus consilium, nequaquam verum
"dicitis. Et si vos, Domine Simon de Monte Forti,
"vel Gilberte de Clara, hoc idem in Curia Domini
"Regis volueritis asserere, parati sumus vobis securum
"ad veniendum ad dictam Curiam procurare conduc-
"tum, et nostræ innocentiæ veritatem, et utriusque
"vestrum, sicut perfidi proditoris, mendacium declarare,
"per aliquem nobilitate et genere [9]vobis parem.
"Omnes nos contenti sumus prædictorum Dominorum
"sigillis, [10]videlicet, Domini Regis Romanorum, et
"Domini Edwardi."—Data uti prius.

---

[1] *milites* in Wats's text.
[2] *s* occurs before this word in orig., but not in the other texts.
[3] Omitted in Wats's text.
[4] *prosecutione* in Reg. 14 C. vii., and Wats's text.
[5] Omitted in Reg. 14 C. vii.
[6] *vos omnes a vobis universis et singulis*, in Wats's text.
[7] *quoniam* in Wats's text.
[8] *falsa* in orig., Reg. 14 C. vii., and Claudius E. iii., by inadvertence.
[9] *nobis* in Wats's text.
[10] *ultra Domini*, in Wats's text.

Barones iterum petentes pacem, repelluntur. A.D. 1264.

Miserant autem Barones pacis mediatores ad Regem, Henricum, Londoniensem, et Willelmum de Cantilupo, Wygorniensem,[1] Episcopos, offerentes, pro damnis per regnum factis per eos, triginta millia librarum, salvis [2] per omnia Statutis Oxoniæ. Sed Rex Alemanniæ, [3] qui nullum voluit videri parem sibi, indignatus quam maxime quod in eum Barones insurrexerant, et ejus bona diripuerant, reclamavit, et pacem tunc temporis perturbavit.

[4] Cumque redissent qui missi fuerant, nunciaverunt partem adversam bellum finaliter expectare. Igitur Comes Simon, totam noctem illam ducens insomnem, more solito vacavit divinis officiis et orationibus, suos ad pure confessiones faciendas exhortando. Willelmus [5] de Cantilupo, Wygorniensis Episcopus, omnibus absolutionem impendens, jussit ut, in remissionem peccatorum, pro justitia illa die viriliter decertarent, promittens omnibus taliter morientibus ingressum regni coelestis.

The Barons offer terms to the King, which are rejected.

The Earl of Leicester prepares for battle

Certificati ergo de bello, mane ante solis ortum exeunt villam de [6]Flexinge, ubi magna pars [7]eorum pernoctaverat; quæ villa distabat a villa de Lewys per sex milliaria. Ante præsentem expeditionem, Comes Simon de Monte Forti Gilbertum de Clara cinxit gladio militari.

Gilbert de Clare receives knighthood from the Earl of Leicester.

Cumque [8]propinquassent villæ de Lewys, ad locum vix duobus milliariis distantem a villa, Simon, cum suis, ascendit montem, et currum suum in medio sar-

The Earl of Leicester arranges his troops.

---

[1] *Et Wyntoniensem* is inserted here in Claudius E. iii.

[2] *in omnibus* in Reg. 14 C. vii., and Wats's text.

[3] *qui nullam videre pacem voluit*, in Wats's text.

[4] *Quum* in Wats's text.

[5] *etiam de* in Reg. 14 C. vii., Wats's text, and Claudius E. iii.

[6] *Flexnemge* in Wats's text; *Flexingere* in Claudius E. iii.

[7] *totam noctem pernoctaverat* in Wats's text.

[8] *appropinquassent* in Claudius E. iii.

A.D. 1264. cinarum et summariorum suorum ibidem posuit, vexillumque, ex industria desuper impositum, strictissime collocavit, in gyrum armatis plurimis collocatis. Ipse vero, cum exercitu suo, partes collaterales tenuit, et rei eventum præstolabatur. [1] In quem quidem currum introduxerat quatuor cives Londonienses, qui in ejus proditionem, cum pernoctaret in [2] Southwerk, conspiraverant paulo ante. Hæc autem fecit ad cautelam.

The Earl's adherents wear white crosses, as their cognisance.

Ordinatis igitur prudenter agminibus, cruces albas in pectore et in dorso jussit insuere, super arma, ut ab hostibus cognoscerentur, et [3] demonstrarent se pro justitia dimicare. Ipso die mane, Baronum exercitus satellites Regis, qui pro quærendo [4] victu sive pabulo egressi fuerant, repente [5] invadit, et plurimos morti tradit.

Bellum de Lewes.

Array of the King's army.

Rex igitur, certificatus de adventu Baronum, cum suis mox progreditur, vexillis explicatis, præcedente eum signo regio, indicium mortis [6] prætendente, quod " Draconem " [7] vocant. Cujus exercitus in tres partes divisus [8] erat.—Primæ aciei præfuit Edwardus, Regis primogenitus, cum Willelmo de Valencia, Penbrochiæ, et Johanne de Warenna, Surreyæ et Southsexiæ, Comitibus. Secundæ Rex Alemanniæ, cum filio suo, Henrico; tertiæ vero Rex ipse Henricus. Baronum vero exercitus in quatuor [9] acies divisus erat. Quarum primæ Henricus de Monte Forti, cum Comite Herefordiæ; secundæ Gilbertus de Clare, cum Johanne,

---

[1] *In quendam currum introduxerat quatuor* in Wats's text; *in quidem currum, etc.*, in Reg. 14 C. vii.

[2] *Hothewerke* in Wats's text; *Sothewerk* in Reg. 14 C. vii.

[3] *demonstrent* in Wats's text; *demonstrare* in Claudius E. iii.

[4] *victu sibi et pabulum* in Wats's text.

[5] *in vadunt* in orig.; corrected from Reg. 14 C. vii.

[6] *præcedente* in orig.; corrected from Reg. 14 C. vii., and Claudius E. iii.

[7] *vocavit* in Wats's text.

[8] *fuerat* in Claudius E. iii.

[9] *partes divisus* in Claudius E. iii.

filio Johannis, ¹et Willelmo de Monte Canusii; tertiæ, A.D. 1264. in 'qua erant Londonienses et Nicholaus de Segrave; quartæ ipse Comes Simon, cum Thoma de Pelvestone, præfuerunt.

Edwardus igitur, cum acie sua, tanto impetu in hostes irruit, ut eos retrocedere cogeret; quorum multi submersi sunt, ut fertur, ad numerum militum sexaginta. Londonienses mox in fugam versi sunt; quorum sanguinem Edwardus sitiens, pro materno opprobrio, quod dudum suæ intulerant genitrici, eos persequitur ad quatuor milliarium spatium, cædem gravissimam inferendo; per cujus absentiam multum minuebatur ²robur regalis ³exercitus. *Prince Edward defeats the Londoners, and pursues them.*

Interim multi potentes de regio exercitu, videntes vexillum Comitis super montem, et putantes eum esse ibi, illuc properant, et cives illos Londonienses repente trucidant, nescientes eos fuisse suæ partis fautores. Comes interim, et Gilbertus de Clara, nullatenus quiescentes, feriunt, sternunt, et obvios morti tradunt, summo conamine gestientes capere Regem vivum. Corruerunt ergo plurimi de parte Regis. Johannes, Comes de Warenna, et Willelmus de Valencia, et Gwido de Liziniaco, omnes fratres Regis uterini, Hugo Bigot, et circiter trecenti loricati, Baronum ferocitatem considerantes, terga verterunt. ⁴ Capti sunt igitur Rex Alemanniæ, Ricardus, Robertus de Brus, et Johannes Comyn, qui adduxerant Scotos illuc. Rex etiam Henricus, dextrario suo sub se confosso, reddidit se Comiti Simoni de Monte Forti, qui mox in Prioratu, apposita custodia, est reclusus. *Certain citizens of London are slain by the Earl's troops, by mistake.* *The King's troops are finally defeated.* *The King is captured.*

Perempti sunt illic eo die multi Barones de Scotia, peditibus, qui cum eis venerant, grandi numero jugulatis. Capti sunt præterea Humfridus de Boun, Comes

---

¹ Omitted in orig.; supplied from Wats's text.
² *robur regale* in Wats's text.
³ Omitted in Reg. 14 C. vii.

⁴ From this word, to "*Capti sunt præterea*," the context is omitted in Claudius E. iii.

A.D. 1264. Herfordiæ, Johannes filius Alani, Comitis Arundeliæ,
Willelmus Bardolf, Robertus de Tateshale, Rogerus de
Someri, Henricus Percy, Philippus Basset. Ceciderunt
autem ex parte Regis, Justiciarii Willelmus de Wiltone, et Fulco filius Warini, alter percussus gladio,
alter submersus in fluvio. Ex parte Baronum, ceciderunt Radulphus Heringaud, Baro, et Willelmus Blundus,
vexillarius Comitis. Ex utraque parte dicuntur ad
quinque millia cecidisse.

Prisoners taken by the Earl of Leicester.

Losses of the Earl's army.

Edwardus rediens commissus est Baronibus, pro pacis securitate.

Prince Edward returns from the pursuit, and the Barons treat with him.

Edwardus autem, cum suis commilitonibus, reversus
a cæde Londoniensium, ignorans quid patri suo contigisset, villam circuiens, pervenit ad castrum de
Lewes; [1] et cum patrem suum non invenisset ibidem,
ingressus est Prioratum de Lewes, ubi et patrem repperit et gesta cognovit. Barones interim insultum
dederunt ad castrum, sed cum inclusi viriliter sese
defenderent, subtrahunt se Barones. Edwardus vero,
cognita castrensium audacia, plurimum animatus est;
unde recollectis suis, voluit iterum prœliari. Quo
comperto, miserunt Barones pacis mediatores, promittentes se in crastino velle de pace tractare cum effectu.

Prince Edward yields himself up a prisoner, in place of his father.

In crastino, discurrentibus inter partes Fratribus
Prædicatoribus et Minoribus, sic actum est, ut, feria
sexta sequente, Edwardus et Henricus pro patribus
suis, Regibus Angliæ et Alemanniæ, se Comiti Simoni
[2] traderent, sub spe pacis et quietis; ita ut cum deliberatione tractaretur, quæ Provisionum et Statutorum
essent pro utilitate regni tenenda, et quæ delenda, et
quod hinc inde [3] captivi absque ullo pretio redderentur.

---

[1] From this word down to "Prio-
"ratum de Lewes," the context is
omitted in Claudius E. iii.

[2] *tradiderunt* in Reg. 14 C. vii.
[3] *captum* in Wats's text.

Sabbato sequenti, Rex omnes qui sibi adhæserant, licentiavit ad propria, scripsitque, de voluntate Comitis Simonis, hiis qui erant in munitione de Tonebrigge, quod, redeuntes ad sua, Baronibus non nocerent. At illi, [1] hoc non obstante, armati procedentes, cum audissent Londonienses qui de bello fugerunt, apud Croydone receptos, illuc properantes, plurimis eorum peremptis, spolia abstulerunt. Exinde tendebant versus Bristollum, ubi usque ad liberationem Edwardi, in præsidio remanserunt. Edwardus autem ad castellum Walyngfordiæ mittitur conservandus.

A.D. 1264. The King's adherents at Tunbridge attack the Londoners.

Prince Edward is sent to Wallingford.

Miseria Communitatis.

Totus annus iste, cum quinque mensibus et duabus septimanis, asperitate [2] werræ inhorruit; et dum quilibet sua castella defendere studuit, [3] quæque vicina depopulabatur, agros vastans, abducens pecora, ad defensionem castellorum; nec etiam ecclesiis aut cœmeteriis deferebantur. Domus insuper pauperculorum ruricolarum, usque ad stramentum lectorum, rimabantur et expilabantur. Sed et licet Comes præcepta dedisset, sub pœna decapitationis, ne quis [4] ad sanctam ecclesiam vel cœmeterium deprædaturus intrare præsumeret, nec religiosis viris, vel eorum famulis, manus violentas inferret, nihil [5] hac industria fere profecit. Nempe nec episcopi, nec abbates, nec ulli religiosi, de villa in villam progredi potuerunt, quin a vispilionibus prædarentur.

Miseries inflicted upon the country by the civil war.

Annalis Conclusio.

Transit annus iste frugifer, [6] fructifer, bene temperatus, et sanus; sed in cunctis eventibus Angliæ

---

[1] Omitted in Reg. 14 C. vii.
[2] *belli* in Wats's text.
   quisque in Wats's text.
[4] *in* in Reg. 14 C. vii.
[5] *hec* in orig., and Reg. 14 C. vii., by inadvertence.
[6] Omitted in Wats's text.

A.D. 1264. dispendiosus, propter ¹werram communem, propter regum captionem, propter rerum communium et privatarum flebilem direptionem.

Acta Comitis Simonis.

A.D. 1265.
The King and Prince Edward are kept in duress by the Earl of Leicester, who shews due respect to the King.

Anno gratiæ millesimo ducentesimo sexagesimo quinto, qui est annus regni Regis Henrici, a Conquæstu Tertii, quadragesimus nonus, Rex detinebatur in custodia Comitis Simonis, cum Rege Alemanniæ, Ricardo, fratre suo germano, et Edwardo, filio suo primogenito, aliisque quibusdam nobilibus concaptivis. Comes autem Simon Regem Angliæ, et filium ejus Edwardum, eductum de Walyngfordia, secum, tam anno præterito quam præsenti, ²circumduxit, quousque castra terræ fortiora omnia occupasset; et extunc ad tractandum de pace, secundum formam præmissam, difficiliorem se exhibuit, eo quod Regem et regnum totum habuit in sua potestate. Denique Regem Romanorum in Turri Londoniarum, Edwardum vero, et Henricum, Regum filios, in castro Doveriæ, sub custodia posuit, Regem Angliæ jugiter secum ducens. Qui tamen, quocunque locorum pervenit, honorifice et regaliter est susceptus, Comite ³illi omnimodam reverentiam exhibente.

Acta in Marchia Walliæ.

Transactions on the borders of Wales.

Interim milites inclyti, et in armis ⁴expertissimi, videlicet, Rogerus de Mortuo Mari, Jacobus de Audeliaco, Rogerus de Leyburne, Rogerus de Clifforde, Haymo Lestraunge, Hugo de ⁵Turbervyle, cum aliis pluribus, indigne ferentes Reges, regiamque sobolem,

---

¹ *bellum commune* in Wats's text.
² *secum* is repeated here in orig., and Reg. 14 C. vii., by inadvertence.
³ *illum* in Claudius E. iii., by inadvertence.
⁴ *peritissimi* in Reg. 14 C. vii.
⁵ *Turbelvyle* in Claudius E. iii.; *Turburvile* in Reg. 14 C. vii.

sic tractari, unanimi contra Comitem Leycestriæ in- A.D. 1265.
surgunt consensu. Ad quorum compescendam audaciam,
Comes Simon, associato sibi Lewlino, Principe Walliæ,
castrum Herefordiæ intravit, illicque Edwardum captivum de Doveria transtulit. Deinde castrum Comitis A tempo-
Herefordiæ, quod "Hay" dicitur, recuperavit, et cas- rary peace
trum de Lodelowe cepit, ¹ devastandoque terras Rogeri the King's
de Mortuo Mari, progreditur versus Montem Gomeri; supporters
ibique facta est ² pax inter Comitem Simonem et præ- Earl of
dictos nobiles, obsidibus ab eis datis. Deinde Comes Leicester.
ad partes Australes progreditur, ut occurreret militiæ,
quæ de partibus Gallicanis in subsidium Regis dicebatur ventura.

Legatus evocat Episcopos Angliæ Boloniam.

Eo tempore, Urbanus Papa, turbationi regni ³ An- The
glicani compatiens, legatum misit, Dominum Sabinen- English
sem Episcopum Cardinalem; qui, Angliam intrare non summoned
valens, navigio Quinque Portuum mare occupante, by the
quosdam Episcopos ex Anglia ad se, primo Ambianis, Amiens
deinde Boloniam, evocavit. Quibus sententiam excom- and Bou-
municationis et interdictum, auctoritate Papali, in civi- logne.
tatem Londoniarum et Quinque Portus, omnesque
pacem Regis Angliæ turbantes, fulminatam, publican-
dam, exequendamque, commisit. Dissimulaverunt nihilominus Episcopi negotium; de cujus causa, non
satis certa, diversi varie opinantur.

*Discordia mota inter Comitem Simonem et Gilbertum
de Clare.*

Hoc anno, dum adhuc Edwardus, filius Regis, in Dissension
castro Herefordiæ in custodia teneretur, suborta est between
 the Earl of

---

¹ *devastando* in Claudius E. iii.
² Omitted in orig.; supplied from Reg. 14 C. vii., and Wats's text. The reading in Claudius E. iii. wholly varies here:—" *Ibique facta est* " *inter Comitem Simonem et præ-* " *dictos nobiles cædes magna. Deinde* " *Comes ad partes Australes, etc.*"
³ *Angliæ* in Wats's text.

A.D. 1265.
Leicester and Gilbert de Clare.

Grounds for the dissension.

discordia inter Comitem Leycestriæ, Simonem, et Gilbertum de Clara, occasione subscripta.—Comes Leycestriæ non est contentus Regem Angliæ a se captivum detineri; verum castra regia in ditionem propriam accepit, disponens pro libito suo regnum totum. Et, quod præcipue offendebat, proventus regni, redemptionesque captivorum, [1]emolumenta alia, quæ inter eos æqua sorte, secundum conventionis formam, debebant dividi, sibi soli totaliter vendicabat. A filiis quoque [2]suis, in superbiam erectis, [3]contemptui videbatur haberi, qui eo tempore fecerant [4]acclamari torneamentum apud Dunstapliam contra Comitem Gloverniæ; quo accesserunt Londonienses et infinita multitudo militum et armatorum. Quod cum didicisset pater eorum Simon, increpavit præsumptionem, firmiter injungens ut ab inceptis desisterent; comminando quod nisi parerent ejus jussioni, eos in tali loco poneret, ubi [5]ne solis neque lunæ beneficio fruerentur.

Audiens hæc Comes Gloverniæ, ultra quam credi potest, incanduit, et multi qui parati fuerant ad torneamentum prædictum, dure ferebant se frustratos [6]a proposito, maxime propter expensas quas fecerant ad negotium memoratum, improperantes et dicentes de Comite, quod ridiculosum erat, quod [7]hic alienigena præsumebat sibi totius regni dominium subjugare. Augebat indignationem Gilberti, quod idem Simon requisitus [8]per eum et rogatus fuerat, ut Regem Alemanniæ, quosdamque captivos alios, per ipsum Gilbertum et suos in bello captos, sibi redderet. Qui

---

[1] *emolumentaque* in Reg. 14 C. vii., Claudius E. iii., and Wats's text.
[2] Omitted in Wats's text.
[3] *contemptim* in Wats's text; *contemptu* in Claudius E. iii.
[4] *acclamare* in Claudius E. iii.
[5] *nec* in Reg. 14 C. vii. and Wats's text; *neque* in Claudius E. iii.
[6] Omitted in Reg. 14 C. vii. and Wats's text.
[7] Omitted in Wats's text.
[8] These two words are omitted in Reg. 14 C. vii., and Wats's text.

CHRONICA. 33

¹Simon ²nimis breviter, ³sive leviter, respondit eidem; A.D. 1265.
ob quas causas amicitia pristina in odium est conversa,
in tantum, ut nec juramenti consideratio, nec ⁴antiqua
devotio, dictum Gilbertum deinceps potuit pacificare.
Discedens quippe Comes Gilbertus milites nobiles de
Marchia, quorum supra ⁵facta est mentio, quos jam
Comes Simon edicto publico regnum evacuare jusserat,
accersitos, fœdere ⁶sibi jungit. Auxerunt eorum societatem Johannes de Warenna, Surreyæ et Southsexiæ
Comes, ⁷ et Willelmus de Valencia, Comes Penbrochiæ;
qui, in Occidentales partes Walliæ per mare devecti,
Penbrochiæ applicuerant. Igitur Comes Simon, Regem
secum ducens, Herefordiam proficiscitur, collectaque
manu valida, prædictos milites potenter opprimere
⁸disponebat. Interim per quosdam elaboratum est *Vain attempts made for their reconciliation.*
Prælatos, ut Comites Leycestriæ et Gloverniæ ad pris-
tinam ducerent unitatem; sed nihil proficere potuerunt.

Edwardus evadit.

Circa tempus præsens, dum hæc aguntur, Edwardus, *Prince Edward escapes from the Earl of Leicester.*
Regis filius, in castro Herefordiæ detentus sub custodia,
permittitur, spatiandi gratia, a custodibus extra urbem
in quodam prato equorum cursu se exercere. Qui,
tentatis pluribus, et currendo fatigatis, ⁹tandem unum,
quem electum sciebat, ascendens dextrarium, urgensque
calcaribus, custodibus valedixit; transitoque flumine
quod ¹⁰ " Wey " dicitur, cum duobus militibus et quatuor scutiferis, propositi sui consciis, versus castrum

---

¹ *quidem Simon* in Claudius E. iii.
² Omitted in Reg. 14 C. vii., and Wats's text.
³ These two words are omitted in Reg. 14 C. vii., and Wats's text.
⁴ *aliqua* in Wats's text.
⁵ *fit mentio* in Claudius E. iii.
⁶ Omitted in Reg. 14 C. vii., and Wats's text.
⁷ Omitted in Wats's text.
⁸ *satagebat* in Claudius E. iii.
⁹ *tandem quendam electum sumebat dextrarium, quem ascendens, urgensque, etc.* in Wats's text.
¹⁰ *Wer* in Reg. 14 C. vii., and Wats's text.

VOL. II. C

A.D. 1265. de Wigmor dirigit iter suum. Custodes vero, eum insequentes, cum vidissent vexilla Dominorum [1] Rogeri de Mortuo Mari et Rogeri de Clifforde, Edwardo, in salutis præsidium, occurrentium, delusi Herefordiam revertuntur. Hæc autem acta sunt in Vigilia Trinitatis, [2] consilio et industria militum prædictorum.

Edwardus colligit exercitum.

Prince Edward raises an army.

Edwardus [3] igitur, a custodia liberatus, magno exercitu coadunato, multis ad eum confluentibus, Comitatus Herefordensem, Wygorniensem, Salopiensem, Cestrensem, suæ parti confœderavit, cum pagis et villis, civitatibus et castellis. Villam [4] etiam Gloverniæ, quam Comes nuper obtinuerat, expugnavit et cepit, fugientibus ad castellum custodibus qui fuerant in eadem. Qui, post dies quindecim, reddito castro, et præstito juramento, quod contra Edwardum arma de cætero non portarent, liberi dimittuntur. Comes vero Leycestriæ castrum [5] Monemutæ, quod Comes Gloverniæ nuper ceperat et munierat, coactis ad deditionem custodibus, ad solum prostravit; ingressusque terram ejusdem Comitis, [6] scilicet, Glomergantiam, habuit sibi obvium, in succursum, Principem Walliæ; qui juncti pariter, omnia vastaverunt incendio atque cæde.

He joins the Earl of Gloucester.

Interim vero, Edwardus, audiens quod multi de parte Comitis Simonis ad castrum de Kenelwurthe confluxerunt, [7] adunato sibi Comite Gloverniæ, sero de Wigornia illuc tendens, citatoque gradu subito superveniens, cepit Comitem Oxoniæ, cum militibus vexilliferis circiter tresdecim, antequam castrum essent

---

[1] *de R* in orig., by inadvertence; *R* omitted in Claudius E. iii.

[2] This sentence is omitted in Claudius E. iii.

[3] *vero* in Claudius E. iii.

[4] *aliam Gloverniæ* in Wats's text; probably by inadvertence.

[5] *Monemite* in Reg. 14 C. vii, and in Wats's text.

[6] *silicet* in orig., and Reg. 14 C. vii.

[7] *adjuncto* in Reg. 14 C. vii.

ingressi, in quo se jam receperat Simon, Comitis A.D. 1265.
Simonis filius.

Simon autem, Comes Leycestriæ, semper habens Re- *He hastens*
gem in sua ¹ comitiva, de Australi Wallia reversus, *to meet the*
in festo Sancti Petri ad Vincula venit ad manerium *Leicester.*
Wygorniensis Episcopi, quod ² "Kemeseya" dicitur,
et ibidem in crastino morabatur. Edwardus vero de
³ Kenelwurthe rediit Wygorniam, quæ a prædicto manerio distat milliariis tantum tribus. Cujus adventu *The Earl,*
cognito, Simon, cum Rege, in ipso noctis crepusculo *with the*
discedens, in oppido quod "Evesham" dicitur, fato *arrives at*
substitit infelici. In crastino namque, qui erat dies *Evesham.*
Inventionis Sancti Stephani, Edwardus, movens se ⁴ de
Wygornia, transito fluvio juxta oppidum quod dicitur
⁵ "Clive," viam Comiti versus filium suum, qui erat
in castro de Kenelwurthe, filiique ad patrem, inter-
clusit. In crastino vero appropinquavit oppido Evis-
hamiæ ex parte una, veneruntque ex duabus partibus aliis Comes Gloverniæ, cum acie sua, et Rogerus
de Mortuo Mari, cum sua ⁶ turma. Ita Comes Leycestriæ, undique conclusus, necesse habuit, ⁷ vel se
spontanee ⁸ dedere, vel cum istis prœlio decertare.

Feria ergo tertia, quæ ⁹ Nonis Augusti contigit, *The Earl of*
occurrerunt ¹⁰ sibi ambo exercitus in campo extra *Leicester is defeated*
oppidum spatioso; ubi gravissimo conserto prœlio, *and slain.*
cepit pars Comitis succumbere; qui, aggravato super
eum pondere prœlii, ibidem cecidit interfectus. ¹¹ In *Great*
hora mortis ejus fiebant tonitrua et fulgura, et tanta *storm at the moment*
obscuritas, ut plurimos ducerent in stuporem. Cecide- *of his*
runt cum eo, in illa pugna, milites vexilliferi duodecim, *death.*

---

¹ *comitatura* in Wats's text.
² *Kemestoia* in Wats's text.
³ *Kenworthe* in Wats's text.
⁴ *a* in Wats's text.
⁵ *Clisenam* in Wats's text.
⁶ Omitted in Claudius E. iii.
⁷ *ut vel* in Reg. 14 C. vii, and
Wats's text.
⁸ *dederet* in Wats's text.
⁹ *Nonas* in Claudius E. iii.
¹⁰ Omitted in Reg. 14 C. vii.
¹¹ The whole of this passage is omitted in Claudius E. iii.

A.D. 1265. videlicet, Henricus filius ejus, Petrus de Monte Forti, Hugo de [1] Dispensariis, Justiciarius Angliæ, Willelmus de Mandevilla, Radulphus Basset, Walterus de Crepingge, Willelmus de Eboraco, Robertus de Tregoz, Thomas de Hostelee, Johannes de Bello Campo, [2] Wido de Balliolo, Rogerus de Rowlee, alii quoque minoris gradus, in multitudine magna scutiferorum et peditum, [3] et maxime Wallensium, numero [4] excessivo.

The character of Simon de Montfort, Earl of Leicester.

Sicque labores suos finivit vir ille magnificus, Simon, Comes; qui non solum sua, sed se, impendit pro oppressione pauperum, assertione justitiæ, et regni [5] jure. Fuerat [6] utique litterarum scientia commendabilis, officiis divinis assidue interesse gaudens, frugalitati deditus, cui familiare fuit in noctibus vigilare amplius quam dormire. Constans fuit in verbo, severus in vultu, maxime fidens in orationibus religiosorum, ecclesiasticis magnam semper impendens reverentiam.

His intimacy with Robert Grosteste, Bishop of Lincoln.

Beato Roberto, dicto "Grossum Caput," Lincolniensi Episcopo, adhærere satagebat, eisque suos parvulos tradidit nutriendos. Ipsius consilio tractabat ardua, tentabat dubia, finivit inchoata, ea maxime, per quæ meritum sibi succrescere æstimabat. Qui quidem Episcopus dicitur injunxisse sibi, in remissionem peccatorum, ut hanc causam, pro qua certavit, usque ad mortem sumeret, asserens pacem Ecclesiæ Anglicanæ sine gladio materiali non posse firmari, et constanter affirmans, omnes pro ea morientes martyrio coronari.

Alleged prophecy of Grosteste.

Dicunt quidam, quod Episcopus, aliquando ponens super caput primogeniti dicti Comitis, dixit ei,—"O "fili carissime, et tu et pater tuus ambo moriemini, "uno die, unoque mortis genere, pro justitia tamen, et "veritate." Fama fert, quod Simon, [7] per [8] sui mortem,

---

[1] *Spensariis* in Claudius E. iii.
[2] *Guydo* in Claudius E. iii.
[3] Omitted in Wats's text.
[4] *expressivo* in Wats's text.
[5] *juris* in Claudius E. iii.
[6] *itaque* in Claudius E. iii.
[7] *post* in Wats's text.
[8] Omitted in Reg. 14 C. vii., and Wats's text.

multis claruit miraculis, quæ, propter metum Regum, A.D. 1265.
in publicum non prodierunt.

Edwardus jubet sepeliri peremptos.

Edwardus, potitus victoria lacrymabili, monachis *Edward's sorrow at the death of Henry de Montfort.* illius loci mandavit, post prœlium, ut corpora defunctorum, et maxime majorum, decenter humare curarent. Interfuit autem personaliter exequiis Henrici de Monte Forti, quem pater ejus Rex de sacro fonte levavit, et ipse, secum nutritum, a puero familiariter dilexerat. [1] Cujus etiam funeri dicitur lacrymas impendisse.

Ante [2] prædictum prœlium, ut quidam dicunt, cum Simon egressus fuisset villam de Evisham, habens secum Regem, et vidisset ordinem adversariorum, prudenter et astute dispositum, ait suis,—" Per brachium " Sancti Jacobi" (sic enim jurare solebat), "isti sapien- *The Earl of Leicester anticipates defeat, and exhorts his friends to fly.* " ter accedunt ; [3] nec a seipsis, sed a me, modum istum " didicerunt. Commendemus ergo Deo animas ; quia " corpora nostra ipsorum sunt." Hortabatur autem Hugonem Despencer, Radulphum Basset, et alios, ut fugerent, et se servarent ad tempora meliora. Sed [4] illo ipso moriente, vivere recusabant. Mortuo vero, caput amputabant, pedes et manus detruncabant, contra disciplinam ordinis militaris. Cujus caput uxori *His head is sent to the wife of Roger Mortimer.* Rogeri de Mortuo Mari, in castro Wigorniæ commoranti, præsentatur. In præsenti bello, Dominus Rex extitit vulneratus, et morti pene vicinus, jaculo ex improviso in eum [5] directo.

Parliamentum Wyntoniæ.

Triumphatis hostibus, Rex, potestati regiæ restitutus, de consilio filii victoris, Wyntoniam Parliamentum *King Henry takes ven-*

---

[1] This passage is omitted in Wats's text.
[2] *dictum* in Claudius E. iii.
[3] *hec* in orig., by inadvertence.
[4] *ipsi, illo* in Reg. 14 C. vii., and Wats's text ; *illi ipso* in Claudius E. iii.
[5] *dijecto* in Wats's text.

A.D. 1265. convocavit, in Nativitate Virginis gloriosæ; ubi inito
geance on consilio, ¹ civitatem Londoniarum, ob suam rebellionem,
his ene-
mies. privavit omnibus privilegiis et libertatibus antiquis.
Capitaneos etiam factionis contra Regem, juxta voluntatem ejus plectendos, jubet carceri mancipari. In festo
vero Sancti Edwardi ² Regis, omnes qui contra Dominum Regem cum Comite Simone steterant, ³ exhæredi-
tavit; quorum mox terras Rex illis qui sibi fideliter
adhæserant, contulit, pensatis meritis singulorum. ⁴ Ex-
hæreditati ⁵ vero, coadunantes se, passim deprædationes
et incendia exercebant. Qui ⁶ exlegati ⁷ principaliter
extiterunt, erant Simon et Wido, filii Comitis Simonis
de Monte Forti. Uxor vero Comitis ⁸ libere, cum tota
supellectili sua, ducatu Edwardi, natale solum petiit,
nullatenus reversura.

Acta apud Sanctum Albanum.

At this Eo tempore villa Sancti Albani tam diligenter ⁹ mu-
period, the
town of niebatur, tam firmiter claudebatur seris et repagulis,
St. Alban's intus et foris, propter ¹⁰ werræ formidinem, ut omnem
is strongly
fortified. aditum transire volentibus, et præcipue equitibus, dene-
garet. Eo tempore, Gregorius de Stoke, Constabu-
larius Herfordiæ, invidens animositati Albanensium,
jactitabat se villam intraturum cum tribus garcionibus,
non obstantibus repagulis, et quatuor de melioribus
villanis captos Herfordiam secum abducturum. Et ut
propositum ¹¹ adimpleret, villam intravit, ineptos ubique
discursus faciens, oculos huc et illuc dirigens, tanquam
magnum aliquod perpetraturus. Tandem garcionibus
suis dixit,—" Videte quomodo ventus stat." Mox qui-

---

¹ *civitate* in orig., by inadvertence.
² Omitted in Wats's text.
³ *exhæredavit* in Wats's text.
⁴ *exhæredati* in Reg. 14 C. vii., Wats's text, and Claudius E. iii.
⁵ Omitted in Claudius E. iii.
⁶ *exhæredati* in Wats's text, and Claudius E. iii.
⁷ *præcipue* in Wats's text.
⁸ *libera* in Wats's text.
⁹ *muniebatur fossatis* in Claudius E. iii.
¹⁰ *belli* in Wats's text; *guerræ* in Claudius E. iii.
¹¹ *impleret* in Claudius E. iii.

dam carnifex, putans quod villam ¹cremare vellet, A.D. 1265.
dixit;—" Docebo te quomodo ventus stat," confestimque
dedit illi alapam, tanta vi, ut in terram caderet ad
pedes ²ejus. Deinde comprehensum, cum suis gar- Fate of G.
cionibus, annulis ferreis et compedibus innodarunt, et de Stoke,
mane amputatis ³capitibus a carnificibus, ea fixerunt of Hert-
super longos palos, ad quatuor extremitates villæ po- ford.
nentes. Rex autem, cum hæc audisset, ammerciavit
villam ad centum marcas; qui statim pecuniam per-
solverunt.

Cometa.

Hoc ⁴anno apparuit Cometa, tam notabilis, ut nullus Appear-
tunc ⁵vivens ⁶viderit talem prius. Ab Oriente enim Comet.
cum magno fulgore surgens, usque ad medium hemi-
sphærii, versus Occidentem, comam perlucide pertrahe-
bat. Et licet in diversis mundi partibus multa forte
significaverit, hoc tamen unum pro certo compertum
est, ut ⁷cum plusquam per tres menses duraverit, ipso Death of
⁸post apparente, Papa Urbanus infirmari cœpit, et Pope
eadem nocte qua Papa moriebatur, cometa disparuit. (A.D.
Obiit autem ⁹Perusii, et ibidem sepultus est. 1264.)

Cui successit Clemens ¹⁰Quartus, natione Provincialis, Accession
qui, primo uxorem habens, et filios, famosus fuit advo- of Pope
catus, et consiliarius Regis Francorum. Mortua vero ux- IV.
ore, propter ¹¹vitam ¹²bonam scientiamque laudabilem,
primo efficitur Podiensis Episcopus, deinde Archiepiscopus Narbonensis. Tandem ad Cardinalatum assumptus, fit Episcopus Sabinensis; qui, cum a Papa Urbano

---

¹ *cremaret, dixit* in Claudius E. iii.
² Omitted in Wats's text.
³ *capidibus* in orig.
⁴ *autem anno* in Claudius E. iii.
⁵ *videns* in Wats's text.
⁶ *videret* in Claudius E. iii.
⁷ Omitted in Claudius E. iii.
⁸ *prius* in Wats's text; *post*, altered to *prius*, in Reg. 14 C. vii.;
ppo post in Claudius E. iii.
⁹ *Parisiis* in Wats's text.
¹⁰ *Sextus* in Reg. 14 C. vii.
¹¹ *unam* in orig.; corrected from Wats's text.
¹² Omitted in orig.; supplied from Reg. 14 C. vii.

A.D. 1265. Legatus missus fuisset in Angliam, pro pacis reformatione, absens electus est in Papam.

Thomas de Aquino claret.

Thomas Aquinas and Bonaventure flourish.

[1] Claruerunt hoc tempore Parisius Doctores eximii, Frater Thomas de Aquino, inter Prædicatores, et Bonaventura, inter Minores.

Casus apud Sanctum Egidium de Bosco.

Men spoiling the Cell of St. Giles, near St. Alban's, are miraculously punished.

Eo tempore, [2] quinquaginta viri fortes, gladiis, arcubus, et sagittis muniti, intraverunt cellam sanctimonialium Sancti Egidii de Bosco, prope Sanctum Albanum; qui, bona muliercularum diripientes, et quædam enormia perpetrantes, onusti præda recesserunt. Cumque versus Dunstapliam iter arripuissent, venit quidam post tergum eorum, vociferans et cornu sonans. Ad cujus sonitum tota patria vicina concurrit, dictumque est eis;—" Isti Prioratum de Bosco [3] despoliaverunt, et " ibidem multa [4] mala fecerunt." Mirum dictu, mox omnes, tanquam elingues effecti, inutiles facti sunt ad se defendendum, nec est inventus unus ex illis, qui manum erigere posset ad evaginandum gladium, vel ad arcum tendendum; ita desævit ultio divina in eos. Percussi sunt ergo, et perempti a ruricolis, pene omnes, cæteris, qui se absconderant, fame pereuntibus inter sepes.

Legatus Ottobonus.

Cardinal Ottoboni sent as Legate to England.

Eodem anno, Ottobonus, tituli Sancti Adriani Diaconus Cardinalis, a Domino Papa Clemente Legatus in Angliam destinatur.

---

[1] *Thomas de Aquino et Bonaventura claruerunt hoc tempore Parisiis. Doctores eximii, Frater Thomas de Aquino, etc.*, in Wats's text.

[2] *quinquaginti* in orig., and Claudius E. iii.

[3] *spoliaverunt* in Wats's text.

[4] Omitted in Wats's text.

De Karolo, Rege Siciliæ.

A.D. 1265.

Karolus, frater Regis Francorum, Romam navigio devectus, a Domino Papa, Clemente, in Regem Siciliæ coronatur. Multitudo Gallicorum, cruce-signata contra Menifredum, habens capitaneos Gwidonem Altissiodorensem Episcopum, et Robertum, filium Comitis Flandriæ, ac Bocardum Comitem Vindemensem, in subsidium Karoli, Romam venit.

Charles of Anjou crowned King of Sicily. Crusade against Manfred.

Wallenses sternuntur.

Hoc anno, Dominica ante bellum Hevyshamiæ, multitudo Wallensium, Sumersetiam deprædatura, capitaneum habens Willelmum de Berkele, militem nobilem, sed malefactorem famosum, apud Minneheuede, juxta castrum de ²Donestrerre, applicuit. Quibus occurrens Custos castri, dictus "Adam ³Gurdun," plurimos occidit gladio, plurimosque, cum eorum capitaneo, compellens in fugam, submergi coegit.

The Welch are defeated near Dunster, in Somerset.

De vexatione ecclesiæ Sancti Albani, aliarumque ecclesiarum.

Circa festum Sanctæ Luciæ, Rex convocavit exercitum apud Norhamptonam, ut Simonem de Monte Forti juniorem, cæterosque nobiles, ⁴scilicet, illi adhærentes, impeteret, in insula de Axiholm latitantes.

Tunc religiosi, servitium militare debentes, plurimum affligebantur. Et quia longum foret tribulationes singulorum hic inserere, de vexatione nostræ ecclesiæ, Sancti, videlicet, Albani, pauca dicemus. Abbas Sancti Albani ad locum prædictum suos transmisit milites; quos ducebant archidiaconus et camerarius ejusdem loci, ut dictos milites Domino Regi præsentarent. Cumque ibi moram fecissent fere per sex hebdomadas,

The King levies an army against Simon de Montfort, the Younger. Arbitrary exactions upon the religious houses, in reference to knight-service.

---

¹ *Mumhaed* in Wats's text.
² *Dumfire* in Wats's text.
³ *Gurdin* in Claudius E. iii.
⁴ Omitted in Wats's text.

A.D. 1265. cum viginti equis, dispendialem, Dominus Rex pro quolibet milite quadraginta marcas exegit; et hoc, non solum a nostra ecclesia, [1] sed ab aliis religiosis servitium militare debentibus tantum [2] petit, qui [3] finem facere pro militibus voluerunt.

Annalis Conclusio.

Transit annus iste frugifer et fructifer, sed rapacitate praedonum infamis; Angliae exitialis, propter nobiles et fideles peremptos; Scotis infaustus, propter suorum [4] injuriam in hac terra; Wallicis flebilis, propter suos, pecudum more, necatos.

Simon venit ad Regem.

A.D. 1266.
Simon de Montfort, the Younger, submits to arbitration.

[5] Anno gratiae millesimo ducentesimo sexagesimo sexto, qui est annus regni Regis Henrici, a Conquaestu Tertii, quinquagesimus, fuit [6] Henricus Rex, ad Natale, cum Regina et Rege Alemanniae, et [7] Ottobone Legato, exercituque formidabili, apud Norhamptonam; ubi, discurrentibus viris bonis et reverendis circa pacem reformandam inter Regem et Simonem juniorem, Simon se submisit arbitrio Legati et Regis Alemanniae, avunculi sui, et Philippi Basset, salvis sibi vita et privatione membrorum, et perpetua incarceratione excepta. Sicque, acceptis obsidibus, apud Norhamptonam se Regis praesentiae praesentavit. [8] Quo cum pervenisset, procedens Rex Alemanniae coram Rege Angliae, Simoni de vitae suae salvatione regratiabatur, dicens

Richard, King of Almaine, intercedes,

---

[1] *sed etiam ab* in Claudius E. iii.
[2] *petiit* in Wats's text; *petunt* in Claudius E. iii.
[3] *fidem* in Wats's text.
[4] Apparently written *juitiā* in orig.; *injuriam* in Claudius E. iii.; *ruinam* in Reg. 14 C. vii., and Wats's text.
[5] These two words are omitted in Claudius E. iii.
[6] Omitted in Reg. 14 C. vii., and Wats's text.
[7] *Ottobono* in Reg. 14 C. vii., and Wats's text.
[8] The rubric, *Simon venit ad Regem*, is inserted here, as part of the context, in Wats's text.

quod apud Kenelwurthe fuisset occisus, eo tempore quo Simon, pater ejus, ceciderat, nisi hujus Simonis ope fuisset ereptus; tam dure mortem domini sui castellani ferebant. Ob quam causam, Simon modo susceptus est a Rege in pacis osculo, et obtinuisset plenitudinem gratiæ regiæ, nisi invidia Comitis Gloverniæ, et quorundam aliorum sævitia, obstitisset.

Tractatum est ibi igitur ut Simon castrum de Kenelwurthe Regi redderet, et regnum exiret, [1] percepturus annis singulis de fisco regio quingentas marcas, donec pax in Anglia arrideret. Sed qui in castello erant, has conditiones dure ferentes, castrum nec Regi nec [2] ipsi Simoni, qui illuc sub conductu venerat, reddere voluerunt, [3] dicentes se nullam a Simone suscepisse castri custodiam, sed a Comitissa, paulo ante a regno expulsa; nec [4] ulli viventi de resignatione proposuerunt, nisi ipsimet Comitissæ, et in sua præsentia, respondere. Accessit ergo Rex, cum exercitu, ad obsidendum castrum; custodierunt tamen castrum per dimidium annum contra Regem, et Regis exercitum. Sed tandem, pro penuria victualium, redditum est castrum Regi, vita, membris, et supellectili necessaria, hiis qui tenuerant illud, salvis. Et mirum quod Rex taliter indulsit eis, cum ipsi patriam deprædati fuissent, et illud castrum, in medio regni constitutum, contra Regem tenere ausi fuissent; et [5] parum ante cursorem Regis [6] apprehendissent, et sibi manum amputassent, ac Domino Regi ex parte [7] exhæredatorum ridiculose misissent.

A.D. 1265. successfully, for him.

Simon is envied by the Earl of Gloucester.

Simon agrees to surrender the Castle of Kenilworth.

The garrison refuses to surrender.

The castle is surrendered at last.

Cruelties previously committed by the garrison.

---

[1] *perceptaris* in orig., by inadvertence.

The word "*dicentes*" is inserted here in the context; the proper place for which is after "*voluerunt*" below.

[2] See the preceding Note.

[4] *ullo* in orig., Reg. 14 C. vii., and Wats's text.

[5] *paulo* in Wats's text.

[6] *apprehenderunt . . . amputarunt . . . miserunt* in Claudius E. iii.

[7] *exhæredatorum* in Wats's text.

Ely capitur.

A.D. 1266.

The disherisoned capture the Isle of Ely.

Interim dum Rex intentus esset circa obsidionem castri de Kenelwurthe, cum toto suo exercitu, exhæredati, scientes alias partes Angliæ militari copia destitutas, discurrunt vastantes et prædas agentes circa Cantabrigiam et Huntyngdoniam. Tandem insulam de [1] Ely, in Vigilia Sancti Laurentii, intraverunt; ubi constituti, diebus singulis circumjacentem provinciam prædabantur, insulam victualibus instaurantes. Episcopus Eliensis, ad Regem veniens, nunciaturus [2] hoc infortunium, indignanter receptus est, et ei casus iste a pluribus imputatur. Citantur tamen Comitatuum communes, ad eos vallandos, et eorum [3] egressum impediendum. Sed exhæredati, nihil formidinis concipientes, plebem vulgarem retroire compellunt ad villam de Northwico; quosdam dirigunt ad prædas agendas et victualia comportanda. [4] Qui villam violenter intrant et prædantur, spolia in abundantia reportantes. Pari modo ingressi Cantabrigiam, Judæos et alios divites, quos volebant, captos secum ducebant in insulam, pro suo arbitrio redimendos.

They plunder Norwich and Cambridge.

Lenna.

The citizens of Lynn are disgracefully defeated by the disherisoned.

Eo tempore, cives de Lennia, accedentes ad Regem, promiserunt, si Rex illis [5] suas libertates vellet reconcedere, ipsi insulanos sibi, sive vivos, sive mortuos, præsentarent. Nempe et illis suas libertates Rex ademerat, sicut et aliis villis et civitatibus [6] quæ steterant contra illum. Qui, adepti quod petierant, congregaverunt infinitam multitudinem de plebeiis, cum

---

[1] *Hely* in Claudius E. iii.
[2] This and the following word are omitted in Claudius E. iii.
[3] *ingressum* in Claudius E. iii.
[4] *Qui, villa violenter intrata, et prædata spolia, in abundantia reportantes, pari modo, etc.*, in Wats's text.
[5] Omitted in Wats's text.
[6] *qui* in orig., Reg. 14 C. vii., and Claudius E. iii., erroneously.

navibus armatis balistariis atque sagittariis, variorum- A.D. 1266.
que armorum generibus, ad eos qui erant in insula
capiendum. Exhæredati, de eorum adventu præmuniti,
vexilla fixerunt super aridam, ut qui erant in fluvio
cito possent agnoscere ubi forent. Cumque ¹ Lyndoni-
enses eorum vidissent agmina et vexilla, ² cohortati
sunt suos ad terram ascendere festinanter. Exhæredati vero, ³ demissis vexillis, fugam simulant, quasi
non ⁴ audentes resistere tantæ turbæ. Cives vero,
quibus dolus fuit incognitus, mox undique, et sine
ordine, terram ascendunt, omnes pene et singuli affect-
antes comprehendere fugientes. Exhæredati vero, revertentes, cives et plebeios in gyrum vallant et jugu-
lant, et, reverti ad naves cupientes, capiunt; ⁵ quos
volebant, vitæ servantes, et redemptioni, quos vero
volebant, dantes internecioni. Plurimi autem in aqua
perierunt; pauci Lennam, non sine derisionibus, redierunt.

Discordia mota inter Comitem Gloverniæ et Rogerum de Mortuo Mari.

Eo tempore, Legatus et Comes Gloverniæ, et alii Dissension
duodecim ⁶ nobiles, electi ⁷ fuerant ad pacem componen- between
dam; qui maxime elaborabant, ut exhæredati, facta Gloucester
redemptione pro transgressionibus, terras suas et pos- and Roger
sessiones recuperarent. Rogerus de Mortuo Mari, cum Mortimer.
cæteris Marchionibus, qui terras illorum dono Regis
acceperant, nimis acriter resistebat, dicens ⁸ injustum
fore, ut terras quas a Rege, pro labore et fidelitate

---

¹ Apparently written originally "*Londonienses;*" *Lennenses* in Reg. 14 C. vii., Wats's text, and Claudius E. iii.
² *coartati* in Claudius E. iii.
³ *dimissis* in Wats's text, and Claudius E. iii.
⁴ *audientes* in Claudius E. iii.
⁵ This and the five following words are omitted in Wats's text.
⁶ Omitted in Wats's text.
⁷ *erant* in Reg. 14 C. vii., and Wats's text.
⁸ *justum* in Claudius E. iii.

A.D. 1266. acceperant, et ¹illi juste perdiderant, hii modo tam facile amitterent, sine causa. Dicebatur igitur a quibusdam, quod idem Rogerus in mortem Comitis Gloverniæ, cum nonnullis qui ²simili ³laborabant avaritia, conspiravit. Comes ergo ab illa congregatione, quam cito potuit, se subtraxit.

Annalis Conclusio.

Transit annus iste frugifer et fructifer opulenter, sed per raptores factus ⁴incolis sterilitatis annis similis, qui congregatam diripuerunt annonam, et pro libito vastaverunt.

⁵Statuta de ⁶Marleberge edita sunt hoc anno.

Rex celebrat festum Sancti Edwardi.

A.D. 1267. Anno gratiæ millesimo ducentesimo sexagesimo septimo, qui est annus regni Regis Henrici, a Conquæstu Tertii, quinquagesimus primus, fuit idem Rex ad Natale, cum Regina et Legato, ⁷multisque magnatibus, apud ⁸Coventreiam; ubi diligenter tractatum est de pace reformanda inter Comitem Gloverniæ et Rogerum de Mortuo Mari; sed nihil ad pacis negotium profecerunt. Inde Rex venit Londonias, ad celebrandum festum Sancti Edwardi Regis, prout moris ejus fuerat cunctis annis. Igitur multis vocatis ecclesiarum Prælatis, simul cum Baronibus, festum illud cum grandi gaudio solemnizavit. In prandio vero Legatum in sedili regio collocavit, singulis ferculis prius appositis coram eo.

The King celebrates, at London, the Feast of St. Edward.

Ad hoc festum invitatus ⁹fuerat Comes Gloverniæ; sed recusavit accedere, suspicatus sinistrum aliquod ab

---

¹ *illa* in Claudius E. iii, erroneously.

² *similiter* in Wats's text.

³ *laborant avaritiæ* in Claudius E. iii.

⁴ *incolis inutilis, qui, etc.*, in Wats's text.

⁵ The whole of this passage is omitted in Wats's text.

⁶ *Malerbrigge* in Claudius E. iii.

⁷ *mulitꝯ* in orig.

⁸ *Oxonias* in Reg. 14 C. vii.

⁹ *erat* in Claudius E. iii.

æmulis suis sibi in Curia procurari. Tamen destinavit Regi nuncios; quibus, ut dicitur, monebat Regem, ut a consiliis suis alienigenas amoveret, et Provisiones Oxoniæ [1] teneri faceret per regnum suum, et ut promissa sibi apud Evesham de facto compleret; sin autem, non miraretur, si Comes ipse faceret [2] quod sibi utile videretur.

A.D. 1267. The Earl of Gloucester makes certain demands upon the King.

Eo tempore castrum Doveriæ redditum est Edwardo; in quod Wydonem de Monte Forti transtulit, sub custodia detinendum.

Dover Castle surrendered to Prince Edward. Guido de Montfort is confined there.

Excommunicantur Episcopi qui Comiti Simoni faverunt.

Ottobonus Legatus, vocato Consilio apud Norhamptonam, sententiam excommunicationis tulit in omnes Episcopos et clericos, qui Comiti Simoni contra Regem præstiterant auxilium vel favorem; et nominatim, [3] in Johannem Wyntoniensem, Walterum Wygorniensem, Henricum Londoniensem, [4] Stephanum Cicestrensem, Episcopos. De quibus, Wigorniensis cito post obiit, [5] videlicet, Nonis Februarii; cui Nicholaus de Ely, Cancellarius Regis, successit. Reliqui vero tres præfati Episcopi, Romam profecti, Domini Papæ gratiam expectabant. Eadem igitur sententia cæteros quosque Regi adversantes publice innodavit. Ibi etiam [6] concessionem [7] Papæ de decima Ecclesiæ Anglicanæ, solvenda Regi per septem annos proximo sequentes, publicavit.

Certain Bishops are excommunicated by the Legate, for taking part with the Earl of Leicester.

Acta fratrum Guidonis et Simonis de Monte Forti.

Per idem tempus, custos Guidonis de Monte Forti in castro Doveriæ, corruptus, ipsum dimisit liberum,

Guido de Montfort escapes to Italy.

---

[1] *tenere* in Claudius E. iii.
[2] *quid* in Claudius E. iii.
[3] Omitted in Wats's text.
[4] *et Stephanum* in Claudius E. iii.
[5] Rendered as *viliter* in Wats's text.

Bishop Walter de Cantilupe died in 1266.
[6] *confessionem* in orig., by inadvertence.
[7] Omitted in Wats's text.

A.D. 1267. mare transiens cum eodem. Gwido vero, partes Tusciæ adiens, Comiti Rufo adhæsit. In cujus militia cum esset famosus effectus, uxoris ejus filiam et hæredem accepit.

Simon de Montfort escapes to France.

Simon vero, frater ejus senior, pari modo paulo ante evadens de carcere, transfugit in Gallias.

Capitanei facti per civitates.

Captains of cities appointed by the King.

Rex vero per id temporis in singulis civitatibus capitaneum [1]unum constituit, qui, una cum Vicecomite, prædonum, qui plurimum abundabant, violentias coerceret.

R. de Ferrers, Earl of Derby, taken prisoner.

Quo tempore, Robertus de Ferrariis, Comes Derbeyæ, apud castrum, quod "Chesterfeld" dicitur, captus est per milites regios, sociis, quos ad prædandum [2]acciverit, per fugam dispersis.

De Adam Gurdoun, milite strenuo.

Single combat between Prince Edward and Sir Adam Gurdoun.

Sub eisdem diebus, miles quidam in partibus Wyntoniæ, "Adam" dictus, cognomento "Gurdoun," exhæredatus cum cæteris qui Comiti Simoni adhæserant, ad pacem Regis venire renuens, juxta viam inter villam de [3]Oultone et castrum de Fernham, quam tunc in valle [4]promunitoria nemorosa reddebant tortuosam, ac, per hoc, prædonibus opportunam, cum suis [5]recedit, patriam rapinis infestans, et præcipue terras illorum qui [6]parti regiæ adhærebant. Cujus vires et probitatem Edwardus, ex fama cognitas, cupiens experiri, cum manu forti supervenisset idem Edwardus eidem se ad pugnam paranti, præcepit suis Edwardus, ne quis inter eos impediret singulare certamen. Congressi itaque, mutuos ictus [7]ingeminant,

---

[1] Omitted in Claudius E. iii.
[2] *acervaverat* in Wats's text.
[3] *Wiltone* in Wats's text; *Dultone* in Claudius E. iii., and Reg. 14 C. vii.
[4] *promontoria* in Wats's text.
[5] *resedit* in orig.; *incendit* in Claudius E. iii.
[6] *terrai* in Claudius E. iii., apparently in a different hand.
[7] *ingeminantes* in Wats's text.

parique sorte, neutro cedente alteri, diutius dimicarunt. A.D. 1267.
Tandem delectatus Edwardus virtute militis, et animositate, inter pugnandum, consuluit ei ut se redderet, et vitam pollicens et fortunam. Cui miles adquiescens, abjectis armis, se ¹ reddit Edwardo; quem eadem nocte Gildefordiam transmisit Edwardus, Reginæ, matri suæ, cum recommendatione ² supplici præsentandum. Quem postea, hæreditati restitutum, Edwardus semper carum habuit, atque fidum.

Edward's admiration of his bravery.

Ordinatio pro Exhæredatis.

Eodem anno, convenerunt apud ³ Coventreiam ⁴ electæ personæ, qui unanimi decreverunt assensu, ut exhæredati pœna ⁵ pecuniari suas hæreditates redimerent ab hiis qui eas occupaverant dono Regis. Ita tamen, quod hæc redemptio proventus hæreditatum in septennium non excederet, nec unius anni proventibus minor esset; sed inter hos taxaretur terminos, secundum quantitatem delicti. Ab hac tamen redemptione, filii Simonis Comitis, et Robertus, Comes Derbeiæ, quorum exhæredationem ⁶ censuerunt esse perpetuam, excluduntur. Qui autem modo prætaxato mulctandi ⁷ pecunia, si taxatam redemptionem solvere nequirent, terras suas in manu possessorum relinquerent, quousque ⁸ ab earum fructibus redemptio levaretur.

Ordinance as to redemption of their lands by the disherisoned.

Saraceni.

Hoc anno, multitudo Saracenorum, per mare veniens in Hispaniam, Christianis intulit magnam plagam; quæ tamen postea, non sine effusione multa sanguinis, est devicta.

The Saracens harass Spain, but are finally defeated.

---

¹ *reddidit* in Reg. 14 C. vii., and Wats's text.
² *duplici* in Reg. 14 C. vii., and Wats's text.
³ *Conventrensem civitatem* in Wats's text.
⁴ *electi* in orig., and Reg. 14 C. vii.
⁵ *pecuniaria* in Wats's text.
⁶ *consueverunt* in Claudius E. iii.
⁷ *essent pecunia* in Wats's text.
⁸ *ad* in orig., by inadvertence; *de* in Reg. 14 C. vii, Wats's text, and Claudius E. iii.

Menifredus occiditur.

A.D. 1267.
Manfred is defeated and slain.
(A.D. 1266.)

Eodem anno, Karolus, Rex Siciliæ, ante Beneventum pugnavit cum Menifredo, eumque devicit et occidit, et ibi triumphum obtinuit gloriosum.

Death of Godfrey, Archbishop of York.
(A.D. 1264.)

[1] Eo anno, Godefridus, Archiepiscopus Eboracensis, diem clausit extremum; in cujus sedem translatus est Walterus, Episcopus Bathoniensis; cui successit Willelmus de Buttone, Archidiaconus Wellensis.

Parliamentum apud Bury.

Circa tempus istud, Rex citari fecerat Comites et Barones, Archiepiscopos, Episcopos, et Abbates, omnesque communiter militare servitium sibi debentes, ut apud Sanctum Edmundum, equis et armis sufficienter instructi, convenirent, ad [2] impetendum illos qui contra pacem occupaverant insulam Eliensem. Comes autem Gloverniæ, cæteris mandato parentibus, in confinio Walliæ congregans exercitum copiosum, ad inimicos suos persequendum, venire supersedit. Mittuntur ergo legati, Johannes de Warenna et Willelmus de Valencia, qui illum ad Parliamentum venire monerent. Sed nihil quiden profecerunt, præter id quod ejus acceperunt patentes litteras, sigillo suo signatas, quod nunquam arma [3] portaret contra Dominum suum Regem, nec contra filium ejus, Edwardum, nisi [4] se defendendo. Inimicos vero suos, Rogerum de Mortuo Mari et cæteros, pro posse suo suppeditaret. Hoc, ut dicebatur, callide confingebat, quia notam proditionis sibi imponi timebat.

The Earl of Gloucester disobeys the King's summons to Parliament.

Demands made by the King and the Legate in Parliament.

[5] Adunatis qui ad Parliamentum citati fuerant, præter rebelles, primo et principaliter Rex et Legatus subscriptos articulos exigebant.—

---

[1] *eodem* in Wats's text, and Claudius E. iii.
[2] *petendum* in Claudius E. iii.
[3] *portare* in orig., and Reg. 14 C. vii., by inadvertence.
[4] Omitted in Wats's text.
[5] *Abadunatis* in Wats's text.

Ut omnes prælati et rectores ecclesiarum decimas [A.D. 1267.] [1] suas concederent, de tribus annis sequentibus, et de anno proximo præterito, quantum dabant [2] Baronibus ad custodiendum mare contra alienigenas.—Ad hoc [3] respondebatur, quod [4] warra incepta [5] fuerat per iniquam cupiditatem, et durat in præsens, et necessarium esset hujusmodi petitiones pessimas præterire, et de pace regni tractare, et Parliamentum suum ad utilitatem Ecclesiæ et regni convertere, non ad denariorum extorsionem; præcipue cum terra in tantum destructa sit per [6] werram, quod nunquam, vel saltem sero, poterit respirare.

Particulars of such demands, and answers thereto.

Item, petitum est [7] ut ecclesiæ taxarentur per manum laicorum, justa et alta taxatione, ad valorem omnium bonorum spectantium ad easdem.—Ad hoc respondebatur, quod non est ratio, sed omnino contra justitiam, ut laici de decimis colligendis se intromittant; nec in hoc unquam consentirent communiter, sed tantum, ut taxatio antiqua staret.

Item, ut Episcopi et Abbates, etc., decimam suam darent de [8] baroniis suis plenarie, et de laico feodo recta et alta taxatione.—Ad [9] hoc respondebatur, quod deprædationibus sunt depauperati, et secuti sunt Regem in expeditione et tanta pecuniarum effusione, quod omnino [10] pauperes sunt effecti, ac etiam terræ eorum incultæ jacebant propter [11] werram.

Item, petitum est ut clerus communiter daret Domino Regi, ad relevandum statum suum, triginta millia marcarum, [12] præter antedictas decimas, quas quidem Legatus vendicabat ad opus Romanæ Curiæ, propter

---

[1] *sibi concederent* in Wats's text.
[2] *Boronibus* in orig.
[3] *responderunt* in Wats's text.
[4] *bellum inceptum* in Wats's text.
[5] Omitted in Claudius E. iii.
[6] *bellum* in Wats's text.
[7] *quod* in Claudius E. iii.
[8] *baronibus* in orig.; corrected from Reg. 14 C. vii., Wats's text, and Claudius E. iii.
[9] Omitted in orig.; supplied from Wats's text.
[10] *pauperrimi* in Claudius E. iii.
[11] *bellum* in Wats's text.
[12] *propter* in Wats's text.

A.D. 1267. debita Siciliæ, [1] Apuliæ, et Calabriæ, contracta, in nomine Domini Edmundi, filii Regis [2] præsentis.—Ad hoc respondebatur, quod nihil darent, quia omnes hujusmodi taxationes et extorsiones, per Regem factæ [3] per prius, nunquam in Regis utilitatem, vel regni, sunt conversæ.

Item, petitum est, ut omnes clerici, tenentes baronias vel laicum feodum, personaliter armati procederent contra regios adversarios, vel tantum servitium in expeditione Regis invenirent, quantum pertineret ad tantam terram vel tenementum.—Ad hoc respondebatur, quod non debent pugnare cum gladio materiali, sed spirituali, scilicet, cum lacrymis et orationibus, humilibus et devotis. Et quod propter sua beneficia tenentur pacem manutenere, [4] non [5] werram. Et quod baroniæ eorum ab eleemosynis puris stabiliuntur; unde servitium militare non debent, nisi certum; nec novum incipient.

Item, petitum est, ut clerus communiter adquietaret novem millia marcarum, quas Episcopus Roffensis, Laurentius, Episcopus Bathoniensis, Willelmus, et Abbas Westmonasterii, Ricardus, mutuo receperunt a mercatoribus Domini Papæ in Curia Romana, quando fuerunt ibidem, pro Regis negotiis expediendis.—Ad hoc respondebatur, quod nunquam consentiebant mutuationi tanti debiti, nec [6] quicquam inde sciebant; unde in nullo tenentur illud adquietare.

Item, petitum est ex parte Papæ, ut fieret prædicatio [7] cum omni festinatione de Cruce per totum regnum, ad expugnandum populum quem Curia provideret, vel ad crucem [8] per pecuniam redimendum.—Ad hoc respondebatur, quod populus terræ per [9] werram in magna parte perimitur, et si modo Cruce

---

[1] *Napuliæ* in Claudius E. iii.
[2] *modo præsentis* in Wats's text.
[3] Omitted in Wats's text.
[4] *et non* in Claudius E. iii.
[5] *bellum* in Wats's text.
[6] *unquam* in Wats's text.
[7] *in omni, etc.*, in Wats's text.
[8] *perpetuam redimendum* in Wats's text.
[9] *bellum* in Wats's text.

signarentur, pauci, vel nulli, ad defensionem patriæ A.D. 1267.
remanerent. Unde manifestum est, quod Legatus vellet
naturalem terræ progeniem exulare, ut alienigenæ
liberius conquirere [1] possent terram.

Item dicebatur, quod prælati tenebantur ad omnes
petitiones, vellent nollent, propter juramentum de
Coventre, ubi juraverant quod Domino Regi auxilia-
rentur modis omnibus quibus possent.—Ad hoc responderunt, quod quando juramentum fecerunt, non
intelligebant de alio auxilio quam spirituali, consilio-
que salubri.

Legatus mittitur ad illos qui erant in Eli.

Eo tempore, exhæredati [2] latentes in insula Eliensi, The dis-
per nuncios Legati sunt admoniti ut reverterentur ad herisoned,
fidem et unitatem Sanctæ Matris Ecclesiæ, et obedien- of Ely, are
tiam Romanæ Curiæ, et pacem Regis, secundum summoned
formam provisam; et ut susciperent absolutionem de ence by the
sententia in eos lata, juxta formam Ecclesiæ, et ne Legate.
ampliores roberias et deprædationes facerent, sed [3] et
de ipsis restitutionem facerent clero et ecclesiæ.

Ad primum respondent exhæredati, quod firmiter Answer of
tenent eandem fidem quam didicerunt a sanctis Epi- the dis-
scopis, scilicet, Sancto Roberto et Sancto Edmundo, thereto.
Sanctoque Ricardo, aliisque viris Catholicis; et quod
credunt et tenent articulos fidei qui in Symbolo continentur. [4] Evangelia quoque, et Ecclesiæ [5] sacramenta,
sicut universalis Ecclesia tenet et credit, et ipsi credunt; et propter hanc fidem mori et vivere parati
sunt.

Ad secundum dicunt, quod obedientiam [6] debent
Ecclesiæ Romanæ, sicut capiti totius Christianitatis,
sed non cupiditatibus et exigentiis voluntariis eorun-

---

[1] *possint* in Wats's text.
[2] *latitantes* in Wats's text.
[3] Omitted in Claudius E. iii.
[4] *Evangelio* in Wats's text.
[5] *sacramentis* in Wats's text.
[6] *habent* in Reg. 14 C. vii, and Wats's text.

A.D. 1267. dem, qui gubernare deberent eandem. Et addunt, quod prædecessores sui, quorum ipsi sunt hæredes, terram istam conquisierunt per gladium, et ideo visum est eis quod injuste exhæredati sunt; et hoc fit per Legatum. Unde hortantur eundem, ut istud faciat emendari.

Ad tertium [1] respondent, quod Legatus missus est in Angliam ut pacem faceret, sed magis [2] werram manutenet, quia manifeste parti Regis adhæret, et eam fovet; et in quantum sic facit, [3] werram sustinet. Item dicunt, quod forma prævisa nulla est, [3] præcipue cum Papa dederit in mandatis Regi et Legato, ut nullus exhæredaretur; et ipsi quandam redemptionem providerant, quæ coæquatur exhæredationi; unde hortantur Legatum, ut hoc faciat emendari.

Ad quartum dicunt, quod primum juramentum fuit ad utilitatem regni et totius Ecclesiæ, et omnes prælati regni excommunicationis sententiam fulminaverunt in omnes contravenientes; unde adhuc stant in eadem voluntate, et parati sunt mori pro juramento eodem. Unde hortantur Legatum, ut revocet sententiam quam ipse tulit; alioquin appellant ad Sedem Apostolicam, et etiam ad Generale Consilium, vel, si necesse [4] fuerit, ad Summum Judicem.

Ad quintum dicunt, quod cum militant pro utilitate regni et Ecclesiæ, oportet eos vivere de bonis [5] communibus, et maxime de bonis inimicorum suorum, qui detinent terras eorum. Ideo hortantur Legatum, ut illis faciat restitui terras suas, ut necesse non habeant deprædari.

Ad sextum dicunt, quod multi, discurrentes circumquaque, faciunt roberias multimodas ex parte Regis et

---

[1] *dicunt* in Reg. 14 C. vii., and Wats's text.
[2] *bellum* in Wats's text.
[3] *præcipe* in orig., by inadvertence.
[4] *foret* in Wats's text.
[5] From this word down to "*maxime de bonis*," the context is omitted in Wats's text.

Edwardi, et dicunt se esse ex parte exhæredatorum, A.D. 1267: ut ipsos diffament et seipsos ¹excusent; et ideo monent Legatum, ne talia referentibus fidem tribuat, ²quia si quenquam in hoc scelere inter seipsos ³scirent, ⁴et facerent de tali judicium sine mora.

⁵Insuper, exhæredati significant Domino Legato, quod irreverenter ejecit a regno, quasi totius ⁶terræ consilium, Episcopum Wyntoniensem, Episcopum Londoniensem, ⁷Episcopum Lincolniensem, et Episcopum Cicestrensem, viros utique consilio et prudentia circumspectos. Quamobrem regni consilium in maxima parte debilitatur, et regnum ⁸periclitatur; quia Legatus bona Episcopatuum sibi usurpat, et per absentiam consilii ⁹eorundem deperit status terræ; et ideo monent Legatum, ut hæc faciat ¹⁰emendari.

Item, significant Legato, ut moneat Regem quod alienigenas de Consilio suo amoveat, per quos terra captivatur. Monent etiam Legatum, ut terræ suæ restituantur eisdem sine redemptione, et ut Provisiones Oxoniæ teneantur, et ut obsides eis liberentur in insulam, ut possint eam pacifice tenere per quinquennium, donec viderint qualiter Rex omnia præmissa ¹¹fecerit observari. Item, significant Legato, quod Abbatiæ, et aliæ domus religiosorum, ædificatæ sunt de bonis prædecessorum suorum, quæ nunc per extorsiones et tallagia Regis et Legati destruuntur; et ideo nequeunt fieri eleemosynæ et hospitalitates, sicut solebant. Ideo monent Legatum, ut hoc emendetur.

---

¹ *excusarent* in Wats's text.
² The whole of this passage, down to *mora*, is omitted in Claudius E. iii.
³ *invenirent* in Wats's text. This and the following word are omitted in Reg. 14 C. vii.
⁴ Omitted in Wats's text.
⁵ *Interim* in Wats's text.
⁶ *regni* in Reg. 14 C. vii., and Wats's text.
⁷ These two words are omitted in Wats's text.
⁸ *dilabitur* in Wats's text.
⁹ *exitium induxit status* in Wats's text.
¹⁰ *emendari, et moneat Regem*, etc., in Claudius E. iii.
¹¹ *facerit* in orig., by inadvertence.

A.D. 1267. Item, significant [1]Legato, quod ecclesiæ regni Angliæ collatæ sunt alienigenis qui sunt inimici terræ, et bona ecclesiastica, quibus naturales terræ vivere deberent, et sustentari, in partes transmarinas [2]asportantur; et ideo [3]indigenæ periclitantur, non tantum in corpore, [4]sed in anima. Nam pastores non habent, nisi sacerdotes conductitios, qui pro minori pretio possunt conduci. Ideo monent Legatum, ut hoc faciat emendari. Item, significant Legato, quod decimæ quæ [5]exiguntur a clero, non debent dari, eo quod terra destructa est per regales, et per [6]communem werram; et terra jacet inculta, et fructus nulli proveniunt, unde populus fame moritur.

The King lays siege to the Isle of Ely. (A.D. 1268.)

Rex et Legatus, exasperati hiis responsis, anno sequenti insulam obsederunt.

Second Translation of Saint Edward. Miracles performed on the occasion.

[7]Hoc anno, in festo Translationis Sancti Edwardi, ad instantiam Regis Henrici, eundem Sanctum Regem Pontifices honorificentius in novo feretro, quod prædictus Rex reparari fecerat, transtulerunt. In hujus Sancti Translatione præsenti, Benedictus, clericus de Wyntonia, et Johannes, laicus, qui venerat de Hibernia, possessi a dæmonibus, per Sancti Regis merita receperunt pristinam sanitatem.

Transit annus iste, sterilis, infructuosus, Angliæ multis modis infaustus.

Siege of the Isle of Ely. (A.D. 1268.)

[8]Anno gratiæ millesimo ducentesimo sexagesimo [9]septimo, qui est annus regni Regis Henrici, a Conquæstu Tertii, quinquagesimus [10]primus, idem Rex, collecto exercitu, ad obsidendum Eliensem insulam properavit; qui egressum et ingressum exhæredatis

---

[1] *Domino Legato* in Wats's text.
[2] *asportarunt* in Wats's text.
[3] *indigne* in Wats's text, and Claudius E. iii.
[4] *sed etiam in* in Claudius E. iii.
[5] *exigentur* in Wats's text.
[6] *commune bellum* in Wats's text.
[7] The whole of this narrative, down to *sanitatem*, is omitted in Reg. 14 C. vii., and Wats's text.
[8] These two words are omitted in Claudius E. iii.
[9] *octavo* in Reg. 14 C. vii., and Wats's text.
[10] *secundus* in Reg. 14 C. vii., and Wats's text.

exclusit. Edwardus autem, filius Regis, factis, ex A.D. 1267
cratibus et tabulis, pontibus in locis opportunis, prout
¹eum incolæ regionis illius instruxerant, insulam, cum
suis militibus, est ingressus; cui mox quidam se
²dediderunt, aliis fugiendo dispersis.

Comes Gloverniæ intrat Londonias.

Dum hæc aguntur, Comes Gloverniæ, Regi ³in- The Earl of
fidus, parato exercitu in Wallia in ⁴favore exhæreda- Gloucester raises an
torum, Londonias adiit, ⁵et, occurrente sibi ⁶Johanne army in
de Eyvile, cum magna manu complicium suorum, behalf of
civitatem, faventibus civibus, occupavit; moxque herisoned.
Legato, qui Turrim pro hospitio ⁷habuit, mandavit
Comes per nuncios, ut eam sibi redderet indilate. Et
ut hoc maturaret ⁸facere, ne quis eidem, in Turri
manenti, victualia ⁹venderet, interdixit. Legatus, dissimulato negotio, ¹⁰a Turri discedens, prædicaturus
Crucem, procedit ad ecclesiam Sancti Pauli. Post dies The Earl
paucos tumultus iste cessavit, et Comes Regi recon- is reconciled to
ciliatur per mediationem Ricardi, Regis Romanorum, King
ac illustris militis, Philippi Basset; posita pœna decem Henry.
millium marcarum, si Comes in posterum aliquem
tumultum commoveret.

Compositio cum Lewlino.

Circa Festum Sancti Michaelis Archangeli, Rex Llewelyn
Henricus, cum magno exercitu, venit Salopiam, in makes submission to
Walliam progressurus; ut Principem ejus, Lewlinum, the King.
qui partem Comitis Simonis, in sua præsumptione,

---

¹ Omitted in Reg. 14 C. vii., and Wats's text.
² *reddiderunt* in Reg. 14 C. vii., and Claudius E. iii.
³ *insidians* in Wats's text.
⁴ *favorem* in Reg. 14 C. vii., Wats's text, and Claudius E. iii.
⁵ *occurrenteque sibi* in Claudius E. iii.
⁶ *Joanne Eymle* in Reg. 14 C. vii., and Wats's text; *Johanne Eymele* in Claudius E. iii.
⁷ *suo habuit* in Claudius E. iii.
⁸ *eidem facere* in Wats's text.
⁹ *reddere* in Claudius E. iii.
¹⁰ Omitted in Wats's text.

A.D. 1267. contra Regem foverat, debellaret. At ille, missis ad
The four Regem nunciis, triginta duo millia librarum sterlin-
Cantreds
are re- gorum, pro pace habenda, Regi concessit. Sicque inter-
stored to veniente Legato, restituta est Principi terra quatuor
Llewelyn.
Death of Cantredorum, quam Rex ei abstulerat jure belli.
John,   Eo anno obiit Johannes Gernasii, Wyntoniensis
Bishop of
Winches- Episcopus, et Viterbii sepelitur.
ter. (A.D.
1268.)
         Armenia et Antiochia devastantur.

Antioch   [1] Eo anno, Soldanus Babiloniæ, vastata Armenia,
destroyed
by the   [2] Antiochiam, unam de famosioribus orbis civitatibus,
Soldan of abstulit Christianis, et, tam viris quam mulieribus
Babylon.
(A.D.   interemptis, in solitudinem ipsam [3] redegit.
1268.)
Violence [4] Hoc anno, inter Johannem Comitem de Warenna
perpetrated et Henricum [5] Lacy, [6] et inter eundem Comitem et
by John,
Earl   Alanum de la Souche, Baronem, lis mota est, et dis-
Warenne. sensio, super quibusdam juribus atque terris, coram
         Justiciariis Regis, apud Westmonasterium. Comes
         vero, attendens quod judicialiter succumberet, in præ-
         dictum Alanum et filium, ejus hæredem, prius convitiis
         lacessitos, irruit violenter, patrem semivivum relin-
         quens, fugientem etiam filium vulneravit.
Council of Eodem anno, Ottobonus Legatus apud Sanctum
London.
(A.D.   Paulum Londoniis magnum Consilium celebravit, præ-
1268.)   sentibus universis prælatis Angliæ, Walliæ, Scotiæ,
         et Hiberniæ.

         Regis filii cruce-signantur.

A.D. 1268. Anno gratiæ millesimo ducentesimo sexagesimo
         [7] octavo, qui est annus regni Regis Henrici, quinqua-

---

[1] *Ho* in orig., by inadvertence of the illuminator.
[2] *veniens Antiochiam* in Claudius E. iii.
[3] *reduxit* in Wats's text.
[4] The whole of the context, down to *Hiberniæ*, is omitted in Reg. 14 C. vii., and Wats's text.
[5] *Lasy* in Claudius E. iii.
[6] Omitted in Claudius E. iii.
[7] *nono* in Reg. 14 C. vii., and Wats's text.

gesimus ¹ secundus, fuit Rex, cum Regina et Legato ²Ottobone, Londoniis. Ottobonus Legatus Londonias Consilium convocavit, in quo multa statuit ad reformationem ³Ecclesiæ Anglicanæ. Et non multo post, Cruce-signavit, apud Norhamptonam, filios Regis, Edwardum et Edmundum, et Comitem Gloverniæ, cum multis nobilibus ⁴Anglicæ regionis. Quibus ita patratis, cum thesauro inæstimabili Romam reversus est.

A.D. 1268.

The Legate preaches the Crusade, at Northampton. (A.D. 1269.)

Proclamatio Pacis.

Eo tempore, Rex Henricus ⁵destinavit pacis nuncios per totum regnum, de Comitatu in Comitatum, qui stabilem pacem ⁶et justitiam facerent proclamari, et pœnas contravenientibus intentarent; ut, videlicet, si quis possessiones alienas, sive ⁷ovem, ⁸sive bovem, vel aliquid, usurparet injuste, subiret sententiam capitalem.

Peace and justice proclaimed throughout England.

⁹Eodem tempore, infausta hora, quidam de Dunstaplia, assuetus latrociniis, edicto regali contempto, duodecim boves villanorum de ¹⁰Colne præsumpsit abigere, audacia sibi impunitatem promittente. Quem possessores insecuti sunt usque Redburnam, ubi comprehensum reduxerunt ¹¹ad villam Sancti Albani; accusantes eum coram ballivo libertatis ¹²ejusdem. Ballivus vero, litteram Domini Regis coram eo et turba congregata, patria lingua, legi fecit, et confestim in eum, virtute mandati regii, tulit sententiam. Qui fuit illico decollatus.

A stealer of cattle beheaded at St. Alban's.

---

¹ *tertius* in Reg. 14 C. vii., and Wats's text.
² *Ottobono* in Reg. 14 C. vii., and Wats's text.
³ Omitted in Claudius E. iii.
⁴ *Anglia* in Wats's text and Claudius E. iii.
⁵ *devastavit pacis inimicos*, in Wats's text.
⁶ This and the next four words are omitted in Wats's text.
⁷ *ovium vel boum* in Wats's text.
⁸ *vel* in Claudius E. iii.
⁹ *Eo* in Wats's text.
¹⁰ *Colney* in Claudius E. iii.
¹¹ *eum ad* in Claudius E. iii.
¹² Omitted in Claudius E. iii.

A.D. 1268. *Rex Franciæ, peregrinari disponens, vocat Edwardum, filium Regis Angliæ.*

Louis IX., King of France, requests Prince Edward to join him in the Crusade.

Hoc anno, Sanctus Lodowicus, Rex Franciæ, nuncios speciales direxerat Edwardo, filio Regis Angliæ, rogans ut ad ejus colloquium festinaret. Non segnius Edwardus maturat iter, et ad Regem Francorum transfretare curavit. Quem Rex vultu suscepit hilari, et amicabiliter amplexum artius osculabatur, manifestans causam pro qua eum advocaverat. Dixit nempe, se in votis habere Terram Sanctam repetere, eumque desiderare comitem, ad debellandam barbaricam rabiem Paganorum. Quod cum audisset Edwardus, ita respondit;—" Nostis, Domine mi, Rex, quod substantia " Anglicana fere defecit omnino, propter [1] werram " inter Regem et proceres; et mea substantia est " nimis tenuis ad tantum negotium in præsentia talis " domini peragendum."

Cui mox Rex Franciæ sic respondit;—" Triginta," inquit, " millia marcarum bonæ [2] legalisque monetæ tibi " [3] accommodabo, vel certe gratis dabo; tantum meis " desideriis adquiesce." Erat Edwardus revera vir grandis staturæ, magnæ probitatis et audaciæ, fortis insuper super modum. Rex quoque Franciæ reputavit se felicem, si talem comitem obtinere mereretur. Edwardus [4] igitur, non minus cupiens [5] dictam profectionem quam ipse Rex Franciæ, annuit votis suis, et confestim impignorat Francorum Regi Wasconiam, accipiens ab eo pecuniam necessariam pro itinere Terræ Sanctæ; reversusque est in Angliam, ut a patre suo, Rege, licentiam [6] impetraret. Moxque patrem senem pietas commovit in lacrymas; justo tamen desiderio adquievit, et benedictionem filio gratanter impendit;

Edward consents thereto, and obtains his father's sanction.

---

[1] *bellum* in Wats's text.
[2] *atque legalis* in Claudius E. iii.
[3] Omitted in Claudius E. iii.
[4] *vero* in Claudius E. iii.
[5] *tantam* in Reg. 14 C. vii., and Wats's text.
[6] *obtineret* in Claudius E. iii.

permittens quotquot eum sequi vellent in peregri- A.D. 1268.
nationem, disponere se ad iter. Hac occasione Cruce-
signatus est, ut præmittitur, a Legato.

[1] *Bellum in Sicilia.*

Coradinus eo tempore, nepos Frederici, olim Impera- Conradin is
toris, ex filio [2] Conrado, patruo suo, Menifredo, mortuo, Charles of
aspirans ad regnum Siciliæ, auxilio Teutonicorum, Anjou,
[3] adunitis eis Lombardis quamplurimis atque Tuscis, to death.
Romam usque pervenit. Ubi cum imperiali more
solemniter receptus [4] fuisset, associato sibi Senatore
urbis, Henrico, fratre Regis Castellæ, et Romanis plurimis, contra Regem Karolum, [5] Apuliam in manu forti
intravit. Sed post durum campestre bellum, Conra-
dinus, cum suis terga vertentibus, capitur, et, cum
multis de sanguine suo nobilibus, jussu Regis Karoli,
decollatur. Henricus autem, Regis Castellæ frater, de
prœlio ad castrum fugit Cassinum; qui postea, Karolo
redditus, carceri mancipatur.

Obiit Papa Clemens.

Clemens Papa per idem tempus obiit Viterbii, et Death of
ibidem, in Fratrum Prædicatorum ecclesia, sepelitur. Pope Clement IV.
Iste Papa ita vigiliis, jejuniis, et orationibus, ac aliis His great
bonis operibus, erat intentus, quod multas tribula- merits.
tiones, quas tunc sustinebat Ecclesia, Deus suis meritis creditur extinxisse. [6] Qui etiam, cum multi

---

[1] The following context is inserted here in Reg. 14 C. vii., and Wats's text:—"*Isto anno, Beati Edwardi, Regis et Confessoris, corpus, instante Rege Angliæ, Henrico Tertio, in feretrum aureum, quod ei paraverat, solemniter est translatum. Sub eisdem diebus Johannes de Warenna, Comes Suthereiæ, Alanum le Souche, Regis Justiciarium, in Aula Westmonasterii, subortis inter eos verbis, propria manu peremit.*"

[2] *Corando* in Claudius E. iii.

[3] *adjunctis* in Wats's text, and Claudius E. iii.

[4] Omitted in Claudius E. iii.

[5] *Aspuliam* in orig., by inadvertence.

[6] *Quin etiam* in Wats's text.

A.D. 1268. factum Regis Karoli pro desperato haberent, tum propter multitudinem exercitus Conradini, [1] tum propter totius [2] pene regni Siciliæ rebellionem, in publico sermone rei eventum prædixit.

Canonization of Edwiga, Duchess of Poland.

Hic etiam Papa in Ecclesia Fratrum Prædicatorum Viterbii canonizavit Sanctam Edwigam, [3] Ducissam Poloniæ, viduam mirandæ sanctitatis.

Vacancy of the Roman See.

Defuncto Papa Clemente, vacavit Sedes tribus annis, mensibus duobus, diebus decem.

Nicholas de Ely, Bishop of Winchester.

[4] Nicholaus de Ely, Wigorniensis, [5] postulatus et translatus est in Episcopum Wyntoniensem.

Annalis Conclusio.

Transit annus iste frugifer et fructifer mediocriter, [6] Anglicis gratiosus et lætus, propter patriæ pacem redditam; sollicitus [7] tam Francis quam Anglicis, propter apparatum versus Sanctam Terram [8] factam; Siculis, Teutonicis, Lumbardis, [9] atque Romanis, [10] lugubris, propter [11] werram injuste [12] in [13] Trinacria inconsulte motam.

Profectio Regis Franciæ.

A.D. 1269. Anno gratiæ millesimo ducentesimo [14] sexagesimo nono, qui est annus regni Regis Henrici, a Conquæstu

---

[1] *tamen* in orig.; corrected from Wats's text, and Claudius E. iii.

[2] Omitted in Claudius E. iii.

[3] *Ducicissam* in orig., by inadvertence.

[4] The following passage is inserted here in Reg. 14 C. vii., and Wats's text :—" *Hoc anno, Rex Angliæ, in Octavis Sancti Martini, Parliamentum tenuit apud Marleberwe, in quo, de assensu Comitum et Baronum, edita sunt Statuta, quæ ' de Marleberwe' vocantur.*"

[5] *hoc anno postulatus, etc.,* in Claudius E. iii.

[6] *Anglis* in Reg. 14 C. vii., and Wats's text.

[7] *tamen tam* in Reg. 14 C. vii., Wats's text, and Claudius E. iii.

[8] Omitted in Wats's text.

[9] *et* in Claudius E. iii.

[10] Written *jugubris* in orig., by inadvertence.

[11] *bellum . . . . motum* in Wats's text.

[12] *intentatum* in Wats's text, in place of *in Trinacria.*

[13] *Trinarica* in Claudius E. iii.

[14] *septuagesimo*, in place of *sexagesimo nono*, in Reg. 14 C. vii., and Wats's text.

Tertii, quinquagesimus ¹tertius, fuit Rex ad Natale, A.D. 1269. cum Regina, regnique principibus, apud ²Wyntoniam.

Hoc anno, Sanctus Lodowycus, Rex Franciæ, ³non territus præteritis laboribus, non fractus transactis dispendiis et expensis, quas fecerat ultra mare, iterato, cum duobus filiis, adjuncto sibi ⁴Rege Navariæ, et quamplurimis ecclesiarum prælatis et baronibus, pro recuperatione Terræ Sanctæ iter assumpsit. Verum ad hoc, ut Terra Sancta facilius recuperaretur, incidit ipsis ⁵consilium ut regnum Tunicum, quod, in medio consistens, non parvum dabat ⁶transfretantibus impedimentum, primitus Christianorum subjicerent potestati. Applicantes igitur in regno Tunicii, portum, et Carthaginem, ad parvum ⁷redactam oppidum, juxta Tunicium, de facili occuparunt. Est autem Tunis ⁸insula parva, sed transcuntibus nimis molesta; quæ suo nomine "Tunis" vocatur.

King Louis sets out on the Crusade. (A.D. 1270.)

He lands at Tunis.

Edmundus ducit Uxorem.

Eodem anno, sexto Idus Aprilis, Edmundus, Regis Henrici filius, duxit uxorem, filiam Willelmi de Alba Marla, Comitis de Holdernesse, nomine "Avelinam," quæ erat hæres paternæ hæreditatis, et etiam maternæ; ratione cujus, Comitatum Devoniæ, et dominium Vectæ Insulæ, fuerat habiturus. Sed, cum tota prole, mulier mortem parentum ⁹prævenit.

Marriage of Edmund, son of King Henry.

¹⁰Isto anno obiit Walterus de la Wyle, Sarisburiensis Episcopus; successitque ei Robertus de Wykhamtona, ejusdem ecclesiæ tunc ¹¹decanus.

Death of Walter, Bishop of Salisbury. (A.D. 1270.)

---

¹ *quartus* in Reg. 14 C. vii., and Wats's text.

² *Eltham* in Reg. 14 C. vii., and Wats's text.

³ *territus minime,* in Claudius E. iii.

⁴ These two words appear as "*rege-*"*narie*" in orig.; *Rege* is omitted in Claudius E. iii.

⁵ Omitted in Reg. 14 C. vii., and Wats's text.

⁶ *transeuntibus* in Reg. 14 C. vii., and Wats's text.

⁷ *redactum* in orig.

⁸ Omitted in Wats's text.

⁹ *privavit* in Wats's text.

¹⁰ *Ipso* in Wats's text.

¹¹ *diaconus* in Reg. 14 C. vii., and Wats's text.

A.D. 1269.   Per totum præsentem annum, Edwardus et Edmundus,
Henrici Regis filii, cum multis regni probatis militibus,
arma et expensas, naves et cætera, profectioni versus
Terram Sanctam necessaria, paraverunt.

The Princes, Edward and Edmund, prepare for the Crusade.

Pax erat in terra, timore Regis, potius quam amore.

Annalis Conclusio.

Transit annus iste frugifer et fructifer satis abundanter; cunctis Christicolis desiderabilis, propter affectum [1] Regum atque procerum, qui se devoverunt ad liberationem Terræ Sanctæ.

Edwardus proficiscitur versus Terram Sanctam.

A.D. 1270.   Anno gratiæ millesimo ducentesimo [2] septuagesimo, qui est annus regni Regis Henrici, a Conquæstu Tertii, quinquagesimus [3] quartus, tenuit Rex Natale Londoniis, cum Regina et filiis, nobilibus quoque multis.

Prince Edward, with his wife, Alianor, sets out for the Holy Land.

Hoc anno, mense Maio, Edwardus, filius Regis Angliæ, cum Edmundo, germano suo, et quatuor Comitibus, totidemque Baronibus, et aliis multis nobilibus, iter peregrinationis in Terram Sanctam arripuit, ducens secum conjugem suam, nomine "Alienoram." Quæ quidem Alienora, in terra illa, apud Accon, quæ vulgariter "Acres" vocitatur, peperit filiam, quæ "Johanna de Acres" postea vocabatur; quæ etiam, processu temporis, Domino Gilberto, Comiti Gloverniæ, extitit conjugata. Edwardus igitur applicuit in [4] Galliam cum classe sua; ubi cum cognovisset Regem Franciæ profectum [5] fore versus Terram Sanctam, secutus est eum, per mare velificando decem dierum navigatione, [6] Tuniciumque pervenit salvus, et cum tota sua applicuit comitiva. Cui Rex Franciæ, cum suis

Birth of the Princess Joanna of Acre.

Edward arrives at Tunis.

---

[1] *Regis* in Wats's text.
[2] *septuagesimo primo*, in Reg. 14 C. vii., and Wats's text.
[3] *quintus* in Reg. 14 C. vii., and Wats's text.
[4] *Gallia* in Reg. 14 C. vii., and Wats's text.
[5] *fuisse* in Wats's text.
[6] *Tunicum* in Wats's text.

optimatibus, gaudenter occurrit, et eum suscepit in pacis osculo reverenter. A.D. 1270.

Pestis, in qua Rex Francorum sublatus est.

Mense Augusto, infirmitas, quæ illo anno circa maris confinia ¹viguit, in exercitum Christianorum nimis invaluit. Nempe apud Tunicium, inter majores, primo moritur Johannes, Comes Nivernensis, Regis Francorum filius; ²expost Episcopus Albanensis, Cardinalis, ³et Apostolicæ Sedis Legatus: postremo, Beatus Lodowycus, Francorum Rex Christianissimus, in crastino Sancti Bartholomæi Apostoli, de regno temporali transiit ad æternum. Quam feliciter autem Rex iste vitam terminaverit, Rex Navariæ Domino Tusculano per litteras intimavit. Nam in infirmitate sua laudare nomen Domini non cessavit. Illam orationem aliquotiens ⁴inserebat:—"Fac nos, quæ-"sumus, Domine, prospera mundi despicere, et nulla "ejus adversa formidare." Orabat etiam ⁵et pro populo quem secum adduxerat, ita dicens;—"Esto, "Domine, plebi tuæ sanctificator et custos." Et cum appropinquaret ad finem, suspexit in cœlum, dicens;— "Introibo in domum ⁶tuam, adorabo ad templum "sanctum tuum, Domine, et confitebor nomini tuo." Et hæc dicendo, obdormivit in Domino. Cui successit in regno filius ejus, Philippus.

The King of France, and several nobles, die of the plague.

Pious end of the King of France.

Adventus Regis Siciliæ.

⁷Exercitui vero, plurimum de morte Regis desolato, supervenit Karolus, Rex Siciliæ, quem Rex Francorum, *The King of Sicily joins the*

---

¹ *grassabatur* in Wats's text.
² These two words are omitted in Wats's text.
³ Omitted in Claudius E. iii.
⁴ *inserebat* in Wats's text.
⁵ Omitted in Claudius E. iii.
⁶ *tuam, Domine, adorabo*, in Wats's text.
⁷ *Exercitu* in Wats's text.

VOL. III. E

A.D. 1270. adhuc vivens, fecerat accersiri. Et cum multo plures
French army. viderentur Saraceni quam Christiani, nullatenus tamen
ausi Saraceni bello generali aggredi Christianos; [1] sed
per quasdam [2] astutias multa eis incommoda inferebant.
[3] Inter alia vero, cum regio illa sit [4] multum
[5] sabulosa, et tempore siccitatis maxime pulverulenta,
statuerunt Saraceni plura millia suæ gentis hominum
super quemdam montem, Christianis vicinum, ut cum
ventus flaret ad partem Christianorum, [6] sabulum et
arenam moventes, pulverem suscitarent; qui grandem
molestiam intulit Christianis. Sed tandem pulvere
sedato per pluviam, Christiani, paratis machinis et
Peace made, on favourable terms, with the Saracens. variis instrumentis bellicis, Tunicium per terram et
[7] per mare [8] oppugnare disponunt. Quod videntes
Saraceni, pacta cum Christianis inierunt, concedentes
ut omnes Christiani, in regno illo captivi, liberi dimitterentur,
et [9] quod, monasteriis ad honorem Christi
[10] in omnibus civitatibus illius regni fundatis, fides
Christi per Fratres Prædicatores et Minores, et per
alios quoscunque, libere prædicetur; et quod volentes
baptizari, libere [11] baptizentur. Sicque solutis Regum
expensis, et Rege Tunicii Regi Siciliæ facto tributario,
treugisque concessis annorum plurium, Rex Siciliæ cum
Disaster to Charles, King of Sicily. exercitu renavigare disponit. Sed eum ultio divina
subsecuta est; [12] nam dum reverti conaretur, absorbuit
mare pene totum suum exercitum, et thesaurum
allatum de Tunicio, et supellectilem universam.

---

[1] Omitted in Claudius E. iii.

[2] *estutias* in orig., by inadvertence.

[3] *Interea vero* in Claudius E. iii.

[4] Omitted in Wats's text.

[5] *zabulosa* in orig., Reg. 14 C. vii., and Claudius E. iii.

[6] *zabulum* in orig., Reg. 14 C. vii., and Claudius E. iii.

[7] Omitted in Claudius E. iii.

[8] *expugnare* in Wats's text.

[9] Omitted in Reg. 14 C. vii., and Wats's text.

[10] Omitted in Wats's text.

[11] *baptizarentur* in Wats's text.

[12] *et jam cum* in Wats's text; *nam cum* in Reg. 14 C. vii.

Regis Romanorum filius perimitur.

A.D. 1270.

Sub eodem tempore, Henricus de Alemannia, filius Ricardi, Regis Romanorum, petiit ab Edwardo, consanguineo suo, repatriandi licentiam; pertæsus [1] nempe fuerat peregrinationem longinquam, et cupiebat [2] revisere Angliam, pacis patriam, et patrem suum, [3] priusquam moreretur. Sed suo desiderio fraudatus est: nempe percepta licentia remeandi, dum transire vellet per Tusciam, cum apud [4] Viterbium Missarum solemniis interesset, in ecclesia Sancti Laurentii, a Gwidone, filio Simonis de Monte Forti, occiditur, in ultionem, [5] videlicet, [6] necis paternæ. [7] Viterbienses vero, in memoriam interfecti, modum interfectionis in pariete depinxerunt. Quam picturam quidam versificator intuens, sic dicebat:—

Henry of Almaine, son of Richard, King of the Romans, is slain by Guido de Montfort.

" Regis Teutonici, Ricardi, clara propago
" Sternitur, Henricus, velut hic designat imago.
" Dum redit a Tripoli, regum fultus comitiva,
" In crucis obsequio patitur sub gente nociva.
" Irruit in templum post Missam stirps [8] Gnevolonis;
" Perfodit gladius hunc Simonis atque Guidonis.
" Disposuit Deus ut per eos vir tantus obiret,
" [9] Ne, revocatis hiis, gens Anglica tota periret."

Edwardus transit ad [10] Accon.

Edwardus vero, cum audisset vindictam [11] et manum magnam quam Dominus exercuerat in Regem Siciliæ, Karolum, fratrem Lodowici, quondam Regis Francorum,

Edward's resolution, on hearing the dis-

---

[1] *namque* in Wats's text.
[2] *videre* in Wats's text.
[3] *antequam* in Wats's text.
[4] *Viterbiam* in Claudius E. iii.
[5] *viriliter* in Wats's text.
[6] *paternæ mortis* in Wats's text.
[7] The whole of this passage, down to "*periret*," is omitted in Reg. 14 C. vii., and Wats's text.
[8] *Nevelonis* in Claudius E. iii.
[9] *De* in orig.; corrected from Claudius E. iii.
[10] *Acton* in orig.
[11] These two words are omitted in Wats's text; *manum* is omitted in Reg. 14 C. vii.

A.D. 1270. et considerasset non sine [1] Dei nutu id accidisse, per-
Disaster of the King of Sicily. cussit pectus suum, et juravit solito juramento, per sanguinem Dei, inquiens;—" Quamvis omnes commili- " tones et patriotæ mei me [2] deseruerint, ego tamen, " cum [3] Sowino, custode [4] palefridi mei "—sic enim voca- batur curator equi sui, " intrabo Tholomaidam "—[5] id est, Accon, vel Acram,—" et pactum juramenti servabo, " usque ad corporis et animæ divisionem." Quo audito, omnes Anglici qui affuerunt, cum eo velle proficisci promiserunt. Mox [6] igitur vela sua direxit ad Accon. Qui [7] nisi advenisset, infra quartum diem ab adventu suo, fuisset, ut dicebatur, urbs reddita Saracenis. [8] Tunc Soldanus Babiloniæ, qui dictam civi- tatem cœperat oppugnare, cum exercitu reversus est ad propria, spe fraudatus.

Death of Boniface, Archbishop of Canterbury. [9] Eo anno, Bonifacius, Cantuariensis Archiepiscopus, migravit ad Dominum; cui in successorem Prior eligitur monachorum.

Obiit Rex Romanorum.

Death of Richard, King of the Romans. Eodem anno, Ricardus, Rex Romanorum, frater Regis Angliæ, quarto Nonas Aprilis, apud castrum de [10] Berkhamstede, viam universæ carnis est ingressus. Cujus cor in ecclesia Fratrum Minorum Oxoniæ, corpus vero in ecclesia Monachorum Cisterciensis Ordinis de Hayles, quam ipse propriis expensis con- struxerat, sepelitur.

---

[1] *causa id* in Wats's text.
[2] *deserant* in Wats's text.
[3] *Fowyno* in Reg. 14 C. vii., Claudius E. iii., and Wats's text.
[4] *palufridi* in Wats's text; *pala- fridi* in Claudius E. iii.
[5] *vel Accon,* in Wats's text.
[6] *ergo* in Wats's text.
[7] *nisi venisset* in Reg, 14 C. vii.; *cum venisset* in Wats's text.

[8] *Tum* in Wats's text.
[9] This passage, in Wats's text, appears after *ad utrumque* (next page), in somewhat different language —" *Obiit Bonifacius, Cantuariensis* " *Archiepiscopus; cui in etc.*"; in Reg. 14 C. vii., the passage occurs after *utrisque,* but in the same words as the text.
[10] *Merkamstead* in Wats's text.

Annalis Conclusio. A.D. 1270.

Transit annus iste frugifer ¹ et fructifer, et quietus; incredulis ² lætus, propter mortem Regis Franciæ; Siculis lugubris, propter interitum Regis Siciliæ; Anglis indifferens ³ ad utrumque.

Anno gratiæ millesimo ducentesimo septuagesimo A.D. 1271. ⁴ primo, qui est annus regni Regis Henrici, a Conquæstu ⁵ Tertii, quinquagesimus ⁶ quintus, fuit Rex ad Natale Londoniis, cum Regina.

Edwardus vulneratur.

Hoc anno, dum Edwardus, Regis Angliæ primogenitus, apud Accon moram traheret, quidam Admiralius, ⁷ nationis Sarracenicæ, (quæ dignitas apud nos ⁸ "Consulatus" vocatur,) fama probitatis ejus illectus est in amorem viri; cui frequenter epistolas et eulogias dirigebat, per quemdam ⁹ Hassatinum, vel Assisinum, nomine ¹⁰ "Anzazin." Hic educatus sub terra fuerat, a pueritia; hac de causa, ut absque metu repente irrueret in aliquem principem, adversarium suæ sectæ; tanquam percepturus pro tali facto, licet perimeretur, denuo vitam novam et gaudium Paradisi. Hic, ad Edwardum veniens vice quadam, prout sæpe consueverat, cum quibusdam litteris, ·finxit se velle sibi quædam secreta referre. Cunctis igitur exclusis a camera, Edwardum, ad fenestram appodiantem, et aspectum extra dirigentem, ex improviso, extracto

Prince Edward is wounded at Acre, by an assassin.

---

¹ Omitted in Reg. 14 C. vii., Wats's text, and Claudius E. iii.
² Written *locus* in orig., by inadvertence; corrected from Wats's text.
³ *ab utrisque* in Wats's text.
⁴ *secundo* in Reg. 14 C. vii., and Wats's text.
⁵ Omitted in Claudius E. iii.
⁶ *sextus* in Reg. 14 C. vii., and Wats's text.

⁷ *Joppensis, nationis Saraceniæ,* in Reg. 14 C. vii.; *Joppensis, natione Saracenus,* in Wats's text; *Joffensis nationis,* in Claudius E. iii.
⁸ *Consultus* in orig.; corrected from Wats's text, and Claudius E. iii.
⁹ *Hassatutum* in Wats's text.
¹⁰ *Anzazim* in Wats's text.

A.D. 1271. cultello toxicato, vulnerat bis in brachio, et tertio sub acella. ¹Quem mox Edwardus, pede percussum, prostravit ad terram, extortoque de manibus ejus cultello, nebulonem cum eo peremit. Sed in extorsione cultelli ² violenta, semetipsum in manu vulnerat, ³ et in fronte. Vulnera vero ejus, grassante veneno, multis variis adhibitis remediis, vix curantur. Dicunt quidam, quod cum Edwardus vulneratus inopinate fuisset, et nihil ad manus habuisset, cum quo posset se defendere, arripuit tripodem quæ supportabat tabulam, et ganeonem excerebravit. Deinde convocatis suis familiaribus, infortunium demonstravit; jubens ribaldi corpus suspendi super muros civitatis, adjuncto sibi cane vivo, ut hoc spectaculo cæteris metus incuteretur.

Alleged prowess of Edward on this occasion.

Cum autem cognovisset ⁴ Admiralius Edwardum per nuncium suum ⁵ sauciatum, ingemuit, ⁶ quia tale nefas nullatenus de ejus conscientia emanavit. Proposuerat nempe, ⁷ prout quidam referunt, sectam Sarracenicam deseruisse, et per Edwardum ad Baptismi gratiam convolasse. Cum igitur Christiani cognovissent Edwardum vulneratum taliter, in ultionem facti ⁸ Saracenos invadere meditati sunt. Quod Edwardus fieri omnino prohibuit, ita dicens;—⁹ "Inhibeo, ex parte ¹⁰ Dei, ne "quis vestrum præsumat paganorum exercitum quomo- "dolibet infestare, ¹¹ vel insolenter improperare; ¹² quia "multi nostræ gentis ad sepulcrum Domini sunt "profecti, peregrinandi gratia; qui, si Pagani vel "parvam molestiam per ¹³ vos perpessi fuerint, omnes "pariter Sarracenorum manibus interibunt." Placuit

Friendly feeling of a Saracen Emir towards Edward.

Edward's reasons for not taking revenge on the Saracens.

---

¹ *Que* in orig.
² *violenter* in Wats's text.
³ *et intrante vulnera*, in Wats's text.
⁴ *Admirabilius* in orig.; corrected from Reg. 14 C. vii.
⁵ *vulneratum* in Wats's text.
⁶ *quoniam* in Wats's text.
⁷ *ut* in Wats's text,

⁸ *Saracenes* in orig. by inadvertence.
⁹ *Jubeo* in Claudius E. iii.
¹⁰ *Domini* in Wats's text.
¹¹ *nil violenter improperare* in Wats's text.
¹² *quoniam* in Wats's text.
¹³ *nos* in Wats's text.

cunctis hoc consilium, et non solum Christiani Edwardi A.D. 1271. prudentiam ¹ collaudabant, sed et increduli; et ipse Soldanus ejus sapientiam prædicabat.

Transit annus iste frugifer ² atque fructifer, quietus, ³ temperatus; Anglis, sub Rege ⁴ vetulo, nec tristis nec ⁵ hilaris; Francis, sub novo Rege, ⁶ superbus et lætus; Romanis ⁷ adhuc, de vacatione Sedis Sancti Petri, molestus.

Gregorius Decimus Papa.

Anno gratiæ millesimo ducentesimo sexagesimo ⁸ secundo, qui est annus regni Regis Henrici, a Conquæstu Tertii, quinquagesimus ⁹ sextus, Theobaldus Placentinus, Leodiensis Archidiaconus, qui, devotionis causa, cum Domino Edwardo transierat in Accon, in Papam eligitur, et "Gregorius Decimus" appellatur. Hic in Accon decretum electionis suæ per Fratres Prædicatores et Minores, ad hoc specialiter missos, recipiens, Viterbium, ubi expectabant eum Cardinales, cum celeritate accessit. ¹⁰ De isto dicti fuerant isti versus:— A.D. 1272. Accession of Pope Gregory X. (A.D. 1271.)

"Papatus munus tenet Archidiaconus unus,
"Quem patrem patrum fecit discordia fratrum."

Fecit autem unam ordinationem quinque Episcoporum Cardinalium, multum laudabilem; quia valentes et honestas personas assumpsit. Hic etiam, cassato Electo Cantuariæ, Pontificatum ejusdem ecclesiæ ¹¹ contulit ¹² Fratri Roberto de Kilwardby, qui eodem anno a ¹³ Prioratu Provinciali fratrum suorum, quem undecim Robert de Kilwardby made Archbishop of Canterbury.

---

¹ *collaudant* in Reg. 14 C. vii., and Wats's text.
² *et* in Claudius E. iii.
³ *temporatus* in orig.
⁴ *vetere* in Wats's text.
⁵ *hilleris* in orig.
⁶ *favorabilis* in Wats's text.
⁷ *ad hæc* in Wats's text.
⁸ *tertio* in Reg. 14 C. vii., and Wats's text.
⁹ *septimus* in Reg. 14 C. vii., and Wat's text.
¹⁰ From this word, down to "*fratrum*," the context is omitted in Reg. 14 C. vii., and Wats's text.
¹¹ *retulit* in Wats's text.
¹² Omitted in Reg. 14 C. vii.
¹³ Repeated in orig.

A.D. 1272. annis gesserat, absolutus fuerat, et etiam ad idem officium reelectus. Erat nempe de Ordine Fratrum Prædicatorum, qui non ¹ solummodo religiosæ vitæ sanctitate, sed scientia et doctrina, clarissimus habe-

His extensive learning. batur. Nempe ante Ordinis ingressum Parisius rexerat in artibus; cujus in hiis peritiam, præcipue quoad grammaticam et logicam, redacta in scriptis edocent monumenta. Post ingressum ² vero ordinis, studiosus in divinis Scripturis, originalibusque sanctorum patrum, libros Augustini fere omnes, aliorumque doctorum ³ plurium, per parva distinxit capitula, sententiam singulorum sub brevibus ⁴ annotando. Extant tractatus ejus "De Tempore," "De Universali," ⁵ et "De ⁶ Ortu " Scientiarum," curiosus, utilisque, libellus. Concessit autem ei Dominus Papa, ut munus consecrationis eligere posset, ⁷ et recipere, a quocunque Episcopo ⁸ Catholico, quem ad hoc ⁹ duxerit eligendum. Elegit autem Willelmum Bathoniensem, qui fama sanctitatis inter cæteros multum efflorebat. A quo, præsentibus undecim Suffraganeis, Dominica Prima ¹⁰ Quadragesimæ Cantuariæ consecratur.

Crematur Ecclesia Norwycensis.

Norwich Cathedral is destroyed by fire. Hoc anno, orta contentione inter cives Norwicenses et monachos, instigante diabolo, tantum efferati sunt cives et ¹¹ communes villæ, ut totam illam celebrem ecclesiam, cum ædificiis, darent flammis, excepta capella Sancti Walteri, secus ¹² Infirmariam. Nec contenti tanto facinore, vasa, libros, et jocalia, quæ flamma non tetigerat, manibus sacrilegis asportaverunt, cùm cuppa

---

¹ *solum* in Wats's text.
² Omitted in Reg. 14 C. vii., and Wats's text.
³ *plurimos* in Wats's text.
⁴ *verbis annotando* in Wats's text.
⁵ Omitted in Wats's text.
⁶ *octe* in Wats's text.
⁷ These two words are omitted in Reg. 14 C. vii., and Wats's text.
⁸ *Chatholico* in orig.
⁹ *duxit* in Wats's text.
¹⁰ *in Quadragesima* in Wats's text.
¹¹ *communitates* in Wats's text.
¹² *Infirmarium* in Wats's text.

aurea quæ pendebat ad majus altare, in qua corpus Dominicum ponebatur. Super qua re indignatus admodum, Rex Henricus "Per pietatem," inquit, [1] "Dei, "vadam, et videbo personaliter scelus istud, et juxta "sua demerita reddam illis." Misit [2] igitur illuc ante faciem suam Justiciarium, militem quendam, [3] "Thomam," dictum [4] "Triveth," [5] qui et Justiciarius Itineris fuerat de corona. Urgente autem mandato regio, horroreque facinoris, magna multitudo, convicta de scelere, ad caudas equorum tracta, suspendio judicatur. Rex vero, quam cito potuit, assumptis secum Episcopo Roffensi, et Gilberto Comite Gloverniæ, versus Norwicum iter arripuit, cum non modico apparatu. [6] Cumque vidisset ecclesiam conflagratam, et [7] cætera igne consumpta, vix potuit se a lacrymis continere. Episcopus autem Roffensis anathematizavit omnes huic nequam facinori consentientes. [8] Proinde Rex confestim condemnavit villæ communitatem in tribus millibus marcarum argenti, solvendis ecclesiæ læsæ infra terminum; ad reædificandum, [9] videlicet, [10] ecclesiam supradictam. Condemnati sunt præterea ad restaurandum cuppam auream de pondere decem librarum auri, et valore centum librarum argenti. Dominus Willelmus de Brunham illius ecclesiæ tunc temporis erat Prior.

A.D. 1272.

King Henry takes vengeance on the incendiaries.

Mors Henrici Regis.

Cum [11] Rex Henricus condignam ultionem Northwicensibus dedisset sacrilegis, Londonias redire decrevit.

Death of Henry III. at Bury St. Edmund's.

---

[1] *Domini* in Wats's text.
[2] *autem* in Claudius E. iii.
[3] Omitted in Wats's text.
[4] *Tryvet* in Wats's text.
[5] *quem et Justitiarium fecerat de corona*, in Wats's text.
[6] *Cum* in Wats's text.
[7] *totam igne consumptam*, in Wats's text.
[8] *Proximam* in Wats's text.
[9] *dictam, videlicet, ecclesiam*, in Wats's text.
[10] *dictam ecclesiam* in Reg. 14 C. vii.
[11] *Rex vero* in Claudius E. iii.

A.D. 1272. Et cum ad Abbathiam Sancti Edmundi, Regis [1] et Martyris, declinasset, gravi languore corripitur, qui eum non deseruit usque ad vitæ finem. Dum ægrotaret [2] autem, venerunt ad eum Comites et Barones terræ, cum Pontificibus, ut [3] ejus transitui interessent. Confessus est [2] autem humiliter peccata sua, tundens pectus suum, et malam remittens omnibus voluntatem, [4] emendationem quoque vitæ promittens. Exhinc absolvitur a Prælato: deinde devote suscepit corpus Christi, et, [5] unctione delibutus extrema, [6] crucem Domini suppliciter adoravit, jubens debita sua solvi, et residuum indigentibus æque partiri. Cum hæc [7] rite peregisset, reddidit spiritum suum [8] Deo. Corpus autem ejus apud Westmonasterium honorificæ traditur sepulturæ.

He is buried at Westminster.

Regnavit quinquaginta sex annis, [9] et amplius, quantum distat a festo Sanctorum Simonis et Judæ usque ad festum Sancti Edmundi Pontificis, id est, viginti diebus. Duxerat autem in uxorem mulierem nobilem, filiam Comitis de Saveye, nomine [10] Alienoram; de qua suscepit filios, Edwardum, qui post ipsum regnavit, et Edmundum, qui fuit Comes Leycestriæ et Lancastriæ, et duas filias, [11] scilicet, Beatricem, quæ nupsit Comiti Britanniæ, et Margaretam, quæ fuit Regi Scotiæ conjugata. Iste Henricus Rex inchoavit novam fabricam ecclesiæ Westmonasterii, sed non perfecit.

Children of Henry III.

Hic nempe Rex quantum in actibus [12] sæculi putabatur minus prudens, tanto apud Deum majori devotione pollebat. Singulis namque diebus tres Missas, cum nota, audire solebat, et, plures audire cupiens, privatim celebrantibus assidue assistebat; ac cum sa-

Character of Henry III.

---

[1] These two words are omitted in Reg. 14 C. vii., and Wats's text.
[2] Omitted in Claudius E. iii.
[3] Omitted in Reg. 14 C. vii.
[4] *emendationemque vitæ* in Wats's text.
[5] *unxione* in orig.
[6] *ecclesiæ, Dominum suppliciter adoravit,* in Wats's text.
[7] *Rex rite* in Wats's text.
[8] *Domino* in Reg. 14 C. vii., and Wats's text.
[9] Omitted in Wats's text.
[10] *Elianoram* in Reg. 14 C. vii., and Wats's text.
[11] *videlicet* in Wats's text.
[12] *sæcularibus* in Wats's text.

cerdos corpus Dominicum elevaret, manum sacerdotis tenere, et illam osculari, solebat. Contigit autem aliquando Sanctum Lodowicum, Francorum Regem, cum eo super hoc conferentem, dicere, quod non semper Missis, sed frequentius Sermonibus, audiendis esse vacandum. Cui faceta urbanitate respondens, ait, se malle amicum suum sæpius videre, quam de eo loquentem, licet bona dicentem, audire.

A.D. 1272.

Erat autem staturæ mediocris, compacti corporis, alterius oculi [1] palpebra demissiore, ita ut partem nigredinis pupillo celaret. Robustus viribus, sed præceps in factis. In quibus tamen quia fortunatos et [2] felices exitus habuit, putant eum multi apud Merlinum fatidicum per lyncem designatum, omnia penetrantem.[3]

Description of his person.

Electio Regis novi, Edwardi.

Cum igitur corpus magnifici Regis commissum fuisset honorificæ sepulturæ, quia Edwardus, filius ejus primogenitus, in Terra Sancta detentus fuit, Crucis negotio, et absens regni administrationem non valebat exequi; die proximo post patris ejus sepulturam, Frater Robertus Kilwardby, Cantuariensis Archiepiscopus, et Gilbertus, Comes Gloverniæ, cum aliis prælatis ac regni proceribus, Londoniis apud Novum Templum convenientes, Edwardum absentem dominum suum ligium recognoverunt, paternique successorem honoris ordinaverunt: et, de assensu Reginæ matris, statuerunt Custodes regni, ministrosque fideles, qui regio fisco præessent, et proventus regni ad opus Regis novi ex integro reservarent; cujus pacem jam ubique fecerunt per Angliam proclamari.

Prince Edward, though absent, acknowledged King.

Eodem anno, [4] Edmundus, filius Regis Henrici, frater Edwardi, rediit in Angliam de Terra Sancta.

Edmund, brother of King Edward, returns from the Holy Land.

---

[1] *palpabra* in orig.
[2] *felicos* in orig., by inadvertence.
[3] At this word, the text of MS. Reg. 14 C. vii. concludes, with the words—"*Finis Vitæ, cum fato.*"
[4] Omitted in Claudius E. iii.

A.D. 1272. *Annus primus regni Regis Edwardi, a Conquæstu [Primi].*

Accession of Edward I.

Edwardus igitur, Regis Anglorum, Henrici Tertii, ex Alienora, filia Comitis Provinciæ, vel Sabaudiæ, primogenitus, ætatis suæ anno tricesimo quarto patri successit in regnum. Fuit autem prudens in gerendis negotiis, ab adolescentia armorum deditus exercitio, quo in diversis regionibus eam famam militiæ adquisierat, qua totius orbis Christiani sui temporis principes singulariter transcendebat. Elegantis erat formæ, staturæ proceræ, qua humero et supra communi populo præeminebat. Cæsaries in adolescentia a colore pene argenteo vergens in flavum, in juventute vero a flavo declinans in nigredinem, [1] senectute in cygneam versa canitiem venustabat. Frons lata, cæteraque facies pariliter disposita, eo excepto, quod sinistri oculi palpebra demissior paterni aspectus similitudinem exprimebat; lingua blæsa, cui tamen efficax facundia ad persuadendum in rebus non defuit perorandis. Brachiorum ad proportionem corporis flexibilis productio, quibus vivacitate nervica nulla cujusque erant ad usum gladii aptiora. Pectus ventri præeminebat, tibiarumque [2] longa divisio equorum nobilium cursu et saltu sessoris firmitatem prohibuit infirmari. Cum vacaret ab armis, venationibus, tam avium quam ferarum, indulgebat, et maxime cervorum, quos in equis cursoribus solebat insequi, gladioque, vice venabuli, confodere apprehensos.

His person.

The protection of Providence extended to him.

Quem commorari in protectione Domini cœli notum erat. Nempe cum adhuc adolescens [3] esset, et cum quodam milite in camera testudinata ludo scaccarii occuparetur, subito, nulla occasione præstita, inter ludendum surgens discessit, et ecce! lapis immensæ magnitudinis, qui sedentem conquassasset, cecidit in eundem locum

---

[1] *senectutem* in orig., and Claudius E. iii.

[2] Apparently written *lega* in orig.

[3] Omitted in orig.; supplied from Claudius E. iii.

quo sederat; propter quod miraculum, Beatam Mariam A.D. 1272.
apud Walsyngham semper postea ¹ propensius honorabat.
² Ei revera attribuebat, quod periculum istud evasit. His character,
Inerat ei præterea magnificus animus, injuriarum ter, and
impatiens, periculorum oblivisci cogens, dum vindicari mity.
cuperet; qui tamen facillime, humilitate exhibita, potuit emolliri. Nempe cum quodam tempore juxta
quamdam ripam falconum aucupio se ³ exerceret, unum
de comitibus suis ex altera parte fluvii, negligentius
se habentem circa falconem, quæ anatem inter salices
corripuerat, arguit, et objurgationi minus, ut videbatur,
obedienti, minas adjecit: at ille, attendens nec pontem
nec vadum consistere in propinquo, facilitate quadam
respondit;—"Eja," inquit, "sufficit mihi quod nos ab
" invicem dividit flumen istud." Quo exasperatus,
filius Regis aquam ignotæ profunditatis ingressus, equo
natante, transivit in crepidinem, alvei fluminis decursu
cavatam, et, cum difficultate ascendens, gladio extracto,
insequitur fugientem; qui tandem per fugam desperans
evadere, regyrato equo, nudatoque capite, humiliter
collum prætendit, et Edwardi se obtulit voluntati.
Quo facto, ab incepto suo fractus, Regis filius gladium
reposuit in vaginam. Deinde reversi, pacifice falconis
relicti pariter curam egerunt. Hæc de moribus et
adolescentia filii Regis Henrici, Edwardi, commemoravimus, ne posteris gesta talia sint ignota.

Annalis Conclusio.

Transit annus iste frugifer et fructifer, inter utrumque; Romanis desideratus, propter intronizationem
Papæ; tristis Terræ Sanctæ, propter abcessum exercitus Christiani; Anglis lætus, propter electionem Regis
novi.

---

¹ *propencius* in orig., and Claudius E. iii.
² *Et* in Claudius E. iii.
³ *exceret* in orig.

Eligitur Imperator.

A.D. 1273.

Rodolph of Hapsburg elected Emperor.

Anno gratiæ millesimo ducentesimo septuagesimo tertio, ¹principes Teutonicæ, cognoscentes veraciter mortuum esse Dominum Ricardum, Regem Alemanniæ ²quondam, fratrem Regis Anglorum, Henrici, convenerunt in unum, et Radulphum de Assio Comitem Rufum elegerunt in Imperatorem Romanorum; qui anno eodem in Regem Alemanniæ solemniter coronatur.

Edwardus suscipitur a Rege Siciliæ, cum honore.

Edward leaves Syria; and arrives in Italy.

Edwardus, jam Rex Angliæ præsignatus, dum moram apud Accon faceret, et Christianorum ac Tartarorum auxilia frustra diutius expectaret, consilio inito, relictis ad Terræ Sanctæ defensionem stipendiariis, naves repatriaturus ingreditur, cursuque velivolo Siciliam usque pervenit; ubi a Rege Karolo honorifice susceptus est. Cumque per dies ³aliquos recreandi gratia se et suos ibidem continuisset, rumores primo de morte filii sui

His sorrow, on hearing of his father's death.

Henrici, ac postmodum de morte patris, accepit. Qui, dum mortem patris anxius quam filii sui plangeret, a Rege Karolo, vice consolatoris assistente, plurimumque mirante, super hoc requisitus, dicitur respondisse;— "Jactura, Domine Rex, filiorum facilis est, cum cotidie "⁴multiplicentur: parentum vero mors irremediabilis "est, quia nequeunt restaurari."

Karolus autem Rex ⁵discedentem Edwardum conduci fecit per Karolum, filium suum, usque ad ultimos terminos regni sui. Cum autem ad Veterem Urbem,

He is received by the Pope, at Orvieto.

ubi Papa cum sua Curia residebat, advenisset, occurrentibus ei Cardinalibus omnibus, cum honore maximo ad Domini ⁶Papæ præsentiam est deductus. Cui super

---

¹ *princeps* in orig.; corrected from Claudius E. iii.
² Omitted in Claudius E. iii.
³ *aliquot* in Claudius E. iii.
⁴ *multiplicetur* in orig; corrected from Claudius E. iii.
⁵ *discendentem* in orig., by inadvertence.
⁶ *nostri Papæ* in Claudius E. iii.

morte consanguinei sui, Henrici de Alemannia, anxiam A.D. 1273.
deposuit querimoniam; quem non modo, in offensam
juris humani, a Gwidone de Monte Forti, dum Missarum solemniis assisteret, constabat interfectum, sed in
contemptum Ecclesiæ, et scandalum nominis Christiani.
Papa igitur, hiis commotus, Gwidonem excommunicavit, The Pope
et omnes eundem receptantes; et, quousque Ecclesiæ excommunicates
satisfieret, terras eorum supposuit Interdicto. Disce- Guido de
dens denique Edwardus a Curia, per civitates Italiæ Montfort.
progreditur, ubique receptus a civibus cum gaudio
maximo, et honore. ¹ Ingressuro autem Sabaudiam,
prælati ac proceres Angliæ quamplurimi in descensu
montium occurrerunt.

Edwardus Torneamento reportat victoriam.

Cumque ² Edwardus pertransisset Sabaudiam, Comes Edward's
³ Kabilanensis eum ad ludum militarem, qui vulgo prowess.
"torniamentum" dicitur, invitavit. Optabat enim ipse
Comes, cum multis aliis, militiam Edwardi opere experiri; cujus jam fama repleverat totum orbem. Quorum votis condescendens, Edwardus se, cum militibus
suis, licet longa peregrinatione vexatis, partem velle
tenere contra Comitem et suos proclamari fecit, ac
quoscumque alios milites adventantes. Die itaque
statuto, congrediuntur partes, gladiisque in alterutrum
ingeminantes ictus, vires suas exercent. Comes vero,
cuneum Edwardi penetrans, cum ipso comihus congre-
ditur. Cui tandem, abjecto gladio, appropians, collum
Edwardi brachio circumduxit, et, tota fortitudine as-
tringens, ab equo detrahere conabatur. Sed Edwardus,
inflexibiliter se tenens erectum, dum Comitem sibi
sensit firmius adhærentem, equum urgendo calcaribus

---

¹ *Ingressuroque Sabaudiam* in Claudius E. iii.
² *Rex Edwardus* in Claudius E. iii.
³ Correctly, " *Catalaunensis*," " of " Chalons."

A.D. 1273. Comitem a ¹ sella abstraxit; quem, ad collum suum pendentem, fortius excutiens, a se in terram dejecit. Commoventur exinde Burgundiones in iram, et ubique exercitium armorum in hostilem insultum, cœptumque ludi bellicum vertitur in tumultum. Cædunt igitur cedentes Anglici, et vim vi repellunt, fortiter impetus frangentes adversariorum. Interim Comes, refocillatus paululum, Edwardum secundo aggreditur; cujus super se manum sentiens aggravari, dedidit se eidem. Sicque peregrinis concessa victoria, partes ambæ in urbem pacifice revertuntur.

Edwardus facit homagium Regi Francorum.

Edward does homage to the King of France.

Post hæc, Edwardus venit in Franciam, et a Philippo, Francorum Rege, magnifice susceptus est; fecitque ei homagium pro terris suis quas de eo tenebat, sub conditione restitutionis terrarum patri suo, in venditione Normanniæ, promissarum. Deinde in Wasconiam proficiscitur, ad compescendum novos motus, quos in eadem Gasto ² de Bierna, ³ miles nobilis et strenuus, sed a fide domini sui, Edwardi, deficiens, concitaverat. Cujus terras Edwardus cum exercitu potenter ingressus, ipsum in fugam coegit, et in quodam castro, forti ac munito, receptum obsedit.

He besieges Gaston de Biern.

An earthquake, and other portents, in England.

Hoc anno, in Vigilia Sancti Nicholai, terræ-motus, fulgura, tonitrua, draco igneus, et cometa, Anglicos terruerunt.

Annalis Conclusio.

Transit annus iste frugifer et fructifer, opulenter; Romanis, ⁴ Anglis, et Francis, sub quiete transactus; Saracenis etiam, et cunctis incredulis in Terra Sancta, votivus.

---

¹ *cella* in orig.
² *die* in orig, by inadvertence :
³ *miles et strenuus* in Claudius E. iii.
⁴ *Anglicis* in Claudius E. iii.

Consilium Lugdunense.

Anno gratiæ millesimo ducentesimo septuagesimo A.D. 1274.
quarto, qui est annus secundus a morte Henrici Regis,
fuit Edwardus ad Natale in Wasconia, cum uxore sua.
Hoc anno, Gregorius Papa, Kalendas Maii, apud Council of
Lugdunum Generale Consilium celebravit; ad quod Lyons.
Græci et Tartari solemnes nuncios transmiserunt.
Græci ad unitatem Ecclesiæ se redire spondent; in
cujus evidens signum, cum cantaretur Symbolum, hortante
Domino Papa, trina vice nuncii eorum—"Et in
" Spiritum Sanctum, Dominum vivicantem, qui ex
" Patre Filioque procedit," replicaverunt celebriter et
devote. Nuncii vero Tartarorum, infra tempus Consilii
baptizati, ad propria redierunt. Affuit autem ibi prælatorum
numerus, quingenti Episcopi, Abbates sexaginta,
prælati vero alii circa mille. Inde dixit quidam;—

"Gregorius [1] Denus congregat omne genus."

Ibi statutum est illud insigne, et a retro sæculis in- Enactments at
solitum, [2] scilicet, quod omnes rectores curati deinceps that Council.
forent sacerdotes. Prohibiti sunt [3] et bigami primam
tonsuram deferre; et quod nulli hominum deinceps
liceat decimas suas ad libitum, ut antea, ubi vellet,
assignare; sed matrici ecclesiæ omnes decimas persolverent.
Ipse quoque Gregorius decimam exennalem
universali Ecclesiæ imposuit; pluralitatem beneficiorum
curatorum damnavit. Aliquos status de Ordinibus
Mendicantium approbavit, utpote Prædicatores et
Minores; aliquos toleravit, utpote Karmelitas et Augustinenses.
Aliquos reprobavit, ut Saccinos, qui intitulantur
"de Pœnitentia," sive "de Valle Viridi," et
consimiles.

---

[1] *Deus* in orig., by inadvertence. [3] Omitted in Claudius E. iii.
[2] *sed* in Claudius E. iii.

A.D. 1274. *Passus de gestis et moribus Thomæ de Aquino.*

Death of Thomas Aquinas.

In via versus istud Consilium, doctor venerabilis, Frater Thomas de Aquino, de Ordine Prædicatorum, in quadam Abbathia monachorum Cisterciensium, quæ dicitur "Fossa Nova," diem clausit extremum. Cujus tam acuta, [1] tam publica, sunt monumenta, ut "Doctor "Communis" a viris scholasticis nuncupetur. Hic natione Apineris, filius Comitis de Aquino, invitis parentibus, qui eum monachari volebant, Prædicatorum Ordinem est ingressus: missus vero ad Studium Parisiense, Doctoratus gradum merito est adeptus. Super Libros Sententiarum quatuor scripta fecit; scripsit et primam partem de Quæstionibus disputatis de Veritate. Scripsit et secundam partem de Quæstionibus disputatis de Potentia Dei, et tertiam partem de Quæstionibus disputatis, quarum initium est "De Virtutibus." Item, contra Gentiles quatuor libros scripsit. Item, Summam [2] Theologiæ, quam in tres partes divisit; et secundam, in duas. Sed, morte præventus, tertiam non complevit. Quatuor Evangelia, continuata expositione de dictis Sanctorum, glossavit. Litteralis etiam expositionis in Job edidit librum unum. Multaque alia scripsit, ad utilitatem legentium, quæ diligens lector invenire poterit [3] intitulata in Chronicis Nicholai Triveth. Sanctitati vero ipsius, ac vitæ meritis, attestantur miracula, quæ post ejus transitum, et in vita ipsius,

Singular circumstances attending his death.

plurima contigerunt. Nocte vero ipsa, qua de hoc mundo transiit, apparuit in somnis germano suo, Comiti de Aquino, in habitu Ordinis sui, tradens eidem in manu litteram quamdam clausam. Qui cito post excitatus, cum sentiret se litteram habere in manibus, camerarium suum advocavit, jussitque sibi lumen cele-

---

[1] Repeated in orig., by inadvertence.
[2] *thelogie* in orig.

[3] *intitulatam* in orig., by inadvertence.

riter apportari; quo allato, litteram aperiens, invenit
ibi aureis apicibus, omne humanum artificium sua formositate excedentibus, hoc inscriptum,—" Hodie factus
" sum Doctor in Ierusalem." Conservata itaque littera, per nuncios ad inquirendum de statu suo missos,
ipsum, eadem nocte qua apparuit sibi, comperit ex hac
luce migrasse.

A.D. 1274.

Eodem anno, Philippus, Rex Francorum, defuncta prima uxore sua, filia Regis Arragonum, secundam accepit, " Mariam " nomine, sororem Ducis Brabantiæ. *Second marriage of Philip III., King of France.*

Eo tempore, Henricus, Navarrorum Rex, moritur, unica filia hærede relicta; cujus uxor, Regina, postea nupsit Edmundo, germano Edwardi, Regis Angliæ; qui de ea tres filios procreavit, primogenitum, Thomam Comitem Lancastriæ, secundum, Henricum de Lancastria, Dominum Monumutæ, tertium vero, " Johannem " dictum. *Death of Henry, King of Navarre. Prince Edmund marries his widow.*

Acta Edwardi in Gasconia.

Sub eisdem diebus, Gasto de Bierna, a Rege Anglorum obsessus, cum, omni jam via evadendi sibi præclusa, attenderet rem esse in foribus ut ad deditionem cogeretur, super negotio quod inter Regem Edwardum et ipsum vertebatur, appellationem interponit ad Curiam Regis Francorum. Cui deferens Rex Edwardus, nolens Regem Francorum, quem nuper dominum suum pro terris suis in Francia recognoverat, contra se partem facere, dissentientibus multis de suis, obsidionem amovere jussit, ministris suis committens, ut in Curia Regis Franciæ causam prosequerentur contra Gastonem. In qua tandem, injuriosæ rebellionis convictus per Regem Francorum, Regis Angliæ adducitur voluntati. Edwardus Rex, postquam obsidionem dimiserat, ordinatis pro articulo temporis rebus Wasconiæ, in Angliam properavit; ubi a clero et populo est receptus cum gaudio maximo et honore. *Gaston de Biern appeals to the Court of France against King Edward, but in vain. Edward returns to England.*

A.D. 1274.   *Coronatio Edwardi et Reginæ.*

Coronation of King Edward.

Dominica vero infra Octavas Assumptionis Beatæ Mariæ, in ecclesia Westmonasteriensi, una cum Alienora, consorte sua, a Roberto, Cantuariensi Archiepiscopo, inungitur in Regem; et solemniter coronatur. Coronationis solemnitati interfuerunt Regina mater, Alexander Rex Scotorum, Duxque Britanniæ, ambo Regis sororii, cum Prælatorum, Comitum, et Baronum, aliorumque nobilium, multitudine copiosa : et tricesimi sexti ætatis suæ anni Rex impleverat duos menses;

Homage done to him by the King of Scotland.

qui, in crastino coronationis suæ, recepto a Rege Scotorum homagio, ipsum dimisit ad propria, plurimum honoratum.

Walter de Merton made Bishop of Rochester.

Walterus de Mertona, quondam Regis Henrici Cancellarius, hoc anno Episcopus fit Roffensis.

De prima Peste ovium in Anglia.

Disease among sheep.

Eo anno, infausta lues ovium surrepsit in Anglia, ut ubique repente ovilia, peste grassante, vacuarentur; quæ duravit sequentibus viginti octo annis, ita ut nulla totius regni villa hujus miseriæ clade careret. Causam hujus morbi, prius insuetam incolis, attribuebant multi cuidam diviti de Francorum partibus, qui applicuerat in Northumbriam, adducens secum quamdam ovem Hispaniæ morbidam, quæ totum gregem Angliæ morbi traductione contaminavit; quæ erat de bimalis boviculi quantitate.

Annalis Conclusio.

Transit annus iste frugifer et fructifer opulenter; Ecclesiæ memorialis et celebris, propter honorabilis Consilii celebrata Statuta apud Lugdunum; Wasconibus inquietus, propter rebellionem Gastonis; Anglis

desiderabilis, propter solemnitatem diu desideratæ ¹ re- A.D. 1274.
giæ coronationis.

De Gastone.

²Anno gratiæ millesimo ducentesimo septuagesimo A.D. 1275.
quinto, ³qui est annus regni Regis Edwardi, a Con- Gaston de Biern
quæstu Primi, tertius, Gasto de Bierna, in Angliam makes his
veniens, cum resti circa collum ad Regis præsentiam submission to King
est adductus; quem ad suam misericordiam Rex reci- Edward.
piens, morte condonata, in castro Wyntoniæ per annos
aliquot custodiæ mancipavit. Qui tandem, per Regis
gratiam, liber dimissus ad propria, Regi Angliæ semper
in posterum gratus extitit et fidelis.

Parliamentum, in quo fiunt Statuta Westmonasterii.

Hoc anno coactum est Parliamentum Londoniis; ad Llewelyn
quod invitatus est per solemnes nuncios Leulinus, Prin- refuses to attend Par-
ceps Walliæ; qui, invitatus, regiæ coronationi per prius liament.
contempserat interesse. Cumque moneretur per nuncios, ut veniret et homagium debitum Regi faceret,
finxit se non audere intrare Angliam, propter insidias
quorundam ⁴majorum regni sibi insidiantium ea vice.
Et ideo, pro sua securitate, filium Regis et Gilbertum
Gloverniæ Comitem, Robertumque Burnellii, Regis
⁵Cancellarium, obsides postulavit. Quod Rex indigne
ferens, sed tamen, dissimulato negotio, inceptum Parliamentum consummavit. In quo Statuta edidit contra Statutes
Manum Mortuam; ne de cætero possessiones terrarum against Mortmain.
seu reddituum, sine speciali Regis licentia, ad manum
mortuam devolvantur. Vocantur autem Statuta in The First
præsenti Parliamento edita, "Statuta Westmonasterii Statutes of West-
"Prima." minster.

---

¹ *regis* in Claudius E. iii.
² These two words are omitted in Claudius E. iii.
³ The context, from "*qui*" to "*tertius*," is omitted in Claudius E.iii.
⁴ *magnorum* in Claudius E. iii.
⁵ *causa cellarium* in orig.; corrected from Claudius E. iii.

Dissensio inter Regem Angliæ et Principem Walliæ.

A.D. 1275.
Edward proceeds to Chester, and summons Llewelyn to do homage.

Post Parliamentum vero, Rex, ut Lewlino, Principi Walliæ, liberior ad se pateret accessus, Cestriam usque, quæ in confinio Walliæ sita est, progreditur; missisque iterum nunciis, homagium exigit ab eodem. Quo mandatis regiis parere detrectante, Rex exercitum convocat, disponens Principem, sibi denegantem homagium, de suo feodo expugnare.

Terræ-motus.

An earthquake, and disease among sheep.

Eodem anno, in partibus Australibus Angliæ, et Occidentalibus, terræ-motus horribilis contigit, feria quarta infra Octavas Nativitatis Virginis gloriosæ. Pestilentialis etiam ægritudo, oves consumens scabie, plurimas interfecit.

Hoc anno obiit Johannes [1] de [2] Bettone, Herefordensis Episcopus, qui, admodum peritus in juribus Anglicanis, librum scripsit perutilem de eisdem. Cui successit Magister Thomas de Cantilupo, Doctor in Sacra Theologia, vir nobilis genere, sed multo moribus melior, animique virtute.

Thomas de Cantilupe, Bishop of Hereford.

One-fifteenth paid to the King.

Hoc anno, solvit populus Regi quintamdecimam bonorum, quæ patri suo dicebatur præconcessa.

Annalis Conclusio.

Transit annus iste frugifer et fructifer [3] Angliæ regioni; Christianis et incredulis a bello [4] ubique quietus.

A.D. 1276.
The daughter of the

Anno gratiæ millesimo ducentesimo septuagesimo sexto, qui est annus regni Regis Edwardi, a Conquæ-

---

[1] Omitted in Claudius E. iii.
[2] Correctly, "*Brettone.*"
[3] *Angliæ* in Claudius E. iii.
[4] Omitted in Claudius E. iii.

stu Primi, quartus, Comitissa Leycestriæ, relicta, vide- A.D. 1276.
licet, Simonis de Monte Forti, quondam Comitis Leyces- Earl of
triæ, quæ fuerat soror Henrici, Regis Angliæ, et, occiso seized.
marito, cum suis in Galliam fugerat, ac in domo
Sororum de Ordine Prædicatorum apud ¹ Mountargys, a
sorore viri sui fundata, morabatur, filiam suam transmisit in Walliam, Principi, sicut, patre vivente, sub
certis pactis conventum fuerat, maritandam, Ducem
vero itineris, ac procuratorem negotii, Aymericum,
filium suum germanum, puellæ constituit, assignata
eisdem honesta comitiva. Qui suspectum habentes
iter per Angliam, emenso multo maris spatio, ad insulas Silvias, quæ terminos Cornubiæ ² vicino respi-
ciunt, devehuntur; ubi a quatuor navibus Bristollensibus, ex insperato supervenientibus, comprehensi, ad
præsentiam Regis Angliæ deducuntur; qui, retenta
puella honorifice in comitivam Reginæ, Aymericum,
fratrem suum, primo in castro de ³ Corff, et expost in
castro de Schirebourne, sub custodia libera detinuit,
⁴ sed secura.

Gregorius Decimus Papa.

Eo tempore, Papa Gregorius, apud Arescium defunc- Pope
tus, ibidem traditur sepulturæ. Cui successit Innocen- Gregory X.
tius Quintus, natione Burgundus, de Tarentasia, dictus ceeded by
antea "Frater Petrus;" qui, in Ordine Prædicatorum InnocentV.
studio Scripturarum deditus, ac Doctor Theologiæ
Parisius factus, sapientiæ suæ memoriam, multa scri-
bendo utilia, posteris dereliquit. Qui cum esset ⁵ vir
religionis eximiæ, expertæque prudentiæ, primo Prior
Provincialis fratrum suorum in Francia, deinde effici-

---

¹ *Monasterium Targys* in Clau- | dius E. iii.
dius E. iii. | ⁴ *et* in Claudius E. iii.
² *e vicino* in Claudius E. iii. | ⁵ *ubi* in orig., by inadvertence;
³ *Corfe . . . Shirburne*, in Clau- | corrected from Claudius E. iii.

A.D. 1276. tur Archiepiscopus Lugdunensis; demumque a Papa Gregorio ad Cardinalatum assumptus, constitutus est Episcopus [1] Hostiensis. Factus autem Papa sedit mensibus quinque, diebus duobus, moriturque Romæ, et in Lateranensi ecclesia sepelitur.

Adrianus Quintus, dictus " Ottobonus."

Accession of Pope Adrian V.

Cui, eodem anno, successit Adrianus Quintus, natione Januensis, dictus antea "Ottobonus," qui, tituli Sancti Adriani Diaconus Cardinalis, a Papa Clemente Quarto Legatus in Angliam missus fuit. Hic, Papa factus, statim Constitutionem, quam Papa Gregorius Decimus fecerat de inclusione Cardinalium pro electione Summi Pontificis, suspendit; proponens eam aliter ordinare. Sed morte præventus, Constitutionem suspensam reliquit; sedit vero mensibus duobus Papa.

Accession of Pope John XXI.

Adriano defuncto, successit Johannes Vicesimus Primus, dictus "Petrus Hispanus." Hic Episcopus Tusculanus erat prius; in actis diversis famosus, sed scientiarum florem, pontificalemque dignitatem, quadam morum stoliditate deformavit; adeo ut naturali, pro parte, carere videretur industria. In hoc tamen quam plurimum laudabilis fuit, quod se tam pauperibus quam divitibus communem exhibens, studiumque litterarum amplectens, multos in beneficiis ecclesiasticis promovit egentes.

Wallencium destitutio.

Capture of Rhudlan Castle.

Rex Angliæ, de Cestria in Walliam progrediens, cepit castrum quod dicitur "Rodolanum," misitque in Walliam Occidentalem militem nobilem, dictum "Paganum de Canursiis," qui cuncta cæde incendioque vastavit.

---

[1] *Ostiensis* in Claudius E. iii.

Concordantiæ fiunt.

[1] Eo tempore Frater Johannes de Derlingtone, Ordinis Prædicatorum, Confessor quondam Regis Henrici, auctoritate Papali in regno Angliæ Collector efficitur decimarum,—salva Papali reverentia, contra sui Ordinis professionem tali officio deputatus. Hujus tamen studio et industria editæ sunt Concordantiæ Magnæ, quæ "Anglicanæ" vocantur.

Hoc anno, sexto-decimo Kalendas Julii, venerabile corpus Beati Ricardi, Cicestrensis Episcopi, est translatum, et in capsa argentea et deaurata honorifice collocatum.

Annalis Conclusio.

Transit annus iste frugifer et fructifer Anglicanis; sed, propter tot Paparum interitum, tristis lugubrisque Romanis; et non solum orbi Christiano a bello generali, sed Sarracenis, incredulisque, quietus; excepto quod Tartari, qui dicuntur "Moalli," Terram Sanctam adquisierunt, [2] Soldano Babiloniæ, cum multis Saracenorum millibus, interfecto.

Obiit Papa Johannes XXI^{us.}

Anno gratiæ millesimo ducentesimo septuagesimo septimo, qui est annus regni Regis Edwardi, a Conquæstu Primi, quintus, Johannes Papa Vicesimus Primus, cum sibi vitæ spatium in annos plurimos extendi crederet, et hoc etiam coram multis assereret, subito cum nova camera, quam sibi Viterbii circa palatium construxerat, solus corruit, et, inter lapides et ligna collisus, sexto die post casum, Sacramentis omnibus ecclesiasticis perceptis, moritur, et in ecclesia Sancti Laurentii sepelitur.

---

[1] *Hoc* in Claudius E. iii. | [2] *Saldano* in Claudius E. iii.

A.D. 1277.   *Nicholaus Tertius.*

Accession of Pope Nicholas III.

Cui successit Nicholaus Tertius, prius dictus, "Johannes Gagetanus," de genere Ursinorum. Hic super Regulam Sancti Francisci expositionem quamdam edidit, quam inter alias Decretales de Verborum Significationibus inseri ordinavit.

Wallenses petunt pacem.

Surrender of the Castle of Stredewy.

Wallenses Occidentales per id temporis ad pacem Regis Angliæ venientes, Pagano, militiæ Regis in partibus illis capitaneo, castrum de Stredewy, cum adjacenti patria, reddiderunt.

Pacis forma inter Regem Angliæ et Lewlinum, Principem Walliæ.

Terms of peace made between King Edward and Llewelyn.

Princeps vero Walliæ, videns se Regi Angliæ, cotidie invalescenti, non posse resistere, pacem petiit, et obtinuit, sub hac forma:—videlicet, quod omnes captivi, quos hactenus, ratione Regis Angliæ, detinuit in vinculis, simpliciter et sine calumnia liberarentur. Item, pro pace et benevolentia Regis habenda, daret quinquaginta millia librarum sterlingorum; quorum tamen solutio in voluntate et gratia Regis foret. Item, quod terra Quatuor Cantredorum, sine omni contradictione, Regi Angliæ et suis hæredibus, cum omnibus terris conquisitis per Regem, hominesque regios, excepta insula Angleseya, in perpetuum remaneret. Insula enim Angleseia concessa est Principi, ita quod solvat pro ea singulis annis Regi mille marcas, quarum solutio incipienda erat in festo Sancti Michaelis proximo tunc instantis: pro ingressu vero quinque millia marcarum daret. Et si Princeps sine hærede de corpore suo moreretur, insula illa in Regis Angliæ possessionem

[1]deveniret. Item, quod Princeps veniret in Natali A.D. 1277. Domini ad Regem, in Angliam, pro homagio faciendo. Item, quod omnia homagia Walliæ remanerent Regi, præterquam quinque Baronum qui in confinio Snowdoniæ morabantur: quia se "Principem" convenienter vocare non posset, nisi sub se aliquos Barones haberet. Item, quod nomen Principis tantum haberet ad vitam suam, et post mortem ejus, quinque prædictorum Baronum homagium Regi Angliæ fieret, et suis hæredibus, in æternum. Et pro assecuratione istorum, tradidit Princeps decem obsides de melioribus Walliæ, absque incarceratione, exhæredatione, et termino liberationis. Et de omni Cantredo et de Snowdonia, et de Consilio Principis, meliores jurabunt, tactis sacrosanctis reliquiis, quod quandocunque Princeps aliquem prædictorum articulorum infregerit, nisi admonitus se correxerit, abalienabunt se ab eo, et eidem, in omnibus quæ poterunt, hostes fient.

Item, præter hæc, Princeps fratres suos, quos læsit, placabit. Habuit enim tres fratres, quorum duos, Owenum et Rodericum, posuerat in carcere; tertius vero, David, fuga dilapsus, multis annis cum Rege Angliæ stetit; a quo, contra morem gentis suæ, miles factus, in ista guerra, ob probitatem et fidelitatem suam, plurimum erat Regi acceptus: unde et eidem castrum de [2]Dimby contulit in Wallia, cum terris ad valorem mille librarum annui redditus; insuper et uxorem dedit, filiam Comitis Derbeyæ, quæ nuper alio viro fuerat viduata. Owenus ergo favore regio liberatur a carcere, quem fregerat paulo ante. Rodericus vero, fratrem fugiens, in Anglia morabatur. Rex autem in Occidentali Wallia apud Lampader Vaur, ad cohibendum irruptiones Wallensium, castrum construxit insigne.

The brothers of Llewelyn.

---

[1] Omitted in orig.; supplied from Claudius E. iii.
[2] *Dymbigh* in Claudius E. iii.

A.D. 1277.
Subsidy granted to the King.

Edward deprives certain Monasteries of their liberties.

In subsidium hujus werræ, concessa est Regi a populo vicesima pars bonorum.

Hoc anno, Rex Edwardus multa famosa monasteria sui regni judicialiter libertatibus usitatis et antiquis privavit; inter quæ, Westmonasterium multum vexavit, insistentibus Londoniensibus, inimicis dicti loci.

Transit annus iste frugifer et fructifer satis abunde; sine tumultu inter Christicolas et Sarracenos; Romanis notabilis, propter inopinabilem mortem Papæ; Anglis prosper, propter subjectos rebelles Walliæ; sed ipsis Wallensibus infamis et odibilis, propter admissionem dominationis insuetæ.

Archiepiscopus Cantuariensis fit Cardinalis.

A.D. 1278.
Archbishop Kilwardby made a Cardinal.

Anno gratiæ millesimo ducentesimo septuagesimo octavo, qui est annus regni Regis Edwardi, a Conquæstu Primi, sextus, Robertus, Cantuariensis Archiepiscopus, per Dominum Nicholaum, Papam, ad Cardinalatum assumptus, factus est Episcopus Portuensis.

Nuptiæ Principis Walliæ.

Marriage of Llewelyn.

Rex Angliæ, circa tempus istud, filiam Comitis Leycestriæ, Simonis, scilicet, de Monte Forti, apud insulas Silvias, prout superius dictum est, captam a Bristollensibus, et sibi adductam, Principi Walliæ dedit uxorem; nuptiarum solemnitatem agens impensis propriis, suaque, ac Reginæ, præsentia illas honorans.

Judæi suspenduntur.

The Jews punished for clipping the coin.

Hoc anno, Judæi, de tonsura monetæ convicti, in magna multitudine ubique per Angliam suspenduntur: puniti sunt eo tempore et eorum consentanei, pro pravis escambiis, et pro causa prædicta.

Statuta Gloverniæ.   A.D. 1278.

Eodem anno tenuit Rex Parliamentum Gloverniæ, in Octavis Sancti Johannis Baptistæ; in quo edita sunt Statuta, quæ "de Glovernia" appellantur.

Restitutio quarundam terrarum Edwardo Regi facta.

Circa mensem Augustum, Rex Edwardus transfretavit in Franciam, ad habendum colloquium cum Philippo, Rege Francorum; ubi tunc obtinuit restitutionem aliquarum terrarum, non tamen omnium, quæ in venditione Normanniæ promissæ fuerant patri suo.

Devolutio Comitatus Pontini.

Per hoc tempus obiit Regina Castellæ, mater Reginæ Angliæ; ad quam jure hæreditario, post mortem matris, devolutus est Pontini Comitatus.

Rex Scotorum venit ad Edwardum Regem.

Isto anno, antequam Rex transiret in Gallias, Rex Scotorum, Alexander, in Angliam veniens, Regem consuluit de negotiis arduis terræ suæ. Impetravit autem a Rege litteras, testificantes auxilium, in guerra Walliæ [1] præstitum, non nomine servitii factum esse.

Cassatur electus Cantuariensis.

Hoc anno, Robertus [2] Burnel, Episcopus Batoniensis, in Cantuariensem Archiepiscopum est electus; sed Papa, electione [3] cessata, Lectori Curiæ, Fratri Johanni de Peccham, de Ordine Minorum, eandem contulit dignitatem.

---

[1] *præstitutum* in orig., by inadvertence.
[2] *Burnelle* in Claudius E. iii.
[3] *cassata* in Claudius E. iii.

A.D. 1278.   *Annalis Conclusio.*

Transit annus iste frugifer et fructifer, Romanis, Anglis, et Francis; Scotis et Wallensibus sub silentio quieteque transactus; Sarracenis etiam otiosus.

Frater Minor fit Archiepiscopus Cantuariensis.

A.D. 1279. Anno gratiæ millesimo ducentesimo septuagesimo
John de nono, qui est annus regni Regis Edwardi, a Conquæstu
Peckham, Primi, septimus, Frater Johannes Peccham, Cicestrensis
Archbi- Diœcesis, de Ordine Minorum, ¹ venit in Angliam, a
shop of Domino Papa in Cantuariensem Archiepiscopum con-
Canter- secratus. Hic Parisius in Theologia, et Oxoniæ, lec-
bury,   tiones suas resumpserat. Deinde Minister Provincialis
arrives in Angliæ, ac tandem Lector Palatii in Romana Curia,
England. factus fuit; qui Ordinis sui zelator præcipuus, carmi-
num dictator egregius, affatusque pompatici, fuerat; mentis tamen benignæ extitit, et animi admodum liberalis.

Moneta de nova.

Alteration Hoc anno, moneta Angliæ, per tonsuram nimis de-
in the   teriorata, ex mandato Regis renovatur. Obolus quo-
coinage. que, qui prius formam semicirculi habebat, tanquam
pars denarii in medio divisi, fit rotundus; juxta vaticinium Merlini, dicentis,—" Findetur forma commercii,
Farthings " dimidium rotundum erit." Facti sunt ² etiam eo tem-
first made. pore, primo, et quadrantes.

Rotunda Tabula.

A Round   Illustris miles, Rogerus de Mortuo Mari, apud ³ Ke-
Table held lingwurthe ludum militarem, quem vocant " Rotundam
at Kenil- " Tabulam," centum militum ac tot dominarum, con-
worth.

---

¹ *videlicet* in orig.; *velud* in Claudius E. iii., by inadvertence.
² *et* in Claudius E. iii.
³ *Kenelworthe* in Claudius E. iii.

stituit; ad quam, pro armorum exercitio, de diversis A.D. 1279.
regnis confluxit militia multa nimis.

[Obiit] Cardinalis.

Frater Robertus, quondam Cantuariensis Archiepiscopus, et post Cardinalis et Episcopus Portuensis, post adventum suum ad Curiam, graviter infirmatur; ex qua infirmitate cito postea mortuus est. *Death of Cardinal Kilwardby.*

Frater Johannes de Derlingtona, quondam confessor Regis Henrici, ex collatione Papali efficitur Archiepiscopus Dublinensis; qui, nondum a collectione decimarum, per Summum Pontificem sibi imposita, totaliter expeditus, per annos aliquot in Anglia moram traxit. *John de Derlington made Archbishop of Dublin.*

Eo tempore obiit Walterus Giffardi, Archiepiscopus Eboracensis; cui successit Magister Willelmus de Wykewane, in Romana Curia consecratus. Obiit etiam Ricardus de Gravesende, Lincolniensis Episcopus. *William de Wykewane, Archbishop of York.*

Concilium Radingiæ.

[1] Eodem anno, Frater Johannes Pekham, Cantuariensis Archiepiscopus, convocat Concilium apud Radingiam; ubi Suffraganeis suis imposuit, ut Statuta Generalis Concilii facerent artius observari. *Council at Reading.*

Transit annus iste frugifer et fructifer; Anglis, Francis, Romanis, Sarracenisque, quietus.

Obiit Papa Nicholaus Tertius.

Anno gratiæ millesimo ducentesimo octogesimo, qui est annus regni Regis Edwardi, a Conquæstu Primi, octavus, Nicholaus Papa Tertius moritur; successitque ei Martinus Quartus, prius dictus "Simon Tirronensis," Gallicus natione. *A.D. 1280. Death of Pope Nicholas III.; accession Pope of Martin IV.*

---

[1] *Eo* in Claudius E. iii.

Sepulcrum Regis Henrici.

A.D. 1280.
The tomb of Henry III. at Westminster, adorned by King Edward.

Eodem anno, Edwardus, Rex Angliæ, de lapidibus pretiosis jaspidum, quos secum attulerat de partibus Gallicanis, paternum sepulcrum, apud Westmonasterium, fecit plurimum honorari.

Oliver de Sutton, Bishop of Lincoln.

Eodem anno, Oliverus de Suttona fit Episcopus Lincolniensis; qui prius fuerat ejusdem ecclesiæ Decanus.

Concilium apud Lambhith.

Council of Lambeth. A.D. 1281.

Frater Johannes Pekham, Cantuariensis Archiepiscopus, ne nihil fecisse videretur, convocat Concilium apud Lambhithe; in quo [1] Constitutiones Ottonis et Ottoboni, quondam Legatorum in Anglia, innovans, jussit eas ab omnibus custodiri. Mandavit [2] etiam Suffraganeis suis, [3] ut bona ecclesiarum non exemptarum, pertinentia ad exempta monasteria, sequestrarent; quia noluerunt, ad citationem suam, huic Concilio interesse. Contra quam sententiam per Abbates de Sancto Albano, de Westmonasterio, et de Waltham, fuerat principaliter appellatum.

A great frost. The arches of London Bridge broken thereby.

Hoc etiam anno, a festo Natalis [4] fere usque ad Purificationem, frigoris atque nivis abundantia tanta fuit, ut quinque arcus Pontis Londoniarum corruerent per violentiam glaciei; quæ in tantum spissabatur, quod a Lambhithe usque ad Palatium Regis Westmonasterii, quidam ultra Tamisiam siccis vestigiis transierunt; pisces in stagnis moriebantur, aves in sylvis et campis, præ fame nimia, defecerunt.

Annalis Conclusio.

Transit annus iste frugifer [5] et fructifer; Romanis, Anglis, Gallicis, Sarracenis, incredulisque, quietus.

---

[1] *Constitutionis* in orig.; corrected from Claudius E. iii.
[2] *et* in Claudius E. iii.
[3] *et* in orig.; corrected from Claudius E. iii.
[4] *Domini fere* in Claudius E. iii.
[5] Omitted in orig.; supplied from Claudius E. iii.

Papa fit Senator.

Anno [1] Domini millesimo ducentesimo octogesimo primo, qui est annus regni Regis Edwardi, a Conquæstu Primi, nonus, Martinus Papa Senator efficitur Urbis Romæ; qui in Romaniolam exercitum misit contra Guydonem, Comitem Montis Febri, qui in partibus illis terras Ecclesiæ occupavit.

Hic Martinus Papa capas Fratrum Carmelitarum mutavit in album, quæ prius erant stragulatæ et [2] birratæ.

David concitat Wallenses contra Regem.

Eo tempore, David, germanus Principis Walliæ, immemor beneficiorum Regis Angliæ, qui eum promoverat, et contra fratrem [3] persequentem protexerat, concitavit pene totam Walliam ad insurgendum contra Regem. Et ut Principem, nobilesque Wallensium, ad seditionem facilius inclinaret, [4] ipse primus facinus aggreditur, et Rogerum de Clifforde, militem nobilem et famosum, quem Rex illuc miserat, tanquam totius Walliæ Justiciarium, nihil tale suspicantem, proditiose in castro suo de Hawardyn, Dominica in Ramis Palmarum, cepit; quosdamque milites ejus, volentes resistere, inermes occidit. Exinde reversus ad Principem, collecto exercitu, una cum eo [5] Rodolanum venit, obsidionemque posuit circa castrum.

Eo tempore Rex Paschalem solemnitatem in Diœcesi Sarum tenuit, apud Divisas; ubi super hac commotione auditis rumoribus, jussit quantocius exercitum congregari, militiamque, quam tunc in promptu habebat, usque Rodolanum præmisit; ipse vero Rex clam Ambres-

---

[1] *gratiæ* in Claudius E. iii.
[2] *kirratæ* in orig.; corrected from MS. Bibl. Reg. 13 E. ix, and Walsingham's text; *stragulatæ wirratæ*, in Claudius E. iii.
[3] *prosequentem* in Claudius E. iii.
[4] *se* in Claudius E. iii.
[5] *Radolanum* in Claudius E. iii.

A.D. 1281. byriam adiit, ut matrem suam salutaret, quæ tunc in illo monasterio morabatur.

¹[De] quodam [fal]so hypocrita.

Anecdote of Edward I. and his mother.

Contigit autem, dum ibi esset, ut quidam ad matris ejus præsentiam adduceretur, qui per tempus aliquod se cœcum finxerat, visumque sibi ad Henrici Regis, quondam mariti sui, tumulum, dixerat restitutum. Edwardus vero Rex hunc ab antiquo noverat famosum flagitiis, notatumque malitiis ac fraudibus ab ² olim, et mendaciis assuetum; matrique, narrationibus ejus ³ plurimum applaudenti, ne crederet dissuasit: quæ, in morem fœminarum vetularum, subito in iram versa, filium gravissime redarguit, cameramque suam evacuare præcepit. Cui jussis matris humiliter parenti, dum egrederetur, occurrit Prior Provincialis Fratrum Prædi-

Brother Hugh de Manchester.

catorum, dictus "Frater Hugo de Mancestria," vero magnæ discretionis, ac Magister in Theologia, qui et ipsi Regi familiariter notus erat; quem Rex ad partem trahens, offensam matris, et omnia quæ contigerant, enarrans per ordinem, finaliter hoc adjecit;—"Ego," inquit, "justitiam patris mei tantum novi, quod potius "huic scurræ eruisset oculos integros, quam tantæ "iniquitati lumen perditum restaurasset."

Acta in Wallia.

Edward proceeds to Wales.

Successes of the Welch.

Altera vero die, accepta a matre licentia, cum celeritate ad militiam, quam præmiserat, in Walliam properavit. Cujus audito adventu, Princeps Walliæ, obsidione soluta, longius se subtraxit. Interim captum est castrum de Lampader Vaur per Resum filium Maylgonis, et Griffinum filium Mereduci. Capta sunt etiam in illis partibus, per alios nobiles Wallensium, castra plura.

---

¹ These words are cut away in the margin.
² *oculi* in orig., by inadvertence.
³ *multum* in Claudius E. iii.

Eodem [1] tempore, procurante Fratre Johanne [2] de Pekkham, Cantuariensi Archiepiscopo, Aymericus de Monte Forti, quem Rex in custodia detinuerat, liberatur; spondente pro eo clero, se velle de periculo regni cavere. Qui transfretans in Gallias, non multo post Curiam Romanam adiit; ubi post aliquot annos, renuncians clericatui, miles efficitur; sed infaustus, nam cito postea defunctus est.

A.D. 1281. Emeric de Montfort is liberated from confinement.

Translatio Sancti Hugonis.

Hoc anno, translatum est in locum eminentiorem venerabile corpus Beati Hugonis, quondam Episcopi Lincolniensis.

Translation of St. Hugh of Lincoln.

Eo tempore, Cantuariensis Archiepiscopus, profectus in Snowdoniam, Principem Walliæ, et germanum suum, sategit ad pacem reducere; sed frustratus, regressus in Angliam, excommunicationis in ipsos sententiam fulminavit.

Llewelyn and his brother are excommunicated.

Ipso anno, mense Februarii, apparuerunt octo semicirculi circa solem, dorsatim conjuncti.

Semicircles around the sun.

Annalis Conclusio.

Transit annus iste frugifer et fructifer; Romanis infamis; Francis quietus; sed Anglis et Gwallicis inquietus.

Acta in Wallia.

Anno gratiæ millesimo ducentesimo octogesimo secundo, qui est annus regni Regis Edwardi, a Conquæstu Primi, decimus, idem Rex cum exercitu valido de Rodolano per Angleseiam, quam per nautas Portuum capi fecerat, versus Snowdoniam progrediens, ut viam pararet exercitui, ultra maris brachium quod insulam dividit a continente, juxta Bangoriam, constituit pontem fieri ex navibus invicem colligatis.

A.D. 1282. Edward causes a bridge to be made from the mainland to Anglesey.

---

[1] *anno* in Claudius E. iii. | [2] Omitted in Claudius E. iii.

Rex Siciliæ expellitur per Regem Arragoniæ.

A.D. 1282.

Peter of Arragon claims Sicily, and expels King Charles.

Hoc anno, Petrus, Rex [1] Arragoniæ, vendicans regnum Siciliæ, jure hæreditario uxoris suæ, subito cum navigio regnum Siciliæ ingressus, Karolum Regem expulit de eodem. Qui in Franciam fugiens, a Rege, nepote suo, pro recuperando regno subsidium imploravit. Papa vero Martinus in Petrum prædictum, et omnes ei faventes, vel ipsum Regem appellantes, excommunicationis tulit sententiam; regno Arragoniæ eum privans, et conferens illud Karolo, filio Regis Francorum. Petrus vero de Arragonia, missis ad Regem Siciliæ nunciis, petivit ut cum [2] quadraginta tantum militibus ad plana Burdegaliæ, secum, tot tantum habente milites, dimicaturus, veniret ad diem certum; sub certa pœna se ad hoc obligans, dum tamen Karolus modo se simili obligaret: et cui in hoc conflictu cessisset victoria, ille, sine contradictione, regno Siciliæ potiretur.

He is excommunicated by the Pope.

He challenges King Charles.

Acta in Wallia.

The Earl of Gloucester fights with the Welch.

Eo tempore, Gilbertus, Comes Gloverniæ, magnas prædas Wallensium cum militia sua faciens juxta Lantilowhire, facta copia apertæ pugnæ, cum eisdem duro prœlio dimicavit. In quo peremptis multis de parte Wallensium, ipsemet Comes quinque milites perdidit, de quorum numero erat Willelmus de Valenciis junior, consanguineus Regis Angliæ. [3] Discedente autem Comite Gloverniæ, Princeps Walliæ intravit terras de [4] Cardigan et Stradewy, devastavitque terras Resi filii [5] Mereduci, qui cum Rege contra Principem tenuit in hoc bello. [6] Progressus deinde Princeps versus

---

[1] *Arrogoniæ* in Claudius E. iii.
[2] *quinquaginta* in Claudius E. iii.
[3] *Descendente* in Claudius E. iii.
[4] *Cardagan* in Claudius E. iii.
[5] *Meredici* in Claudius E. iii.
[6] *Pregressus* in orig., by inadvertence.

terram de Buelde, se, cum paucis, ab exercitu reliquo separavit. Cui, cum sua militia, supervenientes viri nobiles, Johannes Giffardi et Edmundus de Mortuo Mari, nihil tamen suspicantes de Principe, ipsum, cum sociis, pugna aggredientes occiderunt, feria sexta ante festum Beatæ Luciæ. Principis autem caput, post mortem, a quodam qui intererat agnitum, mox [1] abscinditur, Regique defertur. Quod, transmissum Londonias, positum est per tempus aliquod super Turrim, hedera coronatum.

A.D. 1282.

Llewelyn is slain.

Versus de Lewlino, Wallici cujusdam.

De Lewlino prædicto scripserunt duo religiosi metrice, in hunc modum. Wallicus sic scripsit:—

> " Hic jacet Anglorum tortor, tutor Venedorum,
> " Princeps Wallorum, Lewlinus, regula morum;
> " Gemma coævorum, flos regum præteritorum,
> " Forma futurorum, dux, laus, lex, lux, populorum."

Verses in praise of Llewelyn.

[*Versus*] *Anglici* [*de*] *eodem.*

Anglicus ita scripsit:—

> " Hic jacet errorum princeps, et prædo virorum,
> " Proditor Anglorum, fax livida, secta reorum;
> " [2] Numen Wallorum, trux dux, homicida piorum,
> " Fæx Trojanorum, stirps mendax, causa malorum."

Verses in dispraise of him.

Milites fugientes submerguntur.

Circa tempus idem, milites quidam de Regis exercitu, a servientibus Wallensibus territi, pontem quem Rex inchoaverat, nondum perfectum, minus prudenter accelerantes transire, dum in multitudine conglobata

Several knights of the English army are drowned.

---

[1] *absciditur* in orig., and Claudius E. iii.

[2] *Neumen* in orig., by inadvertence.

A.D. 1282. revertentes fugiunt, submerguntur; inter quos erat miles strenuissimus, Lucas de Thaney, et duo germani Roberti Burnel, Bathoniensis Episcopi, [1] aliique quamplures.

De Vita Sancti Thomæ Herefordensis.

Death of Thomas (de Cantilupe) Bishop of Hereford.

Particulars relative to him.

Hoc anno, Beatus Thomas, Herefordensis Episcopus, in via versus Curiam, de præsenti sæculo nequam ereptus, ad regna migravit cœlestia, cum septem annis gregem sibi commissum sollicita cura rexisset. Hic, nobilibus ortus natalibus, a puero Deo vixit devotus; studii autem exercitatione litterarum adquirens peritiam, primo in artibus liberalibus, deinde in jure rexit canonico; tandemque ad theologiam totam transtulit intentionem, in qua licentiatus ad magisterium, cum sub Fratre Roberto de Kilewardby, Ordinis Prædicatorum, quem, dum Provincialis fuerat, admodum familiarem habuit, decrevisset incipere, incidit negotii dilatio medio tempore, præfato fratre assumpto ad Cantuariensis Ecclesiæ Præsulatum. Sub quo tamen, post consecrationem ejus, Oxoniæ veniente, in ecclesia Fratrum Prædicatorum incepit, juxta [2] sui desiderii complementum. In cujus commendatione, quæ solet ante principium post disputationem, quæ "Vesperæ" appellantur, de [3] Bachalariis fieri magistrandis, asseruit præfatus Archiepiscopus, (quem dictus Thomas ab olim Confessorem habuerat), nullius ipsum mortalis criminis unquam [4] sensisse contagium. Quantique meriti fuerit apud Deum, crebrescentium apud sepulcrum ejus miraculorum gloria indubitata fide demonstrat.

Richard de Swynefelde,

Post quem, ad ecclesiam Herefordensem electus et consecratus est Magister Ricardus de Swynefelde,

---

[1] *aliisque quampluribus* in Claudius E. iii.

[2] *qui* in orig., by inadvertence.

[3] *Bacallariis* in Claudius E. iii.

[4] *sencisse* in orig.; *fecisse* in Claudius E. iii.

Sacræ Theologiæ Doctor; vir jocundus in verbis, et egregius prædicator.

A.D. 1282. Bishop of Hereford.

Cassatio.

Hoc anno, cassato electo Wyntoniensi, Magistro [1] Ricardo de Mora, ex dono Curiæ Romanæ, Magister Johannes de [2] Pontissa in ejusdem ecclesiæ Episcopum consecratur.

John Sawbridge, Bishop of Winchester.

Rex perdit multos in Wallia.

Hoc anno, Rex, de consilio Baronagii, Walliam intravit cum exercitu; ibique per irruptiones Wallensium amisit de suo exercitu vexilla quatuordecim; quo tempore, perempti sunt Dominus Willelmus de Audeleya et Dominus Rogerus de Clifforde, junior, alii quoque multi; coactusque est Rex intrare castellum de Opa. Cito postea, Rex cepit insulam de Angleseya;—sed hæc ante mortem Lewlini Principis contigerunt. Non multo post, Rex, superior effectus, pene totam Walliam subjugavit; villas et terras, quæ erant in meditullio Walliæ, suis proceribus distribuit, sed retinuit maritima castra sibi; ex quo facto magna tranquillitas tempore sequenti provenit.

Losses of the English army in Wales.

Wales almost wholly subdued.

Annalis Conclusio.

Transit annus iste frugifer et fructifer copiose; Romanis, Siculis, et Apulis, [3] atque Francis, sollicitus et molestus, propter ejectionem Regis Karoli, Siculorum; Wallicis exitialis, propter libertatem, cum suo Principe, perditam; Anglis varius, propter diversos casus, qui modo dure, modo prospere, contigerunt.

Hiis diebus, clerus et populus, primo quintamdecimam, et postmodum tricesimam, bonorum suorum, Regi Angliæ in subsidium concesserunt.

Subsidies granted to King Edward.

---

[1] *Ricardus* in orig.; by inadvertence.
[2] Correctly, "*Pontisserra*," or,
"*Sawbridge.*"
[3] Omitted in Claudius E. iii.

Acta in Wallia.

A.D. 1283.
Successes of King Edward in Wales.

Anno gratiæ millesimo ducentesimo octogesimo tertio, qui est annus regni Regis Edwardi, a Conquæstu Primi, undecimus, Rex Angliæ, ponte jam perfecto, cum exercitu in Snowdoniam transiit, castra ejus omnia, sine notabili resistentia, capiens et comburens. Comes vero Penbrochiæ castrum de Bere, quod erat quondam Lewlini Principis, cepit; et cito post, tota Wallia, cum omnibus castris suis, subacta est regiæ voluntati.

Wales is finally subdued.

David capitur.

Capture of David, brother of Llewelyn.

Ante festum vero Sancti Johannis Baptistæ, David, frater Principis, malorum incentor, Anglorum sævissimus persecutor, propriæ nationis impostor, ingratissimus proditor, werræ auctor, cum uxore, duobus filiis, et septem filiabus, captus est per regios exploratores, et Redolanum adductus. Quem Rex ad sui conspectum admittere renuit, licet ipse David hoc instantius flagitaret. Rex igitur transmisit eum Salopiam, carceri mancipandum.

De Cruce Neoti.

Neot's cross presented to King Edward.

Eodem tempore, per quemdam secretarium Principis, allata est Regi crux, dicta "Neoti," magnam de ligno Crucis Dominicæ continens portionem. Quæ ideo "Neoti" dicitur, quod per quemdam sacerdotem, sic vocatum, antiquitus de Terra Sancta fuit in Walliam deportata.

Parliamentum Salopiæ; in quo David damnatur.

David is put to death.

Post festum Sancti Michaelis, habitum est Parliamentum Salopiæ; in quo per deputatos ad hoc Justiciarios David judicialiter condemnatus, tractus et suspensus est, visceribusque combustis, corpus capite

truncatum, et in quatuor partes est divisum. Quibus A.D. 1283.
in civitatibus Angliæ nobilioribus suspensis, caput Londoniis super palum fixum est, ad terrorem consimilium proditorum.

Resus autem [1] Vazham, Wallensium nobilissimus, audita captione David, Comiti Herefordiæ se dedit, Regique redditus, ad Turrim Londoniarum missus, carceri mancipatur.

Rees Vazham surrenders.

Abbathia de Valle Regali.

Translata est [2] hoc anno Abbathia de [3] Abertoun per Regem ad locum alium; et constructum est, in loco quo Abbathia fuerat, forte castrum, ad irruptiones Wallensium compescendas. Et Rex in Comitatu Cestriæ aliam Abbathiam monachorum fecit Cisterciensium; quam, multis ditatam prædiis, "Vallem Regalem" voluit appellari.

Castle built at Aber Conway.

Cistercian Abbey founded in the County of Chester.

Hoc anno Regi conceditur a populo, in subsidium werræ suæ, tricesima, et a clero vicesima, pars bonorum.

A subsidy granted to King Edward.

Guydo de Monte Forti a carcere liberatur.

Eo tempore, Papa Martinus, Guydonem de Monte Forti a carcere liberans, in quo per Gregorium Papam positus fuerat, propter homicidium in ecclesia commissum, in Henricum, Regis Alemanniæ filium, cognatum Regis Angliæ, misit in Romaniolam; quam eo anno totam obtinuit, excepta civitate Urbinate, quam Guydo incepit obsidere in manu potenti. Sed cito post, de licentia Papæ omissa obsidione dictæ urbis, in Tusciam rediit, ut hæreditatem uxoris suæ, patre ejus, Comite Rufo, mortuo, occuparet.

Guido de Montfort liberated by the Pope; whose service he enters.

---

[1] *Vaughan* in Claudius E. iii.
[2] *hæc Abbathia* in orig.; corrected from Claudius E. iii.
[3] Or *Abercoun,* meaning " Aber " Conway."

A.D. 1283. *Princeps Achaiæ capitur.*

Charles, King of Sicily, proceeds to meet Peter of Arragon; who declines the combat.

Karolus, Rex Siciliæ, prima die Junii, [1] venit ad plana Burdegaliæ, comitante eum Rege Francorum, cum militia magna valde. De cujus adventu Petrus, quondam Rex Arragoniæ, præmunitus, diem prævenit coram Senescallo Wasconiæ, protestans se paratum tenere pactum, sed non posse, Rege Francorum veniente cum tanta multitudine militum, contra formam.

Victory gained by Peter of Arragon.

[2] Reverso post hæc Karolo, Rege Siciliæ, in Apuliam, Siculi contra Neapolim cum viginti septem galeyis venerunt, armatis. Adversus quos Karolus, filius Regis Karoli, tunc Princeps Achayæ, egressus cum magna galearum multitudine ad pugnandum, obtinentibus victoriam hostibus, captus est, cum multis aliis, et ad civitatem Messanam deductus captivus.

Parliamentum apud Acton Burnel, et Statuta.

Parliament at Acton Burnel.

Eodem anno, Rex Angliæ apud Acton Burnel tenuit Parliamentum, post festum Sancti Michaelis; in quo editum est Statutum, quod a loco cognominatum est.

Translation of St. William, Archbishop of York.

Ipso anno, ossa Beati Willelmi, Eboracensis Archiepiscopi, ad altiorem locum, cum solemnitate maxima, transferuntur.

Antony de Bek, Bishop of Durham.

Hoc anno, defuncto Roberto de Insula, Dunelmensi Episcopo, Antonius de Bekko sibi eligitur in successorem, et ab Archiepiscopo Eboracensi consecratur.

Birth of Edward II. (A.D. 1284.)

Hoc anno, natus est filius Regi Angliæ, apud Karnervan in Wallia, die Sancti Marci, et vocatus "Edwardus."

English laws established in Wales.

Eodem anno, Rex Edwardus fecit leges Anglicanas per Walliam observari, Vicecomites ponens in ea.

---

[1] *videlicet ad,* in Claudius E. iii., the word "*venit*" coming after *valde.*

[2] *Reversus* in Claudius E. iii., by inadvertence.

Eodem anno apud Karnervan inventum est corpus patris Constantini Imperatoris, et, Rege jubente, in ecclesia honorifice collocatum. Corona etiam quondam famosi Regis Britonum, Arthuri, Regi Angliæ, cum aliis jocalibus, reddebatur. Et sic [1] ad Anglos gloria Wallensium, [2] invicem Anglorum legibus subditorum, per Dei providentiam, est translata.

[3] Transit annus iste frugifer et fructifer, satis frugaliter; Romanis sollicitus; Apulis, Calabris, atque Siculis, invisus et odibilis, propter guerras motas ibidem effectuum [4] variorum; Francis quietus; sed Anglis et Wallicis inquietus.

A.D. 1283. Discovery of the body of the father of the Emperor Constantine.

Acta in Wallia.

Anno gratiæ millesimo ducentesimo octogesimo quarto, qui est annus regni Regis Edwardi, a Conquæstu Primi, duodecimus, Rex de Snowdonia per Walliam Occidentalem progrediens, intravit Glamorgantiam, quæ ad ditionem Comitis Gloverniæ noscitur pertinere; receptusque a Comite cum honore maximo, ab eodem propriis impensis usque ad terrarum terminos est deductus. Rex vero Bristollum veniens, ibidem festum Dominicæ Nativitatis tenuit eo anno.

A.D. 1284. King Edward visits the Earl of Gloucester, in Glamorgan.

Philippus, filius Philippi, Regis Francorum, duxit uxorem Johannam, filiam Regis Navariæ primogenitam, accipiens cum eadem regnum Navarrorum et Campaniæ Comitatum.

Marriage of Philip, son of the King of France.

Moritur Karolus.

Hoc anno mortuus est Karolus, Rex Siciliæ; cujus regni ac filiorum tutorem Papa Martinus Robertum, Comitem Attrabatensem, constituit, largitus eidem pro hac re pecuniæ magnam summam.

Death of Charles, King of Sicily. (A.D. 1285.)

---

[1] Omitted in orig.; supplied from Claudius E. iii.
[2] This is apparently the word, though probably *virtute* is meant.
[3] The whole of this passage is omitted in orig., probably from inadvertence. It is here supplied from Claudius E. iii.
[4] *variarum* in orig.

A.D. 1284.
Death of John, Archbishop of Dublin.

Frater Johannes, Dublinensis Archiepiscopus, per tempus istud, cum versus ecclesiam iter arripuisset, correptus infirmitate gravi, ultimam diem clausit. Cujus corpus in choro Fratrum Prædicatorum Londoniis est humatum.

Moritur Alfonsus, filius Regis.

Death of Prince Alfonso. (A.D. 1285.)

Eodem anno obiit apud Wyndeleshores Alfonsus, filius Regis, juvenis [1] optimæ indolis, et admodum Deo devotus; cujus corpus apud Westmonasterium, cor vero apud Fratres Prædicatores Londoniis, ordinante sic Regina matre, traditur sepulturæ.

Walter Scammel, Bishop of Salisbury.

Hoc quoque anno obiit Robertus de Wykhamtona, Salesbiriensis Episcopus; cui successit Walterus Scammel, ecclesiæ ejusdem Decanus.

Filia Regis Sanctimonialis.

The Princess Mary becomes a nun.

Eo tempore, Maria, filia Regis [2] Angliæ, Ambresbiriæ sanctimonialis efficitur, parentibus, licet cum difficultate, [3] assentientibus, ad instantiam matris Regis.

Nota,—de Frederico Imperatore.

Alleged re-appearance of the Emperor Frederic II. in Germany.

Eodem anno, apparuit in Alemannia Fredericus, quondam Imperator Romanus, secundum opinionem quorundam, incertum utrum verus an sophisticus; quia, secundum quosdam, per triginta annos ante mortuus fuerat et sepultus, ut dicebatur. Alii vero dicebant eum per totum tempus hoc latuisse in habitu peregrino, et mundo incognitum extitisse; qui tamen, nunc se Imperatorem fuisse ostendens, argumento visibili et indiciis manifestis imperialem vendicat dignitatem. Fredericus nempe, dum imperio fungeretur, et Ecclesiæ adversaretur

---

[1] *opertimæ* in orig., by inadvertence.
[2] *Siciliæ* in Claudius E. iii., by inadvertence.
[3] *assensientibus* in orig.

Romanæ, per ipsam privabatur imperiali nomine, et honore; et per universam Ecclesiam excommunicationis vinculo innodabatur ¹ per Innocentium Papam Quartum, in Concilio Lugdunensi. Post cujus dejectionem, in regno Alemanniæ per electionem regnabant tres Comites successive; videlicet, Willelmus Horlandiæ, Ricardus Cornubiæ, et Radulphus, qui in ista apparitione Frederici possessioni regni Alemanniæ incumbebat, vocationem suam ad diadema Imperii expectando.

A.D. 1284.

Annalis Conclusio.

Transit annus iste frugifer et fructifer satis ubertim; Romanis tristis, propter desolationem regni Siciliæ; Francis sollicitus, propter eandem causam; Anglis vero mediocriter pacificus et quietus.

Rex Edwardus rogatur venire ad colloquium Regis Franciæ.

Anno gratiæ millesimo ducentesimo octogesimo quinto, qui est annus regni Regis Edwardi, a Conquæstu Primi, tertius-decimus, Rex Angliæ, de Bristollia profectus Cantuariam, disposuit in Gallias transfretare. Sed audito rumore de matris suæ infirmitate, revertitur Ambresburiam, missis nunciis qui se apud Regem Francorum, ad cujus colloquium speciale invitatus fuerat, excusarent.

A.D. 1285. King Edward visits his mother at Ambresbury.

Obiit Papa Martinus. Honorius Papa Quartus.

Eo tempore Papa Martinus moritur; cui successit Honorius Quartus, natione Romanus, prius dictus "Jacobus de Sabella;" cui pedum ac manuum fere ossa abstulerat artetica ægritudo; unde sedendo in sella, ad hoc artificiose facta, Missarum solemnia celebravit.

Accession of Pope Honorius IV.

---

¹ Omitted in orig.

Bellum in Hispania.

A.D. 1285.
Philip, King of France, invades the kingdom of Arragon.

Hoc anno, Philippus, Rex Francorum, profectus in Arragoniam, ut regnum illud, juxta donationem Papæ Martini, filio suo Karolo adquireret, civitatem Girundam obsedit. Petrus vero, Rex quondam Arragoniæ, sed privatus per Papam, iniit bellum [1] cum quibusdam militibus Gallicis; inter quos principales erant Radulphus de Nigella, Constabularius Franciæ, et Johannes de Haricuria, [2] Normannus, miles strenuissimus et probatus. Cumque durius ex utraque parte conflictus invalesceret, Petrus, [3] Arragoniæ Rex, letaliter vulneratur; [4] qui mox se cum suis subtraxit a prœlio, et mortuus est in brevi.

Death of Peter of Arragon.

Rotunda Tabula.

A Round Table celebrated in the district of Snowdon.

[5] Hoc anno militia Anglicana, et multi nobiles transmarini, circa festum Beati Petri ad Vincula, apud Neuyn in Snoudonia in choreis et hastiludiis Rotundam Tabulam celebrarunt.

Enactment as to secular possessions of the religious.

Eodem anno, Rex Angliæ apud Westmonasterium, quia prius statuerat ne religiosæ personæ in sæcularibus possessionibus crescerent, nunc statuit ut prius habita non minorarent.

Rex Franciæ moritur.

Death of Philip III. of France.

Philippus, Francorum Rex, capta Girunda, hominibusque suis munita, incipiens infirmari, discessit usque Perpiniacum; ubi invalescente ægritudine, de præsenti luce migravit: cujus carnes et viscera in ecclesia Narbonensi, ossa vero apud Sanctum Dionisium, cor in choro Fratrum Prædicatorum Parisius, sunt humata.

---

[1] *et* in Claudius E. iii., by inadvertence.

[2] *Normanius* in orig.; *Normanniæ* in Claudius E. iii.

[3] *de Arrogonia Rex* in Claudius E. iii.

[4] This passage, down to *brevi*, is misplaced in the original, and succeeds the word *minorarent*.

[5] This and the following passage are inserted under the preceding year in Claudius E. iii.

Philippus le Bewis, Rex Franciæ. A.D. 1285.

Huic successit Philippus, filius ejus; qui "Pulcher" agnominatus est, [1] ob corporis speciem excellentem.

Medio tempore, Arragonenses naves Gallicorum, in portu Rosarum captas, abducunt; urbem etiam Girundam obsidentes, ipsam et Gallicos, ad ejus defensionem derelictos, ad deditionem brevi tempore coegerunt.

Philip the Fair succeeds him. Girona besieged and taken by the Arragonese.

Novus Rex Arragoniæ.

Eo tempore, Alfonsus, filius Petri, quondam Regis Arragoniæ, [2] Petro defuncto, ut præmittitur, regnum illud gubernandum suscepit; inter quem et filiam Regis Angliæ, Alienoram, sponsalia contracta fuerant, patre adhuc vivente. Jacobus autem, filius Petri junior, cum matre Constantia transiens in Siciliam, se fecit coronari in Regem Siciliorum.

Alfonso, King of Arragon. James, King of Sicily.

Hoc anno obiit Willelmus Wykewane, Eboracensis Archiepiscopus, in Galliis apud Pontiniacum. Cui successit Johannes Romanus, Sacræ Theologiæ Doctor eximius, in Romana Curia consecratus.

John le Romayne, Archbishop of York.

Statuta Westmonasterii Secunda.

Eodem anno tenuit Rex Parliamentum Londoniis; in quo edita sunt Statuta, quæ "Westmonasterii Secunda" dicuntur.

Parliament at London: Second Statutes of Westminster.

Annalis Conclusio.

Transit annus iste frugifer et fructifer plebi communi; Romanis, Siculis, Apulis, Calabris, Francis, Hispaniis, et Arragoniis, inquietus, propter bella mota, mortesque Regum; Anglicis tamen transcursus sub silentio et quiete.

---

[1] Omitted in orig.; supplied from Claudius E. iii.   [2] *patre defuncto* in Claudius E. iii.

A.D. 1285.
Intense drought and heat.

Hoc anno tanta fuit siccitas et æstus, ut homines morerentur.

Obiit Papa Honorius. Nicholaus Papa, quondam Frater Minor.

A.D. 1286.

Accession of Pope Nicholas IV. (A.D. 1288.)

Anno gratiæ millesimo ducentesimo octogesimo sexto, qui est annus regni Regis Edwardi, a Conquæstu Primi, quartus-decimus, Papa Honorius Quartus moritur; cui succedit Nicholaus Quartus, natione Romanus, prius dictus "Frater Ieronimus," de Ordine Fratrum Minorum. Hic, idolum, ut dicitur, Fratrum ejusdem Ordinis, multa privatim statuit, quæ faciunt non solum superbire Minores, sed etiam insanire.

Rex Angliæ transfretat, et facit homagium Regi Franciæ.

King Edward visits France, and does homage to the King.

Hoc anno, Rex Angliæ, in Gallias transiens, Ambianis cum honorifica turba pervenit; cui occurrit ibidem, honoris gratia, Rex Francorum. Rex autem Angliæ fecit homagium Regi Franciæ, pro terris quas de eo in regno Franciæ tenere debebat, Parisius, et interfuit Parliamento quod Rex Francorum tunc Parisius tenuit; in quo multa, quæ pro libertate terrarum suarum, injuste oppressarum, petivit, obtinuit; licet ipsa concessio Regis Francorum et parium diu in suo robore non maneret. Expectavit autem Rex Edwardus Parisius festum Pentecostes; circa quod tempus, Fratres Prædicatores ibidem [1] tenuerunt suum Capitulum Generale; quod uterque Rex, Francorum et Anglorum, et utraque Regina, diebus diversis sua præsentia honorarunt. Post Pentecosten vero Rex Angliæ de Parisius Wasconiam est profectus.

Chapter of the Friars Preachers held at Paris.

---

[1] Omitted in orig., supplied from Claudius E. iii.

Regina fit Sanctimonialis.

A.D. 1286. Alianor, the Queen Mother, takes the veil.

Eo tempore, Alienora, Regina Angliæ, mater Regis Edwardi, spreta pompa sæculi, apud Ambresburiam induit habitum monacharum, dote sua per Papam et Regem sibi [1] suo perpetuo confirmata.

Annalis Conclusio.

Transit annus iste frugifer et fructifer huic regno; et eo magis fructifer, quod fructum fecit centesimum, faciens de Regina sanctimonialem.

Bona Regis providentia contra Judæos.

A.D. 1287. Dealings of the Christians with the Jews.

Anno gratiæ millesimo ducentesimo octogesimo septimo, qui est annus regni Regis Edwardi, a Conquestu Primi, quintus-decimus, cum adhuc Rex Angliæ in Wasconia moraretur, miles quidam Anglicus quemdam Judæum, super [2] detentione indebita cujusdam manerii, sibi impignorati, coram judicibus convenire decrevit. Sed Judæus versipellis respondere renuit, prætendens chartam Regis quondam Henrici, qua sibi indultum fuit, ne coram judice aliquo, solo corpore Regis excepto, in judicium trahi posset. Miles, super hoc anxius, Wasconiam adiit, ut super hoc a Rege remedium aliquod impetraret. Quem cum Rex audisset,—"Non " decet," inquit, "irritare facta parentum, quibus lege " divina jubemur reverentiam [3] exhibere. Propter quod, " factum patris mei revocare non decrevi ; sed tibi, " cæterisque regni mei, æqua lege (ne potior videatur " Judæus quam Christianus) indulgeo, ne pro quacun- " que injuria illi Judæo illata, quamdiu charta sua " gaudere voluerit, coram judice aliquo, me excepto, " conveniri possitis." Revertente cum hoc privilegio milite, [4] attendens Judæus sibi imminere damnum et periculum, spontanee [5] renunciavit suæ chartæ, optans

---

[1] Omitted in Claudius E. iii.
[2] *decensione* in orig.
[3] *adhibere* in Claudius E. iii.
[4] *accedens* in Claudius E. iii.
[5] *renuncialis* in orig. ; corrected from Claudius E. iii.

A.D. 1287. ut, evacuata conditione privilegii, pars utraque legi communi valeat subjacere.

Salvatio Regis miraculosa.

Escape from lightning of the King and Queen.

Eo tempore, die quadam, cum Rex et Regina, in camera quadam convenientes, super lectum quemdam sedendo confabularentur, ictus fulminis per fenestram, quæ eis erat a dorso, ingressus est, et inter eos transiens, ipsis penitus illæsis, duos domicellos, qui in eorum stabant præsentia, interfecit. Stupefacti admodum cæteri omnes qui aderant, ex evidenti, quod contigerat, perpendebant miraculo, divini protectionem numinis saluti regiæ non deesse.

Rex Angliæ transit in Arragoniam.

King Edward sets out for Arragon.

Eodem anno, Rex Angliæ [1] profectus est in Arragoniam, ut consanguineum suum Karolum, filium Karoli, quondam Regis Siciliæ, ab Alfunso, Rege Arragoniæ, detentum in carcere, liberaret.

Novus Rex Ierusalem.

The King of Cyprus crowned King of Jerusalem.

Sub eodem tempore, Rex Cypri apud Acconem in Regem Ierusalem coronatur: quod Comes Attrabatensis in præjudicium Regis Siciliæ, qui regnum illud vendicabat, factum existimans, bona Templariorum et Hospitalariorum, quia facto huic. consenserant, ubique per Apuliam confiscavit.

Alfonso, King of Arragon, requests to be reconciled to the Church.

Per idem tempus, Alfonsus, Rex Arragoniæ, missis ad Curiam Romanam nunciis, reconciliari petivit Ecclesiæ, de hiis quæ per patrem suum facta fuerant, se excusans.

---

[1] *transit in*, in Claudius E. iii.

Miracula nova.

[1] Thomas de Cantilupo, quondam Episcopus Herefordensis, qui nuper versus Romanam Curiam, contra Fratrem Johannem Pekham, Cantuariensem Archiepiscopum, causam ecclesiæ suæ prosecuturus, proficiscens, obiit, et in Angliam per suos relatus, ac in ecclesia sua prædicta sepulturæ fuit traditus, cœpit multis et inauditis miraculis coruscare.

Miracles wrought in honour of Thomas de Cantilupe, late Bishop of Hereford.

Rex Hungariæ apostavit.

Eo tempore, Rex Hungariæ in tantam cordis cecidit cœcitatem, ut, relicta fide Christi, Sarracenorum errori subjiceret, et eligeret colere Machometum. Qui, convocatis dolose, quasi ad parliamentum, in quadam insula potentioribus terræ suæ, dum cum eo discumberent in convivio, supervenit Miramomelinus, [2] Saracenorum potentissimus, cum triginta millibus bellatorum; qui dictum Regem, cum Christianis ibidem congregatis, cepit, et ipsos versus terram Saracenicam abducere nitebatur. Sed affuit Christianis promptum Christi subsidium. Nempe diei claritas in nubilum est conversa, et importabili tempestate grandinosa multa Saracenorum millia sunt occisa, in Vigilia Sancti Johannis Baptistæ. Sicque exercitu dissipato infidelium, Christiani ad propria sunt reversi, solo Rege ipsorum perfido cum infidelibus remanente. Proceres ergo Hungariæ, filium dicti Regis apostatæ in Regem coronantes, in fide Catholica fideliter perstiterunt.

Apostacy of the King of Hungary, and miraculous preservation of his people.

Annalis Conclusio.

Transit annus iste frugifer et fructifer omni plebi; Judæis per Angliam tristis, et malorum inchoativus; Francis, Anglisque, quietus.

---

[1] *Eodem tempore Thomas*, in Claudius E. iii.   [2] Omitted in Claudius E. iii.

De amicitia fructuosa inter Regem Edwardum et Karolum, Principem Achaiæ, vel de Morreto.

A.D. 1288.

Anno gratiæ millesimo ducentesimo octogesimo octavo, qui est annus regni Regis Edwardi, a Conquæstu Primi, sextus-decimus, Karolus, filius Karoli, Regis quondam Siciliæ, Princeps Achaiæ, procurante Rege Angliæ, liberatur a carcere sub hac forma;—videlicet, quod data Regi Arragoniæ certa summa pecuniæ, ipse Karolus a Domino Papa pacem Arragonensibus impetraret; quam si infra terminum limitatum impetrare non posset, rediret ad carcerem. Quibus conditionibus juramento firmatis, tradere debebat Karolus tres filios suos obsides, et alios milites nobiles quadraginta; pro quibus, quousque venirent, Rex Angliæ, liberationem Karoli accelerans, nobiles viros qui secum erant, obsides tradidit, et pecuniam, usque ad triginta millia librarum, persolvit. Postquam autem filii Karoli venerant, Rex Angliæ, militibus suis liberatis, in Wasconiam revertitur, et apud Blankeforde Crucis suscepit characterem; moxque Judæos omnes, tanquam Crucis hostes, expulit de Wasconia, et aliis terris suis omnibus quas in regno Franciæ possidebat.

Charles of Achaia is liberated, through the agency of King Edward.

King Edward assumes the Cross.

Expels the Jews from Gascoigne.

Interim, Resus filius Mereduci, Walliam conturbavit; impugnareque cœpit aliqua Regis castra.

Rees ap. Meredith rises in Wales.

Tripolis capitur [1] a Soldano.

Eo tempore, Tripolis, civitas transmarina, a Soldano Babiloniæ capitur, qui et in ea multa Christianorum millia trucidavit: ex cujus captione territi Christiani, qui erant in Accon, a Soldano inducias impetrant biennales.

Tripolis is captured by the Soldan.

Profectio in Walliam, contra Resum Vazham.

Per idem tempus, Edmundus, Comes Cornubiæ, cui Rex Angliæ in sua absentia regni [2] commiserat cus-

Expedition into Wales, against Rees Vazham.

---

[1] *in* in orig., by inadvertence.   [2] *commisit* in Claudius E. iii.

todiam, magnum ducit exercitum in Walliam, contra *A.D. 1288.*
Resum. Cum autem castrum de Drusselan, quod erat Death of
Resi, obsideret, et muros ejus suffodi faceret, casu de Munillorum subito, [1] vir nobilis, Willelmus de Monte chensy and
[2] Canusii, aliique milites plurimi, et scutiferi, opprimuntur.

De damno irrecuperabili apud Sanctum Botulphum.

Hoc anno, armiger quidam, dictus "Robertus Came- Incendia"rarius," cum suis complicibus vere dæmoniacis, ten- rism at
toria mercatorum apud Sanctum Botulphum, et mer- Boston.
cimonia, incendens diffuso igne, magnam partem villæ
et ecclesiæ Fratrum Prædicatorum combussit. In diversis nempe villæ locis ignem apposuerunt, ut ipsi
liberius possent residua spoliare. Dumque mercatores
pro mercibus suis salvandis et extinguendo igne discurrerent, per dictum armigerum et suos trucidantur,
bonis eorum direptis. Dicebatur revera, quod tota
pecunia Angliæ vix restauraret damna ibidem facta.
Currebant namque rivuli argenti et auri, et metallorum
fusilium, usque in mare.

De copia bladi, quam secuta est karistia diuturna.

Fuit autem hoc anno, in Anglia, tanta frugum abun- Great
dantia, ut quarterium frumenti alicubi pro viginti, abundance
alicubi pro sexdecim, alicubi pro duodecim, denariis England.
venderetur.

Annalis Conclusio.

Transit annus iste frugifer et fructifer mirabiliter;
Judæis lugubris; Terræ Sanctæ, atque Christicolis in
eadem, lamentabilis; Angliæ damnosus; sed Franciæ
otiosus.

---

[1] *ubi* in orig., by inadvertance. | [2] *Canisii* in Claudius E. iii.

Karolus absolvitur a juramento facto Regi Arragoniæ.

A.D. 1289.
Charles of Achaia released from his oath.

Anno gratiæ millesimo ducentesimo octogesimo nono, qui est annus regni Regis Edwardi, a Conquæstu Primi, septimus-decimus, Karolus, Princeps Achaiæ, Romam veniens, per Papam Nicholaum a juramento, Regi Arragonum præstito, absolvitur, et in Regem Siciliæ coronatur. Eodem tempore, inter Jacobum, occupatorem Siciliæ, et Comitem Attrabatensem, firmantur induciæ biennales.

Judæi ab Anglia expelluntur.

King Edward returns to England, and expels the Jews.

Circa tempus istud, Rex Angliæ, de Wasconia reversus, Londoniis solemniter recipitur a clero, totaque plebe. Qui Judæos omnes eodem anno expellens de Anglia, datis expensis in Gallias, bona eorum reliqua confiscavit.

Justiciarii falsi puniuntur.

The Justiciars are deposed, and punished.

[1] Eodem tempore, Rex, auditis querimoniis eorum Anglicorum, qui de regiis ministris volebant conqueri, omnibus exhibens justitiam, Justiciarios fere omnes, de falsitate deprehensos, a suo officio deposuit; ipsos juxta demerita puniens gravi multa.

Statuta Westmonasterii Tertia.

The Third Statutes of Westminster.

Hoc anno, tenuit Rex Parliamentum Londoniis, in quo edita sunt Statuta quæ dicuntur "Westmonasterii Tertia;" in quo etiam Parliamento, pro expulsione Judæorum, concessa est Regi a populo quinta-decima pars bonorum.

Rex Scotorum moritur miserabiliter.

Death of Alexander III. of Scotland. (A.D. 1286.)

Tempore Quadragesimali hujus anni, cum Alexander, Rex Scotorum, uxorem suam, filiam Comitis Flandriæ,

---

[1] *Eo* in Claudius E. iii.

quam post Margaretam, filiam Regis Angliæ, duxerat, A.D. 1286.
nocte quadam admodum obscura visitare voluisset, cespitante equo, lapsus et collisus graviter, expiravit.
Hic de secunda uxore nullam, de prima vero prolem geminam, filium, scilicet, Alexandrum, et filiam, genuit, nomine "Margaretam." Alexander absque prole patrem, immatura [1] morte, prævenit. [2] Filia vero Margareta, Regi Norwagiæ desponsata, filiam unicam peperit, nomine Margaretam, quæ matri mortuæ supervixit. Hanc, consulto Rege Angliæ, magnates Scotiæ recognoverunt hæredem; quæ accersita per nuncios Regis Angliæ, cum per navigium tenderet in Scotiam, infirmata in mari, apud Orkadas [3] insulas est defuncta.

Death of Margaret, Queen of Scotland. (A.D. 1290.)

Tempestas; quam secuta est karistia per plures annos.

Hoc anno, nocte Sanctæ Margaretæ, descendit tempestas imbrium, tonitrui, et fulguris, a retro sæculis vix audita; concutiens sata, et submergens, ita ut Londoniis modius tritici, qui prius ad tres denarios vendebatur, ex tunc paulatim usque ad duos solidos [4] excrevit. Sicque per quadraginta ferme annos, usque ad obitum Regis Edwardi, post Conquæstum Secundi, dicti "de Karnervan," extitit karistia bladorum, et præcipue frumentorum; ita ut aliquotiens Londoniis modius frumenti ad decem solidos venderetur.

A.D. 1289. Great tempest.

Dearth of corn.

Taxatio Ecclesiarum Angliæ.

Circa præsens tempus, jubente Papa Nicholao, taxatæ sunt ecclesiæ Anglicanæ secundum verum valorem; et extunc cessavit taxatio Norwicensis, per Innocentium Quartum facta prius.

Taxation of Pope Nicholas IV.

---

[1] Omitted in Claudius E. iii.
[2] *Alia* in Claudius E. iii.
[3] Omitted in Claudius E. iii.
[4] *decrevit* in orig., erroneously; corrected from Claudius E. iii.

A.D. 1289.   *Annalis Conclusio.*

Transit annus iste primo frugibus opulentus; sed tempore frugum atque fructuum veniente, utroque ¹commodo destitutus; Judæis per Angliam, et Justiciariis, exitialis; Scotis dubius et sollicitus, propter destructionem regni, per mortem hæredum; Gallicis plene quietus.

Dubitatio de Hæredibus Scotiæ.

A.D. 1290.
Question as to the succession to the Scottish throne.

Anno gratiæ millesimo ducentesimo nonagesimo, qui est annus regni Regis Edwardi, a Conquæstu Primi, octavus-decimus, mortua Margareta, filia Regis Norwagiæ ex Margareta, filia Regis Scotiæ Alexandri, ad quam jure hæreditario, defunctis avo, patruo, et matre, regnum Scotiæ devolvi debebat, quis foret justus hæres Scotiæ apud omnes in dubium vertebatur. Propter quod, Rex, celebratis Londoniis nuptiis inter Johannem, filium et hæredem Ducis Brabantiæ, et Margaretam, filiam suam secundam, ac inter Gilbertum, Comitem Gloverniæ, et Johannam, filiam suam tertiam, versus Scotiam, dimicaturus de justo hærede, tanquam superior dominus, dirigit iter suum.

[Regina moritur.]

A.D. 1291.
Death of Queen Alianor.

Sed dum finibus Scotiæ appropinquaret, Regina consors, gravi infirmitate correpta, quarto Idus Decembris ex hac vita migravit, in villa de Herdeby, juxta Lincolniam. Propter quod, Rex, cœpto intermisso itinere, Londonias funus deducendo revertitur cum mœrore. Qui cunctis diebus vitæ suæ eam plangebat, et Jesum benignum jugis precibus pro ea interpellabat; eleemosynarum largitiones et Missarum celebrationes pro ea in diversis regni locis ordinans in perpetuum, et procurans. Fuerat

---

¹ *comodo* in orig.

nempe mulier pia, modesta, misericors, Anglicorum amatrix omnium, et velut columna regni totius. Cujus temporibus alienigenæ Angliam non gravabant, incolæ nullatenus per regales opprimebantur, si ad aures ejus vel minima querela oppressionis aliqualiter pervenisset. Tristes ubique, prout dignitas sua permittebat, consolabatur, et discordes ad concordiam, quantum potuit, reducebat.

A.D. 1290.
Her character.

Hujus corpori, cum [1] ad Sanctum Albanum appropinquasset, totus Conventus, solemniter revestitus in cappis, perrexit in obviam, usque ad finem villæ, quæ est ad ecclesiam Sancti Michaelis ibidem; deinde deducendo corpus, [2] ante majus altare in monasterio collocarunt, ubi nocte illa a toto Conventu officiis divinis, et sacris vigiliis, assidua devotione honoratur. Ab eo loco corpus defertur Londonias; ubi Rex, cum tota regni nobilitate, regnique pontificibus et prælatis, occurrit. Conditum est ergo corpus aromatibus in ecclesia Westmonasterii, cum summa omnium reverentia et honore. Cor vero in choro Fratrum Prædicatorum Londoniis est humatum.

Honours paid to her memory.

Cruces factæ pro Regina.

In omni loco et villa, quibus corpus pausaverat, jussit Rex crucem [3] miro tabulatu erigi, ad Reginæ memoriam, ut a transeuntibus pro ejus anima deprecetur; in qua cruce fecit imaginem Reginæ depingi.

Crosses, erected in honour of the Queen's memory.

Transit annus iste carus, sed non famelicus; Scotis turbulentus; Anglicis vicissim lætus et tristis.

Accon capitur a Soldano.

Anno gratiæ millesimo ducentesimo nonagesimo primo, qui est annus regni Regis Edwardi, a Conquæstu

A.D. 1291. Transactions in Syria.

---

[1] *apud* in Claudius E. iii.
[2] *apud* in Claudius E. iii.
[3] *muro* in Claudius E. iii., by inadvertence.

A.D. 1291. Primi, nonus-decimus, Soldanus Babiloniæ, lapsis jam treugis, cum Christianis per biennium initis, versus Acconem tendens cum magno exercitu, in ipso itinere moritur; cujus filius, Soldanus factus, prosequitur cœpta patris, et civitatem Accon obsidens a quarto die mensis Maii, per decem dies continuos fortissime oppugnavit. Cives vero, viriliter urbem defendentes, interim thesauros suos ac merces, sacrosanctasque reliquias, senes etiam atque debiles, mulieres et parvulos, [1] fecerunt in Cyprum navigio deportari. Multi etiam, tam pedites quam equites, discedentes, ad defensionem civitatis reliquerunt tantum duodecim millia armatorum. Quinta-decima vero die mensis, tam grave dederunt Sarraceni insultum, quod, cedente fere Regis Cypri custodia, civitatem intrassent, nisi obscuritas noctis, alienumque subsidium, obstitisset. Denique, Rex Cypri, commissa custodia sua ministro Militiæ Domus Teutonicorum, promittens se mane rediturum, aufugit in Cyprum. Sarraceni [2] autem, videntes in crastino custodiam Regis Cypri destitutam ex parte illa, impleto fossato, ingressi sunt urbem, prœlioque ancipiti cum Christianis duobus diebus, nunc hiis, nunc illis, prævalentibus, dimicarunt. Tertia tandem [3] die, irrumpente per portam Sancti Antonii Sarracenorum multitudine, interfectisque Templariis et Hospitalariis, urbem capiunt, [3] muros ejus cum turribus, ecclesiasque cum domibus aliis, funditus evertentes. Patriarcha vero, qui de Ordine Prædicatorum fuerat, et Minister Hospitalis, letaliter vulnerati, tracti a suis in dromundum, in mari, cum multis aliis, perierunt.

Charles of Achaia renounces his claim to the kingdom of Arragon.

Per hoc tempus, Karolus, frater Regis Franciæ, renuncians juri suo in regnum Arragoniæ, uxorem duxit filiam Karoli, Regis Siciliæ, qui cum ea, pro dicta renunciatione, Andegaviæ et Cenomanniæ contulit Comitatus.

---

[1] *fecerant* in Claudius E. iii.
[2] Omitted in Claudius E. iii.
[3] *et muros* in Claudius E. iii.

Declaratio juris regii de regno Scotiæ.

A.D. 1291.

Eodem anno, post Pascha, Rex Angliæ, Scotiæ appropinquans, Parliamentum tenuit apud Norham; ubi consultis prælatis ac utriusque juris peritis, revolutisque priorum temporum annalibus, vocari fecit prælatos ac majores regni Scotiæ, et coram eis in ecclesia parochiali de Norham jus suum in superius dominium regni Scotiæ fideliter declaravit; petivitque ut hæc recognoscerent, protestando se jus coronæ suæ, usque ad effusionem sanguinis, defensurum.

Parliament at Norham.

King Edward asserts his right, as superior lord of Scotland.

Chronica de Scotorum Regibus.

Ob quam causam, Rex isto anno omnia monasteria Angliæ, Scotiæ, et Walliæ, perscrutari fecerat, ad dinoscendum quale jus posset sibi competere in hac parte. Et repertum est in Chronicis Mariani Scoti, Willelmi de Malmesbiria, Rogeri de Houdene, Henrici de Huntyngdone, Radulphi de ¹Bizeto, quod anno Domini nongentesimo decimo Rex Edwardus Senior subegit sibi reges Scotorum et Cumbrorum. Item, ibidem, quod anno Domini nongentesimo vicesimo primo, prædictæ gentes elegerunt sibi Edwardum prædictum in dominum et patronum. Item, ibidem, anno Domini nongentesimo vicesimo sexto, Rex Angliæ Adelstanus devicit Regem Scotiæ Constantinum, et iterum sub se permisit regnare. Item, Edredus, frater Adelstani, Rex Angliæ, devicit Scotos et Northimbranos; qui se submiserunt ei, et fidelitatem juraverunt. Item, ibidem, Edgarus, Rex Angliæ, superavit Kinadum filium Alpini, Regem Scotorum, qui juravit ei fidelitatem. Item, ibidem, Rex Angliæ et Daciæ, Canutus, anno regni sui sexto-decimo, perdomuit Malcolmum, Regem Scotorum, et extunc factus est Rex quatuor regnorum, scilicet, Angliæ, Scotiæ, Daciæ, et Norwagiæ. Item, ibidem, Sanctus Edwardus regnum Scotiæ dedit Malcolmo, filio

Enquiry as to Edward's right as superior lord of Scotland.

---

¹ *Byzeto* in Claudius E. iii. Ralph de Diceto is meant.

A.D. 1291. regis Cumbrorum, de se tenendum. Item, Willelmus Bastardus, anno regni sui sexto, vicit Malcolmum Regem Scotiæ, et accepit ab eo sacramentum fidelitatis. Item, Willelmus Rufus simile fecit quod pater suus fecerat, erga Malcolmum Regem Scotiæ, et contra duos filios Malcolmi successive regnantes. Item, Alexander successit fratri suo Edgaro in regnum Scotiæ, de consensu Regis Henrici Primi. Item, David, Rex Scotiæ, fecit homagium Regi Stephano. Item, Willelmus, Rex Scotiæ, fecit homagium [1] Henrico Tertio, filio Regis Henrici Secundi, in coronatione sua; et iterum, Henrico patri, anno regni sui vicesimo; sicut patet in quadam conventione inter eos inde facta. Item, dicit Rogerus de Houdene, quod Willelmus, Rex Scotiæ, venit ad dominum suum, Regem Henricum, in Normanniam; et similiter fecit Regi Ricardo, et etiam Johanni Regi, apud Lincolniam. Item, in Chronicis Sancti Albani reperitur, quod Alexander, Rex Scotiæ, apud Eboracum desponsavit Margaretam, filiam Regis Henrici, anno regni sui tricesimo quinto, et fecit ei homagium. Item, reperitur in Chartis Regum Scotiæ. Item, repertum est in [2] Bullis Papalibus Scotiæ directis, Reges Scotorum excommunicatos fuisse, quia noluerant obedire dominis suis, Anglorum Regibus.

Scoti recognoscunt Regem Angliæ Superiorem Dominum Scotiæ.

Transactions at Norham, in reference to the Scottish Crown.

Convenientibus igitur apud Norham, in finibus Anglorum versus Scotiam, Rege Anglorum, cum suis peritis, ac Scotorum valentioribus, cum suis prudentioribus, petivit Rex Angliæ in primis, ut Scoti pacifice assentirent suæ ordinationi super [3] Regem Scotiæ; præsertim, cum sibi competeret, ratione sui dominii capitalis. Scoti [4] vero responderunt, se ignorare quod talis supe-

---

[1] *Regi Henrico* in Claudius E. iii.
[2] *Bullis* in orig.; corrected from Claudius E. iii.
[3] *Rege* in Claudius E. iii.
[4] Omitted in Claudius E. iii.

rioritas Regi Angliæ competeret; nec posse sine capite, A.D. 1291.
Rege, ad talia respondere, cui incumberet talem denunciationem audire; nec aliud responsum ad præsens debere reddere testabantur, propter juramentum, excommunicatione vallatum, quod post mortem Regis Alexandri sibi invicem fecerunt. Unde, deliberatione librata, fecit Rex Edwardus Scotis litteras suas patentes, quibus recognovit adventum Scotorum in Angliam citra aquam Twedæ non debere alias illis vergere in præjudicium iterum veniendi in Angliam.

Post hæc, majores Scotiæ et Angliæ, qui vendicabant jus successionis in regnum Scotiæ, per litteras suas patentes recognoverunt, se velle sponte recipere justitiam coram dicto Rege Edwardo, tanquam coram capitali domino, et firmum tenere quicquid ipse decreverit in præmissis.

Erat autem iste tenor litterarum Dominorum utriusque regni, qui jus successionis in Scotorum dominium vendicabant:—

New Rymer, I. p. 755. (in French.)

Letters of the claimants, signifying that they will abide by Edward's award.

"Omnibus præsentes litteras visuris vel audituris, "Florentius Comes Holondiæ, Robertus le [1] Brus "Dominus Vallis Anandiæ, Johannes de Balliolo "Dominus Galwydiæ, Johannes de Hastyngges Dominus Abergaveniæ, Johannes Comyn Dominus de "Badenaw, Patricius de Dunbar Comes Marchiæ, Johannes de Vesci, vice patris sui, Nicholaus de Sules, "Willelmus de Ros, salutem in Domino. Cum nos in "regno Scotiæ jus habere credamus, et jus illud coram "illo qui potiorem habet potestatem, jurisdictionem, et "rationem examinandi jus nostrum habet, declarare, "vendicare, et probare, intendamus; nobilisque prin"ceps, Dominus Edwardus, Dei gratia, Rex Angliæ, "[2] per bonas sufficientesque rationes nos informaverit, "quod ad eum spectat, et habere debet, superius do"minium regni Scotiæ, et cognitionem in audiendo,

---

[1] *Bruys* in Claudius E. iii.   [2] Omitted in Claudius E. iii.

A.D. 1291. " examinando, et diffiniendo, jus nostrum: nos, de
" propria nostra voluntate, sine omni violentia et
" coactione, volumus, annuimus, et concedimus, ut re-
" cipiamus jus coram eo, tanquam superiori domino
" terræ. Volumus insuper, et promittimus, quod ha-
" bebimus et tenebimus firmum et stabile factum
" suum, et quod ille ¹ habeat regnum, cui coram eo
" jus potius illud dabit. In testimonium istorum, nos
" litteris istis apposuimus sigilla nostra. ² Data apud
" Norham, ³ feria post Ascensionem, etc."

The castles of Scotland resigned into Edward's hand.

⁴ Facta itaque recognitione superioris dominii, et submissione recipiendi quod coram Rege Angliæ jure fuerit diffinitum, petivit Rex castra et terram totam sibi reddi, ⁵ ut per seysinam pacificam jus superioris dominii, quod jam per suas litteras recognoverant, claresceret universis. Annuerunt statim regiæ petitioni ; confectis super hoc litteris, et ab eisdem signatis, continentibus in Gallico, sicut priores litteræ, hunc tenorem :—

Littera seisinæ, datæ Regi Angliæ de toto regno Scotiæ.

Letter in reference thereto.

" Omnibus præsentes litteras visuris, vel audituris, New Rymer, I.
" Florentius Comes Holondiæ, Robertus ⁶ le Brus Do- p. 755. (in
" minus Vallis Anandiæ, Johannes de Balliolo Dominus French.)
" Galwidiæ, Johannes de Hastyngges Dominus Aber-
" gavennæ, Johannes Comyn Dominus de Badenaw,
" Patricius de Dunbar Comes Marchiæ, Johannes de
" Vesci, vice patris sui, Nicholaus de Sules, ⁷ Willel-
" mus de Ros, salutem in Domino. Quia de bona volun-
" tate nostra et communi assensu, sine omni coactione,
" annuimus et concessimus nobili Principi, Domino

---

¹ *habebit* in Claudius E. iii.
² " *Fet et done a Norham, le Mardy prochein apres le Assension, l'an de grace,* MCCXCI." New Rymer, I. p. 755.
³ *feria tertia post* in the printed texts.
⁴ *Factaque recognitione* in Claudius E. iii.
⁵ *ut quod per* in Claudius E. iii.
⁶ *de Bruys* in Claudius E. iii.
⁷ *et Willelmus* in Claudius E. iii.

" Edwardo, gratia Dei, Regi Angliæ, quod ipse, tan- A.D. 1291.
" quam superior dominus terræ Scotiæ, possit audire,
" ¹ examinare, et diffinire, vendicationes nostras, et
" petitiones, quas intendimus ostendere et probare, pro
" jure nostro recipiendo coram eo, tanquam superiori
" domino terræ, promittentes insuper quod factum
" suum habebimus firmum et stabile, et quod ille ob-
" tinebit regnum Scotiæ, cujus jus potius declaratur
" coram eo.—Cum autem non possit præfatus Rex
" Angliæ isto modo cognitionem facere, nec complere,
" sine judicio; nec judicium debeat esse sine exe-
" cutione; nec executionem possit debito modo facere,
" sine possessione et seysina ejusdem terræ, et cas-
" trorum ejus; volumus, annuimus, et concedimus,
" quod ipse, tanquam dominus superior, ad perficien-
" dum prædicta habeat seysinam totius terræ Scotiæ,
" et castrorum ejus, quousque jus in regnum petenti-
" bus fuerit satisfactum. Ita tamen, quod antequam
" habeat seisinam, bonam et sufficientem securitatem
" faciat petitoribus, et custodibus, et communitati,
" regni Scotiæ, restituendi idem regnum, cum tota
" regalitate, dignitate, dominio, libertatibus, consue-
" tudinibus, justitiis, legibus, usibus, possessionibus, et
" quibuscunque pertinentiis, in eodem statu in ² quo
" erant ante seisinam sibi traditam; et liberabit illi,
" cui jure debetur secundum indicium regalitatis, salvo
" Regi Angliæ homagio illius qui Rex erit. Et debet
" hæc restitutio fieri infra duos menses a die quo
" fuerit hoc jus discussum atque firmatum. Exitus
" dictæ terræ medio tempore recipiantur, et in salvo
" deposito reponantur, et bene custodiantur, per ma-
" num Camerarii Scotiæ, qui nunc est, et illius quem
" assignabit ad hoc Rex Angliæ; et hoc, sub sigil-

---

¹ *et examinare, atque, etc.*, in Claudius E. iii.

² *que* in orig., by inadvertence; *in* omitted in Claudius E. iii.

A.D. 1291. " lis eorum, salva rationabili sustentatione terræ et
" castrorum, ministrorumque regni. In testimonium
" istorum omnium prædictorum, apposuimus ad has
" litteras sigilla nostra. ¹Data apud Norham, die
" Mercurii proxima post Ascensionem Domini, anno,
" etc."

Has duas litteras misit Rex Angliæ, sub sigillo suo privato, ad diversa Monasteria regni sui, ut ad perpetuam rei gestæ memoriam in Chronicis ponerentur.

Rex assecurat reddere regnum Scotiæ cui debetur.

Surety given by Edward that he will restore the same.

Idcirco, facta Scotis securitate ex parte Regis Angliæ, de restituendo, ²prout præfertur, regno Scotiæ infra ³duos menses illi cui de jure hoc competeret, sub pœna centum millium librarum sterlingorum, Romæ in subsidium Terræ Sanctæ solvendorum, ac etiam, sub pœna excommunicationis et interdicti, in Regis personam et regnum Angliæ, si non restitueret, fulminandum; Scoti per chartas suas tradiderunt Regi Edwardo regnum Scotiæ, cum castellis, juribus, et consuetudinibus; posueruntque custodes, qui medio tempore exitus et approviamenta terræ, ad opus illorum quorum intererat, custodirent, quousque videlicet, debita discussione habita, de legitimo constaret hærede.

Award in favour of John de Balliol.

Quo facto, Rex Angliæ, post longas disceptationes vendicantium illud regnum, discussis juribus, prætulit Johannem de Bayllol; qui recognovit Regem Angliæ fore Scotiæ capitalem dominum, fecitque ei homagium, et fidelitatem juravit; ut in gestis anni sequentis plenius declaratur.

---

¹ " *Fet et done a Norham, le Me-*
" *kerdy apres la Assencion, lan de*
" *grace* mcc., *nonaunte primerein.*"
New Rymer, I. p. 755.

² *ut* in Claudius E. iii.
³ *duas* in orig.; corrected from Claudius E. iii.

Obiit Mater Regis. A.D. 1291.

Eodem anno, circa festum Beati Johannis Baptistæ, Alienora, mater Regis, Ambresburyæ est defuncta; propter quod, Rex de Scotia in Angliam rediit, ut funus maternum sepulturæ traderet, debito cum honore. Sepultum est itaque corpus ejus in Monasterio Ambresburiæ, cor vero Londoniis, in ecclesia Fratrum Minorum; qui, sicut et cuncti Fratres reliquorum Ordinum, aliquid de corporibus quorumcunque potentium morientium sibimet vendicabant, [1] more canum cadaveribus assistentium, ubi quisque suam particulam avide consumendam expectat.

Death and burial of Alianor, the Queen-mother.

Alleged avarice of the Friars Minors.

Resus Wallicus condemnatur.

Post festum Sancti Michaelis, Rex iterum tendens in Scotiam, cum Eboracum venisset, moramque aliqualem fecisset ibidem, Resus filius Mereduci captus, illucque deductus, judicialiter condemnatur. Deinde Rex, profectus in Scotiam, omnibus in regnum Scotiæ jus vendicantibus imposuit, ut in festo Sancti Johannis Baptistæ proximo futuro coram se comparerent, et quo jure regnum illud vendicabant, plenius declararent.

Rees ap Meredith condemned. Edward sets out for Scotland, and summons the claimants to the throne to appear before him.

Annalis Conclusio.

Transit annus iste frugifer, sed [2] qui incolis vix sufficeret; Terræ Sanctæ flebilis, propter nobilem civitatem Accon, quæ "Acres," vel [3] "Tholomaida," dicitur, ereptam Christianis; Anglis et Scotis sub magna expectatione transactus, dum unusquisque scire cupit, quis in regno gentium dominabitur.

---

[1] From this word down to *expectat*, the context is omitted in Claudius E. iii.

[2] *que* in orig., and Claudius E. iii., erroneously.

[3] For "*Ptolemais*," one of its classical names.

Obiit Papa Nicholaus Quartus.

A.D. 1292.
Death of Pope Nicholas IV.

¹Anno gratiæ millesimo ducentesimo nonagesimo ²secundo, qui est annus regni Regis Edwardi, a Conquæstu Primi, vicesimus, Nicholaus Papa, Quartus, viam universæ carnis ingressus est; qui paulo ante, ³Regem Angliæ ad recuperandum Terram Sanctam invitans, ducem et capitaneum omnium constituit Christianorum.

Primitiva causa discordiæ inter Anglicos et Francos.

Quarrel between England and France; and origin thereof.

Hoc anno suborta est discordia inter Anglicos et Francos, hujuscemodi occasione. Duo nautæ, quorum unus erat Anglicus, alter Gallicus de Normannia, convenerunt ⁴apud Gartoniam ad quemdam fontem, ut haurirent aquam; ubi dissensio facta est, dum quisque nititur prius haurire. Cumque diutius contendissent, et mutua convitia invicem intulissent, paravit Gallicus Anglicum percutere pugione. Sed Anglicus, vitato periculo, Gallici pugnum tenuit, quo gladium tenebat strictum, eum eripere volens sibi. Interea, cecidit Normannus super mucronem suum, confossusque morti subjacuit, suo casu. Cum vero casus iste Normannis fuisset cognitus, persecuti sunt Anglicum, ut in eum necem socii ⁵vindicarent; sed nautæ, consocii Anglici, resistunt Normannis, et fit conflictus gravissimus inter eos. Tandem Anglici sine magno dispendio evaserunt. Tunc accesserunt ad Philippum, Regem Franciæ, quibus grata fuit regni turbatio; et ⁶ejus bilem contra Anglicos ⁷commoverunt, dicentes turpe fore sibi, gentique

---

¹ These two words are omitted in Claudius E. iii.
² Omitted in orig., by inadvertence; supplied from Claudius E. iii.
³ *Rege* in orig.; corrected from Claudius E. iii.
⁴ Omitted in Claudius E. iii.
⁵ *vindicarentur* in orig., and Claudius E. iii.
⁶ These two words are omitted in Claudius E. iii.
⁷ *convenerunt* in Claudius E. iii.

suæ, ut a caudatis taliter tractarentur. Rex vero jussit nautis suis, ut, ubicunque obviarent Anglicis, de nece consocii caperent ¹ultionem. Fervebat igitur furor Gallicorum, et dum sitiunt Anglicorum sanguinem, multotiens damna gravia intulerunt.

Vice quadam igitur, dum maris observant semitas, conspiciunt naves Anglicas a remotis; quibus cursu appropinquantes velocissimo, subito prœlium inchoarunt. Inter congrediendum, quamdam navem Anglicam, inter consocias naves, uncis attraxerunt Gallici, et quemdam Anglicum trahentes de navi sua, mox in summitate mali navis Normannici suspenderunt. Quo facto, quia potentiores et plures pro tunc erant Gallici, sine magna læsione recesserunt. Ex hiis causis crevit timor et invidia populis utriusque regni.

A.D. 1292.

Attack upon an English ship by the French.

Obiit Rex Romanorum.

Eo tempore moritur Rex Romanorum, Radulphus. In cujus successione electus est Adulphus, Comes de Naasso; et sine contradictione in Regem Alemanniæ solemniter coronatur.

Death of Rudolph, and election of Adolph, King of the Romans. (A.D. 1291.)

Obiit Rex Arragoniæ.

Alfonsus etiam, Arragonum Rex, mortuus est hoc anno.

Death of Alfonso, King of Arragon. (A.D. 1291.)

Processus de Scotia.

Rex Angliæ, post festum Sancti Johannis Baptistæ, in Scotiam veniens, receptis eorum qui regnum ²Scotiæ vendicabant allegationibus pro jure suo, ³eligi fecit quadraginta personas, videlicet, viginti de Anglia, et viginti de Scotia, qui istas allegationes deliberata diligentia discuterent; sententiam finalem usque in festum Sancti Michaelis, proximo venturum, differens proferendam.

King Edward prepares to settle the claims to the Scottish throne.

---

¹ *ultionis* in Claudius E. iii.
² *Siciliæ* in Claudius E. iii., erroneously.
³ *se eligi*, in orig., by inadvertence.

A.D. 1292.   *Rex Norwagiæ vendicat Scotiam.*

Eodem tempore, Ericus, Rex Norwagiæ, venit coram Consilio Domini Regis Angliæ, per attornatos suos, et protulit quoddam scriptum in hæc verba:—

Claim of Eric, King of Norway, to the crown of Scotland.

"Omnibus præsentes litteras inspecturis, vel audituris, pateat evidenter, quod nos, Ericus, Dei gratia, Rex Norwagiæ, tenore præsentium fecimus, constituimus, et ordinavimus, prout de jure et facto melius facere potuimus, nostros veros et legitimos attornatos, et procuratores et nuncios speciales, nobilem virum Aduenum de Hagr, et Magistrum H. Plebanum plebis, de Castillione Arretino, Domini[1] Papæ Capellanum, et Magistrum P. Algorum, ad comparriendum[2] pro nobis, et vice nostra, coram excellenti Principe, Domino, Dei gratia, Edwardo, Rege Angliæ illustri, et superiori domino regni Scotiæ; et ad petendum nomine nostro, tanquam per superiorem dominum regni Scotiæ, nobis adjudicari regnum Scotiæ supradictum, cum omnibus juribus et pertinentiis suis; cum ipsum regnum per mortem Dominæ Margaretæ, filiæ nostræ, olim Dominæ et Reginæ regni Scotiæ, sit ad nos pleno jure hæreditario legitime devolutum. Item, ad petendum nomine nostro, adjudicari nobis, et præfatis attornatis et procuratoribus nostris assignari, pro nobis, fructus et redditus regni Scotiæ quatuor annorum, qui fluxerunt a tempore mortis Domini Alexandri, bonæ memoriæ, quondam Regis Scotiæ, usque ad diem mortis Dominæ Margaretæ, filiæ nostræ, olim Dominæ Reginæ Scotorum, qui [3] fuerunt percepti, vel percipi potuerunt, de dicto regno, cum ad nos dicti fructus seu redditus pleno jure pertineant; tum quia fuimus legitimus administrator bonorum Reginæ præ-

---

[1] Omitted in Claudius E. iii.
[2] *coram* in Claudius E. iii.
[3] Omitted in orig.; supplied from Claudius E. iii.

"fatæ, cum viveret; tum etiam, quia gravia expensa- A.D. 1292.
" rum et sumptuum onera sustinuimus propter eam,
" dum in regno Norwagiæ moram traxit, et [1] post-
" modum mittendo eam ad regnum suum Scotiæ
" supradictum. Item, ad petendum nomine nostro
" condemnari universitatem regni Scotiæ, et ipsum
" regnum, ad solvendum nobis, seu dictis attornatis
" et procuratoribus nostris, recipientibus vice nostra,
" pœnam centum millium librarum sterlingorum, in
" quam inciderunt universitas præfata et regnum præ-
" dictum, non recipiendo libere præfatam Dominam
" Margaretam, filiam nostram, in Dominam et Regi-
" nam regni Scotiæ, nec ei obediendo in aliquo. Et
" ad petendum supplementum septingentarum marca-
" rum, quas habere debemus a regno Scotiæ, occasione
" dotis Dominæ Margaretæ, olim filiæ nostræ, et uxoris
" Regis Scotiæ prædicti; cum fructus et redditus ter-
" rarum nobis [2] assignati pro septingentis marcis annuis,
" ad quingentarum marcarum summam non ascendant.
" Item, ad agendum et defendendum, lucrandum et
" perdendum, coram præfato Principe, Domino Ed-
" wardo, Rege Angliæ, superiori domino regni Scotiæ,
" debita quomodocunque et qualitercunque, et ex qua-
" cunque causa vel causis, nobis debeantur, et a qui-
" buscunque personis, loco, vel universitate, et quocun-
" que nomine illa jura censeantur; et ad omnia alia
" et singula faciendum, quæ veri et legitimi attornati,
" seu procuratores et nuncii, facere possent in præ-
" missis, et quolibet præmissorum, si mandatum etiam
" [3] exegerint speciale, et quæ nosmet facere possemus,
" si præsentes essemus; promittentes, sub hypotheca
" et obligatione omnium bonorum nostrorum, ratum,
" firmum, et gratum, habere et tenere perpetuo, et non
" contravenire aliquo ingenio vel modo, quicquid per

---

[1] *postea* in Claudius E. iii.   Claudius E. iii.
[2] *assignari* in orig.; *assignare* in   [3] *exigerunt* in orig.

A.D. 1292. "prædictos attornatos, seu procuratores nostros, vel
"duos saltem ex eis, actum vel procuratum fuerit in
"præmissis, vel quolibet præmissorum. Data Tons-
"borgiæ, anno Domini, etc., anno regni nostri tertio-
"decimo. In cujus ¹ testimonium, has litteras fieri
"fecimus, et nostri sigilli munimine roborari."

Dies datus Regi Norwagiæ.

A day given to the envoys of the King of Norway.

Requisitum fuit de eisdem attornatis, quid volunt addere, minuere, vel mutare, et quod in petitione sua danda declararent? Qui dicunt, quod nolunt declarare, antequam habuerint colloquium cum dicto Domino Rege Angliæ, superiori domino regni Scotiæ; nec aliquid aliud proponere vel dicere ea vice. Et hæc requisitio fuit facta, quia alias in petitione sua, quæ coram ipsis fuit ibidem lecta, reservavit sibi beneficium addendi, minuendi, et mutandi; prout plenius ex tenore ipsius petitionis apparet. Et datus est eis dies usque ad diem Mercurii proximum sequentem, ad audiendum voluntatem Domini Regis.

Postea, die Mercurii proximo post festum Beati Martini, venerunt prædicti attornati Regis ² Norwagiæ coram Consilio ³ prædicti Domini Regis Angliæ, et superioris domini Scotiæ; et dictum ⁴ fuit eis per Consilium dicti Domini Regis, quod declararent manifeste actionem Domini Regis Norwagiæ, per quam intendunt recuperare regnum Scotiæ, tanquam jus domini sui. Qui quidem attornati responderunt et dixerunt, quod voluerunt prius habere colloquium cum prædicto domino suo, Rege Norwagiæ, et ipsum super actione et petitione prædictis consulere, antequam ulterius prosequerentur. Et multotiens requisiti, ⁵ quod petitionem

---

¹ *rei testimonium*, in Claudius E. iii.

² *prædicti Norwagiæ*, in Claudius E. iii.

³ *dicti* in Claudius E. iii.

⁴ *est* in Claudius E. iii.

⁵ *ad* in Claudius E. iii., by inadvertence.

præfati domini sui manifestius declararent, tandem A.D. 1292.
dixerunt præcise, quod petitionem prædicti domini sui
noluerunt declarare, nec ulterius super hoc aliud dicere,
antequam eundem dominum suum consulti fuerint in
præmissis. Ideo datus est eis dies de die in diem
coram prædicto Domino Rege Angliæ, superiore domino
dicti regni Scotiæ, ad audiendum judicium suum de
eo, quod noluerunt ulterius prosequi petitionem domini
sui prædicti, etc.

*Johannes Baylol obtinet regnum Scotiæ, exclusis
cæteris.*

Igitur, post diligentem hujus negotii discussionem Final award in favour of John de Balliol.
inter cæteros, de assensu communi, Johanni de Bal-
liolo, qui de filia David, Regis Scotorum, descenderat
seniore, adjudicavit Rex ex integro regnum ipsum.
Robertus nempe de Brus, inter quem et ipsum Johannem de Balliolo, exclusis cæteris, quæstio vertebatur,
licet uno gradu esset propinquior, tamen descendit a
filia Regis David secunda.

Johannes coronatur.

Johannes de Balliolo, in festo Sancti Andreæ se- His Coronation.
quenti, collocatus super lapidem regalem, quem Jacob
[1] supposuerat capiti suo, dum iret de Bersabee et per-
geret [2] Aran, in ecclesia Canonicorum Regularium de
Scone solemniter coronatur. Post coronationem vero
accedens ad Regem Angliæ, qui festum Nativitatis
Dominicæ apud Novum Castrum tenuit super Tynam,
eidem fecit homagium sub hiis verbis:—

Rex Scotiæ facit homagium Regi Angliæ.

" Domine Edwarde, Rex Angliæ, superior domine Homage to the King of England.
" Scotiæ. Ego, Johannes de Balliolo, Rex Scotiæ, re-

---

[1] *Genesis* xxviii. 11. | [2] *Aaron* in Claudius E. iii.

A.D. 1292. " cognosco me hominem vestrum ligium de toto regno
" Scotiæ, et omnibus pertinentiis, et hiis quæ ad hoc
" spectant; quod regnum meum teneo, et de jure
" debeo et clamito tenere, hæreditarie de vobis et
" hæredibus vestris, regibus Angliæ, de vita et mem-
" bris, et terreno honore, contra omnes homines qui
" possunt vivere et mori."

Et Rex Angliæ recepit homagium in forma prædicta,
The kingdom of Scotland restored to Balliol. suo et alterius jure salvo. Recepto autem Regis Johannis homagio, Rex Angliæ eidem regnum Scotiæ integraliter, cum omnibus pertinentiis, restituit indilate.

Annalis Conclusio.

Transit annus iste nec multum frugifer, nec famelicus; Anglis et Francis discordiæ inchoativus; [1] Romanis et Arragoniis lugubris, propter mortem Papæ, Regumque Alemanniæ et Arragoniæ; Scotis nec tristis nec hilaris, de adeptione novi regis.

Homagium Regis Scotorum.

A.D. 1293. Anno gratiæ millesimo ducentesimo nonagesimo tertio, qui est annus regni Regis Edwardi, a Conquæstu Primi, vicesimus primus, fuit idem Rex ad Natale apud Novum Castrum super Tynam; ubi suscepit homagium Regis Scotorum.

Escape of Henry of Spain. [2] Eo tempore, Henricus de Hispania, in carcere Regis Siciliæ diu detentus, evadens in Hispanias, ad nepotem suum, Sanctium Regem, venit.

An envoy sent to France, to treat of peace. Per idem tempus, mercatores Angliæ, variis in mari lacessiti periculis, super mercium suarum amissione Regi Angliæ conqueruntur. Qui Comitem Lincolniæ, Henricum de Lacy, ad Regem Franciæ transmisit; suppliciter petens, ut de [3] assensu ipsius, per Reges et

---

[1] Omitted in Claudius E. iii.
[2] *Eodem* in Claudius E. iii.

[3] Omitted in orig.; supplied from Claudius E. iii.

eorum Consilia contra hujusmodi maritima dispendia A.D. 1293
provideretur cum celeritate de remedio competenti.
Interim vero, dum Comes responsum expectat, classis
ducentarum navium Normannicarum, et amplius, quæ
coadunata ut Anglos virtuosius invaderet, et inva-
dentes fortius propulsaret, in Wasconiam profecta fuerat, Defeat of a
quicquid de parte adversa obvium habuit prædæ ac French
morti facile destinando. Dum onusta vino reverteretur
gloriabunda, quasi sibi soli maris cessisset libertas, a
sexaginta navibus Anglicanis capitur in portu Sancti
Matthæi, in Minori Britannia, et in Angliam adducitur,
feria sexta ante Vigiliam Pentecostes; submersis aut
cæsis hominibus omnibus qui erant in navibus, solis
illis exceptis qui in scaphis vix sibi saluti fuerant
fugiendo. Perdiderunt [1] nempe Gallici quindecim millia
hominum in hoc conflictu.

Mandatum Regis Franciæ Regi Angliæ.

Rumor facti, diffusus per Galliam, Regem, Consilium Demand
suumque, non tam admiratione quam indignatione ve- made of
hementi commovit. Ordinantur igitur ambassiatores, the King
qui ex parte Regis Francorum a Rege Angliæ peterent, of France.
ut absque mora naves, cum mercibus, per homines suos
raptas, et in regno suo [2] receptas, restitueret, si vellet
sua negotia pro terra Wasconiæ in Curia Regis Franciæ
favorabiliter expediri.

Super hoc mandato Rex deliberans, habito Consilio, Answer
Ricardum, Londoniensem Episcopum, adjunctis eidem of King
aliis viris prudentibus, ad Regem Francorum, et suum thereto.
Consilium, cum [3] hujusmodi transmisit responso; videlicet, cum Rex Angliæ Curiam suam habeat nulli sub-
jectam, si [4] qui se læsos senserint per homines regni

---

[1] *namque* in Claudius E. iii.
[2] *receptatas* in orig., and Claudius E. iii.
[3] *hujuscemodi* in Claudius E. iii.
[4] *que* in Claudius E. iii.

A.D. 1293. sui, veniant ad Curiam suam; et, declaratis sibi illatis injuriis, Rex eis celerem fieri justitiam ordinabit. Quod ut securius possint facere, quibuscunque conqueri volentibus Rex de eundo et redeundo per terram suam salvum dabit conductum. Quod si hoc Regi Francorum non placeat, eligantur hinc inde arbitri, qui, pensatis damnis utriusque partis, provideant quomodo querelantibus[1] satisfiat; et Rex Anglorum dicto eorum, et laudo, sub certa obligatione se submittet; dum tamen Rex Francorum se[2] submittat et obliget pari modo. Si vero aliquid occurrat, tam arduum quod per arbitros descindi nequeat,[3] diffiniendum Regibus reservetur. Et Rex Angliæ, habito conductu, ad Regem Franciæ, accedentem ad aliquam villam maritimam, veniet; ut de assensu mutuo finis negotio imponatur. Quod si nec istud Rex Francorum acceptaverit, in Summum Pontificem, cujus est inter reges et regna [4]pacem fovere, transferatur, de assensu mutuo, negotium; vel, quia tunc Sedes Sancti Petri vacabat, ad Cardinales, omnes vel aliquos: ut, litis et discordiæ submota materia, pax inter eos et eorum populos refloreat, ut solebat.

Citatur Rex Angliæ.

King Edward is cited to appear before the King of France.

Sprevit hæc omnia Consilium Franciæ, nec nunciis, instanter flagitantibus, dignatum [5] est aliquid respondere. Misit denique Rex Francorum ad civitatem Agennum, quæ ad Ducatum Aquitanniæ spectare dinoscitur, ibique nominatim fecit citari Regem Angliæ, ut die certa Parisius compareret, de injuriis et rebellionibus in terra factis Wasconiæ responsurus. Quem,

---

[1] *satisfiant* in orig.; corrected from Claudius E. iii.
[2] *submittet* in Claudius E. iii.
[3] *definiendum* in orig.
[4] *pace* in orig., erroneously.
[5] Omitted in orig.; supplied from Claudius E. iii.

ad diem ¹ præfixum non comparentem, Rex Francorum, in propria persona pro tribunali sedens, sententiam protulit, judicans in defectu. Moxque præcepit Constabulario Franciæ, ut, in manu armata proficiscens, Ducatum Aquitanniæ Regis Francorum nomine occuparet, caperetque, vel expelleret, quoscunque per Regem Angliæ illius custodiæ deputatos. Siquidem paulo ante miserat illuc Rex Angliæ Johannem de Sancto Johanne, militem discretum, in armis strenuum, et in rebus bellicis exercitatum; qui civitates et castra per totum Ducatum munivit armis et victualibus, et viris strenuis ad bellandum.

A.D. 1293. The Constable of France is ordered to seize Acquitaine.

Rex Anglorum, adhuc satagens Regis Francorum animum emollire, mandavit germano suo, Edmundo, qui tunc in Galliis morabatur, ut, Consilium Franciæ adiens, de aliqua forma pacis provideret, quæ Regi Francorum foret placita, et sibi non nimium inhonesta. Qui, post tractatus multos, frustra habitos, iter versus Angliam arripuit, de pace et concordia penitus desperatus.

King Edward attempts, but in vain, to make terms with the King of France

Nuptiæ Regis filiæ.

Eodem anno, circa festum Sancti Michaelis, Alienora, filia Regis Angliæ, apud Bristollum, Henrico, Comiti Barrensi, traditur in uxorem; de qua filium genuit Edwardum, et filiam, quam Johannes de Warenna, Surreyæ et Southsexiæ Comes, duxit.

Marriage of the Princess Alianor to Henry, Count de Bar.

Annalis Conclusio.

Transit annus iste nec uber frugum nec fertilis fructuum; Normannis flebilis, quia, quod carius dilexerunt, per Anglicos amiserunt; Francis et Anglicis discordiæ inchoativus, et damnorum irrecuperabilium causativus.

---

¹ *prefectionis* in Claudius E. iii.

A.D. 1294. *Reginæ de pace tractant cum fratre Regis Angliæ.*

Negotiations for peace between England and France.

Anno gratiæ millesimo ducentesimo nonagesimo quarto, qui est annus regni Regis Edwardi, a Conquæstu Primi, vicesimus secundus, tenuit idem Rex Natale [1] apud Sanctum Albanum. [2] Edmundus, frater Regis Angliæ, versus mare profectus, per Reginas Franciæ, Johannam, Regis consortem, et Mariam, ejusdem novercam, ut cum eisdem pacis tractatum resumat, celeriter revocatur. Denique mediantibus Reginis, post plurima interloquia, in forma subscripta extitit concordatum.—Ut propter honorem Regis Francorum, cui per ministros custodiæ Wasconiæ deputatos, ut videbatur nonnullis, in pluribus fuerat derogatum, sex castra, videlicet, Sanctonas, Talemunde, Tournun, Pomerel, Penne, et Mounteflaunkone, voluntati Regis Franciæ dederentur. In omnibus vero civitatibus et castris totius Ducatus, exceptis Burdegalia, Baiona, et Regula, unus serviens, nomine Regis Franciæ, poneretur. De ministris quoque per Regem Angliæ in Wasconia positis, aliisque per totam terram, pro libitu Regis Francorum, obsides traderentur. Quibus peractis, Rex Franciæ citationem, in Anla Parisiensi publicatam, faceret revocari. Castra vero omnia, [3] amotis servientibus in civitatibus positis et castris, obsidesque, ad [4] petitionem duarum Reginarum, vêl unius earum, restitueret sine mora. Rexque Angliæ, concesso sibi salvo conductu, Ambianis veniret, ut, ibi habito mutuo Regum colloquio, pax et amicitia in posterum firmaretur. Super hiis confectis scriptis, unum, per Reginas signatum, Edmundo traditur; aliud, signatum ab Edmundo, commendatur Reginis. Quæ, data fide in manu Edmundi, promiserunt pacta in scriptis inita nullatenus violanda.

Certain terms are finally agreed upon.

---

[1] *ad* in Claudius E. iii.
[2] *Eo tempore Edmundus*, in Claudius E. iii.
[3] *remotis* in Claudius E. iii.
[4] *petitiones* in Claudius E. iii.

Conventio frivola.

A.D. 1294.

Certificatus super hiis Rex Angliæ per germanum suum, litteram unam patentem, directam omnibus ministris suis in Wasconia, continentem mandatum [1] ut in omnibus Regis Francorum obtemperarent voluntati, transmisit germano suo; per eum, cum sibi videretur, ulterius in Wasconiam transmittendam. Recepta littera, Edmundus, veritus eam transmittere antèquam sibi constaret an Rex ipse acceptaret quæ facta fuerant per Reginas, petivit ab eis, ut per dictum Regis proprium super præmissis certior redderetur. Denique præsentibus, Edmundo, germano Regis Angliæ, et uxore sua Blanka, Regina Navariæ, matre Reginæ Franciæ, necnon Duce Burgundiæ et Hugone de Veer, filio Comitis Oxoniæ, ac clerico quodam, Johanne de [2] Lacy, Rex ipse promissa Reginarum, ac pacta per eas concordata, in fidelitate regia se adimpleturum spopondit. Moxque miles quidam, nomine "Galfridus de Langleya," de familia Edmundi, fratris Regis Angliæ, cum litteris Regis Francorum, revocantibus Constabularium Regis Franciæ, qui cum exercitu profectus fuerat ut Wasconiam expugnaret, missus est ad eum.

The King of France promises that he will abide by the same.

Rex autem Angliæ Cantuariæ solemnitatem Paschalem tenuit; ibidem, ut Ambianis proficisceretur, expectatis [3] litteris de conductu. Johannes etiam de Lacy, clericus prædictus, in Wasconiam transmissus est, cum littera ministris Regis Angliæ directa, secundum formam prædictam. Johannes vero de Sancto Johanne, quem Rex Angliæ Wasconiæ præfecerat, auditis pactis initis, omnia quæ ad munitiones castrorum et urbium providerat, vendidit; descendensque, per Parisius versus Angliam iter suum direxit.

King Edward depends upon his promises.

---

[1] Omitted in orig.; supplied from Claudius E. iii.

[2] *Lascy* in Claudius E. iii.

[3] *litteras* in orig.

A.D. 1294. *Falsitas Regis Franciæ.*

The proposed terms are finally rejected by the King of France.

Et ecce! procurante pacis æmulo, immutatum est cor Regis Franciæ; conductusque Regi Angliæ denegatur, et littera [1] Constabularii revocatoria per posteriorem litteram irritatur. Et quia per Constabularium, Wasconiam in manu potenti [2] intrantem, custodibus et ministris, juxta tenorem litteræ sibi apportatæ, se subdentibus, in manu Regis Francorum accipitur terra tota; ministrique omnes Regis Angliæ, terræque custodes, obsides et captivi Parisius deducuntur. Post dies tamen aliquot, Edmundus Reginas rogavit, ut, juxta promissa sua et pactiones initas, Regem Franciæ interpellarent [3] super conductu Regi Angliæ concedendo, citatione revocanda, terra restituenda, et obsidibus liberandis.

His treachery and falsehood.

Rex vero Francorum per quosdam milites, ad Edmundum missos, inficiatur se quicquam de talibus pactis scire. Denique perpendens Edmundus, se, fratremque suum, Regem Angliæ, delusos, reversus in Angliam, Regem et Consilium suum ad plenum informat et certificat de re gesta.

Parliamentum Londoniis.

Igitur, Rex Angliæ, convocato Londoniis Parliamento, cui Johannes, Rex Scotorum, interfuit, de consilio prælatorum et procerum, [4] censentium terram, sub dolo ablatam, recuperandam gladio, Rex Angliæ ad Regem Francorum misit nuncios, Hugonem de Mancestria, de Ordine Prædicatorum, ac Willelmum de Ginesburn, [5] Ordinis Minorum, Doctores Theologiæ, viros providos ac discretos; mandans ei per eosdem, quod cum pacta inter progenitores eorum habita, et ipsos, necnon et secretos tractatus, quos, mediante ger-

Envoys sent to the King of France, renouncing homage on part of the King of England.

---

[1] *Constabularia* in Claudius E. iii.
[2] *intrante* in orig.
[3] *pro* in Claudius E. iii.
[4] *consentientium* in Claudius E. iii.
[5] *Ordine* in Claudius E. iii.

mano suo, cum eo habuit, violasset; non videbatur sibi, A.D. 1294.
quod ipsum, Regem Angliæ, Ducemque Aquitanniæ,
hominem suum reputabat, nec ipse homagio suo astringi ulterius intendebat.

Confœderatio.

Eodem tempore, Rex Angliæ, misso in Teutoniam Antonio, Dunelmensi Episcopo, confœderavit sibi Adulphum, Regem Romanorum. Exercitum etiam, in Wasconiam transmittendum, adunari jubens apud Portemutham, Johannem de Britannia, nepotem suum, Comitem Richemundiæ, eidem præfecit; dans ei consiliarios Johannem de Sancto Johanne et Robertum Typetot, milites prudentes, et in bellicis rebus expertos.

<small>Alliance with the King of the Romans, and preparations for war with France.</small>

Navigii dispositio.

Navigium etiam, ad custodiendum mare, in tres classes distinxit, tres præponens ei Admiralios; videlicet, Gernemuthensibus et cæteris illius partis navibus, Johannem de Boteturte; Porthemuhensibus, Willelmum [1] de Leybourne; Occidentalibus vero navibus, et Hibernicis, militem quemdam probum, de Hibernia oriundum.

<small>Arrangement of the English fleets.</small>

Subsidium concessum Regi.

Hoc anno concessa est Regi, in subsidium werræ suæ, medietas a clero, sexta a civibus, et a reliquo populo decima pars, bonorum.

<small>Subsidy granted to the King.</small>

Fuit autem hoc anno in Anglia maxima annonæ karistia, ita ut pauperes passim, afflicti lienteria, morerentur.

<small>Dearth in England.</small>

Papa, qui vocatur "Cœlestinus Quintus."

Eodem anno, post vacationem diutinam, electus est in Summum Pontificem Petrus de Murrone, qui, monachus de Ordine Sancti Benedicti existens, heremiticam

<small>Election of Pope Cœlestinus V.</small>

---

[1] *Leyghburne* in Claudius E. iii., *de* being omitted.

A.D. 1294. duxit vitam. Hic, sublimatus in Papam, dictus est "Cœlestinus Quintus;" qui, unam ordinationem in mense ¹ Septembri faciens, creavit duodecim Cardinales.

Capitur Risuncium.

Edward arrives in Bretagne.

Exercitus Regis Angliæ de Portesmutha, circa festum Sancti Michaelis, progrediens, vi ventorum repulsus, applicuit Dertemutham. In crastino vero Sancti Dionisii, captata aura, cursu velivolo ad Sanctum Matthæum in Britannia die secundo pervenit. Discedentes a Britannia,

His successes in France.

in crastino Sanctorum Crispini et Crispiniani intraverunt ostia Girundæ fluvii, a Burdegalia descendentes; per quem ascendentes, captis duabus villis bonis ac muratis, Burgo super Mare ac Blavio, cursu prospero transeuntes

Risonce is captured.

coram Burdegala, Risuncium perveniunt; ubi, reddita eis villa, equos suos de navibus eduxerunt.

Wallici insurgunt.

Insurrection in various parts of Wales.

Eodem tempore, Wallenses, insurgentes contra Regem, in diversis partibus diversos sibi principes præfecerunt. Aquilonares enim, qui circa partes Snowdoniæ habitant, capitaneum habentes, et ducem, quemdam de genere Lewlini, Principis ultimi, "Madocum" nomine, villam et castrum de Karnervan combusserunt, magna Anglicorum multitudine, qui, nihil tale suspicantes, ad nundinas venerant, interfecta. Occidentales vero ² Wallenses, præposito sibi quodam, nomine ³ "Maylgone," juvene, in partibus Penbrochiæ et Kaermerdyn mala plurima perpetrarunt. Quidam etiam, "Marganus" dictus, Wallenses Australes ⁴ concitans, Comitem Gloverniæ Gilbertum, qui progenitores suos ⁵ exhæredaverat, de terra sua quæ "Glamorgan" dicitur, expulit et fugavit.

---

¹ *Septembris* in Claudius E. iii.
² Omitted in Claudius E. iii.
³ *Naylgone* in Claudius E. iii.
⁴ *consitans* in orig.
⁵ *exhæreditaverat* in Claudius E. iii.

Rex ingreditur Walliam.

A.D. 1294.
Edward takes measures to quell them.

Rex Angliæ, auditis hiis rumoribus, Walliam ingressus, Edmundum, germanum suum, et Henricum Comitem Lincolniæ, qui jam se parabant ad transfretandum in Wasconiam, cum exercitu, ad se in Walliam revocavit. Quibus in die Sancti Martini appropinquantibus castello Comitis Lincolniæ de [1] Dimeby, Wallenses in magna virtute occurrerunt, et, conserto gravi prœlio, reppulerunt.

Novus [2] Archiepiscopus Cantuariensis.

R. de Winchelsea confirmed as Archbishop of Canterbury.
J. de Monmouth, Bishop of Llandaff. (A.D. 1295.)

Robertus de Wynchelsee, Doctor Sacræ Theologiæ, a Papa Cœlestino confirmatus, et in Archiepiscopum Cantuariensem in Curia consecratus, Angliam veniens, Johanni de [3] Munemutha, Doctori Theologiæ, Episcopatum Landavensem, auctoritate Papali, contulit; qui jam vacaverat multis annis.

Papa cedit.

Abdication of Pope Cœlestinus V.

Cœlestinus Papa, se minus sufficientem ad regendum Ecclesiam sentiens, de consilio Benedicti Gaietani, cessit Papatui, edita prius Constitutione super cessione Pontificum Romanorum.

Supplantatio Papæ.

Boniface VIII. elected Pope.

In Vigilia Natalis Domini, apud Neapolim, in Papam eligitur Benedictus Gaietanus, natione Campanus, de Anagum civitate. Hic, "Bonifacius Octavus" vocatus, statim post suam creationem Episcopum Ostiensem super quibusdam in præsentia Cardinalium arguens durissime, pallii usu privavit; et nihilominus ab eodem, ante restitutionem pallii, coronatur. Hic quinto Pontificatus sui anno, qui Jubilæus erat, uberes indulgentias

---

[1] *Dynbyghe* in Claudius E. iii.   [3] *Mynemwtha* in Claudius E. iii.
[2] *Episcopus* in orig.

A.D. 1294. limina Apostolorum visitantibus concessit. Sextum Librum Decretalium edidit, in quo multa dubia decidit. Nonnullas extravagantes Constitutiones, Honorii, Adriani, Innocentii, Clementis, et aliorum, incorporavit; [1] reprobanda resecavit. De quo prædecessor suus, Cœlestinus, vir vitæ anachoriticæ, eo quod eum ad cedendum Papatui subdole induxisset, prophetavit in hunc modum, prout fertur;—" Ascendisti ut vulpes, regnabis ut leo, " morieris ut canis." Et ita sane contigit; nam ipsum Papam ut Papatui cederet, et ut Papa quilibet cedere posset, Constitutionem edere fecit; quam quidem postmodum ipsemet, Papa effectus, revocavit. Deinde rigide regens, generosos quosdam de [2] Columpna Cardinales deposuit. Regi Francorum in multis non solum obstitit, sed eum totis [3] viribus deponere insudavit. Igitur Senescallus Franciæ, Willelmus de Longareto, vir quidem in agibilibus admodum circumspectus, et fratres de Columpna prædicti, fœderatis viribus, Bonifacium Papam comprehenderunt, et in equum effrenem, versa facie ad caudam, sine freno posuerunt; quem sic discurrere usque ad novissimum [4] halitum coegerunt, ac tandem fame [5] necaverunt. Sed hæc in sequentibus, cum tempus occurrerit rei gestæ.

Prophecy of his predecessor concerning him.

Annalis Conclusio.

Transit annus iste frugibus et fructibus [6] destitutus, ita ut pauperes fame peribant; Anglis subdolus, propter falsitatem, quæ de Francorum Rege et Reginis surrepsit, et sollicitus, propter bella parata versus Wasconiam, sive Walliam; Romanis varius, propter Papæ Cœlestini cessionem; Paganis, Sarracenis, et incredulis

---

[1] *ac reprobanda* in Claudius E. iii.
[2] *Calumpna* in orig., erroneously; corrected from Claudius E. iii.
[3] *visibus* in orig.; *nisibus* in Claudius E. iii.
[4] *alitum* in orig., and Claudius E. iii.
[5] *notaverunt* in orig., by inadvertence.
[6] *destitus* in orig.

in Terra Sancta, quietus, propter Christianorum dis- A.D. 1294.
sensionem.

Acta in Wallia.

Anno gratiæ millesimo ducentesimo nonagesimo A.D. 1295.
quinto, qui est annus regni Regis Edwardi, a Con- Edward is
quæstu Primi, vicesimus tertius, fuit idem Rex ad Wales by
Natale in Wallia apud [1] Abercoun ; ubi Archiepiscopum the Archbishop of
Cantuariensem ad se venientem, misso ei obviam, ad Canterbury.
securum conductum faciendum, quodam clerico Johanne
de Berwyco, cum manu armata, gratiose recepit; et
ejus [2] fidelitate, quam ex more tenetur Regi facere,
admissa, cum favore remisit.

Acta in Wasconia.

In die Circumcisionis Domini, reddita est Johanni Successes
de Sancto Johanne civitas Baionensis, quam die præ- St. John
cedenti ceperant nautæ, fortiter expugnatam ; multosque against the
de civibus, quos Regi Anglorum adversari compertum French.
est, præfatus Johannes captos in Angliam per mare
transmisit. Obsidionem vero posuit circa castrum, quod
post dies octo cepit, Dominumque Asperi Montis, qui
illud detinuerat, cum aliis, custodiæ mancipavit. Duas
etiam galeas pulcherrimas, quas ad munimen urbis
Rex Francorum fecerat, in usum suum accepit. Non
multum vero post, reddita est Anglicis villa Sancti
Johannis de Sordes; multasque alias villas et munitiones
ceperunt, quibusdam se sponte dedentibus, quibusdam
violenter subactis. Auctusque est in brevi
Anglicorum exercitus, multis, fraude cognita Gallicorum,
ad fidelitatem Regis Angliæ [3] reversis, in quatuor
millibus peditum, equitibusque ducentis.

---

[1] *Abertoun* in orig. ; meaning, E. iii.
Aber Conway.   [3] *reversi* in Claudius E. iii.
[2] *fidelitatem* in orig., and Claudius

A.D. 1295. *Acta in Wallia, et probitas Comitis Warwicensis.*

Straits of the English army in Wales.

Rex Angliæ [1] eo tempore, transito flumine de Conewey, ut ulterius progrederetur in Walliam, cum nondum totus comitaretur exercitus, captis bigis et curribus victualibus onustis a Wallensibus, per aliquod tempus penuria coartatur; ita ut, quousque veniret ad eum reliqua pars exercitus, aquam melle mixtam biberet, paneque, cum salsis carnibus, vesceretur. Comes Warwici, audito quod Wallenses in [2] maxima multitudine in quadam planitie inter duo nemora se adunassent, assumpta secum electa militia, cum balistariis et sagittariis de nocte superveniens, eos undique circumcinxit. Qui, fixis in terra lanceis, cuspides in oppositum irruentium dirigunt, ut sic se ab impetu equitum tuerentur. Sed Comes, inter duos equites posito uno balistario, ac jaculis balistarum magna parte eorum qui lanceas tenebant prostratis, cum turma equitum in reliquos irruens, tantam stragem intulit, quanta eis una vice illata non creditur temporibus retroactis.

Successes of the Earl of Warwick there.

Acta in Wallia.

Beaumaris Castle built.

Interim, Rex Angliæ, ad compescendas Wallensium insolentias, castrum in insula, quæ "Angleseye" dicitur, construxit; quod "Bellum Mariscum" voluit appellari. Tandem Wallenses reliqui, fame consumpti, et inedia, ad pacem Regis in brevi venire coguntur. In hoc tempore succisa sunt nemora in Wallia, quæ belli tempore indigenis præstabant latibula; firmataque sunt castra maritima circa loca. Cita post hæc, captus est Madocus prædictus, capitaneus Wallicorum, et Londonias adductus; a quo tempore werræ in Wallia quieverunt, et Wallenses more Anglicorum pene vivere inceperunt; thesauros congregantes, et rerum damna de cætero formidantes.

Madoc taken prisoner.

---

[1] *eodem* in Claudius F. iii. | [2] *magna* in Claudius F. iii.

Acta in Wasconia.

A.D. 1295.

Capture of Risonce by the French.

Eodem anno, Karolus, germanus Regis Franciæ, Wasconiam ingressus cum exercitu, Risuncium obsedit, et, fugiente ejus capitaneo, Johanne de Britannia, cum Roberto Tipetot paucis relictis ad tuitionem villæ militibus, feria quinta in hebdomada Paschæ cepit; militesque ibi repertos, scilicet, Radulphum de Touy, Anutum de Sancto Amando, cum fratre suo, Radulphum de Gorges, Rogerum de Leyburne, et Johannem de Cretyngge, cum aliis militibus tresdecim, et scutiferis triginta tribus, Parisius captivos transmisit. Occisus est ibi Adam de Cretynge, miles admodum probus, proditione cujusdam militis, nomine "Walteri," [1]cognomento "Giffardi"; qui, factus transfuga, moratus est in Galliis annis multis.

Treachery of Sir Walter Giffard.

Eodem die reddita est Anglicis villa Sancti Severi; cujus capitaneus Hugo de Veer constituitur. Karolus autem, eversis villa et castro Risuncii, Sanctum Severum, antequam sufficienter muniatur, properat obsidere. Quam, in magnum Gallicorum dispendium, qui ibidem fame moriebantur, et peste, tenuit præfatus Hugo tresdecim septimanis. Deficientibus tandem hiis, qui intus erant, victualibus, per mediationem Comitum de Anudoys et [2]Succensis, qui erat cum Karolo, obtenta est treuga dierum quindecim, infra quos liceret obsessis pro subsidio mittere in Baionam; quo deficiente ad terminum prætaxatum, reddita est villa Gallicis; ita quod salvata sunt recedentibus arma, cum supellectili sua tota, dato conductu usque ad duas dietas ab exercitu. Remanentibus vero nulla est illata molestia, sed potius, obsides prius abducti Tolosam, per Senescallum Regis Franciæ in villa repositi sunt; restitutis eis omnibus rebus suis. Karolus, positis in villa custodibus, cum exercitu suo revertitur in Franciam;

Recapture of St. Sever by the French.

Again captured by the English.

---

[1] *cognamento* in orig. | [2] *Succensi* in orig., and Claudius F. iii.

A.D. 1295. post cujus discessum, infra paucos dies capta est villa ab Anglicis iterato.

Cardinales veniunt in Angliam.

Two Cardinals sent, to treat of peace between England and France.

Eodem anno, duo Cardinales, Albanensis et Prænestinus, primo ad Regem Franciæ, postea ad Regem Angliæ, venerunt; missi a Papa Bonifacio pro pace inter reges, et concordia, reformanda. Qui circa festum Pentecostes venientes Londonias, ibidem ex mandato Regis, adhuc in Wallia existentis, ejus præstolabantur adventum; qui fuit circa festum Sancti Petri ad Vincula. Cardinales igitur, coram Rege nuncium suum prosequentes, et pacem suadentes, treugamque duorum annorum petentes, respondenteque Rege quod in pacem vel treugam absque Regis Romanorum consensu assentire, propter fœdus inter eos initum, juramento firmatum, non potuit, rogaverunt Regem, ut Regis Romanorum consensum in inducias impetraret. Rege autem, ob reverentiam Curiæ Romanæ, petitioni eorum annuente, circa Nativitatem Virginis gloriosæ in Gallias revertuntur.

Gallici occidunt monachum Doveriæ.

Dover is ravaged by the French, and a monk slain there.

Circa præsens tempus, classis Gallicana, Doveriam veniens, emisit prædones, qui, spoliato Prioratu, et uno monacho sene occiso, partem magnam oppidi incenderunt; quorum aliqui ante reditum ad naves interfecti sunt, sed plurimi evaserunt. Cito vero post, galea quædam Gallicorum, casu quodam ad portum de Hyda appulsa, capta est per Johannem de Columbariis, militem nobilem, nautis, qui eam conabantur abducere, interfectis.

Cherbourg burnt by the men of Yarmouth. Spanish ships taken

Nautæ etiam Gernemuthenses Cæsaris Burgum in Normannia incendio vastaverunt, spoliataque Abbathia Canonicorum Regularium, canonicum quemdam senem in Angliam adduxerunt. Portismouthenses quindecim

naves Hispanicas, onustas mercibus, [1] tendentes in Dam- A.D. 1295.
monem, portum Flandriæ, captas deduxerunt Sand- by the people of Portsmouth.
wycum.

Rex Scotiæ resilit a fidelitate.

Johannes, Rex Scotiæ, homagii et fidelitatis suæ im- Balliol enters into an alliance with France.
memor, destinatis ad Regem Francorum nunciis, Wil-
lelmo [2] Sancti Andreæ, et Willelmo [3] Dunkelaensi, Episcopis, Johanne de Soules, et [4] Ingelrano de Umfrevyle,
militibus, clam contra Regem Angliæ fœdus iniit;
petens, in affirmationem negotii, matrimonium contrahi
inter filium suum, Edwardum, ac nobilem puellam
Johannam, filiam Karoli, germani Regis Francorum;
spondens se velle Regem Angliæ totis viribus impug-
nare, et a werra cum Rege Franciæ impedire; sicut
in scriptis, inter utrosque reges confectis, plenius
continetur.

Scoti elegerunt duodecim Pares.

Scoti vero per idem tempus elegerunt sibi duodecim Twelve Peers chosen as a Council for Balliol.
pares; quatuor, videlicet, Episcopos, quatuor Comites,
et quatuor Barones; quorum consilio Rex regnum suum
gubernare debebat: per quos etiam, ut in hanc consen-
tiret proditionem fuit inductus. Nempe horum consilio, et præcipue Abbatis de Meuros, cum ad Parliamentum venisset Regis Angliæ, [5] illicenciatus clam discessit, tanquam fugitivus, ad magnum dedecus personæ
suæ. Ob quam causam, Rex Angliæ jussit omnia bona His property in England confiscated.
sua, mobilia et immobilia, quæ habebat in Anglia, con-
fiscari; qui eo tempore multas villas et prædia pinguia
[6] in Anglia possidebat.

---

[1] *tendentes Dampnonem* in Claudius E. iii.
[2] *Sancte* in orig., by inadvertence.
[3] *Donclaensi* in Claudius E. iii.
[4] *Ingehanno* in orig.
[5] *licenciatus* in orig., by inadvertence; corrected from Claudius
E. iii.
[6] These two words are omitted
in Claudius E. iii.

A.D. 1295.

Thomas Turbervyle suspenditur.

Treason, and punishment, of Sir Thomas Turberville.

Per idem tempus, miles quidam, dictus "Thomas [1] de "Turbervyle," in Wasconia captus, et Parisius inter alios captivos detentus, procurante civitatis ejusdem præposito, liber dimittitur, sponsione juramento firmata, quod contra Regem Angliæ Walliam commoveret. Qui cum venissent in Angliam, proditionis convictus, tractus ac suspensus, dignas luit sceleris sui pœnas.

Death of Sancho, King of Castille.

James, King of Arragon, resigns Sicily to his brother.

Eo tempore, Henricus de Hispania, mortuo nepote suo, Sanctio, custos regni Castellæ, et filiorum Regis tutor, efficitur. Jacobus, frater Alfonsi, quondam Regis Arragoniæ, tradita fratri suo minori, nomine "Frede- "rico," Sicilia, regnum Arragoniæ post mortem fratris accepit, et uxorem ducens filiam Karoli, Regis Siciliæ, reconciliatur Ecclesiæ; obsidibus, quos frater suus tenuerat, liberatis.

Obiit Gilbertus, Comes Gloverniæ.

Death of Gilbert, Earl of Gloucester.

Hoc anno, Gilbertus, Comes Gloverniæ, dies suos clausit; relictis, ex uxore sua, Johanna, filiabus tribus et filio unico, minoris ætatis, nomine "Gilberto."

Obiit Willelmus, Comes Penbrochiæ.

Death of William, Earl of Pembroke. (A.D. 1296.)

Willelmus etiam de Valenciis, Comes Penbrochiæ, moritur, et in ecclesia monachorum Westmonasterii sepelitur. Cui successit in Comitatu filius suus Aymerus.

Rex cognoscit Scotorum perfidiam in hoc facto.

Preparations made by Edward to punish the treachery of Balliol.

Rex Angliæ, per idem tempus a Rege Scotorum, ignorans eorum proditionem, cum auxilium pro werra sua instanter petisset, et sibi semper responderetur in dubiis, suspectum habens negotium, rogavit ut, ob se-

---

[1] *de* omitted in Claudius E. iii.

curitatem usque ad finem werræ suæ, castra tria, videlicet, Berwici, ¹Edinburgiæ, et Rokisburgiæ, traderentur in manu sua; ²quæ post werram restitueret, si eos sibi comperisset fideles. Quod cum Scoti facere renuissent, Rex de proditione eorum certior, cum exercitu versus Scotiam progressus, disposuit eam vi subjicere, nisi ab hiis quæ referebantur, et quæ jam in opere ostendebantur, se possent legitime excusare.

<small>A.D. 1295.</small>

Comes Flandriæ arrestatur Parisius.

Per idem tempus, cum majores Flandriæ, qui "Sca-" "bini" dicuntur in villis, renuissent stare judicio Comitis in hiis propter quæ discordia suborta erat inter eos et communem populum, ad Curiam Regis Franciæ appellarunt. Vocatus autem Comes a Rege, cum Parisius venisset, detentus est ibidem, quousque filiam suam, cum qua filius Regis Angliæ matrimonium fuerat, ut dicebatur, contracturus, pro se Regi Francorum obsidem reddidisset.

<small>The Count of Flanders detained by the French King.</small>

Rex scrutatur Monasteria pro pecunia.

Circa præsens tempus, fecit Rex Angliæ omnia regni Monasteria perscrutari, et pecuniam inventam Londonias apportari; ³fecit quoque lanas et coria arrestari; et subsecuta est magna karistia bladi et vini.

<small>The money of the Monasteries carried to London.</small>

Annalis Conclusio.

Transit annus iste molestus divitibus, importabilis pauperibus, propter frugum inopiam, magnamque karistiam; Anglicis, Gallicis, Aquitanis, Flandrensibus, atque Scotis, turbulentus; Wallicis exitialis, et finis libertatis eorum; Sarracenis et incredulis a Christianorum bello quietus.

---

¹ *Edburgie* in Claudius E. iii.
² *qui* in Claudius E. iii.
³ *fecitque* in Claudius E. iii.

A.D. 1296.

Peter and James de Colonna are deprived of the Cardinalate.

¹Anno gratiæ millesimo ducentesimo nonagesimo sexto, qui est annus regni Regis Edwardi, a Conquæstu Primi, vicesimus quartus, Petrus et Jacobus de Columpna a Cardinalatu per Papam Bonifacium deponuntur.

Acta in Wasconia.

Circa Conversionem Sancti Pauli, Edmundus, germanus Regis Angliæ, associato sibi Henrico, Comite Lincolniæ, cum exercitu valido in Wasconiam transfretavit; cui redditum est, feria quinta in Cœna Domini, castrum de Spera, et postea alia castra plura. Cum autem appropinquavit Burdegalæ, ad reficiendum se cum exercitu, ²et posuisset in villula quadam, nomine "Bekle," feria quarta in hebdomada Paschæ, Gallicorum exercitus, de Burdegala egressus, disposuit ex improviso Anglicos, tantum per duas leucas ab urbe distantes, celeriter occupare. Præmuniti aliquantulum Anglici de adventu hostium, ad bellum se parant, et armati, prout articulus temporis permisit, parti occurrerunt adversæ; consertoque gravi prœlio, non sine strage multa Gallos cogunt ad urbem reverti; quos dum fugientes insequuntur, ingressi sunt duo milites Anglici, fratres Domini Petri de Malolacu, et tertius Wasco, cum duobus vexilliferis Johannis de Britannia et Alani la Souche; quos ceperunt Gallici, portis clausis. Devastata vero magna parte suburbii incendio, Edmundus, propter quasdam causas arduas, revertitur in Baionam; ubi, non multo post, in ægritudinem decidens, terminum vitæ clausit. Cujus corpus, emenso dimidio anno, per mare advectum patriæ, apud Westmonasterium sepelitur. Post mortem Edmundi, Anglicanus exercitus obsedit urbem Aquensem, sed penuria victualium coactus discedere, obsidionem omisit.

Successes of the English in France.

Death of Edmund, brother of Edward I.

---

¹ These two words are omitted in Claudius E. iii.

² Omitted in orig., and Claudius E. iii.

Eo tempore, Comes Attrabatensis, per Regem Fran- *A.D. 1296.*
corum missus in Wasconiam, munitiones quasdam de *The siege of Bourg sur Mer raised by the French.*
manibus Anglicorum extorsit. Qui vero Burgum super
Mare tenebant, obsidente eos Domino de Sulliaco, inducias impetrantes, usque Blavium pro succursu nuncios
transmiserunt. Ubi cum navem victualibus onustam
cæteri deducere recusarent, Simon de Monte Acuto,
miles strenuus et cordatus, per medias galeas Gallicorum, quæ, ad prohibendum transitum navium, fluvium
observabant, aspirante flatu prospero, usque Burgum
deduxit; quo cognito, soluta obsidione, Dominus [1] de
Sulliaco revertitur in Gallias, intento frustratus.

Occiditur Comes Holondiæ.

Florensius, Comes Holondiæ, per hoc tempus, qui *Florence, Count of Holland, is slain by his people.*
filium suum Regi Angliæ nutriendum tradidit, cui
etiam Rex filiam suam Elizabetham connubio jungere
disponebat, quemdam spurium volens hæredem substi-
tuere, a propria gente necatur.

Rex proficiscitur versus Scotiam.

Per id temporis, Rex Angliæ, immenso coadunato *Proceedings of King Edward against Balliol.*
exercitu, venit ad Novum Castrum super Tynam; ad
quem locum Johannem, Regem Scotorum, citari fecerat
edicto publico; ut de hiis quæ sibi debebant objici
responderet. Quo ad diem præfixum nec per se com-
parente, nec per nuncium se excusante, Rex, de consilio
[2] suorum, decrevit ulterius [3] procedendum.

Interim, miles quidam, Robertus de Ros, dominus *Sir Robert de Ros goes over to the Scots.*
Castri de Werke, non obstante fidelitate quam Regi
Angliæ juraverat, ad Scotos transfugit. Super quo ger-
manus ejusdem, Willelmus de Ros, Regem præmuniens,

---

[1] Omitted in Claudius E. iii.
[2] *suo* in Claudius E. iii.
[3] *fore procedendum*, in Claudius E. iii.

A.D. 1296. petivit sibi mitti subsidium, quo posset castrum defendere contra Scotos. Misitque Rex illuc viros mille; qui recepti in villa quadam, dicta "Prestfen," omnes eadem nocte a Scotis, quorum capitaneus erat præfatus transfuga, Robertus de Ros, interfecti sunt, exceptis paucis, qui dilapsi sunt fuga. Quo audito, mox Rex cum exercitu ad castrum illud properat, gavisus in hoc, ut fertur, quod Scoti prima cœperunt hostilia exercere.

Carlisle besieged by the Scots.

Rex itaque apud prædictum castrum Paschalem solemnitatem peregit. Quo tempore, septem Comites Scotiæ, videlicet, de [1] Bowan, de Meneteth, de Stradeherne, de [2] Lewenes, de Ros, de Athel, de Mar, ac Johannes filius Johannis Comyn de [3] Badenau, collecto exercitu valido in Valle Anandiæ, feria secunda Paschæ, Angliam ingressi, vastabant omnia cæde et incendio, et non parcentes ætati vel sexui; venientesque Karleolum urbem, [4] ipsam obsidione cinxerunt. Combusto autem suburbio, cum ad portam civitatis cremabilia congererent, nobilis quidam de Galwidia, dum portæ civitatis appropinquaret, ignito ferro ab hiis qui super portam erant, attrahitur; confossusque lanceis, enecatur.

Part of the city is burnt.

In carcere vero civitatis quidam explorator detentus, cum adventum suorum audisset, carcerem incendit; cujus igne flatu venti in domos alias delato, urbis pars magna crematur. Viri tamen et mulieres, ad muros concurrentes, lapidibus et telis Scotos a muris propulsant, urbem viriliter defendentes. Scoti, videntes nil se proficere, feria quarta, omissa obsidione, in Scotiam redierunt.

Rex Angliæ capit Berwicum.

Edward enters Scotland.

Eadem die, scilicet, feria quarta in hebdomada Paschæ, Rex cum exercitu progrediens, transito flumine

---

[1] *Bowyhane* in Claudius E. iii.
[2] *Lewzenes* in Claudius E. iii.
[3] *Babenau* in orig., *Dubenau* in

Claudius E. iii., by inadvertence; corrected from Walsingham's text.
[4] Omitted in Claudius E. iii.

¹quod "Tweda" dicitur, Scotiam est ingressus, et bur- A.D. 1296.
genses Berwici ad pacem invitans, per unum diem integrum
expectavit. Quibus ad pacem venire nolentibus,
cœpit in die Veneris villæ appropinquare, fixis tentoriis
in domo monialium de Caldestreme; a qua distabat
villa Berwici per dimidiam tantum leucam. Advenerunt
autem et viginti quatuor naves Angliæ; quarum
nautæ, incalescente sole, exercitum regni in quadam
planitie præparatum conspicientes, ubi Rex novos
milites fecerat, æstimantes Regem velle villæ dare insultum,
portum ingressi, et ad terram applicantes, conflictum
ineunt cum villanis; ubi quatuor navibus perditis,
cæteræ cum refluxu salvæ et integræ retrahuntur.
Divulgato autem in exercitu facto nautarum, Rex, a
parte terræ transgressus sine difficultate fossatum quod
Scoti fecerant, villam occupavit, unico tantum de suis
militibus interfecto. Mercatores vero Flandrenses, qui
in villa eadem domum, ad modum turris, habebant
fortissimam, jacula mittentes in Anglicos, et pila, Ricardum
de Cornubia, fratrem Comitis de Cornubia, militem
strenuum, casualiter spiculo trajecerunt; ad quos cum
non de facili pateret accessus, allato igne, incendio
suffocantur. Eadem nocte dormivit Rex in castro; The Castle
quod redditum est eidem, salvis vita et membris hiis of Berwick
qui in eo erant, et præstito juramento, quod contra by the
Regem Angliæ arma de cætero non portarent. Omnes- English.
que quo volebant, abire permittuntur, excepto eorum
capitaneo, Willelmo Duglas; quem secum retinuit usque
ad finem werræ. Et confestim jussit Rex ²fodi profundam
fossam inter Scotos et Berwicum, quæ esset
terrori hostibus, et eosdem artaret ab incursibus repentinis.
Cumque Rex villam Berwici novo fossato
muniret, ³circa ingressum mensis Aprilis, venerunt ad

---

¹ *de Twede. Scotiam*, in Claudius
E. iii.
² *sibi fodi* in Claudius E. iii.
³ " *Anno Domini* MCCXCVI. *indic-*
" *tione nona, quinta die intrante*
" *mense Aprilis.*" New Rymer, I.
p. 836.

A.D. 1296. eum Gardianus et Lector Fratrum Minorum de Rokesburghe, deferentes litteras Johannis, Regis Scotiæ, tenorem hujuscemodi continentes:—

Rex Scotiæ reddit sursum homagium.

Balliol renounces his homage and fealty to Edward.

"Magnifico Principi, Domino Edwardo, Dei gratia, Regi Angliæ, Johannes, eadem gratia, Scotiæ Rex. Cum vos ac illi de regno vestro, non ignorantibus vobis, vel ignorare non debentibus, per [1] violentam potentiam nobis, ac regni nostri incolis, graves, immo intolerabiles, injurias, contemptus, et gravamina, necnon et damna enormia, contra nostras, et regni nostri, libertates, ac contra Deum et justitiam, notorie et frequenter intuleritis; [2] nostra extra regnum ad levem quamcunque suggestionem, pro libitu vestræ voluntatis, citando, et indebite vexando; castra nostra, et terras ac possessiones nostras et nostrorum infra regnum vestrum, sine nostris demeritis, occupando; bona nostra, ac subditorum nostrorum, tam per terram quam per mare, rapiendo, et infra regnum vestrum receptando; mercatores, et alios regni nostri incolas, occidendo; hominesque nostros de regno nostro violenter abducendo, ipsosque ibidem detinendo et incarcerando; super quibus reformandis nuncios nostros sæpe transmisimus: quæ non adhuc solum remanent incorrecta, verum etiam de die in diem per [3] vos et vestros prioribus deteriora cumulantur: vos namque jam, cum innumerabili multitudine armatorum, vestro exercitu publice convocato, ad exhæredandum nos et regni nostri incolas, ad fines regni nostri hostiliter accessistis; et ultra progredientes, in regno nostro strages et incendia, necnon insultus et invasiones violentas, tam per terram quam per mare,

New Rymer, I. p. 836.

---

[1] *violentiam* in orig., and Claudius E. iii., by inadvertence.
[2] *nos* in Rymer; *nosque* in Claudius E. iii.
[3] *vestros* in Claudius E. iii., by inadvertence.

" commisistis inhumane.—Nos dictas injurias, contemp- A.D. 1296.
" tus, et gravamina, ac damna, necnon et hostiles im-
" pugnationes, ulterius sustinere non valentes; [1] nec in
" fidelitate et homagio vestro, licet per violentam [2] im-
" pressionem impressam extortis, manendo; contra nos
" etiam ad defensionem nostram et regni nostri, cujus
" defensioni et tuitioni vinculo juramenti sumus astricti,
" nos volentes erigere, fidelitatem et homagium, tam a
" nobis quam ab aliis quibuscunque regni nostri incolis,
" fidelibus nostris, ratione terrarum quas in vestro
" regno tenebant, et etiam ratione menagii seu reten-
" tionis vestræ, nomine nostro, ac nomine eorundem
" omnium et singulorum, vobis reddimus per præ-
" sentes."

Rex Angliæ, audita præsenti littera, resignationem homagii sui admisit, et Cancellario suo præcepit hanc litteram registari ad perpetuam memoriam rei gestæ.

Scoti comburunt Hexham.

Interim Comites Scotiæ, nominati superius, cum eorum comitiva, apud castrum de Rodewurthe coadunati, profecti sunt in Angliam, et vastantes omnia cæde et incendio, usque ad Prioratum Haugustaldensem, et in eodem, fugientibus Canonicis, se quarto Idus Aprilis receperunt. Mane vero facto, Prioratum, cum tota villa, incendio destruxerunt. Progressi inde ad domum monialium de Ramelay, domibusque quibusdam, salva ecclesia, incensis, cum ingenti præda in Scotiam revertuntur.

England ravaged by the Scots.

The Priory of Hexham burnt.

Strages Scotorum, et luoratio Castri de Dunbar.

Eodem tempore, Patricius, Comes de Dunbar, ad Regem Angliæ veniens, [3] se eidem, cum tota sua po-

The Earl of Dunbar submits to Edward.

---

[1] *necnon* in Claudius E. iii.
[2] *oppressionem vestram extortis,* Rymer.
[3] These two words are omitted in Claudius E. iii.

A.D. 1296. testate, subdidit. Castrum de Dunbar, in festo Sancti
Martini, obsessum a Scotis, fraude quorundam in eo
existentium, redditum est eisdem. Pro quo recuperando, misit Rex Johannem, Surreyæ et Southsexiæ,
ac Willelmum, Warwici, Comites, cum militia magna
valde. Quibus superveniens Scotorum exercitus, ut
obsessis ferret auxilium, excipitur pugna dura. Effu-
gientibus tandem Scotis, insequuntur Anglici per octo
milliaria, fere usque ad forestam de Selelarke, stragem
nimiam inferentes; ita ut occisorum numerus ad decem
millia hominum fuerit æstimatus. Sabbato sequente,
videlicet, decimo octavo Kalendas Maii, Regi advenienti
redditum est castrum; in quo capti sunt Comites tres,
de Menetez, et de Asceles, et de Ros; Barones vero
sex, Johannes Comyn junior, Willelmus de Sancto Claro,
Ricardus Siwardi senior, Johannes de Hincmartino,
Alexander de Muravia, Edmundus Comyn de Killebride,
cum aliis militibus viginti novem, clericis duobus, et
scutiferis octoginta tribus; quos ad diversa castra Angliæ Rex transmisit, in custodia detinendos.

Margin notes: The Castle of Dunbar taken by the Scots. The Scots are defeated, and the Castle is recaptured by the English.

Castrum de Rokesburghe.

Post captionem Castri de Dunbar, paucis diebus inter-
positis, accessit Rex ad Castrum Rokesburgiæ; quod
statim redditum est ei a Senescallo Scotiæ, salvis vita
et membris sibi et suis qui secum erant in castro.

Margin note: The Castle of Roxburgh taken by the English.

Castrum de Edyngburghe.

Deinde progreditur ad Castrum Puellarum, quod octo
dierum obsidione expugnatum est, custodibus ejus vita
et membris concessis: veneruntque ibi Wallenses ad
Regem pedites, in magna multitudine, et remisit Rex
fere in eodem numero Anglicos pedites fatigatos.

Margin note: The Castle of Edinburgh taken.

Castrum de Strivelyn.

Accedens deinde ad Castrum de Stryvelyn, vacuum
illud invenit, custodibus dilapsis in fugam. Illuc, cum

Margin note: The Castle of Stirling taken.

militia sua, de Hibernia venit Comes Ultoniæ, in sub-sidium Regis nostri. Rex autem, mare Scoticanum transgressus, venit ad villam Sancti Johannis de Porte, in festo Sancti Johannis Baptistæ, ubi, solemnitate peracta, per aliquos dies mansit.

Rex Scotorum rogat pacem, et accipit.

Dum hæc agerentur, videns Johannes, Scotorum Rex, quia non haberet potestatem resistendi, missis ad Regem Angliæ nunciis, pacem et misericordiam imploravit. Cui Rex benigne annuens, remandavit, ut ad Castrum de Brithin, cum magnatibus terræ suæ, veniret, cum hiis quos Rex illuc mitteret nuncios, infra dies quindecim, tractaturus. Misitque illuc Rex Antonium, Dunelmensem Episcopum, cum plena potestate regia. Ad quem venerunt, infra ¹ prædictum tempus, Rex Scotorum magnatesque sui. Qui, post multos variosque tractatus, ² nude et pure subjecerunt se et regnum Scotiæ regiæ voluntati. Pro qua submissione observanda, Johannes, Rex Scotiæ, filium suum obsidem tradidit, litterasque confecit, continentes in Gallico hunc tenorem:—

Subjectio Scotorum.

"Johannes, Dei gratia, Rex Scotiæ, omnibus præ-
" sentes litteras visuris, vel audituris, salutem. Quia
" nos, per malum consilium, ³falsumque, simplicitatem-
" que nostram, graviter offendimus et provocavimus
" dominum nostrum, Edwardum, Dei gratia, Regem
" Angliæ, Dominum Hiberniæ, Ducem Aquitanniæ, in
" multis, videlicet, in eo quod, existentes et manentes in
" fide sua et suo homagio, alligavimus nos Regi Franciæ,
" qui tunc hostis ejus erat, et adhuc est, matrimonium
" procurantes fieri cum filia Domini Karoli, fratris ejus;

---

¹ *præscriptum* in Claudius E. iii.
² Written *unde* in orig., corrected from Claudius E. iii.
³ *falsum* in Claudius E. iii.

A.D. 1296. "et ut dominum nostrum gravaremus, Regemque
" Franciæ juvaremus cum omni potestate nostra, per
" werram, modisque aliis. Deinde per nostrum per-
" versum consilium antedictum, diffidavimus dominum
" nostrum, Regem Angliæ, et posuimus nos extra fidem
" et homagium suum, reddendo ei homagium suum ; et
" misimus gentes nostras in terram suam Angliæ, ad
" incendia facienda et prædas abducendas, homicidia et
" alia damna plurima perpetranda ; et terram Scotiæ,
" quæ est de feodo suo, contra eum muniendo, ponen-
" tes et stabilientes gentes armatas in villis, castris,
" et alibi, ad defendendum terram [1] contra eum de
" feodo suo ; pro quibus transgressionibus dominus
" noster, Rex Angliæ antedictus, ingressus terram
" Scotiæ in fortitudine sua, eam conquisivit et cepit,
" non obstante omni eo quod facere potuimus contra
" eum, sicut potest de jure facere, tanquam dominus
" de feodo suo ; quia nos ei homagium nostrum red-
" didimus, et [2] fecimus rebellionem antedictam. Nos
" igitur, existentes adhuc in plena potestate nostra, et
" libera voluntate, [3] reddimus ei terram Scotiæ, et gen-
" tem totam, cum homagiis. In cujus rei testimonium,
" fecimus fieri has litteras patentes. Data apud Brithin
" [4] decimo die Julii, regni nostri anno quarto."

Edward proceeds to the North of Scotland. Consignata littera, fractoque sigillo communi regni Scotiæ, processit Rex ut videret montana Scotiæ, præcedente eum semper per unam dietam Episcopo Dunelmensi. Cumque transisset Moraviam, et pervenisset usque Eilgin, omnia videns esse pacata, converso itinere, revertitur Berewicum. In redeundo autem, tran-

---

[1] " contra eum, et ad bladum suum " defurciandum. Propter ea, et pro " transgressionibus supradictis, do- " minus noster," etc.; New Rymer.
[2] fecimus alia antedicta, Rymer.
[3] reddidimus, Rymer.
[4] This date and locality correspond with the French text of this document given by Hemingburgh (or Hemingford) : but in Rymer (I. p. 842) it varies.—" Datum apud " Kyncardyn, secundo die Julii, " regni nostri anno quarto."

CHRONICA. 163

sivit per Abbathiam de Scone; ubi sublato lapide quo A.D. 1296, Reges Scotorum, tempore coronationis, solebant uti pro The Coronation throno, usque Westmonasterium transtulit illum, jubens Stone of Scotland is inde fieri celebrantium cathedram sacerdotum. removed to Westminster.

Parliamentum apud Berwicum.

Eo tempore, Rex, apud Berwicum convocato Parliamento, omnium magnatum Scotiæ[1] fidelitates recepit, et homagia: qui, ad rei gestæ memoriam perpetuam, confecerunt super hoc litteras patentes, eorum sigillis munitas, continentes in Gallico hunc tenorem:—

A Parliament at Berwick.

Littera Scotorum de fidelitate Domini servanda.

[2] "Omnibus præsentes litteras visuris, vel audituris, Johannes Comyn de Badenau, etc. Quia ad fidem et voluntatem illustrissimi principis, ac carissimi domini nostri, Edwardi, Dei gratia, Regis Angliæ, Domini Hiberniæ, ac Ducis Aquitanniæ, venimus, promittimus pro nobis et hæredibus nostris, sub pœna corporum nostrorum et catallorum, ac omnium quæ habere possumus, quod nos serviemus ei bene et fideliter contra omnes gentes quæ vivere et mori possunt, omnibus vicibus quibus requiremur vel præmuniemur per antedictum dominum nostrum, Regem Angliæ, vel hæredes suos. Et quod nos non sciemus damnum eorum, quin illud impediemus omnibus viribus nostris, et eos præmuniemus. Et ad ista tenenda et servanda obligamus nos et hæredes nostros, et omnia bona nostra. Insuper et juramus, tactis sacrosanctis Evangeliis; et postea, nos omnes, et quilibet nostrum, per se, fecit homagium dicto domino nostro, Regi Angliæ, in hæc verba:—' Ego vester homo li-

Form of submission by the nobles of Scotland.

---

[1] *fedelitates* in orig., by inadvertence.

[2] The substance of this document is given by Hemingburgh, in French, and concluding—" Donez

" a Werk le vintime quint jour de
" Marce, le ane du regne nostre seignour le rei d'Engleterre vintime
" quart."

A.D. 1296. "'gius efficior de vita et membris, ac terreno honore,
"'contra omnes homines qui possunt vivere et mori.'
"Et idem dominus noster, Rex, recepit hoc homagium,
"sub hiis verbis:—'Nos illud recipimus pro terris qui-
"'bus estis nunc seisiti, salvo jure nostro,[1] aut alterius;
"'et exceptis terris quas Johannes de Balliolo, quondam
"'Rex Scotiæ, nobis contulit, postquam nos ei regnum
"'Scotiæ liberavimus, si forte aliquas terras dedit.'
"Insuper, nos omnes, et singuli nostrum, per se feci-
"mus fidelitatem domino nostro, Regi prædicto, in hiis
"verbis :—

Juramentum Scotorum.

"'Ero fidelis et legalis, fidemque et legalitatem
"'servabo, Edwardo, Regi Angliæ, et hæredibus suis,
"'de vita et membris, et terreno honore, contra om-
"'nes homines qui possunt vivere et mori; et nun-
"'quam pro aliquo portabo arma, nec ero in consilio
"'vel auxilio contra eum, vel hæredes suos, in aliquo
"'casu qui possit contingere; sed fideliter recognoscam,
"'et fideliter faciam, servitia quæ pertinent ad tenemen-
"'tum quod de eo tenere clamito. Sic me Deus ad-
"'juvet, et omnes Sancti [2] ejus.'
"In harum rerum testimonium, factæ sunt istæ
"litteræ patentes, et sigillis nostris signatæ. Data
"apud Berwicum, anno regni Regis Angliæ Edwardi,
"domini nostri, vicesimo quinto."

Rex Scotiæ mittitur Londonias.

A Warden, Treasurer, and Justiciar of

Hiis [3] ita gestis, ordinavit Rex Custodem Scotiæ, Johannem de [4] Warenna, Surreyæ et Southsexiæ Comitem, Thesaurarium, Hugonem de Cressingham, Justiciarium,

---

[1] *et* in Claudius E. iii.
[2] Omitted in Claudius E. iii.
[3] *itaque* in Claudius E. iii.
[4] Apparently written " *Warrando* " in orig., by inadvertence.

Willelmum de Ormesby: cui mandavit Rex, ut omnes tenentes de Rege terras aliquas vocaret, et eorum homagia fidelitatesque reciperet. Johannem vero, Scotiæ quondam Regem, misit Londonias ad Turrim, assignata sibi decente familia; liberumque concessit exitum ad viginti milliaria circa urbem. Johannem vero Comyn de ¹ Badenau, et alium de ² Lowan, cæterosque terræ illius magnates, transtulit in Angliam ultra Trentam; sub pœna capitis reditum in Scotiam interdicens, quousque werra sua cum Rege Franciæ finiretur.

A.D. 1296. Scotland, appointed by Edward. Balliol is confined in the Tower of London.

Parliamentum apud Sanctum Edmundum.

Post hæc, Rex Angliæ, profectus in Angliam, apud Sanctum Edmundum Parliamentum tenuit, in crastino Animarum; in quo a civitatibus et burgis concessa est Regi octava, a populo vero reliquo duodecima, pars bonorum.

A Parliament held at Bury St. Edmund's.

Clerus, ob Constitutionem Bonifacii Papæ, hoc anno editam, quæ prohibet, sub pœna excommunicationis, ne talliæ vel exactiones a clero per sæculares principes quocunque modo exigantur, vel eis solvantur de rebus Ecclesiæ, Regi, pro werra sua petenti subsidium, denegavit. Rex autem, ut de meliori responso deliberarent, negotium in aliud Parliamentum, tenendum Londoniis in crastino Sancti Hillarii, distulit.

The Clergy of England refuse a subsidy to the King.

Qui fuit Papa, moritur.

Hoc anno, Frater Petrus de Murrone, quondam Papa Cœlestinus, per Bonifacium Papam captus, ³ et in arta ⁴ detentus custodia, soluto præsentis vitæ ergastulo, ad cœlestia regna migravit.

Death of Peter de Murrone.

---

¹ *Kadenham* in orig., and Claudius E. iii., erroneously.
² *Lowzane* in Claudius E. iii.
³ From this word down to *ergastulo*, the context is omitted in Claudius E. iii.
⁴ *detenta* in orig., by inadvertence.

De Hispania.

A.D. 1296.

Alfonso bestows the kingdom of Leon on his uncle.

Eo tempore, duo filii Blanchæ, uxoris quondam Ferrandi, hæredis regni Castellæ, videlicet, Alfonsus et Ferrandus, audita morte patrui sui Sanctii, Hispanias petunt; et, confœderato sibi Jacobo, Rege Arragoniæ, regnum Legionense adquirunt; quod Alfonsus primogenitus patruo suo, Johanni, qui in ejus auxilium venerat, contulit, ut illud de se teneret in feodum.

Comes Flandriæ confœderatur Regi Angliæ.

The Count of Flanders renounces homage to the King of France.

Guido, Comes Flandrensis, multis a Rege Francorum injuriis lacessitus, confœderans se Regi Anglorum, homagio Regis Francorum renunciavit, per nuncios ad hoc missos.

Severance of the Bishopric of Tholouse.

Urbs [1] Urbannia hoc anno proprium recepit Episcopum, a Tholosano Episcopatu per Papam Bonifacium separata; sed cito post, Lodowycus, filius Regis Siciliæ, Episcopus factus, Episcopatum tenuit [2] reunitum.

Obiit Episcopus Sarum.

Death of Longespee, Bishop of Salisbury. (A.D. 1297.)

Sub hoc tempore obiit Nicholaus de Longaspata, Sarisburiensis Episcopus; cui successit Simon de Gandavo, vir magnæ sapientiæ et eximiæ sanctitatis.

Cardinalis venit ad Regem.

The King of the Romans refuses his assent to peace.

Circa tempus istud, Cardinalis Albanensis, reversus in Angliam, Regem apud Berewicum adiit, [3] responsum requirens de treuga, quæ concessa non fuerat, propter confœderationem cum Rege Romanorum; a quo Regi Angliæ responsum fuit, et per Regem Cardinali, quod ipse in treugam noluit assentire: reversusque est Cardinalis in Gallias, intentione sua in hac parte frustratus.

---

[1] *Apamia* in Claudius E. iii.
[2] *resonitum*, apparently, in Claudius E. iii.
[3] *responcionem* in Claudius E. iii.

Seditio Oxoniæ. A.D. 1298.

Hoc anno, suborta est discordia grandis Oxoniæ inter clericos et laicos, propter duos garciones diversarum patriarum, qui pro levi causa ad pugnandum sunt accensi. Nam cum quidam, ratione patriæ, unum juvare laborent, quidam alium nituntur manutenere et favere, translata est pugna ad fautores partium diversarum. In tantumque crevit seditio, ut tam clerici quam laici, evacuatis domibus, ad pugnam [1] accurrerent glomeratim. Dum autem clerici de suis hospitiis egressi fuissent, cognoscentes vispiliones laici nullos, vel saltem paucos, remansisse domi apud hospitia clericorum, eorum intrant habitacula, et bona diversimoda asportant, damnum clericis irrecuperabile ingerentes. In hac pugna peremptus est Dominus Fulco de Neyrmithe, rector ecclesiæ de Pichelesthorne; et plures alii de utraque secta. Audita hujus facti querela, Dominus Rex jussit Justiciariis villam adire, pacem reformare, homicidas judicialiter condemnare. Qui, venientes Oxonias, burgenses compulerunt solvere pro damnis factis clericis ducentas libras.

Disturbances between the scholars and burgesses at Oxford.

Annalis Conclusio.

Transit annus iste asper incolis, frugum parcitate; Scotis perniciosus, pro nimia falsitate, ob quam causam eorum Rex privatur regia majestate; Angliæ sollicitus et damnosus, pro expensarum nimia gravitate.

Nuptiæ filiæ Regis.

[2] Anno gratiæ millesimo ducentesimo nonagesimo septimo, qui est annus regni Regis [3] Edwardi, a Conquæstu Primi, vicesimus quintus, fuit idem Rex ad Natale Londoniis; ubi, post festum Epiphaniæ, Elizabetha, filia

A.D. 1297. Marriage of the son of the Count of

---

[1] *occurrerent* in Claudius E. iii.
[2] These two words are omitted in Claudius E. iii.
[3] Omitted in Claudius E. iii.

A.D. 1297. Regis Angliæ, connubio jungitur Johanni, filio Comitis
Holland to Holondiæ, et hæredi. Quem pro hæreditate patris,
the Princess nuper occisi, assequenda, una cum uxore, conducente
Elizabeth. eos Hunfrido de Boun, Herefordiæ et Estsexiæ Comite,
remisit Rex Angliæ cum honore.

Clerus excluditur a protectione Regis.

Parliament Parliamentum coactum est Londoniis, post festum
at London. Sancti Hillarii, in quo, clero in denegatione persistente
subsidii, Rex ipsum a sua protectione exclusit. Pro
qua tamen redimenda, multi per se, multi vero per mediatores,
Regi bonorum suorum dederunt postea quintam
Measures partem. Rex, Archiepiscopum in hac parte rigidiorem
of the comperiens, terras ejus omnes seysivit, et de bonis
King
against the ejusdem debita, in rotulis Scaccarii inventa, præcepit
clergy and cum celeritate levari. Nam idem Archiepiscopus, [1] de
the Archbishop of consensu cleri, procuraverat a Papa inhibitionem, ne
Canterbury. quis clericorum Regem respiceret de bonis Ecclesiæ.

Anglici superantur in Wasconia.

The Eng- Feria quinta ante Purificationem, Comes Lincolniensis,
lish are defeated by et Johannes de Sancto Johanne, de Baiona versus Bel-
the Count lamgardam, quæ, obsessa a Comite Attrabatensi, penuria
of Artois. victualium laborabat, progredientes, ut eisdem de victualibus
providerent, cum appropinquarent sylvæ quæ
per tria milliaria a loco præfato distabat, in duas se
acies diviserunt; quarum primam ducebat Johannes de
Sancto Johanne, secundæ vero præerat ipse Comes.
Johannes itaque de Sancto Johanne, suaque acies, transita
sylva, cum egrederetur in campi planitiem, obviam
habuit Comitem Attrabatensem, qui eum præstolabatur
cum magno exercitu; ubi statim commisso prœlio, subtrahente
se Comite Lincolniensi, pauci vincuntur a

---

[1] These three words are omitted in Claudius E. iii.

pluribus. Capti sunt ibi Johannes de [1]Sancto Johanne, A.D. 1297. Willelmus [1] de Mortuo Mari, Willelmus de [2]Bermengham, cum aliis militibus octo, scutiferisque nonnullis. Quos omnes transmisit Comes Attrabatensis Parisius, in pompam triumphi: Comes vero Lincolniensis, cum suis, Baionam revertitur.[3]

Tributum de Lanis.

Hoc anno auxit Rex tributum de lanis, accipiens de quolibet sacco quadraginta solidos, cum prius ultra marcam dimidiam non daretur. *Increase of the duty on wools.*

Citatio ad serviendum Regi.

In festo Sancti Matthiæ, Rex, vocatis quibusdam terræ majoribus apud Sarum, ad Consilium, rogavit eos, ut eorum aliqui in Wasconiam transfretarent. Quibus renuentibus, cœpit inter Regem et suos discordia pullulare. Rex proinde citari fecit omnes, qui sibi servitium debebant, cæterosque omnes qui viginti libratas terræ, et amplius, tenebant, ut parati essent Londoniis in festo Sancti Petri ad Vincula, cum equis et armis, transfretaturi cum eo, et Regis stipendiis militaturi. *Dissensions between King Edward and the English nobility.*

Cardinales indicunt treugam.

Interim Cardinales, qui a Domino Papa missi fuerant pro pace reformanda inter Reges, indicentes duorum annorum treugam inter eos, auctoritate Papali, nihil proficere potuerunt. *The Pope's attempt to restore peace, is again frustrated.*

Ingratitudo.

Johannes per id temporis, cui Alfonsus regnum Legionense contulerat, ab hostibus capitur; pro cujus *Juan surrenders the kingdom of Leon.*

---

[1] Omitted in orig., by inadvertence.
[2] *Bermongham* in Claudius E. iii.
[3] At this word the context of Claudius E. iii. concludes (fol. 331 a).

A.D. 1297. redemptione Alfonsus reddidit jam in Hispania conquisita. Johannes itaque, liberatus a carcere, regnum Legionense reddidit adversariis, et, tanquam spreto redemptore suo, hostibus se conjunxit. Alfonsus igitur, omnium destitutus subsidio, fratrem suum, Ferrandum, pro auxilio petendo, primo in Franciam, deinde ad Romanam transmisit Curiam. Sed ex neutra parte aliquid reportavit.

Treachery of Juan.

Discordia inter Papam et Cardinales Columpnenses.

Per hoc tempus, Cardinales de Columpna, per Papam Bonifacium depositi, ad urbem se conferunt Nepesinam. Contra quos, damnatos tanquam schismaticos et excommunicatos, Papa viros bellatores in Italia Cruce-signavit.

Discord between Pope Boniface and the Cardinals Colonna.

Flandrenses affliguntur.

Eodem tempore, Philippus, Francorum Rex, Flandriam in manu potenti ingressus, villam Insularum obsedit, suburbium destruens, et totam devastans per circuitum regionem. Comes vero Attrabatensis, de Wasconia reversus et ingressus Flandriam, commisso bello juxta Furnas, factus est superior, et villam de Furnas cepit; et cito post Regi Francorum villa redditur Insularum.

Lille is surrendered to the King of France.

Willelmus Waleys insolescit.

Eodem anno, mense Maio, cœperunt Scoti, instigante eos Willelmo Waleys, qui, ut fertur, hactenus latro publicus fuerat, rebellare. Justiciarius Scotiæ, Willelmus de Ormesby, præceptum Regis exequens, multos, qui Regi Angliæ homagium et fidelitatem facere recusabant, exilio condemnavit. Qui, præfatum Willelmum Waleys sibi in principem eligentes, associato sibi Willelmo Duglas, [1] qui in reddendo castrum Berwyci se Regi dederat,

The Scots rebel against Edward.

William Waleys is elected their chief.

---

[1] *quid reddendo* in orig.; corrected from Walsingham's text.

in magnam turmam creverunt. Comite autem Sour- A.D. 1297.
reiæ et Thesaurario in Anglia consistentibus, Willelmum de Ormesby, Justiciarium, apud Scone opprimere
cogitabant. Sed ille, licet tarde, præmunitus, suis omnibus pene relictis ad spolia hostium, eorum insidias
vix evasit. Willelmus igitur Waleys, cum suis, palam
debacchando in Anglicos, quoscumque invenire potuit, trucidavit. De quibus viros religiosos, ligatis ad
dorsum manibus, coegit saltare in fluvium; eorum
submersionem in ludibrium convertendo. Rex, hac The Bishop
commotione audita, pro veritate inquirenda misit Epi- of Durham
scopum Dunelmensem; qui, veritate comperta, rediens, the King.
Regem de omnibus informavit.

Medio tempore, Rex audiens afflictionem Flandren- Edward
sium, doluit vehementer, habens maxime cordi iter in with the
Flandriam, ad juvandum amicum suum, Comitem. Count of Flanders.

Militiam totam ultra fluvium, qui [1] "Trenta" dicitur, Edward
assignavit Comiti de Warenna; præcipiens ut Scotorum takes measures to
audaciam celerius reprimeret, et auctores mali debita punish the
justitia castigaret. Scripsit etiam Johanni Comyn de Scots.
Badenau, et Comiti de Bowan, ut, memores fidelitatis
suæ, reverterentur in Scotiam, et populi sui suscitatum
jam tumultum sedarent. Qui, juxta mandatum acceptum, in Scotiam revertentes, quæ pacis erant segniter
exequuntur.

Acta in Scotia.

Comes de Warenna, in provincia Eboraci coadunans Henry
exercitum, nepotem suum, Henricum de Percy, cum Percy
militia Comitatus Karleoli, præmisit in Scotiam. Qui Scotland
usque ad villam de Are profectus, [2] Galwidienses ad with an
pacem Regis admittere disponebat. Audito autem quod army.
Scotorum exercitus erat juxta Irwyne, quod inde ad
quatuor milliaria distabat, illuc profectus, vidit ultra
quemdam lacum Scotorum exercitum considentem; in

---

[1] *Trenga* in orig., by inadvertence. [2] *Gawidienses* in orig.

A.D. 1297. quo capitanei erant Episcopus Glascuensis, Andreas de Morivia, Senescallus Scotiæ, et Willelmus Waleys. Miles autem quidam strenuus, nomine "Ricardus de "Lundy," qui Regi Angliæ nunquam homagium fecerat, relictis Scotis, factus transfuga, se statim Anglicis sociavit. Reliqui, pacem petentes, dediderunt se, salvis eis vita et membris, catallis et terris; ita ut omnia usque in hanc diem essent simpliciter condonata. Quam pacem, promissis obsidibus et scripto confecto, admisit Henricus; si tamen hoc Regi placeret. Qui super hoc consultus, ne a cœpto impediretur itinere, annuit postulata.

The Scots negotiate for submission.

Reddunt se quidam Scoti.

Adveniente jam Comite Warennæ, cum Scoti, tergiversando, de die in diem transferrent obsides reddere, et Willelmus Waleys interim populum adunaret, arbitrantes se Anglici proditos, dum Scotos invadere disponunt, Episcopus Glascuensis, et Willelmus Duglas, ne proditionis notam incurrerent, se, in sui excusationem, protinus dediderunt; de quibus, Episcopus in castro de Rokesburgia, Willelmus vero in castro Berwyci, custodiæ mancipantur.

Hostages are surrendered to the Earl of Warenne by the Scots.

Parliamentum.

Parliamentum factum est hoc anno Londoniis, in festo Sancti Petri ad Vincula; ubi in primis Rex recepit Archiepiscopum in gratiam suam; omnibus, quæ [1] ejus erant, restitutis eidem. Deinde præcepit magnatibus qui tunc aderant, ut fidelitatem filio suo facerent, ipsumque regni hæredem, et suum, futurum recognoscerent dominum. Rex vero de exactionibus in regno factis, per necessitates werrarum diversarum, se [2] erga populum excusavit.

Parliament at London. The Archbishop of Canterbury restored to the royal favour.

---

[1] *eis* in orig.; corrected from Walsingham's text. [2] *ergo* in orig.

Rex parat ire in Flandriam.

Comes vero Marescalli et Herefordensis, se subtrahentes, cum vocarentur ut sua officia, transeundo in Flandriam, exercerent, se super hoc per nuncios [1] excusabant.

Denique Rex ipse, funere fratris sui, anno præterito in Wasconia defuncti, apud Westmonasterium sepulto honorifice, usque ad Sanctum Albanum proficiscitur; ubi, de discretorum consilio, Radulphum de Moynhermer, militem, quem filia sua Johanna, Comitissa Gloverniæ, clam maritum accepit, in gravem patris offensam, de castro Bristolliæ fecit educi, et uxori suæ reddi; restituens eis omnes terras ad Comitatum Gloverniæ spectantes, servitium quinquaginta militum in Flandria imponens eisdem.

A.D. 1297. The Earl Marshal and Earl of Hereford decline to go to Flanders.

Burial of Edmund of Lancaster.

Ralph de Moynhermer liberated, and restored to his wife.

Rex liberat quosdam de carcere.

Liberavit etiam de carcere Comites de Asceles et de Menteth, ac Johannem Comyn, cum quibusdam aliis militibus de Scotia, qui in castro de Dunbar capti fuerant; ut secum in Flandria militarent.

Collecto denique exercitu, qualem habere potuit, Thoma de Berkeley Constabulario, et Galfrido de Joinivilla Marescallo, factis, versus mare, in Flandriam profecturus, iter suum dirigit; atque juxta Wynchelseyam, ubi portum elegerat, consedit, milites, virosque bellatores, de diversis partibus ad se confluentes, per dies aliquot expectando.

Scottish prisoners liberated.

Edward collects an army, to pass over into Flanders.

Miraculum, Regis salvatione.

Cum Rex moraretur ibidem, quadam die ad portum ire disposuit, consideraturus navigium, quod adunatum fuerat pro exercitu suo in Flandriam transvehendo.

Narrow escape of King Edward at Winchelsea.

---

[1] Omitted in orig.; supplied from Walsingham's text.

A.D. 1297. Villa autem de Wynchelseia, ubi portus erat, super montem sita est præruptæ altitudinis, ex eo latere quo vel mare respicit, vel imminet ¹navium stationi; unde via, quæ a parte villæ deducit ad portum, non in directum, ne nimia declivitate descendentes in præcipitium, vel ascendentes, repere potius manibus, quam ambulare, cogat, tenditur; sed obliquata in latus, nunc ad unam partem, nunc ad aliam, sinuosis flexibus sæpius recurvatur. Cingitur nihilominus villa non muro lapideo, sed aggere de terra facto, super latus hoc præruptum, in modum nemorum, ad humanæ staturæ altitudinem erecto; inter cujus propugnacula patet ad naves aspectus. Ingressus itaque Rex villam, cum juxta hæc obequitaret aggeris propugnacula, contuendo classem in imo stantem, contigit ut molendino cuidam, quod vento agebatur, quorum in villa illa sunt plurima, appropinquaret. Equus vero Regis, strepitu velorum, citatius circumactorum a vento, territus, dum progredi refugit, et a Rege, ut progrederetur, nunc flagelli, quod manu gestabat, ictibus, nunc subditis calcaribus, urgeretur, a latere aggeris propugnacula transiliit; super quo, tam equitum quam peditum multitudo, quæ vel Regem sequebatur, vel ipsum visura convenerat, nemine aliud æstimare valente, nisi quod Rex, non comparens præcipitio, in hoc saltu perisset, stabat ad modum stupefacta. Sed divina disponente virtute, ²equus a tanta altitudine in via, quam descripsimus, pedibus recipitur; in qua, ex recenti pluvia aliqualiter resoluta in lutum, licet lubricando, laberetur ad spatium duodecim pedum; non tamen cecidit, sed per habenam alteram a Rege paululum regyratus, directe ascendit ad portam; per quam Rege ingresso incolumi, populus, qui astabat, admiratione et gaudio multo repletur, super se solum divinum in Regis salute miraculum contemplando.

---

¹ *navigium* in orig.; corrected from Walsingham's text.

² *equs* in orig.

Petitiones Communitatis regni directæ Regi. A.D. 1297.

Rege moram adhuc faciente apud Wynchelseyam, venerunt ad eum nuncii ex parte Comitum sui regni, petitiones in scriptis hujusmodi proponentes:—

Grievances presented by the nobles and commons of England to the King.

"[1]Hæc sunt nocumenta, quæ Archiepiscopi, Episcopi, Abbates et Priores, Comites et Barones, et tota terræ communitas, monstrant domino nostro Regi, et humiliter rogant eum, ut ea, ad honorem suum, et salvationem populi sui, velit corrigere et emendare. In primis, videtur toti communitati terræ, quod præmunitio facta eis per breve domini nostri Regis, non erat satis sufficiens, quia non exprimebatur certus locus quo debebant ire; quia, secundum locum, oportebat facere providentiam et pecuniam habere. Et sive deberent servitium facere, sive non; quia dictum est communiter, quod dominus noster vult transfretare in Flandriam, videtur toti communitati quod ibi non debent aliquod servitium facere; quia nec [2]ipsi, nec prædecessores sui, seu progenitores, unquam fecerunt servitium in terra illa. Et quamvis ita esset, quod deberent ibi servitium facere, ut alibi; tamen, non habent facultatem faciendi; quia nimis afflicti sunt per diversa tallagia, auxilia, prisas, videlicet, de frumento, avenis, braseo, lanis, coriis, bobus, vaccis, carnibus salsis, sine solutione alicujus denarii de quibus se debuerant sustentasse. Præter hæc dicunt, quod auxilium non possunt facere, propter paupertatem in qua sunt, propter tallagia et prisas antedictas; quia vix habent unde se sustentent, et multi sunt qui nullam sustentationem habent, nec terras suas colere possunt. Præter hæc, tota terræ communitas sentit se valde gravatam, quia non tractantur secundum

---

[1] These articles are given in French by Hemingburgh, or Hemingford, (II. pp. 124-126, ed. Hamilton).

[2] *ipse* in orig., by inadvertence.

A.D. 1297. "leges et consuetudines terræ, secundum quas tractari
"antecessores sui solebant, nec habent libertates quas
"solebant habere, sed voluntarie excluduntur. Sentiunt
"etiam se multi gravatos super hoc, quod solebant
"tractari secundum articulos contentos in Magna
"Charta; cujus articuli omnes sunt omissi, in majus
"damnum populo universo. Propter quod rogant do-
"minum nostrum Regem, quod velit ista corrigere, ad
"honorem suum, et populi sui salvationem. Præter
"hæc, communitas terræ sentit se nimis gravatam de
"Assisa Forestæ, quæ non [1]est custodita sicut consuevit;
"nec Charta Forestæ observatur; sed fiunt attachia-
"menta pro libitu extra assisam, aliter quam fieri con-
"suevit. Præterea, tota communitas sentit se gravatam
"de vectigali lanarum, quod nimis est onerosum, vide-
"licet, de quolibet sacco quadraginta solidos, et, de lana
"fracta, de quolibet sacco septem marcas; lana enim
"Angliæ ascendit fere ad valorem medietatis totius
"terræ, et vectigal quod inde solvitur, ascendit ad
"quintam partem valoris totius terræ. Quia vero com-
"munitas optat honorem et salutem domino nostro
"Regi, sicut tenetur velle, non videtur eis, quod sit ad
"bonum Regis, quod transeat in Flandriam, nisi plus
"esset assecuratus de Flandrensibus, pro se et pro gente
"sua; et simul cum hoc, propter terram Scotiæ, quæ
"rebellare incipit, ipso exeunte, in terra; et æstimant,
"quod pejus facient, cum certificati fuerint quod Rex
"mare transierit. Nec solum pro terra Scotiæ, sed
"etiam pro terris aliis, quæ non sunt adhuc modo de-
"bito stabilitatæ."

Responsum Regis.

Answer of Edward thereto.
Has petitiones cum Rex apud Odemer, juxta Wynchelseyam, recepisset, respondit se talibus non posse sine
suo Consilio respondere; cujus pars jam aliqua transiit

---

[1] Omitted in orig.; supplied from Walsingham's text.

in Flandriam, pars vero aliqua Londoniis est relicta. A.D. 1297.
Rogavit autem, per eosdem nuncios, præfatos Comites,
quod si secum transire nollent, saltem regno suo in sua
absentia non nocerent; sperabat enim, Deo favente,
reverti in regnum suum, modo debito obtinere.

Acta in Wasconia.

Hac æstate, Comes Lincolniensis, et qui cum eo *Successes*
erant in Wasconia, amoverunt obsidionem quæ posita *of the Earl of Lincoln*
fuerat circa villam Sanctæ Kiterni, fugatis, qui eam *against the*
obsederant, Tholosanis; in quorum terris incendia et *French.*
deprædationes multas fecerunt.

Rex transit in Flandriam.

Duodecimo Kalendas Septembris, Rex Angliæ naves *King*
ingressus, indissoluta classe, sulcato mari, sexto die *Edward sails for*
sequenti applicuit in Flandria, receptus in quadam villa *Flanders,*
juxta portum ¹ qui vocatur "Exsclausa." Quo tem- *and lands at Sluys.*
pore, nautæ Portismuthenses et Gernemuthenses, mutuo *Fight be-*
flagrante odio, evacuatis navibus ab hiis rebus quæ *tween the sailors*
erant militum, conserunt ad invicem gravem pugnam; *of Ports-*
sed succumbentibus Gernemuthensibus, de navibus *mouth and Yarmouth.*
eorum viginti quinque incendio consumuntur.

Rex vero Angliæ, ad Burgigiam veniens, assensum *Occur-*
villanorum in conditiones inter ipsum et Comitem initas, *rences at Bruges and*
petivit ex parte sua et Comitis; medietatem expen- *Ghent.*
sarum offerens, ad muniendam cingendamque villam
fossato. Quæ cum villani renuerent, comperit eos a
suo alienatos dominio, et ad reddendam villam Gallicis
inclinatos; reputansque periculosum moram facere inter
proditores, armato discedens exercitu, versus villam
Gandavensem dirigit iter suum; ubi dum moraretur
Rex, suborta est apud villam Samonem discordia inter
villanos et Anglicos; qui armati villam ipsam, multis
interfectis, deprædati sunt, in magnam displicentiam

---

¹ *quæ* in orig.

A.D. 1297. Regis nostri. Rex Francorum, audito adventu Regis Anglorum in Flandriam, vehementer consternatus, ad unius dietæ spatium se subtraxit.

Pope Boniface takes measures to thwart the King of the Romans.

Interim Papa Bonifacius scripsit principibus Alemanniæ, ut Regem Romanorum, Adulphum, cujus occursum in Flandria Rex Anglorum speraverat, ut, simul cum Comite Flandriæ, oppressores, invasoresque, suos Gallicos propulsaret, commoto bello inquietarent, et ab invasione Gallicorum modis omnibus impedirent.

Seditio crevit in Anglia.

Opposition to the measures of Edward by the Earl Marshal and the Earl of Hereford.

Per idem tempus, Comites Herefordiæ et Mareschalli, cum suis complicibus, Thesaurario et Baronibus de Scaccario inhibuerunt, ne levari facerent octavum denarium a populo, qui Regi concessus fuerat apud Sanctum Edmundum. Induxerunt etiam cives Londoniarum, ut pro recuperandis suis libertatibus secum starent.

St. Louis is canonized.

Hoc anno, Beatus Lodowycus, Francorum Rex, a Papa Bonifacio Sanctorum [1] Catalogo est ascriptus.

The Cardinals Colonna flee to Colonna.

Eo tempore, civitate Nepesina expugnata per milites Papæ Bonifacii, Cardinales de Columpna se receperunt in oppidum de Columpna.

Adolph of Nassau is slain, and slain by Albert. (A.D. 1298.)

Eodem anno, Adolphus, Rex Alemanniæ, qui pactum Regis Angliæ prævaricaverat, orta dissensione inter ipsum et Albertum, filium Rodulphi, Ducis Austriæ, belloque indicto, juxta Maguntiam corruit sauciatus; et regnavit idem Albertus pro eo.

Sextus Liber Decretalium fit per Papam Bonifacium.

Constitutions of Pope Boniface.

Hoc anno insuper, Papa Bonifacius Constitutiones prædecessorum suorum quasdam extravagantes, adjectis quibusdam novis, in unum volumen fecit redigi, et tertio die Maii, in Consistorio lectum et approbatum, constituit "Sextum Decretalium" appellari. Eodem

---

[1] *Cathalogo* in orig.

anno, idem Papa Fratri Willelmo de Hothum, Priori A.D. 1297.
Provinciali Fratrum Prædicatorum Angliæ, Archiepi-
scopatum contulit Dublinensem; indulgens eidem, ut a
quocunque Episcopo Catholico, et ubicunque decreverit,
valeat consecrari. Qui, cum Rege profectus in Flandriam, ibidem a Domino Dunelmensi munus consecrationis accepit. Per cujus mediationem ex parte Truce be-
Anglicorum, et Ducis Britanniæ ex parte Gallicorum, tween the
inter Reges acceptæ sunt induciæ, et ultra datos ter- England
minos sæpius prorogatæ. Interim vero diversi hinc inde andFrance.
habiti sunt de pace inter Reges tractatus reformanda;
quorum apud omnes finis sperabatur optatus, si de
mutuo assensu Reges fuissent ad invicem collocuti.

Tutores filii Regis.

Itaque Rege Angliæ in Flandria commorante, locum Prince
ejus in Anglia tenuit filius suus, Edwardus; cui, quia Edward
minoris ætatis erat, pater rectores consiliariosque de- his father,
putaverat, Ricardum, Episcopum Lincolniensem, et during his
Willelmum, Comitem Warwicensem; necnon et milites, Flanders.
Reginaldum de Gray, Johannem Giffardi, Alanum Plokenet, viros emeritæ militiæ, providos, et discretos.

Willelmus Waleys. Bellum de Strivelyn.

Exeunte mense Augusto, cum Comes Warennæ pro- Earl
missionem factam a Scotis de obsidibus decidere videret Warenne
in nihilum, Willelmum de Waleys commoventem popu- Stirling.
lum, et magnates sub dissimulatione ista permittentes,
de Berwyco progreditur usque ad Strivelyn, exercitu
adunato; ubi venerunt ad eundem Comitem Warennæ
Senescallus Scotiæ et Comes de Lewenes, rogantes ut
quiesceret, dum ipsi populum Scotorum ad pacem [1] Regis
reducere attentarent. Concessit Comes quod petierant;
sed ipsi, cum nil proficerent, redierunt quarto Idus
Septembris, promittentes se cum quadraginta equis in

---
[1] *Regem* in orig.; corrected from Walsingham's text.

crastino ad Comitis adjutorium redituros. Quo die missi sunt nuncii ad Willelmum Waleys, et Scotos qui cum eo erant, invitantes eos ad pacem Regis, et pro retroactis impunitatem spondentes. Qui responderunt, se ad pugnam, non ad pacem, venisse. Erat juxta Stryvelyn pons artus, qui ducebat ultra aquam profundissimam, quem Anglici certatim transire nitebantur; sed dissuasit hoc Ricardus de Lundy, asserens quod non possent simul in multitudine aliqua progredi, sed tantum bini, vel terni ad plus; et si tali modo transiret exercitus, dicebat grande periculum imminere hiis qui primo transierint, cum Scoti possent semper paucos pariter transeuntes ad vota perimere. Comes tamen Warennæ, suadentibus aliis, minus sapientibus, elegit ut per pontem transirent. Et ecce! antequam pertransisset medietas exercitus, supervenit multitudo Scotorum, et, cum hiis qui jam transierant congressa, pene omnes qui transierant trucidavit. Inter paucos qui evaserunt, fuit Marmeducus de Twenge, qui in magna virtute obtinuit pontem, ut salvus rediret. Comes Warennæ, Custos Scotiæ, usque Berwicum fugiens, commisit custodiam castri de Strivelyn Marmeduco. Senescallus vero Scotiæ et Comes de Lewenes, videntes Anglicos corruisse, transfugerunt ad Scotos. Cecidit autem in hoc prœlio Hugo de Cressingham, Thesaurarius Scotiæ; quem Scoti ob odium speciale excoriantes, pellem ejus in particulas diviserunt.

Comes Warennæ, Custos Scotiæ, de Berewyco fugit in Angliam, ad filium Regis, Edwardum; fugeruntque post eum et cæteri Anglici, qui in Berwyco erant, villam Scotis vacuam relinquentes. Custodes tamen castri, illud tenentes, viriliter defenderunt.

Forma Concordiæ inter Comites Angliæ et Regem.

Dum hæc agerentur a Scotis, suasum est filio Regis a Consilio suo, ut Comites Herefordiæ et Marescalli vocaret, et, si quo modo posset, ad pacem alliceret.

Qui cum vocati venirent, in formam pacis subscriptam voluerunt, et nullam aliam, consentire:— *A.D. 1297, the Earl of Hereford and Earl Marshal.*

Primo, quod Dominus Rex Chartam Magnam, cum cæteris Articulis adjectis, et Chartam de Foresta, annuat et confirmet; et quod nullum auxilium vel vexationem exigat a clero vel populo, in posterum, absque consilio et assensu; et quod omnem offensam Comitibus, et eorum confœderatis, dimittat.

[1] Articuli adjecti ad Magnam Chartam sunt isti:—

"Nullum tallagium, vel auxilium, per nos, vel hæredes nostros, de cætero in regno nostro imponatur seu levetur, sine voluntate et assensu communi Archiepiscoporum, Episcoporum, Abbatum et aliorum prælatorum, Comitum, Baronum, militum, burgensium, et aliorum liberorum hominum. *Articles to be added to Magna Charta.*

"Nullus minister noster, vel hæredum nostrorum, in regno nostro capiat blada, lanas, coria, aut aliqua alia bona cujuscunque, sine voluntate et assensu illius cujus fuerint.

"Nihil capiatur de cætero, nomine vectigalis, de sacco lanæ.

"Volumus etiam, et concedimus, pro nobis et hæredibus nostris, quod omnes clerici et laici de regno nostro habeant omnes leges, libertates, et omnes consuetudines, ita libere et integre, sicut eas aliquo tempore consueverunt melius pleniusque habere.

"Et si contra illas, vel quemcunque Articulum in præsenti Charta contentum, Statuta fuerint edita per nos vel antecessores nostros, vel consuetudines introductæ, volumus et concedimus, quod hujusmodi Statuta vacua sint, et nulla, in perpetuum.

"Remisimus etiam Hunfrido de Boun, Comiti Herefordiæ et Estsexiæ, Constabulario Angliæ, Rogero Bigot, Comiti Northefolcbiæ, Marescallo Angliæ, et aliis Comitibus, Baronibus, militibus, armigeris, Johanni de

---

[1] Also given by Hemingburgh (II. pp. 151, 152, ed. Hamilton).

A.D. 1297. "Ferrariis, ac omnibus aliis de eorum societate, con-
"fœderatione, et concordia, existentibus, necnon omnibus
"viginti libratas terrarum tenentibus in regno nostro,
"sive de nobis, sive de alio quocunque, in capite, qui
"ad transfretandum nobiscum in Flandriam certo die
"notato vocati fuerunt, et non venerunt, rancorem
"nostrum et malam voluntatem, quam ex causis præ-
"dictis erga eos habuimus, et transgressiones, si quas
"nobis, vel nostris, fecerint, usque ad præsentis Char-
"tæ confectionem. Et ad majorem securitatem hujus
"rei, volumus et concedimus, pro nobis et hæredibus
"nostris, quod omnes Archiepiscopi et Episcopi Angliæ
"in perpetuum, in suis Cathedralibus ecclesiis, [1] habita
"præsenti Charta et lecta, excommunicent publice, et
"in singulis parochialibus ecclesiis suarum Diœcesium
"excommunicari faciant, seu excommunicatos denunci-
"ari, bis in anno, omnes qui contra tenorem præsen-
"tis Chartæ, vim, et effectum, in quocunque articulo,
"scienter fecerint, aut fieri procuraverint, quovismodo."

Subsidium concessum.

Edward confirms the Articles.

Missis igitur in Flandriam nunciis ad ipsum Regem, confirmationem omnium istorum sub sigillo suo (tanquam ab eo, qui in arto positus erat, et cedendum malitiæ temporis censuit,) obtinuerunt. Pro confirma-

A subsidy is granted.

tione harum rerum omnium, dedit populus Anglicanus Regi denarium nonum bonorum suorum, clerus vero Cantuariensis decimum, et clerus Eboracensis quintum, quia propior damno fuit.

The nobles of England summoned to aid against the Scots.

Mandavit autem Rex Angliæ, eo tempore, Comitibus et magnatibus terræ suæ, ut assisterent Comiti de Warrenna, Custodi Scotiæ, ad comprimendum rebelliones Scotorum ; præfigens eis terminum Octabas Sancti Hillarii, in quo parati forent Eboraci, contra hostes ul-

---

[1] These three words are repeated in orig.

terius progressuri ; ad quem diem et locum mandavit A.D. 1297.
majoribus Scotiæ, ut venirent; alioquin hostes publici
¹ haberentur.

Ante Natale Domini, Robertus de Clifforde, miles *Robert Clifford ravages Scotland.*
illustris, cum centum armatis, qui erant in præsidio
civitatis Karleoli, Scotiam ingressus, cædes et incendia exercuit, et, abducta præda magna, Karleolum est
reversus.

In die Sancti Andreæ Apostoli factus est terræ- *Earthquake at Rome.*
motus, per triduum, apud Romam.

Annalis Conclusio.

²Transit annus iste penuria frugum illaudabilis;
clero Angliæ importabilis, quia de protectione regia est
exclusus, et per Regem nihilominus deprædatus; Anglis
in Wasconia, sive Scotia, infortunatus, quia in utraque
regione populus Angliæ est prostratus; Regibus Angliæ
et Franciæ, sollicitus et laboriosus; Flandrensibus fidelibus satis lætus; sed infidelibus inquietus.

Nuncii Papæ veniunt ad Regem Angliæ.

Anno gratiæ millesimo ducentesimo nonagesimo oc- *A.D. 1298. Fresh proposals for peace made by the Pope.*
tavo, qui est annus regni Regis Edwardi, a Conquæstu
Primi, vicesimus sextus, fuit idem Rex ad Natale in
Flandria, apud Gandavum; ad quem, in festo Sanctorum
Innocentium, venerunt Magister Ordinis Prædicatorum
et Minister Generalis Fratrum Minorum; sub eadem
forma qua antea Regem Franciæ, ex parte Domini Papæ,
rogaverunt, supplicantes, quatenus nuncios solemnes ad
Curiam Romanam, concessa eis plena potestate tractandi,
ordinandi, et perficiendi, omnia, quæ pacis reformationem
tangerent, destinarent; et ipse Apostolicus, non tanquam
judex, sed ut bonus pacis mediator, in nullius præjudi-

---

¹ Omitted in orig.; supplied from Walsingham's text.
² *Ransit* in orig., the initial letter being omitted.

A.D. 1298. cium, satageret, ad pacem et tranquillitatem regnorum, Regum amicitiam in statum pristinum reformare. Et quia hoc absque treugis fieri non posse judicavit Dominus Papa, ideo per hos nuncios biennales inducias, quas per Cardinales imploraverat, indixit de novo, sub pœna excommunicationis et interdicti terrarum suarum.

Conventio, et trewgæ biennales.

King Edward consents to a truce.

Rex Angliæ, perpendens se in Flandria periculose commorantem, illucque per informationem Comitis Flandriæ minus prudenter attractum, regnumque proprium intestina seditione turbatum, fiduciamque suam de Rege Romanorum per Papam, sibi minus benevolum, regnum Teutoniæ turbantem, frustratam, consensit in treugas indictas. Convenitque inter eos, ut captivi interim, taxata eorum redemptione, liberarentur hinc inde; ea conditione, ut, si pax non fieret, redirent ad suas custodias, vel redemptionem solverent jam taxatam. Transmittunt igitur Reges utrique solemnes nuncios, cum plena potestate, ad Curiam Romanam, ut per mediationem Apostolici, non tanquam judicis, sed amicabilis compositoris, discussis negotiis, pax inter Reges et concordia reformetur.

Profectio in Scotiam.

Sedition at Ghent against the English.

Post hæc, apud Gandavum suscitata est seditio per filios Comitis Flandriæ et villanos contra Anglicos; quorum villa per Wallenses incensa fuisset, nisi Rex, accurrente ad eum Comite, impetum impedisset.

Earl Warenne proceeds to Scotland.

Eo tempore, Comes Warennæ, Custos Scotiæ, ac Comites alii, juxta mandatum regium Eboracum convenientes, in Octabis, scilicet, Sancti Hillarii, publicata confirmatione Chartarum Articulorum adjectorum, versus Scotiam processerunt. Majores Scotorum, Eboracum non venientes, secundum vocationem regiam, se infra terræ suæ terminos tenuerunt. Willelmus Waleys castrum de Rokesburgia jam multis diebus obsederat; sed audito

W. Wallace abandons the siege of Roxburgh Castle.

adventu Anglicorum in multitudine magna, diffugit. A.D. 1298.
Comites vero regni Angliæ pervenientes Rokesburgiam,
munito castro ac consolatis obsessis, digressi sunt usque
Kelsoue, et inde reversi sunt usque Berwicum, quam jam
Scotis vacuatam invenerunt. Dumque ibi morarentur,
mandavit eis Rex de treugis acceptis inter ipsum et Berwick is
Regem Franciæ, et reditu suo celeri, jubens ne ante reoccupied
adventum suum, excepta occupatione Berwyci, aliquid, English.
quo paterent discrimini, attentarent. Comites igitur,
remissa majori parte exercitus, et retentis qui ad defensionem villæ possent sufficere, adventum regium expectabant, contra principium Quadragesimæ tunc instantis.
Interea, Robertus de Clifforde, cum hiis qui erant in
presidio Karleoli, ingressus Scotiam, villam combussit
Anandiæ, et rediit cum præda magna.

Cum Rex Angliæ, ad propria reversurus, venisset ad The Scots
villam quæ "Ardeburgia" dicitur, Scoti fere omnes, quos King of
secum in Flandriam duxerat in expeditionem, ab ipso England in
Rege discedentes, Parisius abierunt. Flanders.

Pactum irritum.

Rex Edwardus, in Angliam veniens, [1] ad Regem Fran- The King
corum misit pro liberatione captivorum, juxta formam of France
condictam. Rex vero Francorum exegit a nunciis libe- the libera-
rationem Johannis, quondam Regis Scotiæ, qui de suis Balliol;
fuisse asseruit alligatis. Super quo Rex Angliæ requisi- which is
tus, cum recusaret eum reddere, dicens conventionem refused.
tantum de illis captivis factam, qui in werra Wasconiæ
capti fuerant, hinc inde dilata est in annum sequentem
liberatio captivorum.

Rex Angliæ proficiscitur in Scotiam.

Interim [2] Rex Angliæ, Scotorum rebelliones disponens Parliament
reprimere, et eos ad debitam coercere subjectionem, at York.

---

[1] *a* in orig. | [2] These two words are repeated in orig.

Parliamentum tenuit Eboraci ; vocatisque Scotorum majoribus, cum non venirent, suis indixit, ut cum equis et armis parati essent Rokesburgiæ in festo Sancti Johannis Baptistæ. Rex, interim visitato Sancto Johanne de Beverlaco, rediens Rokesburgiam, invenit ad præfixum terminum exercitum congregatum.

Sub eisdem diebus, Comites Herefordiæ et Marescalli, quia confirmatio Chartarum fuerat facta in terra aliena, petiverunt, ad majorem securitatem, eas iterum confirmari; spoponderunt autem pro Rege Episcopus Dunelmensis, ac Comites, Johannes Surreyæ, Willelmus Warwici, Radulphus Gloverniæ, quod, obtenta victoria, Rex eas post suum reditum confirmaret.

Proficiscitur deinde Rex, cum exercitu, ad villam quamdam quæ dicitur "Temple Histone," remisitque inde Episcopum Dunelmensem, ad capiendum castrum de Driltone, cum duobus aliis castris, quorum custodes, præter alia mala, invaserant extrema castrorum confinia. Quorum primum cepit Episcopus, custodibus liberis dimissis : reliqua duo capta sunt per novos milites ibi creatos, et Incensa.

Dum Rex apud Temple Histone moraretur cum exercitu, juxta flumen, expectando adventum navium quæ apud Berewycum oneratæ victualibus fuerant, contigit ut, ipsis adverso vento impeditis per mensem, exercitus affligi inciperet inedia atque fame; quo cognito, Scoti maximum coadunant exercitum, sperantes Anglicos, jam fame deficientes, opprimere sine mora. Et ecce ! triduo antequam venirent Scoti, naves applicant cum victualibus; quibus distributis, reficiuntur singuli juxta vota. Rex deinde, audito quod advenirent Scoti, obviam progreditur, et nocte superveniente, in quadam campi planitie cum exercitu armato resedit. In aurora vero, terribilis quidam clamor insonuit; quo excitati omnes, Scotosque in vicino æstimantes, celerius se parant ad pugnam. Dextrarius vero Regis, tumultuoso actus cla-

more, Regem, jam ascendentem, recalcitrando ¹ dejecit, A.D. 1298.
laterique ejus calces posteriores allidens, duas ei costas confregit. Qui nihilominus ascendens equum alterum, progredientem ad prœlium comitari exercitum non omisit. Itaque juxta locum, qui "Fowkirke" dicitur, in die Beatæ Mariæ Magdalenæ, Willelmus Waleys construxit sepem inter Scotorum exercitum et Anglorum, longos palos in terram figens, et cum funibus nectens, et cordis, ut ingressum Anglicorum ad suos impediret. Deinde pedestrem Scotorum populum in prima acie collocavit, dicens eis, patria lingua, ita ;—² " I haue " browghte ʒowe to the ryng, hoppe ʒef ʒe kunne."

Accident to him.

The Battle of Falkirk.

Bellum de Fowkirke.

Rex vero, videns dispositionem Scotorum, jussit Wallensibus, ut eos aggrederentur. Sed ipsi, propter inveteratum odium quod gerebant ad Regem, negotium distulerunt ; credentes quod Scoti, qui multo plures fuere quam Anglici, victoriam reportassent, et per consequens, ipsi, votorum suorum effecti compotes, in Anglicos, cum Scotis, communiter irruissent, et mala irrogata jamdudum genti suæ viriliter vindicassent. Cumque eos cunctantes quidam miles cerneret, satirice dixit Regi ;—

Description of the Battle.

" Rex Edwarde, fidem si des Wallensibus, erras,
" Ut dederas pridem ; sed eorum diripe terras."

Rex ergo, dato signo prœlii primæ cohorti, irruit in Scotos audacter, sepemque dirumpit. Congrediuntur igitur ambo exercitus ; sed fugientibus statim Scotorum equitibus, Anglici insequuntur, cædentes et stragem magnam ingerentes; ut eorum qui ceciderant de Scotis

---

¹ *adjecit* in orig. ; corrected from Walsingham's text.

² Thus given in Parker's text of Walsingham:—" *I haue brought you to the ring, hop gif ye kun.*" In Camden's text —"*to the kyng.*" In MS. Bibl. Reg. 13 E. ix.:—" *Y haue brouʒth ʒou to the ryng, hoppe ʒef ʒe kunne.*"

A.D. 1298. in hoc prœlio numerus æstimetur sexaginta millia excessisse. In principio autem prœlii, Præceptor Militiæ Templi in Anglia, et socius ejus, qui erat Præceptor Scotiæ, Scotorum agmini se immiscentes, ante alios oppressi, oppressorum multitudine sunt perempti. Willelmus Waleys et majores Scotiæ ab hoc prœlio ad nemora confugerunt. Post hæc, vastata est villa Sancti Andreæ, nemine resistente. Exinde per forestam de Felkirke venerunt Anglici ad castrum de Are, quod Robertus de Brus fugiens incendit, vacuumque reliquit; transeuntesque per villam Anandiæ, ceperunt castrum de Lowhmaban. Cum autem Rex venisset Karleolum, Comites Herefordiæ et Marescalli, licentia accepta, ad propria redierunt. Rex vero primo Dunelmiam, deinde Tynemutham, et inde usque [1] Codingham, juxta Beverlacum, progressus, ibidem, ut festum Natalis Domini perageret, expectavit.

The Scots are defeated.

Rex Romanorum occiditur.

Hoc anno, Albertus, Dux Austriæ, contra Adulphum, Regem Romanorum, dimicans, ipsum interfecit in campo; et cito post in Regem Romanorum, loco Adulphi, electus, solemniter coronatur.

Adolph of Nassau slain, and succeeded by Albert.

Cardinales reconciliantur Papæ.

Petrus et Jacobus de Columpna, quondam Cardinales, destructo castro de Columpna per Papales, fugiunt Præneste; ubi ab exercitu Papæ obsessi, tandem se humiliant, et, Idibus Octobris ad Papam venientes, veniam postulant de commissis.

The Cardinals Colonna humble themselves to the Pope.

Hoc etiam anno, in crastino Sancti Bartholomæi, Beatus Lodowicus, quondam Rex Francorum, de loco sepulcri in capsam pretiosam, ad hoc paratam, transfertur.

The body of Saint Louis is translated.

---

[1] Now, Cottingham.

Hoc anno obierunt duo Comites, Hunfridus de Boun, Comes Estsexiæ et Herefordiæ, et Willelmus de Bello Campo, Comes Warwyci.

A.D. 1298. Death of the Earls of Hereford and Warwick.

Annalis Conclusio.

Transit annus iste, frugibus nec abundans, nec omnino inops fructuum; Alemannis, propter bella, gravis; Scotis exitialis; sed pacificus Anglis et Francis.

Anno gratiæ millesimo ducentesimo nonagesimo nono, qui est annus regni Regis Edwardi, a Conquæstu Primi, vicesimus septimus, fuit idem Rex ad Natale ad Codyngham, juxta Beverlacum. Post quod, versus partes regni Australes iter suum direxit.

A.D. 1299. King Edward returns South.

Pax inter Reges.

Eodem tempore, Papa Bonifacius, submissionibus Regum receptis, pacem et concordiam inter Reges ordinavit; ita ut Rex Angliæ sororem, et filius ejus filiam, Regis Francorum ducerent, certis pro utrisque dotibus diffinitis; et quod Ducatus Aquitanniæ in manus Domini Papæ traderetur, quousque, discussa utriusque Regis justitia, justo domino redderetur: et quod Rex Angliæ naves superstites, cum mercibus, de illis quæ raptæ fuerant, restitueret. Sed super hiis duobus Articulis intercidit magna dilatio, Rege Francorum partem quam Wasconia occupaverat, tradere renuente.

Peace established by Pope Boniface, between England and France.

Hoc anno, filii Karoli, Regis Siciliæ, Philippus et Robertus, ingressi Siciliam, dum Siculos satagunt expugnare, Philippus, cum gente sua tota, a Siculis capitur.

Philip, son of Charles, the late King, is taken by the Sicilians.

Miraculum de filio cujusdam Tartari.

Eodem anno, Rex Tartarorum ab urbe Ierosolomitana expulit Sarracenos. Frater hujus Regis Tartarorum, ex filia Regis Armeniæ, genuit filium hispidum et pilosum; quem cum pater cremari juberet, mater

Miracle in reference to a son of the King of the Tartars.

A.D. 1299. sibi dari infantem petiit; quem fecit illico a presbyteris baptizari. Quo baptizato, cecidit statim tota villositas, et puer ille apparuit levis et pulcher. Quod miraculum cum pater vidisset, credidit ipse, et domus ejus tota.

Charles of Valois received at Bruges.
Eodem tempore, Karolus, Comes Valesii, missus in Flandriam contra Comitem, receptus est pacifice apud Bruges.

Cardinales fugiunt iterato.

The Cardinals Colonna take to flight.
Sub eisdem diebus, Petrus et Jacobus de Columpna, timentes sibi, iterum fugiunt, et toto tempore Bonifacii in loco latent [1] ignoto.

Earthquake in England, and appearance of a comet.
Hoc anno, in Vigilia Epiphaniæ, factus est terræmotus in Anglia, et, in crepusculo diei illius, cometa quædam apparuit in Septemtrionalem, mittens radios lateraliter versus Orientem, velut ignivomos, per tres dies post solis occasum; quod cædis magnæ ibidem in proximo [2] futuræ fuit pronosticum.

Parliamentum; in quo confirmantur Magna Charta et de Foresta.

Parliament at London.
In principio Quadragesimæ, Rex Angliæ Parliamentum tenuit Londoniis; ubi rogatus a Comitibus sæpedictis, ut Chartarum confirmationem renovaret, secundum quod in Scotia promiserat, post aliquas dilationes instantiæ eorum adquievit, hac additione, "salvo jure

Re-confirmation of the Charters.
"coronæ nostræ," in fine adjecta. Quam cum audissent Comites, cum displicentia ad propria discesserunt. Sed revocatis ipsis ad quindenam Paschæ, ad votum eorum absolute omnia sunt concessa.

Perambulation of the Forest.
Perambulatio autem Forestæ commissa est per totam Angliam tribus Episcopis, totidemque Comitibus, Baronibusque in eodem numero; ut ipsi, Deum habentes præ

---

[1] *ignito* in orig.; corrected from Walsingham's text.
[2] *futuro* in orig.; corrected from Walsingham's text.

oculis, executionem facerent; et si qua emergerent dubia, illa secundum Deum et justitiam declararent.

A.D. 1299.

Papa mittit pro Johanne de Balliolo.

In Translatione Beati Thomæ Martyris, venerunt nuncii Papæ ad Regem Cantuariam, rogantes ut Johannem, quondam Regem Scotiæ, suæ liberaret custodiæ; spondentes quod Regem et regnum ab omni, quod per hanc liberationem posset contingere, periculo præservarent. Quorum petitioni Rex condescendens, respondit se ipsum Johannem, tanquam seductorem falsum et perjurum, ad Papam missurum. Ad quem nuncii responderunt:—" Et nos eum pro tali suscipimus, " Summo Pontifici præsentandum." Cumque dictus Johannes, cum præfatis nunciis, venisset Doveriam, et cistæ suæ in navem inferrentur, quidam regales, qui eos ad mare deduxerant, dixerunt quod voluerunt videre quæ continebantur in clitellis dicti Johannis. Quibus [1] apertis, inventa est una corona regia regni Scotorum, aurea, et multa vasa aurea et argentea, et pecuniæ non parva summa; quæ universa Regi Angliæ sunt allata. Rex illico coronam auream offerri jussit Beato Thomæ Martyri; et sigillum commune Scotiæ, quod repertum est ibidem inter cætera, jussit sibimet reservari; pecuniam vero totam remisit dicto Johanni, ad expensas itineris inchoati. Nuncii vero, plurimum commendantes Regis sapientiam et regalem munificentiam, transtulerunt eundem Johannem in terram Ballioli, quam habuit in regno Franciæ; et ibidem reliquerunt eum, sub certorum custodia prælatorum. Post hæc, et alii captivi, a Regibus detenti, hinc inde, secundum conditiones in treugarum concessione positas, liberantur.

The Pope demands the liberation of Balliol.

Balliol is deprived of the regalia of Scotland.

He is taken to Bailleul in France.

---

[1] *paratis* in orig.; corrected from Walsingham's text.

A.D. 1299.   *Desponsatio Regis et Reginæ Margaretæ.*

Edward's expectations from his marriage with the half-sister of the King of France.

Rex Angliæ, sperans se, per matrimonium inter ipsum et sororem Regis Franciæ contrahendum, pace diuturna gratulari, acsi foret jam omnia jura sua ultramarina cum nova nupta, sorore Regis Francorum dimidia, consecuturus, interno gaudio æstuabat, secessitque in Canciam cum optimatibus suis, adventum ibidem dominæ præstolaturus. In nullo tamen, ut probavit expost rei exitus, per hoc matrimonium promovit regnum suum.

Frustration thereof.

Post paucos dies redierunt legati Regis Angliæ, adducentes sororem Regis Franciæ, nomine "Margaretam;" quam conduxit Dux Burgundiæ, cum non modica multitudine Gallicorum. Comes quoque Britanniæ, cum proceribus sibi subditis, ad has nuptias properavit. Cunctique fere principes nominati, qui citra Hispaniam morabantur, tantæ [1] desponsationi interesse gaudebant: quia nimirum Regis Edwardi magnificentia, per orbem Latinum dilatata, cunctos attraxerat in venerationem personæ regiæ, et amorem. Igitur, die quarto post Nativitatem Virginis gloriosæ, agente Cantuariensi Pontifice, in ecclesia Metropolitana Angliæ inter Regem et Margaretam prædictam solemnitas matrimonii celebratur. Quæ fuerit ibidem, non solum regni nobilitas, sed diversarum regionum virorum congregata sublimitas, quis convivii apparatus, quæ profusio expensarum, scribere supersedeo, ne [2] panegyricon videar conscripsisse. Duravit istud tripudium per dies quatuor; post quos extranei, accepta repatriandi licentia, sunt dimissi, maximis et variis muneribus honorati.

King Edward marries Margaret of France.

Parliamentum.

Parliament at York.

In festo Sancti Martini, Parliamento habito apud Eboracum, Rex Berwycum progreditur, intendens

---

[1] *desponsationi* in orig., by inadvertence.   [2] *pannagericon* in orig.

ulterius procedendo amovere obsidionem Scotorum, qui castrum de Stryvelyn obsidebant, et vehementer artabant obsessos. Sed, causantibus proceribus loca palustria, propter brumalem intemperiem, esse immeabilia, Rex, præmunitis caute obsessis, ut, salvis sibi vita et membris, castrum redderent, ulterius non processit.

A.D. 1299. Edward abandons his intention to relieve Stirling Castle.

Rex venit ad Sanctum Albanum.

Priusquam Rex iter istud arripuisset, venit personaliter ad Sanctum Albanum, comitantibus eum Episcopo Norwicensi et Comite de Saveya, cum multis aliis. Ubi in Die Animarum audita Missa solemni de Beato Martyre, cui totus Conventus interfuit, solemniter revestitus, prostravit se sub Martyre, protensam faciens devotionem. Deinde erigens se, coram omni populo, talia loquebatur:—" Idcirco præsentem Martyrem visi-
" tavi, ut ejus ope protegar ab insidiis adversariorum
" meorum, Scotorum, videlicet, contra quos me modo
" oportet bellum instaurare. Sed et ab isto sacro
" Conventu, et omni populo, precor instantius devoti-
" onibus et orationibus adjuvari." Mox concessum fuit Regi et Reginæ, Abbate jubente, et toto Conventu approbante, ut una Missa cotidie de Sancto Albano celebraretur, percipienda vicissim de fratre in fratrem. Ad quam secunda Collecta foret pro Rege, quæ sic incipit;—" Deus, in cujus manu." Quæ Collecta etiam foret habenda in Missa Majori et Missa Virginis gloriosæ.

King Edward visits the Monastery of St. Alban's.

A mass to be celebrated daily, in honour of the Saint.

Rex rogat orari pro eo.

Deinde Dominus Rex direxit epistolam Archiepiscopo Cantuariensi, in hæc verba:—
" Quia magnificavit Dominus misericordiam suam
" facere nobiscum, dignum est, O pater, ut innumeris
" beneficiis suis dignis respondeamus operibus. Neque

The King's Letter to the Archbishop of Canterbury.

A.D. 1299. "¹ enim in gladio nostro possidemus terram, et bra-
"chium nostrum non salvavit nos, sed dextra ejus,
"et brachium sanctum ejus; quin complacuit illi in
"nobis, et hucusque conservavit nos, et inimicos nos-
"tros compescuit. Justum proinde est, ut qui omnia
"subjecit sub pedibus nostris, subjiciamus illi et nos
"animas nostras; et ut hii, quos nobis subdidit, ejus
"subdantur legibus. Non enim segniter elaborare de-
"bemus punire ² sacrilegos, rebelles comprimere, eripere
"pauperem de manu fortiorum ejus. Sed et meæ
"sollicitudinis est, pacem firmam in regno nostro con-
"solidare, et inimicos nostros expugnare. Quapropter
"orate pro me et regno nostro, populo quoque nostro,
"ut iter atque actus nostros dirigat Altissimus, ut
"sit ad laudem nominis sui, et regni nostri pro-
"motionem."

Prayers for the King.
Divulgata hac epistola per ecclesias, omnis populus sponte et cum gaudio pro Rege fecit orationes.

Regina venit ad Sanctum Albanum.

The Queen visits the Monastery of St. Alban's.
Eo tempore, Regina accessit ad Monasterium Sancti Albani, et obtulit Martyri duas pallas auro textas; ubi perhendinavit per tres hebdomadas, cum familia magna nimis. Ante recessum suum, ingressa Capitulum, suscepit beneficium fraternitatis, sive sororitatis, cum maxima devotione.

Chains and manacles stored in the Tower of London.
Illo eodem tempore jussit Rex apportari in Turrim Londoniæ omnes manicas ferreas et catenas, quæ inveniri poterant in omni loco Angliæ, ad inæstimabilem multitudinem; sed causa penitus nesciebatur.

Obiit Archiepiscopus Eboracensis.

Death of Henry, Archbishop of York.
Hoc anno obiit Henricus, Archiepiscopus Eboracensis; cui successit Thomas de Colebrugge, Doctor in Theologia.

---

¹ Written as · n · in orig.; *enim* in Walsingham's text.   ² *sacrilogos* in orig.

Annalis Conclusio.

A.D. 1299.

Transit annus iste nec plene frugifer nec penuriosus; Siculis bellicosus; Sarracenis formidolosus; Tartaris martius; Scotis perfidia notabilis; Anglis et Francis sub quiete decursus.

Pollardi et Kokedones damnantur.

Anno gratiæ millesimo trecentesimo, qui est annus regni Regis Edwardi, a Conquæstu Primi, vicesimus octavus, fuit idem Rex ad Natale apud Berwicum; Regina vero apud Wyndeleshores.

A.D. 1300.

Infra præsentis Natalis solemnia, prohibita est moneta alienigenarum surreptitia et illegitima, quam "Pollar-" "dos," "Krokardos," vel "Kokedones," atque "Rosarios," appellabant; qui paulatim et latenter loco irrepserant sterlingorum. Hanc monetam primo Rex Edwardus jusserat valere obolum, deinde omnino exterminavit. Gallici nempe hanc monetam fabricaverant; quæ non erat argentea, sed superficialiter deargentata, et currebat in locis plurimis loco sterlingorum, multique decepti fuerant per eandem.

Alien moneys prohibited.

Post festum Natalis Domini, Rex reversus est in Angliam de partibus Northumbranis.

Obiit Edmundus, Comes Cornubiæ.

Hoc anno obiit, sine prole, Edmundus, Comes Cornubiæ, filius Ricardi, quondam Comitis Cornubiæ, et Regis Alemanniæ. Qua de causa, rediit Comitatus ille ad coronam. Corpus ejusdem Comitis apud Asshernggere, locum quem fundaverat, est humatum.

Death of Edmund, Earl of Cornwall, and reversion of the County to the crown.

Rex mittit ad Papam nuncios.

Rex Angliæ direxit nuncios ad Dominum Papam, Comitem, videlicet, Lincolniæ, et Dominum Hugonem Despencer, qui declararent injurias sibi irrogatas

Edward sends envoys to the Pope, to oppose the Scots.

A.D. 1300. per Scotos, et eorum falsitatem manifestarent. Insuper et Dominum Papam deprecarentur, ne mendacii fabricatoribus, Scotis, videlicet, veritatem odientibus, proditoribus, et homicidis, sinum aperiret de cætero protectionis; quorum fraudulentia, falsaque persuasio, Papalem sollicitudinem circumvenerat fraudulenter. Papa vero, cujus stomachus a corruptione Scotorum nondum digestus fuerat, etsi nosset justam petitionem regiam, tamen preces armat, et Regi mandat, ut, sui *A truce is* contemplatione, Scotis treugas indulgeat a die Omnium *granted.* Sanctorum usque ad Pentecosten; quod et factum est. Rex vero in Angliam est regressus.

Capitur Comes Flandriæ.

The Count of Flanders surrenders to the French. Eo tempore, Comes Flandriæ, nimis artatus, cum suis, reddidit se Karolo, Comiti Valesii, ductusque est Parisius, cum duobus filiis; et apud Compendium in custodia est detentus.

Nuptiæ.

Marriage of the son of the King of the Romans. Eo tempore, Radulphus, filius Alberti, Regis Romanorum, Blancam, sororem Regis Franciæ, Parisius desponsavit.

Saracens slain in Apulia. Eodem anno, Luceriæ, urbis Apuliæ, Saraceni, sub tributo Regis Siciliæ viventes, capti necantur.

Annalis Conclusio.

Transit annus iste Christianis omnibus lætus et votivus, propter Jubilæi gratiam [1] ipsis indultam, et propter victoriam de cœlo concessam Regi Tartarorum in Terra Sancta, ubi de Soldano et Sarracenis gloriosissime triumphavit; Anglis mœstus, propter amici captivitatem, Comitis, videlicet, Flandriæ, et sollicitus, propter rebellionem Scotiæ; Francis jocundus, propter magnificas nuptias et Comitis Flandriæ captionem.

---

[1] *ipsius* in orig.

Natus est Regi filius, dictus "Edmundus."

Anno gratiæ millesimo trecentesimo primo, qui est annus regni Regis Edwardi, a Conquæstu Primi, vicesimus nonus, tenuit idem Rex Natale cum Regina apud Northamptonam. Quo anno natus est ei filius, ex Margareta Regina, secundus; quem vocavit "Edmundum."

A.D. 1301
Birth of Prince Edmund.

Causa dissensionis inter Papam et Regem Franciæ.

Hoc tempore, Appamiensis Episcopus, de conspiratione contra Regem Franciæ accusatus, et ad Regis vocatus Curiam, in custodia detinetur. Mense vero Februario, ad mandatum Domini Papæ liberatus, jubetur, una cum nuncio Domini Papæ, regnum evacuare, infra certum terminum a Rege præfixum. Papa, talibus novis exasperatus, omnes gratias, a se, vel suis prædecessoribus, concessas Francorum Regibus, revocavit, et in eundem Regem cito post excommunicationis sententiam fulminavit. Quam tamen Regi nemo ausus est nunciare, vel in regno Franciæ publicare. Fecit etiam Papa citari omnes prælatos de regno Franciæ, necnon et omnes Magistros in Theologia et in Jure, tam Canonico quam Civili, ut coram eo Romæ in Kalendis Novembris comparerent. Rex vero Franciæ publico prohibuit edicto, ne quis aurum vel argentum, seu merces quascunque, asportaret de regno suo, sub forisfactione omnium bonorum, adjecta nihilominus pœna gravi: fecit etiam omnes exitus et introitus ubique diligentissime custodiri.

Philip the Fair offends Pope Boniface.

And is excommunicated.

Philip retaliates.

Miserat autem Rex Franciæ nuncium Domino Papæ, dictum "Petrum de Flote," qui mandata Regis constantissime coram Papa et tota Curia prosequebatur: de cujus audacia Papa exasperatus, dicto Petro respondit;—"Nos habemus," inquit, "utramque potestatem." Et mox Petrus, pro domino suo, respondit; " —"Utique, Domine, sed vestra est verbalis, nostra

Bold answer of Philip's envoy to the Pope.

"autem realis." Qua responsione, tantum excanduit ira Papæ, ut diceret se movere contra eum cœlum et terram.

Regnum Castellæ.

The sons of Sancho of Castille legitimatized.

Eo tempore, Papa legitimavit filios Sanctii, Regis Castellæ; cujus primogenitus, Ferrandus, obtinuit regnum patris.

Parliamentum.

Parliament at Stamford.

Rex Angliæ, sub hiis diebus, Parliamentum tenuit Stamfordiæ, ad quod convenerunt Comites et Barones, cum equis et armis; eo, prout dicebatur, proposito, ut executionem Chartæ de Foresta, hactenus dilatam, extorquerent ad plenum. Rex autem, eorum instantiam

King Edward conciliates the nobles.

et [1] importunitatem attendens, eorum voluntati in omnibus condescendit.

Papa scribit pro Scotis.

Pope Boniface claims Scotland in behalf of the Romish Church.

Eodem anno, Papa Bonifacius direxit litteras Regi Angliæ secundarias, in quibus asseruit regnum Scotiæ ad jus Romanæ Ecclesiæ pertinere, Regemque Angliæ subjectionem ejus contra Deum et justitiam, et . in præjudicum Sedis Apostolicæ, vendicare; rationes alle-

Grounds thereof.

gans subscriptas.—Primo, quia cum Rex Henricus, pater istius, auxilium obtinuisset in werra sua contra Simonem de Monte Forti a Rege Scotorum, Alexandro, ne hoc auxilium jure subjectionis cujuslibet, aut debiti, petitum aut præstitum putaretur, idem Henricus per litteras suas patentes recognovit, non ex debito recepisse, sed ex gratia speciali. Item, ad coronationem hujus Regis vocatus per litteras, ut ei præsentiam amicabilem in tantis solemniis amicus exhiberet, non venit ex debito, sed ex gratia speciali. Insuper, pro terris de Tyndale et Penreth, in regno Angliæ positis, cum Rex Scotiæ ad præsentiam Regis Angliæ se personaliter contulisset, eidem fidelitatem impensurus, pro

---

[1] *infortunitatem* in orig., by inadvertence.

eisdem terris tantum, in Anglia sitis, non ut Rex A.D. 1301
Scotiæ, nec pro regno Scotiæ, fidelitatem eandem exhibuit; quia palam coram populo protestatum est,
quod pro regno Scotiæ fidelitatem aliquam Regi Angliæ facere non debebat. Item, quod prædictus Rex
Alexander reliquit puellam hæredem, nomine "Mar-
"garetam," neptem Regis Angliæ, tunc minoris ætatis,
cujus custodia non ad Regem Angliæ, velut ad dominum supremum, pervenit, sed ad certos ejusdem regni
Scotiæ proceres, ad hoc electos. Redarguebat etiam
Papa Regem, eo quod post mortem dicti Alexandri
Regis, Scotos, tanquam acephalos, et ducis suffragium
non habentes, ipsos per vim sibi subjugavit, et metum;
in præjudicium, et gravamen non modicum, Romanæ
Ecclesiæ; adjiciens, quod cum Dominus Papa officium
legationis alicui committit, exequendum in regno Angliæ, causa solutionis decimæ, vel etiam pro quavis
alia causa rationabili, et hujusmodi legatio litteris et
privilegio speciali dictæ Sedis Apostolicæ, ad dictum
regnum Scotiæ se non extendat, resistendum est et
obstandum hujusmodi legationi, prout tempore felicis
recordationis contigit evidenter. Nam Legatus ipse ad
præfatum regnum Scotiæ aliquatenus admissus non
extitit, donec per litteras Apostolicas speciales sibi
legationis officium fuit in eodem commissum. Item
addidit, quod idem regnum Scotiæ per Beati Petri
Apostoli venerandas reliquias, non sine superni dono
muneris, conversum extitit ad fidei Catholicæ unitatem.
Et qualiter etiam antiquis temporibus, Eboracensis
Archiepiscopus, qui tunc erat, mota per eum super jure
metropolitano adversus prælatos Scotiæ quæstione, pro
se nequivit sententiam obtinere.

Hiis propositis, monuit Papa Regem per litteras suas, *Demands made of Edward by the Pope.*
quod Episcopos, Abbates, electos, et omnes alios regni
Scotiæ quos detinebat captivos in carcere, libere abire
permitteret; et quod officiales suos de regno Scotiæ
memorato revocaret, quos in præjudicium, et injuriam,

A.D. 1301. et grave scandalum, fidelium populorum, et oppressionem justorum, in dicto regno statuerat et ordinaverat; ita quod acceptior et gratior fieret Deo, et favorem Apostolicæ Sedis in hoc sibi adquireret plenius. Et si in eodem regno Scotiæ, vel aliqua ejus parte, jus aliquod habere se assereret, per procuratores et nuncios suos, ad hoc specialiter constitutos, cum omnibus juribus et munimentis hujusmodi negotium tangentibus, ad Sedem Apostolicam destinaret, super præmissis plenæ complementum justitiæ recepturus.

Littera Regis, missa Papæ, declaratoria juris sui, quod habet in dominium Scotiæ.

<small>Letter sent by King Edward to the Pope, declaratory of his right to the kingdom of Scotland.</small>

Rex Angliæ, Litteris Apostolicis, ex deliberato apud Lincolniam convocato Consilio, pro jure suo declarando, litteram hujus tenoris rescripsit, centum sigillis signatam:—

<small>New Rymer, I. pp. 932, 933.</small>

"Sanctissimo in Christo patri, Domino Bonifacio, divina
" providentia, Sanctæ Romanæ et Universalis Ecclesiæ Summo
" Pontifici, Edwardus, Dei gratia, Rex Angliæ, Dominus Hi-
" berniæ, Dux Aquitanniæ, salutem et devota pedum osculo
" beatorum. Infra scriptus, non in forma nec in figura judi-
" cii, sed omnino extra judicium ¹ proferenda, sanctæ pater-
" nitatis vestræ conscientiæ vobis transmisimus exhibenda.
" Altissimus, inspector cordium, vestræ scrinio memoriæ inde-
" lebili stylo novit inscribi, quod antecessores et progenitores
" nostri, Reges Angliæ, juris superioris et directi dominii, ab
" antiquissimis retro temporibus, regno Scotiæ, et omnibus
" ipsius Regibus, in temporalibus, et annexis eisdem, præfue-
" runt; et ab eisdem pro regno Scotiæ, et ejusdem proceribus,
" a quibus habere volebant, legalia homagia receperunt, et fide-
" litatis debita juramenta. Nos juris et dominii possessionem
" continuantes pro tempore nostro, eadem tam a Rege Scotiæ
" recepimus, quam a proceribus ipsius regni. Quinimmo tanta
" juris et dominii prærogativa super regnum Scotiæ, et ejus-
" dem Regem, gaudebant, quod regnum ipsum suis fidelibus
" conferebant. Reges etiam ex justis causis amovebant, et
" constituerunt sub se, loco ipsorum, alios regnaturos. Quæ
" proculdubio notoria fuisse, et esse creduntur, apud omnes.
" licet aliud forsan paternis vestris auribus per pacis æmulos,

---

¹ *pro serenanda s. p. v. conscientia, vobis,* etc., in Rymer.

"et rebellionis filios, fuerit falsa insinuatione suggestum; a A.D. 1301.
"quorum machinosis et imaginariis figmentis, ut vestræ Sanc-
"titatis oculus avertatur, suppliciter quæsumus, et paternam
"clementiam et excellentiam devotis affectibus exoramus.
"Sub temporibus Hely et Samuelis Prophetæ, vir quidam,
"strenuus et insignis, 'Brutus' nomine, de genere Trojanorum,
"post excidium urbis Trojæ, cum multis nobilibus Trojanorum,
"applicuit in quamdam insulam, tunc 'Albyon' vocatam, ¹ et a
"gigantibus inhabitatam; quibus devictis sua potentia, et
"occisis, eam de nomine suo 'Britanniam,' sociosque suos
"'Britones,' appellavit. Postea regnum suum tribus filiis
"suis divisit. Locrino, primogenito suo, dedit illam partem,
"quæ quondam 'Loegria,' nunc vero 'Anglia,' nominatur.
"Albanacto, secundo filio, dedit Albaniam, quæ nunc 'Scotia'
"vocatur. Cambro vero, tertio filio, dedit Cambriam, quæ
"modo 'Wallia' appellatur; reservata Locrino, seniori, regia
"dignitate. Biennio post mortem Bruti, applicuit in Albania
"Rex Hunorum, 'Humber' nomine, qui Albanactum, fratrem
"Locrini, peremit. Quem mox Locrinus persecutus est.
"Humber vero fugiens, submersus est in flumine, quod de
"suo nomine vocatur 'Humber.' Et sic Albania devolvitur
"ad Locrinum. Ex post, Dunwallus, Rex Britonum, State-
"rium, Regem Scotiæ, sibi rebellem, occidit, et terram in
"deditionem accepit. Item, duo filii Dunwallonis, scilicet, Be-
"linus et Brennius, inter se regnum ² patris sui diviserunt; ita
"² quod Belinus, senior, diadema insulæ, cum Britannia, Wallia,
"et Cornubia, possedit. Brennius vero, sub eo regnaturus,
"Scotiam accepit. Petebat enim Trojana consuetudo, ut dig-
"nitas hæreditatis primogenito perveniret. Item, Arthurus,
"Rex Britonum famosissimus, Scotiam, sibi rebellem, subjecit,
"et fere totam gentem delevit; et postea quemdam, nomine
"'Anguselum,' in regem Scotiæ præfecit. Et cum postea
"idem Rex Arthurus apud civitatem Legionum festum face-
"ret celeberrimum, interfuerunt ibidem omnes Reges sibi
"subjecti; inter quos Anguselus, Rex Scotiæ, servitium
"pro regno suo exhibens debitum, gladium Regis Arthuri
"detulit ante ipsum; et successive omnes Reges Scotiæ omni-
"bus Regibus Britonum fuerunt subjecti. Succedentibus autem
"Regibus Angliæ, in eadem insula ipsius monarchiam et do-
"minium obtinent consequenter. Edwardus, dictus 'Senior,'

---

¹ *ubi quidam* in orig., by inadvertence.

² This and the three ensuing words are omitted in orig.; they are found in the text as given by Walsingham.

³ Omitted in orig.; given in Walsingham's text.

A.D. 1301. " filius Alfredi, Regis Angliæ, Scotorum, Cumbrorum, et Streg-
" wallorum, Reges, tanquam superiori domino, subjectos habuit,
" et submissos. Adelstanus, Rex Angliæ, Constantinum, Regem
" Scotorum, sub se regnaturum constituit, dicens,—' Gloriosius
" ' esse regem facere quam regem esse.' Et est dignum
" memoria, quod idem Adelstanus, intercedente Sancto Jo-
" hanne de Beverlaco, quondam Archiepiscopo Eboracensi,
" Scotos rebellantes ei devicit. Qui, gratias Deo devote agens,
" exoravit, petens ut, interveniente Beato Johanne, ei aliquod
" signum evidens ostenderetur, quo tam succedentes quam
" præsentes cognoscere possent Scottos Anglorum regno jure
" subjugari. Et videns quosdam scopulos juxta quemdam locum
" prope Dunbar, in Scotia, prominere, extracto gladio de va-
" gina, percussit in silicem. Qui lapis, ad ictum gladii, Dei
" virtute agente, ita cavatur, ut mensura ulnæ in longitudine
" possit coaptari: Et hujus rei hactenus evidens signum ap-
" paret, et in Beverlacensi ecclesia, in Legenda Beati Johannis,
" quasi singulis hebdomadis, per annum, ad laudem et honorem
" Sancti Johannis, pro miraculo, recitatur. Et de hoc extat
" celebris memoria, tam in Anglia quam in Scotia, usque in
" præsentem diem. Item, Constantinus, Rex Scotorum, et
" Eugenius, Rex Cumbrorum, ad prædictum regem Angliæ,
" Adelstanum, post aliquam dissensionem inter eos habitam,
" venientes, se, cum suis regnis, eidem Adelstano dedidere.
" Cujus facti gratia, filium Constantini ipse Adelstanus de sacro
" fonte suscepit. Item, Edredo, Regi Angliæ, Scoti sine bello
" se subdiderunt, et eidem Regi Edredo, tanquam domino, fide-
" litatem juraverunt; quodam Iricio Rege super eos constituto.
" Item cum Edgarus, Rex Angliæ, Regem Scotorum Kynadium,
" et Cumbrorum Malcolinum, Regem Insularum, Malkerium,
" et alios quinque subregulos, videlicet, Doneualdum, Syfolch,
" Hunewaldum, Jacob, et Inchium, subjugasset, et, remigando
" per fluvium de Dee juxta Cestriam, in quadam navi prope
" proram sedisset, et navim ipsemet gubernasset, fertur ipsum
" dixisse, successores suos posse gloriari se Reges Anglorum
" esse, cum tanta honoris prærogativa fruerentur, quod sub-
" jectam haberent tot regum potentiam. Post dictum Edga-
" rum, successive regnaverunt Reges Angliæ, Sanctus Ed-
" wardus Martyr, Egelredus, frater ejus, Edmundus, dictus
" ' Yrenside,' filius Ethelredi, et Cnutus, qui, eorum tempo-
" ribus, regnum Scotiæ in sua subjectione pacifice tenuerunt.
" Hoc duntaxat excepto, quod quintodecimo anno Cnuti præ-
" dicti, idem Cnutus Scotiam rebellantem, expeditione illuc
" ducta, et Regem Scotiæ Malcolinum, parvo subegit negotio,
" subditusque est eidem prædictus Malcolinus. Quibus Haral-
" dus, filius Cnuti, et Hardecnutus, frater ejus, unus post

" alium, Reges Angliæ, successerunt. Quibus sic regnantibus, A.D. 1301.
" subjectionem pacificam regni Scotiæ habuerunt. Item Sanc-
" tus Edwardus, Rex Angliæ, regnum Scotiæ Malcolino, filio
" Regis Cumbrorum, dedit, de se tenendum. Item, Willelmus
" Bastardus, Rex Angliæ, a Malcolino, Rege Scotiæ, tanquam
" a suo homine, sibi subdito, recepit homagium. Item, Wil-
" lelmo Rufo, Regi Angliæ, Malcolinus, Rex Scotorum, jura-
" mento fidelitatis subjectus fuit. Item, prædictus Willelmus
" Dunwaldum de regno Scotiæ ex justis causis amovit, et
" Duncanum, filium Malcolini, regno Scotiæ præfecit; et re-
" cepit ab eo fidelitatem et juramentum. Dictoque Duncano
" dolose perempto, dictus Rex præfatum Doneualdum, qui
" iterum regnum Scotiæ invaserat, amovit ab eodem, et Ed-
" garum, filium dicti Maloolini, Regem Scotiæ constituit, et
" eidem regnum illud donavit. Cui successit Alexander, frater
" Edgari, consensu Regis Angliæ, Henrici Primi, fratris dicti
" Regis, Willelmi Rufi. Item, Matildi Imperatrici, filiæ et
" hæredi Regis prædicti, Henrici, David, Rex Scotiæ, fecit
" homagium et fidelitatem. Item, Regi Angliæ, Stephano,
" Henricus, filius dicti Regis, David, homagium fecit. Item,
" Rex Scotorum, Willelmus, pro regno Scotiæ, et David,
" frater ejus, et Comites et Barones regni Scotiæ, devenerunt
" homines Regis Henrici, filii Regis Angliæ, Henrici Secundi,
" in crastino coronationis prædicti Henrici, filii Henrici Se-
" cundi, patre vivente; et fidelitatem ei juraverunt contra
" omnes homines, salva fidelitate debita patri viventi. Anno
" vero vicesimo regni Regis Henrici prædicti, Secundi, præ-
" dictus Willelmus, Rex Scotiæ, rebellare incipiens, venit in
" Northumbriam cum exercitu magno, et exercuit in populo
" stragem magnam. Cui occurrentes milites Comitatus Ebo-
" racensis, apud Alnewyke, ipsum ceperunt, et dicto Henrico,
" Regi Angliæ, reddiderunt. Anno sequenti, quinto-decimo
" Kalendas Maii, idem Rex Willelmus permissus est libere
" abire. Postea vero, apud Eboracum, anno eodem, septimo-
" decimo Kalendas Septembris, idem Willelmus, Rex Scoto-
" rum, de consensu Prælatorum, Comitum, et Baronum, pro-
" cerum, et aliorum magnatum regni Scotiæ, domino suo,
" Regi Angliæ, Henrico, filio Matildis Imperatricis, suis
" litteris patentibus, cavisse noscitur, quod ipse, et hæredes
" et successores sui, Reges Scotiæ, Episcopi, Abbates, Priores,
" Comites, et Barones, et alii homines regni Scotiæ, de quibus
" Dominus Rex Henricus habere voluerit, facient Domino Regi
" Angliæ homagium, fidelitatem, et ligeamentum, et ut ligio
" domino suo contra omnem hominem obedient. Et in signum
" subjectionis, capellum suum, et sellam, atque lanceam,
" super altare Beati Petri Eboraci obtulit; quæ in eadem ec-

A.D. 1301. "clesia usque in hodiernum diem remanent, et servantur.
"Item, Episcopi, Comites, et Barones, dicti regni Scotiæ, con-
"ventionaverunt, ut verbis utamur hujusmodi conventionis,
"Domino Regi Angliæ, et Henrico, filio ejus, prædictis, quod
"si Rex Scotiæ aliquo casu a fidelitate Regis Angliæ, et con-
"ventione prædicta, recederet, ipsi cum Rege Angliæ tenebunt,
"sicut cum ligio domino suo, contra Regem Scotiæ, quousque
"ad fidelitatem Regis Angliæ redeat. Quam quidem com-
"positionem felicis recordationis Gregorius Papa Quintus in
"diversis rescriptis, Regibus Angliæ et Scotiæ directis, man-
"davit firmiter observari; continentibus etiam, quod Wil-
"lelmus et Alexander, Reges Scotiæ, Regibus Angliæ, Hen-
"rico et Henrico, ligium homagium et fidelitatem facerent,
"quæ tenentur successoribus eorum, Comitibus et Baronibus
"regni ipsius, sibi et successoribus suis, exhibere. Et item,
"quod cum idem Rex Scotiæ homo ligius sit ipsius Henrici,
"Regis Angliæ, et eidem præstiterit fidelitatis juramentum,
"ad quod se principaliter astringit, in ipsius Regis et regni
"Angliæ detrimentum, nihil debeat penitus attentare. Et
"Papa Clemens, scribens Regi Angliæ, pro Johanne, Epi-
"scopo Sancti Andreæ, expulso ab episcopatu suo per Regem
"Scotiæ, inter cætera rogabat, quod Willelmum, Regem
"Scotiæ, moneret et induceret, et, si necesse foret, distric-
"tione regali, qua ei præeminebat, et, de concessa suæ regiæ
"celsitudini potestate, compelleret, ut dicto Episcopo omnem
"rancorem remitteret, et episcopatum suum in pace habere
"permitteret. Et præter Conventionem prædictam, in ecclesia
"Beati Petri Eboraci, coram prædictis Regibus Angliæ et
"Scotiæ, David, fratre suo, et universo populo, Comitibus, et
"Baronibus, milites de terra Regis Scotiæ juraverunt Regi
"Angliæ, Henrico, et Henrico, filio suo, et hæredibus eorum,
"fidelitatem contra omnem hominem, sicut ligeis dominis suis.
"Et idem Willelmus, Rex Scotiæ, ad mandatum Regis præ-
"dicti, venit apud Norhamptonam, ad Parliamentum domini
"sui, adducens secum omnes Episcopos, Abbates, et Priores,
"totius regni sui. Venit etiam, ad ejusdem Regis mandatum,
"in Normanniam. Et idem Willelmus Rex, post decessum
"Regis Henrici, veniens Cantuariam, Regi Angliæ, Ricardo,
"filio et hæredi dicti Henrici, fecit homagium. Quo Ricardo
"viam universæ carnis ingresso, sæpedictus Willelmus
"Johanni, Regi Angliæ, fratri et hæredi dicti Ricardi, extra
"civitatem Lincolniæ, super quemdam montem, in conspectu
"omnis populi, fecit homagium et juramentum fidelitatis super
"crucem Cantuariæ Archiepiscopi, Huberti; et eidem, domino
"suo, per chartam suam concessit quod Alexandrum, filium
"suum, sicut hominem ligium suum, maritaret; promittendo

" firmiter in charta eadem, quod idem Willelmus, Rex Scotiæ, A.D. 1301.
" et Alexander, filius suus, Henrico, filio Johannis, Regis
" Angliæ, tanquam ligio domino suo, contra omnes mortales
" fidem et fidelitatem tenerent. A quo quidem Willelmo,
" Rege Scotiæ, postmodum, pro eo quod desponderat filiam
" suam Comiti Boloniæ, præter Regis Johannis, domini sui,
" assensum, pro transgressione et temeraria præsumptione
" hujus debitam satisfactionem suscepit. Item, Alexander,
" Rex Scotiæ, sororius noster, Regi Angliæ, Henrico, patri
" nostro, pro regno Scotiæ, et postea nobis, fecit homagium.
" Vacante deinde regno Scotiæ per mortem Alexandri, Regis
" illius, et subsequenter per mortem Margaretæ, ejusdem
" Scotiæ Reginæ et Dominæ, proneptis nostræ, Episcopi, Abba-
" tes, Priores, Comites, et Barones, et cæteri nobiles et commu-
" nitates, totius regni Scotiæ, ad nos, tanquam ad defensionem,
" ducem, aurigam, capitaneum, et dominum capitalem, ejus-
" dem regni sic vacantis, gratis et spontanea voluntate acce-
" dentes, prout tenebantur de jure, jus nostrum, progenitorum
" et antecessorum nostrorum, ac possessionem superioris et
" directi dominii in regno eodem, et ipsius regni subjectionem,
" ex certa scientia, pure, et simpliciter, et absolute, recogno-
" verunt; et præstitis ab eis nobis, tanquam superiori et
" directo domino Scotiæ, debitis et consuetis fidelitatis jura-
" mentis, ac civitatibus, burgis, villis, castris, et cæteris
" mansionibus, ejusdem regni, in manu nostra traditis, ad
" custodiam ejusdem regni certos, de jure nostro regio, offi-
" ciales et ministros deputavimus, quibus ipsi tempore vaca-
" tionis hujus concorditer fuerant obedientes, et intendentes
" regiis nostris præceptis et mandatis. Postmodum autem,
" diversæ personæ super successione in dictum regnum Scotiæ
" jure hæreditario inter se contendentes, ad nos, tanquam
" ad superiorem dominum regni Scotiæ, accesserunt; peten-
" tes super successione regni prædicti sibi per nos exhiberi
" justitiæ complementum, volentes, et expresse consentientes
" coram nobis, tanquam coram superiori et directo domino,
" in omnibus ordinandis stare et obtemperare. Ac demum, sen-
" tentialiter propositis et sufficienter auditis, rimatis, exami-
" natis, et diligenter intellectis, partium juribus, finaliter in
" præsentia omnium prælatorum et nobilium, quasi totius regni
" Scotiæ, et de voluntate et assensu expresso eorundem, pro-
" cedentes, Johannem de Balliolo debite præfecimus in Regem
" Scotorum; quem tunc in successione ejusdem regni hære-
" dis jura invenimus habere potiora. Qui quidem Prælati,
"Comites, et Barones, communitates, ac cæteri regni ipsius
" incolæ, sententiam nostram acceptaverunt, approbaverunt,
" et ipsum Johannem de mandato nostro, virtute hujus judicii

A.D. 1301. " in Regem suum admiserunt. Ac idem Johannes, Rex Scotiæ,
" pro regno suo prædicto, nobis homagium debitum et con-
" suetum fecit, et fidelitatis juramentum præstitit, et extunc,
" tam in Parliamentis quam Consiliis nostris, tanquam sub-
" ditus noster, sicut alii de regno nostro, interfuit, et nostri.
" tanquam domini sui superioris, beneplacitis et mandatis in
" omnibus obediens et intendens extitit; quousque idem Johan-
" nes, Rex Scotiæ, et Prælati, Comites, et Barones, nobiles, et
" communitates, et cæteri incolæ majores ejusdem regni, ex
" præconcepta malitia, et prælocuta ac præordinata proditione,
" communicato consilio, cum tunc inimicis nostris capitalibus,
" et notoriis, amicitias copularunt, ac pactiones, conspirationes,
" et conjurationes, in exhæredationem nostram, et hæredum
" nostrorum, ac regni nostri, contra debitum homagium, in
" crimen læsæ majestatis nequiter incidendo, fidelitatis jura-
" mentum inierunt cum eisdem. Verum cum præmissa relatio
" et fama publica ad aures nostras devenissent, volentes
" futuris periculis præcavere, quæ ex hiis et aliis possent
" nobis, regno nostro, et regni nostri incolis, verisimiliter
" prævenire, pro assecuratione regni nostri, accessimus ad
" confinium regni utriusque, pluries mandantes eidem Johanni,
" tunc Regi Scotiæ, ut ad certa loca in confinio prædicto
" ad nos accederet, super præmissis et aliis, assecurationis
" statum et tranquillitatem, et pacem regni utriusque con-
" tingentibus, tractaturus. Qui, spretis mandatis nostris, in
" sua persistens perfidia, ad bellicos apparatus, cum Epi-
" scopis, Prælatis, Comitibus, et Baronibus, regni Scotiæ, ac
" etiam aliis exteris conductitiis, contra nos, regnum nostrum,
" et regni nostri incolas, hostiliter se convertens accinxit, et,
" ad hostiles aggressus et incursus procedens, regnum nostrum
" invasit, et quasdam villas regni nostri Angliæ, per se et
" suos, deprædatus est, easque vastavit incendio, homines
" nostros interfecit, et, nonnullis nautis nostris per eos per-
" emptis, naves hominum nostrorum regni Angliæ comburi
" fecit, et e vestigio aggredi. Redditisque nobis homagio
" et fidelitate, tam pro se quam pro aliis quibuscunque regni
" sui incolis, per litteras ejusdem Regis verba offensionum
" exprimentes, et, inter alia, verba diffidationis continentes,
" Comitatus nostros Northumbriæ, Cumbriæ, et Westmerlandiæ,
" regni nostri Angliæ, congregato exercitu ingenti, hostiliter
" per se et suos invasit, stragem innumeram hominum nos-
" trorum, incendia monasteriorum, ecclesiarum, et villarum,
" inhumane perpetrando, et patriam undique depopulando.
" Infantes in cunabilis, mulieres in puerperio decubantes,
" gladio trucidarunt, et, quod auditu horrendum est, a non-
" nullis mulieribus mammillas atrociter absciderunt, parvos

"clericulos, primam tonsuram habentes, et grammaticam ad- A.D. 1301.
"discentes, ad numerum circiter ducentorum, in scholis
"existentes, obstructis ostiis scholarum, igne supposito crema-
"verunt. Nos quoque, cernentes tot damna, opprobria, facinora,
"et injurias, in exhæredationem nostram, et destructionem
"populi nostri, proditionaliter irrogari, nec valentes ratione
"juramenti, quo ad conservationem jurium coronæ regni nos-
"tri sumus astricti, præmissa facinora ulterius concelare,
"nec nostra relinquere indefensa, cum [1] per leges ipsum
"Johannem, tunc Regem Scotiæ, gentemque suam, nobis sub-
"ditam, justificare non possemus, nec ipsum regnum Scotiæ,
"quod a longissimis temporibus, sicut superius exprimitur,
"nobis et progenitoribus nostris feodale extitit, in causis præ-
"missis, contra dictum Johannem, et gentem Scotorum, vires
"potentiæ nostræ extendimus, prout de jure nobis licuit, et
"processimus contra ipsos, tanquam hostes nostros et pro-
"ditores. Subjecto itaque regno Scotiæ, et jure proprietatis
"nostræ ditioni subacto, præfatus Johannes, quondam Rex
"Scotiæ, ipsum regnum Scotiæ, quatenus de facto tenuit,
"sponte, pure, et absolute, reddidit in manum nostram,
"proditiones et scelera memorata coram nobis, et proceribus
"nostris, publice recognoscens. Quo peracto, præfati Comites
"et Barones, nobiles et communitates, regni Scotiæ, quos ad
"pacem nostram regiam suscepimus, subsequenter homagia
"et fidelitates nobis, tanquam immediato domino ac proprio
"ejusdem regni Scotiæ, nobis fecerunt et præstiterunt; ac
"etiam, redditis nobis ejusdem regni civitatibus, villis, castris,
"munitionibus, ac cæteris locis omnibus, ad dictum regnum
"spectantibus, officiales nostros et ministros ad regimen eju-
"dem regni Scotiæ præfecimus jure nostro. Cumque jure
"pleni dominii in possessione ejusdem regni existere dinos-
"camur, non possumus, nec debemus, quin insolentiam sub-
"ditorum nostrorum rebellium, si quos invenerimus, præemi-

---

[1] The reading in the original, in Walsingham, and Bibl. Reg. 13 E. ix. here varies from that given in the printed texts and in Rymer, as follows:—"indefensata, cum idem "Johannes Rex, et gens Scotorum, "et nostri subditi per leges se justi-"ficari minime permisissent, ipso "regno Scotiæ, quod a longissimis "retro temporibus, sicut superius "exprimitur, nobis et progenitoribus "nostris feodale extitit, ex causis "præmissis nobis commisso deinde "bello, juxta leges et consuetudines "regni nostri contra eos, de consilio "procerum et magnatum nostrorum, "indicto, contra Dominum Johan-"nem et gentem Scotorum vires po-"tentiæ nostræ extendimus." The reading in the text corresponds, with one slight variation, with that given by Hemingburgh.

A.D. 1301. " nentia regia, prout expedire viderimus, reprimamus. Quia
" vero ex præmissis et aliis constat evidenter, et notorium
" existit, ¹ quod prælibatum regnum Scotiæ, tam ratione pos-
" sessionis quam proprietatis, ad nos pertinet pleno jure,
" nec quicquam fecerimus vel caverimus, scripto vel facto,
" sicuti nec possemus, per quæ ²juri nec possessioni prædictis
" debeat aliqualiter derogari, Sanctitati vestræ humiliter sup-
" plicamus, quatenus præmissa provida meditatione pensantes,
" ex illis vestrum motum animi dignemini informare, sugges-
" tionibus contrariis æmulorum in hac parte nequaquam fidem
" adhibendo, quinimmo statum nostrum et jura nostra regia
" supradicta habere velitis, si placet, promptis affectionibus
" commendata."

Quantum vero ad hoc quod Papa petivit, quod si Rex Angliæ jus haberet in regno Scotiæ, vel in aliqua ejus parte, procuratores et instructos mitteret, et fieret eis justitiæ complementum, Rex per se noluit respondere; sed hoc commisit Comitibus, aliisque terræ proceribus, qui super hoc Domino Papæ hujus tenoris litteras rescripserunt :—

³ *Littera Communitatis Angliæ Domino Papæ.*

Letter addressed to the Pope in behalf of the people of England; in reference to the King's claim to the crown of Scotland.

" Sancta Romana jure Ecclesia, per cujus ministerium
" fides ⁴ Catholica in suis actibus, cum ea, ut firmiter
" credimus et tenemus, maturitate procedit, quod nulli
" præjudicare, sed singulorum jura conservari velit
" illæsa. Sane convocato nuper per serenissimum domi-
" num nostrum, Edwardum, Dei gratia, Regem Angliæ
" illustrem, Parliamento apud Lincolniam generali,
" idem dominus noster quasdam litteras Apostolicas,
" quas super certis negotiis, conditionem et statum regni,
" ex vestra parte receperat, in medio exhiberi ac seriose
" nobis fecit exponi. Quibus auditis et diligentius in-
" tellectis, tam sensibus admiranda, quam hactenus

---

¹ Omitted in orig.; supplied from Walsingham's text.
² The final letter of this word is erased.
³ Also given in Hemingburgh

II. pp. 209-213, (ed. Hamilton,) and Matthew of Westminster, p. 443 (ed. 1601).
⁴ *in Catholica* in orig., by inadvertence.

" inaudita, in eis audivimus contineri. Scimus enim, A.D. 1301.
" Pater sanctissime, et notorium [1] est in partibus nostris,
" ac nonnullis aliis non ignotum, quod, a prima insti-
" tutione regni Angliæ, Reges ejusdem regni, tam tempo-
" ribus Britonum quam Anglorum, superius et directum
" dominium regni Scotiæ habuerunt in possessione, vel
" capitanei superioritatis et recti dominii ipsius Scotiæ
" successivis temporibus extiterunt; nec ullis tempori-
" bus ipsum regnum in temporalibus pertinuit, vel perti-
" net, quovis jure ad Ecclesiam supradictam. Quinim-
" mo idem regnum Scotiæ progenitoribus dicti Regis
" nostri, Regibus Angliæ, atque sibi, feodale extitit ab
" antiquo. Nec etiam Reges Scotorum et regnum aliis
" quam Regibus Angliæ subfuerunt, vel subjici consueve-
" runt, neque Reges Angliæ super juribus suis in regno
" prædicto, aut aliis suis temporalibus, coram aliquo
" judice ecclesiastico vel sæculari, ex præeminentia
" status sui, regiæ dignitatis, et consuetudinis cunctis
" temporibus irrefragabiliter observatæ, responderunt,
" aut respondere debebant. Unde habito tractatu et de-
" liberatione diligenti super contentis in litteris vestris
" memoratis, communis, concors, et unanimis omnium
" nostrum et singulorum consensus fuit, et erit in-
" concusse, Deo propitio, in futurum; quod præfatus
" dominus noster, Rex, super juribus regni Scotiæ, aut
" aliis suis temporalibus, nullatenus respondeat judi-
" cialiter coram vobis, nec judicium subeat quoquo
" modo, aut jura sua prædicta in dubium quæstionis
" deducat, nec ad præsentiam vestram procuratores
" aut nuncios ad hoc mittat; præcipue cum præmissa
" cederent manifeste in exhæredationem juris coronæ
" regni Angliæ et regiæ dignitatis, ac subversionem
" status ejusdem regni notoriam, necnon in præjudi-
" cium libertatis, consuetudinum, et legum paterna-
" rum, ad quarum observationem et defensionem, ex

---

[1] Omitted in orig.; supplied from Walsingham's text.

A.D. 1301. " debito præstiti juramenti, astringimur, et quæ manu-
" tenebimus toto posse, totisque viribus, cum Dei
" auxilio, defendemus. Nec etiam permittimus, aut
" aliqualiter permittemus, sicut non possumus, nec de-
" bemus, præmissa tam insolita, indebita, præjudicialia,
" et alias inaudita, prælibatum dominum nostrum,
" Regem, etiam si vellet, facere, seu modo quolibet
" attentare. Quocirca, Sanctitati vestræ reverenter et
" humiliter supplicamus, quatenus eundem dominum
" nostrum Regem, qui inter alios principes orbis terræ
" Catholicum se exhibet, et Romanæ Ecclesiæ devo-
" tum, jura sua, libertates, et consuetudines, et leges
" prædictas, absque diminutione et inquietudine pacifice
" possidere, ac illibata persistere, benignius permit-
" tatis." [1]

Rex hostiliter accedit ad Scotiam.

Edward proceeds to Scotland, and winters there.

In festo Pentecostes, finitis treugis quæ cum Scotis initæ fuerant, Rex contra festum Sancti Johannis Baptistæ in Scotiam proficiscitur, exercitu adunato. Dumque in Scotia hyemaret, sui multos equos magnos perdiderunt, ob defectum foragii tempore frigoris hyemalis.

Annalis Conclusio.

Transit annus iste frugum nec opulentus nec omnino inops; Papæ, Curiæque Romanæ, propter discordiam motam inter Papam et Regem Franciæ, malorum inchoativus, inquietudinis concitativus, scandali generativus; Anglicis, nec omnino martius nec omnino quietus; Scotis, suspiciosus, turbidus, et inquietus; inimicis Crucis Christi, Sarracenis, videlicet, lugubris et molestus.

---

[1] The date and place are given in Hemingburgh,—" *Data apud* " *Lincolniam xii. die Februarii, anno* " *Domini* mccc." In Matthew of Westminster, the time is merely mentioned as " *anno Domini* 1301."

Anno gratiæ millesimo trecentesimo secundo, qui est annus regni Regis Edwardi, a Conquæstu Primi, tricesimus, fuit idem Rex ad Natale in Scotia, in loco qui dicitur "Linsinco," cum exercitus manu potenti; sed ad instantiam Regis Francorum, cujus nuper sororem duxerat, Scotis treugas usque ad festum Omnium Sanctorum concessit: ordinatisque rebus Scotiæ, reversus est in Angliam, et circa mediam Quadragesimam Parliamentum Londoniis convocavit.

A.D. 1302. He makes a truce with the Scots, and returns to England.

A Parliament at London.

Malitia.

Eo tempore, Papa Bonifacius per litteras suas Regem Anglorum interpellavit, ut Regi Francorum guerram commoveret; ad quod faciendum, ingens subsidium pollicetur; sed Rex Angliæ, alias Domini Papæ erga se affectum [1] expertus infidum, rem distulit, si possibile foret, recuperare per viam aliam sua malens.

Pope Boniface attempts to cause war between England and France.

Flandrenses prosperantur.

Sub hiis diebus, in Flandria, Brugenses, Gallicorum exactionibus injustis nimis oppressi, Jacobum Sancti Pauli, qui apud eos locum regis tenebat, expulerunt de villa; plurimis in hoc tumultu Gallicis interfectis. Vocaverunt proinde in dominum et defensorem suum Guidonem, Comitem Namurcii, filium Comitis Flandrensis, in custodia adhuc detenti. Guido vero, cum numerosa multitudine bellatorum adveniens, auxit Flandrensium animos plurimum contra Gallos. Interea, Robertus, Comes Attrabatensis, cum exercitu maximo missus in Flandriam, inter Cortunacum et Brugas tentoria sua fixit. Contra quem Flandrenses egressi, omnes fere pedites, prœlium gravissimum conseruerunt cum Gallicis. Succumbentibus ergo Gallicis, Comites Attrabatensis, Augi, et Albemarle, virique nobiles, Godefridus, Ducis Brabantiæ germanus, cum filio suo,

Defeat of the French by the Flemings, at Courtrai.

---

[1] *expertum* in orig.; corrected from Walsingham's text.

A.D. 1302. filius Comitis Hanoniæ, Radulphus de Nigella, Constabularius Franciæ, cum fratre suo Guidone, Marescallo, Reginaldus de Tria, miles [1] emeritus, Camerarius de Tancrevilla, Petrus Flote, Regis Francorum consiliarius præcipuus, et exactionum prædictarum auctor maximus, Jacobus Sancti Pauli, in hoc prœlio ceciderunt occisi. Aliorum vero militum minoris gradus, scutiferorumque et peditum, interfecta est maxima multitudo. Comites vero Sancti Pauli et Boloniæ, Lodowicus, Comitis Claremontensis filius, cum aliis pluribus fugientes, reliquerunt Flandrensibus spolia infinita.

Legatio Franciæ Prælatorum.

Transactions between the French Prelates and the Pope.

Per id temporis, Prælati Franciæ, missis ad Papam tribus Episcopis, de non veniendo ad diem citationis præfixum se per eosdem excusarunt. Papa vero, Prælatis Franciæ non comparentibus, misit in Franciam Johannem Monachi Presbyterum Cardinalem; qui, convocatis Prælatis Parisius, secretum consilium habuit cum eisdem.

Regis Franciæ profectio.

The King of France returns from Artois to Paris.

Eodem anno, Philippus, Rex Franciæ, maximo coadunato exercitu, cum juxta civitatem Attrabatensem toto mense Septembri mansisset, licet hostes de propinquo diutius eum expectassent, nihil agendo, Parisius reversus est inglorius.

Charles, Count de Valois, returns to France.

Karolus, Comes Valesii, cum Frederico, occupatore Siciliæ, tractatu sine omni effectu habito, in Galliis rediit isto anno.

Scotia.

Edward sends an

Post festum Omnium Sanctorum, elapsis treugis cum Scotis, Rex Angliæ Johannem de Segrave, militem

---

[1] Such is the reading in orig., and Bibl. Reg. 13 E. ix.; but probably that in Trivet, "*miles, Emericus* " *Camerarius de, etc.*" is the correct one.

nobilem, cum exercitu misit in Scotiam, committens ei ejusdem terræ custodiam.

A.D. 1302. army into Scotland.

Obitus.

Hoc anno obiit Hunfridus de Boun, Comes Herefordiæ; cui successit filius suus, Hunfridus, qui postea duxit Elizabetham, Regis filiam, Comitissam Holandiæ, marito suo primo orbatam.

Death of H. de Bohun, Earl of Hereford. (A.D. 1297.)

Hiis diebus, cives Burdegalenses, dominium Gallicorum non ferentes, illos de civitate sua, contra Natale Domini, expulerunt.

The French expelled from Bordeaux.

Annalis Conclusio.

Transit annus iste mediocriter frugifer et fructifer; consequenter Gallicis infamis et notabilis, propter infortunia et res bellicas male gestas; Anglis honorabilis et confortabilis; Scotis odibilis, detestabilis, et invisus.

Willelmus Waleys.

Anno gratiæ millesimo trecentesimo tertio, qui est annus regni Regis Edwardi, a Conquæstu Primi, tricesimus primus, tenuit Rex Natale, apud Westmonasterium, Londoniis. Quo anno, Scoti cœperunt rebellare contra Regem Angliæ, duce et capitaneo constituto Willelmo Waleys, qui eos ad seditionem commoverat. Propter quod, Rex, coadunato ingressus exercitu, prætermisso castro de Stryvelyn, quod contra eum munitum fuerat, totam terram pervagatur, nemine apertæ pugnæ sibi copiam faciente.

A.D. 1303 Rebellion of the Scots, under William Wallace.

Restitutio Wasconiæ.

Eodem tempore, Rex Francorum, ob detentionem Wasconiæ injustam, timens sibi a Rege Angliæ, per Dominum Papam ad hoc instigato, guerram parari, ut ejus scilicet amicitiam compararet, quicquid Wasconiæ in manu sua tenebat, eidem sponte gratisque restituit,

Gascoigne restored to the King of England.

A.D. 1303. prout ignorantibus veritatem videbatur. Tunc etiam et Burdegalia Regi Angliæ spontanee se subjecit.

Truce between the Flemings and the King of France.
Philippus, filius Comitis Flandriæ, coadunatis multis Teutoniæ stipendiariis, ingressus Franciam, castrum ¹ Sancti Audomari obsedit; sed cum nihil proficeret, discedens urbem Morinorum incendit. Philippus, Francorum Rex, versus Flandriam progressus cum exercitu, acceptis treugis, inglorius est reversus.

Guy, Count of Flanders, endeavours to make peace with the French, but unsuccessfully.
Gwido, Comes Flandriæ, et filius ejus, Robertus, a custodia per Regem Franciæ soluti, ut Flandrenses ad pacem regis reducerent, in Flandriam transmittuntur. Sed cum nihil proficerent, fidelitate servata debita, ad loca suæ pristinæ custodiæ revertuntur.

Episcopus capitur.

The Bishop of Utrecht taken by the Flemings.
Eo tempore, Willelmus, filius Comitis Hanoniæ, Johannis, et Guido, Trajectensis Episcopus, ejusdem Willelmi patruus, contra Flandrenses, qui maximam partem ² Flandriæ occupaverant, prœliantes, succumbunt, capto Episcopo, sed Willelmo per fugam elapso.

Irruptio Scotorum.

John de Segrave taken by the Scots, but rescued.
Hoc anno, circa principium Quadragesimæ, Scoti, latentes in insidiis, Johannem de Segrave, cum paucis armatis transeuntem, juxta Castrum quod dicitur "Puellarum" subito invaserunt; peremptisque hinc inde nonnullis, Scoti, prævalentes multitudine, ceperunt aliquos milites Anglicos, inter quos et ipsum Johannem, aliorum capitaneum, graviter vulneratum; sed supervenientes milites alii de exercitu Anglicorum, ipsum Johannem, a suis ereptum custodibus, abduxerunt.

Prowess of Robert de Nevyle.
Dum fieret iste conflictus, miles quidam nobilis, Robertus de Nevyle, Missarum audiens solemnia—erat

---

¹ Against this line there is a marginal note in orig.,—' i ' [id est]   Tirwan.
² Selandiæ in Trivet.

nempe Dominica Prima Quadragesimæ,—quæ gesta *A.D. 1303.*
fuerant penitus ignorabat. Post Missam vero egressus,
cum audisset a redeuntibus Scotos in Anglicos præ-
valere, illuc cum suis armatis properans, multos peremit, multosque fugavit, et captivos aliquos reduxit.
Nec de hiis qui Missæ cum eo intererant, quisquam
captus fuit, aut graviter vulneratus; sed nec corruit
unus solus.

Terræ Comitis Marescalli.

Comes Marescalli, fratri suo, Johanni, offensus, cap- *The Earl*
tans Regis benevolentiam, omnes terras suas Regi *Marshal transfers*
donavit; ita ut, ei abjectis mille libratis terrarum, re- *his lands*
donarentur ad vitam. *to the King.*

Profectio in Scotiam.

Rex Angliæ, audita rebellione Scotorum, apud *Submission*
Rokisburgiam in Scotia, ex edicto publico, in festo *of the Scots to the King*
Pentecostes exercitum adunavit; progrediensque parvis *of Eng-*
dictis totam terram usque Catenesiam, quæ est in *land.*
ultimis Scotiæ finibus, perlustravit, nemine aperti
prœlii copiam faciente. Videntes itaque Scoti se non
posse resistere, [1] missis nunciis, petiverunt humiliter a
Rege ad pacem suam recipi; et ut permitteret eis,
dato [2] pretio, ab hiis quibus per eum collatæ erant,
redimere terras suas. Adquievit Rex eorum precibus, *Edward*
et rediens, castrum de Stryvelyn, quod Scoti occu- *besieges Stirling*
paverant, et contra Regem defendebant, cujus expug- *Castle.*
natio in progrediendo gratis erat omissa, per suos
obsedit. Ipse vero non longe a loco eodem, apud
Dunfermelyn, hyemavit.

Appellatio contra Papam.

Hoc anno, circa festum Sancti Johannis Baptistæ, *Appeal of*
milites quidam, in præsentia cleri et populi, Parisius *the King of France*

---

[1] *missus* in orig. | [2] *prelio* in orig., by inadvertence.

A.D. 1303. congregati, Papæ Bonifacio multa imposuerunt enormia,
against Pope Boniface VIII. puta, hæresim, simoniam, et homicidia; propter quæ, per Regem Franciæ appellatum est contra eum, ad illum cujus interest, donec, convocato Consilio, se a criminibus purgaret objectis.

Processus de captione Papæ.

Insurrection against Pope Boniface, by the Cardinals Colonna and others.
Circa festum Nativitatis Beatæ Virginis, videlicet, in Vigilia Nativitatis ejusdem, venit summo mane magnus exercitus hominum armatorum, missus ex parte Regis Franciæ et Cardinalium Columpnensium damnatorum, repente ad portas civitatis Anagum, in quam Papa confugerat pro tutela, quia ibidem natus fuerat. Invenientes igitur portas apertas, ingressi sunt civitatem, et mox dederunt insultum palatiis Domini Papæ, et Marchionis, nepotis Papæ, et trium Cardinalium. Communitas vero villæ, comperto quod Scarra, frater Columpuensium Cardinalium, et Willelmus de Negareto, Senescallus Regis Franciæ, advenissent ea conspiratione ut Papam deponerent vel necarent, statim pulsata communi campana, et tractatu habito in communi, elegerunt sibi capitaneum quemdam Adnulphum, unum ex majoribus dominis de Campania, per quem instanti negotio regerentur. Qui quidem Adnulphus, illis ignorantibus, Domini Papæ capitalis extitit inimicus. Interim Domini Papæ adversarii ejus palatio, et Marchionis, nepotis sui, triumque Cardinalium, acerrimos dederunt insultus. Sed familiaribus [1] Domini Papæ et Marchionis viriliter se defendentibus, illorum palatia invadere nequiverunt. Trium tamen Cardinalium palatia, qui reputabantur specialiter amici Papæ, per vim et potentiam sunt ingressi; et omnia bona ibidem reperta diripuerunt et asportaverunt. Ipsi vero Cardinales a tergo per latrinam vix evaserunt.

---

[1] This and the six ensuing words are repeated in orig.

Interea supervenit Dominus Adnulphus, villæ capi- A.D. 1303.
taneus, adducens secum Dominum Reginaldum de
Supine, qui habuit in Campania magnum dominium,
et erat Papæ capitalis adversarius; cum quo etiam
venerunt filii Domini Johannis de Clitau, quorum
patrem Papa tunc in carcere detinebat. Cumque dictus
capitaneus, cum suis sociis supradictis, venisset ad
Schairam de Columpna, et ejus exercitum, statim, cum
omni populo quem ducebat, conjunxit se eidem; et
communibus votis irruerunt tantum in Papam et nepotem suum, quod diu, ut putabatur, eis resistere non
valerent. Ob quam causam, Dominus Papa, timens sibi,
treugas petiit a Schaira; quas Schaira sibi concessit,
et nepoti suo, usque ad horam nonam dicti diei; quæ,
videlicet, treugæ captæ fuerant hora prima. Durante
treuga, Papa misit secrete ad populum Anagum, sup-
plicans ut salvarent vitam suam, promittens, si hoc
facerent, quod ipsos in tantum locupletaret, quod omnes
suo perpetuo merito gaudere deberent. Populus vero
se excusavit, dicens se nil posse juvare in hac parte,
præsertim cum tota potestas villæ capitaneum sequere-
tur. Tunc Papa supplicavit Schairæ, ut significaret
articulos, in quibus fuerat injuriatum sibi et fratribus
suis; et ipse paratus esset, secundum consilium Cardinalium, facere emendas sibi. Schaira vero respondit,
quod non permitteret Papam vivere, nisi duos Cardinales, suos fratres, plene restitueret, scilicet, Petrum et
Jacobum de Columpna, quos prius damnaverat, ad
temporalia et spiritualia; et non solum illos restitueret,
sed et omnes de eorum sanguine vel parentela. Et
quod idem Papa, post hujusmodi restitutionem, renunciaret Papatui; et quod postmodum corpus ejus esset
ad voluntatem ipsius Schairæ. Hiis auditis, ingemuit
Papa, et ait;—" Hoy me ! durus est hic sermo;" cumque
concordare non possent, et advenisset hora diei nona,
iterum Schaira cum exercitu dedit insultum Papæ et
nepoti suo; at ipsi se viriliter defendebant. Tandem

A.D. 1303. videntes adversarii quod principalis ecclesia Anagum, quæ erat de Sancta Maria, esset eis impedimento quominus poterant attingere pro votis ad Palatium Papæ, apposuerunt ignem ad ostium ecclesiæ supradictæ. Itaque valvis ecclesiæ combustis totaliter, ingressi sunt ecclesiam homines Schairæ; et despoliaverunt omnes clericos et laicos mercenarios, habentes ibidem cultellos et alia mercimonia ad vendendum; ita quod non dimiserunt valorem quadrantis, ex omnibus quæ apprehendere potuerunt.

Tandem Marchio, nepos Papæ, perpendens quod se ulterius non posset defendere, reddidit se dicto Scairæ et capitaneo memorato; ea conditione, ut vitam ipsius, et filii sui, salvarent, servientiumque suorum. Quibus auditis, Papa flevit amare. Post hæc, ruptis ostiis et fenestris palatii Papæ per plura loca, ac igne imposito, per vim ad Papam exercitus est ingressus. Qui tunc per multos verbis contumeliosis est aggressus; minæ etiam ei a pluribus sunt illatæ. Sed Papa nulli respondit. Enimvero, cum ad rationem esset positus, an vellet renunciare Papatui, constanter respondit, "non," immo, citius vellet perdere caput suum, dicens in suo vulgari;—"*Et " le col, et le cape;*" quod est dicere,—"Ecce collum, " ecce caput." Et statim protestatus est coram omnibus, quod Papatui nunquam [1] renunciaret, quamdiu posset habere vitam. Schaira vero voluit libenter interfecisse Papam, sed per quosdam fuit prohibitus; ita quod Papa malum in corpore non recepit. Attamen ostiariis Papæ fugatis, et quibusdam interfectis, ejectisque tam majoribus quam minoribus de sua familia, deputati sunt custodes Papæ per Schairam et capitaneum, Dominus Reginaldus de Suppine, et multi alii cum codem. Acta sunt in Vigilia Nativitatis Sanctæ Mariæ, septima hora diei.

---

[1] *renunciare* in orig.; corrected from Walsingham's text.

Exercitus vero, postquam irrupit Palatium, mox despoliavit Papam et ejus cameram, atque thesauriam suam; et asportavit vestimenta, cum ornamentis, et aurum atque argentum, cum omnibus aliis rebus inventis ibidem. Et revera creditur, quod omnes reges mundi non possent tantum de thesauro reddere infra unum annum, quantum fuit de Papali Palatio asportatum, et de palatiis trium Cardinalium et Marchionis. Remansit autem Papa et nepotes sui sub custodia militum et custodum Schairæ, usque in diem tertiam. Medio tempore, Schaira tractavit cum suis, quomodo ¹ Papam morti traderet, vel mitteret ad Regem Franciæ corpus ejus. Sed populus Anagum, hoc comperiens, facta convocatione secreta, ignorantibus capitaneo et Schaira, quasi ad decem millia hominum, cucurrerunt ad Palatium ubi Papa servabatur in custodia, et, expulsis atque peremptis custodibus, ingressi sunt, et deliberaverunt Papam et nepotes ejus, habituri eorum custodiam penes se.

A.D. 1303.

Sed ante hæc omnia est sciendum, quod cum primo Schaira et capitaneus, cum Senescallo Regis Franciæ, comprehendissent Papam, in equum posuerunt effrenem, ad caudam versa facie, et sic discurrere, fere usque ad novissimum halitum, coegerunt, et tandem pene fame necaverunt; donec eum ² populus Anagum, ut præmittitur, liberasset. Scaira vero, propter id offensus villæ communibus, cum exercitu de villa recessit. Tunc populus fecit Papam deportari in magnam plateam, ubi Papa lacrymando populo prædicavit; inter omnia, gratias agens Deo et populo Anagum de vita sua. Tandem, in fine sermonis dixit;—"Boni homines et " mulieres, constat vobis qualiter inimici mei venerunt " et abstulerunt omnia bona mea, et non tantum mea, " sed et omnia bona Ecclesiæ; et me, ita pauperem

Maltreatment of Pope Boniface, by Sciarra Colonna, and others.

---

¹ *Papa* in orig.; corrected from Walsingham's text.   ² *populo* in orig., by inadvertence.

A.D. 1303. "sicut Job fuerat, dimiserunt. Propter quod, dico
"vobis veraciter, quod nihil [1] habeo ad comedendum
"vel bibendum, et jejunus remansi usque ad præsens.
"Et ideo, si sit aliqua bona mulier, quæ me velit de
"sua juvare eleemosyna in pane vel vino, vel, si vinum
"non habuerit, de aqua permodica, dabo ei benedic-
"tionem Dei, et meam; et omnes qui quicquam por-
"taverint, quantulumcunque modicum, in meam sub-
"ventionem, absolvo ab omnibus peccatis suis." Tunc
omnes, hæc audientes ex ore Papæ, clamabant,—"Vivas,
"Pater sancte." Et mox cerneres mulieres currere
certatim ad Palatium, ad offerendum sibi panem,
vinum, vel aquam, in tantum, quod statim camera
Papæ victualibus repleta fuit. Et cum non invenirentur vasa ad capiendum allata, fundebant vinum et
aquam in area [2] cameræ Papæ in maxima quantitate.
Et tunc potuit quisque ingredi, et cum Papa loqui,
sicut cum alio paupere, qui volebat. Tunc Papa,
exiens, absolvit omnes existentes in civitate ab omnibus peccatis eorum generaliter, præter despoliatores
Ecclesiæ Romanæ. Spoliatores etiam Cardinalium et
aliorum de Curia non absolvebat, nisi bona hujusmodi
infra triduum reportarent. Veruntamen Papa remisit
expresse omnibus qui bona sua asportaverant, dum
tamen illa bona de thesauro Ecclesiæ non fuerunt; et
statim protestatus est coram omnibus, quod voluit
habere pacem cum Columpnensibus Cardinalibus, et
suis aliis inimicis, et paratus erat ipsos restituere ad
temporalia et spiritualia Cardinales; et hoc fecit proclamari per villam. Interea reportata fuerunt bona
illius quædam, sed non omnia, prius ablata.

Papa pergit Romam.

Pope Boniface

Hiis ita gestis, Papa subito et inopinate recessit de

---

[1] Omitted in orig., supplied from Walsingham's text.   [2] *camera* in orig., by inadvertence.

villa Anagum, progrediens versus Romam, cum maxima *A.D. 1303.* multitudine armatorum. Et cum pervenisset ad Sanctum Petrum, ex timore quem conceperat quando captus fuit, et mœrore rerum inæstimabilium perditarum, et fame quam contraxerat sub custodia adversariorum suorum, cito defecit; et sic completa est in eo prophetia prædecessoris sui, qui dixit,—" Ascendisti ut " vulpes, regnabis ut leo, morieris ut canis."

Returns to Rome.

Death of Pope Boniface. Prophecy as to his end.

Eligitur Benedictus Undecimus.

Successit ei, a Cardinalibus mox electus, Benedictus Undecimus, Lumbardus natione, quem Papa Bonifacius de Ordine Fratrum Prædicatorum, cujus Magister fuerat, assumptum fecerat Episcopum Ostiensem. De isto Benedicto quidam sic ait:—

Succession of Pope Benedict XI.

" A re nomen habe, benedic, benefac, Benedicte,
" Aut rem perverte, [1] maledic, malefac, Maledicte."

Columpnenses.

Columpnenses, mortuo Papa Bonifacio, de suis egressi latibulis, ad Papam Benedictum venerunt, misericordiam implorantes. [2] Quos ille benigne suscipiens absolvit, ac bonorum suorum tribuit facultatem. Sed eos ad gradum Cardinalatus tam subito restituere non decrevit.

The Cardinals Colonna are pardoned.

Papa Benedictus, per hoc tempus, Fratrem Nicholaum de Prato, Episcopum Spoletanum, ad Cardinalatum assumens, fecit Episcopum Ostiensem; Fratrem etiam Willelmum de Makelesfelde, Doctorem Sacræ Theologiæ, Ordinis Prædicatorum, natione Anglicum, Diœcesis Coventrensis, Tituli Sanctæ Sabinæ fecit Presbyterum Cardinalem. Qui, antequam ad eum rumor perveniret, in fata concessit. Cujus morte cognita, Papa Fratrem Walterum de Wynterburne, similiter, Ordinis Prædicatorum, Regis Angliæ Confessorem,

Promotions by Pope Benedict.

Englishmen made Cardinals.

---

[1] *maladic* in orig. | [2] *Quis* in orig., by inadvertence.

A.D. 1303. Saresbiriensis Diœcesis, ad eundem titulum Cardinalatus promovit.

Robbery of the King's Exchequer at Westminster.
Eodem anno, derobatus fuit Rex Angliæ de thesauro suo apud Westmonasterium, per latronem unicum Propter quod factum, decem monachi Westmonasterii incarcerati fuerunt, sed enim injuria.

Annalis Conclusio.

Transit annus iste durus divitibus, pauperibus penuriosus; Papæ, Curiæque Romanæ, probrosus, propter
Misfortunes overtake the enemies of Pope Boniface.
malam captionem Papæ, incarcerationem, et mortem consequenter. Sed tamen in hoc Ecclesia consolari potuit, quia nullus eorum qui ejus captioni interfuit, vel facinori in tanto consensit, judicium ultionis evasit. Nam quidam insanabili acti sunt furia, quidam, et præcipue qui manus injecerunt Christi Vicario, manus
The kindred of the King of France afflicted with erysipelas.
proprias comederunt. Regis etiam Franciæ consanguinitas et cognatio tacta est, usque in genu septimum, igne sacro.

Annus iste commoditate famosus fuit Flandrensibus, et Francis infamis; Scotis durus; Anglicis inquietus.

Obsidio Ca[stri] de Stryve[lyn].

A.D. 1304
Anno gratiæ millesimo trecentesimo quarto, qui est annus regni Regis Edwardi, a Conquæstu Primi, tricesimus secundus, tenuit idem Rex Natale apud Dunfermelyn in Scotia; cui interfuit exercitus Anglicanus. Transacta hyeme, Rex, ad obsidionem Castri de Stry-
King Edward joins in the siege of Stirling Castle.
velyn accedens personaliter, diversis præparatis machinis, illud solito fortius impugnavit. Qui vero custodiebant castrum, illud fortiter defendentes, cum machinis suis plurimos occiderunt. Die quadam, cum Rex castrum considerando obequitaret, ac quodam loco infra jactum balistarum obequitando appropinquaret, jaculum quoddam, de castro emissum, superiori ejus

armaturæ affixum ¹ est, sine ulla corporis læsione. In A.D. 1304. quod extractum Rex expuens, conversa ad castrum facie, alta voce ei qui illud emiserat, jaculum ostendendo, suspendium minabatur. Castellani videntes obsidionem super se gravari, obtulerunt castrum Regi, salvis vita et membris, ac postea simpliciter se in ejus gratia posuerunt. Sed neutro modo voluit Rex eos admittere; sed tantum in ea forma, ut pure et simpliciter se dederent regiæ voluntati. Quod licet eis primo difficile videretur, tamen cum fossata conspicerent terra impleri, et lapidibus, scalasque ad transcensionem murorum, qui assiduis ictibus petrarum conquassabantur, parari, tandem, in die Beatæ Margaretæ Virginis castrum reddentes, se Regis placito subdiderunt. Quorum capitaneum, Willelmum Olifardi, militem admodum strenuum et cordatum, ad Turrim Londoniarum, reliquos vero ad alia castra diversa, transmisit, carceribus mancipandos. *It surrenders.*

Edwardus Rex, subacta ad votum Scotia, commissaque ejus custodia Johanni de Segrave, in Angliam est reversus. Cumque venisset Eboracum, jussit sessionem Justiciariorum, qui dicuntur "de Banco," et Scaccarium, quæ jam septennio manserant Eboraci, Londonias, ad antiquum locum, transferri. *The Justiciars of Bank, and the Exchequer, return to London from York.*

Obitus.

Hoc anno obiit Magister Thomas de Colebrugge, Archiepiscopus Eboracensis; cui successit Willelmus de Grenefelde, Doctor in utroque jure, Canonico et Civili. *Death of Thomas, Archbishop of York.*

Eodem anno obiit Johannes de Warenna, Comes Sourreyæ et Southsexiæ; cui successit nepos ejus, ex filio, "Johannes" nomine, uxorem accipiens neptem Regis, ex filia Alienora, quam duxit Comes Barrensis. *John de Warenne, Earl of Surrey, marries the King's granddaughter.*

---

¹ Omitted in orig.: supplied from Walsingham's text.

A.D. 1304.

Traylebastoun.

Traylbaston established.

Hoc anno ordinati sunt Justiciarii, qui de malefactoribus diligenter inquirerent, quantum ad certos articulos; et juxta demerita punirent inventos. Hii Justiciarii vocati sunt ab hominibus popularibus [1] "*Traylebastoun,*" quod sonat " Trahe baculum."

The King of France absolved from sentence of excommunication.

Papa Benedictus, per idem tempus, considerans pium esse etiam ovem errantem, licet invitam, reducere ad ovile, Regem Francorum, non petentem, a sententia excommunicationis, per prædecessorem suum lata in eum, absolvit.

The Cistercians molested by the King of France.

Per idem tempus, Rex Franciæ, offensus Abbati Cistersiensi, quia in appellationem contra Papam Bonifacium non consenserat, omnia Monasteria ejusdem Ordinis, in regno Franciæ constituta, plurimum molestavit; propter quod, Abbas ultro regimini Ordinis sui cessit.

Flandrenses succumbunt.

Successes of the King of France against the Flemings.

Rex Franciæ, Philippus, hoc anno in manu valida copias fudit Flandrensium; inter quas cecidit Willelmus de Juliariis, qui earum capitaneus fuerat constitutus. Et non multo post, reddiderunt se Regi Francorum duæ villæ nobiles Insulaci [1] et Duacum.

Benedictus Papa moritur.

Death of Pope Benedict XI.

Hoc anno, die Nonarum Julii, moritur Papa Benedictus Perusii. Post cujus obitum, cum Cardinales in electione Summi Pontificis dissiderent, a civibus, secundum Constitutionem Gregorii Decimi, includuntur.

Annalis Conclusio.

Transit annus iste, frugum vel fructuum fertilitate nec inops nec abundus; Romanis lugubris, propter

---

[1] Omitted in orig.

dissensionem Cardinalium in electione Papæ ; Francis A.D. 1304.
et Anglis, propter subactos adversarios, gloriosus ;
Scotis et Flandrensibus nimis odibilis, propter Regibus
datam victoriam de eisdem.

Anno gratiæ millesimo trecentesimo quinto, qui est A.D. 1305.
annus regni Regis Edwardi, a Conquæstu Primi, tricesimus tertius, fuit idem Rex ad Natale apud Lincolniam, cum Regina multisque proceribus regni sui. Ad
Annunciationem Dominicam dederat Rex Edwardus,
cum magnatibus, apud Westmonasterium [1]
       pro triumpho de Scotis potito: compassusque *Certain monks of Westminster, imprisoned on suspicion of robbing the Exchequer, are liberated.*
super injusta incarceratione monachorum Westmonas-
terii, jussit mox fieri liberationem ipsorum. Sed super-
abundante perversorum judicum malitia, prolongantium
iniquitatem suam, ultra præceptum Regis, retinuerunt
per octo dies monachos in prisona. Quo audito, præcepit Rex Justiciariis, ut, omissis cæteris curis, incarcerati monachi eorum Abbati continuo redderentur.

Captio et mors Willelmi Waleys.

Hoc anno, Willelmus Waleys, qui Scotiam frequenter *Capture and execution of William Wallace.*
commoverat, per milites Regis in Scotia captus est, et
Londonias usque deductus est ; ubi judicialiter condemnatus, trahitur, suspenditur, et ultimo decollatur. Cujus
caput Londoniis in loco eminenti figitur super palum,
corpus vero, in Scotiam transmissum, divisum est in
quartas, quæ, ad aliorum terrorem, in diversis urbibus
suspenduntur.

Hic, ex infima gente procreatus, processu temporis *Particulars of his previous life.*
factus est vir sagittarius, illius artis peritia quæritans
victum suum. Cumque semel et secundo suam fortitu-
dinem, pariter et audaciam, expertus fuisset, altiora ap-
petens, petivit a Scotis licentiam ut posset Anglicos
infestare, promittens se totam Angliam conquisiturum,
et Scotos victores usque Londonias perducturum. Scotis

---

[1] This hiatus occurs in orig.

A.D. 1305. vero sibi consentientibus, et ipsum eorum ducem constituentibus, militiæ donatus est cingulo a quodam Comite regionis illius. Inde cœpit pervagari provincias usque Northumbriam, maximum tumultum concitando, villas et agros depopulando, prædas agendo, et magnam partem patriæ incendio devastando. Videntes ergo Scoti viam suam prosperari, confluebant ad eum, in multitudine vix numerabili, non solum juvenes, sed etiam ipsi senes, ita ut in brevi tantum conflarit exercitum, quanto nullus princeps, juxta Scotorum opinionem, resistere prævaleret. Igitur de tanta multitudine gloriabundus, concepit audaciam præsumptibilem dominum suum, Regem Angliæ, inquietandi; fuerat nempe facinorosus, fallax, refuga, osor pietatis, prædo sacrilegus, incendiarius, homicida Herode crudelior, Nerone vesanior; qui pudenda hominum, quæ Deus [1] celari voluit, faciens eis perizomata, cum Kanaan maledicto discooperuit: cogens viros et fœminas Anglicos mixtim karollare nudos, constitutis a tergo tortoribus, cum scorpionibus et aculeis pungentibus, et flagellantes in chorea ut incederent in directum. Qui etiam infantes, in cunis [2] vagitantes, vel pendentes ad matrum ubera, evisceravit, et pueros in scholis, et in ecclesiis, plurimos conflagravit. Qui, dum collegisset Scotorum exercitum ad bellum de Fowkirke contra Regem Angliæ, et vidisset se imperare tantæ potentiæ, ait Scotis;—" Adduxi vos ad annulum, saltate et " karolate, ad melius sicut scitis;" et effugit e prœlio, populum in occisione gladii derelinquens.

Particulars of his execution. Hic tandem, post innumera flagitia, captus est per regales ministros, et Londoniis, jussu Regis, morte crudelissima, sed dignissima, condemnatus, primo videlicet, tractus per plateas ad caudas equorum, deinde suspensus, exin evisceratus, crematis intestinis, demum decollatus est, corpore per quartas diviso, et misso ad quartas partes regni Scotorum.

---

[1] In allusion to *Genesis* iii. 21, and ix. 25.   [2] *vegitantes* in orig.

De Comite Marescallo.

A.D. 1305.

Eo tempore convenit Comitem Marescallum, super quodam dedecore quod machinatus fuerat contra eum, dum in Flandria morabatur. Qui nequiens respondere ad objecta, vel ea refellere, regiæ gratiæ se submisit. Pro qua consequenda, Regem constituit hæredem suum, et tali commento mortem perdidit et vitam invenit. Rex vero remuneravit eum de mille libratis terrarum ad vitam [1]   sibi pro ista concessione.

Disgrace of the Earl Marshal, and penalty inflicted.

Similiter Rex Archiepiscopum Cantuariensem, et omnes qui huic facto consenserunt, pecuniaria pœna multavit.

And on the Archbishop of Canterbury.

Coronatio Papæ Clementis.

Circa dies istos, Bertrandus, Burdegalensis Archiepiscopus, natione Vasco, in Papam electus, "Clemens "Quintus" dictus est. Qui mense Octobri in Lugduno, convenientibus illuc Cardinalibus, Regeque Francorum, Philippo, suam præsentiam exhibente, Papali diademate coronatur. Qui dum coronatus ad ecclesiam Beati Martini equitando duceretur, murus quidam a latere, in quem multi, spectaturi quæ gerebantur, ascenderant, corruens multos oppressit; inter quos erat Dux Britanniæ, vir senex, et discretione insignis.

Election of Pope Clement V.

Accident at his coronation.

Idem Papa, ante Natale, unam ordinationem faciens, creavit duodecim Cardinales; inter quos, de Ordine Fratrum Prædicatorum Frater Thomas de Jort, Doctor Sacræ Theologiæ, natione Anglicus, Tituli Sanctæ Sabinæ factus est Presbyter Cardinalis.

An English Cardinal.

Munera missa Papæ.

Rex autem Angliæ misit Domino Papæ omnia utensilia quibus ministrabatur ei in camera et in mensa, ex auro puro, per Episcopos Licheffeldensem et Wigor-

Gifts sent by King Edward to the Pope.

---

[1] A word occurs here in orig., written, apparently, *ananett*. It is perhaps intended for *annaliter*.

A.D. 1305.   niensem, et Comitem Lincolniæ. Ad eandem vero
solemnitatem plures viri nobiles de Anglia accesserunt.
Porro Dominus Papa Episcopum Dunelmensem, Dominum Antonium de Beek, propter dapsilitatem, et cordis magnificentiam, quam in eo repperit, fecit Patriarcham Ierosolomitanum, et electos Eboracensem et Londoniensem misit ad propria confirmatos.

The Bishop of Durham made Patriarch of Jerusalem.

Decimæ concessæ Regi.

Illo tempore, Papa concessit Regi Angliæ decimas ecclesiasticas per biennium, pro negotio Terræ Sanctæ. Sed tamen versus alios expendebantur.

Tenths granted by the Pope to the King of England.

Papa reservat sibi primos fructus per Angliam.

Ipse vero Papa, cernens insatiabilem quorundam Episcoporum Angliæ avaritiam, importune postulantium primas vacantes ecclesias per annum in suis Diœcesibus sibi concedi, advertens quia quod petit inferior, postulare potest et superior, appropriavit sibi ipsi per triennium omnes proventus de primo vacantibus ecclesiis per totam Angliam; videlicet, de primo anno primos fructus, tam de Episcopatibus, Abbathiis, Prioratibus, et præbendis personatibus vicariis, quam de cæteris munitis beneficiis.

The Pope appropriates for himself the first-fruits in England for three years.

Expulsio Flandrensium et Scotorum.

Hoc anno, misit Rex Franciæ ad Regem Angliæ, rogans eum ut Flandrenses ab Anglia expelleret, sicut ipse, ad suam instantiam, Scotos de Francia ejecerat, paulo ante; cujus Rex precibus adquiescens, Flandrenses omnes de Anglia exbanniavit.

The Flemings expelled from England by Edward.

Annalis Conclusio.

Transit annus iste, fructum faciens, fruges producens; Francis et Anglicis otiosus; Scotis et Flandrensibus odiosus.

Hoc anno, Antonius, Dunelmensis Episcopus, donante Papa Clemente, fit Patriarcha Ierosolomitanus.

Robertus Brus invadit regnum Scotiæ.

Anno gratiæ millesimo trecentesimo sexto, qui est annus regni Regis Edwardi, a Conquæstu Primi, tricesimus quartus, tenuit Rex Natale Londoniis. Circa quod tempus, videlicet, quarto Kalendas Februarii, Robertus de Brus, aspirans ad regnum Scotiæ, nobilem virum, Johannem Comyn, quia suæ proditiosæ factioni assentire noluit, apud villam de Dunfres, in cujus castro Justiciarii Regis Angliæ tunc sedebant, in ecclesia Fratrum Minorum, sacrilegus interfecit. In festo vero Annunciationis Beatæ Virginis, in Abbathia Canonicorum Regularium de Scone se fecit in Regem solemniter coronari. Uxor Comitis de Bowhan a marito suo furtive discessit, omnes equos ejus magnos secum adducens, et properans usque Scone, ut diadema imponeret capiti novi Regis; quia frater ejus, Comes de Fyf, ad quem jure hæreditario spectabat hoc officium, tunc absens in Anglia morabatur. Hanc autem Comitissam, eodem anno captam ab Anglicis, cum quidam perimere voluissent, non permisit Rex; sed in domuncula quadam lignea super murum castri Berewici posita est, ut possent eam conspicere transeuntes.

A.D. 1306.

Robert de Brus (Bruce) slays John Comyn.

Bruce crowned King of Scotland.

The Countess of Buchan kept in a wooden cage, at Berwick.

Apparatus Anglorum versus Scotiam.

In festo Pentecostes, Edwardus, filius Regis Angliæ, cum numerosa societate juvenum nobilium, Londoniis a patre militaribus armis cinctus est. Ob quam causam, datus est Regi tricesimus denarius a populo et clero, et a mercatoribus vicesimus denarius datus fuit. Qui exinde, cum tironum multitudine, Scotiam continuatis dietis contendit, ad reprimendum conatus Roberti de Brus, invasoris regiæ dignitatis; præcesserat vero eum Aymericus de Valenciis, Comes Penbrochiæ, Robertus de Clifforde, et Henricus de Percy, missi a Rege cum manu armata, ad novis motibus resistendum.

Edward, Prince of Wales, is knighted, and proceeds to Scotland.

A.D. 1306.
King Edward summons his army to Carlisle.
Prince Edward ravages Scotland.

Ipse vero Rex, lento gradu secutus, convocaverat exercitum, quem apud Karliolum jussit esse paratum in quindena Sancti Johannis Baptistæ, in occursum filii sui, cum eodem ulterius progressuri. Edwardus, filius Regis, cum venisset Karleolum, sumptis secum novis tironibus, qui omnes devoverant se mortem Johannis Comyn vindicaturos, præcessit patrem suum in Scotiam semper per dietam unam, et tantam fecit vindictam, ut nec sexui parceret, nec ætati; villas etiam, et casalia, ubicunque pervenit, injectis flammis, sine misericordia devastavit; quod multum dicitur displicuisse Regi patri, eo maxime quod, divitibus fuga dilapsis, vulgus miserum luit poenas majorum. Unde et filium suum increpans, jussit ut misericors semper esset pauperibus et comitibus, qui nihil pene moliuntur sine principum suorum jussione.

King Edward is displeased at his son's cruelty.

Bruce, with his army, approaches Perth.

Interim, Roberus de Brus, circuiens terram, et homagia multorum recipiens, coadunato exercitu copioso, appropinquavit villæ Sancti Johannis, in cujus præsidium nuper advenerat Aymericus de Valensiis supradictus. Equites autem Scotorum omnes lineis super arma sua, ne discernerentur, induti erant, ex jussu principis sui novi. Misit ergo Robertus de Brus, invitans Aymericum ad congressum. Qui respondit quod cum eo non die illo, sed in crastino, dimicaret. Igitur, [1] subtrahente * .* * * *

---

[1] At this word (a catchword) the Cottonian MS. of Rishanger's Chronicle, Faustina B. ix., concludes abruptly, (fol. 144 b.,) being mutilated at the end. The other known Manuscripts of the work do not come down to so late a date.

ANNALES REGNI SCOTIÆ.

A.D. 1306.

King Edward summons his army to Carlisle.

Prince Edward ravages Scotland.

Ipse vero Rex, lento gradu secutus, convocaverat exercitum, quem apud Karliolum jussit esse paratum in quindena Sancti Johannis Baptistæ, in occursum filii sui, cum eodem ulterius progressuri. Edwardus, filius Regis, cum venisset Karleolum, sumptis secum novis tironibus, qui omnes devoverant se mortem Johannis Comyn vindicaturos, præcessit patrem suum in Scotiam semper per dietam unam, et tantam fecit vindictam, ut nec sexui parceret, nec ætati; villas etiam, et casalia, ubicunque pervenit, injectis flammis, sine misericordia

King Edward is displeased at his son's cruelty.

devastavit; quod multum dicitur displicuisse Regi patri, eo maxime quod, divitibus fuga dilapsis, vulgus miserum luit poenas majorum. Unde et filium suum increpans, jussit ut misericors semper esset pauperibus et comitibus, qui nihil pene moliuntur sine principum suorum jussione.

Bruce, with his army, approaches Perth.

Interim, Roberus de Brus, circuiens terram, et homagia multorum recipiens, coadunato exercitu copioso, appropinquavit villæ Sancti Johannis, in cujus præsidium nuper advenerat Aymericus de Valensiis supradictus. Equites autem Scotorum omnes lineis super arma sua, ne discernerentur, induti erant, ex jussu principis sui novi. Misit ergo Robertus de Brus, invitans Aymericum ad congressum. Qui respondit quod cum eo non die illo, sed in crastino, dimicaret. Igitur, [1] subtrahente   *   *   *   *   *

---

[1] At this word (a catchword) the Cottonian MS. of Rishanger's Chronicle, Faustina B. ix., concludes abruptly, (fol. 144 b.,) being mutilated at the end. The other known Manuscripts of the work do not come down to so late a date.

ANNALES REGNI SCOTIÆ.

ANNALES REGNI SCOTIÆ.
(MS. Cotton. Claudius D. VI.)

De Controversia habita super Electione regni Scotiæ.

[1] Ad regiæ [2] celsitudinis Angliæ magnificentiam, ac perpetuam rei gestæ memoriam, sub Anno Gratiæ millesimo ducentesimo nonagesimo primo, hoc contigisse declaratur.— {A.D. 1291.}

Cum plures regnum Scotiæ, principe desolatum, sibi vendicarent, Edwardus, Dei gratia, Rex Angliæ, litteras suas prælatis regni sui direxit, ut in Octabis Paschæ, anno regni sui decimo-nono, libros Chronicarum suarum apud Norham destinarent; [3] quatenus quod in eis esset insertum de factis aut juribus prædecessorum suorum, regum Angliæ, in terra aut dominio, seu homagio, regum Scotorum, posset reperiri veritatem. Siquidem multi legisperiti prudenter electi, et per Dominum Regem fuerunt injuncti, ne, ad dexteram vel sinistram declinantes, a via justitiæ titubarent: æquanimiter divisi, alternatim disputantes ad plenum, diffinierunt Domino Regi Angliæ memoratæ regionis dominium esse supernum. {King Edward I. orders the Abbey Chronicles of England to be consulted, as to the superior lordship of Scotland. It is ascertained that the King of England is superior lord.}

---

[1] This is only a brief abstract of the history of the disputes relative to the Scottish crown, A.D. 1291, and of the settlement thereof, in favour of John de Balliol, by King Edward I., A.D. 1292. The more circumstantial narrative commences at p. 240 *post*.—" *Quomodo Edwardus, etc.*"

[2] *celcitudinis* in orig.

[3] This sentence is incomplete.

A.D. 1291. Cum igitur ad prædictorum petentium notitiam hoc pervenisset, ad memoriam reducentes qualiter ipse Dominus Rex strenuissimus regnum suum, late divisum, pacifice ac discrete gubernaret; quem, præ cæteris universæ terræ principibus, juris sui in manu forti, si hoc necessitas expostulasset, noverunt semper fuisse persecutorem; qui tam animi nobilitate quam potestatis magnitudine eleganter refulsit; ut per brachium magnitudinis membris impenderetur præsidium, submiserunt se dispositioni et ordinationi illustris regis memorati, tanquam domini capitalis, ad audiendum, terminandum, et diffiniendum, jus et clamium eorum, ratum et gratum haberent factum suum in præmissis, ut illum haberent in regem, quem justitia coram ipso diffiniret. Sic litteræ inde confectæ, residentes in Thesauria Domini Regis plenius testantur, sub hac forma:—

Littera.

Letter of submission of the claimants of the crown of Scotland to the award of King Edward.

New Rymer I, p. 755.

"A touz ke ceste lettre verront ou orrent, Florenz Counte de Hoilande, Robert du Brus Seignur de Val
" dAnaunt, Johan Baillol Seignur de Gaweye, Johan
" de Hastinges Seignur de Bergeveny, Johan Comin
" Seignur de Badenough, Patrike de Dombar Counte
" de la Marche, Johan de Vescy, pur son pere, Nicholas
" de Soules, et Willam de Ros, saluz en Deu.—Cum
" nus entendoms aver dreit en reaume de Escoce, e

[TRANSLATION.]

" To all who this letter shall see or hear, Florence Count
" of Holland, Robert de Brus Lord of Annandale, John
" Balliol Lord of Galloway, John de Hastings Lord of Abergavenny, John Comin Lord of Badenoch, Patrick de Dunbar
" Earl of March, John de Vescy, on behalf of his father,
" Nicholas de Sules, and William de Ros, greeting in God.—
" As we believe that we have right to the realm of Scotland,

" cel dreit moustrer, chalanger, et averrer, devaunt A.D. 1291.
" celui qui plus de poer, jurisdiction, e reson, eust de
" trier nostre dreit ; e le noble prince, Sire Edward,
" par la grace de Deu, Rey de Engletere, nous eit
" enformes, par bones e suffisauntes resouns, que a lui
" apent, e aver deit, la sovereine seignurie du dit
" reaume d Escoce, e la conisaunce de oyr, trier, e
" terminer, nostre dreit :—nus, de nostre propre volunte,
" sauns nule manere de force ou destresce, voloms,
" otrioms, e grantoms, de receivere dreit devant lui,
" com soverein seignur de la terre. E volumes jale-
" meins, e promettoms, ke nous averoms ferm e estable
" son fet, e ke celui emportera le reaume, a ki dreit
" le dora devaunt lui. En testemoyne de cest chose,
" nous avoms mis nos seaus a cest escrit. Fet e done
" a Norham, le Mardi prochein apres la Ascension, le
" an de Grace Mcc. nonaunte premereine."

" and do intend that right to shew, challenge, and prove,
" before him who has the most power, jurisdiction, and
" reason, to try our right ; and the noble prince, Sir Ed-
" ward, by the grace of God, King of England, has in-
" formed us, upon good and sufficient reasons, that unto
" him pertains, and he ought to have, the sovereign lordship
" of the said realm of Scotland, and the cognizance of
" hearing, trying, and determining, our right :—we, of our
" own proper will, without any manner of force or compulsion,
" do will, do authorize, and do grant, that we will receive right
" before him, as sovereign lord of the land. And we do will
" moreover, and do promise, that we will have as firm and
" stable his deed, and that he shall hold the kingdom, unto
" whom right shall give it before him. In testimony of this
" thing, we have unto this writing set our seals. Done and
" dated at Norham, the Tuesday next after the Ascension, the
" year of Grace one thousand two hundred and ninety-one."

A.D. 1291.

Alia Littera de eadem.

Letter empowering the King of England to that effect.

Rymer I. p. 755.

"A touz iceus etc., saluz en Deu. Com nous eoms
"otrie e grante, de nostre bone volunte e comun
"assent, saunz nule destresce, a noble prince, Sire
"Edward, par la grace de Deu, Rei de Engletere,
"¹ qui il, com soverein seignur de la terre de Escoce,
"puisse oier e terminer nos chalanges e nos de-
"maundes, ke nus entendoms mustrer e averrer, pur
"nostre dreit en reaume d'Escoce, e dreit receivere
"devant lui com soverein seignur de la terre; promet-
"toms jalemeins que son fest averoms ferm e estable,
"e ke il enportera le reaume, a ki dreit le dorra
"devaunt lui. Mes, pur ceo ke le avantdit Rei de
"Engleterre ne puit teu manere de conisaunce fere,
"ne acomplir, saunz jugement; ne jugement ne deit
"estre saunz exsecuciun; ne exsecucion ne puit il fere
"saunz la possession e la seisine de meme la terre, e
"de chasteus;—nous volums, otrioms, e grauntoms, ke

"To all those, etc., greeting in God. Whereas we have
"authorized and granted, of our good will and common assent,
"without any compulsion, unto the noble prince, Sir Edward,
"by the grace of God, King of England, that he, as sovereign
"lord of the land of Scotland, may hear and determine our
"challenges and our demands, which we do intend to shew
"and to prove, for our right to the realm of Scotland,
"and to receive right before him as sovereign lord of the
"land; we do promise moreover that his deed we will have as
"firm and stable, and that he shall hold the kingdom, unto
"whom right shall give the same before him.—But, whereas the
"aforesaid King of England cannot such manner of cognizance
"make, or fulfil, without judgment; nor ought there to be
"judgment without execution; nor can he make execution
"without the possession and the seisin of the same land, and of
"the castles;—we do will, do authorize, and do grant, that he,

¹ *qi* in orig.

"il, come soverein seignur, a parfere les choses avant- A.D. 1291.
"dites, eit la seisine de tote la terre, e des chasteus, de
"Escoce, tant ke dreit seit fet e parforni as demandauns;
"en teu manere que, avaunt ceo ke il eit la scisine avaunt-
"dite, face bone seurte e suffisaunte as demandans, e
"as gardeins, e a la commune, du reume de Escoce, a
"fere la reversion de meme le reume, e des chasteus,
"ove tute la reaute, dignite, e seignurie, franchises,
"custumes, dreitures, leys, usages, e posessions, e tute
"maners de aportenaunces, en meme le estate qil
"estoient, quant la seisine lui fust baille e livere, a
"celui ki le dreit enportera, par jugement, de reaute—
"sauve au Rey d Engleterre le homage de celui qui
"serra Rey.—Issint que la reversion sait feyte dedenz
"le deus moys apres le jour ke le dreit serra trie e
"aferme; e que les issus de meme la terre, en le men
"tens receves, seente sauvement mis en depos, e ben
"gardez, par la mayn le Chamberleyn de Escoce, qe

"as sovereign lord, to perform the things aforesaid, may
"have seisin of the whole land, and of the castles, of
"Scotland, until right shall have been done and performed
"unto the demandants; in such manner that, before that
"he has the scisin aforesaid, he do make good and suffi-
"cient surety unto the demandants, and unto the guardians,
"and unto the commons, of the realm of Scotland, for making
"restitution of the same realm, and of the castles, with all
"the royalty, dignity, and lordship, franchises, customs, rights,
"laws, usages, and possessions, and all manner of appurte-
"nances, in the same state in which they were, when the
"seisin was transferred and delivered to him, unto him who
"shall gain the right, by judgment, of royalty,—saving unto
"the King of England the homage of him who shall
"be King.— So that the restitution be made within two
"months after the day when the right shall be tried and
"affirmed; and that the issues of the same land, in the mean
"time received, be safely placed in deposit, and well kept,
"by the hand of the Chamberlain of Scotland, who now

A.D. 1291. " ore est, e de celui ki serra assigne par le Rey d En-
" gleterre a lui ; e desouz lur seaus, sauve renable
" sustenaunce de la terre, e de chasteus, e de minis-
" tres du reaume. En testemonie de cestes choses
" avantdites, nous avoms mis nos seauz a cest escrit.
" Fet e done a Norham, le Mecredy apres la Ascen-
" sion, le an de Grace MCC. nonaunte primereine."

" is, and of him who shall be assigned by the King of Eng-
" land unto him; and this, under their seals, saving reasonable
" sustenance of the land, and of the castles, and of the
" ministers of the realm. In testimony of these things afore-
" said, we have unto this writing set our seals. Done and
" dated at Norham, the Wednesday after the Ascension, the
" year of Grace one thousand two hundred and ninety-one."

Tradita igitur dicto domino Regi Anglorum custodia dicti regni Scotiæ, castrorum, villarum, et urbium, cum municipiis, sigillo, et clavibus, sub ejus nomine medio tempore litteræ ibidem emanarunt. Placuit ergo præfato domino Regi Angliæ, ut quater-viginti homines discreti de partibus Scotiæ, et viginti quatuor de partibus Angliæ, quasi per viam compromissi, eligerentur ad jus dictorum petentium diffiniendum. Unde [1] cooperante ipso Salvatore, qui est gloriosus in majestate, terribilis in magnificentia, mirabilis in consiliis, super filios hominum, pro voluntate sua mutans tempora, et diversarum corda gentium in unum convertens, cum regnum Scotiæ memoratum per multos annos principe fuisset desolatum, tandem in Dominum Johannem de Baillol, tanquam sanguinis linea et juris convenientia propinquiorem, ad dictum regnum præsidendum et gubernandum unanimiter consenserunt ; qui capitali domino suo, illustri regi Anglorum prædicto, pro regno Scotiæ reverenter fidelitatem juravit, et homagium, prout decuit, fecit eidem, apud Novum Castrum super

Eighty men of Scotland and twenty-four of England, are chosen, to investigate the claims of the candidates.

The claims of Sir John de Balliol are preferred.

---

[1] *cohoperante* in orig.

Tynam, die Sancti Stephani [1] Protomartyris, anno regni A.D. 1292.
prædicti Regis Edwardi vicesimo primo, in hunc
modum :—

"[2] A ws, Sire Edward, par la grace de Deu, Rei de
"Engleterre, Seignur de Irlaunde, Duk de Aquitaine, e
"Sovereyn Seignur de Escoce, jo, Johan de Balliol, par
"meime la grace Rei de Escoce, [3] devyns vostre lige
"home pur le reaume de Escoce, ove les apurtenaunces,
"e quant que apent; que jo tiens, e tenir cleym, de ws,
"e de vos heirs, Reys de Engleterre, pur mey, e pur
"mes heirs, Reys de Escoce, heritablement. E fey e
"leaute ws porterai, de vie e de membre, e de terrien
"honur, encountre touz ceaus qui [poont] vivere e
"murir."

Form of homage done by Balliol to King Edward.

[TRANSLATION.]

"Unto you, Sir Edward, by the grace of God, King of
"England, Lord of Ireland, Duke of Acquitaine, and Sove-
"reign Lord of Scotland, I, John de Balliol, by the same
"grace King of Scotland, do become your liege man for the
"realm of Scotland, with the appurtenances, and so much
"as thereunto pertains; which I hold, and do claim to hold,
"of you, and of your heirs, Kings of England, for myself, and
"for my heirs, Kings of Scotland, heritably. And faith
"and loyalty unto you I will bear, of life and of limb, and
"of worldly honour, against all those who [may] live and
"die."

---

[1] *Prothomartiris*, in orig.

[2] This form of homage is given, in Latin, in Rymer's *Fœdera*, I. p. 782; but without the titles of Edward, otherwise than as King of England and superior Lord of Scotland. It is also given (in Latin) in Walsingham, I. p. 42; but varying considerably from the present text. A copy of it will also be found in a future page in the present volume.

[3] The termination of this word, as written in orig., is doubtful.

A.D. 1291. QUOMODO EDWARDUS, REX ANGLIÆ, CONSTITUIT JOHANNEM DE BALLIOLO REGEM SCOTIÆ.

Meeting at Norham in reference to the claims to the Scottish crown.

IN nomine Domini Amen. — [1] Convenientibus apud Norham, Dunelmensi Diœcesi, excellentissimo Principe, Domino Edwardo, Rege Angliæ illustri, Episcopis etiam, Prælatis, Comitibus, Baronibus, militibus, multisque etiam popularibus, tam clericis quam laicis, regnorum Angliæ et Scotiæ, anno Domini millesimo ducentesimo nonagesimo primo, Indictione quarta, Pontificatus Domini N[icholai] quarto, et regni dicti Domini Regis decimo-nono, decima die intrante mense Maii:—In

Attestation thereof by the Notary.

præsentia mei, Notarii, et testium subscriptorum, nobilis vir, Dominus Rogerus Brabazon, prædicti Domini Regis Justiciarius, in cujus ore idem Dominus Rex, me, Notario infrascripto, ac venerabilibus patribus, Domino J[ohanne] Archiepiscopo Eboracensi, A[ntonio] Dunelmensi, W[illelmo] Eliensi, R[adulpho] Carleolensi, Episcopis, et multis aliis, præsentibus et audientibus, verba sua posuerat; sibi mandans specialiter, et injungens, ut Episcopis, Prælatis, Comitibus, Baronibus, magnatibus, communitati regni Scotiæ, et nobilibus viris hiis, qui ad regnum ipsum ex successione hæreditaria asserunt jus sibi competere, illa exprimeret; prædictis Episcopis, Prælatis, Comitibus, Baronibus, magnatibus, communitati, et nobilibus, tunc congregatis ibidem, ex parte dicti domini Regis, hujusmodi verba, voce tenus, [2] [Gallico] sermone dixit et exposuit, in hunc modum:—

Letter of King Edward in reference thereto, read by Sir Roger Brabazon, Justiciar.

"Serenissimus Dominus, Rex noster, Edwardus, Dei
" gratia, Rex Angliæ, statum regni Scotiæ per mortem
" claræ memoriæ Domini Alexandri, quondam Regis
" Scotiæ, et filiorum suorum, multiplici [3] commotione

---

[1] *Conventibus* in orig., by inadvertence.
[2] Omitted in orig.; supplied from Rymer, I., p. 762.
[3] *commonitione* in orig., by inadvertence.

" conturbatum, et ex principis, seu Regis, destitutione, A.D. 1291.
" varia perplexitate depressum, considerans, (ipso regno
" diversarum procellarum turbine fluctuante,) ob affec-
" tionem et zelum quem habebat, et habet, ad universos
" et singulos, quorum tuitio, et defensio, spectat ad eum ;
" ad faciendum justitiam omnibus qui ad dictum regnum
" Scotiæ petere poterunt quicquam juris ; necnon ,et
" pro tranquillitate et pace in eodem regno inter reg-
" nicolas conservanda ; vos in hac quindena Paschæ,
" proximo præteriti, ad locum istum accedere per suas
" litteras requisivit, propter aliqua quæ vobis intende-
" bat, et adhuc intendit, exponere et monstrare ; veni-
" ens, ea de causa, ad locum eundem personaliter hic
" de remotis, ut ipse, tanquam superior, seu directus,
" dominus dicti regni, per superioritatem, seu directum
" dominium, hujusmodi, quod est suum, justitiam faciat
" universis ; ita quod, discordiarum et dissensionum
" sublatis materiis, firma pax, et tranquillitas, eidem
" regno reddatur. Nec est suæ intentionis quicquam
" super aliquem indebite occupare, alicujus differre jus-
" titiam, seu alias prorogare, diminuere, seu impedire ;
" sed, ut præmittitur, tanquam superior, seu directus,
" dominus, prædicti regni, omnibus exhibere justitiæ
" complementum. Et ut hæc deduci commodius va-
" leant ad effectum, prædictus dominus noster, Rex,
" super prædictis vestrum benevolum ex abundanti
" petit, et requirit, assensum, et recognitionem superiori-
" tatis, seu directi dominii, dicti regni, volens in hiis
" quæ de jure facienda sunt, et complenda, consiliis
" vestris uti."

Hiis autem per præfatum Rogerum expositis et pro- *The assembled nobles ask for time to deliberate upon the subject of the Letter.*
latis, et ab Episcopis, Prælatis, Comitibus, Baronibus,
magnatibus, nobilibus, et communitate, regni Scotiæ
antedicti, auditis et plenius intellectis, iidem Episcopi
et Prælati, Comites, Barones, magnates, et nobiles, ad
consulendum Episcopos et Prælatos absentes, Comites,
Barones, et nobiles, ac communitatem, regni prædicti,

A.D. 1291. ac etiam ad deliberandum et respondendum super petitis, sibi dari inducias petierunt.

Three weeks are granted by the King for the purpose of enquiry as to his right as superior lord.

Super quo tandem dictus dominus Rex, deliberatione præhabita diligenti, [1] volens satisfacere votis eorum, de consilio sapientum, trium hebdomadarum inducias concessit eisdem, ad respondendum præcise et peremptorie petitioni suæ prædictæ, et ad exhibendum et ostendendum ulterius, si qua munimenta vel scripta, seu quævis alia documenta, quæ ipsum a jure superioritatis, seu dicti directi dominii, regni Scotiæ, et ab executione, seu exercitio, dicti juris, possent excludere; et rationes et documenta sua, et pro se facientia, per validiora et efficaciora alias infirmare; quæ quidem paratus foret, sicut justum esset, admittere, et facere quod deberet.

Such right is admitted on behalf of the kingdom of Scotland.

[2] Sane adveniente termino supradicto, et quadam responsione facta et data in scriptis in Gallico, nomine communitatis prædicti regni Scotiæ, et nihil omnino proposito, exhibito, vel ostenso, ex parte Episcoporum, Prælatorum, Comitum, magnatum, et nobilium, ejusdem regni; [3] convenientibus iterato Episcopis, Prælatis, Comitibus, Baronibus, magnatibus, et nobilibus jus ad regnum vendicantibus antedictum, ac popularium utriusque regni multitudine copiosa, in Scotia, prope flumen de Tueda, ex opposito castri de Norham, in area viridi sub divo, in parochia villæ de Upsetelintone, Sancti Andreæ Diœcesi, venerabilis in Christo pater, Dominus R[obertus], Bathoniensis et Wellensis Episcopus,—in cujus ore prædictus Dominus Rex Angliæ, me, Notario infrascripto, et supradictis Archiepiscopo [4] Eboracensi, Dunelmensi et Eliensi Episcopis, et nonnullis aliis, præsentibus et audientibus, verba sua posuerat, præ-

Meeting at Upsetlington in Scotland.

---

[1] The context, as given in Rymer, I., p. 762, varies here; some matter therein being omitted.

[2] The context in Rymer greatly varies here.

[3] *conventibus* in orig.

[4] *Eborancensi* in orig., by inadvertence.

dictis Episcopis, Prælatis, Comitibus, et nobilibus jus A.D. 1291.
ad dictum regnum Scotiæ vendicantibus, ac communitati ejusdem regni, specialiter exponenda,—eis sibi imposita et injuncta dixit, et exposuit, ex parte ipsius
Domini Regis, verbo tenus, sermone Gallico, in hunc
modum :—

"Serenissimus dominus noster, Edwardus, illustris *Message*
"Rex Angliæ, desolatum statum regni Scotiæ, et ex *of King Edward,*
"principis seu regis destitutione turbatum, et non *read by*
"facile numeranda pericula quæ eidem regno, per *Robert, Bishop of*
"[1] dissensionum turbines turbatis magnatibus qui ad *Bath and Wells, an-*
"ipsum regnum ex successione hæreditaria se jus habere *nouncing*
"contendunt, poterunt [2][provenire, considerans; ob *his inten-*
"affectionem et desiderium quod habebat, et habet, ad *tions as to exami-*
"universos et singulos, quorum tuitio et defensio spec- *nation of*
"tat ad eum; ac ad faciendum justitiam unicuique, *the re-spective*
"qui ad regnum prædictum se jus habere proponit; *claims.*
"ac ad discordantes animos] in pacificas concordiæ
"semitas reducendum, et in statu tranquillitatis
"et pacis ejusdem regni populum conservandum;
"— nuper nonnullos Episcopos, Prælatos, Comites,
"Barones, et nobiles, dicti regni Scotiæ, requisivit,
"et per suas litteras mandavit eisdem, ut, in quindena
"Paschæ proximo præteriti, in confinio regnorum
"Angliæ et Scotiæ convenire curarent, ad loquendum
"et tractandum cum ipso apud Norham, Dunelmensi
"Diœcesi; ad quem locum idem Dominus Rex in ipso
"termino se significabat venturum, super aliquibus
"quæ volebat eisdem dicere et monstrare.—Sane dicto
"domino Rege nostro apud Norham in dicto termino
"personaliter constituto, vos, Episcopi, Prælati, Comi-
"tes, Barones, et nobiles dicti regni Scotiæ, juxta
"requisitionem, et assignationem, vobis directam, ad
"locum accedentes eundem, petitionem superioritatis,
"seu directi dominii, quod eidem domino nostro

---

[1] *dissensionem* in orig.
[2] Omitted in orig.: supplied from Rymer, as evidently necessary to complete the sense.

A.D. 1291. "Regi in dicto regno Scotiæ competit, et jus suum
"est, vobis factam, et in cujus possessione, vel quasi,
"antecessores et progenitores sui, Angliæ Reges illus-
"tres, a longissimis temporibus retroactis fuerunt; quod
"per nonnullas manifestas et evidentissimas rationes,
"ac cætera alia documenta, sufficienter apparet; in-
"tellexistis plenius, et audistis. Et quod idcirco
"ipsum, ut superiorem, seu directum, dominum dicti
"regni Scotiæ ex abundanti recognoscere curaretis, et
"sibi, ut superiori, seu directo, domino ipsius regni,
"pareretis; adjiciens idem dominus noster, Rex, quod
"si aliqua haberetis quæ ipsum a jure superioritatis,
"seu directi dominii antedicti, et ab executione, seu
"exercitio, dicti juris, possent excludere, et rationes et
"documenta sua, et pro se facientia, [1] vel validiora
"et efficaciora, alias infirmare, illa paratus foret, sicut
"justum esset, admittere, et facere quod deberet.
"Cum itaque, præmissis auditis et plenius intellectis,
"tunc inducias peteretis ad consulendum Episcopos,
"Prælatos, Comites, Barones, nobiles, et communita-
"tem, prædicti regni Scotiæ; ac etiam ad deliberan-
"dum et respondendum super petitis; concessæque
"vobis a præfato domino nostro Rege fuissent in-
"duciæ ad tres septimanas præcise et peremptorie, per
"vos demum admissæ, ad respondendum super petitis,
"et ad exhibendum et ostendendum, si qua munimenta,
"vel scripta, seu quævis haberetis alia documenta,
"quæ ipsum a jure superioritatis, seu directi dominii,
"regni Scotiæ supradicti possent repellere, et rationes
"et jura, et documenta sua, et pro se facientia, ener-
"vare: et nihil omnino contra præmissa per Epi-
"scopos, Prælatos, Comites, Barones, magnates, et
"nobiles, præfati regni Scotiæ, proposito, exhibito, vel
"ostenso,—[2] licet in dicto termino, assignato nomine

---

[1] *per* in Rymer.
[2] The context, from this word, down to "*enervet*," is omitted in Rymer.

" communitatis sæpedicti regni Scotiæ, aliqualis fuisset A.D. 1291.
" in scriptis data responsio, nihil tamen efficax fuit
" per communitatem eandem propositum, exhibitum,
" seu ostensum, quoad rationes et documenta memorati
" domini nostri Regis, quod ad jus superioritatis, seu
" directi dominii, executionis, seu exercitii, dicti juris,
" quod in præjudicio regno Scotiæ sibi competit,
" infirmet aliquatenus, vel enervet.— Propter quod,
" vobis, Episcopis, Prælatis, Comitibus, Baronibus,
" magnatibus, nobilibus, et communitati, regni Scotiæ
" sæpedicti, et singulis de communitate eadem hic
" existentibus, præfatus dominus noster, Edwardus,
" Rex Angliæ illustris, per nos Bathoniensem et Wel-
" lensem Episcopum, intimat atque denunciat, quod
" cum ex parte vestra dicto die nihil fuerit pro-
" positum, exhibitum, vel ostensum, quod jus, execu-
" tionem, seu exercitium, juris superioritatis, seu
" directi dominii sui præfati, debeat aliquatenus
" impedire, aut etiam retardare; intentionis suæ
" est in negotio ipso procedere auctoritate propria,
" ratione superioritatis, seu directi dominii, quod sibi
" dinoscitur in regno competere memorato, ad cognos-
" cendum, discutiendum, et diffiniendum, de jure singu-
" lariter singulorum qui ad regnum prædictum jus
" sibi vendicant quoquo modo. Unde ex parte supra-
" dicti domini nostri, Regis Edwardi, et de suo
" speciali mandato, a vobis, Domino Roberto de Brus,
" domino Vallis Anandiæ, qui in successione prædicti
" regni Scotiæ, inter alios qui jus succedendi in idem
" regnum asserunt se habere, jus vobis competere
" dicitis, quærimus, et vos interrogamus, in præsen-
" tia Episcoporum, Prælatorum, Comitum, Baronum,
" magnatum, procerum, et communitatis, utriusque
" regni, hic existentium, an, super petitione ves-
" tra ad succedendum in regnum prædictum, coram
" memorato domino nostro, Rege Angliæ, tanquam
" coram superiore, seu directo, domino regni Scotiæ,

A.D. 1291. "¹[juri] stare velitis; et ab eo, ¹[et] coram eo, petere et respondere, et recipere super hoc justitiæ complementum?"

Sir Robert de Brus, being interrogated, agrees to abide by the award of King Edward.

Ad quæ dictus dominus Robertus de Brus finaliter et expresse, coram Episcopis, Prælatis, Comitibus, Baronibus, magnatibus, et communitate, prædictis, et nullo contradicente vel reclamante, respondit, quod dictum dominum Edwardum, Regem Angliæ, in superiorem, seu directum, dominum regni Scotiæ publice recognoscit; et aperte concedit stare juri coram eo super jure successionis, quod sibi ad præfatum regnum Scotiæ competit quoquo modo; et etiam, ad petendum, respondendum, et recipiendum, ab eo, et coram eo, sicut a superiore et directo domino regni Scotiæ, ut præmittitur, complementum justitiæ in hac parte.

Florence, Count of Holland, is similarly interrogated.

"Item, a vobis, Domino Florentio, Comite Holandiæ, "qui in successione præfati regni Scotiæ, inter alios "qui jus succedendi in idem regnum asserunt se habere, "jus vobis competere dicitis, ex parte prædicti domini "nostri, Regis Angliæ, et de suo speciali mandato, "quærimus, et vos interrogamus, in præsentia Epi- "scoporum, Prælatorum, Comitum, Baronum, magna- "tum, et communitatis, utriusque regni, hic existentium, "an, super petitione vestra ad succedendum in regnum "prædictum, coram præfato domino nostro Rege, tan- "quam coram superiore, seu directo, domino regni "Scotiæ, juri stare velitis; et ab eo, et coram eo, "petere, respondere, et accipere super hoc justitiæ "complementum?"

The Count agrees to abide by the award of King Edward.

Ad quæ prædictus Comes finaliter et expresse, coram Episcopis, Prælatis, Comitibus, Baronibus, magnatibus, et communitate, prædictis, et nullo contradicente vel reclamante, respondit, quod prædictum dominum Regem Angliæ in superiorem, seu directum, dominum regni Scotiæ publice recognoscit; et aperte concedit stare

---

¹ Omitted in orig.

juri coram eo super jure successionis, quod sibi ad præ- A.D. 1291.
fatum regnum Scotiæ competit quoquo modo; et etiam
ad petendum, respondendum, et recipiendum, ab eo, et
coram eo, sicut a superiore et directo domino regni
Scotiæ, ut præmittitur, complementum justitiæ in hac
parte.

"Item, a vobis, Domine Johannes de Hastinges, qui *Sir John de Hastings is similarly interrogated.*
"in successione memorati regni Scotiæ, inter alios qui
"jus succedendi in idem regnum asserunt se habere,
"jus vobis competere dicitis, ex parte prælibati do-
"mini nostri, Regis Angliæ, et de suo speciali man-
"dato, quærimus, et vos interrogamus, inpræsentia
"Episcoporum, Prælatorum, Comitum, magnatum, ac
"communitatis, utriusque regni, hic existentium, an,
"super petitione vestra ad succedendum in regnum
"prædictum, coram antedicto domino nostro Rege,
"tanquam coram superiore, seu directo, domino regni
"Scotiæ, juri velitis stare; et ab eo, et coram eo,
"petere et respondere, et recipere super hoc justitiæ
"complementum?"

Ad quæ prædictus Johannes finaliter et expresse, *He agrees to abide by the award of King Edward.*
coram Episcopis, Prælatis, Comitibus, Baronibus, mag-
natibus, et communitate, prædictis, nullo contradicente
vel reclamante, respondit, quod prædictum dominum
Regem Angliæ in superiorem et directum dominum
Scotiæ regni publice recognoscit; et aperte concedit
stare juri coram eo super jure successionis, quod sibi
ad memoratum regnum Scotiæ competit quoquo modo;
et etiam, ad petendum, respondendum, et recipiendum,
ab eo, et coram eo, sicut a superiore et directo domino
regni Scotiæ, ut præmittitur, complementum justitiæ in
hac parte.

Postmodum autem, nobiles viri, Patricius de Donbar *Certain other claimants are similarly interrogated.*
Comes de Marchia, W[illelmus] de Ros, Walterus de
Huntercumbe, procurator, seu attornatus, Domini Wil-
lelmi de Vesci, pro ipso Domino Willelmo, Robertus de
Pinkeny, et Nicholaus de Soules, accedentes, se petie-
runt admitti, quilibet pro se, scilicet, separatim, in

petitione juris quod ad succedendum in præfatum regnum Scotiæ se dicebant habere; et, requisiti ac interrogati, quilibet per se, a prædicto domino Episcopo singillatim, ex parte prædicti domini Regis Angliæ, in præsentia Episcoporum, Prælatorum, Comitum, Baronum, magnatum, et communitatis, utriusque regni, ibidem existentium, an super petitione sua ad succedendum in præfatum regnum Scotiæ, coram supranominato domino Rege Angliæ, tanquam coram superiore, seu directo, domino regni Scotiæ, vellent stare juri, et ab eo, et coram eo, petere, respondere, et recipere super hoc justitiæ complementum; idem nobiles per se, quilibet separatim, coram Episcopis, Prælatis, Comitibus, Baronibus, magnatibus, et communitate, prædictis, et nullo contradicente vel reclamante, responderunt finaliter et expresse, quod dictum dominum Regem Angliæ in superiorem et directum dominum regni Scotiæ publice recognoscunt; et aperte concedunt stare juri coram eo, super jure successionis quod eis ad præfatum regnum Scotiæ competit quoquo modo; et etiam ad petendum, [1] respondendum, et recipiendum, ab eo, et coram eo, sicut a superiore et directo domino regni Scotiæ, ut præmittitur, complementum justitiæ in hac parte.

Verum nobilis vir, Dominus Johannes de Balliolo, veniens subsequenter, et cum proponeretur ex parte ipsius, quod, inter alios qui in successione prædicti regni Scotiæ jus sibi vendicant, melius et pinguius jus habeat, quæsitum et interrogatum fuit ab eo per Episcopum antedictum, ex parte Domini Regis Angliæ, et de suo speciali mandato, in præsentia Episcoporum, Prælatorum, Comitum, Baronum, magnatum, ac communitatis, utriusque regni, ibidem existentium, an super petitione sua ad succedendum in regnum Scotiæ supradictum, coram ipso Domino Rege Angliæ, tanquam coram superiore, seu directo, domino regni Scotiæ,

---

[1] This word comes after *recipiendum* in orig., by mistake.

vellet stare juri, et ab eo, et coram eo, super hoc petere, respondere, et recipere justitiæ complementum; idem Johannes de Balliolo, congrua deliberatione præhabita, coram Episcopis, Prælatis, Comitibus, Baronibus, magnatibus, et communitate, prædictis, et nullo contradicente seu reclamante, respondit finaliter et expresse, quod dictum dominum Regem Angliæ in superiorem et directum dominum regni Scotiæ publice recognoscit; et aperte concedit stare juri coram eo, super jure successionis quod sibi ad præfatum regnum Scotiæ competit quoquo modo; et etiam ad petendum, respondendum, et recipiendum, ab eo, et coram eo, sicut a superiore et directo domino regni Scotiæ, ut præmittitur, complementum justitiæ in omnibus, sicut fecerunt alii nobiles prænominati. Et demum personaliter ad dictum dominum Regem [1] accedens, eadem verba coram Episcopis, Prælatis, Comitibus, Baronibus, magnatibus, et communitate, præfatis, ac popularium utriusque regni multitudine non modica, recitavit.

A.D. 1291.

He agrees to abide by the award of King Edward.

Novissime vero veniens nobilis vir, Dominus J[ohannes], dictus "Comyn," dominus Badenough, personaliter ad dominum Regem præfatum, ab eo, quem in superiorem et directum dominum regni Scotiæ publice recognovit, inter alios, se publicabat admitti in petitionem juris quod in successione dicti regni Scotiæ se asserebat habere. Quo per ipsum Dominum Regem ad petendum admisso, aperte concessit stare juri coram eo, sicut coram superiore et directo domino regni Scotiæ antedicti, super jure successionis quod ad idem regnum Scotiæ vendicat, et ad petendum, respondendum, et recipiendum, ab eo, et coram eo, sicut coram superiore et directo domino regni Scotiæ, quod justitia suadebit.

Sir John Comyn requests to be admitted as a claimant.

He is admitted, and agrees to abide by the award of King Edward.

Præmissis quoque peractis, et modo quo exprimitur completis, [2] supranominati nobiles, jus in successionem

The respective claimants

---

[1] *personaliter* is again inserted here in orig., by inadvertence.

[2] *supra* is inserted here in orig., by inadvertence.

A.D. 1291.
make letters patent, signifying that they admit the right of King Edward, as superior lord.

dicti regni Scotiæ vendicantes, præfato domino Edwardo, Regi Angliæ illustri, super recognitione superioritatis, seu directi dominii, memorati regni Scotiæ, litteras patentes fecerunt fieri, et sigillorum suorum munimine roborari.

Post hæc autem, per prædictos venerabiles patres, W[illelmum] Sancti Andreæ, et R[obertum] Glascuensem, Episcopos, et nobiles viros, Dominos Johannem Comyn, et Jacobum, Senescallum Scotiæ, per Episcopos, Prælatos, Comites, Barones, magnates, et [1] communitatem, regni prædicti, dudum deputatos custodes, ipsius regni custodia, ac castrorum quæ in custodiis habuerant, necnon et per constabularios diversorum castrorum præfati regni, castris quæ tenebant, et in custodiis suis habebant, præfato domino Regi Angliæ, ut superiori et

King Edward appoints certain Guardians of the kingdom of Scotland.

directo ipsius regni domino, liberatis et traditis; ipse Dominus Rex dictis Sancti Andreæ et Glascuensi Episcopis, Johanni Comyn, et Jacobo, Senescallo Scotiæ, custodiam dicti regni (eis ab eo, ut a superiore et directo ejusdem regni domino, ipsam recipientibus,) ut superior et directus ipsius regni dominus, propria auctoritate commisit; et nobilem virum, Dominum Brianum filium

Oath made by the said Guardians.

Alani, junxit eisdem. Qui quidem Episcopi, in præsentia [2] Evangeliorum, et dicti nobiles, custodes regni prædicti, tactis sanctis Dei Evangeliis, juraverunt per se, quilibet singillatim, quod in ipsius regni custodia, per dictum dominum Regem eis commissa, fideliter se habebunt, et facta ejusdem regni, et negotia, gerent et regent, et dirigent, fideliter, secundum ipsius regni leges et consuetudines, et unicuique de regno, eodem nomine dicti Regis, ut superioris et directi domini ipsius regni, plenam justitiam exhibebunt. Alanum

A Chancellor of Scotland appointed.

vero, Episcopum Catanessensem, in quem Episcopi et nobiles præfati, regni custodes, consenserant, in Can-

---

[1] *communitati* in orig., by inadvertence.

[2] *Ewangeliorum* and *Evangeliis*, in orig.

cellarium Scotiæ prædictus dominus Rex præfecit; et A.D. 1291.
Walterum de Amundesham, clericum suum, ad custodiam sigilli, regimini Scotiæ deputati, ¹associavit eidem.

Ipse quoque Episcopus sigillum dicti regni, coram dicto domino Rege portatum, de ipsius mandato, ut Cancellarius, recipiens, in præsentia Evangeliorum corporale præstitit juramentum, officium Cancellarii regni prædicti, sibi per dictum Regem Angliæ, ut superiorem et directum dominum regni Scotiæ, commissum, secundum leges et consuetudines regni ejusdem, fideliter gerere; ac eidem domino Regi, sicut superiori et directo domino regni Scotiæ, ut est dictum, obedire, intendere, et parere, et unicuique de regno prædicto, in omnibus quæ ad dictum spectant officium, exhibere justitiæ complementum, ipsi tamen Regi litteris gratiæ reservatis. Et dictus Walterus de Amundesham, dicto Episcopo per ipsum Dominum Regem in dicto adjunctus officio, tactis sacrosanctis Dei Evangeliis, juravit in ipsius Cancellarii officio fideliter se habere. *Oath made by the Chancellor.*

Subsequenter igitur, Episcopi, Comites, Barones, magnates, et nobiles, regni Scotiæ, antedicti Episcopi, in præsentia Evangeliorum, et nobiles, tactis sanctis Dei Evangeliis, præfato domino Edwardo, Regi Angliæ illustri, tanquam superiori et directo domino dicti regni Scotiæ, juramentum fidelitatis, sub hac forma ²habens sententiam, præstiterunt per se, quilibet singillatim; videlicet, quod bonam fidem portabunt Domino Edwardo, Regi Angliæ, et superiori domino regni Scotiæ, de vita et membris, et terreno honore, et sibi et suis erunt obedientes et intendentes, ad pacem ejusdem regni custodiendam, et in omnibus aliis quæ ad ipsius regni spectant custodiam, donec jus hæredum determinatum fuerit coram eo, sicut coram superiore, seu directo, domino dicti regni. *The Bishops and nobles of Scotland take the oath of fealty to King Edward, as superior lord of Scotland.*

---

¹ *associavit* in orig. | ² *habente* in orig.

A.D. 1291. Pax vero ex parte et nomine ipsius domini Regis
The King's Angliæ, sicut superioris et directi domini ejusdem
peace, as
superior regni Scotiæ, coram Episcopis, Prælatis, Comitibus,
lord, is Baronibus, magnatibus, nobilibus, ac popularium utrius-
publicly
proclaimed. que regni multitudine copiosa, publice proclamata fuit,
et per regem prædictum, ut ubique in regno Scotiæ
supradicto, nomine ipsius, ut superioris, seu directi,
domini regni ejusdem, publice proclamaretur, et, proclamata, seu præconizata, firmiter servaretur.

Attestation Acta sunt hæc Anno Domini, Pontificatus supradicti
of the
above facts, Domini Papæ, et regni dicti domini Regis Angliæ, ac
and the Indictione, prædictis, diversis tamen diebus et locis;
dates and
localities primo, videlicet, decima die intrante mense Maio, in
thereof. parochiali ecclesia de Norham; secundo, undecima die
intrante dicto mense Maio, loco prædicto; tertio, secunda die intrante mense Junio, in parochia villæ de
Upsetelintone, Sancti Andreæ Diœcesi, in Scotia, prope flumen de Tueda, in area viridi, sub divo, ex opposito Castri de Norham; quarto, tertia die intrante
dicto mense Junio, loco prædicto, et subsequenter in
parochiali ecclesia antedicta; quinto, quinta die intrante
mense Junio, in dicta parochiali ecclesia de Norham;
sexto, sexta die intrante dicto mense Junio, in Castro
de Norham, in camera Domini Regis Angliæ supradicti; septimo, undecima die intrante dicto mense Junio,
loco prædicto; octavo, duodecima die intrante mense
Junio, in parochia villæ de Upsetelintone in Scotia,
super flumen de Tueda, in area viridi, sub divo, ex
opposito Castri de Norham, et in Castro de Norham,
in camera præfati domini Regis; nono, tertia-decima
die intrante dicto mense Junii, in parochia dictæ
villæ de Upsetelintone, in Scotia, prope flumen de Tueda,
in area viridi, sub divo, ex opposito Castri de Norham,
—prout in instrumentis publicis per me, Notarium in-
frascriptum, inde confectis, plenius continetur;—præsentibus venerabilibus, J[ohanne] Archiepiscopo Eboracensi,
Angliæ Primate, Antonio Dunelmensi, W[illelmo] Eliensi,

R[adulpho] Carleolensi, W[illelmo] Sancti Andreæ, R[o- A.D. 1291.
berto] Glascuensi, A[lano] Cathanessensi, et Marco [1] Sar-
derensi, Episcopis, et honorabilibus viris, Magistris H.
Eboracensis, J. Lichefeldensis, Th. Wellensis, et Andreæ
Oxoniensis, ecclesiarum, Decanis, W. Eboracensi, W.
Wellensi, P. Oxoniensi, Thoma Suffolchensi, Durando
Stowiæ in Lincolniensi, R[oberto] Cestriæ in Liche-
feldensi, ecclesiis, Archidiaconis; ac viris egregiis et
illustribus dominis, Edmundo, præfati domini Regis
Angliæ germano, W[illelmo] de Valencia Comite Penbro-
chiæ, H[enrico] de Laci Comite Lincolniensi, [2] R. Bigod,
Comite Norfolchiæ et Marscallo Angliæ, Dovenaldo
Comite de Mar, G[ilberto] Comite de Anegoz, R[oberto]
Comite de Carrike, Theobaldo de Verdun, H[ugone]
le Despenser, Thoma de Berkele, W[altero] de Bello
Campo, prædicti domini Regis Senescallo, W[illelmo]
de Sancto Claro, Patricio de Graham, W[illelmo]
de Moravia, Ricardo Siward, [Galfrido] de Mombrai,
Michaele de Wymes, W. Corri, et [Willelmo] de Monte
Revelli, ac nonnullis Prælatis aliis, Comitibus, Baroni-
bus, magnatibus, nobilibus, et popularibus, utriusque
regni, testibus ad hoc vocatis specialiter, et rogatis.

"Ego, Johannes Erturi de Cadamo, Apostolicæ Sedis Solemn
"auctoritate, Notarius publicus, qui præmissis omnibus attestation thereof,
"interfui, ea, de mandato Domini Regis Angliæ, prout by the
"processerunt et facta fuerunt, propria manu scripsi, Notary public.
"et, ad evidentiam pleniorem, rogatus, mei signi anno-
"tatione in hanc publicam formam redegi."

Postea, die Martis in crastino Festivitatis Transla- A.D. 1292.
tionis Sancti Edwardi, Regis et Confessoris, scilicet, Meeting at
decima-quarta die mensis Octobris, anno regni Regis Berwick-upon-
Edwardi vicesimo, apud Berwic super Tuedam, dicto Tweed,
Domino Rege Angliæ, ac venerabilibus patribus, Archi- as to the claims to
episcopo Dublenensi, Bathoniensi et Wellensi, Dunel- the Scot-
mensi, Wintoniensi, Eliensi, Carleolensi, Bibliensi, Epi- tish crown.

---

[1] More correctly, *Sodcrensi*. See p. 263. | [2] Incorrectly written "W" in orig.

A.D. 1292. scopis, et pluribus aliis prælatis et clericis regni Angliæ, necnon Lincolniæ, Norfolchiæ, Oxoniæ, et Herefordiæ, Comitibus, et nonnullis Baronibus, magnatibus, proceribus, et aliis, de Consilio dicti domini Regis, qui de mandato ipsius speciali ad locum prædictum convenerant, [1][præsentibus]; dictum fuit eis per prædictum dominum Regem, et injunctum, ut processum placiti habiti inter Dominos Robertum de Brus et Johannem de Balliolo, et petitiones ac rationes eorum, viderent, inspicerent, et cum magna diligentia examinarent; et quod super hiis invenirent, prædicto domino Regi postea reportarent. Mandatum fuit etiam prædictis Roberto de Brus et Johanni de Balliolo, et aliis petentibus jus ad regnum Scotiæ, et quaterviginti Scotiæ electis per eos, qui tunc ad prædictum locum de Berewic, juxta præfixionem alias eis factam, accesserant, quod expectarent de die in diem, et essent prompti, quandocunque [2]prædictus dominus Rex mandaret pro eis.

The Bishops and nobles are directed to examine the claims of R. de Brus and John de Balliol.

Other directions are also given.

Visis autem postmodum, et inspectis, toto processu inter prædictos Robertum et Johannem habito, et petitionibus et rationibus ex parte utriusque propositis, ac per quamplures dies cum summa diligentia per prædictos Archiepiscopum, Episcopos, Prælatos, Comites, Barones, et alios, de Consilio ipsius Domini Regis, examinatis, et die Veneris proxima ante festum Apostolorum Simonis et Judæ eidem Domino Regi lectis, expositis, et plenius intellectis, coram prædictis Archiepiscopo, Episcopis, Prælatis, Comitibus, Baronibus, et aliis de Consilio suo; iidem requisiti per Regem per quam viam deberet procedere ad judicium reddendum inter dictos Robertum de Brus et Johannem de Balliolo in hoc casu, an per leges Imperiales, seu per leges et consuetudines regni Angliæ, vel regni Scotiæ:—

The Bishops and nobles assembled, being requested to give their opinion as to the respective rights of de Brus and Balliol, pronounce in favour of the latter.

Episcopus Wintoniensis respondebat, et dixit—quod secundum leges et consuetudines regni Angliæ est

---

[1] Omitted in orig. | [2] *prædictos* in orig.

procedendum principaliter in hoc casu ; et quod videtur A.D. 1292. sibi, quod ¹[secundum] easdem leges et consuetudines Johannes de Balliolo est potior jure ad regnum Scotiæ obtinendum.

Archiepiscopus Dublenensis, requisitus, etc., dicebat—quod nunquam vidit aliquod judicium reddi in Curia Regis Angliæ super aliquo, nisi per leges et consuetudines regni sui ; nec videtur sibi quod aliud debeat fieri in hoc casu.

Episcopus Dunelmensis, requisitus, etc., dicit—quod in casu isto utendum est legibus et consuetudinibus regnorum Scotiæ et Angliæ, et non legibus Imperialibus, nisi facerent specialiter pro casu proposito.

Episcopus Eliensis, requisitus, etc., dicit—quod secundum leges et consuetudines Angliæ est in casu isto procedendum.

Episcopus Carleolensis, requisitus, etc., concordat eidem.

Episcopus Bibliensis, requisitus, etc., dicit—quod Dominus Rex, secundum leges per quas judicat subjectos suos, debet procedere in casu isto, quia hic censetur Imperator.

Dominus Willelmus de Valencia, requisitus, etc., dicit—quod omnino secundum leges et consuetudines regni Angliæ est procedendum in casu isto ; et si Rex aliud faceret, contraveniret juramento suo.

Magister H. Decanus Eboracensis, J. Decanus Lichefeldensis, Frater W. de Hozom, Prior Provincialis Fratrum Prædicatorum in Anglia et Scotia, Frater W. de Malmecestre, socius suus, Frater W. de ²Teynesburge, de Ordine Fratrum Minorum, Magistri Giffredus de Vezano, Cameræ Domini Papæ clericus, et ipsius Nuncius in Anglia, Alanus de Frestone, Archidiaconus Norfolchiæ, Thomas Archidiaconus Suffolchiæ, Philippus

---

[1] Omitted in orig. altered. See p. 260.
[2] Apparently, "*Gaynesburge*," thus

A.D. 1292. Archidiaconus Wintoniæ, Robertus Archidiaconus Cestriæ, requisiti, etc., dicunt—quod secundum leges et consuetudines regni Angliæ, et non per jura scripta, debet procedere in hoc casu.

Magistri R. de Brandone, Canonicus Londoniensis, W. de Grenefeud, Canonicus Eboracensis, J. le Flemming, W. de Kilkenni, J. de Langetone, G. de Robiria, J. de Brokenford, et Th. de Biggor', requisiti, etc., dicunt, sicut alii præcedentes, quod procedendum est in casu proposito secundum leges et consuetudines regni Angliæ, et non per jura scripta.

Dominus H[enricus] de Laci, Comes Lincolniæ, R[ogerus] Comes Norfolchiæ, [1] [Robertus] Comes Oxoniæ, Unfridus Comes Herefordiæ, R. Titebetoft, J. Giffard, J. de Sancto Johanne, R. filius Rogeri, Thomas de Berkele, H. de Turbevile, H. le Despenser, R. de Grey, N. de Segrave, Brianus filius Alani, W. de Bello Campo, Petrus de Chauvent, R. Malet, R. Brabason, P. de Campania, Hogo de Cnovile, J. Botetourte, T. de Fisseburne, requisiti, dicunt, sicut alii præcedentes, quod Dominus Rex debet procedere in hoc casu secundum leges et consuetudines regni sui Angliæ, et nullo modo secundum leges Imperiales.

Opinions asked, and given, as to whether the kingdom of Scotland is to be held as being on the same footing as other tenures.

Postmodum, dictus dominus Rex quæsivit a Consilio suo prædicto, quod sibi cum deliberatione responderent, et quid eis videtur dicerent sibi, an regnum Scotiæ sit ita excellens et dignum, quod debeat judicari alio modo quam aliæ tenuræ de regnis Scotiæ et Angliæ, vel secundum quod aliæ tenuræ dictorum regnorum habent judicari. Ad hoc respondit Episcopus Dunelmensis, et dixit quod, quoad successionem, et secundum formam petitionis petentium, non debet de regno Scotiæ [2] aliud fieri judicium, ratione alicujus dignitatis vel prærogativæ, quam de aliis tenuris parium suorum.

---

[1] Omitted in orig. | [2] *aliut* in orig.

Habet tamen regnum, vel habere potest, in se multas alias præerogativas. Et omnes alii suprascripti responsioni hujusmodi concordarunt.

A.D. 1292.

Die Mercurii proxima post festum Apostolorum Simonis et Judæ, dictum fuit per dictum dominum Regem partibus antedictis, et quaterviginti de Scotia electis, quod idem Rex Angliæ, qui est superior dominus regni Scotiæ, ratione regni sui Angliæ, cui dictum regnum Scotiæ est subjectum, et quod, secundum leges Scotiæ et Angliæ, ubi mutuo se concordant, debet inter subjectos suos judicia sua proferre,—" vult " scire a vobis, Roberto de Brus et Johanne de Bal- " liolo, et a vobis, quaterviginti electis per eos, si sciatis " dicere, aut habeatis, aliquam specialitatem, quare non " debeat considerationem suam facere in petitione istius " regni, sicut de Comitatibus, Baroniis, et aliis tenuris." Qui, super interrogatione prædicta aliquantulum consulentes, petierunt inducias ad respondendum usque ad diem Veneris proximo sequentem. Et fuit idem dies per Regem concessus eisdem.

R. de Brus and J. de Balliol are asked if they acknowledge the King of England as superior lord of Scotland.

Ad quem diem, ad interrogationem prædictam, præsentibus præfato domino Rege, Archiepiscopo, Episcopis et Prælatis, Comitibus, Baronibus, utriusque regni, ac aliis de Consilio suo, responsum est ex parte prædicti Johannis de Balliolo in hunc modum:—Quod cum sit coram prædicto domino Rege Angliæ, superiore domino dicti regni Scotiæ, petens ab eo jus quod habet ad idem regnum Scotiæ, ad ipsum nec attinet limitare posse domini sui, per quam viam idem dominus suus in isto negotio procedere debeat. Veruntamen, quoad specialitatem dicit, quod in forma petitionis suæ satis intelligitur talis specialitas, et prærogativa, quod ad judicium procedi omnino non potest in hoc casu, sicut in petitione Comitatuum et Baroniarum partibilium, cum regnum sit impartibile; adjiciens quod illud idem præfatus Robertus de Brus in sua petitione, et suis rationibus, recognoscit et dicit.

Acknowledgment thereof by J. de Balliol, with the reservation that the kingdom of Scotland is not partible.

n

A.D. 1292.

Answer of R. de Brus, with a certain engagement on his part.

Et ad interrogationem eandem responsum est ex parte præfati domini Roberti de Brus:—Quod ad eam sua non interest respondere, si placet Domino Regi, nam nullam specialitatem regalitatis regni Scotiæ penes se habet; nec convenit quod aliquis habeat, præter regem ipsius terræ. Sed si regnum Scotiæ ad manum suam devenerit, omnes specialitates et res alias quæ poterunt inveniri, dicto domino suo, Regi, quando sibi placebit, ostendet, et faciet sibi, sicut domino suo, quicquid facere debebit, ad suæ beneplacitum voluntatis. Et supplicat quod idem dominus Rex faciat sibi justitiam, prout ad ipsum pertinet, ratione superioritatis dominii sui.

Interrogatory as to the law applicable to the present case.

Postmodum prædicti quaterviginti de Scotia electi, interrogati si unus casus specialis in Anglia, et casus in omnibus consimilis, emergat in Scotia, et leges Angliæ et Scotiæ in hoc casu diversificent invicem et repugnent, per quas leges, scilicet, vel Angliæ, vel Scotiæ, debent judicari;—responsum est ex parte ipsorum, quod si in casu subscripto in regno Scotiæ et in eodem regno lex habeatur expressa, sufficit, et debet sufficere, lex eadem.

Assertion of the right of the superior lord to make law for the emergency, if necessary.

Et requisiti ulterius quod si nec regnorum Scotiæ et Angliæ leges consuetæ sufficiant in hoc casu, responsum est, sicut prius, quod dominus Rex Angliæ, superior dominus regni Scotiæ, potest, et debet, de consilio procerum et magnatum suorum, novam legem condere, quæ in casu prædicto sufficiens censeatur. Et visis deinde, lectis, et recitatis, responsionibus quas quaterviginti de Scotia præfati electi ad interrogationes antea factas eis dederant in præmissis adhuc, in nullo immutabant easdem. Interrogati postea memorati Robertus de Brus et Johannes de Balliolo per præfatum dominum Regem, si aliquem casum qui alias acciderit, et quem prius non dixerint, intellexerint, sive sciant dicere, per quem ad reddendum judicium inter eos se valeat informare;

R. de Brus obtains time to

responsum est per præfatum Robertum de Brus, quod casus prius non dictos, qui satis evidenter pro ipso et jure suo faciunt, dicere scit, et novit, et ad docendum de hujusmodi casibus petiit diem; et habuit, videlicet, diem Lunæ proximum post festum Omnium Sanctorum. {A.D. 1292. produce further precedents.}

Ad quem diem, cum quædam exempla ex parte præfati Roberti de Brus perducta et data fuissent in scriptis, nihil novum, seu aliud, compertum fuit ex eis quam per eum prius fuerat dictum; nisi quod nominabat et expressit nomina quorundam regum qui, post reges [quos] antea in exemplis suis posuerat, medio tempore regnaverunt; nec alia nova motiva, quæ movebant, seu movere debebant, fuerunt exhibita per eundem. {His precedents are deemed to be of no value.}

Postea, eodem die Lunæ, præfatus¹ dominus Rex allocutus fuit totum Consilium suum prædictum præsentialiter in hunc modum:—

"Vos, Domine Archiepiscope, Episcopi, etc. Quia
"audistis placitum inter Robertum de Brus et Jo-
"hannem de Balliolo, Rex quærit a vobis, quod vos
"consulatis eidem, quis istorum duorum est proxi-
"mior ad regnum Scotiæ, secundum placitum placi-
"tatum; et si remotior in uno gradu in successione,
"exiens de primogenita, secundum leges et consue-
"tudines utrorum regnorum Angliæ et Scotiæ, debet
"excludere proximiorem de sanguine, exeuntem de
"secundo genita; vel proximior in uno gradu de san-
"guine, exiens de secundo genita, debeat excludere
"remotiorem in successione, exeuntem de primogenita." {Question put, as to the relative rights of issue from an elder, and a younger, daughter.}

Cen Frauncéis fust dist en ceste manere:—
"Seignurs, qui avez oy le play entre Sire Robert de

[TRANSLATION.]

This, in French, was said in this manner:—
"Lords, who have heard the plea between Sir Robert de

---

¹ *dictus* in orig., erroneously.

A.D. 1292. "Brus e Sire Johan de Balliol, le Rey ws demaund
"que ws lui conselez, le quel de ceus deus est plus
"prochein au reaume solom le plai plede; e si le plus
"lointein en un degre en succession deit forclore le
"plus procheyn de sanc; ou le plus prochein en un
"degre de sanc deyt forclore le plus lointen en suc-
"cession; solom les leys e les customes de amedeus
"les reaumes de Engleterre et de Escoce."

"Brus and Sir John de Balliol, the King asks you that
"you counsel him, the which of these two is nearer to the
"kingdom according to the plea pleaded; and if the more re-
"mote in one degree in succession[1] ought to exclude the
"nearer in blood; or the nearer in one degree of blood
"ought to exclude the more remote in succession; according
"to the laws and the customs of the two realms of England
"and of Scotland."

Answer thereto, in favour of the issue of the elder daughter, though one degree more remote in descent.

Gilbertus de Thornet', R. Malet, Petrus de Campania, G. de Robiri, W. de Robiri, J. de Cadomo, Frater W. de Hozom, Episcopus Wintoniensis, Archiepiscopus Dublenensis, Episcopus Eliensis, Episcopus Dunelmensis, W. de Valencia, Comes Lincolniæ, Comes Herefordiæ, Comes Oxoniæ, R. de Tibetoft, Episcopus Carleolensis, Episcopus Bibliensis, Decanus Lichefeldensis, R. de Grey, Magister W. de Brandone, Magister Giffredus de Vezano —[2] ignorat leges Angliæ et Scotiæ,—Magister R. de Radewelle Archidiaconus Cestriæ, H. le Despenser, Frater W. de Grenesburg, Decanus Eboracensis, Archidiaconus Suffolchiæ, H. de Turbevile, Comes Marescallus, J. Giffard, Thomas de Berkele, Frater [W.] de Malmecestria, J. de Sancto Johanne, N. de Segrave, R. filius Rogeri, R. de Spaldegtone, Brianus filius Alani, R. de

---

[1] A considerable portion of the Latin text is omitted here: in the words "*exiens de primogenita*,"— "issue of the daughter first-born,"— the whole merit of the dispute is contained.

[2] A parenthetical observation, apparently, on part of the Notary.

Burtone, Magister W. de Kilkenni, T. de Fisseburne, A.D. 1292.
Archidiaconus Wintoniæ, Magister J. le Flemmeng,
Magister W. de Grenefeud,—misit responsum suum in
scriptis, quia infirmus erat—W. de Langetone, J. de
Langetone, W. de Bello Campo, J. Botetourte, P.
Chavent, W. de Monte Revelli, Magister J. de Lacy
—iste venit de Francia, et, requisitus post alios, concordat cum prænominatis,—R. de Bosco. Per omnes
istos concorditer et unanimiter est responsum, quod
proximior in uno gradu, de sanguine secundæ filiæ, non
excludit remotiorem in uno gradu, de sanguine primo-
genitæ : in cujus linea moratur successio, donec exitus
ipsius defecerit.

Cen Franceys en ceste manere respondu est :—
" Ke le plus prochein en un degre de saunc, de la
" secunde filie, ne forsclost pas le plus loienztein en
" un degre du saunc, de la primere filie ; en qui line
" la succession demort, de si ke le issue de lui seit
" defailli."

[TRANSLATION.]

This, in French, is answered in this manner :—
" That the nearest in one degree of blood, through the
" second daughter, does not exclude the more remote in one
" degree of blood, through the first daughter ; in whose line
" the succession remains, until the issue of her shall have
" failed."

Postea, die Mercurii sequenti, scilicet, proxima post *Judgment in favour of J. de Bal-liol, as against R. de Brus.*
festum Omnium Sanctorum, præsentibus dicto domino
Rege et toto Consilio suo, ordinata [fuit] quædam
forma judicii reddendi inter prædictos Robertum de
Brus et Johannem de Balliolo, in hunc modum :—

" Vos, [Roberte] de Brus et Johannes Balliol, se-
" cundum petitiones et rationes per vos monstratas
" hinc inde, quas Dominus Rex coram eo et Consilio

---

[1] Omitted in orig.

A.D. 1292. " suo fecit inspici, et cum magna diligentia examinari,
" dicimus quod vos, Roberte de Brus, non habetis
" jus in vestra petitione, secundum formam et modum
" petitionis ejusdem. Et quoad petitionem vestram,
" Johannes de Balliolo, non potest vobis plenarie
" responderi, donec alii petentes sint auditi."

Assent of the King's Council thereto. Et approbata fuit ista forma per totum suprascriptum Consilium Domini Regis, et omnes concordarunt eidem. Et datus est dies ad Scacarium, ut, vocatis quaterviginti de Scotis electis, et partibus supradictis, ac omnibus aliis petentibus jus ad regnum Scotiæ, judicium inter prædictos Robertum et Johannem secundum formam prædictam proferatur.

The judgment is laid before the arbitrators, and their opinion asked thereon. Postea, die Jovis proxima post festum Omnium Sanctorum, in præsentia præfati domini Regis Angliæ, superioris domini Scotiæ, apud Berwike super Twedam, præsentibus quaterviginti de Scotia electis, et viginti quatuor nominatis per eundem Regem de regno suo, similiter, Archiepiscopo, Episcopo Dunelmensi, Episcopis, Prælatis, Comitibus, Baronibus, et nonnullis magnatibus, de regno Angliæ, et multis aliis clericis et militibus, expressis superius, exposita fuit per dictum dominum Regem forma suprascripta judicii inter prædictos Robertum et Johannem, ut præmittitur, proferendi, prædictis quaterviginti de Scotia electis; et requisiti fuerunt deinde singillatim, per ordinem in quo sequitur, quid eis de forma hujusmodi judicii videbatur.—

They state their opinion thereon, in the affirmative. Willelmus Episcopus Sancti Andreæ, requisitus quid sibi videtur de forma et modo judicii prædicti reddendi inter dictos Robertum et Johannem, ut est dictum, respondet et dicit, quod dictas formam et modum approbat et commendat, et hujusmodi judicium, sub eisdem forma et modo reddendum, credit firmiter esse justum.

[1] Marcus Episcopus [2] Sodorensis, requisitus etc., con-

---

[1] *Marchus* in orig. | [2] *Eodorensis* in orig.

cordat in omnibus cum Episcopo antedicto. R. Episco- A.D. 1292.
pus Rossensis, requisitus etc., concordat. Abbas ¹Cambiskinel, requisitus etc., concordat. Abbas de Kellesho, requisitus etc., concordat. Abbas de Tungelonde, requisitus etc., concordat. Magister J., nepos, qui ante loco ipsius Abbatis positus fuerat, requisitus etc., concordat. Abbas de Cupro, requisitus etc., concordat. Magister Alpinus de Strazerene, qui ante loco ipsius Abbatis positus fuerat, requisitus etc., concordat. Prior Sancti Andreæ, requisitus etc., concordat. J. Comes de Bouzhan, requisitus etc., concordat. G. Comes de Anegous, requisitus etc., concordat. Malianus Comes de Strazerne, requisitus etc., concordat. W. Comes de Ros, requisitus etc., concordat. Alexander de Ergadia, requisitus etc., concordat. Andreas de Moravia, requisitus etc., concordat. Herbertus de Maxwelle, requisitus etc., concordat. Patricius de Graham, requisitus etc., concordat. W. de Sancto Claro, requisitus etc., concordat. R. le Kein, filius, requisitus etc., concordat. N. de Haya, requisitus etc., concordat. R. de Cambrun Killigirnank', requisitus etc., concordat. R. Frasser, requisitus etc., concordat. M. de Wemeys, requisitus etc., concordat. Michael Scottus, requisitus etc., concordat. R. de Strattone, requisitus etc., concordat. W. de Moravia de Tolebardie, requisitus etc., concordat. W. de Melgredon, requisitus etc., concordat. R. de Lasceles, requisitus etc., concordat. David de Graham, requisitus etc., concordat. Ingelrannus de Unfrevile, requisitus etc., concordat. W. Risset, requisitus etc., concordat. Magister N. de Sancto Andrea, requisitus etc., concordat. Dominus J. de Genelestone, requisitus etc., concordat. Abbas de Dubing', qui fuit positus loco Episcopi Candidæ Casæ, requisitus etc., concordat. Abbas de Neubotel, qui fuit positus loco Simonis Fraser defuncti, requisitus etc., concordat. Johannes de

---

¹ *Bambiskincl* in orig.; corrected from the New Rymer, I., p. 767.

A.D. 1292. Strivelin de Carez, requisitus etc., concordat. Andreas Fraser, requisitus etc., concordat.[1]

Robertus Episcopus Glascuensis requisitus, ut fuerat superius Episcopus Sancti Andreæ, respondet et dicit, quod licet prius motus fuisset per quamplures rationes et evidentias pro Domino Roberto de Brus, et jure suo, ex hiis quæ ante audiverat super illis, tamen audito modo judicio, et rationibus super quibus est judicium illud fundatum, concordat eidem. Matthæus, Episcopus Dunkeldensis, requisitus etc., concordat. Abbas de Gedeworthe, requisitus etc., concordat simpliciter judicio. Patricius, Comes de Marchia, requisitus, concordat[2] simpliciter judicio. Dovenaldus, Comes de Mar, requisitus etc., concordat eidem. W. Comes de Menethez, requisitus etc., concordat. Malcolinus, Comes de Levenake, requisitus etc., concordat. Jacobus, Senescallus Scotiæ, requisitus etc., concordat Episcopo Glascuensi. J. de Soules, requisitus etc., concordat eidem. N. de Graham, requisitus etc., concordat simpliciter judicio. J. de Lindeseie, requisitus etc., concordat eidem. J. Senescallus, requisitus etc., concordat. Alexander de Bonekil, requisitus etc., concordat. W. de la Haye, requisitus etc., concordat. David de Thorchorald, requisitus etc., concordat Episcopo Glascuensi. J. de Galantyr, requisitus etc., concordat Episcopo Glascuensi. W. de Fentone, requisitus etc., concordat eidem. W. de Lyndeseia, requisitus etc., concordat. Reginaldus de Cranford, requisitus etc., concordat simpliciter judicio. W. de Strivelin, requisitus etc., concordat prædicto Episcopo Glascuensi. J. de Strivelin de Moravia, requisitus etc., concordat simpliciter judicio. Magister W. de Hireby, requisitus etc., concordat Episcopo Glascuensi. Magister Th. de Bonekil, requisitus etc., concordat eidem. Henricus de Lamethetone, requisitus etc., concor-

---

[1] From this point, the parties named are originally the nominees of Robert de Brus. Those preceding are named by Balliol.

[2] *simpliter* in orig.

dat eidem. Magister W. de Goseford, requisitus etc., A.D. 1292.
concordat eidem. Frater Reginaldus de Rihil, monachus
de Meuros, requisitus etc., concordat. J. de Coverweythe,
requisitus etc., concordat. Magister Nigellus Cambel,
requisitus etc., concordat finaliter in omnibus Episcopo
Glascuensi. Adam de Rette, requisitus etc., concordat.

Vocatis statim postea prædictis Roberto de Brus et
Johanne de Balliolo, et similiter omnibus aliis petentibus jus ad regnum Scotiæ, in præsentia ipsorum petentium, qui omnes præsentes fuerunt ibidem, in propria
persona vel per attornatos suos, præter Johannem
Comyn, et Rogerum de Maundevile, qui fuit infra
ætatem, dictum fuit Dominis Roberto de Brus et
Johanni de Balliolo per prædictum Regem, quod secundum petitiones et rationes ex utraque parte Roberti
et Johannis monstratas, quas idem Rex coram se et
Consilio suo cum magna diligentia inspici et examinari
fecit, Robertus de Brus non habuit jus in sua petitione ad regnum Scotiæ, secundum formam et modum
petitionis suæ. Et similiter, dictum fuit dicto Johanni
de Balliolo per prædictum dominum Regem, quod,
quoad petitionem suam, idem Dominus Rex non potest
ei respondere ad plenum, quousque alii petentes jus
ad regnum prædictum Scotiæ coram eo in Curia sua
fuerint exauditi. Et similiter dictum fuit omnibus
aliis petentibus, et ibidem præsentibus, quod sint de die
in diem coram dicto domino Rege et ejus Consilio,
prosecuturi petitiones suas, si sibi viderint expedire,
facturi et recepturi ulterius, prout Curia ipsius Domini
Regis consideraverit in præmissis.

Judgment finally pronounced by the King of England in favour of J. de Balliol, as against R. de Brus.

The rights of other claimants, as against Balliol, are expressly reserved.

Die Veneris sequenti, coram quaterviginti de Scotia,
et viginti quatuor de Anglia, per dominum Regem
prædictum [1] [convocatis] in ecclesia Fratrum Prædicatorum [2] deserta, venerunt Johannes de Balliolo, et

Balliol and the other claimants appear before the King.

---

[1] This, or some similar word, is omitted in orig.
[2] Written *de serta* in orig.

A.D. 1292. Johannes de Hastinges, et Willelmus de Ros, in propria persona; Ericus, Rex Norwagiæ, per unum de attornatis suis; Florentius, Comes Holandiæ, per attornatos suos; et Willelmus de Vescy, per W. de Camhou, qui se dicebat attornatum ipsius; vocatis Johanne Comyn et Rogero de Maundeville, (qui est infra ætatem,) et frequenter publice ac solemniter proclamatis, qui nec per se nec per attornatos venerunt.

A fresh inquest ordered to be summoned, as to the claim of William de Ros.

In petitione Willelmi de Ros, quam fecit de regno Scotiæ, ita procedebatur, quod de inquisitione in quam alias consenserat, vocati fuerant jurati, quorum nullus comparuit; et ideo ex parte dictorum centum et quatuor, de Scotia et Anglia electorum et nominatorum, dictum fuit Custodibus dicti regni Scotiæ, quod aliam inquisitionem venire faciant, de probis et legalibus hominibus ipsius regni Scotiæ, neutri parti suspectis. Qui quidem nomina certarum personarum, usque ad numerum quinquaginta duarum, tradiderunt in scriptis; et quia dictus Willelmus de Ros dicebat se consilium suum non habere tunc præsens, ex officio Curiæ datus fuit sibi dies usque in crastinum; et dictum fuit omnibus petentibus quod expectarent diem suum de die in diem; præterquam Johannem Comin et Rogerum de Maundevile, qui ¹[fuit] infra ætatem; qui non fuerunt prosecuti petitiones suas dicto die Veneris, sæpius tamen, ut dictum est, solemniter proclamati.

Abandonment of his claim by W. de Ros.

Die Sabbati sequenti, prima ante festum Sancti Martini, venit prædictus Willelmus de Ros coram Consilio prædicti domini Regis, de utroque regno, et dixit quod non vult sequi ulterius petitionem suam quam facit ad regnum, versus dictum dominum Regem Angliæ, superiorem dominum dicti regni Scotiæ; quia dicit, quod ipse et prædictus Johannes de Vallibus concesserunt stare ordinationi et considerationi Dominorum Dunelmensis et Sancti Andreæ Episcoporum, H[enrici] de Lacy Comitis Lincolniæ, et J[ohannis] de Warenna

---

¹ Omitted in orig.

Comitis Surreiæ, ita quod uterque ipsorum, Willelmus A.D. 1292. et Johannes, ordinationem et considerationem prædictorum Episcoporum et Comitum pro se et hæredibus suis ratas habebunt, et in omnibus observabunt; et hoc eis per dictum dominum Regem conceditur, et prædictus dominus Johannes de Vallibus, præsens in Curia ibidem, illud idem concessit; et sic, per licentiam Curiæ, [1] dictus Willelmus de Ros, absolutus a petitione sua, recessit.

Eodem [2] [die], Florentius, Comes Holandiæ, et Johannes de Balliolo, venerunt, et coram Consilio ac auditoribus supradictis lectis petitionibus, responsionibus, et rationibus, ipsorum Comitis et Johannis, prius factis, datus fuit eis dies usque ad diem Lunæ proximum sequentem; et quod illo die Lunæ darent in scriptis responsiones et rationes suas, prædicto domino Regi repetendas, etc. Idem dies datus fuit omnibus aliis petentibus jus ad regnum Scotiæ, præter Johannem Comyn et Rogerum de Maundevile, qui non fuerunt prosecuti petitiones suas ad prædictum regnum Scotiæ, illo die tamen sæpius sunt solemniter proclamati; et præterquam, uni de attornatis Erici, Regis Norwagiæ, qui non habuit potestatem petendi, sicut dicebat, sine attornatis ejusdem Regis, conjunctim per litteras ipsius Regis factis; quorum attornatorum defalta calumniata fuit per prædictum dominum Johannem de Balliolo: dictum tamen fuit attornato ipsius Regis comparenti, quod veniret die Lunæ sequenti, et interim loquendum est cum Domino Rege super calumnia defaltæ prædictæ. *The discussion of the claims of the Count of Holland and J. de Balliol is entered into, and then postponed.*

Eodem die Sabbati, prædictus W. de Camhou, attornatus Willelmi de Vescy, et pro attornato ipsius admissus, venit; et similiter, Johannes de Balliolo ac alii petentes jus ad regnum Scotiæ; et, de consensu et assensu omnium partium, datus fuit dies dicto Willelmo de Vescy usque ad diem Lunæ proximo sequentem, super *A further day is given to William de Vescy.*

---

[1] *distis* in orig., by inadvertence. | [2] Omitted in orig.

A.D. 1292. prosecutione petitionis suæ, quam facit ad prædictum regnum Scotiæ; eo quod prædictus attornatus ipsius dicebat consilium suum non habere tunc præsens; et idem dies datus est partibus supradictis.

Abandonment of his claim by William de Vescy.

Postea, die Lunæ sequenti, scilicet, in Vigilia Sancti Martini, venit prædictus Willelmus de Vescy per dictum W. de Cambou, attornatum suum, et dicit quod non vult ulterius sequi petitionem suam, quam facit ad prædictum regnum Scotiæ, versus prædictum dominum Regem Angliæ, superiorem dominum dicti regni Scotiæ. Quia dicit, quod ipse, loco domini sui prædicti, Willelmi de Vescy, et Johannes de Balliolo, concesserunt stare ordinationi et considerationi Dominorum Episcopi Dunelmensis, Willelmi de Walencia, Comitis Panbrokiæ, Johannis de Warenna, Comitis Surreiæ, et Alexandri de Balliolo, in proximo Parleamento dicti domini Regis Angliæ in Anglia; et ordinationem et considerationem eorum ratas habebunt, et in omnibus observabunt. Et dictus Johannes de Balliolo, præsens in Curia, illud idem concessit, et, per licentiam Curiæ, Willelmus de Vescy, absolutus a petitione sua, recessit, et hoc ei de licentia Domini Regis est concessum.

Question as to date of a quitclaim alleged to have been made by David, Earl of Huntingdon, to William, King of Scotland; and answer thereto.

Eodem die Lunæ, coram prædictis etc., veniunt prædicti Florentius, Comes Holandiæ, per attornatum suum, et similiter, Johannes de Balliolo, et liberaverunt rationes suas in scriptis. Et requisitum fuit ab attornatis prædictis, utrum prædictum scriptum de quietaclamatione, de quo loquitur, factum fuit Domino W[illelmo], Regi Scotiæ, per David, fratrem suum, ante feloniam quam fecit idem David erga dominum suum, H[enricum], Regem Angliæ, sicut eidem David fecisse imponunt, vel post feloniam illam commissam;—dicunt quod scriptum illud factum fuit ante prædictam feloniam commissam.

Et similiter requisitum fuit a prædicto Johanne de Balliolo, si alias rationes, vel responsiones, velit dicere ad prædictum scriptum de quietaclamatione quam eas quas prius liberaverat in scriptis, et si velit prædictum scriptum, factum per prædictum David, concordare vel dedicere. Qui dicit quod non est necesse ulterius respondere, nisi Dominus Rex velit quod ulterius respondeat. Supplicat tamen Domino Regi, et ejus Consilio, quod possit ponere rationes suas, quas nondum posuit, in scriptis, etc. Et quoad feloniam, quam praedictus Comes Holandiae, per attornatos suos, dicit praedictum David fecisse, dicit praedictus Johannes de Balliolo, quod non est necesse respondere, nisi dicat ubi, et coram quibus Justiciariis, et quo anno et die, convictus fuit de praefata felonia eidem David imposita.

A.D. 1292. Balliol reserves his answer as to the alleged quit-claim, and denies the felony imputed to Earl David.

Et praedictus Comes dicit, quod in ipsa felonia, et in incendiis commissis, et in castellis prostratis et Comitatibus captis, contra ligium dominum suum, Regem Angliae, cum vexillis displicatis, tanquam publicus inimicus domini sui, contra homagium et fidelitatem suam, ipso facto convictus fuit de felonia praedicta, etc. Ideo datus est dies partibus praedictis, ad diem Mercurii proxime sequentem.

The Count of Holland maintains the felony imputed to Earl David.

Eodem die Lunae, Ericus Rex Norwagiae venit coram Consilio Domini Regis Angliae per attornatos suos, etc., et protulit quoddam scriptum in haec verba:—

Claim presented on behalf of Eric, King of Norway.

"Omnibus praesentes litteras inspecturis, vel audi-
"turis, pateat evidenter, quod nos Ericus, Rex, Dei
"gratia, Norwagiae, tenore praesentium, facimus, con-
"stituimus, et ordinavimus, prout de jure et facto
"melius facere potuimus, nostros veros et legitimos
"attornatos et procuratores, et nuncios speciales, nobi-
"lem virum Aduenum de Hagr, et Magistrum H[ugutio]
"plebanum plebis, de Castillio[n]e Aretino, Domini
"Papae Capellanum, et Magistrum P. Algor, ad com-
"parendum pro nobis, et vice nostra, coram excellenti
"Principe, Domino Edwardo, Dei gratia, Rege Angliae
"illustri, et superiore domino regni Scotiae, et ad peten-
"dum nomine nostro, tanquam per superiorem dominum
"regni Scotiae, nobis adjudicari regnum [1] Scotiae supra-
"dictum, cum omnibus juribus et pertinentiis suis;

---

[1] *Sotiae* in orig.

A.D. 1292. "cum ipsum regnum, per mortem Dominæ Margaretæ,
" filiæ nostræ, olim Dominæ Reginæ regni Scotiæ, sit
" ad nos pleno jure hæreditario devolutum legitime.
" Item, ad petendum nomine nostro adjudicari nobis,
" et præfatis attornatis et procuratoribus nostris assig-
" nari, pro nobis, fructus, seu redditus, regni Scotiæ
" quatuor annorum, qui fluxerunt a tempore mortis
" Domini Alexandri, bonæ memoriæ, quondam Regis
" Scotiæ, usque ad diem mortis Dominæ Margaretæ,
" filiæ nostræ, olim Dominæ Reginæ Scotorum, qui
" percepti sunt, vel percipi potuerunt, de dicto regno;
" cum ad nos dicti fructus, seu redditus, pleno jure
" pertineant; tum quia fuimus legitimus administrator
" bonorum Reginæ præfatæ, cum viveret; tum etiam,
" quia gravia expensarum et sumptuum onera susti-
" nuimus propter eam, dum in regno Norwagiæ moram
" traxit, et postmodum in mittendo ipsam ad regnum
" suum Scotiæ supradictum. Item, ad petendum no-
" mine nostro condemnari universitatem regni Scotiæ,
" et ipsum regnum, ad solvendum nobis, seu dictis
" attornatis et procuratoribus nostris, recipientibus vice
" nostra, pœnam centum millium librarum sterlingorum,
" in quam inciderunt universitas præfata et regnum
" prædictum, non recipiendo libere præfatam Dominam
" Margaretam, filiam nostram, in dominam et Reginam
" regni Scotiæ, nec ei obediendo in aliquo. Et ad pe-
" tendum supplementum septingentarum marcarum,
" quas habere debemus a regno Scotiæ, occasione dotis
" Dominæ Margaretæ, olim uxoris nostræ, et filiæ Regis
" Scotiæ prædicti; cum fructus, seu redditus, terrarum
" nobis [1] assignati pro septingentis marcis annuis, ad
" quingentarum marcarum summam non ascendant.
" Item, ad agendum et defendendum, lucrandum et
" perdendum, coram præfato Principe, Domino Edwardo,
" Rege Angliæ, superiore domino regni Scotiæ, et
" in Curia ipsius, et coram auditoribus suis, datis

---

[1] *assignari* in orig.

" ad ipsos, vel dandis, et ad petendum et recipien- A.D. 1292.
" dum, nomine nostro, generaliter et specialiter, omnia
" jura nobis in regno Scotiæ debita quomodocun-
" que et qualitercunque, et ex quacunque causa, vel
" causis, nobis debeantur, et a quibuscunque perso-
" nis, loco, vel universitate, et quocunque nomine illa
" jura censeantur; et ad omnia alia et singula faci-
" enda, quæ veri et legitimi attornati, seu procura-
" tores et nuncii, facere possent in præmissis, et quo-
" libet præmissorum, si mandatum etiam exegerint
" speciale, et quæ nosmet facere possemus, si præsentes
" essemus; promittentes, sub hypotheca et obligatione
" omnium bonorum nostrorum, ratum, firmum, et gra-
" tum habere, et tenere perpetuo, et non contravenire,
" aliquo ingenio vel modo, quicquid per prædictos at-
" tornatos, seu procuratores, nostros, vel duos saltem ex
" eis, actum vel procuratum fuerit in præmissis, vel
" quolibet præmissorum. Acta Tonsborgiæ, anno Do-
" mini ducentesimo nonagesimo secundo, in festo Nati-
" vitatis Beatæ Virginis, anno regni tertio-decimo. In
" cujus testimonium has litteras fieri fecimus, et nostri
" sigilli munimine roborari."

Requisitum fuit de eisdem attornatis, quid volunt addere, minuere, vel intimare, et quid in petitione sua danda declarent. Qui dicunt, quod nolunt declarare, antequam habuerint colloquium cum dicto domino Rege Angliæ, superiore domino regni Scotiæ, nec aliquid aliud proponere, vel dicere. Et hæc requisitio fuit facta, quia alias in petitione sua, quæ coram ipsis lecta fuit ibidem, reservavit sibi beneficium addendi, minuendi, et mutandi, prout plenius ex tenore ipsius petitionis apparet. Et datus est dies usque ad diem Mercurii proximum sequentem, ad audiendum voluntatem prædicti domini Regis. *Requisition made of the attorneys of the King of Norway, as to the support of his claim.*

Eodem die Lunæ, nominatus superius Dominus Robertus de Brus venit in propria persona, et protestabatur quod intendit habere jus et actionem ad petendum *Robert de Brus presents a further claim.*

A.D. 1292. totum regnum Scotiæ, vel partem ejusdem, per aliam formam et modum quam prius petebat; et petit quod ad hoc admittatur. Dicit etiam, quod competit ei jus petendi propartem suam de terris de Tindale, et aliis terris quæ non sunt de regalitate Scotiæ; et ad prædicta petenda et prosequenda, [1] pro loco suo, Galfri[du]s de Caldecote, et Egidius de Cametleches et [2] Johannes de Bry.

Requisition again made of the attorneys of the King of Norway.

Postea, die Mercurii proxima post festum Beati Martini, venerunt prædicti attornati Regis Norwagiæ coram Consilio prædicti domini Regis Angliæ, et superioris domini Scotiæ; et dictum fuit eis per Consilium dicti domini Regis, quod declarent manifeste actionem dicti domini Regis Norwagiæ, per quam intendunt recuperare regnum Scotiæ, tanquam jus domini sui.

Further postponement of the consideration of his petition.

Qui quidem attornati responderunt, et dixerunt, quod voluerunt prius habere colloquium cum prædicto domino suo, Rege Norwagiæ, et ipsum super actione et petitione prædictis consulere, antequam ulterius prosequerentur. Et multotiens requisiti quod petitionem præfati domini sui manifestius declararent, tandem dixerunt præcise, quod petitionem supradicti domini sui noluerunt declarare, nec ulterius super hoc aliud dicere, antequam eundem dominum suum consulti fuerint in præmissis. Ideo datus est eis dies de die in diem coram prædicto domino Rege Angliæ, superiore domino dicti regni Scotiæ, ad audiendum judicium suum de eo quod voluerint ulterius prosequi petitionem domini sui prædicti, etc.

Eodem die Mercurii, venerunt Florentius Comes Holandiæ, per attornatos suos, et similiter, Johannes de Balliolo, in propria persona; et continuatus est dies ad crastinum, scilicet, diem Jovis sequentem.

Eodem die proximo dicto, venerunt Johannes de Balliolo et Johannes de Hastinges; qui habuit diem præfixum per dictum dominum Regem Angliæ, supe-

---

[1] These are the words probably intended by .po. lo. in the original.

The sentence is incomplete.
[2] *Johannem*, or *Johanni*, in orig.

riorem dominum dicti regni Scotiæ, a die quo liberavit petitionem suam, ad prosequendum de die in diem eandem; et eodem die dixit, quod voluit petitiones et rationes alias proponere et dicere, quam prius proposuerat et dixerat; et ideo datus fuit ei dies usque ad crastinum, scilicet, diem Jovis sequentem, ad proponendum, dicendum, et ponendum in scriptis, ea quæ expedire viderit. *A.D. 1292. A further day is given to John de Hastings.*

Die Jovis sequenti, venit Dominus Johannes de Hastinges, et dixit quod petitiones et rationes suæ nondum fuerunt omnino scriptæ, et petiit ad hoc ulteriorem dilationem concedi; et hoc tandem concessum fuit eidem, et dictum sibi præcise, et similiter, Johanni de Balliolo, quod in crastinum, scilicet, in die Veneris sequenti, liberent omnes rationes suas in scriptis; quia ulterius non admitterentur rationes ab eis aliquæ in scriptis, neque alio modo, nisi Dominus Rex velit aliquid eis opponere, seu interrogare. *A final day is named for John de Hastings and the other claimants.*

Eodem die Jovis, venerunt prædicti Comes Holandiæ, per attornatos suos, et Johannes de Balliolo, in propria persona, et liberaverunt alias rationes in scriptis; et quia attornati dicti Comitis dixerunt quod haberent novas rationes proponendas et dicendas, dictum fuit eisdem attornatis, et similiter, Johanni de Balliolo, præcise, quod ponerent omnes rationes suas in scriptis, et eas reportarent die Veneris sequenti, scilicet, in crastinum; quia ulterius neuter pars audiretur coram Rege et Consilio suo, ad rationes alias probandas.

Die Veneris sequenti, venerunt prædicti Florentius Comes Holandiæ et Robertus de Brus, per attornatos suos; Johannes de ¹[Balliolo] et Johannes de Hastinges, in propriis personis; et liberaverunt rationes et responsiones suas præcise in scriptis, sicut eis prius fuerat dictum; præterquam Dominus Robertus de Brus, cujus attornati dicebant se velle aliquas rationes super *Final delivery by the claimants, of their reasons and answers.*

---

¹ Omitted in orig.

A.D. 1292. petitione juris domini sui adhuc dicere, et dare in scriptis; et hoc fuit concessum, quod eas in scriptis in crastinum liberarent. Adjectum fuit, et dictum postmodum, per Dominum Johannem de Hastinges, quod multa sunt tenementa, perquisitiones, conquisitiones, et eschaetæ, de quibus aliqua tenementa exierunt de grosso et corpore regni Scotiæ, et alia quæ non ita exiverunt de grosso et corpore ejusdem regni; et sunt alia tenementa ex unis et aliis—se offert justicare per capellam domini Regis Scotiæ. Istam rationem, dictam eodem die Veneris, viva voce, in crastinum protulit, et dedit in scriptis.

Additional reason given by John de Hastinges.

Rationes Comitis Holandiæ, datæ die Lunæ in Vigilia Beati Martini, contra Johannem de Balliolo, Robertum de Brus, et Johannem de Hastinges.

Reasons proffered by the Count of Holland, in support of his claim.

"A queu jour le dist Counte de Holand, par son
" attorne, J. de Wossemarmut, dist, com avant aveit
" dist ;—Ke les avantdiz Johan de Balliol, Robert de
" Brus, Johan de Hastinges, rens de dreit del reaume
" de Escoce parmi le avantdist David poent demander ;
" kar iceli David fust felon, com de homicides, roberies,
" e arsuns de viles e de mesons ; e, a baner desploye,
" mauveisement e deleaument les chastels son seignur,
" le Rei de Engleterre, assega, prist, e abatist; trove est

[TRANSLATION.]

" On which day the said Count of Holland, by his attorney,
" J. de Wossemarmut, said, as before he had said ;—That the
" before-named John de Balliol, Robert de Brus, [and] John
" de Hastings, can demand no right to the realm of Scotland
" through the before-named David ; for this same David was
" a felon, as in respect of homicides, robberies, and arsons
" of towns and of houses ; and, with banner displayed,
" evilly and disloyally the castles of his lord, the King of
" England, besieged, took, and levelled ; [as] is found in

" en mouz de Cronikes de Engleterre, e su[r]e e certeine A.D. 1292.
" chose est : paront avys luy est, ke eynces qil soent
" oiz en lur demande, il deivent mustrer ke David ne
" fust pas felon le Rey, sicom dist est; en que de
" celes felonies aveyt la pes le Rey, ou autre aqui-
" tance, com mester lui sereit en teu cas, ou en autre
" semblable.

" La secunde reson ke dist est.—David relessa,
" resigna, e, pur lui et pur ses heires, par son escrist
" graunta, au Rey Willem, son frere, ke lui ne ses heirs,
" ne nul en son noun, dreit ne cleim en la reaume
" de Escoce demandereit. E peus son dreit ke il,
" celui David, en le dit reaume eynces chalangera, le
" dit Rei Willem la terre Gharivache lui dona en es-
" change de son dreit; e pur, le dit Rei Willem fist
" assembler tut sun barnage de Escoce, ausi bien
" des Eveskes, Abbes, e Priurs, com Countes, Barons,
" e autres prodeshomes de sa terre ; e le mustra,

" many of the Chronicles of England, and sure and certain
" thing it is: wherefore he is advised, that before they
" are heard as to their demand, they ought to shew that
" David was not a felon to the King, as is said ; in that for
" these felonies he had the peace of the King, or other
" acquittance, as would be needful for him in such case,
" or in other like it.

" The second reason that is said.—David released, resigned,
" and, for him and for his heirs, by his writing granted, unto
" King William, his brother, that he nor his heirs, nor any
" one in his name, should demand right or claim in the realm
" of Scotland. And as to his right that he, the same David,
" previously challenged in the said realm, the said King
" William gave him the land of Gharivache in exchange for
" his right ; and for [this]. the said King William caused to
" be assembled all his baronage of Scotland, as well of Bishops,
" Abbots, and Priors, as Earls, Barons, and other substantial
" men of his land ; and shewed unto it, how that the said

A.D. 1292. " coment le dit David aveit renuncie e resigne son
" dreit du dist reaume de Escoce pur la dit terre de
" Gravyaghe, la quele il aveoyt resceu en eschaunge;
" e illokes le dit Rei ordina, purvist, e establist, que
" si il moresist saunz heir de son cors engendre, ou si
" les heirs de lui issaunz deviassent saunz heirs de eaus
" issaunz, donkes Ade, sa soer, lur dame teinssent, si
" ele [1] vesquisit, e si ele fust morte, les heirs de lui
" issanz. E a diz ordenaunces, purveaunces, e estab-
" limenz, affermer, e a touz jors ferm aver, comanda
" son baronage, illoques present, a la dite Ade fere
" feance ; les queus pleinement fesoynt, e jurerent ke
" si dit Rei, e ses heirs de luy engendrez, morsisent
" saunz heirs de eaus issanz, ke a la dit Ade, e a ses
" heyrs, le dit reaume gardereient a sauvereint. Dunt
" avys est a dit Counte, que il est, e estre deyt, en
" meme le estat ke Ade eust este, si dit Rei eust mort

" David had renounced and resigned his right to the said
" realm of Scotland for the said land of Gravyaghe, the
" which he had received in exchange; and there the said
" King ordained, provided, and established, that if he should
" die without heir of his body begotten, or if the heirs
" from him issuing should decease without heirs from them
" issuing, then they should hold Ada, his sister, as their
" lady, if she should be living, and if she should be
" dead, the heirs from her issuing. And the said ordi-
" nances, provisions, and establishments, to confirm, and
" for all time to hold firm, he commanded his baronage,
" there present, to do fealty to the said Ada; the which
" fully did [the same], and swore that if the said King,
" and his heirs of him begotten, should die without heirs
" from them issuing, for the said Ada, and for her heirs,
" the said realm they would keep and save. Wherefore the
" said Count is advised, that he is, and ought to be, in the
" same state that Ada would have been, if the said King

---

[1] The form of this word, which is abbreviated, is uncertain.

"saunz heir de sei, tost apres cele feaunce a la dit
" Ade fete.

"En ceste secunde reson sunt sis choses contenuz,
" que ben sount a regarder, a ceo que avys est au dit
" Count.—

"La primere.—Ke le dit David, de son gre e de sa
" bone volunte, a touz jors e, a soen dreit regne avant-
" dit renuncia, pur luy e pur ses heirs, sicom avaunt
" dit est.

"La secunde reson.—Que il prist terre en eschaunge
" pur dreit que il dunkes aveit, ou en nul tens aver
" poiet; e de ceo donkes ben se agrea; la quele terre
" a memes ceaus Johan, Robert, et Johan, ke ore se
" fount heirs meme cely David, est descendu, e en
" seysine sunt. E nature de eschaunge ne voyt mie,
" ke jose donee en eschange, e chose pur cele receue
" en eschange, poeusse a une fiez en une persone
" demorer. Kar come chose prise en eschange doune

" had died without heir from him [issuing], immediately after
" this fealty to the said Ada made.

" In this second reason there are six things contained,
" which are proper to be regarded, according as the said
" Count is advised.—

" The first.—That the said David, of his own accord and
" of his good will, and for all time, renounced his right to
" the kingdom aforesaid, for himself and for his heirs, as is
" before mentioned.

" The second reason.—That he took land in exchange for
" the right that he then had, or at any time might have;
" and as to this did then fully agree; the which land
" unto these same John, Robert, and John, who now make
" themselves the heirs of this same David, has descended,
" and they are in seisin [thereof]. And the nature of
" exchange does not admit, that a thing given in exchange,
" and the thing for this received in exchange, can at one time
" in one person remain. For as the thing taken in ex-

A.D. 1292. " dreit a pernour, la chose ke il dune,—(de lui graunt
" ou relest,)—prent dreit en autre persone. E ceo
" piert.—Si enfaunt denz age fet eschaunge, e ceo
" voudra repeller quant il sera de age, il ne sera a
" ceo receu, taunt come il tient eschange; e ausint
" est de home qui fest eschange taunt come il seit
" en prison, ou hors de memorie; ou femme, entre braz
" son seignur.
   " La terce chose est.—Ke David, par son escrit, son
" dreit du dist reaume resigna au dist Rey Willem.
" Ce graunt e resignement avant allegea, e deyt alleger,
" tut le pople de Escoce de la seignurie de lui e de
" ces heirs, com droit fere, ou dreit doner, au dist
" Willem. Kar dreit de reaume principaument est,
" reale dignite e governement de pople; e en tant
" piez ke avant fust le po[p]le departie a cele escrit,
" come le dit Rei e si partie, donques le pople, par

" change gives right to the taker, the thing that he gives,—
" (by him granted or released,)—carries the right [thereto] to
" another person. And this is evident.—If a child under age
" makes an exchange, and shall wish to recall this when he
" shall be of age, he shall not be thereunto admitted, so long as
" he holds the thing taken in exchange ; and so it is of a man
" who makes an exchange while he is in duress, or deprived
" of memory ; or a woman, [1] under coverture of her husband.
   " The third thing is.—That David, by his writing, resigned
" his right to the said kingdom to the said King William.
" This grant and resignation has heretofore relieved, and
" ought to relieve, all the people of Scotland from the lordship
" of him and of his heirs, as making right, or giving right, to
" the said William. For a right to the kingdom principally
" is, the royal dignity and the government of the people ;
" [2] and into as many parts as the people was before divided
" by this writing, as the said King has so divided it, so the

---

[1] Literally, " in the arms of her " lord."
[2] This passage is apparently incomplete, and obscure in the extreme ; the translation is consequently doubtful.

" la volunte e le assentement du dit Rei, lur seignur, A.D. 1292.
" e autres du saunc le Rei, poeynt chevir ; e ce fesoient
" si avant, come a cel houre fere poeyent. E issi le
" escrit e la quitclamance David plain en checun poynt ;
" e ce que donkes fust pleyn, ore ne poet estre voyde ;
" e si ore ne poet estre voyde, dunkes en le dit
" reaume dreit ne pout clamer.

" La quarte chose.—Que le Rei ordina, establit, e co-
" maunda a tut son baronage, e a tut son pople, que
" eus teinssent la dit Ade pur dame e heir a pars
" lui, sicome est avaunt dist ; les queus ordinement,
" establisement, e comaundement, ataunt valent, e dei-
" vent valer, come jugement. E ceo fust par le Rei
" ajuge, ne poet estre de feit repelle ore.

" La quinte chose.—Commun assentement de tut le
" baronage, autaunt assentaunt le dit David, pur lui
" e pur ces heirs, come autre du pople.

" La siste chose.—Que execucion des avauntdiz or-

" people, by the will and the assent of the said King, their
" lord, and others of the blood of the King, may continue ;
" and this they did before, as at this hour they may do.
" And so the writing and the quitclaim of David [were]
" fulfilled in each point ; and that which was fulfilled then,
" cannot now be void ; and if now it cannot be void, then
" to the said kingdom he cannot claim right.

" The fourth thing.—That the King ordained, established,
" and commanded all his baronage, and all his people, that
" they should hold the said Ada as lady and heir on his
" side, as is before said : the which ordinance, establishment,
" and command, have the same value, and ought to have
" the same value, as a judgment. And this was by the
" King adjudged, and cannot now in effect be recalled.

" The fifth thing.—Common assent of all the baronage,
" assenting whereto the said David, for himself and for his
" heirs, as also others of the people.

" The sixth thing.—That execution of the aforesaid ordi-

A.D. 1292. "denemenz, que furent en leu de jugement, e co-
"maundemenz, furent plainement parfurnez, quant la
"dit Ade fust seisie de avauntdites feauncez.

"E totes cestes choses est le dit Conte prest de
"averrer, com fere devera, e sicome son seignur le
"Rei, e son Conseil, agarderunt que fere le deive. E
"si checuns avandites sis choses ne poent, ou ne suf-
"fisent, lur dreit estendre, (ne purquaunt de plus, que
"checune de eles depent de autre, e a une conclusion
"se tendent,) checune est afforcement de autre, de tanz
"rebotez de lur demaunde; come ne ceo ne poient
"dedire, mes, enteysaunt, assez le ount graunte. E
"pur ceo que le attorne le Counte est alien, e ad
"mester de greinur avisement, prie que sauve lui seit
"a plus dire pur le estat son seignur, quant mester
"serra."

"nances, which were in place of judgment, and the commands,
"were fully performed, when the said Ada was seised of
"the aforesaid fealties.

"And all these things is the said Count ready to prove,
"as he shall be bound to do, and just as his lord the King,
"and his Council, shall award that he ought to do. And if
"each of the aforesaid six matters cannot, or do not suffice
"to, extinguish their right, (and none the more, because each
"of them depends on the other, and to one conclusion they
"tend,) each of them is a support of the other, [1] [and] so far
"[they are] rebutted in their demand; as this they cannot
"gainsay, but, in being silent thereon, they have sufficiently
"granted it. And because that the attorney of the Count
"is an alien, and has need of further advice, he prays that
"leave may be saved for him to speak further for the in-
"terests of his lord, when need shall be."

---

[1] This passage appears to be imperfect, and the meaning of the whole of it seems to be doubtful.

Primæ Rationes et Responsiones Johannis de Balliolo et   A.D. 1292.
Johannis de Hastinges, datæ die Lunæ in Vigilia
Beati Martini, contra Comitem Holandiæ.

"Seignurs, ws avez entendu quant que ad este dit   Reasons
" e ques, entre Florenz, Counte de Holand, demandant   of John de Balliol, and
" le regne de Escoce, de une parte, e les responses e   John de
" les resones Johan de Balliol, Robert de Brus, e   Hastings, first alleged
" Johan de Hastinges, de autre part; les queus choses   against the Count of
" sont enroules.   Holland.

"Sur quey, est ore dist al avantdit Counte, que il
" die outre, quant que il vodra dire. E sur ceo le
" avant dit Counte ad dit plusurs choses, ensemble-
" ment ove ceo que il ad dit avant.

"Dunt la primere chose est, que la ou il demande
" le reaume de Escoce, de la seisine Margarete de Nor-
" weie, par resort a Ade, sa besaele Florence; e chalange
" est par les avantdiz Johan e Johan, dount omission
" de sanc en lui resort, nomement de un David, frere le

" Sires, you have heard whatever has been said and
" enquired, between Florence, Count of Holland, demandant
" of the kingdom of Scotland, of the one part, and the
" answers and the reasons of John de Balliol, Robert de
" Brus, and John de Hastinges, of the other part; the which
" matters are enrolled.

" As to which, it is now said to the before-mentioned Count,
" that he speaks to no purpose, whatever he shall think
" proper to say. And upon this the before-mentioned Count
" has said several things, conjointly with that which he has
" said before.

" Of which the first thing is, that whereas he demands
" the kingdom of Scotland, of the seisin of Margaret of Nor-
" way, by reversion to Ada, the great-grandmother of him
" Florence; it is challenged by the aforesaid John and John,
" as, in default of heirs of the blood, reverting to them, [as
" being descended] to wit from one David, brother of the

A.D. 1292. "avantdit Ade, e frere le avantdit Willem. A qui Flo-
"renz dit, ke meyme celui David ne est poynt mester
"fere mencion, par la reson que il fust felon, sicome
"avant plus pleinement est allege. La secunde chose
"est, une quiteclamance allegee, que lavantdit David
"dut aver fet a Willem, son frere, e a ses heirs. La
"tirce chose est, que David, pur meme cele quite-
"clamance, aveit en eschange la terre de Garvyach,
"dunt ses heirs, ore demandanz, sunt [1] veuz ce jour
"sei fie. La quarte chose est, que memes celui Wil-
"lem voleit que celui Ade, sa soer, regnast apres lui,
"sil deviast sanz heir de son cors; e sur ceo comanda
"a ses Countes e ses Baruns, que il fuissent feauncez
"a cele Ade; le quel commaundement contrevaleit
"un jugement; e les queus feaute a cele Ade firent,
"sicome le avant Florence dit.

"A queus resons avantdites le avauzdiz Johan

"before-mentioned Ada, and brother of the before-mentioned
"William. To which Florence says, that of this same
"David there is no need to make mention, by reason that
"he was a felon, as before is more fully alleged. The
"second thing is, a quitclaim alleged, which the before-
"mentioned David was bound to have made to William, his
"brother, and to his heirs. The third thing is, that David,
"for this very same quitclaim, had in exchange the land of
"Garvyach, of which his heirs, the present demandants, are
"[1] seen this day [as holders in] their fee. The fourth
"thing is, that this same William willed that this Ada,
"his sister, should reign after him, if he should die without
"heir of his body; and thereupon commanded his Earls and
"his Barons, that they should be faithful to this Ada; the
"which command was equivalent to a judgment; and which
"persons did fealty to this Ada, as the before-named
"Florence says.

"As to which reasons aforesaid the before-mentioned John

---

[1] The meaning of this word, "veuz," or "reuz," is doubtful.

" de Balliol e Johan de Hastinges dient ore, que il A.D. 1292.
" entendent pas que nostre seignur le Rey, e son
" Conseil, voile, ne voler deit, que le avantdit Florenz
" seit a tutes les choses avanzdites respondu. Kar en
" les resons que il mis avaunt, sunt diverses repug-
" nances e contrarietez, il ne deit estre receu ne oy
" en Curt.

" Kar en primes chef, la ou il dit, pur sainer la omis-
" sion David, que mesme celui David fust felon, e peus
" apres allege que mesme celui David relessa e quite-
" clama a Willem e ses heirs; si est il contrarie a lui
" meimes, en tant que il dit ke David relessa e quite-
" clama, est suppose que il fust de tel estat que il
" poeit lui e ses heirs barrer, e autres eneriter. E en
" tant que il dit que il fust felon, suppose il que il
" ne poeit a nuly estat afermer, ne autres enheriter;
" la quele contrariete est aperte.

" de Balliol and John de Hastings now say, that they do not
" understand that our lord the King, and his Council, wish,
" or ought to wish, that the before-named Florence should as
" to all the things aforesaid [1] have an answer. For in the
" reasons which he puts forward, there are divers repugnances
" and contradictions, [as to which] he ought not to be ad-
" mitted or heard in Court.

" For in the first head, whereas he says, to heal the
" omission [of descent from] David, that this same David
" was a felon, and then afterwards alleges that this same
" David released and quitted claim to William and his heirs;
" he is contradictory to himself, inasmuch as when he says
" that David released and quitted claim, it is supposed that
" he was in such a position that he could himself and
" his heirs exclude, and make others inheritors. And
" inasmuch as he says that he was a felon, he supposes
" that he could not confirm in any estate, or make others
" inheritors; the which contradiction is manifest.

---

[1] This is probably the meaning of the passage.

A.D. 1292 "De autre part,—la ou il dit que le Rey Willem
"comanda a ses tenanz, que sil avenist que il morsist
"sanz heir de son cors, que lavantdit Ade, sa soer,
"regnast; la quele volunte e le quel comandement,
"mes que ce fust come jugement, (que nus ne grantoms
"mie,)—si ne avereyt, ne ele uncore ne ad, reson ne
"dreit a regner, si Willem ne morsist sanz heir de
"son cors; le quel cas point avint. E sur ceo, [1] en sa
"veut e dit, que la gent firent feaute a mesme cele
"Ade en tens mesme celui Willem; par tant voet il dire,
"que ele eut estat avant que teu lui poest acrescere,
"par mesme le comandement son frere: la quele
"contrariete ausi est assez aperte.

"De autre part,—la ou le avantdit Florenz dit que
"le avantdit Willem voleit e comanda que, si il mori-
"sist saunz heir de sey, que Ade tenast, nous dioms,

"On the other part,—where he says that King William
"commanded his tenants, that if it should happen that he
"should die without heir of his body, the before-mentioned
"Ada, his sister, should reign; the which will and the
"which command, even supposing that it had been as a
"judgment, (which we do not at all admit,)—still, she would
"not have had, nor has she ever yet had, reason or right to
"reign, unless William had died without heir of his body;
"the which contingency did not happen. And upon this, he
"also avows and says, that the people did fealty to this same
"Ada in the time of this same William; which is as much
"as for him to say, that she had estate [therein] before such
"could accrue to her, through the same command of her
"brother: the which contradiction also is sufficiently manifest.

"On the other part,—where the before-mentioned Florence
"says that the before-mentioned William willed and com-
"manded that if he should die without heir of his body,
"then Ada should hold, we say, that if by reason of such

---

[1] Probably for "*ensi aveut.*"

" que si ele deust par tel comandement regner, ele A.D. 1292.
" regnereit par tant come purcharesse, e ne mie come
" heir; ne ses heirs qui par mi cele Ade demanderient,
" ne porent estre de meliure condicion que ele mesme
" ne serreit. Dount de autri seisine ne de autri dreit,
" que du dreit Ade par cel comandement, ne poet nul
" de ses heirs ren demander. [1] E Florenz, en deman-
" dant, counte de la seisine Margarete resortante de
" Ade, come heir plus prochein du sanc; par quei sa
" demande e sa reson sur quei il furme sun dreit, sunt
" contraries en eus meimes.

" Dont il semble as avanzdiz Johan et Johan, que a
" tanz contrarietez, e a tanz diverses titles que il met
" avant pur son dreit, ne deit il en ceste Curt estre
" oy. E si par cas nostre seignur le Rei, e son
" Conseil, volent ou agardent que respondu seit al e-

" commandment she ought to reign, she would reign in the
" same degree as a purchaser, and not as heir; nor could
" her heirs who through this Ada should make demand,
" be in a better condition [as to such demand] than she
" herself would be. Wherefore by virtue of no other's
" seisin or of no other's right, than the right of Ada
" through this mandate, can any one of her heirs make any
" demand. And yet Florence, in making his demand, makes
" count of the seisin of Margaret by reversion through
" Ada, as being next heir in blood; whereby his demand
" and his reason upon which he bases his right, are repug-
" nant in themselves.

" Wherefore it seemeth unto the before-named John and
" John, that as to so many contradictions, and as to so many
" different titles that he puts forward for his right, he ought
" not in this Court to be heard. And if in case our lord
" the King, and his Council, will or award that answer
" be made to the before-mentioned Florence as to all the

---

[1] This is apparently the meaning of *E . f.*

A.D. 1292. "vantdit Florenz a totes resons avantdites, pretes
" sont les avanzdiz Johan et Johan a respondre.
 "E dient quant a primer, par la ou Florenz, en
" counte countant, est chalange del omission David, e
" a ceo dit que cele omission grever ne lui deit, pur ce
" que David fust felon,—la dioms nous, que Florenz ne
" deit a cele excepcion estre receu, pur cele est trop
" nove en sey; car qui voet felonie alleger, il covent
" que il die, celui de qui la felonie est allege, estre
" felon atteynt par jugement, e ou, e quant, e devant
" ky. Dont depuis que il ne dit ren en Curt, ne
" mustre de poinz avantdiz, il ne pas responable. E
" si mester fust a plus dire, si dioms nus que mesme
" celui David morust en la fei, e en la homageri, le
" Rei de Engleterre, e a sa pes; e, apres sa mort, ses
" heirs receurent lur heritage hors de meins de reys

" reasons aforesaid, the before-mentioned John and John are
" ready to make answer.
 " And they say that as to the first, where Florence, in
" [1] counting the count, is challenged with the omission of
" David, and says thereto that this omission ought not to
" weigh against him, because that David was a felon,—we
" say to you thereon, that Florence ought not to this ex-
" ception to be admitted, because it is too new in itself;
" for he who wishes to make allegation of felony, it is
" proper that he should say, that the person of whom the
" felony is alleged, is a felon attainted by judgment, and
" where, and when, and before whom. Wherefore since
" he says nothing in Court, nor shews any of the points
" aforesaid, he is not entitled to an answer. And if it were
" necessary to say more, then we say that this same David
" died in fealty, and in homage, to the King of England,
" and in his peace; and, since his death, his heirs have
" received their inheritance from the hands of kings who

---

[1] I.e. in making the declaration.

" qui ¹ peus unt regne.   E issi murust a la pes, e A.D. 1292.
" nemie ateint de felonie.

"Dautre part,—la ou Johan e Johan ont chalenge
" la omission del avantdit David, e Florence dist que
" mester ne est a fere mencion de David, pur ceo que
" il dist, que il demande e counte en le fee e en le
" demene tant soloment, e nient en le dreit; par quei,
" a tele demande de possession il ne deit estre reboute
" par excepcion en le dreit.—A ceo responent Johan
" e Johan avantdiz, que mes que nule mencion ne
" feust a fere par mie David, en contant de fee e de
" demeine, ja le meins deveroit la possession resortir
" al issue de David, qui fust frere, que al issue Ade,
" soer mesme celui David, issi que la procheinete de
" la possession demurt plus tost al issue del frere que
" de la soer. E desicome Florenz ne porreit en le
" dreit demander, sinun par mi David, de qui il ad

" since have reigned. And so did he die in the [King's]
" peace, and by no means attainted of felony.

" On the other part,—where John and John have chal-
" lenged the omission of the before-mentioned David, and
" Florence says that there is no necessity to make mention
" of David, because, as he says, he makes demand and count
" in the fee and in the demesne solely, and not in the right ;
" by reason whereof, on such demand of possession he ought
" not to be rebutted by exception in the right.—Hereto make
" answer John and John before-mentioned, that even if no
" mention had been to be made with reference to David,
" in making count of the fee and demesne, nevertheless
" the possession ought rather to revert to the issue of
" David, who was the brother, than to the issue of Ada,
" sister of this same David, seeing that nearness of pos-
" session accrues rather to the issue of the brother than
" of the sister. And seeing that Florence could not make
" demand in the right, save only through David, as to

---

¹ The form of this word is somewhat doubtful.

A.D. 1292. "felonie allege, dioms que en le dreit, par sa conisance
"de la felonie est forclos.

"De autre part,—la ou le avantdit Florenz demande
"tut en la possession, e ne mie en le dreit, la ws
"dient Johan e Johan, que en le resort de Margarete
"e Ade, soer Willem, tresael Margarete, si pas il
"forme demander en la possession.¹

"Quant al autre article de la quiteclamance David,
"que Florenz ad allege, e dist que David quiteclama
"e relessa a Willem e ses heirs,—a ceo responent
"Johan e Johan, sicome avant unt respondu, que qui
"autre voet par quiteclamance barrer de son dreit, il
"covent que il mustre le fet en jugement, e si nun,
"il ne pas receivable en Curt. Desi, come Florenz ad
"allege une quiteclamance, e cele ne ad mustre, ne
"uncore mustre, ne semble pas que par son dit deive

"whom he has made allegation of felony, we say that as
"to right, by his own acknowledgment of felony he is
"foreclosed.

"On the other part,—where the before-mentioned Flo-
"rence demands all in the possession, and not in the right,
"there say unto you John and John, that in the reversion
"from Margaret to Ada, sister of William, [who was]
"great-great-grandfather of Margaret, he cannot formally
"make demand in the possession.

"As to the other article of the quitclaim by David,
"which Florence has alleged, and says that David quitted
"claim and released to William and his heirs,—to this
"make answer John and John, as before they have answered,
"that when one wishes by quitclaim to bar another of his
"right, it is proper that he shew the fact by judgment,
"and if not, he is not to be received in Court. Just so,
"as Florence has alleged a quitclaim, and has not shown
"the same, nor yet does shew it, it does not seem that
"for his [mere] saying it he ought to be heard. And

---

¹ This passage is, to all appearance, incomplete, though the meaning is easily perceptible.

" estre oy. E la ou il aveit espace de tens puis la A.D. 1292.
" ¹ Goule de Aust, oust un an, de sa quiteclamance
" fere ²quere, e point ne le ad, ³dekes en cea queis ne
" trove, entendent Johan e Johan, que a tel simple
" dit ne deit estre oy ne receu.

" De autre part, Johan e Johan responent, que tut
" feut cele escrit trove e mustre,—le quel il ne cone-
" sunt mie estre fet—' David a Willem e ses heirs,'
" sicome Florenz dit, cel escrist ne deit barrer ne nure
" al issue de David. Car celui qui quitecleime dreit
" a autre e a ses heirs, il reserve par sun fet le dreit
" qui a lui, cume a heir, poet apendre. Dount mes
" que David, frere Willem, eust quiteclame pur lui e
" pur ses heirs a Willem e ses heirs, ⁴ove ce poer;
" estre que dreit est a David puis acreu, come a pluis

" whereas he had space of time since the ¹ Gule of August,
" over one year ago, to cause his quitclaim to be searched
" for, and has not done it [hitherto,] since the same is
" not found, John and John do maintain, that upon such
" simple assertion he ought not to be heard or admitted.

" On the other part, John and John make answer, that
" even supposing such writing were found and shown—the
" which they do not acknowledge has been done—' David to
" ' William and his heirs,' as Florence says, still, this writing
" ought not to bar or injure the issue of David. For he
" who quits claim of right to another and to his heirs,
" reserves by his deed the right that to him, as heir,
" may appertain. Therefore, even if David, the brother of
" William, had quitted claim for himself and his heirs to
" William and his heirs, [it was] with such power; added
" to which, the right has to David since accrued, as being

---

¹ The 1st of August was known as the " Gule of August;" but the reason for this peculiar appellation does not seem now to be known.

² qre.

³ This word is somewhat indistinct.

⁴ This passage is, to all appearance, imperfect.

A.D. 1292. " prochein heir Willem, par defaute de heir de son
" cors, e par tote sa issue ja esteinte.
  " As eschanges,—ws dioms que mes, par forme de
" eschaunge, eust la quiteclamance este fete du reume
" de Escoce pur la terre Garviache,—que point ne
" coneusent,—jalemeins, ne[1] sont les heirs David les
" heirs Willem ausi bien del une eschange come del
" autre.
  " A la feute que Florenz ad chalange que deust aver
" este fete a Ade par le comandement Willem, son
" frere, ws dient Johan e Johan, que il serreit mester
" que il meist avant fet e especiaute del assignement,
" e du comaundement, e du graunt, par quei les tenanz
" se aturnereient a cele Ade, en departant de Willem
" ou de ses heirs; le quel il nient fet mustre.
  " De autre part,—quant a comandement, ws dioms

" the next heir of William, through default of heir of his
" body, and through all his issue being now extinct.
  " As to exchanges,—we tell you that even if, by form of
" exchange, quit-claim had been made of the realm of
" Scotland for the land of Garivache,—a thing which they
" do not acknowledge,—nevertheless, [1] the heirs of David are
" not the heirs of William in respect of the one thing
" exchanged as well as the other.
  " As to the fealty which Florence has challenged as
" having been made to Ada by the command of William, her
" brother, John and John say unto you, that there would
" be need that he should produce deed and specialty of
" the assignment, and of the mandate, and of the grant,
" by force of which the tenants attorned to this Ada, by
" severing from William or from his heirs; of the which he
" makes no profert.
  " On the other part,—as to the mandate, we say to you

---

[1] The translation of this passage is doubtful.

" que mes que Willem eust tel comandement fet a A.D. 1292.
" ses tenans, ceo comandement ne pas pur title a des-
" eritance de ses heirs, ne alienement du reaume
" est; nomement, sicome celui Willem continua sa
" seysine, e murust seisi, e ses heirs apres lui ount
" herite tus jors puis en cea.

" Cestes choses ws dioms, ove ce qui ad este dit
" avant en le autre roule, e si ceo ne suffit, nus
" diroms el[1] —."

*Ultimæ rationes Johannis de Balliolo, datæ die
Veneris proxima post festum Beati Martini,
contra Comitem Holandiæ.*

" A les deus resons primers que Florenz, Counte de
" Holand, ad mis en escrit pur barrer Sire Johan de
" Balliol, que le Rei de Engleterre ne lui deit rendre le
" reaume de Escoce, come a celui qui meliur dreit ad
" au reaume de Escoce aver.—Dunt la une reson est,
" la quiteclamance que le Conte de Holand dit que le

Further reasons alleged by John de Balliol against the Count of Holland.

" that even if William had made such command to his
" tenants, that command is not as a title to the disinheritance
" of his heirs, nor is it an alienation of the kingdom; notably,
" because this William continued his seisin, and died seised,
" and his heirs after him have inherited always since then.

" These things we say to you, with that which has been
" said before in the other roll, and if this does not suffice,
" we will say [1]——.

" To the first two reasons that Florence, Count of Hol-
" land, has put in writing to bar Sir John de Balliol, [to
" the effect] that the King of England ought not to give
" him the kingdom of Scotland, as being the one who has
" the best right to hold the realm of Scotland.—Of which
" the one reason is, the quitclaim that the Count of Hol-

---

[1] The context terminates thus abruptly in orig.

A.D. 1292. "Conte David de Huntigdone deust aver fet al Rei
"Willem de Escoce, son frere : e le autre reson est,
"que il dist que le Counte David fust felon, e fist
"felonies e arsurs, abatist chasteus, e prist contes
"e viles a baner desploie, encontre son lige seignur,
"le Rei Henri de Engleterre, felonessement, contre
"son homage. E cestes felonies dit le Counte de
"Holande que le Counte David fist en Engleterre.—
"A cestes deus resons, que point ne sont grauntez
"par Sire Johan de Balliol, e pri a nostre seignur le
"Rei de Engleterre, e a son Conseil, que il se avisent
"sur les deus choses que le Counte de Holand ad
"dit, e graunte en Court, que port record pur touz
"jors; ce est a saver, de la quiteclamance que
"Florenz dit que David, Conte de Huntingdone,
"fist au Rei Willem de Escoce, e la felonie que il
"ad dit e conu que le Conte David fist a son lige
"seignur, le Rei Henri de Engleterre ; par les queus
"deus resons il voet barrer Sire Johan de Balliol, que

"land says that David, Earl of Huntingdon, had made to
"William, king of Scotland, his brother : and the other
"reason is, that he says that Earl David was a felon, and
"committed felonies and arsons, levelled castles, and took
"counties and towns with banner displayed, against his liege
"lord, Henry, the King of England, feloniously, contrary
"to his homage. And these felonies the Count of Holland
"says that the Earl David committed in England.—
"As to these two reasons, which are not at all granted
"by Sir John de Balliol, it is prayed of our lord the King
"of England, and of his Council, that they take into con-
"sideration the two things which the Count of Holland has
"said, and granted in Court, which bears record for all
"time ; that is to say, as to the quitclaim which Florence
"says David, Earl of Huntingdon, made to William, King
"of Scotland, and the felony which he has said and acknow-
"ledged that Earl David committed against his liege lord,
"Henry, the King of England ; by the which two reasons

" le Rei ne se rende sa demande :—prie Sire Johan A.D. 1292.
" nostre seignur le Rei, e son Conseil, que le avauntdit
" Florenz, par cele deus resons que il ad dit e conu,
" seit barre de sa demaunde fet au reume de Escoce
" pur tuz jors; car par la ley de Escoce e de Engleterre,
" que assez se acordent en taunt, qui quitecleime son
" dreit pur lui e pur ses heirs a tuz jors, ou felonie
" fet, de quele il est ateint, forclost ses heirs, come
" freres e soers, e le issue de eus, ausi bien come fiz
" e files qui issent de celui ov la felonie.¹

" E come Florenz, Counte de Holand, ad graunte
" que le Rei Willem de Escoce e le Counte David
" avantdit furent freres, e Ade, auncestre le avant-
" dit Counte de Holand, a qui il fet le resort du
" reaume de Escoce, fust soer les avantdiz Willem o
" David, e si serroit Ade, auncestre le avantdit Conte

" he wishes to bar Sir John de Balliol, that so the King
" may not grant his demand :—Sir John doth pray our lord
" the King, and his Council, that the before-mentioned Flo-
" rence, by these two reasons which he has mentioned and
" acknowledged, may be barred of his demand made of the
" realm of Scotland for all time; for by the laws of Scotland
" and of England, which are quite in accordance so far,
" the person who quits claim of his right for himself and
" for his heirs for ever, or commits a felony, of which he is
" attainted, forecloses his heirs, such as brothers and sisters,
" and the issue of them, as well as the sons and daughters
" that issue from him [who has committed] the felony.

" And as Florence, Count of Holland, has granted that
" William, King of Scotland, and the Earl David before
" mentioned, were brothers, and Ada, ancestor of the before-
" named Count of Holland, through whom he makes claim
" in reversion of the realm of Scotland, was sister of the
" before-named William and David, then would Ada, the

¹ This passage is, to all appearance, imperfect.

A.D. 1292. "de Holand, forclos par la quiteclamance e la felonie
" que Florenz, Counte de Holand, ad graunte e conu
" en Curt que le Conte David le fist, tut ne le eit Sire
" Johan graunte. E par cestes resons prie Sire Johan
" nostre seignur le Rei de Engleterre, que celui qui
" se ad mesme forclos par la conisaunce de la quite-
" clamance e de la felonie avantdites, desormes en la
" Curt a cele demande ne seit oy ne receu; e que Sire
" Johan puisse ses resons mettre cuntre les autres de-
" mandanz, e aviser nostre seignur le Rei, e son Conseil,
" pur quei le Rei ne deit a lui le reaume rendre.

" E a les deus resons que Florenz, Counte de Holand,
" ad mustre devant le Conseil nostre seignur le Rei,
" cest a saver, la ou que il dist que le Rei Willem
" de Escoce demanda la avantdit Ade, sa soer, aun-
" cestre le Counte de Holand, e commaunda as Eveskes
" e as autres graunz seignurs de sa terre, que il feis-

" ancestor of the before-named Count of Holland, be fore-
" closed by the quitclaim and the felony which Florence,
" Count of Holland, has granted and acknowledged in Court
" that Earl David committed, albeit that Sir John has not
" admitted the same. And for these reasons prayeth Sir
" John our lord the King of England, that he who has
" foreclosed himself by the acknowledgment of the quitclaim
" and of the felony aforesaid, may from henceforth in the
" Court upon this demand be neither heard nor admitted;
" and that Sir John may set forth his reasons against the
" other demandants, and advise our lord the King, and his
" Council, why the King ought not to deliver unto them
" the kingdom.

" And to the two reasons which Florence, Count of Hol-
" land, has shown before the Council of our lord the King,
" that is to say, where he says that William, King of Scot-
" land, made demand in favour of the before-mentioned
" Ada, his sister, ancestor of the Count of Holland, and
" commanded the Bishops and the other great lords of his

" sent feaute a la dite Ade, e que eus la teinsent pur A.D. 1292.
" son prochein heir, si il morisist saunz heir de son
" cors; e dist que les Evesques e les autres graunz
" seignurs de la terre fesoient lur feaute a la dit
" Ade, [1] par le comandement le Rei, qui contrevaleit
" un jugement; par quei le Conte ad prie au Rei
" que il se voile de ceo aviser.—

" E le autre reson est, que le Counte de Holand dist
" que le Rei Willem dona a Conte David, son frere,
" la terre de Garivache en eschange pur tut son dreit
" que il poet aver au reaume de Escoce.—

" E a cestes deus resons, ws mustre Sire Johan
" de Balliol, que il ne ad mie mester que le Counte
" de Holand seit respondu, come le Counte de Holand
" demande dreit au reaume de Escoce, e en sa peti-
" cion, par succession de sanc, e par resort e par de-
" cente; que il counte e baile en escrit, come au dreit

" land, that they should do fealty to the said Ada, and that
" they should hold her as his next heir, if he should die
" without heir of his body; and says that the Bishops and
" the other great lords of the land did their fealty to the
" said Ada, by the command of the King, which was
" equivalent to a judgment; by reason whereof the Count
" has prayed the King that he will take into consideration
" the same.—

" And the other reason is, that the Count of Holland says
" that King William gave to Earl David, his brother, the
" land of Garivache in exchange for all his right that he
" could have to the realm of Scotland.—

" As to these two reasons, sheweth unto you Sir John
" de Balliol, that there is not any necessity that the
" Count of Holland should be answered, as the Count of
" Holland claims right to the realm of Scotland, and in his
" petition, by succession of blood, both by reversion and by
" descent; the which he has pleaded and delivered in

---

[1] The context—" *e que eus . . . . . . Ade* " is repeated here in orig. by mistake.

A.D. 1292. "heir Dame Margarete, la file le Rei de Norweic, Dame
"de Escoce, que morust saunz heir de sei. E cestes
"deus dreins resons que le Counte ad mustre,—les
"queus Sire Johan ne graunte pas,—supposent con-
"trarie le quel peust aver este fet entre estraunges
"persones. E les queus deus resons dereines ne sunt
"point contenuz en la peticion le Counte de Holand;
"sicome ws poiez voier par sa peticion, la quele Sire
"Johan prie que seit leue e etendue devant le
"Conseil le Rei qui si est. Dount Sire Johan prie
"a nostre seignur le Rei, que il voile cestes resons
"dreines quasser. Car par les leis e les coustumes du
"reaume de Escoce e du reaume de Engleterre, qui
"assez se acordent entaunt, ne deit home qui demaunde
"terre ou tenement e a une fiez en Court, come a
"prive e estraunge, a mesme cele fiez estre respondu.
"E si nostre seignur le Rei voile que le Counte de
"Holand seit respondu a la une fourme e a le autre,

"writing, as being the rightful heir of Lady Margaret,
"daughter of the King of Norway, Lady of Scotland, who
"died without heir of her body. And these last two rea-
"sons which the Count has set forth,—the which Sir John
"does not admit,—supppse the contrary to what could have
"been done between strange persons. The which last two
"reasons, also, are not contained in the petition of the
"Count of Holland; as you may see by his petition, the
"which Sir John prays may be read and understood before
"the Council of the King that here is. Wherefore Sir
"John prayeth our lord the King, that these last reasons
"he will pronounce of no validity. For by the laws and
"the customs of the realm of Scotland and of the realm of
"England, which are sufficiently in accordance with each
"other so far, a man who at one time demands land or
"tenement in Court, both as a privy and as a stranger,
"ought not at such and the same time to be answered.
"But if our lord the King doth wish that the Count of
"Holland be answered in the one form and in the other,

"come prive e estraunge, Sire Johan avisera nostre
"seignur le Rei, e son Conseil, par bones resons, e
"par fortes, par quei nostre seignur le Rei de Engle-
"terre ne est pas tenuz a rendre le reaume de Escoce
"au Counte de Holand pur tel comandement, ne pur
"tel feaute que il dist que le Rei Willem comanda
"a fere a Ade sa soer, ne a teles eschaunges, qui
"point ne sont en Curt grauntez; e sauve a Sire
"Johan ses autres resons que il ad dite encountre le
"Counte de Holand, e vers touz les autres demandaunz
"dreit au reaume de Escoce."

Item, plures rationes Johannis de Balliolo, datæ dicta die Jovis post festum Sancti Martini, contra Comitem Holandiæ.

"E si nostre seignur le Rei de Engleterre voile
"que Sire Johan respoigne au comaundement le Rei
"Willem de Escoce, que il fist as Evesques e a grauns
"seignurs de sa terre, que il les comanda tenir Ade
"sa soer pur plus prochein heir, si deviast saunz heir

Further reasons alleged by John de Balliol against the Count of Holland.

"both as privy and stranger, Sir John will advise our lord
"the King, and his Council, by good reasons, and by strong,
"wherefore our lord the King of England is not bound to
"render the kingdom of Scotland unto the Count of Holland
"by reason of such command, or by reason of such fealty
"as he says that King William commanded to be made
"unto his sister Ada, or for any such exchanges, which
"are not admitted in Court; and saving unto Sir John
"his other reasons which he has alleged against the Count
"of Holland, and as regards all the others demanding
"right unto the realm of Scotland."

"And if our lord the King of England doth wish that Sir
"John should answer as to the command of William, King
"of Scotland, which he made unto the Bishops and to the
"great lords of his land, when he commanded them to hold
"his sister Ada as nearest heir, if he should die without

A.D. 1292. "de sey, e sur le comaundement les fist fere feaute al
" avantdit Ade, qui countrevalust un jugement, si-
" come le Conte de Holand entent.—A ceo respont Sire
" Johan de Balliol e dist, que si par tel comaunde-
" ment le Rei Willem, Evesquez e graunz seignurs
" de Escoce ousent feaute al avantdist Ade en la
" forme avantdite, cel comandement e ces feautez
" anentirent e perdirent lur forme, e de tut furent
" esbanites, quant le Rei Willem de Escoce aveyt un
" fiz Alexander parmi, qui, apres la mort le Rei
" Willem, son pere, fust Rei de Escoce, e regna plus
" de trente aunz; e le quel Alexander en sa vie, a
" ceo que Sire Robert de Brus dit, (pur ceo que il
" fust, de se pars, deaner heir de [1] son cors,) com-
" maunda a son baronage de Escoce que eus tenisent
" Sire Robert de Brus pur son plus prochein heir
" au reaume de Escoce. E pur ceo que le avantdit

" heir of his body, and upon such command made them do
" fealty unto the before-named Ada, the which was equiva-
" lent to a judgment, as the Count of Holland maintains.—
" Unto this Sir John de Balliol doth make answer and say,
" that if by reason of such command of King William, the
" Bishops and great lords of Scotland did do fealty to the
" before-named Ada in the form aforesaid, this command and
" this fealty annulled and lost their formality, and were
" entirely quashed, since William King of Scotland had a
" son Alexander meanwhile, who, after the death of King
" William, his father, was King of Scotland, and reigned
" more than thirty years; and the which Alexander in his
" life, according to what Sir Robert de Brus says, (seeing
" that he was, on his part, last heir of [1] his body,) commanded
" his baronage of Scotland that they should hold Sir Robert
" de Brus as his nearest heir to the realm of Scotland.

---

[1] This Robert Bruce was heir of the Robert Bruce to whom the grant is alleged to have been made, and probably represented him in Court; but the passage is anything but intelligible.

"Alexander, Rei d'Escoce, engendra peus un fiz qui A.D. 1292.
"fust apelle 'Alexander,' qui apres la mort son pere
"fust Rei de Escoce, e regna pres de trente aunz,
"e derein morust Rei de Escoce, icel comandement
"esteint e perdit sa force de tut; quant le Rei Alex-
"ander, le fiz le Rei Willem, avoyt un fiz, 'Alexander'
"par noun, qui apres fust Rei de Escoce, e regna, e
"qui e[n]gendra fiz e files; dount une sue fille, 'Marga-
"'rete' par noun, fust marie au Rei de Norwaie ; par
"quei, il est avis a Sire Johan de Balliol, que le co-
"maundement condicionele que le Counte de Holand
"dist que le Rei Willem de Escoce fist a son barnage,
"ne le feaute condicionele que le barnage de Escoce
"fesoit a Ade, soer le Rei Willem avauntdist, en la
"forme avantdite,—e le quel comandement e feaute
"Sire Johan ne ad point graunte,—ne lui deivent
"plus grever que le comandement le Rei Alexander,
"fiz le Rei Willem, que Sire Robert de Brus dist

"And because that the before-named Alexander, King of Scot-
"land, begat afterwards a son who was called 'Alexander,'
"who after the death of his father was King of Scotland,
"and reigned nearly thirty years, and at last died King
"of Scotland, this command extinguished and entirely lost
"its force ; seeing that the King Alexander, the son of
"King William, had a son, Alexander by name, who after
"him was King of Scotland, and reigned, and who begat
"sons and daughters ; one of whose daughters, 'Margaret'
"by name, was married to the King of Norway ; by reason
"whereof, as Sir John de Balliol is advised, neither the
"conditional command which the Count of Holland alleges
"this William King of Scotland made to his baronage, nor
"the conditional fealty which the baronage of Scotland made
"to Ada, the sister of King William before-mentioned, in
"the form aforesaid,—and the which command and fealty
"Sir John has not admitted—ought to weigh against him
"any more than the command of King Alexander, son
"of King William, which Sir Robert de Brus alleges

A.D. 1292. " que comanda a son baronage de Escoce, que il lui
" tenisent pur son plus prochein heir, si il morisist
" saunz heir de sey, e sur ceo les fist fere feaute a
" Sire Robert de Brus, a ceo que Sire Robert dist ;
" come, par nostre seignur le Rei de Engleterre, e son
" Conseil, tel commaundement fust tenu a nul, pur ceo
" que [1] le Rei Alexander, le fiz le Rei Willem avant-
" dist, avoit puis un fiz, 'Alexander' par noun, qui
" puis fust Rei de Escoce ; par quei nessaunce le co-
" mandement e feaute avantdite se esteindrent e anite-
" rent, e tote manere de force perdirent. Dount Sire
" Johan de Balliol prie a nostre Seignur le Rei, e a
" son Conseil, com tel jugement que fust fest en
" semblable reson entre lui e Sire Robert de Brus,
" face entre lui e le Conte de Holand.

" E quant as eschanges de la terre de Garivache,
" dount le Counte de Holand dist que Sire Johan de

" he gave to his baronage of Scotland, to the effect that
" they should hold him as his nearest heir, if he should
" die without heir of his body, and thereupon made them
" do fealty to Sir Robert de Brus, according to what Sir
" Robert says ; inasmuch as, by our lord the King of Eng-
" land, and his Council, such command was held as null,
" seeing that King Alexander, the son of King William
" aforesaid, had afterwards a son, 'Alexander' by name,
" who was afterwards King of Scotland ; by reason of which
" birth the command and fealty aforesaid were extinguished
" and annulled, and lost all manner of force. Wherefore Sir
" John de Balliol doth pray our Lord the King, and his
" Council, that the same judgment which has been given for
" like reason between him and Sir Robert de Brus, he will
" give as between him and the Count of Holland.

" And as to the exchange of the territory of Garivache,
" which the Count of Holland says Sir John de Balliol

[1] *lei* in orig., in lieu of these two words.

" Balliol tient pur le dreit que le Counte David avoit A.D. 1292.
" au reaume de Escoce, vivant le Rei Willem, son
" frere, e de quei il ne mustre rens fors son vent,—
" semble a Sire Johan de Balliol mervelle, car ceo ne
" est pas ley ne custume du reaume de Escoce ne de
" Engleterre, que le un frere qui est seisi del heritage
" par succession apres la mort son ancestre, deive
" terre doner a son ¹eyne frere pur les eschanges de
" son dreit de tel heritage; car nature de eschange
" est, a doner une chose pur une autre. E com le un
" frere aveyt le dreit par la succession, e de le heritage
" la possession, e de cel heritage dona a son frere
" pusne une partie, qui point de dreit ne avoit, ne
" poet pas estre dist qui il le dona pur eschange du
" dreit son pusne frere; car par la ley de Escoce e
" de Engleterre, le dreit demort tuz jors vers le eyne,
" sil ne se deviette par doun, ou le perde par force,

" holds for the right which Earl David had to the realm
" of Scotland, in the life of King William, his brother, and
" as to which he shews nothing except his breath,—it seems
" to Sir John de Balliol to be marvellous, seeing that it is
" not the law or custom of the realm of Scotland or of Eng-
" land, that the one brother who is seised of the inheritance
" by succession after the death of his ancestor, ought to give
" land to his ¹ elder brother for the exchange of his right
" to such inheritance; for it is the nature of exchange to
" give one thing for the other. And as the one brother
" had the right by the succession, and the possession of
" the inheritance, and of this inheritance gave to his younger
" brother a part, who had no right at all, it cannot be
" said that he gave it to him for exchange of the right
" of his younger brother; for by the law of Scotland and
" of England, the right remains always with the eldest, if
" he does not divest himself by gift, or lose it by force,

---

¹ Qy, if not *pusne*, " younger ?"

"ou par jugement. Ou sil murt saunz heir de sey,
"e le heritage decende a pusne, la porra dreit de heri-
"tage crescere a pusne, e ne mie en autre manere.
"E de ceo prie Sire Johan au Rei, e a son Conseil,
"que il se avisent, e que le Counte de Holand a si
"estraunge demande ne seit receu. Sauve a Sire
"Johan tutes ses autres resones que il ad a dire."

Ultimæ rationes et responsiones Comitis Holandiæ contra Johannem de Balliolo, datæ die Veneris proxima post festum Sancti Martini.

Reasons and answers proffered against John de Balliol by the Count of Holland.

"De ceo que dist est a Sir Johan de Balliol, que
"le Counte de Holand est forsclos de accion, par cel
"il counte que il rien ne cleime par mi David, ne sa
"demande ne est mie en le dreit, eynz est en la pos-
"session, mes tuz ceus qui demandent en le dreit
"par mi David, qui fust felon, deivent estre barre
"en lur demande, si ceo ne pount contredire;—e co-
"ment que le dist Counte par sa conisance se barrast

"or by judgment. Or if he dies without heir of his body,
"and the inheritance descends to the younger, there may
"right of inheritance accrue to the younger, and not in
"any other manner. And of this Sir John doth pray the
"King, and his Council, that they will be advised, and that
"the Count of Holland unto such a strange demand be
"not admitted. Saving unto Sir John all his other reasons
"which he has to state."

"As to that which is said for Sir John de Balliol, that
"the Count of Holland is foreclosed of action, by reason
"that he declares that he claims nothing through David,
"and that his demand is not in the right, but rather is in
"the possession, but that all those who demand in the
"right through David, who was a felon, ought to be
"barred in their demand, if they cannot gainsay the same;
"—even if the said Count by his acknowledgment did bar

" de ceo, ne ensuit mie que le dist Sire Johan seit A.D. 1292.
" heir David ; e a ce que il dit, que David a la fey, e
" a la ¹ pes, le Rei de Engleterre, e que les heirs David
" enheritent ausi bien en Engleterre come en Escoce,
" —a ceo respont le Counte, que ceo fust de grace le
" Rei de Engleterre, e ne mie de dreit, e pur ceo
" que ceste chose avant ces houres en Curt ne fust
" mustre.

" E la ou le dit Sire Johan de Balliol, quant a la
" quiteclamance e as eschange de la feaute, ad respondu
" que il celes choses ne graunte mie, mes, si eus si
" feust, dit que celes choses ne deivent a lui nure, e
" de ceo ad ses resons dites e mustreez, respont le
" Counte, e dit que il ne deit mie estre receu a ceo
" respons, fetes par condicion ; car si il conust le
" escrist e les autres choses avantdites, dunkes a de-

" himself of the same, it does not at all follow that the said
" Sir John is heir to David ; and as to what he says, that
" David had [acceptance of] fealty by, and had the peace
" of, the King of England, and that the heirs of David
" inherit as well in England as in Scotland, — to this
" the Count maketh answer, that this was by grace of the
" King of England, and not of right, and because that
" this matter has not before the present time in Court
" been shown.

" And where the said Sir John de Balliol, as to the quit-
" claim and as to the exchange of the fealty, has answered
" that he does not admit these matters, but, if they were so,
" says that these matters ought not to injure him, and
" has thereupon his reasons said and shown, the Count
" maketh answer, and says that he ought not to be
" admitted to this answer, conditionally made ; for if he
" acknowledged the writing and the other things aforesaid,
" then it is forthwith the same as affirming the same, for

¹ This word is somewhat doubtful.

A.D. 1292. "primes est a dire, pur quei celes choses ne lui deivent
"grever; e par cele veie serra cele chose termine par
"descrecion; ou sil voet le escrit e les autres choses
"dedire, ceo serra par autre veie termine, par solempne
"enqueste, ou solum ce que le Rei e son Conseil agar-
"derunt.

"E pur ceo que en son respons sunt divers deus
"issuis, il se deit al un tenir; car si poet ambedeus
"a une ficz aver, dunkes suereit ke apres que les
"resons qui cheunt en descrecion fusent aninti par
"jugement, que il retornereit a dedire le escrit; qui
"est contre ordre de reson, come checune de deus
"resons seit peremptorie le dreit le Counte destrure
"e aninter.

"E si seit avis au Rei, son seignur,[1] a son Conseil,
"que il deive cel respons condicionel e nouncertein
"averrer si dit le Counte, que il entent a celes re-

"which reason these things ought not to weigh against him;
"and by this way this matter will be determined at dis-
"cretion; or if he wishes to gainsay the writing and the
"other matters, this will be by another way determined,
"by solemn inquisition, or according to that which the
"King and his Council shall award.

"And because that in his answer there are two different
"issues, he ought to hold to the one of them; for if he
"may aver both of them at one time, then it would ensue
"that after that the reasons which fail in [the judge's]
"discretion had been pronounced null by judgment, he could
"return to gainsaying the writing; which is contrary to
"order of reason, forasmuch as each of the two reasons is
"peremptory the right of the Count to destroy and annul.

"And if the King, his lord, and his Council, be advised
"that he ought to put forward this conditional and uncer-
"tain answer, then the Count says, that he considers that

---

[1] Probably an error for "e."
[2] Of the presiding judge, i.e. the | King of England.

" sons aver assez fet, sicome contenu est en un roule A.D. 1292.
" ne ad guaires puis livere; en quel roule dist est, que
" en ceste secunde reson sunt sis choses que bien
" sunt a garder, etc. E si dist le Counte, mes que
" la quiteclamance e teus eschanges, ne tel, fet seit
" entre gens du pople qui sunt desuz la ley, ne pount,
" ou ne deivent, estre meintenables, pur ceo que ne
" poeint entre eus lei fere; jalemeins, bien list a celui
" qui rei est lei fere a sa volunte. E sicome le Rey
" memes fust auctur, fesour, e ordenur, des avantdites
" choses, e celes pur fermes e estables tenir a tuz jors,
" en sa Curt, devant lui e tut son barnage, accepta, e
" son barnage e tut le pople le ottria; e par lur serment
" feust afferme e raseisie, come est avant dit; avis est au
" Counte que celes choses, si solempnement fetes par Rei
" de terre e son Conseil, par commun assent de son bar-
" nage, e par feye e par serment du pople aferme, deit

" as regards these reasons he has done enough, in man-
" ner as is contained in a roll not long since delivered;
" in which roll it is said, that in this second issue
" there are six things which it is well to observe, etc.
" And the Count further says, that even if the quitclaim
" and such exchanges, or the like, made between indi-
" viduals of the people who are under the law, cannot be,
" or ought not to be, maintainable, by reason that they
" cannot among themselves make law; still, nevertheless,
" he who is king is quite at liberty to make law at his
" pleasure. And forasmuch as the King himself was author,
" maker, and ordainer, of the matters aforesaid, and accepted
" them as to be held firm and established for all time, in his
" Court, before him and all his baronage, and his baronage
" and all the people authorized the same; and by their oath
" the same were confirmed and ratified, as is before stated;
" the Count is advised that these things, so solemnly done
" by the King of the land and his Council, by common assent
" of his baronage, and by fealty and by oath of the people

U

A.D. 1292. "estre estable e meitenable, e en nule manere deit estre
"irrite ou anenti; car que il tint e juga par lei e par
"seurte en son tens, (e avant regard a memes le tens de
"meme la chose, e entre les heirs de ceus a queus
"celes choses touchent,) est ore ausi meitenable come
"eust este, si le cas eust escheu fressement, apres
"celes choses si fetes come avant dit est.

"E a ceo que dit est, que le Conte se fet deus
"choses,—le un, que il demande come heir Dame
"Margarete, e le autre, come heir Ade, purchaceresse,
"—a ceo respont le dit Counte, que bien lui list a
"ceo fere, come a mustre a son chef seignur plusurs
"resons pur quei il deit, meuz que autre, a ceo reaume
"estre receu. E si une ne vaile, pur ceo ne deit il
"de une autre estre reboute.

"E ausint, la ou dist, que la ou hom prenge terre
"ou tenemenz pur son dreit de autre tenemenz relesser,

"confirmed, ought to be held as established and maintainable,
"and ought in no manner to be made void or annulled;
"for that what he maintained and judged by law and by
"suretyship in his own time, (both having regard to the
"very date of the same occurrence, and as between the
"heirs of those whom these matters concern), is now as
"maintainable as it would have been, if the case had hap-
"pened recently, after these things so done as aforesaid.

"And as to that which is said, that the Count is doing
"two things,—the one, that he demands as heir of Lady
"Margaret, and the other, as heir of Ada, a purchaser,—
"to this the said Count maketh answer, that he is quite at
"liberty to do this, forasmuch as he has shown unto his
"superior lord several reasons for which he ought, rather
"than any other, unto this kingdom to be admitted. And
"if the one [of these] does not avail, he ought not for that
"reason from another to be repulsed.

"And also, where [Sir John] says, that where a man
"takes land or tenements for releasing his right to other

" nest pas eschange, pur ceo que terre est corporele A.D. 1292.
" chose, e dreit est chose incorporele ;—a ceo respont le
" Counte, mes que dreit est chose invisible e nient cor-
" porele, si est a entendre que checon dreit est de acune
" chose corporele, de quele chose celui qui son dreit
" relest se forclost, ausi bien come celui qui doune
" terre en eschange de cele terre se evest. E si autres
" resons soent dites pur Sire Johan de Balliol, qui
" chargent, e ren nest respondu, prie le Counte que a
" celes puisse respondre, quant les resons de une part
" e de autre serront entendues.

" E si dist le Conte, come en ces houres ad dit,
" que la tresorie, la ou le avantdit escrit fust mis,
" fust brisee pous la primere venue le Rei av[a]nt an
" en Escoce; e cel escrit, ensement oveques une [1] Bulle
" de Rome que fust confermement de cel escrite, e
" roule que avant fust fet perpetuel remembrance des

" tenements, it is no exchange, seeing that land is a cor-
" poreal thing, and right is a thing incorporeal;—to this
" the Count maketh answer, that even if right is a thing
" invisible and not corporeal, still it is to be understood that
" every right is of some thing that is corporeal, of which
" thing he who releases his right forecloses himself, just as
" much as he who gives land in exchange divests himself
" of that land. And if other reasons have been alleged in
" behalf of Sir John de Balliol, which make charges, and
" no answer is made to them, the Count doth pray that unto
" these he may make answer, when the reasons on the one
" side and the other shall be heard.

" And the Count further says, as heretofore he has said,
" that the treasury, where the aforesaid writing was put, was
" broken open since the King's first coming into Scotland
" the year before; and this writing, together with a Bull
" from Rome which was a confirmation of this writing,
" and a roll which was formerly made as a perpetual

---

[1] This word is blotted, and somewhat indistinct.

A.D. 1292. "choses avantdites,—en quel roule fust contenu le an
" e le jour, e le ¹liu ou le feaute fust fet al avantdit
" Ade, e les nouns de ceus qui feaute la feseient,—e
" tutes cestes choses furent de illukes portez, e a la
" Priorie de Poskardyn, e le Priur illukes le retint, e
" unkore les ad e tient; e si le Priur fust isci en pre-
" sent, e ceo vousist dedire, il le ateindreit, e le aver-
" reit par bone genz, e par prodes homes, e par quant
" que son seignur le Rei e son Conseil agardereient que
" fere le deive. E prie son seignur le Rei, que il eyt
" regard de ceo que il est estraunge e alien, e Sire
" Johan de Balliol ad mouz de fauturs e meintenurs
" encontre lui; e que la verite de ceste chose voile
" enquere, si lui pleise; car si ceste verite ne seit ore
" enquise, james meuz enquise ne serra, ne la verite
" de sa demande sue, mes de son dreit forclos a tuz

" memorial of the matters aforesaid,—in which roll there
" was contained the year and the day, and the place where
" the fealty was done to the before-named Ada, and the
" names of those who there did fealty,—all these things were
" carried away from thence, unto the Priory of Poskardyn,
" and the Prior there retained them, and still has and holds
" them; and if the Prior were here at present, and should
" wish to gainsay the same, he would convict him thereon,
" and would prove it by good persons, and by men of repute,
" and in whatever manner his lord the King and his Council
" should award that he ought to do. And he prayeth his lord
" the King, that he will have regard to the fact that he
" is a foreigner and alien, and Sir John de Balliol has
" many favourers and maintainers against him; and that
" he will make inquisition as to the truth of this matter,
" if so it please him; for that if this truth be not now
" enquired into, never will it be better enquired into, nor
" the truth of his demand known, but of his right [he will

---

¹ *lui* in orig.

" jors. E si prie le dit Counte que la chartre que il A.D. 1292.
" ¹ ont de la terre de Garivache prove ceo que le dit
" Counte dist des eschaunges ; e prie que eus voilent
" cele chartre muster."

Ces sont les resons Johan de Hastinges pur la partable de Escoce, donez le Vendri prochein apres la feste Seint Martin.—

" La une est, commune lei expresse de Escoce, e de
" touz des autres membres du reaume de Engleterre,
" par quele commune lei totes terres e tenemenz fiez, e
" franchises, seignuries e honurs, tenuz en chef de la
" corone de Engleterre, sont partables en issuis e en
" demeines.

" De rechef,—Pur le entier dreit que sorurs ount,
" plus que ne ount freres, par la lei de Engleterre e
" de Escoce ; dont checune soer est ausi haute en le
" dreit come est autre.

Reasons in support of the claim of Sir John de Hastings.

" be] foreclosed for ever. And the said Count doth pray
" that the charter which ¹ they have of the territory of
" Garivache may prove that which the said Count alleges
" as to the exchanges ; and he doth pray that they will
" this charter produce."

These are the reasons of John de Hastings for the partition of Scotland, given the Friday next after the feast of Saint Martin.—

" The one [reason] is, the common law express of Scot-
" land, and of all the other members of the realm of England,
" by which common law all lands and tenements, fees and
" franchises, lordships and honours, held in chief of the
" crown of England, are partible in issues and in demesnes.

" And further,—For the entire right that sisters have,
" more than brothers have, by the law of England and of
" Scotland ; whereby each sister is as high in right as
" the other is.

---

¹ Or, if written "*il out*," "he had."

A.D. 1292.

"De rechef.—Pur le homage e pur le service de cors
"a de meins, par queles Escoce est, e estre tenu deit,
"du Rei de Engleterre e de sa coroune; le quel
"homage especiaument lye ceste tenaunce a la com-
"mune lei, en defaute de especiaute sur meme le
"heritage estabilie avant par chef seignur, ne par
"autre qui fere le [1] pout.

"De rechef.—Pur cco que home de sa tenaunce ne
"poet estre pier a son seignur, ne membre au chef:
"dount nous entendoms, que membre deit estre juge
"par la lei des autres membres de memes le chef, e
"ne mie par le especiaute du chef; ne par les leis
"des estraunges terres ne de estraunge reaume, qui
"ne sont mie tenuz, ne sugez, a la corone de Engle-
"terre; nomement taunt, come commune lei, e com-
"mune dreiture, est si overte en ceo cas.

"De rechef.—Pur la ligaunce de tote la tenaunce

"And further.—For the homage and for the service of
"body and of hands, by which Scotland is, and ought
"to be, held of the King of England and of his crown;
"the which homage especially binds this tenure to the
"common law, in default of a specialty being before esta-
"blished as to the same inheritance by the chief lord, or
"by some other person who can [1] do the same.

"And further.—For that a man holding under another
"cannot be the peer of his lord, any more than the member to
"the head: as to which we contend, that the member ought
"to be judged by the law of the other members under the
"same head, and not by any specialty [2] of the head; nor
"yet by the laws of strange lands or of a strange kingdom,
"which are not held under, or subject to, the crown of
"England; more particularly so, as the common law, and
"the common right, is so patent in this case.

"And further.—For the allegiance from all the tenancy of

---

[1] I.e. establish some other specialty, or peculiar rule of succession,
other than according to the common
law of England.

[2] I.e. peculiar to.

"des homes de Escoce, dowe e reconue a nostre seignur A.D. 1292.
"le Rei de Engleterre, come a chef seignur, sicome a
"sez progeniturs ad este einz ces houres; la quele
"ligaunce ensemblement ove le homage de son tenant
"se entreallient, quant a une commune lei de succes-
"sioun, ¹ausi bien des tenemenz qui sunt tenuz par
"meen de meme la corune; dount isemble a Johan de
"Hastinges, que par nule purprise de noun de Rei
"de Escoce suz la dignete du chef seignur, desnyaunt
"sa seignurie einz ces houres, ne poet, ne se deit, son
"tenant e son home, enfranchir son heritage, que ne
"seit a la commune lei par jugement en ce cas.

"De rechef.—Pur ceo que nous entendoms que eit
"este allege pur Johan' le Balliol avant ces houres,
"que les faus jugemenz du Seignur de Escoce deivent
"estre redrescez par son soverein seignur le Rei de
"Engleterre; la quele chose plus ²cret cest heritage a
"la commune lei.

"the men of Scotland, due and recognized [as such] to our
"lord the King of England, as being chief lord, in such man-
"ner as it has been to his progenitors heretofore; the which
"allegiance is interallied together with the homage of his
"tenant, as far as one common law of succession, ¹ as well as
"to tenements which are held by mesne of the same crown;
"wherefore it seemeth unto John de Hastings, that by no
"encroachment in the name of King of Scotland upon the
"dignity of the chief lord, denying his seigniory heretofore,
"can, or ought he, as his tenant and his homager, to
"enfranchise his inheritance, so that it shall not be amen-
"able to the common law by way of judgment in this case.

"And further.—Because we understand that it has been
"alleged for John de Balliol heretofore, that the false
"judgments of the Lord of Scotland ought to be redressed
"by his sovereign lord the King of England; the which
"thing the more subjects this inheritance to the common law.

---

¹ There appears to be an omission here.

² Perhaps "*tret*" is the form meant.

A.D. 1292.
"De rechef.—Defaute de corunement e de enunccion
"reale, sicome est aillurs tuche en pledaunt; par quei,
"cest heritage ne poet, ne ne deit, trere ensample
"de son chef, come du reaume de Engleterre, dount
"le Rei est sacre, e corune, e enoynt; ne de autres
"reaumes, qui ne sont a nul autri lei sugez, ou que
"il sont de empire tenuz, ou sugez a ses leis.

"De rechef.—Pur le cosinage e la ligne costeive
"de Johan de Balliol, Robert de Brus, e Johan de
"Hastinges, au dereyn seysi, de qui cest heritage
"moet; par quel cosinage, la eineste de soers, hors de
"Engleterre descendaunt, ne est ne plus haute a ceste
"succession de le estat lur auncestre, par priorite de
"issue ne de nesaunce, que ne sont les autres soers,
"cosines au dereyn seisi, eiaunt a lui regard.

"De rechef.—Pur la conisaunce e la priere Johan
"de Balliol, que il seit mene e meitenu en ceste de-

"And further.—Default of coronation and of royal anointing,
"in manner as is elsewhere touched upon in pleading; by
"reason whereof, this inheritance cannot, and ought not
"to, take example of its chief, such as the realm of Eng-
"land, of which the King is consecrated, and crowned,
"and anointed; nor yet of other kingdoms, which are not
"subject to any other's law, or where they are held under
"the Empire, or subject to its laws.

"And further.—Because of the cousinship and the lineal
"collaterality of John de Balliol, Robert de Brus, and
"John de Hastings, to the person last seised, from whom
"this inheritance proceeds; by reason of which cousinship,
"the eldest of [several] sisters, as descendant out of England,
"is no higher in this succession to the estate of their
"ancestor, by reason of priority of issue or of birth, than
"are the other sisters, cousins to the person last seised,
"having regard to that person.

"And further. —Because of the acknowledgment and
"the prayer of John de Balliol, that he may be upheld

"mande par la commune ley de Engleterre ; sicome A.D. 1292.
" est ailurs dist en ¹ pledaunt.
" De rechef.—Pur ceo que Escoce partit jadis hors
" de Engleterre, ² demora puis chef, e Escoce demora
" membre ; dount il piert que partie doit estre par-
" table, e membre demembrable, par tote resou.
" De rechef.—Pur ceo que acoun tens par mouz de
" pais de Engleterre, e en Escoce, e en Gales, e en
" Corneuaile, soleit hom apeler mous de rois par des-
" obeisance e par guere ; e puis en tens de pes ausi
" furent il entendaunz, e lur terres tindrent de un
" chef, Rei de Engleterre; dount lur terres ount este
" puis partiz par ³ kenoiles. E sount a la commune lei,
" pur ceo que terres, e tenemenz, e totes choses, sont
" partables entre soers par la ley de Engleterre e de

" and maintained in this demand by the common law of
" England ; as is elsewhere said in the pleading.
" And further.—Because that Scotland parted formerly
" from England, [which] afterwards remained as head, and
" Scotland remained as member ; whence it appears that the
" part ought to be partible, and the member dismembrable,
" in all reason.
" And further.—Because that at some time throughout
" many countries of England, and in Scotland, and in Wales,
" and in Cornwall, men have been wont to appeal from
" many kings by [acts of] disobedience and by war ; and then
" in time of peace they have again been obedient, and have
" held their lands of one head, the King of England ;
" whereas their lands have since been divided into ³   .
" And they are [subject] to the common law, because that
" lands, and tenements, and all things, are partible between
" sisters by the law of England and of all its members,

---

¹ *pleadaunt,* in orig. here.
² *qui,* or *que,* is apparently omitted   ³ Qy. " fragments ? "

A.D. 1292. "touz ses membres, horspris seintes choses, come pes,
"justice, enunction, e coronement de rei sacre.

"De rechef.—Nous veoms que mouz des Countes qui
"ount este en Engleterre, ount perdu lur noun de
"Counte par partable de lur heritage; dount nous
"entendoms que la ou terre ou heritage, par quel
"Honur qui seit, est tenu par homage, e par servise, du
"Rei de Engleterre e de sa coroune, e il auctor est de
"ses leis, saunz [2] subjeccion, que une mesme lei de suc-
"cession deit home de dreit heriter en touz les membres
"de meme la corone. E entendoms, que meuz est,
"solom Deu e dreiture, que teus membres seint partiz
"entre soers ou issue de eles, que la une eust tot, e
"les autres degarrez, pur meintenir une noblesce de
"noun de tieu rei ou de tieu counte, qui sont tenaunz
"le Rei de Engleterre, e homes de lur terres; desi-

"holy things excepted, such as peace, justice, anointing,
"and coronation of a consecrated king.

And further.—We see that many of the [1] Earldoms which
"have existed in England, have lost their name of Earldom
"by partition of their inheritance; wherefore we contend
"that where either land or inheritance, through which any
"Honour that exists, is held by homage, and by service, of
"the King of England and of his crown, and he is author of
"its laws, without [reduction to] [2] subjection, then [by] one
"same law of succession ought they of right to inherit in
"all the members of the same crown. And we do con-
"tend, that it is better, according to God and right, that
"such members should be divided between sisters or the
"issue of them, than that one should have all, and the others
"[be] despoiled, in order to maintain a nobleness of name
"for such a king or for such an earl, who are retainers of
"the King of England, and do homage for their lands;

---

[1] Or Counties.
[2] The exact rendering of this passage seems doubtful.

" come meme celui rei, e nul autre, de dreit deit regner A.D. 1292.
" e governer, quant que est de sa ligaunce e des ses
" membres.

"De autre part.—Si il semble que noun de 'rei' soune
" o signifie en plus haut estat que ne fest noun de
" 'chef seignur,' ou de 'soverein seignur,' dount ceo est
" encontre ordre de nouns appeller le home e le suget
" rei e soverein, e son chef par noun de seignur. Par
" quei, a cele denominacion de rei, (ou de reaume ne
" [1] de Escoce), ne deit pas le chef seignur aver regard,
" a founder son jugement, par ordre tote cest heritage
" al issue del une soer, en estrangeaunt les autres,
" qui sont parceners de saunc par une entier dreit.
" E desicome il ount este jeques en cea en estat de
" parcenerie, ausi bien de lur terres en Escoce come
" en Engleterre, par une meme decente, dount nous
" dioms, que coment que la terre de Escoce seit appelle

" seeing that this same king, and no other, ought of right
" to reign and govern, so far as it is of his allegiance and
" of his members.

" On the other part.—If it seems that the name of 'king'
" means and signifies a higher status than does the name
" of 'chief lord' or of 'sovereign lord,' then it is against
" the order of names to call the homager and the subject
" king and sovereign, and his chief by the name of lord.
" Wherefore, upon this title of king,[2] (whether of the
" kingdom or of Scotland), the chief lord ought not to
" bestow notice, in forming his judgment, so far as to award
" the whole of this inheritance to the issue of one sister,
" while cutting off the others, who are parceners in blood
" of full right. And forasmuch as they have been hitherto
" in the condition of parcenery, as well as to their lands in
" Scotland as in England, by reason of one and the same
" descent, we do therefore say to you, that even if the land

---

[1] This word is blotted, and doubtful.

[2] The correct translation of this passage is very doubtful.

A.D. 1292. "reaume, la terre en sei ne est fors une seignurie,
"ou une Honur, sicome Gales, ou le Counte de Cestre,
"ou le Esvesche de Durham. E dount Johan de
"Hastinges prie a son seignur lige, le Rei de Engle-
"terre, que il ne soffre sa desereiteson, si lui plest; e
"que de cest heritage que lei Rei poet rendre a dreiz
"heirs, e dount le Rei ad la regarde come chef seignur,
"lui face tele reson come a tel tenement apent. Estre
"ceo, la ou Alisander, jadis seignur de Escoce, voleit
"aver purchace que il fust rei coroné e enoynt, il
"fust primes contredit par les procuratours le Rei
"de Engleterre a la Curt de Rume, e puis, de ceo
"memes purchace, par le Rei Henri de Engleterre en
"fust de lui e de son Conseil contredit pur touz ices,
"par la reson de Escoce qui est suget e membre de la
"corone de Engleterre; le quel contredit countrevaleit

"of Scotland be called a kingdom, the land in itself is
"nothing else but a lordship, or an Honour, just as Wales.
"or the Earldom of Chester, or the Bishopric of Durham.
"And therefore John de Hastings doth pray his liege lord,
"the King of England, that he will not allow his disherison,
"if so it please him; and that as to this inheritance the
"King may render [justice] to the rightful heirs, and since
"the King has the right of award as being chief lord, he
"will do unto him such right as unto such holding doth
"pertain. Besides this that, whereas Alexander, formerly
"lord of Scotland, wished to have it established that
"he was a king crowned and anointed, he was in the
"first place contradicted by the proctors of the King of
"England at the Court of Rome, and afterwards, as to this
"same acquisition, [1] by Henry, King of England, and his
"Council he was contradicted for all these matters, by
"reason of Scotland being subject to, and member of, the
"crown of England; the which contradiction was equi-

---

[1] Though the meaning is obvious here, a literal rendering seems to be impossible.

" une jugement. Dount, sicome la reale dignete le A.D. 1292.
" Rei de Engleterre ne poet autre corone suffrir a son
" membre, que le chef ne feust par itant blemi; pur
" ceo piert que ceo membre ne ad mie de estat ne
" de real title par quei il seit nount partable, come
" reaume, ne exempt de la lei commune de Engleterre
" e de Escoce. Semble a Johan de Hastinges, que le
" respons Johan de Balliol, en sume, ne est fors en
" treis choses; dount les deus sont a la primere demande,
" e la terce chose, quant a la secunde demande, cest
" en reale dignete, e inconvenienz qui de ceo suereit,
" si reaume partisist. E quant a la secunde demande.
" de ceo [que purchaz e eschetes sont accessories a
" la reale dignete, a ceo que il dit,—semble a Johan
" de Hastinges que de cele jose, en sume, ne deit
" nostre seignur le Rei, ne son Conseil, estre meu.

" En prime chef, quant a la reale dignete,—la ou

" valent to a judgment. Wherefore, innsmuch as the royal
" dignity of the King of England cannot suffer any other
" crown to its member, without the head being in the same
" degree tarnished ; it therefore appears that this member has
" neither status nor royal title by reason whereof it should
" be non-partible, as being a kingdom, or exempt from the
" common law of England and of Scotland. It seemeth
" then unto John de Hastinges, that the answer of John de
" Balliol, in sum, lies only in three points, two of which
" are [answers] to the first demand, and the third point,
" so far as the second demand, lies in [the assertion of]
" the royal dignity, and the inconveniences which would
" thence ensue, if the kingdom were divided. And as to
" the second demand, in reference to the fact that purchases
" and escheats are accessories to the royal dignity, according
" as he says,—it seemeth unto John de Hastings that by this
" matter, in sum, our lord the King, or his Council, ought
" not to be moved.

" On the first head, as to the royal dignity,—where Sir

A.D 1292. "Sire Johan de Balliol dist que reale dignete est
" noun partable, il dist deus choses, les queles il deust
" prover;—que cest heritage est reaume e reale dig-
" nete de dreit; e puis apres, que meme cest reaume
" est noun partable. Mes orement il e suppose le un
" e le autre, en taunt come il dist que reale dignete
" est noun partable, issi come il suppose quant que il
" deit prover. E quant as inconvenienz que il dist que
" il ensuereit si reaume se partisist, uncore ces incon-
" venienz dependent de reaume qui ne est pas provee;
" e tut il ceo provee, uncore ne serreit mie ceo pur
" inconvenient; car si la nature de la chose demaun-
" dee voile partablete, si partie se seit, ne serreit mie
" fors duresce de une amenusement de temperance, e
" ne mic inconvenient. E qe la nature de la chose
" demande partablete, semble a Johan de Hastinges;
" car acunes choses sont, que sont divisibles, e retei-
" nent division, e acunes choses sont indivisibles, e ne

" John de Balliol says that the royal dignity is non-partible,
" he states two things, the which he ought to prove;—that
" this inheritance is a kingdom and a royal dignity of right;
" and then after that, that this same kingdom is non-
" partible. But then he merely supposes the one and the
" other, inasmuch as when he says that the royal dignity
" is non-partible, he only supposes just as much as he
" ought to prove. And as to the inconveniences which he
" says would ensue if the kingdom were divided, still these
" inconveniences depend upon what is not proved to be a
" kingdom; and even if it were proved to be such, still
" this would not be an inconvenience; for if the nature of
" the thing in demand implies partibility, if a partition
" there be, there would be nothing but the hardship arising
" from a division of the rule, and not any inconvenience.
" And that the nature of the thing demands partibility, it
" seemeth to John de Hastings; for some things there are,
" which are divisible, and remain in a state of division, and
" some things are indivisible, and do not remain in a state

" reteinent mie division; dount seintes choses, come
" pes, justice, leu, religions, par reson de lur seintesce
" son[t] noun partables, e point ne receivent division
" en eausmemes, si il ne seit en profiz; mes les
" autres choses bien receivent division, come posses-
" sions temporeus, demeines, e servises, e uncore, qui
" plus est, avoueson de eglises, e chasteus divers qui
" sont chefs de diverse baronies; car uncore purra
" checun dreit de avoueson, ou de castel, estre en-
" tiere par unite de dreit, touz pount partir; e memes
" que il ni fust fors un chastel, ou une avoueson, nous
" entendoms en ceo cas, par auncien lei que tut ne
" puise pas cele soule avoueson, ou cel soul chastel,
" estre parti, en ceo cas, averoit le eyne privilege a
" tenir, sauve jalemeins allouance a ses parceners, a
" la avauncee de meme la chose. E quant au tiersce
" point,—de ceo que il dist que les purchaz sont ac-
" cessories a le reaume, par quei il deivent solom la
" nature du reaume estre juge; a ceo respont Johan

A.D. 1292.

" of division; whereof holy things, like peace, justice, law,
" religion, by reason of their holiness are non-partible,
" and do not admit of division in themselves, unless it be
" in profits; but other things well admit of division, such
" as, temporal possessions, demesnes, and services, and,
" what is even more, advowson of churches, and divers
" castles which are heads of divers baronies; for although
" each right of advowson, or of castle, may be entire through
" unity of right, all may be divided; and even though it
" were only one castle, or one advowson, we contend that in
" this case, even if by ancient law such single advowson,
" or such single castle, cannot be divided, in such case, the
" eldest would have the privilege of holding, saving never-
" theless an allowance to her co-parceners, at the highest
" value of the same thing. And as to the third point,—
" where he says that purchases are accessories to the king-
" dom, wherefore, [as he says] they ought in accordance
" with the nature of the kingdom to be judged; unto this

A.D. 1292. " de Hastinges, que par cele reale dignete, (que par
" lui ne est graunte de dreit,)—ne sont pas les autres
" choses a juger, car rien ne est entendu en le gros
" del heritage, fors ceo qui est en lui memes, e en
" lui memes trovee. E que teus purchaz seient par-
" tables, ceo entent Johan de Hastinges que il ad
" muster par plus de resons, que en sa secunde de-
" mande plus pleinement sont escriz e enroulee. E
" prie Johan de Hastinges que sauve lui seit acun
" ¹   al entier de cest heritage, quant il voudra
" demander, si il entent voie aver."

*Adhuc de rationibus Johannis de Hastinges, datis die
Veneris proxima post festum Sancti Martini.*

Further reasons proffered by Sir John de Hastings in support of his claim.

" Johan de Hastinges demande hors de la mein
" nostre seignur le Rei de Engleterre, soverein seig-
" nur du reaume de Escoce, la tierce partie de tutes
" les terres e tenemenz, demeins, servises, franchises, e

" maketh answer John de Hastings, that upon the footing
" of this royal dignity, (which by him is not admitted as of
" right,)—other matters are not to be adjudicated, for no-
" thing is to be understood as belonging to the inheritance in
" gross, except that which is [centred] in itself, and in
" itself found. And that such purchases are partible, John
" de Hastings makes declaration that he has to shew by
" still more reasons, which in his second demand are more
" fully written and enrolled. And John de Hastings doth
" pray that there may be saved unto him any [claim of
" his] to the entirety of this inheritance, when he shall
" wish to demand the same, if he considers that he has
" access thereto."

" John de Hastings demandeth from the hand of our lord
" the King of England, sovereign lord of the realm of
" Scotland, the third part of all the lands and tenements,

---

¹ A word, probably *cleim*, " claim," or the like, is evidently omitted here.

" apurtenaunces, qui furent a Alexander, jadis seignur A.D. 1292.
" de Escoce, e qui sont du gros del Honur e de la
" Seignurie de meme la terre de antiquite; ou certein
" allouance, solom ceo que le Rei verra que al lui deit
" estre fet; e solom ceo que il porra moustrer que
" aver le deit. Estre ceo, meme celui Johan demaunde
" la tierce partie de tuz les purchaz, conquestes, es-
" chetes, e qui unques de ces auncestres en ceu maner
" devenuz, e qui ne furent mie touz tens du reaume
" de sa seignurie avantdite.

"Johan de Balliol respont, que par tant come Johan Answer of
" de Hastinges demande la tierce partie de cest heri- Balliol.
" tage, si demande il la tierce partie du reaume; e
" dist que reaume ne est pas partable, e a ceo
" moustre mouz de inconveniences qui ensuereint, si
" reaume feust partable, qui ¹ sovenut; en taunt que
" reaume issi parti devendreit a nent, si issi fust.

" demesnes, services, franchises, and appurtenances, which
" belonged to Alexander, formerly lord of Scotland, and
" which belong in gross to the Honour and to the Lordship
" of the same land from of old; or else a certain allow-
" ance therefor, according as the King shall consider that
" unto him ought to be made; and according as he shall
" be able to show that he ought to have. Besides this,
" that this same John demandeth the third part of all the
" purchases, conquests, [and] escheats, that ever in this re-
" spect have from his ancestors descended, and which were
" not from all time of the realm of his seignory aforesaid.

" John de Balliol maketh answer, that inasmuch as John
" de Hastings demands the third part of this inheritance,
" he demands the third part of the kingdom; and he says
" that a kingdom is not partible, and thereupon shews many
" inconveniences that would ensue, if a kingdom were partible;
" inasmuch as a realm thus divided would come to nothing,
" if so it were.

---

¹ Sic in orig.; these two words appear to be redundant.

A.D. 1292.
Answer of Hastings.

"A quei Johan de Hastinges respont, que nous ne
"¹ souvions mie en ceo cas de reaume, mes a demander
"la tierce partie de cest heritage, que nous dioms que
"est partable a la commune lei. E dioms que a cele
"especiaute alleger ne deit Johan de Balliol, ne estre
"oy; car Johan de Balliol ad prie a nostre seignur
"le Rei de Engleterre, que il ²mene e meitenu en
"sa demande solom le lei commune de Engleterre,
"come celui cleime cest heritage come fee e membre
"de la corone de Engleterre. E si expressement solom
"les leis de Contez, ou de Baronies, ou de serjaunties,
"tenuz du Rei de Engleterre e de sa corone, dount
"il ad par tant conou, graunte, e prie que il seit a
"la commune lei, par quei sa priere avant fete, il ne
"deit ore estre oy alleger especiaunce.

"E Johan de Hastinges dist outre, que si nostre
"seignur le Rei e son Conseil veient ore que Johan

"To which John de Hastings maketh answer, that we
"do not suggest in this case as to a kingdom, but [it is
"our purpose] to demand the third part of this inheritance,
"which we say is partible at the common law. And we say
"that John de Balliol ought not to allege this specialty,
"nor to be heard [thereon]; for John de Balliol has prayed
"our lord the King of England, that he be supported and
"maintained in his demand according to the common law
"of England, since he claims this inheritance as a fee
"and member of the crown of England. And as [this is]
"expressly according to the laws of Earldoms, or of Baronies,
"or of serjeanties, holden of the King of England and of his
"crown, which he has so far acknowledged [and] admitted,
"and prays that he may be amenable to the common law,
"by such his prayer before made, he ought not now to be
"heard to allege a specialty.

"And John de Hastings says further, that if our lord the
"King and his Council consider now that John de Balliol

---

¹ Such is apparently the word, but query.

² "*seit*" is apparently omitted here.

" de Balliol deit estre receu encontre sa priere demene, A.D. 1292.
" ¹ assez dira el, e dist, (outresi nostre seignur le Rei
" voile que il ²seit contra sa priere respondu) a la
" especiaunce que il allegge, que la ou Johan de Has-
" tinges demaunde la tierce partie de cest heritage,
" deust cheir en espescefiaunce, hors de commune lei,—
" ce convendreit estre ou par la tenaunce en sei, ou par
" reson de la persone qui deust estre seignur e heir.
" Mes si hom eyt regard a la tenance,—si eit ceo tenu
" par homage e par servise de la commune coroune
" de Engleterre, par quei dreit legard apent a nostre
" seignur le Rey, ³ voyde ceste heritage; par quei le
" avantdit heritage, issi tenu, est a la commune lei de
" dreit. E si hom eit regard a la persone que heir
" deit estre, il ne ad mie propretrez especiaus que a
" dreit rei appendent, par quei il puisse de dreit reg-

" ought to be admitted [to a hearing] against his own
" prayer, he will then say, and he does say, (unless our lord
" the King wills that he be ²[not] answered, as against his
" prayer,) as to the specialty which he alleges, that whereas
" John de Hastings demands the third part of this in-
" heritance, it ought to fall under specialty, out of the
" common law,—this ought to be either through the tenancy
" in itself, or by reason of the person who ought to be lord
" and heir. But if one has regard to the tenancy,—it is
" held by homage and by service to the common crown of
" England, by which right of award belongs to our lord
" the King,' ; wherefore the aforesaid inherit-
" ance, thus held, is subject to the common law of right.
" And if one has regard to the person who ought to be heir,
" he has no especial properties which unto the right of a king
" are appendant, by means of which he may of right reign,

---

¹ This word is somewhat doubtful.
² " ne " seems to be omitted here.
³ The meaning of " voyde ceste

" heritage" it seems difficult to conjecture, and the meaning of the
whole passage is doubtful.

A.D. 1292. "ner, e sa terre reaume nomer de droit; car il ne ad
"enunccion reale, ne coronement de rei, ne nul de ces
"auncestres avant lui corunez ne furent, ne unques en
"cea par jugement, ne par volunte, de lur chef seignur,
"Rei de Engleterre, coronement du rei en eus en nule
"manere ne poet estre afferme. Pur quei semble a
"Johan de Hastinges, que eyaunt regard a la tenaunce
"en sei, ne la persone en sei, ne ad nule espescefiance
"par quei cest heritage ne seit de droit partable.

Answer of Balliol.
"Johan de Balliol respount e dist, que mouz de reys
"sont;[1] nomement, le Rei de Espanie e le Rei de
"Aragun, ov plusurs qui se firent reis, ount demande
"purparties, e unques ne poeunt les reaumes partables.
"E quant a ceo que Johan de Hastinges dist, que
"cest heritage est tenu par homage e par servise, dist
"Johan de Balliol, que la regale dignete en sa nature
"est si haute, que ele treit a lui les choses que sunt

"and call his territory a kingdom of right; for he has no
"royal anointing, nor coronation as a king, nor have any
"of his ancestors before him been crowned, nor ever at
"any time by judgment, or by will, of their chief lord, the
"King of England, can coronation as king among them
"in any manner be affirmed. Wherefore it seemeth unto
"John de Hastings, that having regard to the tenancy in
"itself, or to the person in himself, there is no specialty by
"reason whereof this inheritance should not be partible
"of right.

"John de Balliol maketh answer and says, that many
"kings are so; particularly, the King of Spain and the
"King of Arragon, with many who have made themselves
"kings, have demanded a partition, and never could [make]
"the kingdoms partible. And as to what John de Hastings
"says, that this inheritance is held by homage and by
"service, John de Balliol says that the royal dignity in
"its nature is so high, that it draws unto itself the things

---

[1] Judging from the context of the next page,—"*que acouns reis sount,*
"*etc.*," this passage is imperfect.

"en meins; par quei, il dist que par homage ne par A.D. 1292
"servise que il face, ne poet la reale dignete perir.
"E quant al enunccion ou corunement de la persone,—
"dist Johan de Balliol que cestes propretez ne fount
"pas rei; car mouz des reis sont, qui ne sont enoinz
"ne corunez; mes dist que autres choses fount rei,
"ceo est asaver, pes e justice; e dist que le Rei
"de Escoce tuz tens deques en cea ad eu pes e justice
"en sa terre.

"A ces choses respont Johan de Hastinges.—E primes, Answer of Hastings.
"quant il, en saunple, dit que acouns reis sont qui
"¹regnegnent sugez pur les leis del Empire,—mes le
"Rei de Engleterre ne est a nulli lei suget, mes est
"auctur e fesur de lei, e de son reaume e de touz ses
"membres; e desicome Escoce est membre de la
"corone de Engleterre, ne deit aver nule compareson
"ne nule semblaunce de ses membres a son chef, ne

"which are in less [degree]; by reason whereof, he says that
"neither by the homage nor by the service which he does,
"can the royal dignity perish. And as to the anointing
'or crowning of the person,—John de Balliol says that these
'properties do not make a king; for many kings there
'are, who are neither anointed nor crowned; but he says
"there are other things which make a king, that is to say,
"peace and justice; and he says that the king of Scotland
"for all time heretofore has had [administration of] peace
"and justice in his land.

"To these points maketh answer John de Hastings.—And
"first, when he, by way of example, says that some kings
"there are who reign subject to the laws of the Empire,—
"but the King of England is subject to no one's law, but is
"author and maker of the law, both of his own kingdom
"and of all its members; and forasmuch as Scotland is
"a member of the crown of England, there can be no
"comparison or resemblance between the members and their

¹ Probably an error for "*regnerent*," or "*regnent.*"

A.D. 1292. " a autres reaumes. E quant a ceo que Johan de
" Balliol dist,—que reale dignete atreit a sei les
" choses que sont en meins, dist Johan de Hastinges,
" que pur taunt ne est respondu a sa reson del homage ;
" car solum la forme que cest heritage est, e deit
" estre, tenu, solom ceo deit est estre juge. E il a
" ceo rien ne dist, fors que reale dignete atreit a sei
" le homage, en supposant que il eit reale dignete de
" dreit, ou que ceo seit par Johan de Hastinges graunte ;
" par quei, a cest homage, ne a la proeme de sa reson,
" rien ne respondu Johan de Balliol, mes dedist solo-
" ment la conclusion. E quant a ceo que Johan de
" Balliol dist,—que enunction ne coronement ne fount
" mie rei principaument, mes fount pes e justice, dist
" Johan de Hastinges, que enunccion e coronement
" sont les principaus propretes le Rei de Engleterre,
" pur son reaume, e pur touz ses membres ; e dist que

" head, or between them and other kingdoms. And as to
" what John de Balliol says,—that the royal dignity draws
" unto itself the things which are in less [degree], John de
" Hastings says, that thus far he has had no answer to
" his reason in reference to homage ; for that, according to
" the form in which this inheritance is, and ought to be,
" held, according to that ought it to be awarded. And to
" this he says nothing at all, except that the royal dignity
" draws unto itself the homage, taking it for granted that
" he has the royal dignity of right, or that it has been by
" John de Hastings admitted ; wherefore, neither to this
" [point of] homage, nor to the introductory statement of
" his reason, has John de Balliol made any answer, but
" only gainsays the conclusion. And as to what John de
" Balliol says,—that anointing or coronation does not princi-
" pally make a king, but that peace and justice make him
" such, John de Hastings says, that anointing and coronation
" are the principal properties of the King of England, as
" regards his kingdom, and as regards all his members ; and

"pes e justice ne pas rei, ne terre reaume; car mouz **A.D. 1292.**
"iad des Seignuries e de Honurs de mesmes les mem-
"bres de Engleterre, qui ount pes e justice, sicome
"mouz de Marchis de Gales, e le Conte de Cestre, e
"le Evesche de Durham, e mouz des Countes e Ba-
"rones en Irelaunde e aillurs; e si ne pount il pas
"par taunt approprier a eus noun de rei, ne fere les
"terres reaume.

"Johan de Baillol respont e dist, que ne est sem- **Answer of Balliol.**
"blable de Escoce e des autres membres de reaume
"de Engleterre; car il dist que qui ad felonie fet en
"Engleterre, ou forfet le reaume, touz tens ad este
"usee que il poet venir en Escoce, e la demorer; e
"si ne poet il en nul autre des membres. Estre ceo,
"dist Johan de Balliol, que la ou Johan de Has-
"tinges dist que le Rei de Engleterre est auctur des
"ses leis, ausi dist que le Rei de Escoce est auctur
"des ses leis, e fet sa pes e sa justice.

"he says that peace and justice are not the same as king, nor
"territory as kingdom; for there are many Lordships and
"Honours of the same members of England, which have
"[administration of] peace and justice, such as many of
"the Marches of Wales, and the Earldom of Chester, and
"the Bishopric of Durham, and many of the Earldoms and
"Baronies in Ireland and elsewhere; and yet they cannot
"thereby appropriate unto themselves the name of king,
"or make of territories a kingdom.

"John de Balliol maketh answer and says, that it is not
"alike as to Scotland and the other members of the realm
"of England; for he says that when a person has com-
"mitted felony in England, or has forfeited right to live
"in the realm, for all time it has been the usage that he
"may come into Scotland, and there abide; and yet he
"cannot do so in any other of its members. Besides this,
"John de Balliol says, that whereas John de Hastings
"says that the King of England is author of his laws, he
"also says that the King of Scotland is author of his laws,
"and administers his own peace and his own justice.

A.D. 1292.
Answer of Hastings.

"A queus choses Johan de Hastinges respont,—que
"la ou Johan de Balliol allegge un fet, coment felons
"de Engleterre sont recetez en Escoce, la dist Johan
"de Hastinges, que coment Johan de Balliol allegge
"cest recettement use en Escoce, il par taunt ne prove
"pas ceo fet estre dreiturel, nomement vers le chef
"seignur; meuz piert un defuiement de sa seignurie.
"De autre part, Johan de Hastinges dist, que tel fet
"use en Escoce, a receter le felon son seignur, ne deit
"james le chef seignur accepter, ne pur ceo a son te-
"naunt sa terre a reaume confermer, car insi lui affir-
"mereit il le estat de reaute par sa denaturesce.
"De autre part, Johan de Hastinges dist, que tel
"fet chet touz jors en les autres Honurs tenuz des
"Reis de Engleterre, sicome en Irelaunde par tut, e
"en mouz de leus en la Marche de Gales, que felons
"sont recetez hors de lun e de lo autre; e pur tel re-
"cettement de felons, ne sont pas les terres reaumes.

"Unto which things John de Hastings maketh answer,—
"that where John de Balliol alleges a fact, how that felons
"of England are harboured in Scotland, unto this says John
"de Hastings, that although John de Balliol alleges this
"harbouring as the usage in Scotland, he thereby does not
"prove this deed to be of right, particularly against the
"chief lord; rather it seems to be a subtraction from his
"lordship. On another part, John de Hastings says, that
"such a deed of usage in Scotland, the harbouring of the
"felon against his lord, the chief lord ought never to admit
"of, nor for that confirm to his retainer his territory as a
"kingdom, for that thus he would be affirming the status
"of royalty by his own divestment of right.
"On another part, John de Hastings says, that such a fact
"occurs repeatedly in the other Honours holden of the Kings
"of England, such as in Ireland throughout, and in many
"places in the March of Wales, that felons are harboured
"out of the one and of the other; and yet by reason of such
"harbouring of felons, the territories are not kingdoms.

" E quant a ceo que Johan de Balliol dist outre,— A.D. 1292.
" que le Rei de Escoce est auctur des ses leis, e fet
" pes e justice; la respont Johan de Hastinges, e dist,
" que sa auctorite, e sa pes, e sa justice, sont en sub-
" jection de chef seignur, ausi come furent les leis au
" Prince de Gales, e come sunt les leis des autres
" membres. Par quei, il ne entent que par tele auc-
" torite, ne par teles leis, ne par tele pes, ne par tele
" justice, que ¹ issi sont a autri sugez, puisse il en
" trere, quils ² font membres de corone reauto appro-
" prier a eus de dreit. E dount il piert que ne est
" pas semblaunce ne comparison du Rei de Engleterre,
" quant a son reaume, e de la terre de Escoce; car le
" Rei de Engleterre ne tient son reaume sinoun de
" Deu, ne le reaume de Engleterre ne porra, par nul
" homage, james cheir en garde du chef seignur, ne
" estre juge par chef seignur. Mes les heirs de Escoce

" And as to what John de Balliol says besides,—that the
" King of Scotland is author of his own laws, and administers
" peace and justice; to this maketh answer John de Hastings,
" and says, that his authority, and his peace, and his justice,
" are in subjection to the chief lord, just as much as were
" the laws of the Prince of Wales, and as are the laws of the
" other members. By reason whereof, he is not of opinion,
" that by reason of such authority, or by reason of such laws,
" or by reason of such peace, or by reason of such justice,
" which here are in subjection to another, he can thence
" infer, that they make members of the crown appropriate
" royalty to themselves as of right. And then it appears
" that there is no resemblance or comparison between the
" King of England, as regards his kingdom, and the terri-
" tory of Scotland; for the King of England holds his
" kingdom only from God, and the kingdom of England
" never can, by any homage, fall under the tutelage of a
" chief lord, or be awarded by a chief lord. But the

---

¹ So apparently in orig.; but somewhat indistinct.
² Or " *sont*," though most probably " font."

A.D. 1292. "deivent tenir du Rei de Engleterre, come de chef
"seignur, e en tant est le seignur de Escoce son
"home, e ne pas solement souz Deu. E si ad defaute
"de princepaus proprietez reales, sicome est avant dist,
"pur fere sa terre noun partable, contre commune lei.

"Quant a la secunde demande Johan de Hastinges,
"pur sa partie de terres de purchaz, que ne sont mie
"du gros, etc. :—ws dioms, que tutes tieus terres de
"purchaz, de conquez, e de eschetes, que sont hors del
"avant dist gros, sont partables; car tenemenz poent
"estre purchacez en deus maners, solom les estaz de
"divers tenaunz. Car acuns tenaunz sunt, qui ausi
"tost furent purchaceours de tenemens que il tindrent,
"come le seignurie.[1] Dount ceus tenemenz ne issint
"mie du gros, car il ne furent mie en le gros ; e
"del houre que il ne issirent mie du gros, si au seig-
"nur scient puis devenuz par purchas, il ne poet dire

"heirs to Scotland ought to hold of the King of England,
"as of the chief lord, and in thus much is the lord of
"Scotland his homager, and is not solely under God. And
"so he is in want of the principal properties of royalty, as
"is already said, to make his land non-partible, against
"the common law.

"As to the second demand of John de Hastings, for his
"part of the lands of purchase, which are not of the gross,
"etc. :—we say to you, that all such lands by purchase,
"by conquest, [and] by escheat, which are out of the gross as
"aforesaid, are partible ; for tenements may be purchased
"in two manners, according to the estates of different
"tenants. For there are some tenants, who as soon were
"purchasers of the tenements which they held, as the lord-
"ship. These tenements then do not issue from the gross,
"for they were not [held] in the gross ; and from the time
"that they were not issuing from the gross, if they after-
"wards come to the lord by purchase, he cannot say that

---

[1] There is evidently an omission here.

"que ceus tenemenz ne reignteinent en autele con-
" dicion come il furent, en meins des tenaunz. Autres
" tenanz iad, qui feffee sont par le seignur de partie
" du gros, e de sa seignurie; les queus tenemenz ount
" regard au ceo feffement, que ne sont james rever-
" sables, e issi sont il purement severez du gros.
" Dount si les tenaunz, issi feffez, dounent e grauntent,
" ou vendent, memes ceus tenemenz a lur seignur de
" qui il furent feffez, ou a ses heirs, donques deveinent
" ceus tenemenz en sa mein par ceu doun e par ceo
" purchaz, e nient par dreit du primer feffement, ne
" de sa seignurie; e entent Johan de Hastinges, que
" doun ou feffement de tenant fet au seignur, ou au
" autre, ne poet nature de tenaunce changer, a fere
" autri tenement noun partables que fust en la mein
" le tenaunt partable avaunt; mes la reverse poet bien
" ester fet du seignur au tenaunt. Par quei semble a
" Johan de Hastinges, que en le un cas e en le autre
" avantdites, tenemenz issi purchacez a la commune lei

A.D. 1292.

" these tenements do not remain in the like condition that
" they were in, in the hands of the tenants. Other tenants
" there are, who are enfeoffed by the lord of the party in gross,
" and by virtue of his lordship; the which tenements bear
" such reference to this feoffment, that they never become
" reversionary, and so are entirely severed from the gross.
" Wherefore if the tenants, so enfeoffed, do give and grant, or
" sell, these same tenements to their lord by whom they
" were enfeoffed, or to his heirs, then these tenements
" come into his hand by this gift and by this purchase,
" and not by right of the first feoffment, or of his lord-
" ship; and John de Hastings contends, that a gift or
" enfeoffment by the tenant made to the lord, or to another
" person, cannot change the nature of the tenancy, so as to
" make the tenement of another non-partible, which was
" partible in the hand of the tenant before; but the reverse
" may well be done from the lord to the tenant. Where-
" fore it seemeth unto John de Hastings, that in the one
" case and in the other aforesaid, tenements so purchased

A.D. 1292. "solom le estat ou il furent quant les tenaunz lur
"seignur fefferent; car tenaunt qui tient sa terre par-
"table, ne la poet pas par son doun fere noun partable.
"E ausi dioms nus que deit estre de terres con-
"quises; e quant a eschetes,—semble si a Johan de
"Hastinges, que mesme la reson deit estre en eschetes
"come en purchaz; car si ceo seient eschetes de tene-
"menz purchasez de ausi loign ou de ausi avant
"come le seignur purchacea e conquist sa seignurie,
"vient puis que ceo tenement, purchace au seignur,
"ne est exempt de la commune lei; neint plus ne est il
"hors de la commune lei, quant il devient eschete. E
"ausi est il des autres tenemenz du gros issuz primes
"par feffement par doun;—que si memes les tenemenz
"deveinent eschete a chef seignur, il deveinent eschete
"par forfet de tenaunt, e ne mie par forme de la
"primere alienacion; dount les eschetes deivent estre
"jugez solom la reson e le estat de tenaunce, e ne
"mie de seignurie.

"[devolve] at common law according to the estate in which
"they were when the tenants enfeoffed their lord; for that
"a tenant who holds his land as partible, cannot by his
"gift make it non-partible.
"And so we say it ought to be of lands gained by con-
"quest; and as to escheats,—it seemeth unto John de
"Hastings, that the same reason ought to hold good as
"to escheats as in the case of purchase; for if they be
"escheats of tenements purchased as remotely or as far
"back as the lord purchased and conquered his lordship,
"it then ensues that this tenement, purchased of the lord,
"is not exempt from the common law; no more is it out of
"the common law, when it becomes escheated. And so it
"is as to other tenements first issuing from the gross by
"feoffment by way of gift;—that if the same tenements
"become escheated to the chief lord, they become escheated
"by forfeiture of the tenant, and not by form of the first
"alienation; wherefore the escheats ought to be estimated
"according to right and the status of the tenancy, and not
"of the lordship.

" De autre part,—de tenemenz purchacez ou eschetes A.D. 1292.
" au seignur, ne deivent estre jugez solom la nature
" du gros, ne de la seignurie, mes solom la nature de
" tenance. Ceo mustre Johan de Hastinges par cele
" reson.—Car si les tenaunz de ceus tenemenz, taunt
" come il sont en tenaunce, chargeassent mesmes les
" tenemenz, vers nul autre, de servise a recevir de
" mesmes les tenemenz, le quel que ceo tenement de-
" venist apres au seignur par purchacez ou par eschete,
" uncore demoreit cel tenement charge de memes:
" dount bien piert que le seignur les tient par nature
" de tenance, e ne mie par nature de seignurie.
  " De autre part,—si un Honur primes tenu du Rei de
" Engleterre, come le Honur de Aubemarle, reveigne
" au Rey par eschete, les tenemenz tenuz des autres
" seignurages ne serreint mie, par reson de cel Honur,
" en garde le Rei; dount nus dioms que de sicome

" On the other part,—as to tenements purchased by or
" escheated to the lord, they ought not to be estimated
" according to the nature of the gross, nor that of the lordship,
" but according to the nature of the tenancy. This sheweth
" John de Hastings upon this reason.—For if the tenants
" of these tenements, while they are in tenancy, were to
" charge the same tenements, as towards any other person,
" with service to be received from the same tenements, and
" then such tenement should come afterwards to the lord
" by purchase or by escheat, this tenement would still re-
" main charged with the same; from which it plainly
" appears that the lord holds the same in the nature of the
" tenancy, and not in the nature of the lordship.
  " On the other part,—if an Honour formerly held of the
" King of England, such as the Honour of Albemarle, reverts
" to the King by escheat, the tenements held of other lord-
" ships would not be, by reason of this Honour, in the
" King's keeping; wherefore we tell you that as, in the

A.D. 1292. "le Rei est, en tiel ¹ eschet, eschetes al auncien estat
"de celui qui fust seignur de cel Honur, e en taunt,
"teus tenemenz e cel Honur, tenuz a la commune lei,
"par mesme le reson deit eschete estre partable a la
"commune lei.

"E prie Johan de Hastinges grace nostre seignur
"le Rei, a fere cercher la Chapele de Escoce pur
"tutes les terres issi purchacez, conquises, e escheues,
"pur ce que il ne ad mie taunt repeir en ceo pais,
"que il puis uncore aver enquis de tutes les terres.
"E prie aussi que il ne seit boute a demaunder cest
"heritage hors de nulli mein a chef seignur, de si
"come Johan de Balliol se fet colur de la demande
"de Johan de Hastinges, en demandant a lui le tout.
"Dount il prie que il ne seit bute a demander par
"veie de supplicacion hors de la mein son ² colur, la

"case of such escheat, the King is reduced to the old
"estate of him who was lord of this Honour, and so far,
"such tenements and such Honour, held at common law, for
"the same reason ought the escheat to be partible at
"common law.

"And John de Hastings prayeth grace of our lord the
"King, to cause search to be made in the Chapel of Scotland
"for all the lands so purchased, conquered, and escheated,
"seeing that he has not so long sojourn in this country,
"that he can at present have inquisition as to all the lands.
"And he prayeth also that he be not prevented from demanding
"this inheritance out of any one's hand as chief lord, seeing
"that John de Balliol makes colour of the demand of John
"de Hastings, in making demand against him of the whole.
"Wherefore he prayeth that he be not prevented from
"making demand by way of supplication from the hand of

---

¹ *esches* in orig., by inadvertence. | ² Qy. if not "*seignur*"?

" ou il est demandant devant chef seignur par veie
" de dreit."

A.D. 1292.

*Posteriores rationes Johannis de Hastinges, liberatæ
die Sabbati proxima post festum Beati Martini.*

" La ou Johan de Balliol respont a la secunde de-
" mande Johan de Hastinges, des purchaz, etc., e dist
" que les purchaz ne sont pas partables nient plus
" que le gros, e ne dist autre chose as resons Johan de
" Hastinges, mes que taunt que il dist que il ni ad
" nul tenement en Escoce qui ne est issu du gros
" puis la seignurie purchacee ; e pur ceo que ceus
" tenemenz furent tenus du seignur par servise, le
" quel servise est ore esteint, e les demeines sont ore
" au seignur ; par ceo semble a lui, que les tenemenz
" demorent noun partables :—a ceo respont ore Johan
" de Hastinges, e dist que il iad mouz de tenemenz de
" purchaz, conquis, e eschetes, dount les uns tenemenz
" sont issu du gros, e ne mie les autres, e que il iad

Further reasons profferred by Sir John de Hastings, in support of his claim.

" his lord, where he is demandant before the chief lord
" by way of right."

" Where John de Balliol maketh answer to the second
" demand of John de Hastings, as to purchases, etc., and
" says that purchases are no more partible than estates in
" gross, and says no other thing to the reasons of John de
" Hastings, save only that he says that there is no tenement
" in Scotland which has not issued from the gross since the
" purchase of the lordship ; and because that such tenements
" were held of the lord by service, the which service is now
" extinguished, and the demesnes are now in the hands of
" the lord ; it therefore seemeth to him, that the tenements
" remain non-partible :—to this now maketh answer John
" de Hastings, and says that there are many tenements by
" purchase, conquest, and escheat, of which some tene-
" ments have issued from the gross, and not the others,
" and that there are many such tenements that are both

A.D. 1292. "mouz teus tenemenz des uns e des autres,—ceo
"entent il averrer par la ¹Chapele.

"E quant a ceo que Johan de Baillol dist, que les
"tenemenz furent tenuz de seignur par servise, dount
"par le servise esteint, etc.:—dist Johan de Hastinges,
"que les uns purchaz, qui ne furent mie tenuz par
"servise du seignur de la terre, mes des autres seig-
"nurages; au queus terres issi purchacez, il ne respont
"rien. De autre part, servise en sei, fet ou nient fet,
"esteint ou nient estient, ne fet james title en ten-
"aunce; car servise en sei soul est au seignur qui le
"receit, ne poet doner autre title que de seignurie, e
"ceo tansolement a celui qui le servise receit. Dount
"tant come le servise iest ou fet enest, title de seig-
"nurie iest soulement; e si il est apres esteint, ou mes
"ne seit fet, ou le ²title novel en le demeine, par ceo

"from the one and the other,—this he declares to verify by
"[reference to] the ¹Chapel.

"And as to what John de Balliol says, that the tenements
"were held of the lord by service, wherefore by the service
"extinguished, etc.:—John de Hastings says, that [there are]
"some purchases which were not held by service of the
"lord of the land, but [by service] of other lordships; as
"to which lands so purchased, he answers nothing. On
"the other part, service in itself, made or not made, extin-
"guished or not extinguished, never makes any title in the
"tenancy; for service in itself is only to the lord who
"receives it, nor can it give any other title than that of
"lordship, and that only to him who receives the service.
"Wherefore, so long as the service exists or is made, the only
"title that exists is that of lordship; and if it is afterwards
"extinguished, or is subsequently not made, or ²[there is]
"a new title to the lordship, by consequence it is no longer

¹ The Records of Scotland there kept.

² The meaning and translation of this passage are extremely doubtful.

ne est mes, taunt que il demort descharge. E ce A.D. 1292.
" dioms nus, oyant regard a la nature de servise en
" sei; e si nus eyoms regard au servise ¹qau chose
" le servise face, quant a la tenaunce en autre cas
" que la ou nus sumes, ne est pas ore mester a dire.
" Mes quant a cest ²cas, nul servise de mound
" deivent ne forein, ne poet fere, taunt en tenaunce,
" que il puisse nul ³tenaunce fere nounpartable entre
" soers ne lur issue. E en cest cas ou nous soumes,
" de autre part, par ⁴servise esteint que est anienti, e
" ceo que mes rien ne est, de nule chose cause ne
" est.

" De autre part, servise, par quei home tient de autri
" en tenance, ne fet pas purchacez ne eschete; einz fount
" feffement les purchaz, e felonies, e defaute de heir, e
" utlagerie, eschetes, les queus fet e condicions touz

" existing, seeing that it remains discharged. And this we
" do say, having regard to the nature of service in itself;
" and if we have regard to the service as well as to the
" thing that the service does, as to the tenancy in another
" case than the one in which we are, there is no necessity
" now to speak. But as to this case, no service in the world
" does a foreigner owe, nor can he do, so far as tenancy is
" concerned, for him to be able to make any tenancy non-
" partible between sisters or their issue. And in this case
" in which we are, on the other part, by way of service
" extinguished which is annihilated, and the result that
" from thenceforth it is not existent, this is the cause of
" nothing [here].

" On the other part, service, by which a man holds of
" another in tenancy, does not create purchases or escheat;
" but rather, feoffment creates purchases, and felonies, and
" default of heir, and outlawry, escheats, the which fact

---

¹ *qū* in orig.
² *as* in orig.
³ *tēn* in orig. The next passage
is apparently unintelligible.
⁴ *servrise* in orig.

A.D. 1292. "sont par les tenaunz; dount les purchaz e les eschetes
"deivent meuz estre ajuge, solom la cause e la nes-
"sance, par quei, e de queus, il vienent; qui ne deivent
"de servise que appent a autri; ne par ceus qui
"receivent les feffemenz, e des queus les causes pas ne
"venent. E de si come en les meins de tenaunz furent
"hors du gros e partables, ausi deivent il demorer
"partables a touz jors, en qui meins qui ceus tene-
"menz devenent.

"De autre part, la felonie fete, en cas de eschetes,
"doun accion a les tenemenz, e par taunt que accion
"est acreu en la persone le seignur, par taunt deveint
"son servise esteint, ne que une chose consequent e
"vient a pres. E Johan de Baillol de ceo il prent sa
"cause. E lest primers achesons de purchaz e des
"eschetes, les queus causes nessent du tenaunt, sicome
"est avaunt dist, les queus achesons des tenaunz si

"and conditions, all are [ascertained] by the tenants; by
"whom the purchases and the escheats should be better
"adjudged according to their causes and birth, by whom,
"and from whom, they arise; [tenants] who owe no service
"that belongs to another; and not by those who receive the
"feoffments, and from whom the causes do not arise. And
"as in the hands of the tenants they were out of the estate
"in gross and partible, so ought they to continue partible
"for all time, into whatever hands those tenements come.

"On the other part, felony committed, in the case of
"escheats, gives ¹action to the tenements, and in the same
"degree that action has accrued in the person of the lord,
"in the same degree does his service become extinguished
"² first grounds of purchase
"and of escheats, the which causes arise from the tenant,
"as is before said, these same grounds depending upon
"tenants if [Balliol] were to adopt, he would prove fully

---

¹ Or, right of demand.
² These lines seem hopelessly corrupt, and are apparently unintelligible.

"il preist, si provereit il bien pur nus, que solom le _A.D. 1292._
" estat que les tenaunz tindrent, uncore demoert part-
" ables a tenier.

" De autre part, le Prince le Gales, en son tens, si
" tient plus franchement de la coroune de Engleterre,
" que ne fist le Seignur de Escoce; car il aveit gara-
" landeche, e fust assis en se par Evesques, e si furent
" ses terres partables. Dount les terres celui plus bas
" de condicion, ben deivent estre partables."

*Rationes et responsiones Johannis de Balliolo, datæ
die Jovis prima post festum Sancti Martini.*

" A la demaunde Sire Johan de Hastinges de la tierce Reasons
" partie du reaume de Escoce, pur ceo que il issit   and answers
" de la tierce file David, e le reaume de Escoce est tenu   given by
" de nostre seignur le Rei de Engleterre, e pur ceo que Balliol against Sir
" il ne avoit unques rei de Escoce enoynt ne corune;— John de
" respont Sire Johan de Balliol, que come le reaume de Hastings.
" Escoce seit tenu de nostre seignur le Rei de Engle-

" for us, that according to the estate which the tenants
" held, it still remained partible in the tenancy.

" On the other part, the Prince of Wales, in his time,
" held more freely of the crown of England than did the
" Lord of Scotland; for he had coronation with the [1] garland,
" and was seated in his seat by Bishops, and yet his lands
" were partible. Wherefore the lands of him who is lower in
" rank, ought reasonably to be partible."

" To the demand by Sir John de Hastings of the third
" part of the kingdom of Scotland, because that he springs
" from the third daughter of David, and the kingdom of
" Scotland is held of our lord the King of England, and
" because that there never was a king of Scotland anointed
" or crowned;—Sir John de Balliol maketh answer, that
" although the kingdom of Scotland is held of our lord the

---

[1] A chaplet or coronet, of precious metal.

A.D. 1292. " terre, ja le meins, devaunt Incarnacion nostre Seignur,
" e touz jors puis, la terre de Escoce ad este tenu pur
" reaume par reis qui illoques unt regne governe, e de
" la Eglise de Rome rey nome e pur rei tenu, e ausi
" de touz reis de la Cristiante ; e reale dignete avoit,
" e justice en sa terre fist a touz qui de Escoce fusent.
" E estre ceo, dist il que chasteus, burges, ne viles de
" Escoce, ne fount rei, ne reale dignete dounent, mes
" reale dignete si fet rei ; chasteus, viles, e burges, e touz
" teus autres choses que en le dist reaume sount, a cele
" dignete reale appendaunz ; la quele dignete est une
" entiere, e la plus haute seignurie que en nule terre
" ou rois regnent. E depuis que chasteus, citez, e burges
" e viles, annex a cele reale dignete,—saunz les queus
" choses ele ne poet estre sustenue,—desicome le prin-
" cipal est noun partable, ne accessur ne chose que au
" principal appent.

" E quant a cel que il ni ad roi ennoynt ne corone,

―――

" King of England, nevertheless, before the Incarnation of
" our Lord, and always since, the land of Scotland has been
" held as a kingdom by kings who have there governed the
" realm, and by the Church of Rome have been king named
" and for king held, as also by all kings of Christendom ;
" and royal dignity had, and justice in their land did unto
" all who of Scotland were. And besides this, he says that
" the castles, burghs, or towns of Scotland, do not make the
" king, nor confer the royal dignity, but it is the royal
" dignity that makes the king ; castles, towns, and burghs,
" and all other things which in the said kingdom are, [are]
" unto this royal dignity appendant ; the which dignity is
" one [and] entire, and the highest lordship in any land
" where kings do reign. And since that castles, cities, and
" burghs and towns, [are] annexed to this royal dignity,—
" without the which things it cannot be maintained,—just
" as the principal is non-partible, [so is] neither the accessary
" nor the thing which unto the principal appertains.

" And as to that there is no king anointed or crowned, the

" respont le dist Sire Johan de Balliol,--que enunccion A.D. 1292.
" de roi ne encoroment du rei ne sont fors signe du
" roi, ¹ quel il deit estre. E ceo piert en checune
" corone de rei, que est rounde, qui signefie perfeccion ;
" e les quatre flours de la corone, checon ad signifiaunce
" en sei ; la flour devant signifie justice, la flour derere
" force ; e des autres deus flours, la une signifie tem-
" perance, e le autre prudence. E issint corone ne fet
" pas rei, mes est signifiaunce, come avant est dist.

" Estre ceo, dist il que il sont plusurs rois qui reg-
" nent qui ne sont pas coronez, come les rois de Espaine,
" le roi de Portingale, le rei de ² Saverne e le roi de
" Vaxeu, qui tient lur reaume du roi de Alemaigne, e
" ausi le rei de Aragoun ; les queus touz tienent lur
" reaumes noun partables. E come en tens nostre seig-
" nur le Roi qui ore est, frere le roi de Aragoun puisne

" said Sir John de Balliol maketh answer,—that the anointing
" of a king or the crowning of a king is only the sign of a
" king, what he ought to be. And this appears in every
" crown of a king, which is round, and so signifies perfection ;
" and the four flowers of the crown, each has a signification
" in itself ; the flower in front signifies justice, the flower
" behind might ; and of the other two flowers, the one signifies
" temperance, and the other prudence. And so the crown
" does not make the king, but it is an emblem, as before
" is said.

" Besides this, he says that there are many kings who are
" reigning who are not crowned, as the kings of Spain, the
" king of Portingale, the king of Saverne and the king of
" Vaxcn, who hold their kingdom of the king of Almaine,
" as also the king of Arragon ; the which all hold their
" kingdoms as non-partible. And like as in the time of our
" lord the King now reigning, the younger brother of the
" king of Arragon demanded as against the king, his brother,

¹ $\bar{ql}$ in orig. | ² $Sa\overset{4}{u}ne$ in orig. ; probably, Savoy.

A.D. 1292. "demanda envers le roi, son frere, part du reaume de
"Aragoun; e pur ceo que il vout fere si dreit le de-
"mandast, envea ses messegers au Rei de France, e a
"nostre seignur le Rei de Engleterre, e au Rei de
"Espaignie, e as autres rois plusurs, des queus checun
"lui manda par son messeger demeine, que reaume ne
"devoit estre parti; e unierent touz les reis, e a ceo
"acorderent. Dount il semble a lui, que ceste chose
"deit mout overir pur lui en ceo cas."

*Petitio Domini Roberti de Brus, data die Veneris
proxima post festum Beati Martini.*

A second demand made by Sir Robert de Brus, for partition of Scotland.

"Sire Robert de Brus demande la tierce partie de
"tutes les terres de Escoce, fraunchises, e tutes maners
"des apurtenances, hors pris noun e dignete du Roi,
"dount le Rei Alexander, qui drein fust rei de Escoce,
"morust seisi; par la reson que tute la issue de mesme
"celui Alexander est esteint par la mort Margarete,

"part of the kingdom of Arragon; and because that he
"would ¹[not] do him the right he demanded, he sent his
"messengers to the King of France, and to our lord the King
"of England, and to the King of Spain, and to several other
"kings, of whom each sent him word by his own messenger,
"that a kingdom ought not to be divided; and all the
"Kings united, and unto this agreed. Wherefore it seemeth
"unto him, that this matter ought much to work for him
"in this case."

"Sir Robert de Brus demandeth the third part of all the lands
"of Scotland, franchises, and all manner of appurtenances,
"except the name and dignity of King, of which the King
"Alexander, who was the last king of Scotland, died seised;
"by reason that all the issue of this same Alexander is extinct
"through the death of Margaret, daughter of the King of

---

¹ "*ne*" would seem to be omitted here.

" fille le Rei de Norweie ; de quele Margarete resortit le A.D. 1292.
" dreit de avantdites terres, e deveit resortir, a David
" Counte de Huntingdone, frere le Rei Willeme, ael le
" avantdist Alexander, e tresael le avantdite Margarete.
" De celui David descendist le dreit, e deveit descendre,
" a Margarete, Isabele, e Ade, filles meimes celui David,
" come a trois files e uu heir. De Isabele descendit le
" dreit, e deveit descendre, come a sa [1] purpartie, a Robert
" de Brus, qui ore demande, come a fiz e heir ; la quele
" purpartie mesme celui Sire Robert cleime tenir en
" chef, par homage de nostre seignur le Roi de Engle-
" terre, soverein seignur de Escoce. E prie mesme celui
" Sire Robert de Brus a nostre [2][seignur] le Roi, que
" solom la commune lei de son reaume de Engleterre
" len voile fere reson.

" La terre de Escoce, tut seit ele appelle ' reaume,' deit
" estre departable, par la reson que le cas qui est ore

" Norway ; from which Margaret reverted the right of the
" aforesaid lands, and ought to revert, unto David Earl of
" Huntingdon, brother of King William, the grandsire of the
" before-named Alexander, and great-great-grandsire of the
" before-named Margaret. From this David descended the
" right, and ought to descend, unto Margaret, Isabella, and
" Ada, daughters of this selfsame David, as his three daugh-
" ters and one heir. From Isabella descended the right, and
" ought to descend, as to her [1] purpart, unto Robert de Brus,
" who now demands, as to [her] son and heir; the which
" purpart this selfsame Sir Robert claims to hold in chief,
" by homage of our lord the King of England, sovereign
" lord of Scotland. And the selfsame Sir Robert de Brus
" prayeth our [2] [lord] the King, that according to the common
" law of his realm of England he will be willing to do him
" right.

" The land of Scotland, albeit it is called a 'kingdom,'
" ought to be partible, by reason that the event which has

---

[1] Or separate share.
[2] The word "*seignur*" is evidently omitted here.

A.D. 1292. "avenu de Escoce, sicome ele est tenue en fee nostre
"seignur le Roi de Engleterre par homage, ne est autre
"fors semblable sicome ne feust de Counte ou de Baronie
"du reaume de Engleterre, qui feust escheu en cest cas.
"E si Counte ou Baronie feust escheu a treis files, ove
"la issue de eles, checune averoit sa purpartie, desicome
"les trois files ne representent fors que un heir de
"tut le heritage lur pere; issi que nul avantage ne
"deit demorer al eyne, ne al issue de lui, fors solement
"le noun de la dignete, e principaument de chef mes.
"Par quei il semble a Sire Robert de Brus, desicome il
"est issu de Isabelle, la file le Counte David, a qui il
"fest son resort, que il deit purpartie receivere de la
"terre avantdist, en la forme que il ad demaunde.

"Estre ceo, dit Sire Robert de Brus, que Sire Johan
"de Baillol ad fet la terre de Escoce departable, par la
"reson que il ad conu devant ces houres en ceste Court,

"now happened as to Scotland, seeing that it is held in fee
"of our lord the King of England by homage, is no other
"than similar to what it would have been as to an Earldom
"or a Barony of the realm of England, which had descended
"in such case. And if an Earldom or Barony had descended
"to three daughters, with the issue of them, each would have
"her purpart, seeing that the three daughters represent but
"one heir of all the heritage of their father; so that no
"advantage ought to accrue unto the eldest, or unto the
"issue of her, except solely the name of the dignity, and
"especially of chief [1] of the house. Wherefore it seemeth
"unto Sir Robert de Brus, seeing that he is sprung from
"Isabella, the daughter of the Earl David, through whom he
"derives his claim, that he ought to receive a purpart of the
"land aforesaid, in the form in which he has demanded.

"Besides this, Sir Robert de Brus says, that Sir John de
"Balliol has made the land of Scotland partible, by reason
"that he has made cognizance heretofore in this Court, and

---

[1] This, it is presumed, is the meaning here of the word "*mes.*"

" e prie que dreit lui seit fet solom la commune lei, e A.D. 1292.
" les usages de Escoce e du reaume de Engleterre, e
" noun par la lei escrite ne par lei Emperiale : car il
" dist que ceo serreit en prejudice nostre seignur le Rei,
" e de sa corone. E desicome ne poeit estre trove cas
" expres en la terre de Escoce en la forme que il ad
" demande, isemble a Sire Robert de Brus que nostre
" seignur le Rei deit juger par la commune lei de
" Countez e de Baronies de sa terre, desicome Escoce
" est membre de la corone de Engleterre; si Sire
" Johan ne puise moustrer especiaute de nostre seignur
" le Roy, ou des antecessors, que il ne deive hors de
" la commune lei avantage aver."

*Ultimæ rationes Domini Roberti de Brus, datæ post
ultimam petitionem suam, die Sabbati proxima
post festum Sancti Martini.*

" La ou Sire Johan de Baillol dist a la demande Sire Further
" Robert de Brus, que il ne deit estre oy a purpartie reasons given by

" prayed that right may be done unto him according to the
" common law, and the usages of Scotland and of the kingdom
" of England, and not by the written law or by the Imperial
" law : for he says that this would be in prejudice of our lord
" the King, and of his crown. And seeing that there cannot
" be found any express case in the land of Scotland in the
" form in which he has made his demand, it seemeth unto
" Sir Robert de Brus that our lord the King ought to judge
" by the common law of the [1] Earldoms and Baronies of his
" land, forasmuch as Scotland is a member of the crown of
" England ; in case Sir John cannot shew specialty of our
" lord the King, or of his ancestors, and so ought not to have
" any advantage out of the common law."

" Whereas Sir John de Balliol says to the demand of Sir
" Robert de Brus, that he ought not to be heard to demand a

---

[1] Or Counties.

A.D. 1292.
Sir Robert de Brus in support of his claim.

"demander, par tant que il dist que mesme celui Sire
"Robert en ces houres ad demande le reaume entier,
"come noun partable ;—a ceo dist Sire Robert de Brus,
"que nule demande ne fust fet vers Sire Johan, come
"vers partie, mes en demandant son heritage; hors de
"la mein son chef seignur ; e il e checun autre recevable
"a demander par tutes les veis que il entent que ac-
"tion ou dreit lui porra acrescere. Mes si nostre seig-
"nur le Rei lui demande, ou chalenge, de nul conisance
"einz fere, prest est Sire Robert que il respoine a nos-
"tre seignur le Rei, a sa volunte; car par icele coni-
"sance, rien a Sire Johan purra acrescere, desicome le
"issue de treis files David ne sont fors que en un heir,
"quant a cest heritage demander.

"E dist Sire Robert de Brus, que nule tenure que
"seit tenue en chef de la corone de Engleterre ne est,
"que ne est partable entre soers e lur issue, en la terre
"de Escoce, que est membre, e tenue en chef, de la

"purpart, inasmuch as he says that this selfsame Sir Robert
"has lately demanded the whole kingdom, as being non-
"partible ;—unto this says Sir Robert de Brus, that no de-
"mand has been made against Sir John, as against a party,
"except in demanding his inheritance out of the hand of his
"chief lord ; and he and every other person [is] admissible
"to make demand in all the ways in which he understands
"that action or right may accrue to him. But if our lord the
"King shall demand of him, or challenge him, for having first
"made any acknowledgment, Sir Robert is ready to make
"answer to our lord the King, at his will; for by this ac-
"knowledgment, nothing can accrue to Sir John, seeing that
"the issue of the three daughters of David are only as one
"heir, so far as making demand of this inheritance.

"And Sir Robert de Brus says, that there is no tenure
"that is held in chief of the crown of England, that is not
"partible between sisters and their issue, in the land of Scot-
"land [namely], which is a member, and held in chief, of

" corone de Engleterre. ¹ Semble a Sire Robert de Brus, A.D. 1292.
" que la terre de Escoce par la lei de mesme la corone
" deit estre partable, sil ne seit pur especiaute du chef,
" de quei riens ne est moustre.

" Estre ceo, dist Sire Robert de Brus, que mes que
" cest cas, quant a la demande ore fete, ne seit pas
" devant ore avenu en Escoce, nepurquant, depuis que
" la terre de Escoce est tenue de la corone de nostre
" seignur le Rei de Engleterre, en sa Curt demande, si
" deit la chose demande solom la lei e les pers de
" mesme la corone estre juge. E si nostre seignur le
" Rei se voile eider de usage des Cuntes, e de Barons, e
" de sugez, de Escoce, Robert de Brus est prest a mous-
" trer e acerter nostre seignur le Rei, que Countez,
" Baronies, e autres tenures, en Escoce sont partables.

" Estre ceo, dist Sire Robert de Brus, que nostre seig-
" nur le Rei ad grante par son escrit a rendre le

" the crown of England. ¹ It seemeth [therefore] to Sir
" Robert de Brus, that the land of Scotland by the law of the
" same crown ought to be partible, unless it be for some
" specialty of the chief, of which nothing is shown.

" Besides this, Sir Robert de Brus says, that even if this
" case, as to the demand now made, has never before arisen
" in Scotland, nevertheless, since that the land of Scotland is
" held of the crown of our lord the King of England, [and]
" in his Court demanded, the thing [so] demanded ought by
" the law and the peers of the same crown to be judged.
" And if our lord the King is wishful to avail himself of the
" usage of the Earls, and of the Barons, and of the subjects,
" of Scotland, Robert de Brus is ready to shew and to certify
" our lord the King, that Earldoms, Baronies, and other
" tenures, in Scotland are partible.

" Besides this, Sir Robert de Brus says, that our lord the
" King has guaranteed by his writing to render the kingdom

---

¹ Previously to this passage, it would appear that some words are
o itted.

A.D. 1292. " reaume enterement a celui a qui droit le durra devant
" lui, e ceo fet a entendre a celui heir; e del houre
" que tute la issue de treis files le Counte David ne re-
" presentent fors que un heir, nostre seignur le Rei
" ne deit la terre de Escoce rendre fors jointement al
" issue de soers avantdites, qui font un heir.

" E que Johan de Baillol, come issu de la tierce soer,
" ne seit fors, jointement ove ses parceners, eus treis,
" un soul heir; par quei, celui Johan ne deit enporter
" ¹ lentier de tut cest heritage ; ceo ws moustre Robert
" de Bruis, pur lui e pur Johan de Hastinges ; car nostre
" seignur le Rei de Engleterre, a qui ceste conisance, e
" cest jugement, appent, e qui ne trove ci especiaute de'
" lei expresse, ne usage, en cest cas ou il jugera solom
" la commune lei expresse de Escoce, ou solom la lei de
" la dignete de sa coroune e de sa proprete demeine,
" ou solum la lei de totes autres tenaunces de la corone

" wholly to him to whom right shall give it before him, ²and
" this he would have understood to be such heir [as he has
" mentioned] ; and as now all the issue of the three daughters
" of the Earl David represent only one heir, our lord the
" King ought only to award the land of Scotland jointly to
" the issue of the sisters before-mentioned, who make but one
" heir.

" Also, that John de Balliol, as issue of the third sister,
" is only, jointly with his coparceners, all 'three, one single
" heir ; by reason whereof, this John ought not to carry off
" the entirety of all this inheritance ; this sheweth unto you
" Robert de Brus, for himself and for John de Hastings ; for
" our lord the King of England, unto whom this cognizance,
" and this judgment, belongs, and who does not find here any
" specialty of law express, or any usage, will in this case
" either judge according to the common law express of Scot-
" land, or according to the law of the dignity of his crown
" and of his own property, or according to the law of all other

---

¹ *len entier* in orig. ; probably in error.
² The translation of this passage is doubtful.

" de Engleterre, ou solom lei Emperiale, ou par ensaum-
" ples des acunes seignuries ou des acounes reaumes
" estraunges, que ount lur usages e lur lei de eus-
" mesmes, e a nul autri leis sunt sugez. Sil juge
" solom lei expresse de Escoce, ou solom ¹ les leis de
" tutes autres tenaunces de la corone de Engleterre,
" donkes est cest heritage partable.

" Si le chef seignur juge cest heritage noun partable
" solom sa reaume demeine, dunkes afferme il title de
" reaute e de reaume a tenance tenue de lui par homage
" e par servise, en prejudice des heirs parceners pendant
" lur cleime e lur demande; la ou reaute ne coroment
" ne fust unques grante ne conferme a Escoce par les
" ² [Reis] de Engleterre avant.

" E ceo semblereit duresce as autres parceners, nome-
" ment, desi une corone e un chef deit guier e governer
" touz ses membres par vel dreit e par une lei, sil juge
" solom la lei de Empire, a ceo ad Johan de Baillol con-

" tenures of the crown of England, or according to Imperial
" law, or by example of some lordships or of some foreign
" kingdoms, which have their usages and their law of them-
" selves, and unto no other's laws are subject. If he judge
" according to the express law of Scotland, or according to
" the laws of all other tenures of the crown of England,
" then is this heritage partible.

" If the chief lord adjudges this heritage to be non-partible
" according to his own kingdom, then does he confirm the
" title of royalty and of being a kingdom to a tenancy held
" of him by homage and by service, in prejudice of the heirs
" in parcenery during their claim and their demand; whereas
" royalty or coronation has never yet been granted or con-
" firmed to Scotland by the [Kings] of England before.

" And this would seem a hardship unto the other parceners,
" more especially, that whereas one crown and one head ought
" to guide and govern all its members by ancient right and
" by one law, if he judge according to the law of the Empire,
" John de Balliol has pleaded against Robert de Brus thereon,

---

¹ *ses* in orig., by inadvertence. | ² Omitted in orig.

A.D. 1292. " treplede Robert de Bruis, pernant sei Johan de Baillol
" a einesce par la lei de Engletre ; par quei, Robert est
" forjuge en la forme quei il demanda le entier.

" Sil [juge] par communes esamples de divers seig-
" nurs e divers reaumes que ount lur leis de eusmemes,
" e qui a nul seignur terrien ne sont sugez, ce est con-
" tre nature de homage e de tenance nomement de la
" corone de Engleterre. Dount nous dioms, mes que
" duresce seit e estraunge chose a cest heritage que ele
" seit partie, par le cas que unques mes nest aveint, si
" deit hom avaunt juger en cest cas solom la commune
" lei de Engleterre e de Escoce, en defaute de especiaute
" ou de usage de mesme le heritage, que hom ne deit
" juger suget, e membre, par compareson a son chef ;
" ne par ensaumple des foreins reaumes ne de foreins
" seignuries. Car mouz de graunz seignuries tenues de
" la corone de Engleterre sont partables entre soers,
" que serreient aillurs non partables, come en acounes
" estraunges terres que ne sont pas a la subjeccioun
" de Engleterre."

" claiming for himself, John de Balliol, the seniority by the
" law of England ; by reason whereof, Robert is forejudged in
" the form in which he made demand of the whole.

" If he [judge] by common examples of divers lordships
" and divers kingdoms which have their laws of themselves,
" and which to no earthly lord are subject, this is in especial
" against the nature of the homage and of the tenancy of the
" crown of England. Wherefore we say, even if it be a hard-
" ship and a strange thing for this inheritance to be divided,
" by reason that such has never yet happened, still ought
" judgment rather to be given in this case according to the
" common law of England and of Scotland, in default of any
" specialty or of any usage of the same heritage, whereby it
" ought not to be judged as subject to, and member of, in
" reference to its head ; and not by example of foreign king-
" doms or of foreign lordships. For many of the great
" lordships held of the crown of England are partible among
" sisters, which elsewhere would not be partible, as in some
" strange lands which are not in subjection to England."

Rationes Johannis de Balliolo, datæ contra Johannem de Hastinges et Robertum de Bruis, die Veneris proxima post festum Beati Martini.

A.D. 1292.

"A ceo que Sire Johan de Hastinge demande la
"tierce partie des eschetes e de purchaz, e dist que il
"ne sont mie du gros du reaume, e que mesme le estat
"deveint en les meins du reis demorer come les
"tenaunz de cele terre avant les tindrent, il dist son
"talent, car il ni ad nule parcele de terre en Escoce
"que en acon tens   fust en la seine de acun rei de
"Escoce; e tote Escoce entirement tient le Rei Alex-
"ander en demeine, e en seignurie e en servise; e
"autaunt fust le servise des tenemenz de lui tenuz
"appendant e apurtenant a la reale dignete, come
"mesme celes terres furent parceles du gros de mesme
"le reaume. Dount il dist, que depuis que le servise
"se extent qui avant fust [1] du reaume, quant les
"tenemenz en sa mein devindrent par eschete, ou en

Reasons proffered by Balliol against John de Hastings and Robert de Brus.

"As to that Sir John de Hastings demands the third part of
"the escheats and of the purchases, and says that they are not
"of the gross of the kingdom, and that they ought to remain
"in the same state in the hands of the king in which the
"tenants of this land before held them, he [2] speaks without
"thinking, for there is no parcel of land in Scotland which
"at some time was [3] not in the precincts of some king of
"Scotland; and all Scotland entirely held King Alexander
"in demesne, both in lordship and in service; and as much
"was the service of the tenements of him held appendant
"and appurtenant to the royal dignity, as these same lands
"were parcel of the gross of the same kingdom. Wherefore
"he says, that since the service is extinguished which be-
"fore was [appurtenant] to the realm, when the tenements
"came into his hands by escheat, or in other manner, the

---

[1] In an old hand this word is corrected above the line, to "*au.*"
[2] "*dire son talent*" is probably an idiomatic expression, with this or a similar meaning.
[3] *ne* is apparently omitted here.

"autre manere, la ¹forme de la tenaunce de celui
"tenant si est chaunge, e si chaunge dunkes en le estat
"en la mein le Roi deivent demorer que avant esteient.
"E terres e tenemenz que a lui e ces auncestres en
"cele manere devi[n]drent en Escoce, a eus taunt, come
"a rois, e ne mie conte as countes e as barons, sont
"devenuz, e demorer deivent, sanz estre partie. Car
"le Roi Alexander qui drein fust, e son pare devaunt
"lui, plusurs terres e tenemenz que furent du gros du
"reaume, e a la reale dignete appendaunt, donerent a
"plusurs en destresce de la dignete. Dount il semble,
"que lur purchaz dedeinz mesme la reaume, en allo-
"aunce de cele destresce a la dite dignete, deivent
"demorer; car si issi ne fust, si averoient il poer de
"amenuser, e ne pas acrescere.

"E uncore dist Sire Johan de Bailliol, que si la tierce
"du reaume ne est pas partable, pur ceo que ele est
"une plus haute tenure que ne est purchaz ou les

"form of the tenancy of such tenant is also changed, and
"being so changed they ought to remain in the hand of
"the King in the state in which they were before. And
"lands and tenements which unto him and his ancestors in
"this manner came in Scotland, unto them only, as to kings,
"and not as earldoms to earls and barons, have come, and
"ought to remain, without being divided. For King Alex-
"ander, who was the last [king], and his father before
"him, gave many lands and tenements which were of the
"gross of the kingdom, and unto the royal dignity appendant,
"unto many persons in derogation of the dignity. Where-
"fore it seemeth, that ²their purchases within the same
"kingdom, in making allowance for this derogation from the
"said dignity, ought to continue; for if it were not so, then
"would they have power to diminish, and not to increase.

"And further says Sir John de Balliol, that if the third
"part of the kingdom is not severable, because that it is a
"higher tenure than are purchases or escheats, according as

---

¹ *forume* in orig. | ² I.e. of the Kings of Scotland.

" eschetes, solom ceo que Sire Johan de Hasting
" dit, avis lui est que le reaume a lui deyt est[re]
" rendu, e il puis a la demaunde que Sire Johan
" de Hastinges ore fet, deist fere droit e reson. E de
" ceo prie nostre seignur le Roy, si lui plest, que il
" eyt avisement sur cestes choses.

" E quant a ceo que Sire Robert de Bruis demande
" sa purpartie du dist reaume, respont le dist Sire Johan,
" que Sire Robert a ceste demaunde ne deit estre
" receu, pur ceo que autrefez ad il pleinement conu
" que le reaume de Escoce ne est pas partable, en
" deus leus, nomement, en la demaunde que il fist
" quant il demaunda, par procheinete du saunc, com
" bien serra trove en cele demaunde, e ausint en res-
" ponaunt a Sire Johan de Hastinges, pleinenement
" ad dist reaume ne est pas partable. E si par cestes
" conissances ne deit estre barre, Sire Johan de Baillol
" dist encontra sa demande mesmes les respons que
" dist fust a la demaunde Sire Johan de Hastinges.

" Sir John de Hastings says, he is advised that the kingdom
" ought to him to be awarded, and then to the demand which
" Sir John de Hastings now makes, he would be bound to
" do right and reason. And hereupon he prayeth our lord
" the King, if it please him, that he will advise upon these
" matters.

" And as to the demand made by Sir Robert de Brus of
" his purpart of the said kingdom, the said Sir John maketh
" answer, that Sir Robert ought not to be admitted to this
" demand, seeing that heretofore he has fully acknowledged
" that the kingdom of Scotland is not partible, in two places,
" namely, in the demand that he made when he demanded,
" by reason of nearness of blood, as will be well found
" in that demand, and also when in answering Sir John
" de Hastings, he has plainly said that a kingdom is not
" partible. And if by these acknowledgments he ought not
" to be barred, Sir John de Balliol makes against his demand
" the same answer that was made to the demand of Sir John
" de Hastings. And as to the protestation which he has

A.D. 1292. "E a la protestacion que il ad fet, que son dreit seit
"sauve del entier,—le deit de le autre demaunde
"reboter, come ¹   la garde neadgaiers puis fete
"² pas ne se tient; come par cele protestacion aperte-
"ment peut estre entendu."

"made, that his right should be saved as to the entirety,—
"the same ought to rebut him as to the other demand,
"as   the award lately made ³ does not hold; as by
"that protestation may clearly be understood."

The opinion of the Council is asked as to the validity of the claims of Hastings and De Brus.

Die Sabbati sequenti, scilicet, proxima post festum Beati Martini, conveniente supradicto Consilio Domini Regis in Capella prædicti Castri de Berewike, in præsentia ipsius domini Regis, lectæ fuerunt rationes et responsiones omnes et singulæ suprascriptæ, quæ ex parte dictorum Johannis de Hastinges et Roberti de Brus, ad optinendum propartes suas de prædicto regno Scotiæ, fuerant prius datæ, et cum magna diligentia examinatæ; et convocatis deinde quatervigintide ⁴ Scotia electis, interrogatum fuit ab eis utrum regnum Scotiæ est partibile. Item, quanquam sit ita quod dictum regnum non sit partibile, si terræ adquisitionum, et eschaetæ, sint partibiles vel non. Item, an Comitatus aut Baroniæ prædicti regni partibiles sint de jure. Item, ex quo præfatum regnum est ⁵ [non] partibile, si jus ipsius regni devolvatur ad filias, si nullus respectus fieri debeat postgenitis, propter æqualitatem juris quod descendit omnibus, tanquam in recompensationem, seu allocationem, juris eorum.

Answer given, against the validity of those claims; and

Prædicti vero quatervigintide Scotia, super prædictis interrogationibus deliberantes ad invicem, respondent et dicunt, quod regnum Scotiæ non est partibile.

Item, quod nullæ terræ dicti regni, quæ sunt de

---

¹ This word is blotted and indistinct; it is apparently "*de*."
² *pae* in orig.
³ This passage seems to be imperfect, and is apparently unintelligible.
⁴ *Sotia* in orig.
⁵ Omitted in orig.

adquisitionibus, vel quæ obveniant ipsi regno, sunt partibiles ad hanc horam, qua ad manus regis ejusdem regni fuerint devolutæ. Dicunt tamen, quod adquisitiones et terræ quæ [1] sunt extra regnum prædictum, et alterius dominii, deducentur et regentur per leges illius terræ in qua consistunt.

A.D. 1292.
to the effect that the kingdom of Scotland is not partible.

Ad tertiam interrogationem dicunt, quod Comitatus in præfato regno Scotiæ non sunt partibiles; et hoc fuit inventum per judicium Curiæ Regis Scotiæ, de Comitatu de Astheles; dicunt tamen quod Baroniæ sunt partibiles.

Ad quartam interrogationem dicunt, quod de regno nunquam viderunt consimile; sed si Comitatus devolvatur ad filias in prædicto regno Scotiæ, primogenita totum integre importabit. Veruntamen, si nulli aliarum sororum, vivente patre, aliquid fuerit assignatum, decens est quod primogenita, quæ hæreditatem importat, certam assignationem sibi faciat, et respectum. Et hoc est de gratia, non de jure.

[*Eædem Quæstiones, Gallico sermone.*]

" Cestes sont les demaundes fetes a quatervinz de
" Escoce, eleus par les parties suzdites.
" La primere si est,—si le reaume de Escoce est par-
" table. Le autre,—que tut seit issi que le reaume ne
" seit partable, si les terres des aquez, e les eschetes,
" seint partables ou noun. La tierce,—que si les

The questions then put to the Council, in French.

[TRANSLATION.]

" These are the demands made of the eighty of Scotland,
" elected by the parties aforesaid.
" The first is,—whether the kingdom of Scotland is par-
" tible. The second,—although it be that the kingdom is not
" partible, whether the lands acquired, and the escheats, are
" partible or not. The third,—whether the Earldoms and the

---

[1] *sont* in orig., by inadvertence.

A.D. 1292. "Countez e les Baronies du reaume seient partables
"de dreit. La quarte,—depuis que le reaume est noun
"partable, si dreit du reaume chiet a files, si nul
"regard deive estre fest as punestes, pur ovelete de
"dreyt qui descendi a tutes, ausi come en alloance
"de lur dreit."

[*Responsiones inde factæ, Gallico sermone.*]

Answers given to the said questions, in French.

"A la primera demaunde respounent e dient, que le
"reaume ne est pas partable.

"A le autri il dient, que nule terre du reaume que
"seit de aquestz, ou que eschete au reaume, ne est
"partable del houre que ele est revenue a la mein
"le rei: mes les purchaz, e les aquez, e les terres que
"sont hors du reaume e de autre seignurie, serrent
"menez e guiez par la lei de la terre la ou eles sont.

"A la tierce il dient, que Cunte en le reaume de
"Escoce ne est mie partable; e ceo fust trove par
"jugement en la Curt le Rei de Escoce, del Cunte

"Baronies of the kingdom [aforesaid] are partible of right.
"The fourth,—seeing that the kingdom is not partible, in
"case the right to the kingdom falls to daughters, whether
"any consideration ought to be paid to the younger ones,
"by reason of the equality of right which descended to all,
"as though in acknowledgment of their right."

"To the first demand they answer and say, that the
"kingdom is not partible.

"To the second they say, that no land of the [said] king-
"dom, which is of acquisition, or which escheats to the
"realm, is partible from the moment that it had come
"into the hand of the king: but that purchases, and ac-
"quisitions, and lands which are out of the realm and of
"another lordship, should be treated and ruled by the law
"of the land in which they are.

"To the third they say, that an Earldom in the kingdom
"of Scotland is not partible; and this was found by judg-
"ment in the Court of the King of Scotland, as to the

" de Astheles: mes de Baronies, dient que sont parta- A.D. 1292.
" bles.

" A la quarte dient, que de reaume ne virent unkes
" le cas; mes si Conte chiet a files en Escoce, la
" eineste le enporte entierement. Mes si nule des autres
" soers seit asense, vivaunt lo pere, avenaunt est que la
" eineste, que enpo[r]te le heritage, la face regarde e
" asignement. E ceo est de grace, e ne pas de dreit."

" Earldom of [1] Astheles: but as to Baronies, they say that
" they are partible.

" To the fourth they say, that as to a kingdom they never
" saw the like; but if an Earldom falls to daughters in
" Scotland, the eldest takes it wholly. But if either of the
" other sisters have not been provided for, in the life of the
" father, it is proper that the eldest, who takes the inhe-
" ritance, make her a payment and assignment. And this
" is of grace, not of right."

Auditis autem et intellectis suprascriptis responsioni- *A day is named for final judgment.* bus dictorum quaterviginti de [2] Scotia ad prædictas interrogationes, dictum fuit eis, quod essent coram præ- dicto domino Rege ad diem Lunæ sequentem; et eadem dies est assignata Erico Regi Norwagiæ, Comiti Holandiæ, Johanni de Balliolo, et omnibus aliis petentibus regnum Scotiæ, ad audiendum judicium super petitionibus antedictis.

Die Lunæ sequenti proxima post festum Beati *Great meeting in the Castle at Berwick, to hear final judgment.* Martini, apud Berewik super Twedam, in aula Castri ejusdem, anno regni prædicti domini Regis Edwardi vicesimo, coram eodem domino Rege Angliæ, superiore domino dicti regni Scotiæ, præsentibus venerabilibus patribus J[ohanne] Archiepiscopo Dublenensi, J[ohanne] Wintoniensi, A[ntonio] Dunelmensi, W[illelmo] Eliensi, [3][Johanne] Carleolensi, W[illelmo] Sancti Andreæ, R[oberto] Glascuensi, M[atthæo] Dunkeldensi, R[oberto] Rossensi, et Marco Sodorensi, Episcopis, H[enrico] de Lacy, Comite Lincolniæ, Hunfrido Comite Here-

---

[1] Athol.
[2] *Sotia* in orig.
[3] Omitted in orig.; supplied from the text of the New Rymer.

A.D. 1292. fordiæ, J[ohanne] Comite de Bouczhan, G[ilberto] Comite de Anegos, Mallisio Comite de Strazerne, et nonnullis aliis Prælatis, Comitibus, Baronibus, proceribus, et magnatibus, utriusque regni Angliæ et Scotiæ; et præsentibus etiam quaterviginti prædictis de Scotia electis, et dicta die assignata Erico Regi Norwagiæ, Florentio Comiti Holandiæ, Johanni de Balliolo, et omnibus aliis petentibus prædictum regnum, ad audiendum judicium super petitionibus suis prædictis, vocatisque et publice proclamatis omnibus petentibus supradictis, prædictus Dominus Rex, per Rogerum de Brabazun, Justiciarium suum, judicium suum fecit in hunc modum proferri.—

The King of England, by his Justiciar, pronounces final judgment, in favour of Sir John de Balliol.

"Constat vobis omnibus, et constare debet, qualiter
" Ericus Rex Norwagiæ, Florentius Comes Holan-
" diæ, J[ohannes] de Balliolo, R[obertus] de Bruis,
" J[ohannes] de Hastinges, Patricius Comes de
" Marchia, W[illelmus] de Ros, W[illelmus] de Vesci,
" J[ohannes] Comyn, Robertus de Pinkeni, Nicholaus
" de Soules, Patricius de Golicztly, et Rogerus de
" Maundevile, petitiones suas de regno Scotiæ, et
" rationes suas, per quas asserebant se jus ad idem
" regnum habere, coram quaterviginti electis de Scotia,
" et viginti quatuor nominatis per dictum dominum
" Regem Angliæ, superiorem dominum regni Scotiæ,
" proposuerunt. De quibus petentibus, antedictus Ro-
" bertus de Pinkeni, Patricius Comes de Marchia,
" Nicholaus de Soules, Patricius Goliczly, Willelmus
" de Ros, Willelmus de Vescy, et Florentius Comes
" Holandiæ, petitiones suas retraxerunt. Propter quod
" dicit eis Dominus Rex, per judicium, quod nihil
" capiant per petitiones suas de eo quod petunt. Et
" quia Ericus Rex Norwagiæ, Johannes Comyn, et
" Rogerus de Maundevile, petitiones suas non sunt
" prosecuti, dicit eis Dominus Rex, per judicium, quod,
" propter defectum sectæ suæ, nihil similiter capiant
" per petitiones suas de eo quod petunt. Constat
" etiam vobis, qualiter Roberto de Bruis petente præ-

"dictum regnum Scotiæ, tanquam impartibile, ratione A.D. 1292.
"proximitatis in gradu, et Johanne de Balliolo petente
"similiter idem regnum, tanquam impartibile, quia ex
"Margareta, filia Comitis David primogenita, exivit,
"dictum fuit eidem Roberto de Bruis, quod non ha-
"buit jus in sua petitione ad regnum Scotiæ, secun-
"dum formam et modum petitionis suæ. Constat
"etiam vobis qualiter Johannes de Hastinges, quia de
"tertia filia dicti Comitis David, 'Ada' nomine, exi-
"vit, petiit tertiam partem totius hæreditatis quæ
"descendit Margaretæ, filiæ Regis Norwagiæ, per
"mortem Alexandri, ultimi Regis Scotiæ, petendo vide-
"licet tertiam adquisitorum et eschaetarum quæ per
"Reges Scotiæ fuerant adquisita. Similiter, dictus
"Robertus de Bruis, quia de secunda filia prædicti
"Comitis David exivit, propartem suam petiit de grosso
"et corpore ejusdem regni Scotiæ, et de adquisitis et
"eschaetis quæ eidem regno obvenerint. Unde præ-
"dictus dominus Rex, superior dominus regni Scotiæ,
"auditis et intellectis petitionibus et rationibus præ-
"dictorum Johannis de Hastinges et Roberti de Brus,
"propartes suas modo prædicto petentium, et eisdem
"diligenter examinatis, pro jure et per judicium dicit,
"quod dictum regnum Scotiæ non est partibile, nec
"adquisita per Reges Scotiæ, nec eschaetæ infra idem
"regnum, quæ ad manus Regum devenerint, partibiles
"existunt: sed de terris et tenementis quæ sunt extra
"regnum Scotiæ, fiat secundum leges et consuetudines
"regnorum et patriarum ubi terræ illæ et tenementa
"consistant. Propter quod, prædictus Rex vobis,
"Johanni de Hastinges, et vobis, Roberto de Bruis,
"dicit per judicium, quod nihil per judicium de
"propartibus quas petitis infra metas regni Scotiæ
"capiatis. Vobis autem, Johannes de Balliolo, tan-
"quam propinquiori hæredi Margaretæ, filiæ Regis
"Norwagiæ, Dominæ Scotiæ, et neptis quondam Alex-
"andri, ultimi Regis Scotiæ, ¹jure successionis ad idem

---

¹ The text appears to be defective here.

A.D. 1292. "regnum Scotiæ, obtinendum sibi, quod est coram
" prædicto domino Rege inventum, idem dominus Rex
" reddit prædictum regnum Scotiæ, et seisinam ejus-
" dem, cum omnibus pertinentiis suis infra idem reg-
" num existentibus, et quæ ad manus ipsius domini
" Regis, tanquam ad superiorem dominum prædicti regni
" Scotiæ, post mortem præfatæ Margaretæ devenerint,
" salvo jure ejusdem domini Regis et hæredum suorum,
" cum inde loqui voluerit. Et assignat vobis idem
" dominus Rex diem ad faciendum sibi fidelitatem
" vestram pro regno Scotiæ supradicto, die Jovis prox-
" imo sequenti in festo Sancti Edmundi Regis et
" Martyris, ubicunque tunc fuerit, et diem ad facien-
" dum sibi homagium vestrum pro regno Scotiæ
" supradicto, in die Nativitatis Dominicæ, ubicunque
" tunc fuerit in regno suo."—Et dictum fuit ei, quod
sequatur brevia de seisina sua habenda de regno suo
supradicto.

Item, de eodem, in Gallico.

Decision that the kingdom of Scotland is not partible, in French.

" Le Rei de Engleterre, soverein seignur du reaume
" de Escoce, dist que, par dreit e par jugement,
" le reaume de Escoce ne est mie partable; ne les
" aquestz ne les purchaz de reis, veles eschetes de-
" deinz meme le reaume, ne sont mie partables. Mes
" de terres e de tenemenz que sont hors du reaume de
" Escoce, seit fet solom les leys e les coustumes des
" reaumes e du pais ou les terres sont."

[TRANSLATION.]

" The King of England, sovereign lord of the realm
" of Scotland, says that, by right and by judgment, the
" kingdom of Scotland is not partible; nor are acquisitions
" or purchases by kings, or old escheats within the same
" realm, partible. But as to lands and to tenements which
" are out of the realm of Scotland, be it done according
" to the laws and customs of the realm and the country
" where the lands are."

Postea super seisina prædicti regni Scotiæ, et Castrorum ejusdem regni, prædicto Johanni de Balliolo liberanda, emanaverunt litteræ quæ sequuntur.—

A.D. 1292.

"Edwardus, Dei gratia, Rex Angliæ, Dominus Hiberniæ, et Dux Aquitanniæ, et superior Dominus regni Scotiæ, dilectis et fidelibus suis W[illelmo] Sancti Andreæ, et [Roberto] Glascuensi, Episcopis, J[ohanni] Comin, J[acobo] Senescallo Scotiæ, et Briano filio Alani, Custodibus suis dicti regni Scotiæ, salutem. Cum Johannes de Balliolo nuper in Parleamento nostro, apud Berwike super Twedam, venisset coram nobis et petivisset prædictum regnum Scotiæ sibi per nos adjudicari, et seisinam ipsius regni sibi, ut proximiori hæredi Margaretæ, filiæ Regis Norwagiæ, Dominæ Scotiæ, et neptis quondam Alexandri, ultimi Regis Scotiæ, jure successionis liberari; ac nos, auditis et intellectis petitionibus et rationibus, tam prædicti Johannis de Balliolo quam aliorum petentium prædictum regnum, et, eisdem petitionibus et rationibus diligenter examinatis, invenerimus præfatum Johannem de Balliolo esse propinquiorem hæredem prædictæ Margaretæ, quoad prædictum regnum Scotiæ obtinendum: propter quod, idem regnum Scotiæ, et seisinam ejusdem, eidem Johanni, salvo jure nostro, et hæredum nostrorum, reddidimus:—vobis mandamus, quod seisinam prædicti regni Scotiæ, cum omnibus pertinentiis suis infra idem regnum existentibus, [1] et quæ ad manus nostras, tanquam ad superiorem dominum ipsius regni Scotiæ, post mortem præfatæ Margaretæ, devenerint, sine dilatione prædicto Johanni de Balliolo deliberare faciatis, salvo jure nostro, et hæredum nostrorum, cum voluerimus inde loqui; salvis etiam nobis releviis et debitis quibuscunque quæ de exitibus supradicti regni Scotiæ, usque ad diem confectionis

Letter of King Edward, commanding seisin of the kingdom of Scotland to be given to Balliol.

---

[1] *ut quæ* in orig., by inadvertence.

A.D. 1292. "præsentium debebantur, seu deberi poterunt, quoquo
"modo. Teste meipso apud Berewike super Twedam,
"decimo nono die Novembris, anno regni nostri
"vicesimo."

Item, alia Littera.

Letter of King Edward, commanding seisin of the Castle of Berwick to be given to Balliol.

"Edwardus, etc., et superior Dominus regni Scotiæ,
"dilecto et fideli P[etro] [1] Durdent, Constabulario
"Castri de Berewike, salutem. Cum Johannes de Bal-
"liolo nuper in Parleamento nostro, apud Berewike
"super Twedam, venisset coram nobis, et petivisset
"prædictum regnum Scotiæ sibi per nos adjudicari, et
"seisinam ipsius regni sibi, ut proximiori hæredi Mar-
"garetæ, filiæ Regis Norwagiæ, Dominæ Scotiæ, jure
"successionis [2] liberari;—ac nos, auditis et intellectis
"petitionibus et rationibus tam prædicti Johannis de
"Balliolo quam aliorum petentium prædictum regnum,
"et eisdem petitionibus et rationibus diligenter exami-
"natis, invenerimus præfatum Johannem esse propin-
"quiorem hæredem prædictæ Margaretæ, quoad prædic-
"tum regnum obtinendum; propter quod, idem regnum
"Scotiæ, et seisinam ejusdem, salvo jure nostro, et
"hæredum nostrorum, cum inde loqui voluerimus,
"prædicto Johanni reddidimus; vobis mandamus, quod
"seisinam prædicti Castri de Berewike, cum omnibus
"pertinentiis suis, una cum omnibus aliis rebus vobis
"per chirographum traditis, et secundum quod in præ-
"dicti Castri vobis commissa custodia res hujusmodi
"recepistis, sine dilatione præfato Johanni de Balliolo,
"vel attornatis suis has litteras deferentibus, deliberare
"faciatis. Teste meipso, etc." (*ut prius*).

The same as to the other Castles of Scotland.

In eodem modo directæ fuerunt litteræ Custodibus
Castrorum dominicorum Regis Scotiæ; quorum seisinam
dictus dominus Rex Angliæ, ut superior dominus regni
Scotiæ, habebat et tenuit, et custodes posuerat in eis-

---

[1] "*Burdet*" in the copy given in the New Rymer, I., p. 780.

[2] The words "*ac nos*" are inserted here in orig., by inadvertence.

dem. Quorum quidem Castrorum hæc sunt nomina, et eorum Constabulariis litteræ mittebantur; scilicet, de Rokesburg, de Gedeworthe, Puellarum, de Estrivlin, de Dunbretan, de Are, de Dumfres, de Wigetone, de Kilindbrythe, de Aberdene, de [1] Kynkardin, de Aboyn, de Eling', de Forays, de Invorname, de Crumbachin, de Haust', de Gloigux, de Invernys, de Ingenall', de Forfare, de Dunde.

<small>A.D. 1292.</small>

Die Mercurii sequenti, decimo nono Novembris, in Vigilia Beati Edmundi, Regis et Martyris, in aula prædicti Castri de Berewike super Twedam, præsentibus magnifico Principe, Domino Johanne, Rege Scotorum illustri, et venerabilibus patribus, J[ohanne] Archiepiscopo Dublenensi, J[ohanne] Wyntoniensi, A[ntonio] Dunelmensi, W[illelmo] Eliensi, J[ohanne] Carleolensi, W[illelmo] Sancti Andreæ, R[oberto] Glascuensi, et multis aliis Episcopis et Prælatis regnorum Angliæ et Scotiæ, necnon eorundem regnorum Comitibus, Baronibus, magnatibus, proceribus, et aliorum nobilium et popularium multitudine copiosa, [2] confractum fuit sigillum regimini Scotiæ deputatum, quo usi fuerant Custodes ejusdem regni, a tempore obitus Alexandri, Regis ultimi regni ipsius, usque ad diem illum, in quatuor partes; et frusta ipsius sigilli, in quadam bursa [3] in corio, reposita in Thesauraria prædicti domini Regis Angliæ, conservanda ad cautelam; videlicet, ne si prædictum sigillum integrum remansisset in posterum, oriretur [4] suspicio litterarum, ac etiam in signum et evidentiam pleniorem superioritatis dominici prædicti Regis Angliæ in prædicto regno Scotiæ declarandum, ad perpetuam memoriam rei gestæ.

<small>The Seal, temporarily used by the Guardians of Scotland, during the interregnum, is broken.</small>

---

[1] Or *Kynbardin*, the fourth letter being indistinct.

[2] *confectum* in orig., erroneously; corrected from the text in the New Rymer, I., p. 781.

[3] *de corio* in Rymer's text.

[4] This reason for breaking the seal, is omitted in the narrative as given in the New Rymer, I., p. 781, from Mag. Rot. Scot. in Thesaur. Cur. Recept. Scacc.

A.D. 1292.
Oath of fealty made by Balliol to the King of England, at Norham.

Die Jovis sequente, in festo Beati Edmundi, Regis et Martyris, anno regni prædicti domini Regis Angliæ [1] [vicesimo] finiente, apud Norham, in Castro ejusdem villæ, venit prædictus Dominus Johannes de Balliolo, Rex Scotiæ, et, præsentibus venerabilibus patribus, J[ohanne] Archiepiscopo Dublinensi, A[ntonio] Dunelmensi, W[illelmo] Sancti Andreæ, R[oberto] Glascuensi, W[illelmo] Eliensi, et J[ohanne] Carleolensi, Episcopis, necnon, H[enrico] de Lacy, Comite Lincolniæ, J[ohanne] Comite de [2] Bouchone, W[illelmo] Comite de Rosse, Patricio Comite de Marchia, W[altero] Comite de Moneteth, J[acobo] Senescallo Scotiæ, Alexandro de Ergayl, Alexandro de Balliolo Domino de Canarez, Patricio de Graham, et W[illelmo] de Seincler, et multis aliis magnatibus [et] proceribus utriusque regni Angliæ et Scotiæ, fecit et juravit præsentialiter præfato domino Regi Angliæ fidelitatem, litteratorie in hunc modum:—

Form of the oath of fealty.

"Ego, Johannes de Balliolo, Rex Scotorum, fidus et
"fidelis ero vobis, Domino Edwardo, Dei gratia, Regi
"Angliæ, superiori Domino regni Scotiæ; et vobis
"fidelitatem facio de eodem regno, quod de vobis
"teneo, et clamo tenere; et fidem et fidelitatem vobis
"portabo de vita et membris, et terreno honore; et
"fideliter recognoscam, et faciam, servitia vobis debita
"de regno Scotiæ antedicto. Sic Deus me adjuvet, et
"hæc Sacrosancta Evangelia."

En Fraunceis il disoit les paroles en ceste manere.—

Form of the oath of fealty, in French.

"Ceo oez ws, Seignur Sire Edward, Rei de Engle-
"terre, Soverein Seignur du reaume de Escoce, que

[TRANSLATION.]

In French, he said the words after this form.—

"This hear you, Lord Sir Edward, King of England,
"Sovereign Lord of the realm of Scotland, that [I], John de

---

[1] Omitted in orig. | [2] *Rouchone* in orig., by inadvertence.

"Johan de Bailol, Rei de Escoce, ws face feaute du A.D. 1292.
"reaume de Escoce, le quel jo teng, e cleim tenir, de
"ws; que je ws serrai feal e leal, e fey e leaute ws
"porteray de vie e de membre, e de terrien honur,
"countre tutez genz qui purrunt vivere e murir; e
"leaument conustrai, et leaument ws frai, les services a
"ws deuz, du reaume de Escoce avantdit. Ansi mei
"eyde Deus, e ses Seintes Ewangeles."[1]

"Balliol, King of Scotland, do fealty unto you for the realm
"of Scotland, the which I hold, and claim to hold, of you;
"that I will be unto you faithful and loyal, and faith and
"loyalty I will bear to you of life and of limb, and of
"worldly honour, against all those who may live and die;
"and loyally I will acknowledge, and loyally I will do
"unto you, the services due unto you, from the realm of
"Scotland aforesaid. So help me God, and his holy
"Evangelists."[1]

Postmodum, eodem die confectum fuit quoddam scriptum super fidelitate prædicta, prædicto domino Regi Angliæ per dominum Regem Scotiæ præstita, sub hac forma:—

"Omnibus Christi fidelibus, præsens scriptum visuris
"vel audituris, Johannes, Dei gratia, Rex Scotorum,
"salutem. Noverit universitas vestra, me fecisse et
"jurasse domino meo ligio, Domino Edwardo, Dei
"gratia, Regi Angliæ illustri, superiori Domino regni
"Scotiæ, apud Norham, die Jovis in festo Sancti
"Edmundi Regis et Martyris, anno Incarnationis
"Dominicæ millesimo ducentesimo nonagesimo secun-
"do, et regni ipsius domini nostri Edwardi vice-
"simo finiente, et vicesimo primo incipiente, in
"præsentia venerabilium patrum, W[illelmi] Sancti
"Andreæ et R[oberti] Glascuensis, Episcoporum, J[o-
"hannis] Comitis de [2]Roticzham, W[illelmi] Comitis

Acknowledgment in writing by Balliol of his having made the said oath of fealty.

---

[1] See page 239, *ante*, for the form of homage and fealty done by Balliol to King Edward at Newcastle-on-Tyne: also p. 135, *ante*.

[2] This word is intended for "*Boughan*," the modern "*Buchan*."

A.D. 1292. "de Ros, Patricii Comitis de Marchia, W[alteri]
" Comitis de Menetethe, Jacobi Senescalli Scotiæ,
" Alexandri de Ergadia, Alexandri de Balliolo Domini
" de Canerez, Patricii de Graham, et W[illelmi] de
" Seyncler, in hunc modum:—' Istud auditis, Domine
" ' mi, Edwarde, Dei gratia, Rex Angliæ, superior Do-
" ' mine regni Scotiæ, quod ego, Johannes de Balliolo,
" ' Rex Scotiæ, vobis facio fidelitatem de regno Scotiæ,
" ' quod teneo, et clamo tenere, de vobis; quod ero
" ' vobis fidus et fidelis, et fidem et fidelitatem vobis
" ' portabo de vita et membro, et terreno honore, contra
" ' omnes homines; et fideliter recognoscam, et fideliter
" ' vobis faciam, servitia vobis debita de regno Scotiæ
" ' antedicto. Sic Deus me adjuvet, et hæc Sacrosancta
" ' Evangelia.' In cujus rei testimonium, sigillum, quo
" usus sum hactenus, quia adhuc aliud, factum sub
" titulo et nomine regio, non habebam, præsentibus
" est appensum. Et similiter, in testimonium fide-
" litatis prædictæ, Episcopi, Comites, Barones, et alii
" nobiles, præsens scriptum sigillorum suorum munimine
" roborarunt. Datum apud Norham, die et anno præ-
" dictis."

[*Scriptum idem, Gallico sermone.*]

Acknow-
ledgment
to the
above
effect, in
French.

" A tuz ceaus qui cest escrit verrunt,[1] Johan, par la
" grace de Deu, Rey de Escoce, saluz en Deu. [2] Sachez
" bien universite, moy aver fait e jure feaute a mun
" seignur lige, Munsire Edward, par meime la grace,

[TRANSLATION.]

" To all those who this writing shall see, John, by the
" grace of God, King of Scotland, greeting in God. Be
" it well known unto all of you, that I have done and
" sworn fealty to my liege lord, my Lord Edward, by the

---

[1] The words "*ou orront,*" as given in the text of the new Rymer, I., p. 781, are omitted here.

[2] "*Sachez vostre vniversite*" in Rymer's text.

"Rei de Engleterre e soverein Seignur du reaume de A.D. 1292.
"Escoce, a Norham, le Jodi en la feste Seint Eaumon
"le Rey,[1] le an del Incarnacion nostre Seignur mil
"deus cenz nonante secunde, e du regne le dist Mun-
"seignur le Rey Edward vintime finiant, e vintime
"un comenczant; en la presence des honurables peres,
"Willem e Robert, de Seint Andreu e de Glasgu
"Evesques, de Johan Counte de Bouczhan, Willem
"Counte de Rosse, Patrike Counte de Marche, Wauter
"Counte de Menthethe, James Senescal de Escoce,
"Alexander de Ergail, Alexander de Baillol Seignur
"de Canerez, Patrik de Graham, e de Willem de
"Seincler, en les paroles souz escrites :—' Ceo oez ws,
"' Monseignur Edward, Rey de Engleterre, soverein
"' Seignur du reaume de Escoce, que je, Johan de
"' Baillol, Rey de Escoce, ws face feaute du reaume de
"' Escoce, lequel je tieng, e cleim tenir, de ws ; que je
"' ws serrai feal e leal, e fey e leaute ws porteray de
"' vie e de membre, e de terrien honur, contre tutes
"' genz qui purrunt vivere e morir; e leaument
"' conustrai, e leaument ws ferrai, les services a ws

"same grace, King of England and sovereign Lord of the
"realm of Scotland, at Norham, the Thursday on the feast
"of Saint Edmund the King, in the year of the Incarna-
"tion of our Lord one thousand two hundred and ninety-
"two, and of the reign of the said my lord the King Edward
"the twentieth ending, and the twenty-first beginning ;
"in the presence of the [2] honourable fathers William and
"Robert, Bishops of Saint Andrew's and of Glasgu, of John
"Earl of Bouczhan, William Earl of Rosse, Patrick Earl
"of March, Walter Earl of Menthethe, James Seneschal
"of Scotland, Alexander de Ergail, Alexander de Balliol
"lord of Caverez, Patrick de Graham, and of William de
"Seincler, in the words below written :—[3] This hear you,
"etc.—

[1] The words "e Martyr" are omitted here.
[2] Qy. if not "Venerable?"
[3] See the form of the oath translated in p. 364, ante.

A.D. 1292. "'deuz du reaume de Escoce avantdit. Ansi mey
" ' eide Deus e ces Seintes Ewangeiles.' En tesmonie de
" ceste chose, je ay mis a cest escrit mon seal, que je
" ay use jesques en cea, pur ceo que je ne avoy uncore
" autre seal fet desouz title e noun du Roy. En-
" semblement, en temoniaunce de la feaute avantdite,
" les Evesques, Countes, e Barouns, e autres nobles,
" souz nomez, unt mis lur seaus a cest present escrit.
" Done a Norham le jour e le an avauntdiz."

"In witness of this thing, I have set to this writing
" my seal, which I have used heretofore, because I had no
" other seal yet made under the title and name of King.
" Also, in witness of the fealty aforesaid, the Bishops, Earls,
" and Barons, and other nobles, under named, have set their
" seals to this present writing. Given at Norham the day
" and year aforesaid."

ANNALES ANGLIÆ ET SCOTIÆ.

A.D. 1292. "'deuz du reaume de Escoce avantdit. Ansi mey
" 'eide Deus e ces Seintes Ewangeiles.' En tesmonie de
" ceste chose, je ay mis a cest escrit mon seal, que je
" ay use jesques en cea, pur ceo que je ne avoy uncore
" autre seal fet desouz title e noun du Roy. En-
" semblement, en temoniaunce de la feaute avantdite,
" les Evesques, Countes, e Barouns, e autres nobles,
" souz nomez, unt mis lur seaus a cest present escrit.
" Done a Norham le jour e le an avauntdiz."

"In witness of this thing, I have set to this writing
" my seal, which I have used heretofore, because I had no
" other seal yet made under the title and name of King.
" Also, in witness of the fealty aforesaid, the Bishops, Earls,
" and Barons, and other nobles, under named, have set their
" seals to this present writing. Given at Norham the day
" and year aforesaid."

ANNALES ANGLIÆ ET SCOTIÆ.

ANNALES ANGLIÆ ET SCOTIÆ.

(MS. COTTON. CLAUDIUS D. VI.)

[1] Mox idem Johannes, insignitus diademate, in Scotiam maturavit. Scoti autem, volentes nolentes, illum ut Regem animo turgenti moleste susceperunt. Illico omnes famulos suos de sua [2] notitia et natione summoverunt, et alios, ignotos sibi, ad sui ministrationem deputarunt. Regium nomen ei ægre imposuerunt, non spontanea voluntate, sed coacti, et regium officium ei penitus abstulerunt, dicentes mutue,[3]—" Nolumus hunc " regnare super nos." Ille autem, simplex et idiota, quasi mutus et elinguis, comperta superstitiosa seditione Scotorum, non aperuit os suum; timuit enim feralem rabiem illius populi, ne eum fame attenuarent, aut carcerali custodia manciparent. Sic degebat inter eos anno integro, quasi agnus inter lupos.

A.D. 1292–3. The Scots receive Balliol as their King, with a bad grace.

Ignorance and incompetence shown by him.

Rex itaque [4] Edwardus, voti compos effectus, in A[n]gliam remeavit, quia, dominante invidia, incepit guerra inter ipsum et Regem Franciæ, P[hilippum]. Sed idem Rex Angliæ, [4] Edwardus, cogitans, more boni principis, illud authenticum,—

A.D. 1294. King Edward returns to England.

---

[1] The narrative, perhaps originally intended as a Continuation of the preceding history, here commences in another hand (fol. 163a); but the Annals no longer bear reference exclusively to Scotland.

[2] *notia* in orig.

[3] *Luke* xix. 14.

[4] The numerals iii. are inserted above this word in another hand; to denote, no doubt, that two (three, in reality) Saxon kings of that name had preceded him; Edward the Elder, namely, Edward the Martyr, and Edward the Confessor.

"¹ Quicquid delirant reges, plectuntur Achivi,"
inter ipsum et Regem Franciæ, et utrumque regnum pacem reformare excogitavit; ex quo, propter bonum pacis et tranquillitatis, consanguineam suam, sororem dicti Regis Franciæ, legitimo matrimonio, scilicet, Dominam Margaretam, adoptavit; et quod Wasconiam, cum homagio et servitio pro eadem olim debitis, libere resignaret, et certo tempore eandem, sine qualibet servili conditione, cum dicta sorore sua, Margareta, in matrimonio rehaberet. Fefellit tamen eum vaticinium, ut alibi patet. Quapropter inimicitiæ virescere cœperunt, et facta strage Gallorum et Anglicorum in Wasconia, quasi infiniti, tam navali bello quam civili, ex parte utraque corruerunt.

Quomodo Scoti elegerunt sibi duodecim pares, spreto Regis proprii consilio.

Succedente tempore, collectis undique Scotorum primatibus, consilium fecerunt in unum adversus Regem suum, et adversus ²Christum ejus. Illico elegerunt duodecim pares, secundum consuetudinem Galliæ, qui populo præessent et regnum terræ disponerent. In omnibus hiis, prædictus Johannes de Balliolo, Rex ³terræ nuncupativus et præordinatus, non aperuit os suum.

Anno igitur primo regni sui completo, præordinaverunt duodecim pares, ut ipse personaliter ad Parleamentum Regis Angliæ accederet, et, secundum compositionem quæ facta erat inter eos, legitime obediret.

Processu temporis, idem Rex nuncupativus Scotiæ versus Londonias, cum parvo comitatu, iter arripuit: ad Parleamentum Regis Angliæ segniter venit, et, quod inopinabile et cunctis discretis incredibile est, inconsulto Rege Angliæ, et, omnibus qui aderant ignorantibus,

---

¹ Horace, *Epist.* I. ii. 14.
² In allusion to *Psalm* ii. 2.
³ *tere* in orig.

clam discessit, secrete aufugit, ad non modicum sui ipsius dedecus, et opprobrium sempiternum. Quod cum Regi [1] Edwardo a referentibus divulgatum esset, stupefactus est, cogitans inter se causam suæ fatuæ præsumptionis et evasionis. Mox jussit omnia bona sua, mobilia et immobilia, villas, et maneria, quæ habebat in Anglia, confiscari, et in manibus suis capi, ministros ejus ob omni officio submoveri, ballivos suos substitui.

A.D. 1294. King Edward orders Balliol's property in England to be confiscated.

Mox idem Rex Scotiæ in Scotiam festinavit; deinde, secundo anno regni sui, ipse et duodecim pares, quos principales totius Scotiæ elegerant ad tuendum regnum, et omnes alii,—ad eorum infortunium,—bellum contra Regem Angliæ, cujus potestati se unanimiter ante submiserant, et fidelitatem juraverant, totis viribus suis moverunt; et ideo dominus Rex Angliæ, [1] Edwardus, relicto transfretorio imperfecto, quod facere debuisset contra inimicos suos ad partes Gallicanas, ad Scotos, vexillo erecto, iter cum suis arripuit. Mox Berwico applicuit, quem sibi subdere desideravit; applicanti autem sibi Rex Scotiæ nuncupativus, cum innumerabili gente Scotorum, obvius ei venit, contra præcipuum dominum suum bellaturus.

Balliol and his subjects prepare for war with England. (A.D. 1294-5.)

A.D. 1296. King Edward arrives at Berwick; and Balliol marches against him.

Exprobratio Scotorum.

Confestim unus e Scotis alta voce cœpit convitia et verba probrosa Regi Angliæ [2] inferre, patria lingua;—
" *Kyng Edward, wanne þu havest Berwic, pike þe,*
" *wanne þu havest geten, dike þe.*" Nec mora; capta est civitas septimo Idus Aprilis per [1] Edwardum, Regem Angliæ, et sine difficultate statim intravit, cum toto exercitu suo. Gens illa nuda et inermis misere lacerata occubuit; ceciderunt quemadmodum folia arborum in autumno, nec solum superstitem in civitate

King Edward captures Berwick.

He slaughters the inhabitants.

---

[1] The numerals iii. are placed above this word in another hand.

See page 371, Note 4, *ante.*

[2] *infere* in orig.

A.D. 1296. de Scotis inventum reliquit gladius Regis. Tandem suos divina pietas victoria decoravit, Scotos infideles cæde simul et fuga dehonestavit. Nimio terrore perculsi fugerunt, dicentes—" Fugiamus hinc, quia non est "Deus nobiscum." In illo conflictu miserabili tantam gratiam contulit Anglicanis divinæ potentiæ magnificentia, quod nec unus ex illis occubuit, nisi tantum Ricardus, frater Comitis Cornubiæ, qui ex incuria levavit galeam suam stolide, ut videret Scotos fugientes; unde quidam ex eis inopinate emisit jaculum, et percussit eum in fronte nuda, et statim mortuus est.

No English slain, except Richard, brother of the Earl of Cornwall.

Mox Rex Edwardus, ira commotus, quasi aper a canibus insecutus, jussit nemini parcere. Nulli fuit cura de humatione cadaverum occisorum; incederunt super corpora prostrata, tanquam super arenam. Tandem, ne fœtor cadaverum totam civitatem corrumperet, et nares circumstantium exacerbaret, visum est vicenariis ut corpora defunctorum in mare, seu in profundis puteis, projicerent; quod factum fuit.

Great wrath of King Edward; and final disposal of the dead.

Rex igitur Edwardus [1] Tertius, potita victoria, vacavit delere gentem Scotorum, [2] incommutabili [3] sævitia indulgens. Cumque nulli, prout reperiebatur, parceret, convenerunt omnes ecclesiastici viri et religiosi miserandæ patriæ, cum omni clero sibi subdito, reliquias Sanctorum et ecclesiastica sacra nudis ferentes pedibus, misericordiam Regis pro salute populi sui imploraturi. Mox ut præsentiam ipsius habuerunt, flexis genibus deprecati sunt, ut pietatem super contrita gente haberet. Satis enim periculi intulerat, nec erat opus perpaucos qui remanserant usque ad unum delere; sineret illos portiunculam habere patriæ, perpetuæ servitutis jugum ultro gestaturos. Cumque Regem in hunc modum

The ecclesiastics and religious of the vicinity implore King Edward's mercy, and with final success.

---

[1] *See* p. 371, Note 4.
[2] *in comutabili* in orig.
[3] *sevitie* in orig.

rogavissent, commovit eum pietas in lacrymas, sancto- A.D. 1296.
rumque virorum petitioni adquiescens, veniam donavit, a persecutione cessavit.

Qualiter Rex Edwardus Tertius jussit fodere fossam inter Berewicum et Scotos.

[1] Rex autem, non immemor illusionis et improperii Scotorum, jussit fodi profundam fossam inter Scotos et Berwicum; et omnes e finibus depulit, atque plebem suam a tam atroci dilaceratione liberavit. Ad quos jussit construere fossam profundam inter Berwicum et Scotos, ut esset arcendis hostibus, a turba instructa, terrori, civibus vero tutamini. Collecto igitur privato et publico sumptu, incumbunt indigenæ operi, et foveam perficiunt; et, ut dicebatur, ipsemet cum vehiculo terram portabat, ut foveam accumularet, et accumulando exaltaret. Deinde magnos palos, et longos, infigi fecit in summitate foveæ, ut impediret introitum Scotorum.

King Edward orders a deep foss to be dug between Berwick and the Scots.

He himself aids in the work.

Quomodo Castrum de Dunbar obsessum fuit ab Anglicis.

Eodem tempore, Rege Edwardo [2] Tertio [3] adhuc in Berwico moram trahente, Castrum de Dunbar obsessum fuit ab Anglicanis, et quarto die sequenti accesserunt octingenti Scoti armati, et quadraginta millia peditum, in subsidium obsessorum. Sed Anglici, relictis circa Castrum quadraginta armatis, cum eorum sequacibus, ad custodiendum obsessum, illis dederunt obviam; et Scotos, sine ictu in fugam conversos, per-

The Scottish army is defeated with great slaughter at Dunbar.

---

[1] *ex* in orig., the initial letter being omitted.
[2] The reason for Edward I. being thus styled, has been already noticed in p. 371, *ante*, Note 4.
[3] *ahuc* in orig.

A.D. 1296. secuti sunt, et octoginta armatos et octo millia peditum occiderunt.

The Castle of Dunbar, and the garrison, are captured.

In crastino autem accessit Edwardus, Rex Angliæ, ad Castrum, et omnes Scoti obsessi in Castro, scilicet, Comes de Mentet, Comes de ¹ Auteel, Dominus Johannes Comin, junior, Dominus Willelmus de Sayncler, et filius suus, Dominus Willelmus de Moref, et filius ejus, Dominus Ricardus Suard, ac multi alii, se voluntati Regis Angliæ submiserunt; et in brevi postea, Rex Scotiæ et omnes majores natu de regno Scotiæ ad Regem Angliæ venerunt, et pacem, salvis vita et membris, amisso jure hæreditario, habuerunt.

Balliol finally submits to King Edward.

Edward grants terms to the Scots, and confines Balliol in the Tower of London.

Deinde Rex Angliæ, bellicosis ferocissimus, et humilibus mansuetissimus, Johannem de Balliolo, Regem Scotiæ, et quosdam alios, in sua custodia retinuit; quosdam libere abire permisit, et quibusdam hæreditatem, prius amissam, concessit. Hii omnes juraverunt ei iterum debitam domino fidelitatem, in dolo: quod tamen juramentum diu non duravit. Egressi singuli a facie Regis, valedicentes Regi; tunc Dominus Johannes de Balliolo, Rex Scotiæ, missus est, cum custodibus, in Turrim Londoniarum.

The custody of Scotland is entrusted to Guardians.

Data venia Scotorum populo, Rex Edwardus Tertius commisit custodiam totius Scotiæ Comitibus Warenniæ et Patricio de Marchia, et aliis duobus. Deinde Londonias maturavit, expeditius, quia oporteret eum Gallicanas partes adire, pro magnis et arduis negotiis ² expediendis. Rex igitur cum Londoniis adventasset,

Edward considers whether he shall not punish Balliol for his treason.

et Johannem de Balliolo, quem Regem Scotiæ constituisset, claro intuitu conspexisset, cogitabat, et mutuo loquebatur, eum plexisse supplicio, tum quia esset Regis sui et domini proditor, tum quia inobediens et perjurus. Mox ille corruit ad pedes Regis, cum lacrymis petens misericordiam super hiis offensis, instantis-

---

¹ *Asceles* in Rishanger's Chronicle and Walsingham: *Athol* is meant. ² *expendis* in orig.

sime postulans, ut daretur ei copia respondendi, seipsum
excusando. Dominus autem Rex, ut erat pius et misericors, exemplo Salvatoris misericordiam anteponens judicio, sic orsus est profari Regi Scotiæ;—"Dic manifeste, quod animo concepisti." Mox juravit coram Rege Edwardo Tertio, et primatibus suis, quod nusquam ex quo Rex Scotiæ ab eo ordinatus fuisset, post ejus abcessum, nec uno die, privilegio regiæ dignitatis gaudebat; verum etiam insidias, et Scotorum machinationes, verebatur, et per consequens oportebat eum aut mori vel eorum incompositas voluntates æmulari,—
" et ideo vi me compellabant contra vos, dominum
" meum et Regem, calcitrare." Ad quem Rex, cum solito juramento, modeste respondit,—"Hoc bene credo;" confestim, misericordia motus, veniam et pacem donavit. Tandem, non modicum post, permisit eum peragrare, spatiandi gratia, [1] ubicumque ei placeret, per viginti milliaria extra civitatem Londoniarum, adjunctis custodibus; at ille, inclinato capite, gratias agens, Domino Regi promisit se fidelem in obsequio suo mansurum, dum viveret.

A.D. 1296. Balliol abjectly admits to King Edward his powerlessness with his subjects.

King Edward shews mercy to Balliol; and allows him his liberty within twenty miles around London.

Totus annus ille asperitate guerræ inhorruit, et etiam secundus, inter Anglos et Scotos.

Denique Rex Angliæ munitiones, quæ potissimum partibus suspectis nocebant, strenue debellabat, nec minor erat ei animus adeunda quæ sibi competebant munia; qui nullam occasionem prætermittebat quominus sæpe et adversarios propulsaret et sua defenderet. "Adversarios" dico, quia primitus Principem Walliæ,[2] Leoninum; quo devicto, David, fratrem suum, qui nefanda proditione molitus est eum infestare; deinde Regem Franciæ, cum fratre suo, Karolo, et duodecim Paribus, possessiones et jus suum injuste et præsumptuose invadentes et vendicantes: hoc enim imponebant ei licitum, sed falso. Deinde et novissime,

The various adversaries whom King Edward had to contend against.

---

[1] *ubicum* in orig. | [2] Llewelyn is meant.

A.D. 1296. Scotos, jam tertio eum inquietantes, quasi simul et semel. Deus autem, qui superbis resistit, a quo robur, fortitudo, et magnanimitas, procedit, illi gratiæ suæ munus contulit; ubi, magna stragem hostium patrata, clarissime triumphavit. Contrivit autem Dominus infideles hostes suos contritione magna, et ex eis innumerabilia millia, tam bello campestri quam navali, mors cruenta devoravit.

Commendatio Regis Angliæ.

King Edward's prowess.

Erat enim Rex Edwardus [1]Tertius fortis pede, fortior equo, et ad regendum exercitum doctus. Tales probitates ipsius, dum adhuc in Terra Sancta [2]dum moraretur, fama assiduis volatibus detulerat. Cui tantam gratiam Salvator contulit, ut a cunctis fere populis timeretur et amaretur, ut de eo adaptari poterit, quod de Ismaele legitur;—[3] "Manus ejus contra omnes, et manus "omnium contra eum."

Quomodo Comes Flandriæ petiit auxilium Regis Angliæ contra incursum Regis Franciæ, qui eum impugnare nitebatur.

A.D. 1297. Proposed alliance between the King of England and the Count of Flanders.

Anno ab Incarnatione Domini millesimo ducentesimo nonagesimo septimo, qui est annus regni Regis Edwardi vicesimus quintus, prælocutio facta fuit, quod Comes Flandriæ daret filiam suam filio Regis Angliæ legitimo matrimonio. Quod cum cognovisset Rex Franciæ, moleste sustinuit, et indignabatur. Mox insidias paravit dicto Comiti, ut eum vexaret; quia tunc temporis discordia erat commota inter Regem Franciæ et Angliæ,—ut auxilium et consilium ei impenderet,

Anger of the King of France thereat.

ut facilius et [4]felicius ejus insidias et invasiones declinaret.

---

[1] See page 371, Note 4.
[2] Repeated in orig.
[3] *Genesis* xvi. 12.

[4] *fecilius* in orig.; the preceding part of this passage seems to be imperfect.

Succedente postmodum tempore, Rex Angliæ, collectis magnatibus suis, consilio eorum tractaturus qualiter dictum Comitem juvare posset, mandaverat itaque eos, quod secum transfretarent ad protegendum dictum Comitem. Convocatis ergo proceribus, cum id indicatum fuisset, assensum præbuerunt omnes, ut ea conditione adquiescerent, si Rex illis concederet veterem Chartam, diu concupitam, cum contentis. Rex autem tunc petitioni eorum non adquievit, sed cum magna indignatione abcessit.

A.D. 1297.
King Edward prepares to assist the Count of Flanders.

The English nobles demand the ratification of Magna Charta.

Quomodo Edwardus, Rex Angliæ, se paraverat in subsidium Comitis Flandriæ.

Emenso deinde uno mense, Rex, assumptis secum Episcopo Dunelmense, Domino Hugone Dispensatore, et domestica familia tantum, cum triginta millibus pedestribus Wallensium, [et] viginti militibus comitatus, venit tandem in Flandriam, et dicto Comite honorifice susceptus est. Rex autem [1] Hispaniæ, cum cognovisset ipsum absque comitatu Baronum suorum inter hostes suos præsumptuose advenisse, non modicum vilipendens, acriori ira accensus, et addidit, quoniam si cum commilitonum suorum suffragio adventasset, superbiam Gallorum debilitasset. Qui tamen, cœptis suis desistere nolens, sed ipsos paucos qui ei aderant pluribus modis inanimans—metuebat enim Gallorum invasionem—ad tutiorem locum se intromisit: confestim versus Gaunt iter arripuit. Cum illuc sine offensa declinasset, [2] currebant ad eum ab omnium generum militibus et [3] alienis armaturæ hominibus, maxime ex Flandria et Wallia. Erat genus hominum rap[a]cissimum et violentissimum, qui modicum pensi haberent; nec solum advenæ, sed etiam [4] indigenæ milites, qui pacem Regis Franciæ ode-

King Edward arrives, with his army, in Flanders; but unaccompanied by his Barons.

He arrives at Ghent. Great resort of mercenaries to his ranks.

---

[1] *Hipanie* in orig.
[2] *curebant* in orig.
[3] *alenis* in orig.
[4] *indigne* in orig,

A.D. 1297. runt, et victoriam Regis Angliæ præoptabant, quod sub ¹ eo tenui victu vitam transigebant. Hii omnes gratanter Regi Angliæ assenserant; quem levi negotio ad sua commoda inflectere possent, provincialium dispendio suas fortunas urgentes.

King Edward grants leave to the French merchants, to circulate Pollards in England.

Sub eodem tempore, Edwardus, Rex Angliæ, ut facilius et felicius pax firma reformaretur inter ipsum et Regem Franciæ, et utrumque populum, concessit mercatoribus Franciæ, ut exilem monetam, fallacem et debilem, in Angliam pro mercimoniis deferrent—quam monetam "pollardos" appellabant—et sterlingos Anglicanos, legitimam monetam, sibi appropriarent, et ad sua asportarent, ad inauditam confusionem Anglicanorum.

These Pollards made of copper and tin, plated with silver.

Qui quidem pollardi deintus erant de cupro et stanno, deforis autem tenuiter dealbati, ut ²apparerent de argento. Sed fallaciter mentita est iniquitas sibi: quam quidem monetam ipsi Gallici pro mercimoniis suis ab Anglicis mercatis accipere renuerunt.

Bellum de Strivelyin.

Earl Warenne is defeated by the Scots, near Stirling.

Interea, non multum post in eodem anno, Scoti, audito nuncio, quod Rex Edwardus cum nuda manu et parvo comitatu Flandriam intrasset, deinde in Galliam, desperati sui reditus, incunctanter, et plus solito, jam secundo irruere in Anglicanos præsumpserunt. Ad pontem de Strivelin, Comiti Warenniæ, quem constituerat Edwardus, Rex Angliæ, Custodem Scotiæ, de eis improviso, dederunt insultum; et Comite, cum suis, propter urgentem necessitatem in fugam converso, Dominum Hugonem de Cressingham, Thesaurarium deputatum in Scotia, et quosdam alios, fere usque ad centum, ibidem captos, interemerunt; scientes se non habere obstaculum, ratione absentiæ Regis, tunc in Flandria moram trahentis.

Sir Hugh de Cressingham, and others, slain.

---

¹ *ea* in orig. | ² *apararent* in orig.

Denique quatuor Comites Angliæ, densata caterva, [1]incedentes impetum Scotorum, per strictum locum incedentes, [2]nescii quos dolos versuti hostes instituerant; cum vero præterire incepissent, egressi ex [3]improviso Scoti ipsos, nihil tale præmeditantes, occupaverunt, et penetraverunt. At illi, tametsi ex improviso occupati et dissipati fuissent, tandem tamen resociatis catervis, resumptis viribus, viriliter resistunt. Tandem Scoti, congressus Anglicanorum ferre non valentes, ocius campum relinquentes, fugam inierunt; usi montium auxilio, in nemorum densilitate delituerunt.

A.D. 1297. Successful rally of part of the English troops.

Flight of the Scots.

Quomodo Rex Edwardus habuit medietatem [bonorum ecclesiasticorum] Angliæ.

Eodem anno petiit, et obtinuit, Rex Edwardus ab Episcopis Angliæ medietatem bonorum ecclesiasticorum per unum annum, de civibus sextam partem bonorum suorum, ac de ruralibus decimam partem. Et non est hiis contentus, sed de medietate thesauri in monasteriis, hospitalibus, abbatiis, et ecclesiis, inventis uno die per totam Angliam, se ditavit; ex quo fames valida, et universalis ecclesiarum destructio, est secuta.

Large grant made to King Edward.

Direful results of his rapacity.

Quomodo Petrus de Maroni ad apicem Apostolatus est electus.

Eodem anno, ad summum pastorale officium, ex Spiritus Sancti, ut creditur, inspiratione, promeruit [4]provehi Petrus de Maroni, mense Junii, tunc Cœlestinus Quintus; qui festo Beatæ Luciæ sequenti, deposito diademate, Papatum libere et spontanee resignavit. Heremum

Election of Pope Cœlestinus V., and Abdication by him. (A.D. 1294.)

---

[1] *evitantes*, or some similar word, should probably be substituted for this.

[2] *necii* in orig. This passage is evidently corrupt and incomplete.

[3] *inproso* in orig.

[4] *provei* in orig.

Election of Pope Boniface VIII.
(A.D. 1294.)

a quo assumptus fuerat, repetiit; et undecimo die sequente, scilicet, Vigilia Natalis Domini, Dominus Benedictus de ¹Gaitan, tunc Bonefacius Octavus, ad culmen summi Apostolatus est electus, et in mense Januarii, apud Basilicam ²Principis Apostolorum, suam consecrationem fuit honorifice assecutus.

Two Cardinals sent by Pope Boniface, to treat of peace between England and France.
(A.D. 1295.)
Rapacity of the Cardinal sent to England; and his death.

Quomodo Bonefacius Octavus misit duos Cardinales, unum in Franciam, et alium in Angliam, ut guerram, inter dictos Reges exortam, adnihilantes, pacem et veram concordiam reformarent.

³Sed eorum adventus nihil profuit, licet de regnis prædictis magnam pecuniam colligerent. Cardinalis enim missus in Angliam de qualibet marca quatuor denarios ab ecclesiis Angliæ recepit, per duos annos; et demum ad Curiam Romanam rediens, in infirmitate gravatus in itinere expiravit.

Qualiter Scoti jam tertio cœperunt inquietare et infestare prædunum dominum suum, Edwardum, Regem Angliæ, solita infidelitate utentes.

The writer inveighs against the perfidy of the Scots.

⁴Quid odiosa gens, pondere immanium scelerum oppressa, quid semper civilia prœlia sitiens, de domesticis et patriotis in tantum debilitatis et neci traditis; qui, cum prius semetipsos ex decreto, et justitia dictante, regiæ potestati Regis Angliæ, Edwardi, subjugassent, et eidem, ut principali domino, homagium fecerunt, et debitam fidelitatem juraverunt, et seipsos, una cum Rege suo, subdiderunt, nunc, velut bona vinea degenerata, in amaritudinem versa, dominum principalem

---

¹ *Gartan* in orig.
² *Prinsipis* in orig.
³ The context on which this passage depends, is implied from the Rubric.

⁴ This passage appears to be confused, and incomplete; and the exact meaning of the context can only be guessed at.

jam tertio præsumunt inquietare et infestare, suæ **A.D. 1297.** salutis, tam corporis quam animæ, immemores; parum intelligentes illud Evangelicum,[1]—" Omne regnum in se " divisum desolabitur, et domus supra domum cadet." Regnum eorum in se divisum fuit, quia furores eorum, *The lamen-* et civiles discordiæ, et livoris fumus, mentem eorum *table re-* hebetavit. Verum quia superbia eorum Regi Angliæ *thereof.* obedientiam ferre non permisit, idcirco patriam desolatam conspiciunt, domos etiam supra domos ruentes; quod posteri eorum in futurum lugebunt. Videbunt enim Anglicanos [2]oppida, civitates, atque cæteras eorum possessiones, obtinere; ex quibus misere expulsi et neci inopinatæ traditi, prioris dignitatis statum, vel nunquam, vel vix, recuperabunt, propter eorum superbiam et [3]rebellionem.

Edwardo namque reverso in Australes regni sui *The Scots* partes, versuti Scoti, et fallaces, resociatis sibi sociis *elect* qui remanserunt, omnes communi assensu quemdam, *Waleis* progenie ignobilem, nomine " Willem le Waleis," ele- *(Wallace)* gerunt et erexerunt in eorum ducem, et conquæstorem, *their chief.* ut iterum contra Regem Angliæ bella moverent,—frustra·

Qualiter Scoti elegerunt Willelmum le Waleis in ducem eorum, et conquæstorem.

Eodem tempore fuerat in Scotia quidam juvenis, *Particulars* " Willelmus le Waleis " nomine, sagittarius, qui arcu *relative to* et pharetra victum quærebat; de infima progenie, et *of Waleis,* exili, ortus et educatus, cum audaciam suam in multis *first pro-* locis examinasset, ut mos est virorum fortium, petivit *positions* a Scotis licentiam ut Anglicanis posset obviare, necnon *Scots.* eorum exercitui arcu suo resistere, et ut ei auxilium impenderent, et eorum exercitum tueretur; illis cum juramento pollicendo, quod si sibi licentia congrediendi *His alleged* cum illis committeretur, promittebat se totam Angliam *promise to conquer*

---

[1] *Matt.* xii. 25.
[2] *opida* in orig.
[3] *rebellicoaem* in orig.

A.D. 1297. adepturum, et eos usque Londonias perducturum; et
the English, and lead the Scots to London.
sic in manu forti sibi totum regnum Angliæ manciparet. Cumque fatuitati suæ, necnon inordinatæ præsumptioni, indulgeret, et brutalem exercitum Scotorum promissionibus suis vanis et fraudulentis illusisset, factus est voti compos.

The Scots accept his offer, and make him their chief.
¹ Illico omnes Scoti dictum Willelmum le Waleis, progenie ignobilem, elegerunt et substituerunt ducem et conquæstorem super exercitum eorum. Mox collectis Scotis, adhæserunt ei a minimo usque ad maximum. Unde quidam Comes, de illa natione præcipuus, dictum

Waleis receives knighthood.
Willelmum militari balteo præcinxit, faciens de prædone militem, tanquam de corvo cygnum; unde versus,—

Accipit indignus sedem, cum non ² prope dignus.

The Scots recapture Berwick, and ravage Northumberland.
Deinde ingressus est Berwicum, et circuivit provinciam Scotiæ, postea totam Northumbriam; et maximum tumultum per provincias faciendo, agros populando, civitates et ³ oppida complanando, incolis omnia sua, tam igne quam deprædatione, eripiendo. Sic igitur ipso agente, stultitia sua incomposita ipsum suadente, confluebant ad ipsum omnes Scoti et singuli, utriusque sexus a puberta ætate usque ad senium; ita ut in brevi tantum haberet exercitum, quantum nullus princeps, secundum eorum opinionem, posset resistere. Ob hoc itaque tumidum habens animum, cœpit Anglicanos inquietare, et ausus fuit contra præcipuum dominum suum bella movere, ad suam perniciem, et totius Scotiæ ignominiosam confusionem. Quod cum

King Edward prepares to meet the Scots. (A.D. 1298.)
Regi Angliæ, Edwardo, nunciatum fuisset, emensis deinde quinque nisibus, paravit exercitum suum, ut Scotis obviaret, ut brutalem et præsumptuosam eorum temeritatem attenuaret.

---

¹ *Ilico* in orig.
² Blotted and indistinct in orig.; apparently written "p̄oe." The previous words, expressed by c̄ n̄, are also doubtful.
³ *opida* in orig.

Quomodo Rex Edwardus paravit se contra Scotos. A.D. 1298.

Anno ab Incarnatione Domini millesimo ducentesimo nonagesimo octavo, qui est annus regni Regis Edwardi vicesimus sextus, idem Rex se paraverat non [1] inerti [2] cohorte virorum bellatorum, ut audaciam Scotorum opprimeret. Eodem tempore Paschali apud Berwicum, cum tota fortitudine sua, applicuit. Mox intravit, absque obstaculo; quia Scoti fugerant, audito Regis adventu, nimio terrore perculsi. Deinde prosecutus est eos, et in festo Mariæ Magdalenæ proximo sequenti commisit bellum apud Faukurke. Ibi maximam stragem hostium suorum commisit, quam non poterant vivi humare, videlicet, fere centum millia.

King Edward prepares to meet the Scots.

Enters Berwick.

Quomodo Willelmus le Waleis ordinavit exercitum suum in bello.

Willemus le Waleis construxerat sepem inter exercitum suum et Anglicanos; longos palos, et non modicos, in terram fixit, et cum funibus et cordis illaqueavit, ad modum [3] sepis, ut congressum et egressum Anglicanorum impediret. Deinde convocatis catervis suis, omnem populum pedestrem in primo concursu [4] compellebat intrare, dicens illis patria lingua;—"*Hy haue [5] pult ou* "*into a gamen, hoppet [6] yif ye kunnet*,"—quasi dicat, " —Jam introduxi vos in foveam et periculi discrimen, " resilite, si poteris, ut salvemini."

The Battle of Falkirk. Waleis arranges his troops.

Ipse autem, non ut princeps, sed ut seductor, aufugit. Nam exercitus, principe carens, et disciplinæ militaris ignarus, aut ante congressionem dilabitur, aut in ipso conflictu facile decidet. Valet multum in bellis ducis præsentia, valet spectata in talibus audacia, valet

Waleis takes to flight.

---

[1] *inerta* in orig.
[2] *coorte* in orig.
[3] Repeated in orig.
[4] *compellabat* in orig.
[5] Qy. if not *pult*.
[6] Apparently written þif þe. See page 187 *ante*, for a somewhat different version.

A.D. 1298. usus, et maxime disciplina. Quibus, ut dixi, carens Willelmus le Waleis, et, per consequens, nihil valens, sed populum seducens,[1]—nam facilius est accipitrem ex milvo fieri, quam ex rustico subito eruditum; et qui profundam doctrinam ei infundit, idem facit acsi margaritas inter porcos spargit.

Treachery of the Welch troops to the King of England.

Rex autem, cum vidisset tantam multitudinem populi pedestris et inermis,—erant enim in triplo plures Scoti quam Angli, sed sine ordine et armis incedentes,—statim Rex jussit Walensibus, qui cum Rege venerant, fere ad decem millia, ut Scotos expugnarent. Qui nolentes, sed continuo diffugerunt, necdum Scotis nocuerunt, dolum præmeditantes; semper enim necis parentum suorum memores, quam idem Rex anno elapso intulerat, æterno illum habebant odio. Unde tunc temporis suspicabatur ab Anglicis, quod si Rex deteriorem partem belli pateretur,[2]—Quibus etiam nugis Walenses incitati, si fas libito concessisset, vindictam sumere niterentur. Mox illis talia præmeditantibus, compescuit eos miseratio divina, [3]qui non derelinquit sperantes in se.

Deinde cognita malitia Walensium, quidam Anglicanus sic Regem affatur;—

"Rex Edwarde, fidem si 'des Walensibus, erras,
"Ut dederas pridem; sed eorum diripe 'terras."

The Scots flee; and the Welch troops pursue them.

Distulerunt tamen Walenses ne Scotos expugnarent, donec, Rege triumphante, Scoti undique corruerent, quomodo flores arborum, maturescente fructu. Tunc ait Rex,—"Si Dominus nobiscum, quis contra nos?" Statim Walenses irruerunt in Scotos, eos prosternendo, in tantum, ut terram operirent cadavera eorum, tanquam nix in [5]hyeme. Ceciderunt in illo bello de Scotis fere centum millia, de paupere vulgo. Concessit ergo

---

[1] This sentence is not finished.
[2] This sentence is also imperfect.
[3] Sic in orig.
[4] *teras* in orig.
[5] *ieme* in orig.

Deus fortunam belli se credentibus, et inerrabilem con- A.D. 1298.
tritionem se contemnentibus.

Rex itaque Edwardus Tertius victor clarissimus extitit: Wilelmus Waleis et majores Scotiæ, cum vidissent se Regi Angliæ minime resistere, et tantam stragem populo suo accidisse, mutuo dixerunt,—" Recedamus "hinc, non enim est Deus nobiscum." Continuo, cogente timore, fugerunt, et ad oppida et nemora, et ad omnem locum ubi tutum putabant refugium, delituerunt. Mulieres vero, acceptis parvulis suis et supellectilibus, per partes maritimas evaserunt. Parato navigio, etiam ingrediuntur mare, tendentes quo sors illas conduceret. Demum cum vela prætendissent, insurrexerunt venti contrarii, et navigia eorum dissipaverunt, et in ictu oculi infra maria periclitaverunt. *The leaders of the Scots take to flight. Many of the Scottish women are shipwrecked.*

Quomodo Willelmus le Waleis, cum quinque militibus, fugit ad partes Gallicanas.

Tunc temporis Wilelmus le Waleis, cum quinque militibus, partes Gallicanas petiit, petens et postulans aurum a Rege Franciæ; cumque pervenissent ad civitatem Amiens, statim denunciatum est Regi Franciæ, quod inimicus Regis Angliæ illuc adventasset. Mox jussit eum teneri, et sub carcerali custodia observari; quod gratanter et lætissime gentes illius ¹civitatis, scilicet, Amiens, compleverunt, quia multum diligebant Regem Angliæ. Tunc Rex Franciæ misit epistolam Regi Angliæ, dicens si acceptaret, ut mitteret ei Willelmum le Waleis, conquæstorem Scotiæ. Qui rescripsit, ei multipliciter regratiando, et instantissime postulando, ut permitteret eum, cum suis, apud Amiens sub custodia, ²possessiones suas expenderet. Quod factum est. *William Waleis crosses over to France. The King of France seizes him, and offers to deliver him to King Edward.*

---

¹ *civtatis* in orig.
² The latter part of this passage is evidently imperfect.

A.D. 1298. *Quomodo Edwardus Rex rediit in Angliam, devictis Scotis.*

King Edward intends to parcel out Scotland among his troops.

Cumque Regi Edwardo Tertio victoria cessisset, Scotis devictis, voluit commilitonibus suis de dicta Scotia portionem dare, uni villam, alteri castellum, et sic de singulis; et ut conjuges de Anglia adducerent, ut ex eis hæredes nascerentur, qui terram illam perpetuo possiderent, et ut nullam commixtionem cum Scotis de cætero ulterius facerent.

He garrisons Stirling Castle with Northumbrian troops.

Demum, cum universas provincias Scotiæ Rex Edwardus defæcasset, necnon suæ [1] ditioni subjugasset, munivit Castellum de Strivelin militibus Northumbriæ, cum sufficienti sustentatione unius anni. Ipse vero in Angliam repedavit. Digreditur Rex, digrediuntur et proceres, exceptis illis quibus tutela Scotiæ commendabatur.

The castle surrenders to the Scots.

Processu temporis, Scoti prædictum castellum obsidebant diuturna obsidione, fodientes circumquaque foveam profundam, introitum et exitum eorum impedientem. Tandem consumptis omnibus [2] victui necessariis, obsessi Anglicani se voluntati Scotorum commiserunt, salvis eis vita et membris, quia sic oportuit esse; cogente necessitate, necnon, Rege Edwardo permittente, oportebat illis aut reddere castellum aut fame mori, quia jam consumpserant vitæ necessaria.

Qualiter Bonifacius Papa nitebatur pacificare Regem Franciæ et Angliæ.

A.D. 1299. A Parliament at Westminster.

Anno Gratiæ millesimo ducentesimo nonagesimo nono, qui est annus regni Regis Edwardi Tertii vicesimus sextus, idem Rex, [3] accersitis cunctis regni utriusque

---

[1] *dedicationi* in orig., by inadvertence.

[2] This and the next word are run into one in orig., and the latter is somewhat doubtful.

[3] *accercitis* in orig.

ordinis fidelibus sapientioribus, solemne Parlamentum A.D. 1299.
tenuit in Aula Westmonasterii, mediate post Pascha.

Lectum est primo Concilio decretum Domini Papæ ¹Bonefacii, quod jam a Kalendis Martiis, si bene commemini, partes sollicitudinis suæ idem Apostolicus ¹Bonefacius Edwardo, Regi Angliæ, more legationis, innotuerat, verum, ut verius dicatur, injunxerat. Processit deinceps in Concilio littera Papalis, Latinaliter ad litteratos, patria lingua ad illiteratos, lecta, de intolerabili discordia inter Regem Franciæ, Philippum, et Regem Angliæ, Edwardum Tertium, instinctu diabolico disseminata, necnon innumera strage utrobique exaggerata. Unde adjunctum est in dicta littera, mallet se multo dispendio et corporis et rerum suarum affici, quam productius tam miserabile et detestabile ²scelus protendi. Ordinavit igitur idem Dominus Papa Bonefacius, et pro decreto diffinivit, tum propter pacis stabilitatem, tum propter amicitiarum uniformitatem et tranquillitatem, ut Dominus Rex Angliæ, Edwardus Tertius, sororem Regis Franciæ, Margaretam, legitimo matrimonio assumeret, et quod Rex Franciæ, Philippus, ³refeoffaret Regem Angliæ, Edwardum, et reconsignaret libere, quiete, [et] sine contradictione, Wasconiam, in legitimo matrimonio Margaretæ, sororis suæ, rehabendam ; et Edwardus, filius Regis Angliæ, et filia Philippi, Regis Franciæ, legitimo toro copularentur. Quod Anglici Regis cor [ad] Apostolicæ Sedis obedientiam Omnipotentis Dei dignatio inclinavit, eidem miserationum Domino gratias agens, in cujus manu corda regum versantur. Hoc nimirum suæ caritatis gratia, suarumque orationum instantia, factum credatur, ut in hac parte populum utrumque, cui sua sollicitudo præsidet, miseratio superna respiceret. Quod autem utrique Regi et regno, et hiis qui obnoxii

Attempts of Pope Boniface to make peace between England and France.

Proposed alliance between King Edward and Margaret of France,

And between Prince Edward and the daughter of King Philip.

---

¹ The numerals viii. are inserted, in another hand, above this word.
² *celus* in orig.
³ *reofeffaret* in orig., evidently by mistake.

A.D. 1299. videntur, adeo condeceret, eo effectu et compassione factum noscatur, ut eos qui [1] jacebant erigere videatur. Et addidit Dominus Papa;—" Qui autem nostro
" decreto obviaverint, et nostram ordinationem infirma-
" verint, a Beati Petri gratia, et a nostra societate, eos
" secernimus, donec Romanæ Ecclesiæ et nostro Aposto-
" latui satisfecerint."

Edward is advised by his nobles to follow the Pope's suggestions.

Lecta igitur et intellecta littera Papali, Rex in agendis sanum exigit consilium ab omnibus, deinde Archiepiscopo Cantuariensi, cum coepiscopis suis, quid opus esset facto: sic cum dicto, Comites et Barones egressi. Nec multo post, proviso responso, sunt reversi. Mox Domino Regi responderunt omnes, una voce;—
" Consilium quod a nobis exigitis, Domine Rex, firma-
" tum et stabilitum est a Summo Pontifice. Quod autem
" a Vicario Beati Petri ordinatum et roboratum est,
" non est nostrum infirmare." Et sic terminatum est negotium illius diei. Rex autem quietum duxit otium in civitate Londoniarum ab illa die usque ad aliud Parleamentum, quod fuit die *Hokedai* proximo sequente.

Quomodo Papa Bonefacius misit Edwardo, Regi Angliæ, ut ei mitteret Johannem de Balliolo, quondam Regem Scotiæ.

The Pope demands the delivery to him of John de Balliol.

Emensis [2] deinde aliquot diebus, quidam Pontifex Romanus, a latere Domini Papæ missus, in Angliam [3] applicuit: litteras Papales Regi Angliæ, Edwardo, porrexit. Quarum tenor erat, ut, visis litteris, statim ei transmitteret Johannem de Balliolo, quondam Regem Scotiæ.

King Edward assents.

Mox respondit Edwardus Rex, tanquam seductorem, falsarium, et perjuratum, illum mitteret. Ad quem Episcopus Romanus Regi respondit;—" Pro
" tali illum admitto, et Summo Pontifici repræsen-
" tabo."

---

[1] In allusion to *James* iv. 10.
[2] Repeated in orig.
[3] *aplicuit* in orig.

Sine mora, dictus Episcopus, cum Johanne Balliolo, versus Doveram iter arripuit. Deinde vix unam navem nactus, ut eam fortuna conduxerat, Gallicana littora expetivit. Cumque cistæ dicti Johannis de Balliolo in navem collocarentur, una cum [1]cistis et supellectili Romani Episcopi, quidam de circumstantibus, cui cura major erat de navi, [2]sciscitabatur cui erant cistæ, cum contentis. Respondit,—" Domini Johannis de Balliolo." At ille dixit,—" Volo videre quidnam contineant." Confestim apertæ sunt; in quibus inventa fuit regia corona Scotiæ, aurea, et sigillum Scotiæ commune, et multa vasa aurea et argentea, et numisma non modicum. Quæ omnia Regi Angliæ statim delata sunt. Rex autem coronam auream offerri jussit Beato Thomæ, Cantuariæ Archiepiscopo; sigillum vero Scotiæ jussit servari. Numisma totaliter remisit dicto Johanni, ad viaticum itineris. Quod cum vidisset Episcopus Romanus, ductor suus, multum commendabat sapientiam et curialitatem Domini Regis, dicens sapientiam Salomonis esse in eo. Deinde dimisit dictum Johannem de Balliolo, in quodam castello Cambriæ ad custodiendum, amotis omnibus ministris suis; de ipso tractaturus coram Summo Pontifice, quid de ipso agendum esset.

A.D. 1299. The crown and seal of Scotland are taken from Balliol.

Quomodo Rex Edwardus Tertius tenuit Parleamentum suum, die Hokeday.

Sequente die *Hokeday*, facto conventu magnatum, cum universis Episcopis et clero ad hoc rite [3]convenientibus, Dominus Rex, causæ adventus eorum non diffisus, in Consilium sic orsus est fari; petens obnixe consilium et auxilium eorum, quomodo posset Scotorum præsumptuosis infestationibus et incursionibus resis-

A Parliament held on Hock Day.

---

[1] *scistis* in orig.
[2] *cissitabatur* in orig.
[3] *continentibus* in orig.; evidently an error.

A.D. 1299. tere. Mox sine cunctatione ab optimatibus regni
responsum est, et promissum unanimi assensu [1] et
voluntate, quod eorum audaciam confestim confundent,
ea conditione, ut Dominus Rex eis dignaverit [2] concedere
Magnam Chartam, cum contentis, diu promissam.
[3] Illico Dominus Rex cum juramento illis promisit,
quod voti compotes eos efficeret, postquam Scotiam in
perpetuum possidendam lucratus fuisset; et, ad majorem
securitatem profuturam, et obtinendam confidentiam,
Dominus Archiepiscopus Cantuariæ, R[obertus], se mediatorem
et vadem apposuit, Domini Regis promissionem
[4] irrefragabiliter observandam.

The nobles promise him aid against the Scots, if he will ratify Magna Charta.
The King promises to do so, after he has conquered the Scots.

Item, alius articulus illius Parleamenti fuit:—conquerebantur
omnes quod pro falsitate monetæ tanta
inerat difficultas, ut interdum vix ex decem solidis, et
eo amplius, duodecim denarii de puro argento invenirentur;
quapropter, totam Angliam tanta calamitas
afflixit, ut in diversas sententias solvit ora multorum.
Proinde provisum fuit, ut mercatores [5] Galliæ, necnon
cæterarum provinciarum, si Angliam visitare decrevissent,
et ejus possessiones comparare, velut lanam et
cætera, more mercatorio, sibi appropriare novos et
legales sterlingos [6] parassent de cætero, alioquin repulsam
paterentur, et frustra laborarent. Et quia difficile
esset Anglicis tam subito monetam funditus variare
et mutare, provisum est ut moneta illa, quamvis exilis
et fraudulenta, per aliquot tempus currat, et locum
teneat, quousque levius et commodius provideatur. Et
sic [7] terminatur Parleamentum.

Provisions made by Parliament against light money, circulated by French merchants.

Deinde Rex [8] secessit in Canciam, moram ibi trahens,
quousque edoctus esset super responsionibus Regis

King Edward awaits the

---

[1] Repeated in orig.
[2] *concederet* in orig.
[3] *Ilico* in orig.
[4] *irrefrabilter* in orig., by inadvertence.
[5] *Glallie* in orig., by inadvertence.
[6] *pacussent* in orig.
[7] *terminantur* in orig.
[8] *cesessit* in orig.

Franciæ; ¹quo nuper directi erant solemnes nuncii pro negotiis ²utriusque regni utiliter expediendis.

Quomodo Bonefacius Papa iterato misit Epistolam Regi ³ Franciæ, Philippo, et Regi Angliæ, Edwardo, ut eos pacificaret.

"Bonefacius, servus servorum Dei, omnibus Ecclesiæ
"filiis fidelibus, salutem et Apostolicam benedictionem.
"Noverint omnes Sanctæ Matris Ecclesiæ fideles, et
"nostri utriusque ordinis per climata sæculi dilatati,
"qualiter nobis relatum est a compluribus de ⁴inimi-
"citia ventilata inter Regem Franciæ, Philippum, et
"Regem Angliæ, Edwardum, et utrumque regnum.
"Quapropter nimium tristes ⁵effecti, utpote de filiis
"nostris spiritualibus, tandem, nostro salubri consilio,
"misimus Regi Franciæ litteras nostras exhortatorias, ut
"resipisceret ab hac superstitiosa secta, inspectis litteris
"nostris, ⁶accersitis cunctis sui regni utriusque ordinis
"fidelibus sapientioribus, ob amorem Dei Omnipotentis,
"et timorem, necnon et Sancti Petri, Apostolorum
"Principis ; et per nostram admonitionem, ut concederet
"Regi Angliæ pacem et bonam concordiam, cum
"omnibus fidelibus suis, sine dolo. Hic erat tenor
"litteræ nostræ. Deinde misimus Regi Angliæ per
"solemnem nuncium nostrum, Episcopum Sanctæ Ro-
"manæ Ecclesiæ ; qui, transiens maritimos fines, per-
"venit ad præfatum Angliæ Regem, Edwardum ; qui
"et monita nostra obedienter suscipiens, simulque
"audiens decretum nostrum, necnon et sollicitudinem
"nostram, libenti animo eandem pacem firmavit, cum

A.D. 1299.
answer of the King of France.

Letter of Pope Boniface VIII., in reference to the reconciliation of the Kings of England and France.

---

¹ This word is doubtful, it being partly erased.
² *utrisque* in orig.
³ *Fracie* in orig.
⁴ *inicitia* in orig., by inadvertence.
⁵ *efecti* in orig.
⁶ *acsercitis* in orig.

A.D. 1299. " omnibus fidelibus suis, eo rationis tenore, ut si
"aliqua eorum, vel ipsi injuste aliquid contra alterum
"perpetraverit, digna emendatione purgetur; paxque
"maneat stabilis perpetualiter et inconvulsa, sacra-
"mentorum utriusque partis stigmate stipulata, ex
"parte, scilicet, Franciæ et Angliæ."

<small>King Edward listens to the suggestions of the Pope.</small>

Paruit igitur Rex Angliæ ordinationi et præceptis Summi Pontificis, domesticorum suorum consilio, recepitque se infra urbem Londoniarum. Ibi convocato clero, et primatibus totius regni, quærit consilium, quid optimum, quidve saluberrimum, esset ei faciendum.

<small>He agrees to marry the sister of the King of France.</small>

Communi tandem assensu illato, illico misit Rex per solemnes nuncios Domino Papæ, ut decretum suum animo volenti observaret, et quod, propter bonum pacis, sororem Regis Franciæ legitimo matrimonio sibi copularet. Data igitur pace inter Reges Franciæ et Angliæ, Edwardus, Rex Angliæ, appropinquante die Sancti Johannis Baptistæ, — hoc est, anno Verbi Incarnati millesimo ducentesimo nonagesimo nono, qui est annus regni ejus vicesimus septimus,—paravit classem suam, quam honorifice misit Regi Franciæ, ut sororem suam, " Margaretam" nomine, in Angliam subvectaret. [1] Rex autem secessit in Canciam, cum optimatibus suis, præstolans illius adventum.

De adventu novæ Reginæ in [2] *Anglia.*

<small>Arrival of the Princess Margaret of France in England.</small>

Emensis deinde paucis diebus, redierunt legati Regis Angliæ, adducentes sororem Regis Franciæ, Dominam Margaretam, Reginam futuram, eandemque Regi tradi-

---

[1] At this word there is a reference to a Note at the foot of the page, in probably an almost contemporary hand:—"*Rex Edwardus iii., sperans se per hoc matrimonium pace diuturna gratulari, æsi jam esset omnia jura sua ultramarina, cum illa nova nupta, scilicet, Regis Franciæ sorore dimidia, consecuturus. Qui tamen in nullo se, vel regnum suum, in illo promovit matrimonio.*"

[2] *Anglie* in orig.

derunt. Erat ei tanta pulchritudo, ut aspicientes in admirationem duceret; sed, quod præstantius est, erat enim omnium morum, tam intus quam afforis, intuentium oculis, nectare imbuta. Erat enim multum affabilis, Anglicanis amabilis, et totius regni columna. Divulgato igitur tali ac tantæ Reginæ adventu, convocatis Rex procerioribus suis, cum Archiepiscopo Cantuariæ et coepiscopis suis, perrexerunt in obviam ei, ut eam digno honore et laude susciperent.

A.D. 1299. Description of her person and character.

Venerat cum ea Dux Burgundiæ, non modica multitudine procerum Galliæ, quorum nomina longum est nominare. Aderat enim Comes Britanniæ, cum proceribus sibi subditis, qui tanto apparatu ornamentorum, mularum, et equorum, incedebant, quantum difficile est describere. Præter hos, non remansit princeps alicujus pretii citra Hispaniam, quin ad istud edictum veniret. Nec mirum,—magnificentia Regis Edwardi Tertii, per Latinum orbem divulgata, [1] cunctos in amorem ejus, et venerationem, [2] illexerat.

Her escort and retinue.

Great resort of princes and nobles to her nuptials.

De dispositione magnatum in solemnitate [3] desponsationis.

Omnibus denique in unum congregatis, solemnitate instante, Archiepiscopus Cantuariæ ad Palatium Regis inductus, ut Regem et Reginam legitimo matrimonio copularet, Rege tandem insignito diademate, ad templum Metropolitanæ Sedis ordinate conducitur. Ex alia autem parte Reginam, cum suis insignibus decoratam, Episcopi ad idem templum conducunt, ut officium sacrosancti matrimonii compleant; videlicet, die quarta post Nativitatem Beatæ Mariæ, anno regni ejus vicesimo septimo.

Description of the marriage of King Edward and the Princess Margaret of France, at Canterbury.

---

[1] *cuntos* in orig.
[2] *illexerant* in orig.
[3] *dispositionis* in orig.; somewhat altered in a later hand.

A.D. 1299. Conventus quoque multimodorum ordinatorum miris modulationibus præcinebat. Ex alia autem parte, mulieres omnes quæ aderant, illam cum maximo gaudio sequebantur. Postremo divinis obsequiis in utroque celebratis, Rex et Regina ornamenta sua deponunt, assumptisque levioribus ornamentis, ipse ad suum Palatium, cum optimatibus suis, Regina vero ad aliud, cum suis, epulatum incedunt; collocatis postmodum cunctis, ut dignitas singulorum expetebat.

The feasting that follows the marriage ceremony.

Dapifer Regis, magno apparatu ornatus, cum nonnullis nobilibus comitatus, fercula cum ipso [1] ministrabat. Ex alia vero parte, Pincernam, vario indutum, totidem, amicti diversis [2] mutatoriis, sequuntur; qui in cyphis diversorum [3] generum multimoda pocula cum ipso distribuebant. In Palatio Reginæ innumerabiles ministri, diversis ornamentis induti, obsequium suum præstabant, morem suum exercentes; quæ si omnino describere præsumerem, nimiam prolixitatem historiæ generarem. Quicunque vero famosus probitate miles in eadem erat, unius coloris vestibus, atque armis, utebatur; [4] facite etiam mulieres consimilia indumenta habentes.

Followed by sports of various kinds.

Refecti tandem epulis, diversi diversos ludos componebant; campos extra civitatem adeunt. Mox milites, artem prœlii scientes, simul equestrem ludum componunt; alii cum aleis, cæterorumque jocorum diversitate, spatiantes et jocundantes, quod diei restabat, postposita lite, præterierunt. Quicunque ergo victoriam ludi sui adeptus erat, a Domino Rege, Edwardo, largis muneribus conferebatur. Consumptis autem tribus diebus primis, in hunc mundum instante quarta, vocantur cuncti qui ei propter honores obsequium præstabant, et singuli singulis donationibus et honoribus donantur.

Prizes of victory conferred by King Edward.

---

[1] *ministrabant* in orig.; the passage is evidently incomplete.

[2] *mitatoriis* originally, altered in a different, but ancient, hand.

[3] *gcnenerum* in orig.

[4] Sic in orig.; a mistake, evidently, for some other word.

Ut autem dicta Regina maritali lege copulata fuit, *A.D. 1299.*
tanto fervore amoris succendit Regem, ita ut ipsam *Love of King Edward for his new Queen.*
solam cunctis rebus præferret.¹ Cum hæc agerentur,
Rex et Regina in Cancia securum exegerunt otium,
usque ad Translationem gloriosi Regis Edwardi.

Appropinquante Translatione, appropinquavit Rex, et *The King and Queen leave Kent for London.*
Regina, post tantam lætitiam sacrosancti matrimonii
fluctuantes, civitati Londoniarum. Affectavit Rex proceres regni sui convocare, et inter eos firmam pacem,
necnon promissionem suam, diu expectatam, confirmare.
Indicato autem familiaribus suis quod affectaverat, consilium cepit in civitate Londoniarum, apud Westmonasterium, ut suum exequeretur propositum: missis deinde *The King summons a Parliament at Westminster.*
in diversa loca regni sui legatis, invitantur proceres.
Venerunt ergo Comites, Barones, Archiepiscopi, et Episcopi, et omnes famosæ probitatis viri, in ipsam civitatem: ibi tenuit Rex solemne Parleamentum suum. *A Parliament held there.*

² *Rex tenuit Parleamentum suum apud Westmonasterium.*

Die autem Omnium Sanctorum approximante, Rex *The King and Queen at Langley.*
et Regina, convocatis Episcopo Norwicensi et Abbate
Sancti Albani, et ³ Comite de Saveia et aliis non paucis,
apud Langeleiam, solemnitatem Omnium Sanctorum cum
laude dignissima, ut decuit, celebrarunt; et in crastino, *The King visits Saint Alban's.*
scilicet, Die Animarum, venit Dominus Rex ad Sanctum Albanum; qui, unius tantum noctis moram ibi
trahens, et in crastino summo mane audito divino servitio, necnon Missa de Beato Martyre Albano solemniter

---

¹ At this point, there is reference to a marginal Note in another hand, but probably of contemporary date. It has been partly cut away in the binding, but appears to have been as follows:—" [*Cum Rex*] *autem*
" *illam in societatem tori recepisset,*
" *statim ab* [*illo*] *imprægnata est.*"

² This Rubric, it will be remarked, bears reference to the preceding context.

³ *Comiti* in orig.

A.D. 1299. celebrata, Conventuque ornanter redimito, venit cum
Service in suis nobilibus, ibidem devotius oraturus. Quibus sub
honour of
St. Alban. Martyre prostratis, cantatum est solemniter speciale
Canticum de Beato Albano, memoria itineris Domini
Regis subsequente.

The King Circumstante vero, cum Conventu, non modico populo,
requests the factoque inter eos silentio, ipsemet Rex exposuit ad-
aid of the
Martyr, St. ventus sui causam, dicens;—" Idcirco huc veni devotus,
Alban, and " a Martyre, glorioso Albano, licentiam et auxilium, a
the prayers
of all pre- " præsenti Conventu et populo orationum humiliter
sent. " petiturus beneficium. Opus me in Scotiam ire, ut
" inimicorum nostrorum, Scotorum, temerariam præ-
" sumptionem compescam, fortunæ ignarus penitus, et
Daily " reditus." Cui confestim conceditur ab omnibus et
prayers to singulis, quousque prospera illius audiatur regressio,
be offered
for him, Missarum ac orationum specialis et cotidiana devotio.
until his Quibus Rex, cum suis, humiliter regratians, et sic de-
return from
his Scottish votior, cum fiducia hilariori mox versus Scotiam iter
expedition. arripuit.

*Specialis Oratio in Conventu cotidie pro Rege et
Regina, et liberis suis.*

A daily Concedebatur mox Regi et Reginæ, necnon et liberis
Mass of suis et populo suo, Abbate jubente, toto Conventu ap-
Saint
Alban, to probante, ut una Missa de Sancto Albano cotidie cele-
be per- bretur in Conventu; quæ quidem Missa præcepta fuit
formed for
the King a fratre ad fratrem. Secunda Collecta erat specialis
and Queen, pro Rege,—" Deus, in cujus manu corda sunt regum,"
and their
children. et cætera. Item eadem Collecta eidem concessa fuit,
et præcepta, ad magnam Missam cotidie; ita ut, qui
magnam Missam celebraret, terminata prima Collecta
de solemnitate de qua agitur, statim inciperet secundam pro Rege, ut supra. Eodem modo, ad Missam
Beatæ Mariæ cotidie ad notam.

Qualiter Rex misit Epistolas patentes Archiepiscopo Cantuariæ, ut pro eo orare faceret.   A.D. 1299.

Deinde Dominus Rex direxit Epistolam patentem Archiepiscopo Cantuariæ, ut, convocatis Episcopis, Abbatibus, et Sanctæ Matris Ecclesiæ ministris, [1] ut illis præciperet et injungeret, ut specialem devotionem facerent, et orationem, pro se et populo suo, in hiis verbis:— *A Letter sent by King Edward to the Archbishop of Canterbury; requesting his prayers.*

"Quia magnificavit Dominus misericordiam suam "facere nobiscum, dignum est, O Pater, ut innumeris "beneficiis suis dignis respondeamus operibus. Neque "enim in gladio nostro possidemus [2] terram, et bra-"chium nostrum non salvavit nos, sed dextra ejus, et "brachium sanctum ejus; quoniam complacuit illi in "nobis, et hucusque conservavit nos, et inimicos "nostros compescuit. Justum proinde est, ut qui "omnia subjecit sub pedibus nostris, subjiciamus illi "et nos animas nostras; et ut hii quos nobis subdidit, "ejus subdantur legibus. Non enim segniter elabo-"remus punire sacrilegos, rebelles comprimere, eripere "pauperem de manu fortiorum ejus; sed et meæ sol-"licitudinis est, pacem firmam in regno nostro con-"solidare, et inimicos nostros expugnare. Quapropter, "orate pro me et populo nostro, ut iter atque actus "nostros dirigat Altissimus; ut sit ad laudem nominis "sui, et regni nostri promotionem."

Mox Archiepiscopus, visa littera regia, convocatis Episcopis et totius sanctæ Ecclesiæ ministris, indicavit illis religiosam devotionem Domini Regis, et illis omnibus et singulis injunxit et præcepit, ut specialem devotionem et jugem orationem pro Rege facerent, et populo suo. *The Archbishop gives orders to the Bishops and other clergy to that effect.*

---

[1] Redundant, but thus repeated in orig.
[2] *teram* in orig.

A.D. 1299. *De quodam Templario, a Terra Sancta in Angliam veniente.*

Bad news brought by a Templar, of the successes of the Pagans in the Holy Land.

Templarius quidam tunc temporis de Terra Sancta in Angliam venit, Regi Edwardo Tertio, et Magistro Templi Londoniarum, et aliis, quamplures litteras deferens, sicut pluribus aliis detulit, tam citra quam ultra montes, magnatibus. Perlectis autem litteris, tam Rex et Templarii, quam omnes alii hoc audientes, in tantum se dederunt dolorem, qualem nullus præviderat de hujusmodi relatione priorem. Nunciatumque fuit, quod pagani, cum innumerabili procedentes potentia, terram suam, jam fere usque ad Acram destructam, et funditus ad solum complanatam, occupaverant; et, quod mirum est auditu, durante eorum exercitu per quadraginta dietas totam illam terram occupare, proponebant ut, sic devastata et ad nihilum redacta, ibidem, quod absit, majori multitudine facilius possent suam ulterius vastationem dilatare. Adjunxitque idem nuncius, quod omnes ad se confugientes, vel captos, alienos, in prima acie belli exponunt. Et pugnantes, tam viri quam fœminæ, sicut ante, sic et retro, bene sagittant; nec valebit Christianus eis resistere, nisi potenti manu Dei suffulciatur adjutrice.

Letter of Pope Boniface VIII., engaging King Edward in the cause of the Holy Land.

Scripsit autem Summus Pontifex, Bonefacius [1] Octavus, Regi Angliæ, Edwardo, per eundem Templarium, quod sibi provideret super decimarum collectione, a clero totius Angliæ, in subsidium Terræ Sanctæ, concessarum, sine contradictione et [2] tipo conferenda. Consimilia vero super eodem negotio idem Templarius habuit mandata, ut, scilicet, Regem, juxta beneplacitum Apostolicum, ad promotionem et exaltationem totius Christianitatis, et secundum quod fideliter promisit,

---

[1] This word is expressed in numerals, inserted in, perhaps, a later hand.

[2] Or *typo*, meaning "jealousy," or "heart-burning."

ipsemet in persona propria se præpararet, quam cito A.D. 1299.
Dominus cor suum inspiraverit, ut cum eodem Papa,
Bonefacio Octavo, possent Christianis subvenire in Terra
Sancta, qui miserrime et inaudito supplicio a paganis
afficiuntur et opprimuntur. Qui quidem Templarius,
et Summi Pontificis nuncius, honorifice a Rege susceptus
[est], ac reverenter exauditus. Adquievit autem Rex *Edward*
Edwardus, prout potuit, et quam cito tempus permi- *promises*
serit, se Apostolico obtemperare mandato, asserens se, *give due*
cum suis magnatibus, super Papali mandato diligenter *attention to*
tractaturum. *the Pope's request.*

Qualiter Regina venit ad Sanctum Albanum.

Emensis deinde tribus hebdomadibus, Regina, cum *The Queen*
filio Regis, accessit ad Sanctum Albanum; Conventu *visits St. Alban's;*
quoque solemniter redimito, processionaliter perrexit in *and makes*
obviam ei, et eam cum magno honore, ut decuit, *offering to the Martyr.*
suscepit. Cum autem pervenisset ad majus altare,
prostravit coram Martyre, ei offerendo binas pallas
ditissimas, auro textas. Ibidem moram traxit, cum
filio Regis et tota familia, fere per tres hebdomadas.

Deinde Rex, misso solemni nuncio, videlicet, The- *Her pre-*
saurario suo, Episcopo Cestriæ, scripsit filio suo et *ference for St. Alban's*
Reginæ, ut solemnitatem Natalis Domini tenerent in *signified to*
manerio suo apud Cliftone juxta Syrewode. Mox *the King.*
Regina respondit, maluit apud Sanctum Albanum
quietum otium ducere quam alibi. Tandem consilio
inito, apud Windleshores, cum filio Regis et tota
familia sua, Natale Domini tenuit.

His itaque peractis, ultima die ante recessum suum, *Having*
Regina intravit in Capitulum, humiliter flagitans socie- *obtained a promise of*
tatem fratrum, et eorum suffragia orationum. Deinde *being re-*
quidam frater de familia sua devotionem religiosam dictæ *membered in their*
Reginæ luculenter exposuit, et orationum prærogativam. *prayers,*
Quæ cum voti compos efficeretur, et a cuncta congre- *she leaves St. Alban's*
gatione in singulis beneficiis Sanctæ Ecclesiæ admit- *for Windsor.*

C C

A.D. 1299. teretur, Abbate præsente, gratias multiplices reddebat Conventui, et sic devotior abcessit; erat enim bene religiosa et devota in servitiis divinis. Deinde, ex præcepto Regis, ipsa et filius Regis apud Windleshores iter duxerunt: ibi solemnitatem Natalis celebrarunt, moram ibidem facientes usque ad Pascha.

Quomodo Rex Edwardus Tertius jam tertio Scotiam petiit, ut Scotis resisteret.

King Edward enters Berwick.

Anno regni Regis Edwardi [1] Tertii vicesimo octavo, cum idem rex apud Berwicum applicuisset, scilicet, in quindena ante Natale Domini, civitatem sine obstaculo intravit. Mox denunciatum est ei, qualiter Scoti Castellum de Strivelin diutina obsessione obsederant. Tandem omnes Anglicanos qui deintus aderant prius, intolerabili fame attenuaverant; deinde sub conditione in dictum castellum intrantes, salvis vita et membris, apud Berwicum sano conductu conduxerunt, et dictum castellum vi tenuerunt.

Stirling Castle taken by the Scots. (A.D. 1300).

His nobles dissuade him from marching against the Scots in winter.

Rex igitur, in diversas meditationes inductus, familiares suos [ad] se vocavit, præcepitque conjicere quid super tali re autumarent. Conjicientibus eis plura, quidam Comes inter cæteros dixit;—" Domine mi Rex, quo-
" niam omne genus Scotorum te ex finibus istis expulsu-
" rum proposuisti, cur a proposito tuo diverteris, ex quo
" eos rebelles et inimicos tuos comprobasti jam tertio?
" Cur illos, perjuros et fallaces, et pace dimisisti et in
" terra tua manere pateris? Audi sanum consilium;
" jam enim [2] hyems est; ipsi Scoti nunc habitant in
" locis aquosis, et in cavernis densitate nemorum sibi
" notis, nobis incognitis. Si eis ad præsens dederimus
" insultum, non esset populo tuo tutum; sed revertere

---

[1] See p. 371 *ante*, Note 4. | [2] *yemps* in orig.

" in Angliam, et circa festum Pentecostes fac convenire A.D. 1299.
" exercitum tuum, et tradens tradet Dominus latrun-
" culos istos in manus tuas, sicut oves."

Placuit consilium Regi et optimatibus suis. Tunc processerunt quatuor Comites cum [1] exercitu magno, et Scotos retrocedere coegerunt; Rex autem iterum jussit muniri castella dictæ Scotiæ, assignatis custodibus. Ipse vero in Angliam maturavit, et apud Windleshores, una cum Regina et filio suo, securum otium [2]duxit usque ad Parleamentum proximum sequens. *He orders his Castles in Scotland to be fortified, and returns to Windsor.*

[3] Mox exiit regium edictum ad omnes sibi servitium debentes, ut sibi providerent necessaria, in Scotiam ituris, pro Regis injuria vindicanda, mediante tempore æstivali. *He gives notice for preparation to all owing him service.*

[4] Qualiter Rex præcepit per universam Angliam quod duo pollardi, hoc est, duo oboli illius falsæ monetæ, darentur et acciperentur pro uno sterlingo, sub pœna incarcerationis. Quod præceptum a nonnullis contemnitur; ex quo multi, tam in Londoniis quam [5] in villis, carcerali custodia mancipantur. *Proclamation that two Pollards shall pass for one penny of lawful money.*

Quomodo Rex adunari fecit omnes manicas [6] ferreas et catenas.

Illo eodemque tempore, Dominus Rex asportari fecit in Turrim Londoniæ omnes manicas [6] ferreas, catenas firgiatas, et seras, quæ inveniri possent in omni loco in Anglia, ad inauditam multitudinem ;—sed causa ignoratur. *He orders all the chains and manacles, found in England, to be stored in the Tower of London.*

---

[1] *execitu* in orig.
[2] *ducens* in orig.
[3] In a side-note, partly cut away, but in an almost contemporary hand :—" *Quomodo Rex præcepit sibi præparari.*"
[4] This has evidently been intended as the commencement of a Rubric ; but is inserted in place of the text.
[5] *ill* stands here in place of *in*, evidently by mistake.
[6] *fereas* in orig,

A.D. 1300. *Rex tenuit Parleamentum suum in Aula Westmonasterii.*

Parliament at Westminster.

Anno ab Incarnatione Domini millesimo trecentesimo, vicesimo octavo regni gloriosi Regis Anglorum, Edwardi Tertii, ipso annuente, communi consensu Episcoporum et Abbatum, et procerum totius regni, adunatum est Parleamentum in Aula Westmonasterii.

Primus Articulus hujus Parleamenti fuit.—

The prelates and nobles request him to confirm Magna Charta.

Dominus Robertus de Wynchelsa, Archiepiscopus Cantuariæ, tanquam præcipuum Domini Christi membrum, totius Anglicanæ Ecclesiæ pastor et primas, primo petivit a Rege, ex persona omnium Episcoporum et totius cleri, ut ob salutem animæ suæ, necnon totius regni commodum, annueret, et annuendo confirmaret, Veterem Chartam, cum contentis, diu concupitam. Deinde Comes Marscallus, ex nomine totius barnagii, suppliciter eandem petitionem replicavit, et addidit;—" Probum et prudentem te esse principem " scimus. Humana et divina exigit ratio, ut justis " petitionibus adquiescas."

He makes terms with the nobles individually, and obtains a grant of one twentieth.

Diu ergo fluctuavit sententia in animo Regis, quo vergeret. Tunc erat contemplari quanta materia boni in Regis pectore fuerat. Rex autem, perculsus tam insperato responso, et inopinato, mysterium suæ sponsionis [1] manifestare, (cupiebat enim aliquid a suo barnagio exigere,) ut facilius eos voti compotes efficeret, et ampliorem apud eos locaret amicitiam. Itaque, arte qua peritus erat, negotium conficiens, singulos proceres suos ambitiendo, muneribus et pollicitationibus examinat, et terminum ad festum Sancti [2] Michaelis imponit, ut

---

[1] A verb is evidently wanting here.
[2] *Micahelis* in orig.

vicesimam unius anni tantum ab eis obtineret, nec
amplius ab eis talia exigeret. Mox petitioni Domini
Regis[1] paruit barnagium; tandem prævaluit pecunia.
Ita næ omnia superat, omnia deprimit, nummus, ut
verificetur vaticinium Ieremiæ, dicentis;[2]—" A pro-
" pheta usque ad sacerdotem, omnes diligunt munera,
" sequuntur retributiones."

Interim consulitur ab Episcopis et proceribus una- *He at first gives an answer in the nega- tive to the Bishops and nobles*
nimi assensu, sed minus diserte, ut impetretur licentia
a Domino Rege, ut permitteret Chartam roborari impressione sigillorum omnium Episcoporum et Comitum
Cumque unus Episcoporum, pro omnibus, mitteretur
Domino Regi, et aures ejus hiis verbis offendisset, incanduit Regis indignatio,—" Non ita," inquit, " volo."
Puduit principem dicti, et rubore tinctus ora, adjunxit,
—" Putatis me puerum esse, aut seductorem?" Dimisit igitur nuncium responsione vacuum. Timebant
proceres et cæteri [3]conscii libera fronte et vividis obtu-
tibus in eum intueri; verum etiam acclamabant ad
invicem,—" Desistamus de cætero ab hac petitione."

Cumque dies tertia appropinquaret, placato Regis *He at length grants their request, and con- firms Magna Charta.*
animo, scilicet, die Annunciationis Dominicæ, paruit
Rex domesticorum suorum consilio, recepitque sese infra
Magnam Aulam Westmonasterii, in urbe Londoniarum.
Ibi convocato clero et primatibus totius potestatis
suæ, statum regni pace et lege confirmavit; Magnam
Chartam, diu concupitam, cum omnibus articulis, legi
coram omnibus qui aderant jussit, prius litteraliter,
deinde patria lingua. [4] Illico præcepit Archiepiscopo
Cantuariæ, qui ibi præsens erat, quod, si dicta charta
in aliquo articulo defectum pateretur, statim corrige-
retur. Deinde coram eis sigillo suo regio roborari
jussit, necnon mitti in omnem Comitatum regni sui;
et ut omnes Episcopi et Abbates inde copiam obtine-

A.D. 1300.

---

[1] *paravit* in orig.
[2] *Jeremiah* vi. 13, viii. 10.
[3] *concii* in orig.
[4] *Ilico* in orig.

A.D. 1300. rent [1] singillatim, cum impressione Magni Sigilli, ut prius. Postea permisit Archiepiscopum Cantuariæ, et omnes Episcopos regni, ut vinculo anathematis innodarent omnes et singulos qui [2] eandem chartam, cum omnibus contentis, infirmare et debilitare attentarent. Omnibus igitur qui aderant non compotes effecti, necnon discordantibus pacificatis, præcipue Comite de Warwico et Domino Waltero de Bello Campo, Senescallo Domini Regis, quorum utrorumque cor in tantum intumuerat, ut hostilem exercitum alter in alterum præpararet, illos, sicut et cæteros, illo die Dominus Rex pacificavit, et unanimes [3] effecit.

Sentence of excommunication against those violating the Charter.

Falsa moneta prohibetur, quam "Pollardos" vocabant.

Pollards no longer to be circulated. Illo etiam die jussit Dominus Rex illam falsam monetam, quam Gallicani fabricaverant, scilicet, pollardos, suspendi, nec a quoquam, sub pœna magna, de cætero admitti.

Universal reign of justice. Denique pacificatis omnibus provinciis, tantam justitiam exercebat per patriam, quantam alter antecessorum suorum non fecerat. Tremebant ergo in diebus ejus quicunque perverse agebant, cum sine misericordia plecterentur.

He keeps Easter, with great festivity, at St. Alban's. Festo Paschali superveniente, præcepit proceribus regni ad Abbatiam Sancti Albani convenire, una cum Regina et filio suo, ut tantum diem cum debito honore celebraret. Paruerunt ergo cuncti, et diversi ex diversis provinciis venientes, instante festivitate, convenerunt. Itaque celebravit Rex solemnitatem, ut proposuerat; et gaudio, cum proceribus suis, indulsit. Lætitiam agebant [4] cuncti, quia ipsos Rex læto animo receperat.

---

[1] *sigilatim* in orig.
[2] *eadem* in orig., by inadvertence.
[3] *efecit* in orig. The above passage is ungrammatical, and apparently incomplete.
[4] *Cuncti* in orig.

¹Aderant inter cæteros duo castellani de Scotia, *A.D. 1300.* quibus tradidit Rex Castellum de Strivelyn muniendum et custodiendum, post discessum suum de Scotia.

Interea, cum compertum esset quod Rex in Angliam cum exercitu suo remeasset, nec spes redeundi esset illo anno, Scoti dictum castellum de Strivelyn anno et dimidio obsederunt, et obsessos, qui deintus aderant, ad prœlium provocare ausi sunt. Nec custodes ausi sunt congredi cum Scotis, quia eorum minor erat armatorum copia; unde præelegerunt munire ²oppidum sibi commissum, donec auxilium ab Anglicanis impetrassent. Cumque vitæ necessaria dictis custodibus defuissent,—erant enim fere centum viri fortes quindecim diebus panem non manducantes, nisi tantum carnes equorum, et aquam potantes, —volebant Scoti ipsos inclusos tam diu obsidere, donec fame interirent. Urgente necessitate, Anglici dictum castellum Scotis reddiderunt sub conditione, ³redditis sibi vita et membris.

Particulars of the capture of Stirling Castle by the Scots.

Captum est oppidum, quod obsederant Scoti; et opes intro positæ non æqua sorte divisæ. Nam ut cuique administrabat fortuna, et fortitudo, capaci ungue rapiebat. Peractis igitur hujusmodi spoliis, Scoti obsessos Anglos usque ad Berwicum secure conduxerunt; deinde ad prædictum ²oppidum reversi sunt.

The town of Stirling is spoiled; and the garrison are escorted to Berwick.

Cumque hæc, et his similia, a dictis custodibus Regi nunciarentur, ultra quam infirmitas expetebat, iratus est. Mox adjecit;—" Quoniam impiissimi atque invisi " nominis Scoti fidem mihi dedignati sunt tenere, " ego, fidem Deo meo conservans, sanguinem conci- " vium meorum in ipsos vindicare conabor." Hæc eo dicente, dispositis quibusque necessariis, incipientibus Kalendis Maii, iter versus Scotiam ⁴arripuit, jussitque

Edward declares that he will be revenged on the Scots.

He commands all those owing him service, to

---

¹ *Adherant* in orig.
² *opidum* in orig.
³ *reditis* in orig.
⁴ After this word, the following occurs in orig.,—in reference, no doubt, to Queen Margaret,—but is struck out with the pen;—" *traxerat* " *autem—moram traheret, donec tem-* " *pus pariendi adveniret.*"

A.D. 1300. cunctos proceres convenire, ut Scotos de superbia et
be prepared to march against the Scots. præsumptione sua [1] corriperet. Præcepit itaque cunctos qui sibi [2] servitium debebant, paratos esse, cum equis et armis, in festo Sancti Johannis Baptistæ, ut, cum [3] opportunitas accederet, [in] inimicos progrederentur.

Mittuntur nuncii ad Curiam Romanam.

He sends envoys to the Pope.
Illo eodem tempore, Dominus Rex legatos, cum epistolis, misit Romæ.

[4] *Explicit Epistola directa Domino Papæ per Regem Angliæ. De ista materia Chronigraphus, metrice scribens, breviter sic ait.—*

Edwardus Rex Anglus Scotos expugnavit,
Eorum hostiliter vires enervavit,
Walliam que Scotiam sibi subjugavit.
Willelmus Wales, dux Scotorum, latitavit.

Tandem captus vinclis strictis mancipatur,
Et ductus Londonias, ibi judicatur;
Tractus que suspensus est, tandem decollatur;
Qui primo risit, post hæc merito lacrymatur.

Talis in memoria Rex sit sempiterna,
Qui rebelles subditos compulit æterna
Sua mala plangere, novaque moderna;
In cœlis anima requiescat pace superna.

---

[1] *coriperet* in orig.
[2] *servicivicium* in orig.
[3] *oportunitas* in orig.
[4] It has been pointed out by Sir F. Madden, in a pencil Note on that page, that the context of MS. Cotton. Claudius D. vi., which abruptly breaks off at fol. 174 b., is continued in MS. Bibl. Reg. 14 C.,I., fol. 1 a. In making this suggestion, he is no doubt correct; though possibly, some intervening leaves may have been lost, as the context leaps over a year. Folios 1, 2, 3, and part of 4 a of the latter Manuscript, are occupied with the Letter written by Edward I. to the Pope, in support of his claim to the throne of Scotland. It has been already given in Rishanger's *Chronicle*, pp. 200-208 *ante*, and is therefore omitted here. In folio 4 a. col. 2, it is followed by the Verses, in reference to Edward's claim, given above.

WILLELMI RISHANGER GESTA EDWARDI PRIMI, REGIS ANGLIÆ.

WILLELMI RISHANGER GESTA EDWARDI PRIMI, REGIS ANGLIÆ.

(MS. BIBL. REG. 14 C. I., AND MS. COTTON. CLAUDIUS D. VI.)

[1] *Quædam Recapitulatio brevis de gestis Domini Edwardi Regis, cum quibusdam aliis accidentibus in tempore suo.*

Quoniam sacra Scriptura dicit, — [2] "Lauda post mortem, prædica securum,"—post obitum Domini Edwardi, illustris Regis Angliæ, recapitulando in genere et compendiose concludendo, frater Willelmus de Rissanger, Chronicator, de multis pauca tangendo, ad Dei honorem, et animæ regiæ recommendationem, redigit in scripturam.— *The death of King Edward the First alluded to.*

Iste Rex strenuissimus, statura valde procerus, elegantia et vigore corporali admodum redimitus, ut regnum Angliæ ubique, quatenus decuit, sagaciter defensaret, per multa discrimina et labores, utpote bellicosus, Ecclesiæque devotissimus, inter omnes principes orbis terrarum Christianos sapientiæ et prudentiæ virtute creditur præeminisse. *His distinguished prowess, wisdom, and prudence.*

---

[1] These Gesta, to which Rishanger has prefixed his own name as the writer, commence on fol. 4 b. of MS. Bibl. Reg. 14. C. i., immediately after the Verses at the conclusion of the preceding article. They are written in a different hand, and, from their nature, and the manner in which they commence, though no distinctive title is given to them in the MS., cannot have been intended as a Continuation of the preceding narrative.

[2] Probably, in allusion to *Eccles.* iv. 2.

Recapitulation of some of the principal events of his reign.

Iste subditos suos Wallenses et Scotos, sibi rebelles, hostiliter expugnavit. Lewelinum, Principem Walliæ, et David, fratrem suum, cepit; inimicos suos apud Berewyke devicit, ubi fuerat interfectus Dominus Ricardus, miles strenuus, frater Domini Edwardi, Comitis Cornubiæ. Item, Principem de Lamure de carcere Regis Aragoniæ, ibidem personaliter accedendo, liberavit. Insuper, cum multa bella navalia inter nautas Francorum et Anglorum in mari frequenter accidissent, quia [1] voluit partem suorum cum justitia fovere, citatus fuit ad Parleamentum Domini Regis Franciæ; et quia non comparuit, nec aliquis pro eo, abjudicatus fuit de Wasconia et aliis terris suis in partibus Gallicanis. Cum ergo conventum fuisset inter Reges, pro bono pacis, quod dictus Rex Angliæ sororem Domini Regis Franciæ, Dominam Blanchiam, sibi duceret in reginam, ac propterea possideret prædictas terras et dominium, et ipsa recusavit,—quæ postmodum matrimoniali fœdere copulata fuit Duci Austriæ,—Rex Francorum seisinam suam inde plene et hostiliter retinuit, cum dolo. Missi igitur fuerant a parte Domini Regis frater suus, Dominus Edmundus, Comes Leicestriæ, (qui postea [2] ibidem obiit, cum multis aliis nobilibus Angliæ,) qui modicam fecerunt expeditionem; sed quibusdam captis et incarceratis, quibusdam interfectis, aliisque ibi mortuis, superstites in Angliam remearunt.

Rex transivit in Flandriam.

A.D. 1297.
King Edward arrives, with his army, in Flanders.

Memoratus igitur Dominus Rex, nimium commotus, cum modico exercitu mirabiliter et præcipitanter in Flandriam transfretavit. Quidam autem Comites et Barones, indignanter ferentes quod Rex noluit eorum voluntati adquiescere, super confirmatione Magnæ

---

[1] Apparently, *noluit* in orig.   [2] *ibid* in orig.

Chartæ et Chartæ de Forresta, prout petierunt, in auxilium suum se tepide paraverunt. Transierunt autem cum Domino Rege venerabilis pater, Antonius, Episcopus Dunelmensis, Dominus Eimerus de Valencia, Dominus Hugo Dispensarius, cum paucis aliis nobilibus; ibidem moram fere per annum trahentes. Declinans autem ad villam de Gaunt, pro justitia sua et hæreditate salvanda, contra Regem Franciæ bellum movit. Comes autem loci illius cum ipso Domino Rege Angliæ tenuit.

Rex exiens fores civitatis [1] excludebatur.

Quadam autem die, cum contigisset Regem Angliæ cum dicto et Comite et aliis paucis, (quia populares tenuerunt cum Rege Franciæ,) foris [2] exivisse ad spatiandum, illi de villa se excluserunt; quod audientes Wallenses, qui foras fuerunt, cum omni festinatione, quasi furiosi et indomabiles, convenerunt, et ineffabiliter super lanceas suas, cum alterutro juvamine, ripas transierunt; civitatemque ingressi se deverterunt ad portas clausas, et eas [3] igne succenderunt. Rediensque Dominus Rex cum antedicto Comite, ingressus est, hujusmodi factum quamplurimum admirando.

Quadam autem die, unus de familiaribus Regis, equitans prope eum in vico, tractu arcubalistarii interfectus est: unde suspicabatur eum velle occidisse Regem; qui ignem ibidem jussit accendi.

Wallenses, contra voluntatem Regis, deprædati sunt confinia circumquaque.

Præfati quidem Wallenses, quasi bestiæ ferales, circumquaque deprædationem fecerunt. Contra voluntatem Domini Regis, cum aliis de Curia regia, inceperunt

---

[1] The word *fuerat* is inserted here, in orig., by inadvertence.
[2] *exiit* in orig.
[3] *igni* in orig.

A.D. 1297. depopulari et devastare confinia, ad modum guerræ communis; quos potestas regia non potuit impedire. Quidam igitur, facta inquisitione, qui convicti fuerant, erant suspensi, alii capti et incarcerati; quos Wallenses, fracto ergastulo, extraxerunt, et super humeros suos, propria auctoritate et voluntate, deportaverunt salvandos, ubi voluerunt. Unde Rex, ad tantam iram provocatus, proposu[it] illos, congregato exercitu suo, omnes occidisse; sed sanum consilium suum impedivit. Veruntamen talem [1] operuere naturalem, et fidem postmodum in Scotia prodiderunt; sicut inferius breviter tangendo patebit.

The Welch troops release their fellows, who have been imprisoned.

Their treachery.

Interea quidam Willelmus Waleys de Scotis congregavit exercitum, ac Cumberland et Westmerelond, et alia confinia, in magna sui parte, deprædando, comburendo, et interficiendo, devastavit. Sed Deo disponente, apud Tynemutham, nec apud Novum Castrum, ingredi, licet prope fuissent, audebant; et ita exercitus remeavit.

Habuit etiam Rex in exercitu multos de Hibernia pedites.

William Waleys raises an army of Scots, and ravages the North of England. Tynemouth is spared. Irish foot-soldiers.

Rex festinavit redire in Angliam.

A.D. 1298. Cum igitur hujusmodi rumores veraces pervenerunt ad notitiam Domini Regis, festinanter rediit in Angliam, in succursum populo suo fideli. Qui cum venisset, congregavit magnum exercitum, et paravit arma bellica versus Scotiam; quo ibidem accedente, Scoti se ad subterfugium et latebras contulerunt. Alii Domino Regi se reddiderunt, sed Willelmus Walleys, qui postea fuit Londoniis suspensus, cum fratre suo et Comite de Asselles, et multis aliis, [2] latebat.

King Edward returns to England.

Sed ante, Willelmus prædictus, clam congregato exercitu, appropiavit ad duo milliaria versus Regem,

The Scots are defeated by

---

[1] *ope* in orig. | [2] *latebant* in orig.

mandans ut permitteret Scotos in pace, aut se, meliori modo quo possent, defenderent; fuerat autem mane. Statim vero Dominus Rex armavit se, et cum suo exercitu copioso festinavit ad bellum, apud Feukerke in Scotia; ubi fuit maxima multitudo peditum de Scotis interfecta, qui ita densissime, cum lanceis suis protensis et contiguis, constiterunt, quod putarunt eos non posse superari. Sed alii ex parte Regis, post tergum venientes, cuneos statim penetrarunt, eos vincentes. [1]Scoti vero subtraxerunt se, præstolantes partem superatricem, quibus proposuerunt adhærere. Equites vero, a parte Scotorum, qui fuerant quasi pauci, fugerunt. Magister quidem Hospitalis Ierusalem, ibidem qui fuerat in auxilium Regis, fuerat interfectus; ac in eodem loco Rex fixit tentoria pernoctando. Consequenter perambulavit terram, et circuivit eam, qui ad castra et municipia suos deputavit custodes.

Postea rediit in Angliam, et infra illud triennium Dominam Margaretam, filiam illustris Regis Franciæ, Philippi, in suam matrimonialiter assumpsit Reginam; et ita sopita est controversia inter dictos Reges, reddita Wasconia, cum aliis terris, Domino Regi Angliæ.

Qui fuerant incarcerati, facta concordia, sunt liberati.

Nobiles vero viri Anglicani, utpote Dominus Johannes de Sancto Johanne, et Dominus Almaricus de Sancto Amando, cum pluribus aliis capti et incarcerati, liberati sunt.

De prima Regina sua, Alienora, multos creavit liberos; sed quia in [2]tenera ætate plures migrarunt ad Christum, de omnibus, immo, de quibusdam, facio men-

---

[1] Qy. if not an error for *Wallenses*. See p. 386 *ante*.
[2] *teneri* in orig.

tionem.¹   huic quatuor filios, videlicet, Dominum
Johannem et Henricum, Alfonsum, et Dominum Edwardum, qui natus fuit in Kaernervan in Wallia;
quem Dominus Rex per Consilium suum, in pleno
Parleamento suo, Principem Walliæ ²[constituit]; qui
sibi successit in regno.

Item, filias habuit quinque, de quibus hic fit mentio;—
videlicet, Dominam Alienoram, quam Comes de Bars
duxit; Dominam Johannam de Acre, primo desponsa-
tam Gilberto, Comiti Gloucestriæ; et postea, propria
voluntate, absque consilio Domini Regis vel aliorum
amicorum, contraxit matrimonium cum uno simplici,
serviente suo domino Eymero; cui procuravit, ante
desponsationem, arma militaria. Cum autem pervenisset ad notitiam Domini Regis de tali fatuo
facto, Dominus Rex, nimio furore succensus, capi fecit
eum, et incarcerari apud Bristowe: et quia legitimum
matrimonium non potuit irritari, per consilium Episcoporum et aliorum, liberatus fuit; quem Dominus
Rex postea vero multum dilexit. Item, Dominam
Margaretam duxit Dux Braibansiæ. Domina vero
Maria habitum cepit sanctimonialem apud Anberisberi,
ubi Domina Alienora, mater Domini Regis prædicti,
religiosam et sanctissimam vitam suam terminavit.
Dominam vero Elizabet duxit Comes Hollandiæ, puer;
quo mortuo, rediit in Angliam, et maritata fuit, per
consilium Domini Regis, Hunfrido Comiti Herefordiæ.

De prole secundæ Reginæ, Margaretæ.

De secunda vero Regina, Margareta, ³procreavit duos
filios; scilicet, Dominum Thomam et Dominum Edmundum, et unam filiam. Domino Thomæ dedit
Comitatum Marescalli, quem ipse Comes ultro dedit

---

¹ The words "*Alienora paruit,*"
or something similar, are wanting
here. It is just possible that

" *hinc* " may be the word intended.
² Omitted in orig.
³ *procuravit* in orig.

Domino Regi, præ timore pro eo, quod pluries sibi adversabatur. Timuit autem judicium futurum.

Cujus quidem maritagii occasione, et aliorum negotiorum, Magister Petrus Hispanus, Cardinalis, et unus Episcopus in comitiva sua, cum maxima familia, venit in Angliam, et moram traxit fere per annum.

A Cardinal sent, to negotiate the marriage with Margaret. (A.D. 1298.)

De Procuratione Cardinalis.

De domibus vero religiosis singulis, pro procuratione sua, percepit sex marcas argenti; et ubi fuit divisio inter Abbatem et Conventum, utpote apud Sanctum Albanum et alibi, simili modo percepit duodecim marcas; et de aliis personis ecclesiasticis exilibus, de qualibet marca quatuor denarios.

Heavy sums exacted from the religious houses, for procurations for the Cardinal.

Iratus est Rex [1] [Franciæ].

Dominus Rex Franciæ maximam concepit indignationem erga Comitem Flandriæ, pro eo quod adhæsit Domino Regi Angliæ, durante discordia inter ipsos.

The King of France is angry with the Count of Flanders.

Comes Flandriæ captus est, et incarceratus.

Cepit ergo dictum Comitem et filium suum, custodiæque mancipavit carcerali, proponens devastasse totam Flandriam. Sed quia dicitur,—"Vi vim repellere licet," Flandrenses contra Regem Franciæ, cum omnipotentia Dei, mirabiliter, quin potius miraculose, per industrias et [2] machinationes varias et inauditas, Comitem de Artoys et multos alios nobiles de exercitu Franciæ morte afficientes, quamplurima bella vicerunt.

The King of France imprisons the Count. (A.D. 1300.) The Flemings defeat the French, and slay the Count of Artois. (A.D. 1302.)

---

[1] Omitted in orig., but evidently required by the context.

[2] *iinachinationes* in orig.

Ne religiosi sibi approprient possessiones.

Dominus autem Rex Angliæ, post Coronationem suam, plura edidit Statuta per Consilium suum:—quæ inseruntur in [1] alio volumine de littera curiali.

Statute against Mortmain, as to religious houses. (A.D. 1279.)

Statutum etiam fuit tempore suo, ne religiosi approprient sibi terras, redditus, aut possessiones, sine Regis licentia speciali; ne talia in posterum deveniant ad manum mortuam.

Judæi expulsi sunt ab Anglia.

The Jews are expelled from England. (A.D. 1287-1292.)

Tempore autem istius Regis, Judæi ab Anglia expulsi fuerunt, nam falsaverunt monetam per vilem retonsionem; et ideo plures judicialiter fuerant suspensi, ac moneta mutabatur et renovata [est].

Quædam falsa fabricatio monetæ.

The circulation of Crocards is prohibited. (A.D. 1300.)

Tempore etiam istius gloriosi Principis, quædam fabricatio monetæ fictæ et falsæ, quæ appellabatur "Kokedone," non de puro argento, inter sterlingos currebat; quæ etiam prohibita sunt, et damnata.

Multi sunt gravati pro decimis et hujusmodi, datis Regi, et per servitium militare.

Hardships inflicted by the King, in reference to subsidies and military service.

Comites vero et Barones, et alii quorum interfuerat, sæpius et valde fuerant gravati, pro eo quod ipse Dominus Rex totiens—secundum tamen regni consuetudinem—in exercitu suo servitium suum militare exegit et habuit, aut certum pretium et condignum [2] peculiale. Personæ etiam ecclesiasticæ, et etiam aliquando sæculares, per solutionem quintæ-decimæ, aliquando decimæ,

---

[1] This "*other volume in court-hand,*" it is probably impossible now to trace.

[2] Qy. if not *pecuniale*.

et aliquando medietatis, omnium bonorum, tædio affecti fuerunt; licet Bonefacius Papa statuisset ne bona ecclesiastica taxarentur et darentur nomine contributionis regis aut principis auxilio, sine populi licentia speciali. Sed Statutum modicum tenuit locum, cum omnes fere Prælati Angliæ, et multæ aliæ ecclesiasticæ personæ invitæ, medietatem præstiterunt; præter Archiepiscopum Cantuariæ, Magistrum Robertum de Winchelse, et Episcopum Lincolniæ, Magistrum Oliverum de Suttone, et paucos alios; unde incurrerunt regiam indignationem, ad maximum damnum temporale. Quem Dominus Rex indixit per Curiam suam non tueri in suis agendis: solventes vero subierunt excommunicationis sententiam, propter Statuti violationem, et a divinis cessarunt, quousque absolutionis beneficium meruerunt obtinere.

Opposition of certain of the clergy thereto, supported by an enactment of Pope Boniface.

Justiciarii et alii ministri Regis puniuntur pro injuriis factis.

Cum Dominus Rex diuturnam traxisset moram in partibus Aragoniæ pro liberatione Principis de Lamure, in redeundo etiam ultra mare et citra, pervenit querimonium ad notitiam Domini Regis de injuriis per Justiciarios suos in Anglia, clericos et ministros, frequenter et multiformiter pluribus illatis.

Unde cum Anglia venisset, diligenter inde fieri fecit inquisitiones, animadvertens quod munera multos ¹ excœcant. Cum convicti fuissent, ab officiis suis et a Curia sua amovit: de quibusdam mille, de quibusdam duo millia, marcas, ac de aliis secundum magis et minus, et secundum merita facultatesque, extorsit. Præceptum autem fuit, ut quicunque vellet conqueri de gravamine et injustitia sibi illatis, poneret negotium suum in una billa, et ² traderet alicui deputato per

On his return from Arragon, King Edward punishes certain of his Justiciars, for corruption. (A.D. 1289.)

---

¹ *excæcat* in orig. See *Deut.* xvi. 19. | ² *traderit* in orig.

A.D. 1289. Regem, et sibi statim fieret justitiæ complementum, et nihilominus erga Dominum Regem digne delinquens puniretur.

Rex habuit multam pecuniam de Ada de Strattone.

Adam de Strattone is punished for corruption, and his property confiscated.

Inter quos fuit quidam Baro de Scaccario, nomine "Dominus Adam de Strattone," miro dictu cupidus et avarus. Et quia fuit sigilli falsarius et multiformiter facinorosus, et super hoc fuerat convictus, incarceratus fuerat, et omnem substantiam suam amisit, et honorem. Quæsita autem fuit pecunia sua, quam Dominus Rex habuit, quasi infinitam.

Thesauria Domini Regis apud Westmonasterium fuerat deprædata.

Robbery of the King's Treasury at Westminster.

Nec prætereundum est unum valde mirabile et horribile, quod accidit. Quidam proditores et fures atrocissimi Thesauriam Domini Regis apud Westmonasterium noctanter fregerunt, et asportaverunt non modicum thesaurum; propter quod multi fuerunt— et quidam insontes forte—suspensi. Monachi quidem illius plures loci sub arta custodia, quanquam tanti et talis delicti ignari, positi diu morabantur. Objectum

Certain monks of Westminster imprisoned on suspicion. (A.D. 1303.) They are liberated. (A.D. 1305.)

enim fuerat eis, quod quidam ex ipsis debuissent de antedicto thesauro emisse, aut qualitercumque scivisse, dum ita prope fuerant; ac etiam respondere et satisfacere Domino Regi de thesauro suo, infra ambitum suum deposito, tanquam custodes. Sed tandem, Dei et Regis misericordia eos liberavit de tali ac tanto eminenti periculo.

Discord in the Abbey of Westminster.

Sed circa idem tempus magna fuit discordia inter ipsum Abbatem et multos de Conventu suo; unde Dominus Rex et familiares sui, ac alii plures, et maxime religiosi, propter [1] religionis scandalum, nunc

---

[1] *relionis* in orig.

per appellationes, nunc per alia frivola, quæ non sunt recitanda, non immerito moleste tulerunt.

Archiepiscopus Cantuariæ privatur de Temporalibus et Spiritualibus ad tempus.

Quoniam dicitur in [1] Proverbiis,— " Ira principis " tanquam rugitus leonis," propter dura et aspera responsa et facta, licet ex bona et sana conscientia, Archiepiscopi, Domini Roberti de Winchelse, contra Dominum Regem, non modicam erga Dominum Cantuariæ concepit indignationem, plurimas occasiones prætendendo. Inter quas propositum fuit coram Domino Papa Bonefacio, ex parte Domini Regis, quod seminasset discordiam et conspirationem inter ipsum et baronagium suum. Propter quod, citatus fuit ad Curiam Apostolicæ Sedis, et privatus de temporalibus suis et spiritualibus. Moram trahendo ad dictam Curiam sacrosanctam, et expectando gratiam, ibi morabatur usque ad obitum Domini Regis, sicut postea declarabitur.[2]

King Edward makes complaint against Robert de Winchelsea, Archbishop of Canterbury, to Pope Boniface.

He is deprived of spirituals and temporals. (A.D. 1306.)

Johannes de Balliolo sursum tradidit Domino Regi Angliæ regnum Scotiæ.

Cæterum cum post decessum celebris memoriæ Domini Alexandri, Regis Scotiæ, [3]   senior et multi alii jure hæreditario vendicarent regnum Scotiæ, tandem coram Domino Rege memorato, tanquam capitali domino, consanguinitatis linea proximiori, dicto Domino Johanni de Balliolo, per sapientum discretionem electorum de utroque regno, jus et domi-

The kingdom of Scotland awarded by Edward to John de Balliol. (A.D. 1292.)

---

[1] *Proverbs* xix. 12.
[2] This, not improbably, bears reference to the *History of Edward II.* at the end of this MS., hitherto attributed to John de Trokelowe. At this point the context of MS. Bibl. Reg. 14 C. i. concludes, (folio 6 b); but it will be found to be continued in MS. Cotton. Claudius D. vi., folio 189.
[3] A word or words are omitted here; probably " *Robertus de Brus.*"

nium fuit adjudicatum; unde fecit homagium et juravit fidelitatem Domino Regi. Postea per sinistrum consilium Scotorum recalcitravit; et cum percepisset tandem se non posse sustinere bellum contra Dominum Regem, se et regnum reddidit Regi; cui relictis terris suis in Anglia, adivit Franciam, et ibidem ad propria remansit.

Dominus Robertus de Brus interfecit Dominum Johannem Comin.

Postmodum Dominus Robertus le Brus, defuncto patre suo, contra fidelitatem Domino Regi juratam, proponens Dominum Regem exhæreditare de regno Scotiæ, interfecit Dominum Johannem Cumin de Badenowe Baronem; quia noluit, sicut nec debuit, adquiescere [1] voluntati suæ ad debellandum contra Regem Angliæ; et fecit seipsum de facto, licet non de jure, in præjudicium Regis, [2] se in Regem coronari.

Hiis auditis, Dominus Rex, ira succensus, dedit arma militaria Domino Edwardo, filio suo, et plusquam quaterviginti aliis in [3] comitiva sua; et tunc Dominus Rex, cum [4] dicto filio suo [4] prædicto et magnatibus, [5] paraverunt exercitum copiosum ad tanti facinoris vindictam, et dolum, versus Scotiam. Quibus usque pervenientibus, iste maledictus Dominus Robertus le Brus, cum complicibus suis, in montibus, [6] paludibus, et cavernis, fugiendo latitavit.

Rediens igitur Dominus Rex, expectans et prævidens temporis opportunitatem ad expugnationem et prædicti delicti vindictam exercendam, moram traxit apud Karleolum; et in finibus illis [7] languore ingravescente per quinque dies, apud Burgum [8] Upe the Sondes, anno

---

[1] *volunti* in orig.
[2] This word is superfluous.
[3] *comitiu* in orig.
[4] Sic in orig.; *prædicto* being redundant.

[5] Sic in orig.; correctly *paravit*.
[6] *paludis* in orig.
[7] *langore* in orig.
[8] Meaning, "*Upon the Sands.*"

ætatis suæ sexagesimo octavo, et ultra a festo Sancti A.D. 1307.
Botulphi usque ad festum Translationis Sancti Thomæ
Martyris, anno regni sui tricesimo quinto intrante,
post guerras plures, laboresque infinitos, propter regni
salvationem, ac tribulationes multiformes, tam in
transmarinis partibus quam cismarinis, dicto die Translationis Sanctæ Thomæ, ab incolatu hujus sæculi
migravit ad Christum. Sperandum quoque est, et
certissime confidendum, quod bona innumerabilia quæ
feliciter operatus est in vita sua, allegabuntur pro ipso
ante tribunal Jesu Christi, ut cum ipso regnet in
æternum. Amen.

De nobili sepultura Domini Regis apud Westmonasterium.

Post decessum vero ejus, venerabilis pater, Dominus Honours paid to his body.
Petrus Hispanus, Cardinalis, universique magnates
regni qui potuerunt, et prælati, in obviam corpori
circumquaque festinarunt; et cum delatum fuisset per
ecclesias, eidem honorifice processiones solemniter fecerunt. Requievit autem corpus inhumatum apud It rests at Waltham until sepulture.
[1] Walham, postquam ibi fuerat delatum, usque ad
tempus sepulturæ suæ; deditque Cardinalis indulgentiam unius anni omnibus dicentibus Orationem Dominicam, cum Salutatione gloriosæ Virginis, pro
anima ipsius.

Missi vero fuerant ibidem, juxta mandatum executorum, de singulis domibus religiosorum, ubi magnus Deputations sent from each of the great Convents, for the performance of religious duties.
fuerat conventus, sex vicissim per unam hebdomadam
ad minus; qui vigilias et exequias solemniter fecerunt,
gravibus laboribus et expensis moram trahentes, donec
fuissent licenciati abire.

A festo igitur Translationis Sancti Thomæ Martyris usque ad festum Apostolorum Simonis et Judæ, His body is finally

---

[1] Meaning, *Waltham.*

buried at Westminster. (A.D. 1307.)

jacuit corpus inhumatum; quo quidem die in ecclesia Sancti Petri, quæ dicitur "Westmonasterium," venerabili patre, Domino Antonio, Patriarcha Ierusalem, Episcopo Dunelmensi, Missam pro anima celebrante, et infinito populo concurrente, appositus est ad patres suos, cum honore decenti: cujus animæ propitietur Rex Regum et Dominus [1] dominantium, Jesus Christus, qui vivit et regnat per omnia sæcula sæculorum.—Amen.

Post mortem illustris Regis Edwardi prædicti, regnavit pro eo Edwardus, filius ejus.

He is succeeded as King, by his son Edward.

Huic successit in regno Angliæ Edwardus, filius ejus, prout apparet [2] inferius; annotato incidenter quodam compendioso tractatu de regibus, cum aliis gestis notabilibus.—

[3] Si lector posita prudenter cuncta revolvet,
Hic finem primi nobilis inveniet.
Sepes trima, canes et equos, hominesque subaddas,
Cervos et corvos, aquilas, immania [4] decem,
Mundum quodque sequens pereuntis triplicat annos.
Mille quadraginta [5] luscus si subtrahis annum
Prædictis, quot Adam Christum præcesserit annis.

Anno ab origine mundi, secundum Septuaginta Interpretes, sunt, sicut patet per hos versus, usque ad Adam,—

Sexto milleno quingentesimo quoque deno,
Mille trecentesimus denus comitatur et unus.

[6] Anno ab Incarnatione Domini, vicesimo quinto die Martii, anno Gratiæ suæ tricesimo tertio non completo, passus est Christus.

---

[1] *dominan* in orig.

[2] See p. 421 *ante*, Note 2.

[3] These lines, though of a very halting, and apparently meaningless character, are intended for verse. They are perhaps meant for a Chronogram, or something of that nature.

[4] *dece* in orig.; probably some other word is really intended.

[5] This word is, perhaps, somewhat doubtful.

[6] These four words seem to be superfluous.

Vicesimo quinto die Martii, anno Gratiæ quadrage- A.D. 45–
simo quinto, Assumptio Beatæ Mariæ, quinto-decimo 924.
die Augusti.

Anno Gratiæ centesimo nonagesimo quinto, Lucius, Brief
Brittannorum Rex, ab Eleutherio Papa primus fidem Annals of
Christi suscepit; mortuus quidem, in ecclesia primæ of England.
Sedis, quæ tunc erat Londoniis, est sepultus.

Anno Gratiæ quadringentesimo quadragesimo nono, gens Anglorum, seu Saxonum, a Rege Vortigerno invitata, ducibus Horso et Hengisto, cum tribus longis navibus, Brittanniam est ingressa.

Anno Gratiæ quingentesimo sexto-decimo, coronatio victoriosi Regis Arthuri, infra Choræum Gigantum, regnantis septemdecim annis. Qui Glastoniæ tumulatur.

Anno Gratiæ quingentesimo nonagesimo sexto, conversio Regis Ethelberti et gentis Anglorum, per Sanctum Augustinum.

Anno Gratiæ [1] secentesimo [2] centesimo quarto, conversio Segeberti Regis per Sanctum Melitum, ipso anno primi fundatoris Ecclesiæ Westimonastarii; ibique sepulti. Cujus manus dextera, cum cute et unguibus, post annos septingentos integra reperitur.

Anno Gratiæ octingentesimo quinquagesimo quarto, Romæ coronatio Aluredi Regis, a Papa Leone. Hic primus monarcha Angliæ, coronationis suæ anno [3] quadragesimo sexto, regnationis vero suæ [3] tricesimo non completo, obiens Wyntoniæ sepelitur.

Anno Gratiæ octingentesimo septuagesimo, die vicesimo Novembris, Passio Sancti Edmundi Regis.

Anno Gratiæ nongentesimo primo, apud Kyngestone, coronatio Regis Edwardi, filii Regis Aluredi, vicesimo quarto [4] anno regnantis, qui Wyntoniæ sepelitur.

Anno Gratiæ nongentesimo vicesimo quarto, apud Kyngestone, coronatio Regis Ethelstani, filii Regis Ed-

---

[1] *cecentesimo* in orig.
[2] This is clearly a mistake for another word, perhaps "*vicesimo.*"
[3] This is evidently incorrect.
[4] *annis* in orig.

A.D. 954 –1017.

wardi. Hic, in sexto-decimo regni sui anno moriens, Malmesberiæ sepelitur.

Anno Gratiæ nongentesimo quadragesimo, apud Kyngestone, coronatio Edmundi, fratris Ethelstani, qui, in septimo anno regni sui occisus, Glastoniæ est humatus.

Anno Gratiæ nongentesimo [1] sexto-decimo, die sexto-decimo Augusti, apud Kyngestone, coronatio Regis Edredi, fratris Edmundi, viginti annis regnantis, qui apud Wyntoniam sepelitur.

Anno Gratiæ nongentesimo quinquagesimo quinto, apud Kyngestone, coronatio Edwini, filii Regis Edmundi. Hic [2] duodecim annis regnans, in tertio depositus, in quarto mortuus, apud Wyntoniam sepelitur.

Anno Gratiæ nongentesimo quinquagesimo septimo, apud Kyngestone, coronatio Edgari, fratris Edwyni. Hic anno sequenti, ad instantiam Sancti Dunstani, destructam Westmonasterii Ecclesiam renovavit; qui, decimo-nono regni sui anno moriens, Glastoniæ sepelitur.

Anno Gratiæ nongentesimo septuagesimo quinto, coronatio Edwardi, filii Regis Edgari. Hic, in tertio regni sui anno martyrizatus, Septoniæ sepelitur.

Anno Gratiæ nongentesimo septuagesimo nono, die vicesimo quarto Aprilis, apud Kyngestone, coronatio Etheldredi, filii Regis Edgari; qui, in tricesimo octavo regni sui anno mortuus, Londoniis est sepultus.

Anno Gratiæ millesimo sexto-decimo, Londoniis, coronatio Edmundi Ferrei Lateris, filii Regis Ethelredi, qui, in eodem anno proditionaliter interfectus, Glastoniæ est sepultus.

Anno Gratiæ millesimo septimo-decimo, Londoniis, coronatio Cnutonis Regis, filii [3] David. Hic, vicesimo regni anno mortuus, apud Wyntoniam est humatus.

---

[1] An error for, "quadragesimo sexto" (A.D. 946).
[2] An error for duo.
[3] An error for "Sweyni," Sweyn.

Anno Gratiæ millesimo tricesimo quinto, Oxoniæ, A.D. 1035 coronatio Regis Haroldi, filii Cnutonis, qui, in quinto −1153. regni sui anno mortuus, apud Westmonasterium primitus humabatur.

Anno Gratiæ millesimo quadragesimo, Cantuariæ, coronatio Hardecnuti, fratris [1] Haroldi ; qui, in tertio regni sui anno moriens, Wyntoniæ obtinet sepulturam.

Anno Gratiæ millesimo quadragesimo secundo, Wyntoniæ, die Paschæ, coronatio Edwardi, filii Regis Ethelredi, qui vicesimo quinto anno regni sui, die quinto Januarii, migrans ad Dominum, apud Westmonasterium, per ipsum reædificatum, quo usque hodie miraculis habetur celebris, tumulatur.

Anno Gratiæ millesimo sexagesimo sexto, Haroldus, filius Godwyni, die sexto Januarii, seipsum apud Westmonasterium coronavit, qui, in octavo-decimo die Octobris in bello occisus, apud Waltham, juxta Londonias tumulatur.

Anno Gratiæ millesimo sexagesimo septimo, apud Westmonasterium, coronatio Willelmi Ducis Normannorum, die Natalis Domini. Hic in vicesimo primo anno regni sui moriens, apud Cadomum est sepultus.

Anno Gratiæ millesimo octogesimo octavo, die vicesimo septimo Septembris, apud Westmonasterium, coronatio Willelmi Rufi, filii Conquæstoris. Hic tertiodecimo anno regni sui, primo die Augusti, obiens, Wyntoniæ sepelitur.

Anno Gratiæ millesimo centesimo, die quinto Augusti, apud Westmonasterium, coronatio Henrici, fratris Willelmi Rufi.

Postea, apud Westmonasterium coronatio Regis Stephani, qui in vicesimo anno regni sui, die vicesimo quinto Octobris, moriens, apud Faversham sepelitur.

Anno Gratiæ millesimo centesimo quinquagesimo tertio, die decimo-nono Decembris, apud Westmonasterium, coronatio Henrici, filii Matildis Imperatricis. Hic,

---

[1] *Horaldi* in orig.

A.D. 1153. in tricesimo sexto anno regni sui obiens, sepelitur apud
–1220. Fontem Ebraudi, hujus regis tempore Stephani.

Anno Gratiæ millesimo centesimo sexagesimo quarto, die vicesimo primo Octobris, apud Westmonasterium, Translatio Sancti Edwardi, Regis, Confessoris, et Virginis, per Sanctum Thomam.

Anno Gratiæ millesimo centesimo septuagesimo, tempore prædicti regis, die vicesimo primo Decembris, Cantuariæ, Passio Sancti Thomæ.

Anno Gratiæ millesimo centesimo octogesimo septimo, per Saracenos de Christianis ablatio.

Anno Gratiæ millesimo centesimo septuagesimo nono, die tertio Septembris, apud Westmonasterium, coronatio Regis [1] Edwardi, filii Regis Henrici Secundi; qui, in decimo anno regni sui moriens, apud Fontem Ebraudi sepelitur.

Anno Gratiæ millesimo [centesimo] [2] nonagesimo nono, die vicesimo septimo Maii, apud Westmonasterium, coronatio Johannis, fratris Ricardi Regis. In anno decimo regni sui octavo moriens, Wygorniæ sepelitur.

Anno millesimo ducentesimo quarto, Anglia supponitur Interdicto.

Anno millesimo ducentesimo quarto-decimo, ejusdem relaxatio Interdicti.

Ann Gratiæ millesimo ducentesimo quinto-decimo, die secundo Novembris, Romæ Concilium Lateranum.

Anno sequente applicuit Lodowycus in Angliam.

Anno Gratiæ millesimo ducentesimo sexto-decimo, die vicesimo octavo Octobris, apud Gloucestriam, coronatio Henrici, filii Johannis Regis.

Anno Gratiæ millesimo ducentesimo vicesimo, die octavo-decimo Maii, apud Westmonasterium, denuo a Stephano, Cantuariensi Archiepiscopo, coronatur. Septimo die Julii, transtulit Sanctum Thomam.

---

[1] An error for *Henrici*.
[2] It will be remarked here that the Coronation and succession of Richard I. are omitted.

Anno Gratiæ millesimo ducentesimo [1] vicesimo nono, die septimo-decimo Junii, natus fuit Edwardus, primogenitus suus.   A.D. 1239 –1274.

Anno Gratiæ millesimo ducentesimo quadragesimo secundo, die quinto-decimo Maii, Rex Henricus primo in Wasconiam transfretavit.

Anno millesimo ducentesimo quadragesimo quinto, die sexto Julii, novum opus Ecclesiæ Westmonasterii inchoavit.

Anno Gratiæ millesimo ducentesimo quinquagesimo tertio, die sexto Augusti, secundo in Wasconiam transfretavit.

Anno Gratiæ millesimo ducentesimo sexagesimo tertio, die quarto-decimo Julii, fuit Bellum Lewense.

Anno Gratiæ millesimo ducentesimo sexagesimo quinto, die quarto Augusti, in Bello de Evesham Rex Henricus de hostibus triumphavit.

Anno Gratiæ millesimo ducentesimo sexagesimo octavo, die tertio-decimo Octobris, apud Westmonasterium, Beatum Edwardum in aureo feretro collocavit.

Anno Gratiæ millesimo ducentesimo sexagesimo nono, filius ejus, Edwardus, mense Maii, iter arripuit Acon.

Anno Gratiæ millesimo ducentesimo septuagesimo [2] primo, Rex Henricus, die sexto-decimo Novembris, post quinquaginta sex annos et dies viginti coronationis suæ, ætatis vero suæ sexagesimo quinto, ex hoc sæculo migravit ad Dominum: apud Westmonasterium decentissime est sepultus.

Anno Gratiæ millesimo ducentesimo septuagesimo secundo, sepulto Rege Henrico Tertio, vicesimo die Novembris, regnavit Edwardus, filius ejus, pro eo.

Anno Gratiæ millesimo ducentesimo septuagesimo quarto, die decimo-nono Augusti, apud Westmonasterium, coronatio Regis Edwardi.

---

[1] An error for *tricesimo*. | [2] An error for *secundo*.

A.D. 1274 —1289.

Hoc anno, die vicesimo octavo Aprilis, sub Papa Gregorio, fuit Concilium Lugdunense.

Anno Gratiæ millesimo ducentesimo septuagesimo nono, fuit prima mutatio monetæ.

Anno Gratiæ millesimo ducentesimo octogesimo secundo, decapitatio Principis Walliæ, Lewellini, et anno sequenti, germani sui, David.

Anno Gratiæ millesimo ducentesimo octogesimo quarto, die vicesimo quinto Aprilis, natus est Edwardus, filius Regis Edwardi.

Anno Gratiæ millesimo ducentesimo [1]nonagesimo secundo, die vicesimo nono Novembris, obiit Alienora, Regina, socia ejusdem Edwardi.

[2]Anno Gratiæ millesimo ducentesimo octogesimo quinto.—

Rex nova Statuta condit, sit ut Anglia tuta. [3]Data

Anno Gratiæ millesimo ducentesimo octogesimo sexto, septimo Kalendas Augusti.—

Rex mare transivit; hoc gens bene Gallica scivit. Data

Anno Gratiæ millesimo ducentesimo octavo.—

Rex Cruce-signatur; Walensis ad arma paratur. Data

Anno Gratiæ millesimo ducentesimo octogesimo nono, pridie Nonas Septembris.—

Rex redit, est læta gens Anglica laude repleta. Data

---

[1] Correctly, *nonagesimo primo*. The figures representing these two words have been altered in orig.

[2] The next page (fol. 191 a)—apparently a fragment of a rhyming Chronicle of St. Alban's,—is of a somewhat later date, belonging to the early part of the reign of Edward III. The colouring of the margins evidently proves it to be a production of the *Scriptorium* of St. Alban's.

[3] This word, under the form of D., is in general added at the end of each line; in reference, probably to the date given in the next.

Anno Gratiæ millesimo ducentesimo nonagesimo.— A.D. 1290
Inclyta stirps Regis sponso datur, ordine legis. –1298.
Anno eodem, tertio Kalendas Decembris.—
Uxor Regis obit, Judæus trans mare fugit.
Eodem anno, obiit Abbas Rogerus. [1] Data
Anno Gratiæ millesimo ducentesimo nonagesimo primo.—
Destruit Akon lis, et Scotia subditur Anglis.
Anno Gratiæ millesimo ducentesimo nonagesimo [2] tertio.—
[3] Bellum navale fit Normannis generale. Data
Anno Gratiæ millesimo ducentesimo nonagesimo quinto.—
Wallia calcatur, Præsul novus incathedratur. Data
Anno Gratiæ millesimo ducentesimo nonagesimo quinto, octavo [4] Kalendas .
Adsunt Cardinales, fit Comitisque [5] Gloucestriæ ruina. Data
Anno Gratiæ millesimo ducentesimo nonagesimo sexto, quinto Kalendas Maii.—
Bella parans [6] Scotus, regno dolet esse remotus. Data
Anno Gratiæ millesimo ducentesimo nonagesimo septimo, decimo Kalendas Decembris.—
Rex petit alta freta, recipit quem Flandria læta. Data
Anno Gratiæ millesimo ducentesimo nonagesimo octavo, nono Kalendas Julii.—
[7] Par nova formatur, hostis Scotus laniatur.—
[8] secundo Kalendas Augusti Faukirk. Data.

---

[1] This word is followed by the abbrevation p's, possibly "præses" is meant.
[2] The numerals were, apparently, originally intended for *quarto.*
[3] D., for *Data,* with an erasure, follows this word in orig.
[4] The month is omitted.
[5] This word is inserted over the line; the death of Gilbert de Clare, Earl of Gloucester, is alluded to.
[6] In allusion to John de Balliol.
[7] Alluding probably to the alliance between the Earls Marshal and of Hereford, to obtain a confirmation of Magna Charta from Edward I. See *ante,* p. 186.
[8] These words are added over the line.

A.D. 1299 –1323.

Anno Gratiæ millesimo ducentesimo nonagesimo nono, sexto Idus Septembris.—

Regi sponsa datur, quæ "Margareta" vocatur. Data

Anno Gratiæ millesimo trecentesimo.—

Rex confortatur, populo scriptum roboratur. Data

Eodem anno natus est Thomas, filius Regis, apud Brothertone.

Anno Gratiæ millesimo trecentesimo primo.—

Nominat Edmundum natum Regina secundum.

Anno Gratiæ millesimo trecentesimo secundo.—

[1] Pugnat lanificus, Francus ruit hinc inimicus. Data

Anno regni Regis Edwardi tricesimo quinto, Nonas Julii, die Dominica.—

Obiit dictus Rex Edwardus; quo sepulto, regnavit filius ejus, Edwardus, pro eo. Data cujus

Anno Gratiæ millesimo trecentesimo septimo, duodecimo Kalendas Martii, apud Westmonasterium,—

Anglia lætatur, Edwardus dum coronatur. Data

Anno Gratiæ millesimo trecentesimo duodecimo.—

Natus est Edwardus, filius Regis, die Sancti B[r]icii Episcopi. Data

Anno Gratiæ millesimo trecentesimo quarto-decimo, tertio Nonas Januarii.—

Sepultus est Petrus de Gavestone apud Langeleye. Data

Anno Domini millesimo trecentesimo vicesimo secundo, et anno regni Regis Edwardi quinto-decimo, undecimo Kalendas Aprilis.—

Ense recordatur Rex quod [2] Thomas moriatur.

Circa idem tempus, anno revoluto,—

Quo capiebatur, Andreas [3] Hercele sic trucidatur;

Captus tractatur, suspensus decapitatur.

---

[1] In allusion probably to the defeat of the French, by the Flemish weavers at Courtrai. See p. 211 *ante.*

[2] In allusion to the death of Thomas, Earl of Lancaster.

[3] This word is added above the line, and in, perhaps, a somewhat later hand.

Anno Domini millesimo trecentesimo vicesimo quin- A.D. 1325.
to.—

Transfretat natus ¹ Edwardus, et fit Dux Aquitanensis,—octavo Kalendas Octobris.

Anno Domini millesimo trecentesimo vicesimo sexto, octavo Kalendas Octobris.—

Mater cum nato redit hic, genitore fugato.

Anno eodem, Idus Januarii.—

Eligitur natus, "Edwardus" qui vocitatur, ² Tertius a Conquæstu.

Item, Kalendis Februarii, anno eodem.—

Atque coronatur, pater ejectus reprobatur.

---

¹ This word is written above the line.

² These words are written above the line. See p. 371, *ante*, Note. 4.

ANNALES REGIS EDWARDI PRIMI.
FRAGMENTUM (I.)

ANNALES REGIS EDWARDI PRIMI.

(MS. COTTON. CLAUDIUS D. VI.)[1]

DE TEMPORE REGIS EDWARDI, VIDELICET [2]TERTII.

De obitu Comitis Holandiæ.

Diebus sub eisdem, Comes Holandiæ diem extremum clausit, cui maritata fuit filia Regis Angliæ, Domina Elisabeth : cujus obitum tam Gallici quam Anglici moleste ferebant. Mox Rex Angliæ misit solemnes nuncios, [3] quasi totius regni peritissimos, ut filiam suam, dicti Comitis uxorem, secundum consuetudinem Galliæ, rite dotari procurarent, deinde in Angliam adducerent. (A.D. 1299.) Death of the Count of Holland, husband of the Princess Elizabeth.

Quomodo Rex Franciæ in Comitem Flandriæ impetum fecerit.

Eodem anno, cum Rex Franciæ a relatoribus didicisset Comitem Flandriæ a se recessisse, et Regi Angliæ tempore discordiæ adhæsisse, et cum eo fœdus firmissimum pepigisse, spreto homagio quod ei, legitimo domino suo, fecerat, iratus est valde, et, quasi furibundus, ipsum diffiducians, a Curia sua confestim recedere præcepit ; et in sequens Comitis terram igne ac ferro hostiliter cœpit exterminare. Præterea nautis et classis suæ custodibus, qui in ostio Sequanæ expectaverant, cum armis et victualibus, signavit quatenus versus [4]Suyns, Flandriæ portum, vela dirigerent, et The King of France commences hostilities against the Count of Flanders.

---

[1] Folios 175 a—182 a.
[2] See p. 371, *ante*, Note 4, as to this title given to Edward I.
[3] The contraction is blotted, but this is probably the word intended.
[4] Sig in orig. ; qy. if not *Sluys*.

A.D. 1299. vexilla, et ad eum illuc venire quantocius festinarent; quod et factum est. Erant enim insurgentes in cum Karolus, frater Regis, et alii non pauci, graves et famosi.

The Count and his son are made prisoners. (A.D. 1303.)

Tandem captus est dictus Comes, cum filio suo, et in civitatem Parisius diutina carcerali custodia mancipatus. Tunc pœnituit Comitem de suæ temeritatis præsumptione, quod Regi Angliæ adhæsisset; quia fraudatus est ejus [1] adminiculo, in quo anchoram spei suæ in necessitatis articulo frustra figebat.

Natus est Domino Regi filius, et vocatus est "Thomas."

A.D. 1300. Birth of Prince Thomas de Brotherton.

Anno Domini millesimo trecentesimo, Kalendas Junias, apud Brotherthone natus est Regi filius ex Regina sua, Margareta; et congratulabantur ei omnes magnates regni, sed maxime Rex Franciæ, cujus soror erat dicta regina.

Queen Margaret, in her labour, successfully invokes St. Thomas of Canterbury.

Cum autem Regina, ex more mulieris parturientis, dolores perpessa esset, Beatum Thomam, Cantuariæ Archiepiscopum et Martyrem, devotione qua potuit, interpellabat, ut ei subveniret suis sanctis precibus, et in difficultate pariendi adjutorium impenderet,—mira res,— statim voti compos effecta est: sine difficultate peperit filium suum primogenitum, et aptatum est ei nomen "Thomas." In honore Beati Thomæ, hinc inde mittuntur oblationes Beato Martyri per solemnes nuncios.

Quoddam prognosticum pueri nati.

Repugnance of the infant Prince to a French nurse.

Processu temporis, cum idem puer ubera nutricis suæ, scilicet, mulieris Francigenæ, suxisset, cœpit vagire et lac evomere quo refocillari debuisset; ex quo omnes desperabant de ejus vita. Mox consultum est ut providerent ei mulierem Anglicanam, ut eum abla[c]taret.

---

[1] *adminuculo* in orig.

Ita factum est, et statim convalescebat, et de cætero ab ea refocillabatur; crescebat diatim a bono in melius.

A.D. 1300.

Rex cum exercitu copioso versus Scotiam proficiscitur.

Tempore sub eodem, Dominus Rex, congregato exercitu copioso a tota Anglia, versus Boreales Angliæ partes, Scotos expugnaturus, proficiscitur, anno regni sui vicesimo octavo. Cum autem ad Carlelum pervenisset, simulque convenientibus qui ei servitium facere tenebantur, dispositis quibuslibet necessariis, non minus acer ingenio quam alacer in prœlio, non [1] inerti cohorte procerum suorum e vestigio, in crastino Sancti Swithuni Episcopi, Scotorum exercitui cœpit obviare, se jam quarto inquietantium, prius insignitus vexillo Dominicæ Crucis; cujus adminiculo protectus, quam, armis suis congregatis, insuerat ante et retro, una cum omnibus commilitonibus suis. Congregatis tandem cunctis quos expectaverat, illinc in Sulwatlandes progreditur, quæ est Marchia inter Angliam et Scotiam, postea Anande; ibi fixit tentoria sua. Deinde Loncmaban Castrum obsedit, et de facili possedit. Postea [2] per dietas versus Castrum Karlaverok.

King Edward proceeds towards Scotland.

Protected by the emblem of the Cross.

He passes through Annandale, besieges Lochmaben, and proceeds towards Caerlaverock.

Qualiter Castrum de Karlaverok obsidetur.

Cumque Rex ad dictum castrum appropinquaret, præmisit quosdam de exercitu suo, ut castrum redderent. Scoti autem qui deintus erant, obstinatis mentibus, responderunt se nunquam reddere nisi conditionaliter, videlicet, redditis sibi vita et membris, cum plenitudine possessionum. Deinde præambuli Regis, qui præmissi

He demands the surrender of Caerlaverock Castle.

---

[1] *inerta choorte* in orig.
[2] "*progreditur*," or some similar word, is wanting here.

A.D. 1300. erant, reversi sunt ad Regem, renunciantes ei respon-
He besieges siones eorum. Qui mox vehementi felle commotus, quasi
the Castle, leæna, raptis catulis, jussit exercitum armatum præce-
dere; ipse autem secutus est eos. Illico cum pervenisset
ad castrum, indixit exercitui suo, ut alii egressum in-
clusis abnegarent, alii crebris arietibus, cæterisque machinationibus, murorum compagem dissolverent. Qui
præcepta effectibus exequentes, omni nisu contendebant,
quibus modis obsessos crudelius infestarent. Cum
And takes autem, peracta testudine, murus suffoderetur, hostes
it. retrocedere cogebat. Tunc Scoti desperati Regi aditum
annuerunt; castrum vero, sic sine difficultate receptum,
militibus suis tradidit custodiendum.

King Non multum post, Rex, cum exercitu suo, intravit
Edward in Galeweydam: tunc accesserunt ad eum Gale-
marches
into Gallo- weydæ Episcopus, qui dicitur " Episcopus Candidæ
way. " Casæ," et duo milites, ut tractatum haberent de
pace; sed nihil factum est. Item accesserunt ad Regem
ad pontem de De; sed nec profecerunt. Postea cum
Rex veniret Kyrctudebrith, venit ibidem Comes de
Douban, et Johannes filius Johannis Comyn de Ba-
denak, et tractatum habuerunt per unum diem, et
iterum per alium; frustra, quod nihil expedierunt,
The Scots quia diversa et inconvenientia petierunt. Fuit autem
treat for petitio eorum, quod Dominus Johannes de Balliolo
peace, and
make cer- posset super eos regnare, et filius [1] suus post eum,
tain de- temporibus suis; et quod magnates de Scotia possent
mands.
redimere terras suas, datas diversis personis Angliæ,
penes illos quibus datæ sunt per Regem; alioquin se
defenderent quamdiu possent. Et sic recesserunt, cum
indignatione Regis maxima.

In crastino, profectus est Rex usque ad Swynam,
et ibi moratus est per octo dies, propter victualia
quærenda ad naves, et ad cariandum per terram.
Accidit autem quod quodam die, sometarii exercitus

---

[1] *suis* in orig.

exierunt propter foragia, et aliis necessariis quærendis, A.D. 1300.
ad tres leucas supra [1] fluminum, ultra quem
Scoti allogiati delituerant in quodam passu fortissimo,
ut nos explorarent, et irent de [2] banerettis nostri exercitus, cum sometariis, ut moris est guerræ, ut illos et
equos suos salvarent. Quidam miles Scoticus, Robertus
de Keyth, Marescallus exercitus illorum, [dum] transiret
aquam versus nostros, statim comprehenditur, cum
armigero suo. Et multi pedites sui mortui sunt.

Item, die Lunæ proxima ante festum Sancti Laurentii, *Further repulse of the Scots.*
profectus est Rex versus aquam antedictam : ibi fixit
tentorium suum. Summo mane accesserunt de nostris
peditibus pauci : cum ad aquam stantes super ripam,
et pedites Scotorum ex parte altera super ripam, et
sagittabant ad invicem, viriliter inferendo tela telis,
sagittas sagittis. Retroacto autem fluctu maris, transierunt pedites nostri et vim obtinuerunt, et sine difficultate rivum fluminis ex parte Scotorum pertransierunt,
et ipsos vilissime repulerunt. Et sic sagittantes contra Scotos, vim faciebant usque ad horam tertiam ;
et tunc venit Rex, cum sua cohorte, ante vadum, et
transiens passim usque tentoria sua, et [3] descendit.
Comes Warenniæ, transiens cum sua cohorte per vadum,
et ad tentorium suum descendit. Postremo venit filius
Regis, cum sua cohorte, et ipse coram vado ungulabat, perspiciens qualiter sagittarent mutuo alternatim. Ex parte Scotorum vidit Ingeram de Umframvilla, cum sua cohorte, ex parte dextra a nobis,
Comitem de [4] Boughan, cum sua cohorte, a sinistra, et
Johannem Comyn, quasi mediam cohortem gubernantem. At Rex, comperiens insidias quas versuti Scoti
ei paraverant, voluit vadum transire : interim præcepit
Comiti de Herfordia, quod revocaret pedites suos qui

---

[1] This word, *qrend'*, is apparently unintelligible.

[2] The context here is evidently imperfect.

[3] *decendit* in orig. The context here also, and in the preceding passages, is imperfect.

[4] *Boughan* in orig.

A.D. 1300. transierant rivum, subtracto fluctu; prohibens ne aliquis transiret ipso die. Videntes autem pedites Comitem venientem, sperabant quod in succursum eorum veniret, et facti magis animosi virilius et audacius Scotos invaserunt. Sed cum milites nostri, super ripam stantes, viderent Comitem, ultra aquam illico transierunt, et filius Regis, cum sua cohorte. Rex autem, audito hoc, jussit tubis et buccinis resonare; [1] ascenso dextrario suo, festinavit ad aquam, et Comes Warenniæ similiter. Quod videntes Scoti, quasi lepores ante leporarios, in momento dispersi sunt; nimio timore perculsi, per montes et nemora fugam inierunt, sed plures ceciderunt. In illo die fugati sunt de Scotis usque ad decem leucas ex una parte, et ex aliis partibus ad sex et octo leucas. Ibi dimiserunt et amiserunt non modica de hernesiis et carettis, et hujusmodi, quæ [2] nostri non necuerunt.

The Scots finally take to flight.

Quidam autem Scotorum milites strenuissimi, relictis equis, petierunt moras et vados aquosos; sed, proh dolor! defecerunt nobis pedites de Wallia. Si enim tales habuissemus, nullus magnatum nos evasisset, quia montes, nemora, et moræ, ipsos salvabant, ubi equites nostri parum aut nihil valebant.

Edward is deserted by his Welch troops.

Ipso die captus erat quidam armiger, nomine "Robertus Barde," qui non [3] modica damna, cum septem fratribus suis, fecit in Marchia illa. Et sic illo die utrobique suspensa est victoria.

Capture of Robert Barde, an Esquire.

Littera missa a Patriarcha Ierusalem Summo Pontifici, Bonifacio Octavo.

"Universis Sanctæ Matris Ecclesiæ filiis, hanc paginam visuris vel inspecturis, N., Dei gratia, sacrosanctæ Ierosolomitanæ Ecclesiæ humilis Patriarcha,

Letter of the Patriarch of Jerusalem,

---

[1] *acenso* in orig.
[2] *nostris* in orig., erroneously.
[3] *modicta* in orig.

"et Cardinalis Romanæ Ecclesiæ, salutem, in caritate
"perfectam gratiam, atque patriarchalem benedictio-
"nem. Noverit quod Galfridus de Semary, et Domi-
"nus Johannes Capellanus, frater ejus, iter arripue-
"runt versus Terram Sanctam, ad visitandum Montem
"Calviariæ, ubi Christus crucifixus fuit, et alia loca
"sancta in prædicta terra; quo et dictus Johannes
"Capellanus in bello de Akon interfectus est, præ
"amore Jesu Christi, a perfidis pag[a]nis; et Galfridus
"de Semary, frater prædicti Johannis, et multi alii
"Christiani, in eodem bello de Akon fuerunt capti, et in
"prædicta terra per novem annos, et amplius, fuerunt
"captivati, et in civitate Babylone ducti; ubi multa
"horribilia tormenta constanter pro Christi nomine
"sustinuerunt. Noverit insuper, quod Dominus pro
"Tartaris multa operatus est miracula; quia in [1]plano
"Damasci in camelo descendebant contra Saracenos
"in prœlio, et ceciderunt eodem die Saracenorum
"quinque millia, et amplius: Soldanus vero, [2]convictus,
"fugit in Babylonem. Tandem, per misericordiam
"Domini Omnipotentis, per Dominum Cassanum, Re-
"gem Tartarorum, nuper ad sacrum baptismum provo-
"catum, et [3]ampliter confirmatum—qui quidem Rex
"Cassanus, Rex Tartarorum, divino adjutorio totum
"regnum [4]Seplinum ad usus Christianorum adqui-
"sivit, et plures alias terras;—contingit divino mi-
"raculo, quod Cassanus, Rex Christianissimus, cum
"suo exercitu bellum fortissimum contra Soldanum
"Babyloniæ, et exercitum suum, in Augusto, videlicet,
"die octavo, ante portas Babyloniæ commisit, anno
"gratiæ millesimo trecentesimo; in quo etiam bello
"ceciderunt ducenta millia Saracenorum, et amplius,

A.D. 1300.
announc-
ing a great
victory of
the King of
the Tartars
over the
Soldan of
Babylon,
and the cap-
ture of
Babylon
(in Egypt).

---

[1] *pleno* in orig., erroneously.
[2] This word is somewhat doubtful; "*committitur fugæ*" was probably originally intended.
[3] This word also is doubtful.
[4] The exact form of this word is
doubtful; and the passage is ungrammatical, and apparently incomplete.

A.D. 1300. " et Soldanus eodem die interfectus est. Tertio vero
" die post bellum commissum, civitas Babyloniæ fuit
" capta, benedictus Dominus Deus Israel! Hiis itaque
" peractis, per Dei misericordiam, et per Dominum
" Cassanum, Regem prædictum, liberatus fuit Galfridus
" de Semari; et multi alii Christiani de civitate Baby-
" loniæ a manibus inimicorum liberati fuerunt. Sed
" cum prædictus Galfridus ad partes proprias remeare
" non valet sine Dei auxilio, et fidelium eleemosynis,—
" nos ¹ hortamur, etc."

Qualiter Rex Tarsiæ scripsit Papæ Bonifacio.

Letter of Cassanus, King of the Tartars, to Pope Boniface VIII.

" Cassanus, Rex Tartarorum, magno Sacerdoti salu-
" tem. Vidimus nuncios tuos, sublime loquentes; sive
" tui audacia, sive ignorantia, nescimus. Si vis panem
" et aquam comedere, veni ad nos; sin autem, venie-
" mus tibi."

Qualiter quidam explorator Scotiæ seduxit quosdam Anglicanos.

Treacherous plan carried out by a Scottish refugee.

Quidam insidiator Scotiæ tunc temporis accessit ad quemdam Comitem Angliæ, ultro se offerens ut ad pacem Regis veniret; qui de facili admissus est: non tantum ille, sed quotquot venire cupiebant benigne admittebantur. Rex autem multo magis gaudebat de eorum emendatione quam morte, sumens exemplum a Salvatore, dicente,—² " Nolo mortem peccatoris, sed ut " magis convertatur, et vivat."

Hic autem, cum putabatur esse domesticus et fidelis, ostendens se esse pacificum in dolo, processu temporis promisit domino suo, prædicto Comiti, cui se spopondit fidelem et utilem, quod ei non modicam prædam bestiarum, ad summam ducentorum bovium obesorum, si consilio suo adquiesceret.³ Ad hoc dictus Comes

---

¹ *ortamur* in orig.
² In reference to *Ezekiel* xviii. 23.

³ This sentence is incomplete: "*procuraret*," or some similar word, is wanting.

respondit,—" Illis indigemus;" cui seductor dixit;— A.D. 1300.
" Quamobrem laudo, et saluberrimum consilium do, ut
" mittatis mecum homines sufficientes, tam pedites
" quam equestres, ad ducentos, vel amplius aut minus,
" et ero ductor eorum."

Credidit dictus Comes fallaciis versuti Scoti, et
commisit cum eo numerum ducentorum virorum, tam
peditum quam equestrium. Cumque pertransissent spatium trium leucarum, dicto seductore præcedente, et
perduxit eos ad exercitum Scotorum; cumque Scoti eos
¹advertasse contemplabantur, mox irruerunt in illos,
absque cunctamine eos interfecerunt. Ecce occulta
amici proditio! non enim illud laudabat ut salus inde
proveniret Regi, sed quia sciebat Scotos gentem esse
instabilem et fallacem, et ad omne scelus paratam.

Inebriati ergo sunt, in iram inducti insurrexerunt *The English army puts the Scots to flight. King Edward, however, is disappointed.*
in Anglicanos; quidam eorum inopinate occubuerunt,
quidam aufugientes rem gestam Regi nunciaverunt.
Post hoc, Anglici, irrumpentes subito in Scotos, impetum fecerunt in eos, et usque ad decem leucas effugaverunt. Cotidianus enim angor cor Regis sauciabat,
quia voti sui compos effici minime prævaluit.

Repatriantur multi nobiles.

Multi e Comitibus et Baronibus nobiles, cum com- *King Edward is forsaken by many of his nobles.*
perissent moram eorum in partibus illis inutilem,
petita, sed nec obtenta, a Rege licentia, pecunia et
necessariis destituti, urgente necessitate, inglorii ad
propria repatriantur. Rex igitur, in diversas meditationes inductus, familiares suos ²[ad] se vocavit, præcepitque conjicere quid super tali re autumarent, nescius quid contra nefandam gentem Scotorum ageret.

Cumque omnes auscultassent, diversi diversa profere- *By the advice of one of his nobles, he*
bant. Deinde unus de magnatibus se erexit; tale consilium hujusmodi sermone disseruit;—" Domine Rex,

---

¹ Qy. if not *adventasse*. | ² Omitted in orig.

A.D. 1300. "jam enim ¹hiems appropinquat, exosam gentem
dismisses his army. "Scotorum inquietastis, per diversa loca remotius pro-
"pulistis. Sinite quosdam de exercitu vestro ²abs-
"cedere." Placuitque Regi, et omnibus qui aderant,
sententia illius. Rex paruit consilio ejus: confestim
He himself præcepit commilitones suos repatriare. Ipse vero per
remains for a time in aliquod tempus in Galewoydam, cum quibusdam Comi-
Galloway. tibus, moram traxit.

Interea disponit custodes castellorum, et ea restituere
aggreditur contra insultus Scotorum, et ³invasiones.
He purposes wintering at Carlisle. Deinde apud Karlelum hiemare proposuit, ⁴cum Regina
et domesticis suis; postea, intrante vere, proceres suos
revocare, ut Scotorum audaciam attenuaret.

*Qualiter Scoti miserunt legatos Summo Pontifici,
Bonifacio Octavo, ut eis esset in adjutorium.*

Pope Boniface promises that he will intercede on behalf of the Scots. Cumque nuncii Scotorum venissent ad illam venalem
Curiam Romæ, et Domino Papæ causam adventus
eorum ostendissent, et donis uberrimis ipsum placas-
sent, qui solas litteras steriles et infructuosas, sine
muneribus, parvipendebat, Dominus Papa illis respondit, quod in brevi Regi Angliæ commonitoria sua
propriis legatis destinaret; quod opere post pusillum
adimplevit. Tunc præcepit illis repatriare. Processu
temporis, Dominus Papa, promissionis suæ non immemor, direxit quemdam Lumbardum, cum litteris suis
bullatis, ut adiret Archiepiscopum Cantuariæ, ut simul,
cum festinatione, more legatorio Regi Angliæ apices
The Pope's Envoy appears before Edward in Scotland. Apostolicos ostenderent. Qui sine cunctatione paruerunt jussionibus Apostolicis, et post trium hebdoma-
darum revolutionem invenerunt Regem Edwardum
Tertium in Scotia, contra Scotos dimicantem, illico
deinde ostendentes ei litteras Apostolicas.

---

¹ *yems* in orig.   ³ *invaciones* in orig.
² *abcedere* in orig.   ⁴ Repeated in orig.

Quibus respectis et intellectis, statim Rex alta voce respondit;—"Per sanguinem Dei, propter Syon non "quiescam, et propter Ierusalem non praetermittam "quin defendam jus meum, dum sustentet mihi artus "corporis hujus vitae spiraculum; necnon inimicos "meos, exosos Scotos, jam quarto me, dominum suum, "inquietantes, propulsabo." Tenor Bullae talis erat, quod Summus Pontifex, (tam prece quam pretio corruptus, verum etiam, ut verius dicatur, fallaciter seductus,) mandavit Domino Regi, ne de caetero amplius bellum faceret contra Scotos; asserens illos Capellae suae pertinentes.

His answer to the Envoy, asserting that he will maintain his rights.

Tenor of the Pope's Bull.

Qualiter Scoti miserunt nuncios Regi.

Emensis deinde aliquot diebus, resociatis Scotis, miserunt nuncios Regi, quatenus permitteret eos cum tranquillitate et pace ¹[vivere], quousque pares suos, scilicet, Regem Franciae et duodecim Pares, reconciliassent, et quia Dominus Papa brachium potentiae suae apponere proposuerat. Ad haec verba, Rex, solutus in risum, sic ait;—"Ex quo omnes vos et singuli "mihi, ut praecipuo domino Scotiae, homagium reddidistis, et nunc foederis praevaricatores existitis, me "illudentes, ac si viribus carerem."² Ad haec Scoti, qui missi erant;—"Ne moveas, Rex, vanum risum, quia "hoc absque vanitate proferimus. Utere viribus tuis, "et contemplare utrum ingenium virtuti, an virtus "ingenio, cedat." Illico Rex cum indignatione respondit,—"Caveatis vobis, ne amplius coram me veniatis." Exin, consilio suorum, ad tutiora loca progreditur, cum juramento asserens se totam Scotiam, a mari usque ad mare, vastaturum, ipsos deditioni mancipandos, si copia congrediendi sibi praestetur. At Scoti promittunt se viribus totis, vice versa, bellaturos contra

The Scots send envoys to King Edward, whom he dismisses with disdain.

He threatens to devastate the whole of Scotland.

---

¹ Omitted in orig.
² This speech is incomplete; see
Walsingham, I., p. 82.

A.D. 1300. ipsum, necnon suis machinationibus resistere : quos quidem Scotos Rex, ut proposuerat, insequi non distulit.

Nuncii Regis, missi in Franciam, redierunt in Angliam.

The Princess Elizabeth, at her father's desire, returns to England.

Tunc temporis nuncii Regis redierunt in Angliam, qui nuper missi erant in Franciam, quia Comite de Holondia viam universæ carnis ingresso,[1] qui quidem Comes filiam Regis Edwardi [2] Tertii, Elysabet, desponsaverat; quæ animo volenti in Angliam reversa est, morandi gratia, Domino Rege, patre suo, jubente, et ipsa spontanea voluntate assensum præbente.

De obitu Domini Ædmundi, Comitis Cornubiæ.

Death of Edmund, Earl of Cornwall, cousin of King Edward.

Sub illis diebus obiit, videlicet, Kalendis Octobris, Dominus Ædmundus, Comes Cornubiæ, avunculus Regis Edwardi; quod cum cognovisset Rex, moleste sustinuit. Illico speciales litteras direxit per totum regnum viris religiosis, ut pro eo speciales et devotas facerent orationes. Corpus ejus diu manebat inhumatum, propter Regis absentiam; volebat enim Rex ejus interesse exequio, tum quia consanguineus, tum quia singularis et amoris intimi prærogativa sincere dilexerat. Viscera tamen et cor apud Asrugge, in ecclesia quam fundaverat, sunt humata; et quia hæredem de seipso non habebat, Rex Edwardus, jure hæreditario, ejus hæres effectus est.

His heart and entrails buried at Ashridge. King Edward his heir.

De Anno Jubelæo.

Year of Jubilee.

Tunc temporis accidit annus Jubelæus; in quo tanta multitudo pœnitentium de omni natione Christiana

---

[1] This sentence is incomplete. | [2] See page 371, *ante*, Note 4.

quæ sub cœlo erat, catervatim Curiam Romanam quærebant, absolutionis gratia, ita ut itinera et plateas civitatum cooperuerant, quasi [1] atomi in radio solis; sub tempore Bonefacii Octavi, Papæ, qui devotissime eos jussit admitti, ordinavitque confessores et pœnitentiarios secundum diversa nationum idiomata, ita ut unusquisque linguam suam, de qua natus est, audiret et intelligeret. Præcepit etiam idem Apostolicus pœnitentiariis suis, ut omnes et singulos ad Apostolicam Sedem advenientes, causa devotionis, pœnitentiæ, et contritionis, ab omnibus peccatis, licet enormibus, absolverent; et adeo immunes essent ab omni peccatorum contagione, quasi admodum infans de fonte sacri baptismatis recenter elevatus.

Provisions made by Pope Boniface on that occasion.

Littera Papalis de anno Jubelæo.

"Bonefacius Episcopus, servus servorum Dei, ad
"certitudinem præsentium, et memoriam futurorum.
"Antiquorum habet fida relatio, quod accedentibus
"ad honorabilem Basilicam Principis Apostolorum de
"Urbe, concessæ sunt remissiones magnæ indulgentiæ
"peccatorum. Nos igitur, qui, juxta officium nostri
"debitum, salutem appetimus et precamur libentius
"singulorum, hujusmodi remissiones et indulgentias
"omnes et singulas ratas et gratas habentes, ipsas,
"auctoritate Apostolica, confirmamus, approbamus, et
"etiam innovamus, et præsentis scripti patrocinio
"communimus, ut cum Beatissimi Petrus et Paulus
"Apostoli eo amplius honorentur, quo ipsorum Basilicæ
"de Urbe [2] devotius fuerint a fidelibus frequentatæ, et
"fideles ipsi spiritualium largitione munerum et hujus-
"modi frequentatione magis censuerint refectos; nos de
"Omnipotentis Dei misericordia, et in eorundem Apos-
"tolorum Petri et Pauli [3] [honorem], quorum meritis et

Letter of Pope Boniface, granting certain indulgences to penitents resorting to Rome.

---

[1] *atthomi* in orig.
[2] *devotiones* in orig., erroneously.
[3] This, or a similar word, is omitted in orig.

A.D. 1300. "auctoritate confisi, de fratrum nostrorum consilio, et
"Apostolicæ plenitudine pietatis, omnibus in præsenti
"anno millesimo trecentesimo a festo Natalis Domini
"nostri, Jesu Christi, præterito proxime [1] inchoato,
"et in quolibet continuo secuturo anno, ad Basilicas
"ipsas accedentibus reverenter, vere pœnitentibus et
"confessis, vel qui vere pœnitebunt et confitebuntur, in
"hujusmodi præsenti, et in quolibet centesimo, secu-
"turis annis, non solum plenam et largiorem, immo
"plenissimam, omnium suorum concedimus veniam
"peccatorum; statuentes ut qui hujusmodi indulgentiæ,
"a nobis concessæ, voluerit fore particeps, si fuerint
"Romani, ad minus triginta diebus continuis, vel in-
"terpositis, et saltem semel in die, si vero peregrini
"fuerint, aut [2] forinseci, modo simili diebus [3] quin-
"decim, ad Basilicas ipsas accedant. Unusquisque
"tamen plus merebitur, et indulgentiam efficacius con-
"sequetur, qui Basilicas ipsas amplius et devotius
"frequentabit. Nulli ergo hominum liceat hanc pa-
"ginam nostræ confirmationis, approbationis, innova-
"tionis confirmationis, [et] concessionis, infringere, vel
"ausu temerario quomodo contraire. Si quis autem hoc
"attentare præsumpserit, indignationem Omnipotentis
"Dei, et Beatorum Petri et Pauli, Apostolorum, se
"noverit incursurum. Data Romæ, ad Sanctum Pe-
"trum, septimo Kalendas Maii, Pontificatus nostri
"sexto."

Qualiter Rex Edwardus iterum destinavit nuncios suos Supremo Pontifici, Bonefacio Octavo.

Pope Boniface writes to King Edward on

Ex quo Scoti suggessissent Supremo Pontifici, Bonefacio, mendaciter, quod Dominus Edwardus, Rex Angliæ, eos injuste inquietasset, et quod Scotia Capellæ suæ

---

[1] *inchoata* in orig.
[2] *forentesi* in orig.
[3] *xv*[ci] in orig.

pertinet, prece et pretio humiliter supplicabant ut eis A.D. 1300.
patrocinium impenderet, et quod Regi Angliæ præcipe- behalf of
ret, quatenus prætermitteret eos infestare et inquietare. the Scots.
Acquievit Dominus Papa petitioni eorum ad tempus;
exin immediate misit per quemdam Lumbardum, una
cum Archiepiscopo Cantuariæ, Regi Angliæ suos apices,
in quibus continebatur, ne ulterius Scotos vexaret, necnon vexando debellaret.

Rex autem, visis apicibus et intellectis, paruit man- Edward
dato Domini Papæ; succedente tandem tempore, desti- sends en-
navit Dominus Rex solemnes nuncios, videlicet, Comi- Pope, to
tem Lincolniæ, Cancellarium Aquitanniæ, et Dominum oppose the
Hugonem Dispensatorem, ad Curiam Romanam. Scots.

Isti tres, die Omnium Sanctorum in unum convenientes apud Cantuariam, cum summa festinatione mare
transierunt, ut Domino Papæ litteras et negotia Regis
porrigerent. Tenor autem litteræ regalis erat,—sup- Tenor of
plicabat enim Rex Summo Pontifici, vice qua potuit to the
subjectiva, ne omni spiritui crederet, sed potius pro- Pope.
baret, si ex Deo sit.—"Est enim spiritus nequam,
"qui humanæ [1] naturæ accidere solet, et præcipue
"qui totius boni evertit statum. Odium veritatis, cum
"assertoribus suis, amorque mendacii, cum fabricatori-
"bus suis; susceptio mali pro bono; veneratio nequi-
"tiæ pro benignitate; exceptio Sathanæ pro angelo
"lucis; hic est spiritus nequam qui jugiter Scotos
"exagitat, et in auribus vestris de me et meis men-
"dacia instillat: sed veritas liberabit nos. Invisi
"namque Scoti me principalem dominum Scotiæ jure
"hæreditario, ex totius illius nationis decreto, nuper
"admiserunt, prout patet chartis suis, propriis sigillis
"roboratis. Et ego constitui super eos regem legiti-
"mum, qui mihi fecit homagium et fidelitatem, tanquam
"præcipuo domino Scotiæ; quem contempserunt, nec-
"non derisui habuerunt. Qui processu temporis inde-

---

[1] The abbreviation here, nᵉ, or nʳ, seems of doubtful meaning.

A.D. 1300. "center expulsus est, ad eorum ignominiam et oppro-
"brium sempiternum; quod vos non latet, et posterius
"patebit. Cæterum dicti Scoti fidem mihi, et fideli-
"tatem, cum homagio, una cum Rege suo, sponde-
"runt, nec diu tenuerunt; facti sunt promissionis et
"fœderis transgressores. Processu temporis inceperunt
"mihi proditionem facere, ex quo a nobis [1] opprimen-
"dos magis esse, quam [1] exaltandos, censendi sunt;
"cum ipsos primo sub umbra pacis conspicerem rema-
"nere. Sed cum nequitiam suam manifestare quærunt,
"malum pro bono, bellum pro pace, mihi intulerunt;
"prodiderunt quosdam de commilitonibus meis, quos
"constituimus custodes super illos, et eos sæva clade
"affecerunt, me absente in partibus transmarinis exis-
"tente. Prodiderunt insuper Cancellarium meum, Do-
"minum Hugonem de Crassingham; post horribilia
"juramenti sacramenta, postposito jure quo obligati
"fuerant, illum inopinabiliter et probrose interemerunt,
"timore Domini postposito. Demum mihi, principali
"domino suo, fidem et fidelitatem in dolo promittendo,
"me et regnum meum inquietare, bellum movere, jam
"quarto, ausi sunt. Denique omnia quæ domino
"placebant et displicebant, æquali lance inter eos
"procedere autumabant, si non graviora essent dis-
"plicentia. Igitur seipsum ad pœnam obligare dinosci-
"tur, quisquis, accepta pravitate, perversis hominibus
"dat audaciam delinquendi, ex dissimulatione vindictæ;
"nam sanguis iniquorum de manu negligentis requi-
"retur. Ex quo indignum est, et prorsus execra-
"bile, aliquibus proditoribus vel profugis, a debito
"servitio colla excutere volentibus, sinum aperire
"protectionis. Vos autem hostium meorum sermoci-
"nationibus mendacibus aurem inclinastis, et pro
"ipsis mihi scripsit vestra paternitas, ut eisdem par-
"cerem, mihi superbe et insolenter resistentibus, et
"inquietantibus. Cum igitur injustum sit, ut alicui

---

[1] Sic in orig., for *opprimendi* . . . . *exaltandi*.

"sua fraus suffragetur, noveritis eorum falsis persua- A.D. 1300.
"sionibus vestram sollicitudinem circumveniri, et de-
"cipi fraudulenter. Non ergo admirandum est de-
"generes tales, ob talia scelera invisos, patriam illam
"amittere, quam prædicto modo maculaverant. Dig-
"num namque esset, si Deus permitteret eos exulare,
"et exulando punire, ne ¹ gravamini vestro opprobrium
"sit, nosque debiles et desides fuisse rectores existi-
"ment, qui tempore nostro in id non desudaverimus.
"Et quia in vos oculi omnium directi sunt, honori
"Dei et paci Ecclesiæ, si placet, insistite, et præ-
"scribite quid nos facere oportet, ut corona nostra
"debita gaudeat libertate. Sin autem,—juro vobis per
"sanguinem Dei, jus meum, et circumstantias coronæ
"nostræ, defendere non prætermittam."

Hiis missis, digressi sunt prædicti nuncii sine moræ dispendio.

Rex igitur Edwardus, Scotorum fines pertransiens, *Edward again invades Scotland, but finally makes a truce with the Scots.* cum ²[per] diverticula montium et sylvarum latibula cos persequeretur, nec comprehendere posset, parum proficiens, munitis castellis suis militibus propriis, reversus est in Angliam, acceptis treugis ex præcepto Domini Papæ Bonefacii Octavi, necnon armatis preci- bus Regis Franciæ: quæ quidem treugæ duraverunt a die Omnium Sanctorum usque ad Pentecosten. Dein- de apud Norhamtunam maturavit: ibi Curiam suam tenuit ad Natale Domini, cum Regina et duobus filiis, clero et populo regionis ibidem, moram trahens ferme per tres hebdomadas.

Qualiter Rex fecit summonere proceres regni ad Parliamentum suum.

Misit autem continuo per omnes fines Angliæ scripta regia, præcipiens omnibus ad regnum Angliæ spectan- tibus, videlicet, Archiepiscopis, Episcopis, Abbatibus, et Prioribus installatis, Comitibus, et Baronibus, ut om-

---

¹ *ymini* in orig. | ² Omitted in orig.

A.D. 1300. nes sine omissione in Octavis Sancti [1] Hillarii ad Parlamentum suum apud Lincolniam convenirent, super negotiis regni tractaturi.

Parliament at Lincoln (A.D. 1301).

Venit igitur die statuto totaliter regni universitas. Rogerus igitur Brabezun, Regis clericus, et specialis consiliarius, ex parte Regis eis nunciavit, dicens;—

The King asks for a grant of a fifteenth.

"Mandat vobis Dominus Rex, quod quicquid hactenus "fecerit, amodo vestrum omnium subdetur consilio. "Veruntamen, quia per Scotorum incursionem et "Francorum exacerbationem, expensis profusius, pecu- "nia destituitur, postulat igitur a vobis auxilium pecu- "niare, videlicet, quintam-decimam partem tempora-

Discontent caused thereby.

"lium." Quam petitionem cum graviter accepissent, generaliter murmurare cœperunt, tum propter frequentem decimarum et vicesimarum exactionem, tum propter Veteris Chartæ, totiens promissæ et non obtentæ, expectationem et dilationem. Quæ cum Rex intellexisset, cupiens hoc sedare, pollicebatur, jurans, se nunquam amplius nobiles regni tali exactione molestare, dummodo sibi ad præsens quinta-decima pars mobilium de temporalibus illi benigne solveretur.

Qualiter Rex scripsit Abbati Sancti Albani pro Chronicis suis [2] mittendis.

King Edward requests the Abbot and Convent of St. Alban's to collect materials in support of his claim to Scotland.

"Edwardus, Dei gratia, Rex Angliæ, Dominus Hi- "berniæ, et Dux Aquitanniæ, dilectis sibi in Christo "Abbati et Conventui de Sancto Albano, salutem. "Quia super jure et dominio quæ nobis in regno "Scotiæ competunt, et quæ antecessores nostri, Reges, "in eodem regno Scotiæ habuerunt temporibus retro- "actis, cum jurisperitis et cæteris de Consilio nostro "speciale colloquium habere volumus, et tractatum; "vobis mandamus, firmiter injungentes, quod, scrutatis "diligenter omnibus chronicis, [3]archivis, et secretis, "domus vestræ, quicquid invenire poteritis, quod tan-

---

[1] *Illarii* in orig.
[2] *mittendos* in orig.
[3] *archavis* in orig.

" gat dictum regnum Scotiæ quoquo modo, nobis ad A.D. 1300.
" Parlamentum meum apud Lincolniam in Octabis
" Sancti Hillarii proximo futurum, per aliquem do
" vestris de quo confidentiam habueritis, et qui in
" hujusmodi negotio majorem notitiam habuerit, trans-
" mittatis; et hoc, sicut nos, et honorem ac commo-
" dum regni nostri diligitis, nullatenus omittatis. Teste
" meipso."

Excerpta de Chronicis Sancti Albani, Scotiam tangentia.

Memorandum, quod anno Dominicæ Incarnationis millesimo trecentesimo, Dominus Edwardus Tertius, Rex, obnixe præcepit Abbati hujus ecclesiæ, sicut et aliis Abbatibus regni sui, ut diligenter scrutarentur Chronica sua; et omnia gesta Reges Anglorum et Scotorum tangentia ei mitterentur in Octavis Sancti Hillarii apud Lincolniam, ubi tenebat Parlamentum suum. Unde ista mittebantur de Chronicis Sancti Albani:— *General order given to the Abbots throughout England, to search their Chronicles in reference thereto.*

[1] Anno Domini nongentesimo septimo, Rex magnificus, Edwardus Senior, congregato exercitu copioso, subjugavit sibi Essexiam, Est Angliam, Merciam, Northumbriam, cum multis aliis provinciis. Quasdam multo tempore possederant, et omnes ex eorum dominio potenter extorsit. Scotorum etiam, et Umbrorum, et Galwyllensium, omniumque Occidentalium Britonum, fines, et eorum Reges in deditionem accepit. *Victories gained over the Scots by Kings of England. By Edward the Elder, A.D. 907.*

De eodem Rege Edwardo.

Anno Domini nongentesimo vicesimo primo, Rex Scotorum, Reginaldus, Rex Northahumbrorum, ex na- *Edward the Elder, A.D. 921.*

---

[1] This account, as drawn up in the Abbey of St. Alban's, in support of Edward's claim to Scotland, will be found, on examination, to differ very considerably from that given in the great Roll of Scotland, as published in the New Rymer, I., p. 769. It contains, apparently, only such matter on the subject as was to be found in the Chronicles of St. Alban's.

tione Danorum, Dux Galwalensium, ad Regem Edwardum venientes, subjectionem fecerunt, et cum eo fœdus firmissumum pepigerunt.

De Rege Ethelstano.

Athelstan, A.D. 926.

Anno Domini nongentesimo vicesimo sexto, Rex Ethelstanus Constantinum, Regem Scotorum, prœlio vicit, et fugavit. Deinde idem Constantinus cum ipso Rege fœdus firmissimum pepigit; quod non diu duravit.

De eodem Rege.

Athelstan, A.D. 933.

Anno Domini nongentesimo tricesimo tertio, Rex Anglorum, Ethelstanus, quia Rex Scotorum, Constantinus, fœdus cum illo pepigerat et violaverat, cum classica manu pervalida, et equestri exercitu non modico, ad Scotiam perrexit, eamque ex maxima parte depopulatur. Unde Rex Scotorum, Constantinus, vi compulsus, filium suum obsidem, cum dignis muneribus, illi tradidit, paceque redintegrata ad propria remeavit.

De Rege Ædmundo.

Edmund the First, A.D. 946.

Anno Domini nongentesimo quadragesimo sexto, Rex Edmundus Primus Cumbriam totam Malcolmo, Scotorum Regi, de se tenendam concessit; unde Aquilonares partes Angliæ terra marique ab hostium incursu et [1]adinventatione tueretur.

De Rege Cnutone.

Cnute, A.D. 1033.

Anno Domini millesimo tricesimo tertio, Rex Anglorum, Danorum, et Norwagencium, Cnuto, potentissimus, a Roma revertens, contra rebellantes Scotos hostilem duxit expeditionem, et Malcolmum, cum duobus regibus sibi sociatis, levi negotio superavit.

---

[1] Sic in orig., qy. if not for *invasione*.

De Sancto Edwardo, Rege et Confessore.

Anno Domini millesimo quinquagesimo quarto, Sywardus, Dux Northanhumbrorum, exercitum in Scotiam ducens, ex præcepto Sancti Edwardi, Regis et Confessoris, Machotum, Regem Scotiæ, de regno suo fugavit, multis Scotorum millibus interfectis; et Sanctus Rex Edwardus regnum Scotiæ dedit Malcolmo, Cumbrorum Regis filio, de se tenendum.

Edward the Confessor, A.D. 1054.

De Rege Willelmo Primo.

Anno Domini millesimo septuagesimo secundo, Rex Willelmus, Scotiam hostiliter adiens, speravit aliquos ibi ex suis hostibus invenire. Cum regionem illam perlustrasset, et nullum penitus invenisset, accepto tandem Regis Scotorum, cum obsidibus, homagio, ad Angliam remeavit.

William the First, A.D. 1072.

De Rege Willelmo Secundo.

Anno Domini millesimo nonagesimo, Rex Scotorum, [1] Malcolmus, in Angliam prædas agens, validissime eam vexavit, absente Rege, Willelmo Secundo Rufo. Venientes igitur Rex et frater ejus Robertus in Angliam, acies duxerunt in Scotiam; unde Malcolmus, nimio terrore perculsus, homagium fecit Regi Anglorum, et fidelitatem juravit.

William the Second, A.D. 1090.

De Rege Stephano.

Anno Domini millesimo centesimo tricesimo nono, Rex Stephanus Scotiam hostiliter ingressus est, et Rex Scotorum, David, coactus est concordari cum ipso: et Henricum, filium suum, dedit Regi Stephano obsidem, qui homo Regis effectus est.

Stephen, A.D. 1139.

---

[1] This name is sometimes, apparently, written "*Malcolmus,*" sometimes, "*Malcolinus.*"

De Rege Henrico Secundo.

Henry the Second, A.D. 1174. Anno Domini millesimo centesimo septuagesimo quarto, Willelmus, Rex Scotorum, apud Fallesiam tentus in vinculis, cum Rege Anglorum, Henrico Secundo, pacem fecit in hunc modum.—Sexto Idus Decembris, Rex Scotorum, Willelmus, devenit homo ligius Regis Anglorum, Henrici Secundi, de regno Scotiæ et omnibus terris suis, et homagium fecit, et ligantiam, ut domino suo speciali, et Henrico, filio ejus, salva fide patris sui; et similiter, omnes Episcopi, cum Comitibus ac Baronibus, de regno Scotiæ, de quibus Rex Anglorum homagium voluit habere, et fidelitatem. Et non solum sibi, sed successoribus Regis, et ipsi et successores in perpetuum, sine malo ingenio.

Et præterea, Rex Scotorum et omnes homines sui nullum amodo fugitivum de regno Angliæ receptabunt in Scotia, nec in alia terra sua; sed Rex Scotiæ et homines ejus eum capient, et eum Regi Anglorum, vel suis Justiciariis, reddent. Et pro hac [1] conventione et fine firmiter observando, dedit Rex Scotorum Regi Angliæ, et successoribus suis, castella de Berewyk e[t] Rokebure, in perpetuum possidenda; et si Rex Scotorum aliquo tempore contra hoc venire tentaverit, Episcopi Scotiæ, cum Comitibus et Baronibus, contra Regem suum tenebunt, et Episcopi terram suam sub Interdicto ponent, donec ad Regis Angliæ obsequium revertatur. Igitur Rex Scotorum, datis obsidibus, rediit in Angliam, sub libera deputatus custodia, donec castella quæ Regi pepigerat, pro illius arbitrio redderentur.

De Rege Ricardo.

Richard the First (A.D. 1189). Willelmus, Rex Scotorum, apud Cantuariam fecit homagium Regi Angliæ, Ricardo, de jure suo in Anglia; et Rex Ricardus reddidit ei Castellum de

---

[1] *fine* has been faintly inserted above this word; in addition to the abbreviated form.

Berewic et Castellum de Rokebure; et pro hac redemptione castrorum, et quieta-clamatione fidelitatis et ligantiæ de regno Scotiæ, et chartæ suæ confirmatione, dedit Regi Angliæ decem millia ¹ marcas argenti.

De Rege Johanne.

Johannes, Rex Angliæ, magno exercitu congregato, versus Scotiam vexilla direxit, et arma. Veniens autem in provincia Northanhumbrorum, ad Castellum quod vocatur "Norham," acies ibidem contra Regem Scotorum instruxit, ad pugnandum. Quod cum Regi præfato nunciatum fuisset, timuit valde impetum ipsius; veniensque ei obviam, de pace tractare disposuit; sed vehementi ira accensus, improperavit illi acriter quod fugitivos suos et hostes publicos in regno suo receptaverat, eisque, in sui præjudicium, auxilium præstiterat, et favorem. Sed cum hæc et alia multa Rex Angliæ præfato Regi imposuisset, tandem precantibus utrorumque Regum amicis, talem concordiam inierunt, quod Rex Scotorum daret Regi Angliæ, pro bono pacis, undecim millia marcarum argenti; et insuper, ad majorem securitatem, traderet ei duas filias suas in obsidatum, ut per hoc pax inter eos firmior haberetur.

John (A.D. 1209).

De Scotia.

Anno gratiæ millesimo ducentesimo, mense Novembri, sexto-decimo Kalendas Decembris, feria tertia, Johannes, Rex Angliæ, et Willelmus, Rex Scotiæ, convenerunt apud Lincolniam, super montem arduum; et ibi, in conspectu omnis populi, Willelmus, Rex Scotiæ, devenit homo Regis Angliæ de jure suo, et juravit ei fidelitatem super crucem Domini H[uberti], Cantuariæ Archiepiscopi, de vita et membris, et

John, A.D. 1200.

---

¹ Sic in orig.

honore terreno, contra omnes homines, coram cunctis magnatibus regni.

Qualiter Magnates consilium inierunt, ut petitioni Regis responderent.

<small>The nobles request Edward to confirm Magna Charta. A.D. 1301.</small>

Disceptationibus igitur inter magnates multiplicatis, protractum est colloquium ferme usque ad caput Quadragesimæ. Tunc illis convenientibus in unum, infrunitum et incompositum fecerunt consilium; quasi Regem infestando et ad iram provocando, postularunt ut eis liceret de Cancellario, Justiciario, et Thesaurario, per communiam regni [1] constituendis, et ut Veterem Chartam, cum contentis, benigne confirmaret, una cum Charta de Forestis. Tandem cum omnia postularentur, breve verbum reportarunt.

<small>The King censures them for their presumption.</small>

Tale a Domino Rege responsum dicitur profluxisse;—
" Voluistis ad arbitrium vestrum, parum curiale,
" dominum vestrum Regem [2] enervare, eidemque satis
" servilem conditionem imponere, dum quod licet uni-
" cuique vestrum, illi denegaretur. Quia quare non
" postulastis coronam, ut unusquisque vestrum eam por-
" tet, et ego solo nomine verbaculi Rex debeam appel-
" lari? Cæterum, licet cuilibet patrifamilias quemcunque
" de [3] domo sua illi vel illi officio præponere, post-
" ponere, vel deponere; quod utique domino vestro, et
" Regi, temere præsumpsistis denegare. Quapropter,
" nec Cancellarium, nec Justiciarium, nec Thesaurarium,
" nisi ad beneplacitum suum creabit Rex, vel constituet.
" Qui si secus faceret, Rex non esset,"—et addidit,—
" Si Justiciarius, vel aliquis horum prædictorum, vobis
" injuriam fecerit, aut contumeliam, denuncietur coram
" Rege; et si non emendetur, potestis murmurare."

Illico omnes erubuerunt, qui tale consilium dederunt:

---

[1] *constituendus* in orig. This passage is evidently incomplete.
[2] *inervare* in orig.
[3] *demo* in orig.

erant multi ex illis qui magis incursionem et bellum praeelegerunt quam pacem. Quod non latuit Regem, et "adjunctum est,—"Porro licet cuilibet cujus, et quolibet, uti consilio." Cum vidissent magnates postulationes eorum vanas et incompositas extitisse, humiliaverunt se Domino Regi, veniam postulantes de tanta praesumptione.

Concessa est igitur Domino Regi quinta-decima pars temporalium, tali conditione ea vice, ut nunquam de caetero magnates terrae tali exactione molestentur.

Rex itaque, volens sibi magnatum suorum gratiam conciliare, vultu sereno et spontanea promisit voluntate, libertates Magnae Chartae extunc inviolabiliter observare. Tunc constitutus est dies certus, ut viginti quatuor milites regni eligerentur, qui, praestito juramento, novas a veteribus discernerent forestas, ut omnes illae quae inventae aforestatae post primam coronationem Regis Henrici Secundi, statim deafforestarentur; et sic delatae sunt chartae singulae ad [1]singulos Comitatus, ubi ex Regis mandato litteratorio, interposito juramento, ab omnibus observari jubebantur. Et quia videbatur Regi non penitus immunis a sententia quam tulerat Archiepiscopus Robertus, cum omnibus Episcopis Angliae, in omnes violatores praedictae chartae, quam Rex, malo consilio fultus, in parte laeserat, fecit in publico innovare sententiam praetaxatam in omnes ejusdem chartae contradictores et violatores; sic ut si per aliquem conceptum rancorem forte eam non observaverint, illatam sententiam gravius [2]recidivaret. Unde factum est, ut omnium corda in verbo hujusmodi voluntati suae plenius inclinaret.

---

[1] *singulas* in orig.   [2] *residinaret* in orig.

A.D. 1301. *Qualiter Rex postulavit quintam-decimam partem a Prælatis, nec obtinuit.*

The King asks of the clergy a grant of one fifteenth.
The Archbishop of Canterbury, on the Pope's authority, refuses.

In eodem Parlamento Dominus Rex instantissime postulavit a clero quintam-decimam partem de spiritualibus ad jura regni requirenda. Mox Archiepiscopus Cantuariæ, Robertus, ex parte omnium Episcoporum et totius cleri, contradicebat; quia Dominus Papa, Bonefacius Octavus, omnibus et singulis Prælatis Angliæ denunciavit, et in virtute obedientiæ præcepit, sub pœna excommunicationis et depositionis, ne de cætero Regi, vel aliter potenti, neque decimam neque quindenam darent, aut promitterent, sine assensu et permissione Summi Pontificis.

Constitutio Papæ Bonefacii, ne Prælati Ecclesiæ dent tributa Regibus sine permissione Sedis Apostolicæ.

Constitution of Pope Boniface, enjoining that Prelates of the Church shall not pay tribute to princes without the authority of the Holy See. (A.D. 1300.)

"Bonefacius Episcopus, servus servorum Dei, ad perpetuam memoriam. Ecclesiasticis infestos laicos oppido tradit antiquitas; quod et præsentium experimenta temporum manifeste declarant; dum, suis finibus non contenti, nituntur in vetitum, ad illicita fræna relaxant, nec prudenter advertunt quomodo sit in eis in clericos, ecclesiasticasve personas et bona, interdicta potestas; et ecclesiarum prælatis, ecclesiasticisque personis, regularibus et sæcularibus, imponunt onera gravia, [1] ipsosque talliant, et eis collectas imponunt, ab ipsis suorum provectuum vel bonorum decimam seu vicesimam, vel quamvis alteram portionem aut quotam, exigunt et extorquent, eosdem moliuntur multifarie subjicere servituti, suæque submittere ditioni. Et, quod dolentes referimus, nonnulli ecclesiarum prælati, ecclesiasticæque personæ, trepidantes ubi

---

[1] *ipsosque* in orig.

" non est timor, transitoriam pacem quærentes, plus A.D. 1300.
" timentes majestatem temporalem offendere quam
" æternam, talium abusibus, non tam temerarie quam
" improvide, adquiescunt, Sedis Apostolicæ auctoritate,
" seu licentia, non obtenta. Nos igitur talibus ne-
" quissimis actibus obviare, [1] de fratrum nostrorum
" consilio, Apostolica auctoritate statuimus, quod qui-
" cunque prælati, ecclesiasticæque personæ, religiosi
" vel sæculares, quorumcunque Ordinum, conditionis,
" seu statuum, collectas vel tallias, decimam vel vice-
" simam, seu centesimam, suorum et Ecclesiæ pro-
" ventuum vel bonorum, laicis persolverint vel pro-
" miserint, vel se soluturos consenserint, aut quamvis
" [2] aliam quantitatem aut quotam ipsorum proventuum
" vel bonorum, existimationis vel valoris ipsorum, sub
" adjutorii mutui, subventionis, subsidii, vel doni,
" nomine, seu quovis alio titulo, modo, vel quæsito
" colore, absque auctoritate Sedis Apostolicæ; necnon
" Imperatores, Reges, seu Principes, Duces, Comites, Ba-
" rones, potestates, capitanei, [3] officiales, vel rectores,
" quocunque nomine censeantur, civitatum, castrorum,
" seu quorumcunque locorum constitutorum ubilibet, et
" quivis [4] alius [5][cujuscunque] præeminentiæ, conditionis,
" et status, qui talia imposuerint, exegerint, vel re-
" ceperint, aut apud ædes sacras deposita ecclesiarum
" vel ecclesiasticarum personarum, ubilibet arestaverint,
" saysiverint, seu occupaverint, præsumpserint, vel
" [6] arestauri, saysiri, aut occupari, mandaverint, aut oc-
" cupata, saysita, seu arestata receperint; necnon omnes
" qui scienter in prædictis dederint auxilium, consilium,
" vel favorem, publice vel occulte, eo ipso sententiam
" excommunicationis incurrant. Universitates quoque
" quæ in hiis culpabiles fuerint, ecclesiastico supponi-

---

[1] *volentes*, apparently, is wanting here.
[2] *aliquam* in orig., erroneously.
[3] This word is repeated in orig., in its abbreviated form.
[4] *aliis* in orig., by inadvertence.
[5] Omitted in orig.
[6] Sic in orig.

A.D. 1300. " mus interdicto; prælatis et personis ecclesiasticis
" supradictis, in virtute obedientiæ, et sub depositionis
" pœna, districte mandantes, ut talibus, absque expressa
" licentia dictæ Sedis nullatenus adquiescant; quodque
" prætextu cujuscunque oblationis, promissionis, et
" concessionis, factarum hactenus, vel faciendarum in
" antea, priusquam hujusmodi constitutio, prohibitio,
" seu præceptum, ad notitiam pervenerint, nihil solvant,
" nec prædicti sæculares quoquo modo recipiant. Et
" si solverint, vel prædicti receperint, in excommunica-
" tionis sententiam incidant ipso facto. A supradictis
" autem excommunicationis et interdicti sententiis
" nullus absolvi valeat, præterquam in mortis articulo,
" absque Sedis Apostolicæ auctoritate et licentia speciali;
" cum nostræ intentionis existat tam horrendum sæcu-
" larium potestatum abusum nullatenus sub dissimula-
" tione transire, non obstantibus quibuscunque privi-
" legiis, sub quibuscunque tenoribus, formis, seu modo,
" aut verborum conceptione, concessis, Imperatoribus,
" Regibus, et aliis supradictis; quæ contra præmissa
" volumus in nullo alicui vel aliquibus suffragari.
" Nulli ergo omnino hominum liceat hanc paginam
" nostræ constitutionis et prohibitionis, seu præcepti,
" infringere, vel ei, ausu temerario, contraire. Si quis
" hoc attentaverit, indignationem Omnipotentis Dei,
" et Beatorum Apostolorum Petri et Pauli ejus, se
" noverit incursurum. Data Romæ apud Sanctum
" Petrum, sexto Kalendas Martii, Pontificatus nostri
" anno sexto."

Prince Edward created Prince of Wales (? A.D. 1284), and Earl of Chester (? A.D. 1304).

Wallia donatur Edwardo, filio Regis.

Tempore autem sub eodem, Dominus Rex fecit Dominum Edwardum, filium suum et hæredem, Principem Walliæ et Comitem Cestriæ: quod cum Wallenses relatu didicissent, gavisi sunt gaudio magno, a majori usque ad minimum; æstimantes eum legitimum dominum, quia de partibus illis originem duxit.

Qualiter Comitissa Cornubiæ dotata est.

A.D. 1300.

Per id tempus, mortuo Domino Edmundo, Comite Cornubiæ, procurantibus in eodem Parlamento magnatibus, Comitissa, dicti Comitis uxor, dotata est quingentarum librarum portione, annuente Domino Rege, Edwardo Tertio.

A grant made by Parliament to the widow of the Earl of Cornwall.

Boni rumores audiuntur de Terra Sancta.

" Bonefacius Episcopus, servus servorum Dei, ca-
" rissimo in Christo filio, Edwardo, illustri Regi
" Angliæ, salutem et Apostolicam benedictionem. Nova
" gaudia, [1] fili carissime, nova felicia, nova utique
" gaudiis prosequenda [2] præcipuis, nuper nobis de
" Orientalibus partibus, fidedignorum litterarum et
" nunciorum affatibus illuxerunt, quæ fidelium admo-
" dum delectant auditum, corda lætificant, animumque
" demulcent. Ideoque tibi, veluti Christianissimo Prin-
" cipi, et devotissimo Ecclesiæ filio, ea tenore præsen-
" tium digne quantocius decrevimus referenda, ut in
" eorum [3] perceptione gratissima in Domino jocunderis,
" tuique pectoris intima copiosæ lætitiæ [4][dulcoribus]
" repleantur, licet jam forsan nova eadem sensibus
" regiis famæ præcurrentis assertio revelavit. Sane,
" Rex excelsus, filius Summi Regis, qui sua virtuosa
" potentia in orbe terrarum mira et stupenda mortalibus
" jugiter operatur, quique superborum cornua conterit,
" vires enervat, [5] molimina vacuat, temerarios ausus fræ-
" nat, diligenter considerans et solerter attendens in-
" gentem Christianorum Regum et Principum, fidelium-
" que cæterorum, desidiam, quæ, prout evidentia facti

Bull of Pope Boniface VIII., in reference to the recovery of the Holy Land.

---

[1] *filii* in orig.
[2] *præcipiis* in orig.
[3] *participatione* in orig.; corrected from the copy in the New Rymer, I., pages 919, 920.
[4] Omitted in orig.; supplied from Rymer.
[5] *limina* in orig.; corrected from Rymer.

A.D. 1300. " docet, a longis retro temporibus, commissa dinoscitur
" circa recuperandam de impiorum manibus Terram
" Sanctam, quam illorum nefanda protervitas, non sine
" multo Christianitatis opprobrio, ab olim miserabili-
" ter [1] detinens occupatam, ipsam tandem redegit in
" cinerem et favillam. Diebus proximis jam transactis,
" de suæ benignitatis clementia, suscitavit spiritum,
" animum tetigit, cor accendit, viri magnifici gentis
" Tartaricæ dominantis, qui, non renatus fonte bap-
" tismatis, nondum orthodoxæ fidei [2] lumine illustra-
" tus, ad Christi gloriam et [3] laudem arma sumens,
" ejusque prosequens ferventer obsequia, et exponens
" pro illo totaliter se et sua, potenti et copioso ex-
" ercitu congregato, habitoque præsidio carissimorum
" Christi filiorum nostrorum,[4] Gordianorum et [5] Armeniæ
" Regum illustrium, contra Soldanum, gentis Baby-
" loniæ dominum, Crucis hostem [6] præcipuum, et Chris-
" tianæ fidei inimicum, ac multitudinem Sarazenorum
" innumeram, quam ejusdem Soldani damnata nequitia
" congregarat, duxit hostiliter procedendum. Et de-
" mum, divini favoris auxilio, præfati Tartarorum
" domini, triumphante potentia, ejusque dextra præ-
" valente, Sarazenorum ipsorum inæstimabili facta
" cæde, Soldanus, nimio timore perterritus, menteque
" consternatus, et animo, ad fugæ remedium se con-
" vertit; quem idem dominus Tartarorum, prædictorum
" Regum [7] circumfultus auxilio, per longa terrarum
" spatia promptis animis [8] et victricibus signis explici-
" tis prosequi non quievit, tota terra illarum partium,
" fugientibus incolis, vel verius gladio trucidante [9] sub-

---

[1] *detinuit* in orig.; corrected from Rymer.
[2] *legittime* in orig.; corrected from Rymer.
[3] *ludem* in orig.
[4] *Jurgianorum* in Rymer.
[5] *Armoniæ* in orig.
[6] *principum* in orig.; corrected from Rymer.
[7] *munimime circumfultus* in Rymer.
[8] *et spatiis* is inserted here in in orig., by mistake.
[9] *subducta* in orig.; corrected from Rymer.

" ductis, restituta seu reddita Christianis. O, inquam, A.D. 1300.
" inæstimabilis pietas! O immensa benignitas Salva-
" toris! Quis ¹meruit, quidve illius induxit clemen-
" tiam, ²[ut] tantæ plenitudine gratiæ, tantique muneris
" donativo, fidelium ³populos prosequeretur, sicque circa
" illos ⁴effundere suæ misericordiæ multitudinem digna-
" retur? Verum quis Princeps Catholicus non miretur
" et stupeat? Quis fidelis non erubescat ⁵obnixius, et
" rubore non perfundatur uberrimo vultus ejus? Quod
" Rex cœlorum, et Dominus, cujus humiliter parent
" imperio universa, tantam et gloriosam victoriam, per
" ministerium hominis nondum supra petram fidei
" constituti, voluit modernis temporibus exerceri; cum,
" sicut celsitudo regia non ignorat, tui progenitores
" potissime, utpote fide præclari et devotione sinceri,
" prædictæ Terræ Sanctæ custodiam exercere con-
" tinue, ⁶tuerique potenter ab hostibus, dum tem-
". poralis vitæ cursum peragerent, noscebantur, ⁸se et
" sua salubriter exponendo; propterea, quicquid pote-
" rant, ⁹et in quantum poterant, cæteros Christiano-
" rum Reges et Principes ad ea non sine laudum sonoro
" præconio ¹⁰inducendo. Cum igitur grandi, nec im-
" merito, cupiamus affectu, nostraque ad id fervens
" dirigatur ¹¹intentio, ut Terra Sancta grave jugum
" Agarenorum effugiat, quod jam diutini temporis spatio
" toleravit, et de ipsorum ¹²funestis manibus libere-
" tur omnino, ¹³cumque ad divini numinis ¹⁴gloriam,

---

¹ *inquit, quisve* in orig.; corrected from Rymer.
² Omitted in orig.; supplied from Rymer.
³ *populus prosequi* in Rymer.
⁴ *offendere* in orig.; corrected from Rymer.
⁵ *obnoxius* in orig.; corrected from Rymer.
⁶ *tuereque* in orig.
⁷ *cum* in orig.; corrected from Rymer.
⁸ *se et sua* omitted in Rymer.
⁹ *quicquid erant, cæteros* in Rymer.
¹⁰ *propensius inducendo* in Rymer.
¹¹ *necceo* in orig.; corrected from Rymer.
¹² *scelestis* in Rymer.
¹³ *eaque ad* in Rymer.
¹⁴ *gloriæ* in orig.; corrected from Rymer.

A.D. 1300. "exaltationem fidei, ac totius Christianitatis honorem,
" [1] spectat ut vigilantibus studiis in statu prospero
" conservetur; regalem magnificentiam rogamus, et hor-
" tamur attente, ac obsecramus in Filio Dei Patris, [2] [qua-
" tenus,] ob divinam et Apostolicæ Sedis reverentiam,
" tuæque salutis et exaltationis [3] augmentum, tanquam
" filius benedictionis et gratiæ, progenitorum tuorum
" vestigia clara sequens, tuæ amplæ subventionis et
" potentiæ brachium circa ipsius terræ subsidium ac
" succursum solerter extendere non omittas; ut, et quod
" [4] [de] ipsa terra, et [4] [aliis] [5] transmarinis regionibus,
" per Christianos solitis retineri, [6] recuperandis supersit,
" recuperari valeat; et, quod recuperatum est, et re-
" cuperabitur, reædificari et firmari valeat, ac muniri,
" et salubriter retineri; ut cultus [7] divinus inibi ob-
" servetur, Deo diurnæ ac nocturnæ laudes a fidelibus
" cum devotione solvantur et multiplicentur; et au-
" geantur ibidem [8] fides Catholica et populus Christi-
" anus; [9] [et] ex diversis mundi climatibus, regnis, atque
" provinciis, ad partes illas fideles concurrant, ad in-
" habitandum et defendendum partes easdem; et quod
" adquisitum fuerit, dante Domino, retinendum. Sic
" te in hiis, prout necessitatis articulus [10] requirit,
" habiturus, quod terra ipsa [11] tuo, et aliorum Regum
" et Principum, adjuta suffragiis, auxiliis circumfulta,
" favente Domino, cui nihil [12] impossibile cernitur, ad
" statum tranquillum et prosperum reducatur, perpetuis
" futuris temporibus in illo stabiliter permansura.

---

[1] *spectat ut* omitted in Rymer.

[2] Omitted in orig.; supplied from Rymer.

[3] *aumentum* in orig.

[4] Omitted in orig.; supplied from Rymer.

[5] *ultramarinis* in Rymer.

[6] *recuperandum* in Rymer.

[7] *Domini* in Rymer.

[8] *fidei* in orig.; corrected from Rymer.

[9] Omitted in orig.; supplied from Rymer.

[10] *exigit* in Rymer.

[11] *tuorum* in orig.; corrected from Rymer.

[12] *ip*^{ale} in orig.; corrected from Rymer.

" Cæterum non ignorare te volumus, quod dictarum A.D. 1300.
" [1] partium statu et conditionibus in maturam deli-
" berationem [2] conductis, nobis temporibus istis non
" videtur expectandum passagium generale, licet ad id
" faciendum suo tempore plenis affectibus intendamus:
" quia per id, quod dilationem recipit, dictis terræ et
" partibus valde damnosam, non succurretur eis tem-
" pore opportuno. [3][Ideoque, pro acceleratione suc-
" cursus, et ne commoditas, a clementia cœlesti con-
" cessa, perdatur, providimus, per diversa regna et
" regiones, excitare corda fidelium, qui, ante Lugdu-
" nense Generale Concilium, ultimo celebratum, vel post
" illud, Crucis signaculum assumpserunt, ut in dictæ
" terræ succursum cum celeritate qua poterunt, generali
" non expectato passagio, personaliter ad terram ipsam
" se conferant, et reddant inibi Altissimo vota sua.
" Ad quos ipsos multum debet excitare devotio, quia
" loca sancta, liberata de Sarracenorum manibus, pote-
" runt visitare. Providimus quoque quod omnes præ-
" lati ecclesiarum, terræ, regionum, et partium earun-
" dem, qui sunt citra mare, transfretent, et revertantur
" illuc ; necnon personæ ecclesiarum earundem, in
" dignitatibus seu personatibus constitutæ ; statuentes ut
" Crucesignati hactenus, pro dictæ Terræ Sanctæ suc-
" cursu, et qui adhuc in antea signum vivificæ Crucis
" assument, et illuc transibunt personaliter, non ex-
" pectato passagio generali, et ibidem tanto tempore
" morabuntur, quanto moraturi essent, si transirent
" in dicto passagio generali, eandem indulgentiam,
" quam haberent, si transirent in eodem generali pas-
" sagio, assequantur, sicut hæc et alia, super hoc ordinata

---

[1] *terræ ac partium* in Rymer.
[2] *adductis* in Rymer.
[3] At this point, fol. 182 a. col. i., the context of this fragment, commencing at fol. 175 a, suddenly concludes. The remaining portion of this Bull is given from the New Rymer, I., p. 920.

A.D. 1300. " per nos, in aliis nostris litteris seriosius continentur.
" Tuque nobis plenius intimare non differas quid de
" tuo procedat consilio in hac parte, qualiter etiam
" intendas et velis omnino te super hoc nostris et
" Apostolicæ Sedis beneplacitis coaptare. Datum La-
" terani, septimo Idus Aprilis, Pontificatus nostri
" anno sexto]."

ANNALES REGIS EDWARDI PRIMI.
FRAGMENTUM (II.)

ANNALES REGIS EDWARDI PRIMI.

(MS. COTTON. CLAUDIUS D. VI.)[1]

Quomodo Edwardus Tertius Rex petiit medietatem, nec obtinuit.

Eodem anno petiit et obtinuit Rex Edwardus ab Episcopis Angliæ medietatem bonorum ecclesiasticorum per unum annum, et de civibus sextam partem bonorum suorum, ac de ruralibus decimam; et non est hiis contentus, sed de medietate thesauri in monasteriis, hospitalibus, abbatiis, et ecclesiis, inventi uno die per totam Angliam, se ditavit; ex quo fames valida et universalis ecclesiarum est secuta. *King Edward obtains a grant from the clergy and laity. His exactions upon Monasteries and other ecclesiastical institutions.*

Quod factum, cum aures Archipræsulis Cantuariæ, scilicet, Magistri Roberti[2] [Winchelse], offendisset, Regem de manifesto[3] scelere, necnon sacrilegio, acerbiter increpavit. Rex autem cum juramento affirmavit, quod tale præceptum nusquam a sua conscientia emanavit, sed Thesaurarius, Episcopus Battoniæ, Magister Willelmus de Marchia, hoc ex propria pharetra procuravit: ex qua re amotus fuerat ab officio suo. *The Archbishop of Canterbury censures him. The King throws the blame on his Treasurer.* (A.D. 1295.)

Qualiter Rex petiit quintam partem bonorum ecclesiasticorum, nec obtinuit.

Processu temporis, idem Rex Edwardus expetiit injuste quintam partem bonorum ecclesiarum totius (A.D. 1297.) *The Archbishop of*

---

[1] Folio 186.
[2] Omitted in orig., with an hiatus.
[3] *celere* in orig.

A.D. 1297. Angliæ. Cui Archiepiscopus Cantuariæ, Magister Robertus de Winchelese, respondit, unus pro omnibus, quod hoc non liceret facere sine assensu et permissione Summi Pontificis. Ad quem Rex,—" Velit nolit Dominus Papa, habere volo." Mox Archepiscopus scripsit Summo Pontifici calumniam ecclesiarum Anglicarum, et qualiter Rex eas depauperat, nunc per mediam partem, nunc per quintam et per decimam, suppliciter exorans, ne de cætero hujusmodi attentare præsumat.

Canterbury resists Edward's further attempts at extortion.

Statim, sine mora, Dominus Papa scripsit Archiepiscopo, et universaliter omnibus Ecclesiæ Prælatis, ne aliquid Regi impendant nec promittant. Quod cum ad notitiam Regis pervenisset, incanduit indignatio ejus, ad modum leonis, raptis catulis. Illico juravit quod omnes ecclesiæ ministros a suo patrocinio deleret. Tunc præcepit militibus et balivis, ut ubicunque ecclesiasticis personis, scilicet, Episcopis, Abbatibus, et rectoribus ecclesiarum, obviarent, illos infestarent. Unde illo tempore contingebat, quod quidam rector ecclesiæ cujusdam iter arripuit versus Canciam, ascensus optimo equo. Cui cum obviasset quidam miles, cum parvo equo, et despicabili, ait miles ad rectorem ;—" Ecce ! descende, " mutabimus equos; tale est decretum Regis Angliæ." Erat enim dictus rector potens viribus, et corde anxius quod equos suos perderet, et quod tale decretum sustineret. Mox arripuit arma sua, et in militem, talia injuste quærentem, irruit, vim vi repellendo, et eum, cum omnibus suis, seminecem reliquit. Quod cum ad aures Regis pervenisset, Rex ait,—"Teneat quod habet," et addidit,—" Stultior est stulto, qui cum potentiori se " dimicat scienter, recognoscens quod ab eo debeat " superari." Durabat hujusmodi opprobium, et indignatio, per multum tempus.

The Pope prohibits such payments to the King; who withdraws his protection from the clergy.

A knight defeated by a rector.

The King's remark thereon.

Hujusmodi opprobrium, necnon Regis indignationem, Episcopi, Abbates, et cæteri ministri Ecclesiæ, ægre sustinentes, si[n]gillatim ad Regem accedentes, ei munera obtulerunt, unusquisque secundum suam facultatem;

The Ecclesiastics make their peace with King Edward.

aliqui ducentas marcas, alii totidem libras, ut cum placabiliorem invenirent. Illis temporibus quotquot Regi aliquid conferebant seu promiserant, ut ejus indignationem mitigarent, protectionem Regis habebant, secundum litteram regiam patentem, et defendentem, quatenus omnes calumniam facientes. Quibus autem protectionis littera carebatur, injuriam, contumeliam, et oppressiones inauditas patiebantur. Omnes Prælati Anglicani hujusmodi commercio Regis indignationem mitigabant, præter tres Episcopos, scilicet, Lincolniensem, et Norwicensem, et Eliensem; quia magis timebant Dominum cœleste quam regem terrestrem, sententiam Pauli præ oculis habentes,—[1] "Si hominibus placerem, discipulus Christi non essem," et illud,—[2] "Melius est incidere in manus Dei quam in manus hominum." Et ideo, quotquot regiam protectionem procurabant, Summi Pontificis mandata postponentes ultro, secundum eorum conscientiam, quasi scienter, inobedientes fuerunt Deo et Ecclesiæ, secundum illud.—[3] "Qui vos spernit, me spernit:" se a divinis et consecrationibus subtraxerunt, quousque super hoc Summum Pontificem reconciliassent, necnon Summi Pontificis gratiam procurassent, ut licite celebrare possent.

A.D. 1297, 8. Letters of protection granted by him.

De obitu O[liveri] [4]*Lincolniensis Episcopi.*

Anno Domini millesimo ducentesimo nonagesimo nono, die Sancti Bricii, Dominus O[liverus], Episcopus Lincolniensis, maturus moribus et plenus dierum, cum viginti annis dictam ecclesiam laudabiliter rexisset, diem supremum clausit. Qui in eadem ecclesia honorificæ, ut decuit, sepulturæ traditur.

A.D. 1299. Death of Oliver [Sutton], Bishop of Lincoln.

---

[1] *Galatians* i. 10.
[2] 2 *Sam.* xxiv. 14.
[3] *Luke* x. 16.
[4] *Lincolniensi* in orig.

Quomodo Magister Johannes de Daldebi electus est in Episcopum ejusdem ecclesiæ.

<small>John de Daldebi elected Bishop of Lincoln. (A.D. 1300.)</small>

Post modicum tempus, ne talis ecclesia pastore careret, Conventus dictæ ecclesiæ Lincolniensis, et cæteri quibus incumbit electio, simul convenerunt, ut sibi idoneum pastorem eligerent, videlicet, die Sanctæ [1]Agnetis proximo sequente; et, Deo favente, elegerunt Magistrum Johannem de Daldebi, virum quidem providum et maturum moribus, [2]dialecticum, rhetoricum, et in theologia strenue regentem, dictæ ecclesiæ Cancellarium. Cujus electio, ut speratur, Deo et Ecclesiæ commendabilis extitit.

De combustione molendini Camerarii.

<small>The mill of the Chamberlain of St. Alban's, at Redburn, burnt.</small>

Tunc temporis ignis, incertum unde natus et proveniens, molendinum aquaticum Camerarii, apud Redburnam, funditus corripuit. Qui spiraculo venti intolerabilis, ab Occidente [3]provenientis, adjutus, toti manerio exitium et adnihilationem minabatur; sed gratia Dei, et densitate et obumbratione arborum, nullum pertulit incendium nec læsuram.

Congruum est igitur fundum et maneria arborum densitate et amœnitate circumdari, tum propter ventorum irruptiones, tum propter hujusmodi ignis varios casus et consumptiones.

Magister Thomas de Colebrugge eligitur in Archiepiscopum [4]Eboracensem.

<small>Thomas de Colebrugge [Corbridge]</small>

Postea vero, scilicet in Vigilia Sancti Martini, congregatis Canonicis Eboracensis ecclesiæ ad eligendum sibi pastorem idoneum; tandemque, disponente Domino,

---

[1] *Angnetis* in orig.
[2] *dialeticum* in orig.
[3] *proveniens* in orig., by inadvertence.
[4] *Eborcensem* in orig.

unanimi assensu omnium attributo, eligitur Magister Thomas de Colebrugge in Archiepiscopum Eboracensem; vir quidem curialis, profunde ad plenum litteratus; sed, quod melius est, moralis et discretus, prudens et circumspectus. ¹Qui protinus, amicis exoratus, urgente necessitate, canonica electione, pro communi Ecclesiæ gratanter suscepit utilitate ²onus pastorale.

A.D. 1299. elected Archbishop of York. (A.D. 1299.)

Deinde benigne susceptus a Rege, pro spiritualitate vero Curiam Romanam expetiit. Tandem cum illuc sano conductu prospere pervenisset, remansit in Curia Romana paucis diebus, usque propositum effectui mancipasset. Mox a Summo Pontifice, Bonefacio Octavo, admissus est. Cumque consecratus esset, confestim cum pallio ad propria remeavit. Cumque mare versus Angliam intrasset, et ad portum Doveriæ applicuisset, mox crucem suam ante se in altum portari præcepit. Quod cum homines Archiepiscopi Cantuariæ contemplarentur, murmurabant et contradicebant, dicentes quod in præjudicium domini sui hoc faceret. Deinde vim faciebant ei, ut crucem demitteret. Deinde Eboracum maturavit, ubi Regem invenit; cui negotia sua seriatim ostendit, et qualiter a Summo Pontifice admissus est, et in Archiepiscopum consecratus. Statim Rex ei omnia temporalia debito more consignavit.

He goes to Rome for consecration. (A.D. 1300.)

Opposition to his cross being borne before him in the Province of Canterbury.

De molendino in mari levato.

Erat quidam solitarius, et custos insulæ de Cokatylandum, nomine "Martinus;" qui cum in eadem insula moraretur, crexit in ea molendinum ad ventum, magnis sumptibus. Cumque erectum esset, et ad molendum paratum, Dominus Robertus filius Rogeri,—erat enim quasi princeps totius patriæ—qui fastu superbiæ tumescens, dicti Martyni stultam præsumptionem vilipendens, et ad suum detrimentum existimans, videbatur

A windmill erected by the keeper of Coket Island, destroyed by order of Sir Robert Fitz-Roger.

---

¹ Apparently *quod*, or *quodque*, in orig. ² *honus* in orig.

ei, quod quicquid Martinus ad proprium emolumentum attentabat, in sui jacturam redundaret, confestim transmisit triginta viros, cum securibus et ligonibus, ut dictum molendinum prosternerent, et ad nihilum redigerent, adeo minutatim ut nullius usui esset [1] aptum. Nec dictus Martinus ausus est os suum aperire,—" Quare " sic facitis?" nimio terrore perculsus. Cumque famulus suus murmurare cœpisset de eorum præsumptione, vix effugit manus eorum, quin male eum tractassent. Præterea dictus Martinus a nonnullis vituperabatur, eo quod solitariam vitam ducere præponebat. Accessum, nec enim tumultum, populi utriusque sexus, sibi allicere cupiebat, quia sæpe in molendinis et theatris inordinata et illicita committuntur.

Reasons of the keeper, for preferring a solitary life.

ANNALES REGIS EDWARDI PRIMI.
FRAGMENTUM (III.)

ANNALES REGIS EDWARDI PRIMI.

(MS. BIBL. REG. 14 C. I.)[1]

De obitu Alfundi, filii Regis.

Obiit bonæ spei juvenis, Alphundus, filius et hæres Regis Edwardi, Comesque Cestriæ, toti regno Angliæ merito plangendus. Obiit autem apud regium illud castrum de Windelesores, Rege adhuc moram faciente in partibus Walliæ; sepultusque est apud Westmonasterium honorifice.— *[Death of Prince Alfonso, son of King Edward. (A.D. 1285.)]*

Alfundi vitam planget gens tota sopitam;
Anglicus, Hispanus, flos qui fuit, est modo vanus.
Spes populi, regnique decus, clerique levamen,
De medio rapuit, heu! miseranda cædes.
Flos juvenum, spes militum, patrisque solamen.

Anno ab Incarnatione Domini millesimo ducentesimo octogesimo quarto natus est Edwardus, filius Regis.

Eodem anno natus est Edwardo Regi filius in partibus Walliæ, cui nomen "E[dwardus]." *[A.D. 1284. Birth of Prince Edward.]*

Creatus est Papa Nicholaus.

[2] Eodem tempore creatus est Papa Nicholaus Quartus, Cathedra Sancti Petri; quod quidem nomen sortitus est, eo quod Beatus Nicholaus juvenili ætate ipsum pronunciavit fore Papam. *[Accession of Pope Nicholas IV. (A.D. 1288.)]*

---

[1] Folio 11 b.
[2] In reality he was made Pope in the year 1288.

Quomodo Edwardus, Rex Angliæ, liberavit Karolum de Carier'.

Eodem tempore, Dominus Edwardus, Rex Angliæ, misertus Karolo, Principi de Mureo, qui sibi nexu consanguinitatis fuit conjunctus, a Bastardo P[etro] de Aragonia carcerato, ad illas partes ¹ arrepto itinere, mediante non modica pecunia, liberavit. Prædictus Karolus apud Beatum ² a Papa Nicholao ³Quarto regni Ierusalem et ⁴ Siciliæ diadema suscepit; sed minime obtinuit.

Quomodo Papa Nicholaus Quartus Dominum Edwardum ⁵Tertium, Regem Angliæ, Capitaneum constituit, et Principem, totius Christianitatis, ad debellandos paganos.

Fecit etiam idem Apostolicus per universas Christianorum nationes Crucem contra paganos publice prædicari, et dedit prædicto Regi Edwardo Tertio decimam de ecclesiis Anglicanis per spatium sex annorum.

De obitu Papæ Nicholai Quarti.

Obiit felicis recordationis Papa Nicholaus Quartus, die Parasceues.

Circa idem tempus, vacante regno Scotiæ, nec certo hærede invento, Rex Angliæ, Edwardus Tertius, habito super hoc Parliamento apud Norham, ut ⁶ patebit inferius, et quasi omnium regni sapientum consilio, regimen Scotiæ Domino Johanni de Balliolo assignavit, et in possessionem ipsius regni corporalem induxit.

---

¹ *arepto* in orig.
² A word is omitted here.
³ *Quato* in orig.
⁴ *Cicilie* in orig.
⁵ See page 371 *ante*, Note 4.

⁶ From this passage we may conclude either that the latter part of this Chronicle has been lost, or that it was never completed.

[1] *De horribili insultatione et deprædatione Bonefacii* A.D. 1303.
Papæ.

Adveniente die Sabbati, videlicet, Vigilia Nativitatis Beatæ Mariæ Virginis, ecce! quod in aurora venit subito et inopinate magnus exercitus hominum armatorum ex parte Regis Franciæ, et etiam ex parte duorum Cardinalium Columpnensium damnatorum; qui, ad portas Anagum venientes, ipsas portas apertas invenerunt, et villam ingressi, statim dederunt insultum Palatio Papæ, et Palatio Marchionis, nepotis Papæ. Cumque clamor super hoc incepisset per villam, homines et mulieres, de lectis surgentes et ostia aperientes, et unde clamor hujusmodi processit quærentes, compertum fuit quod Schaira, frater Columpnensium Cardinalium damnatorum, venerat ad villam cum magna potentia, sibi adquisita per Regem Franciæ, ut caperet Papam, et ipsum morti traderet. Quo audito, populus Anagum, id est, comitas villæ, pulsata communi campana, convenit in certo loco, et habito tractatu ad invicem aliquantulum, prout tunc temporis permittebat, ordinavit ipsa comitas, et constituit sibi unum capitaneum in villa Anagum, per quem tota comitas, sive populus, debuit dirigi sive gubernari: et sic factus est Dominus Adnulfus, ibidem præsens, capitaneus populi comitatis Anagum. Qui quidem Adnulfus est homo potentissimus inter omnes de Campania, et, præter hoc, capitalis inimicus Papæ. Cui statim majores totius populi jurarunt fidelitatem et obedientiam, et promiserunt se in omnibus [2] parituros jussionibus suis.

Et dum ista fuerunt sic protracta et ordinata per populum Anagum, præfatus Schaira, cum suo exercitu, hostiliter et acriter dedit insultum ad Palatium Papæ, et etiam ad Palatium nepotis Papæ, ac etiam ad

Insurrection against Pope Boniface the Eighth by the Cardinals Colonna and others.

---

[1] This narrative is written in another hand, and belongs to a later date than the preceding, and is placed by Rishanger (who probably borrowed from it) s.a. 1303. The narrative will be found to be fuller than that of Rishanger.

[2] *perituros* in orig.

A.D. 1303. Palatia trium Cardinalium, scilicet, Domini Gentilis, Pœnitentiarii, Domini Francisci, nepotis Papæ, et Domini Petri Hispani. Sed familiares interius existentes, et similiter Marchio, in Palatio suo proprio existens, cum familia sua, viriliter se defendebant, balistendo circumquaque, et lapides projiciendo, in tantum, quod Palatium Papæ, vel Palatium Marchionis, nullo modo potuerunt invadere. Sed Palatia trium Cardinalium, qui reputabantur specialiter amici Papæ, per viam et potentiam sunt ingressi, et omnia bona ibidem inventa asportaverunt, et Cardinales ipsi a tergo per latrinam vix evaserunt.

Adhuc durante isto conflictu, ecce! quidem supervenit Dominus Adnulphus, capitaneus villæ, adducens secum Dominum Reginaldum de Supine, qui erat magnus dominus in Campania, et capitalis inimicus Papæ; et duxit filios Domini Johannis de Chitan, quorum patrem Papa tunc tenebat in carcere. Et cum dictus capitaneus, cum sociis suis prædictis, venisset ad Schairam de Columpna, et ejus exercitum, statim idem capitaneus et socii sui conjunxerunt dicto Schairæ, eo quod omnes fuerunt inimici capitales Papæ; et tunc irruerunt in tantum in Papam et nepotes, quod Papa et Marchio, nepos ipsius, non potuerunt, ut credebatur, ipsis diu resistere. Propter quod, Papa petiit treugas; quas Schaira sibi concessit, et nepoti suo, usque ad horam nonam dicti diei, in Vigilia Nativitatis Beatæ Mariæ; et sciendum quod treugæ inceperunt circa horam primam, et duraverunt usque ad horam nonam, ut prædixi.

Durante treuga, Papa misit secrete ad populum Anagnum, supplicando eis quod ipsi salvarent vitam ipsius; et promisit eis, quod si hoc facerent, ipsos in tantum locupletaret, quod omnes suo perpetuo gauderent. Sed populus respondebat, quod constituerat et ordinaverat unum Capitaneum prædictum, in quo remansit omnis potestas populi; sine quo nihil voluit, nec potuit, facere populus. Quo audito a Papa, hinc inde missi fuerunt nuncii. Inter cætera, Papa supplicavit quod Schaira vellet significare articulos in quibus fuerat sibi et suis fratribus injuriatum; et quod paratus fuit, secundum consilium Cardinalium, sibi emendas facere. Idem vero Schaira respondit, quod nunquam dimitteret Papam habere vitam suam, nisi faceret hæc tria quæ sequuntur; videlicet, quod primo restitueret plene duos Cardinales, Jacobum et Petrum, quos prius damnaverat, et hoc ad temporalia et spiritualia; et non solum illos Cardinales, sed omnes de sanguine. Item, tertio, quod Papa, post restitutionem hujusmodi, renunciaret Papatui; et quarto, quod corpus Papæ postmodum esset ad voluntatem ipsius Schairæ. Quibus auditis, Papa dixit;—"Hoi " me, durus est hic sermo;" et sic intervenerunt nuncii quamplures hinc inde, sed nullo modo potuerunt concordare.

A.D. 1303.

Adveniente igitur hora nona, [1] exclamavit;—[2] *Ades,* "*ades,*" quod est vulgare ipsorum, et valet tantum quantum, "*Aly, aly.*" Cœpit exercitus irruere in Papam et nepotem suum; at ipsi viriliter se defendebant, ut prius. Tandem, quod matrix ecclesia Beatæ Mariæ Anagum præstitit eis impedimentum, quominus potuerunt venire ad Palatium Papæ et Cardinalium, apposuerunt ignem ad ostium ecclesiæ, et, ipsis ostiis ecclesiæ totaliter combustis, ingressi sunt ecclesiam homines Schairæ; et spoliaverunt et derobarunt omnes clericos et laicos, et mercenarios ibidem habentes cultellos et alia mercimonia ad vendendum; ut non dimiserunt valorem quadrantis quem apprehendere potuerunt.

Tandem Marchio, nepos Papæ, perpendens quod se ulterius non posset defendere, reddidit se dicto Schairæ et Capitaneo; ita quod vitam ipsius et filii sui, et

---

[1] *exclavit* in orig., by inadvertence.

[2] This circumstance is omitted in Rishanger.

A.D. 1303. suorum, salvarent. ¹ At filius suus, unus et alter, fugit per cameram privatam, et detrusi fuerunt in carcere. Quo audito, Papa lacrymatus est amare. Et cum Papa non posset ulterius se defendere, per Schairam et suos ruptis ostiis et fenestris Palatii Papæ per plura loca, ac igne imposito ex altera, finaliter exercitus, quasi voce furibunda, per vim ad Papam est ingressus, et multi ipsorum verbis contumeliosis aggrediebantur, et minas graves ei intulerunt: quibus Papa non respondit verbum. Et cum Papa positus est ad rationem, an vellet Papatui renunciare, dixit constanter quod non, immo citius vellet perdere caput; et dixit, in suo vulgari,—"*Ec le col, ec le cape;*" quod est dicere, —" Ecce ! collum, ecce ! caput." Et statim ² protestatus est coram omnibus, quod Papatui nunquam renunciaret, quamdiu vivere posset. Schaira vero voluit libenter interficere Papam, sed fuit prohibitus per aliquos; in tantum, quod malum in corpore Papa non recepit. ³ Dominus Petrus Hispanus assistebat Papæ in toto isto conflictu, sed omnes alii familiares Domini Papæ fugerunt. Et statim, fugatis ostiariis Papæ et quibusdam interfectis, et aliis domicellis omnibus, tam minoribus quam majoribus, dejectis, deputati sunt custodes Papæ per Schairam et Capitaneum, ad custodiendum Papam in carcere, videlicet, Dominus Reginaldus de Suppine, et multi alii cum eo. Et sic captus fuit Papa, et Marchio, nepos ejus, apud Anagum, in Vigilia Nativitatis Beatæ Mariæ, circa horam septimam; ⁴ et, ut creditur, Papa habuit malam noctem, sed unum ⁵ præterivit, quod ipse exercitus in primo suo ingressu derobavit Papam, cameram suam, et thesauriam suam,

---

¹ This passage is omitted in Rishanger.

² *prostratus* in orig., by inadvertence.

³ This circumstance is omitted in Rishanger.

⁴ The whole of this passage, down to "*exercitus in primo,*" is omitted in Rishanger.

⁵ Perhaps intended for *perterruit.*

de vasis et vestimentis, ornamentis, auro et argento, et A.D. 1303, omnibus aliis rebus ibi inventis; in tantum quod Papa remansit ita pauper sicut fuit Job post tristissima nova sibi nunciata. [1] Idem Papa aspiciens et videns undique qualiter viri [2] scelerati dimiserunt vestimenta sua, et omnia bona mobilia abstulerunt, statuentes quidem quis tolleret hoc vel illud, nihil aliud dixit;—[3] " Do-
" minus dedit, Dominus abstulit, etc." Et quicunque rapere quicquam potuit, abstulit, rapuit, asportavit. Sed de Papa nullus plus tunc curavit, quam de [4] ceo vel alio quocunque ribaldo.

Revera non creditur quod omnes reges de mundo possent tantum de thesauro reddere infra unum annum, quantum fuit asportatum de Palatio Papæ, et de Palatio Marchionis et trium Cardinalium, et hoc quasi in brevi hora diei. [5] Insuper Symon Gerardus, mercator Domini Papæ, totaliter fuit derobatus, quod vix evasit cum vita. Et sic remanserunt Papa et nepotes sui sub custodia quorundam militum, et etiam aliorum laicorum, a Vigilia Nativitatis Beatæ Mariæ usque ad tertium diem sequentem, videlicet, usque diem Lunæ, qui fuit in crastino Beatæ Mariæ.

Interim vero, tractabatur per Schairam et suos, quomodo vellent ipsum Papam morti tradere, vel ipsum vivum ad Regem Franciæ transmittere. Audiens populus Anagum quod Papa morti traderetur, ipsa comitas villæ Anagum fecit quamdam advocationem per se in quodam loco secreto, ignorantibus Capitaneo, Schaira, et aliis custodibus Papæ. [6] Quæ quidem congregatio sic facta comitate Anagum, facta fuit in crastino Beatæ Mariæ, circa horam tertiam.

---

[1] The whole of this passage, down to " *Revera non*," is omitted in Rishanger.

[2] *celerati* in orig.

[3] *Job* i. 21.

[4] Sic in orig.

[5] This passage is omitted in Rishanger.

[6] The whole of this matter, down to " *decem millia hominum, etc.*," in next page, is omitted in Rishanger.

A.D. 1303. In illa vero congregatione inter se dixerunt;—
"Licet Papa multa mala fecerit in hac vita, non
"tamen licet eum occidere. Si Papa hic in civi-
"tate ista inter nos omnes interficiatur, dicetur per
"universum orbem quod nos sumus rei mortis ipsius,
"et sic villa ista remanebit interdicta, in tantum
"quod nunquam celebrabitur Missa in villa ista; et
"præterea, ex isto facto tota Christianitas surget con-
"tra nos, et sic erimus omnes destructi." Dixerunt
aliqui,— "Quid est ergo faciendum?" Responderunt
alii,— "Eamus ad Palatium Papæ omnes simul, et
"auferamus statim corpus Papæ, et Marchionis, nepotis
"sui, de manibus custodientium; et habeamus nos cus-
"todiam ipsorum, et sic salvabimus vitam ipsorum;"
et adjiciebant, promittendo et jurando, quod si custodes Papæ, primo deputati per Capitaneum et Schairam,
eis resisterent, nullum ex ipsis vivum dimitterent.

Quibus sic factis, statim, absque majori deliberatione, populus Anagum, id est ipsa comitas, quæ con-
tinebat decem millia hominum, bene armatorum, ut
creditur, currebant ad Palatium Papæ, ubi Papa stetit
in carcere, et volentes intrare, non potuerunt propter
custodes. Sed tandem, expulsis custodibus, et ex
eis multis interfectis, ingressus [est] populus Anagum
ad Papam, et [1] dixit unus de comitatu pro omnibus;
—" Pater sancte, nos venimus huc, ut vitam ves-
"tram salvemus, et ideo volumus habere custodiam
"personæ vestræ, quousque sedetur ista tempestas."
Quo audito, Papa, levatis oculis et manibus ad cœlum,
regratiatus est Deo et populo, quia fuit liberatus a
morte. Similiter comitas liberavit nepotes Papæ,
et tenuerunt custodiam illorum penes se. [2] Quibus
auditis, Schaira cum exercitu suo de villa recessit,
contra populum Anagum, multum et in iram provo-

---

[1] This passage is omitted in Rish-anger.

[2] This account, of the anger of Schaira, is omitted in Rishanger.

catus: et graviter comminatus est eis. Et [1] sic liberatus A.D. 1303. fuit Papa per populum Anagum.

In crastino Nativitatis Beatæ Mariæ Virginis, circa horam statim post nonam, et statim cum Papa sic liberatus fuisset, et populus eum habuisset, idem populus ipsum Papam fecerat portari de Palatio suo seorsum usque in magnam plateam, coram toto populo; et tunc Papa prædicavit lacrymando, et ante omnia regratiebatur Deo et omnibus Sanctis, et populo Anagum, de vita sua. Tunc dixit quod longum esset hic narrare; et inter cætera quæ dixit Papæ, talia verba protulit;—" Boni homines et mulieres, vos bene scitis
" qualiter inimici mei venerunt et abstulerunt bona mea
" et bona Ecclesiæ; in tantum quod ipsi dimiserunt ita
" pauperem sicut fuit Job. Propter quod, vobis dico,
" quod nihil habeo ad comedendum vel bibendum, et
" adhuc sum jejunus. Et ideo si sit aliqua bona mulier,
" quæ me velit juvare de eleemosyna sua in pane
" vel in vino, et si panem et vinum non habuerit,
" dummodo tamen me velit de modica aqua juvare,
" ego dabo ei benedictionem Dei, et meam; et omnes
" qui quicquam portaverint, quantulumcunque modi-
" cum, in subventionem meam, absolvo a peccatis suis,
" et a pœna et a culpa." Et omnes clamabant,—" Viva,
" pater sancte." Et ecce! omnes mulieres quæ ibidem fuerant, et aliæ similiter per villam, statim currebant ad Palatium Papæ, offerentes sibi, aliquæ vinum, aliquæ panem, aliquæ aquam, in tantum quod in momento tota camera sua fuit repleta pane, et vino, et aqua. Et [cum] ipsi non inveniebant vasa ad sufficiendum, effundebant vinum et aquam in [2] area cameræ Domini Papæ, usque ad maximam quantitatem. Et tunc potuerunt omnes ingredi ad Papam, boni et mali, parvi et magni; et omnes tunc potuerunt loqui cum Papa, sicut cum alio paupere homine.

---

[1] Apparently "*sus*" in orig.   [2] *aera* in orig., by inadvertence.

A.D. 1303. Papa, videns quod liberatus fuisset, iterum exivit, de licentia custodum, et benedixit populum, et iterum regratiabatur Deo et populo de vita sua, [1] adjiciens talia verba;—" Heri nihil habui, sed fui ita pauper " sicut fuerat nunquam Job; modo, benedictus Altissi-" mus, satis est mihi de pane, vino, et aqua, pro me et " vobis omnibus;" et statim absolvit omnes in civitate existentes a pœna et a culpa; hoc excepto, quod derobatores et spoliatores bonorum Ecclesiæ Romanæ, et etiam Cardinalium et aliorum de Curia, non absolvebat, nisi bona hujusmodi infra triduum reportarent. Veruntamen Papa remisit expresse omnibus qui bona sua asportarunt, dum tamen bona illa non fuerunt de thesauro Ecclesiæ Romanæ, sed de suo proprio; et statim protestatus [est] Papa coram omnibus, quod voluit habere pacem cum Columpnensibus Cardinalibus et aliis inimicis suis, et paratus erat restaurare ipsos Columpnenses ad temporalia et spiritualia; et hoc fecit proclamare per villam. Et sic stetit Papa, cum nepotibus suis, sub custodia communitatis Anagum, a die crastino Nativitatis Beatæ Mariæ, circa horam vespertinam, usque diem Veneris proximo sequentem. Interim vero reportata fuerunt bona illa prius ablata; [2] sed non credatis quod omnia prius ablata plenarie fuerunt restituta; quia forte aliqua pecunia tunc exivit de camera Papæ, quæ nunquam revertetur ad illam.

Die Veneris post Octavas Natalis Beatæ Mariæ, in mane, Papa subito et inopinate recessit de Anagnia versus Romam, cum maxima multitudine armatorum, et, continuatis dietis suis, ingressus est urbem Romanam, [3] die Mercurii proxima post Octavas Natalis Beatæ Mariæ, et pernoctavit apud Lateranum, et ibi stetit per duos dies; et tertio die transtulit se

---

[1] These particulars of his discourse are not given in Rishanger.
[2] The whole of this passage is omitted in Rishanger.
[3] These details are omitted in Rishanger.

Beatum Petrum; ubi modo ¹stat valde tristis, eo quod, ut videtur, non potest seipsum salvare in alio loco, nisi in urbe Romana. Tot enim habet inimicos, quod vix invenietur aliqua civitas in tota ²Tuscia vel Campania, quæ possit ipsum defendere contra Columpnenses. Et nisi populus Romanus astiterit Papæ, et ipsum manutenuerit, timetur quod Papa in brevi destruetur. Ursini tenent cum Papa totaliter, sed multi alii Romani sunt contra populum, et cum Columpnensibus. {A.D. 1303. Remarks upon the present helpless condition of Pope Boniface.}

Et sic est divisio in populo Romano; propter quod, nos, qui ³sumus curtesani, pessime sumus turbati, et singulis diebus expectamus quando erimus derobati de equis et aliis bonis nostris; nec possumus fugere extra villam, quia ex omni parte Romæ sunt latrones et prædones, ad derobandum omnes transeuntes; ita quod si veniant sexaginta homines bene ⁴armati, et inciderint in manus eorum, non possent eis resistere. Senatores urbis Romanæ, advertentes periculum quod ⁵imminet de die in diem, resignarunt officium suum in manus populi Romani; et sic in urbe non est qui jus reddit, vel qui jura teneat, sed defendat quilibet caput suum. {Present condition of the Papal party at Rome.}

Ille qui vidit præmissa, in hunc modum ⁶scripsit. Dictus vero Papa postea brevi vixit tempore.

Ille vero composuit Sextum Librum Decretalium. Rexit autem Sedem Apostolicam, cum maximo juris rigore, novem annis et totidem mensibus: anno siquidem Domini millesimo trecentesimo tertio migravit ad Dominum. {Pope Boniface dies soon after. A.D. 1303.}

---

¹ Rishanger omits all this, and speaks of him as dying soon after reaching Rome: whereas the context, quoted from a contemporary narrative, speaks of him as still living.

² *Tussia* in orig.

³ This passage shews that the narrative is taken from a letter, written by one of the Papal partisans, from Rome.

⁴ *armatos* in orig.

⁵ *iminet* in orig.

⁶ See Note 3 above.

A.D. 1033.
Succession of Pope Benedict the Tenth.

Vacante igitur Sede Romana per modicum tempus, ut moris est, successit Benedictus, qui fuerat Cardinalis, de Ordine Prædicatorum; vir magnæ ætatis, sanctæ vitæ, et eminentis litteraturæ; qui solvit prædictos excommunicatos, et vixit novem mensibus et novem diebus.

Succession of Pope Clement the Fifth. (A.D. 1304.)

Vacante igitur Sede fere per annum, per discordiam, successit Clemens Quintus, de Wasconia oriundus, Archiepiscopus Burdegalensis; in cujus tempore hoc accidit mirabile de Templariis.—Hæc enim fuit propositio facta coram prædicto Domino Papa, die Mercurii ante Pentecosten, in Palatio Domini Regis Pictavensi, contra Templarios, per Dominum Willelmum de Wilers, militem et Legum Doctorem, prius proponentem ex parte Domini Regis Franciæ.—

De Templariis.[1]

Accusation of the Templars, before Pope Clement the Fifth, on behalf of Philip, King of France. (A.D. 1307.)

" Christus vincit, Christus regnat, Christus imperat.
" Sic fuit de Christo, qui primo vicit inimicos suos:
" ipsis devictis, regnavit gloria, et etiam imperat in
" gloria. Sic enim Rex Franciæ, qui victoriam habuit
" et invenit de inimicis Christi: et ista victoria mira-
" bilis et laudabilis est, propter tria; scilicet, propter
" ipsius ingressum, qui fuit terribilis et incredibilis;
" secundo, propter ipsius progressum, qui fuit jocundus
" et incomparabilis; tertio, propter exitum, qui fuit
" certus [et] indubitabilis. De primo,—quod ingressus
" fuit terribilis et incredibilis,—et hoc propter tria.
" Primo, propter pravitatem conditionis deser[vi]entium
" illos Templarios; quia primo per conversos et alios
" qui intraverunt ad illos, et exierunt. Quia nunquam
" capitur lupus ita bene sicut ab illis qui deferunt

---

[1] This document does not appear to be inserted in the voluminous collection of materials on the same subject in Du Puy's *Histoire de l'Ordre Militaire des Templiers*, Brussels, 1751.

" lupinam pellem. Secundo, per fratres ejusdem Or- A.D. 1307.
" dinis, scelera sua confitentes absque tormentis, cum
" pauci fuerunt positi ad tormenta; et illi, nonnisi
" quando præsumptiones præcesserunt. Item secundo,
" propter conditionem vel dignitatem ipsorum delicto-
" rum; quia incredibile fuit Regi de illis, quod tales
" essent; quia illos cariores cæteris habuit, illos
" specialiores reputavit; de illis plus confidebat, quia
" apud illos deposuit thesaurum suum, illis revelavit
" secreta sua, apud illos commisit filios suos educandos.
" Tertio, propter magnitudinem atque constantiam illius
" Regis; quia, ut dictum est, ista crimina, propter
" præmissa, non potuit Rex credere, nisi argumenta
" præcessissent. Et ideo Rex, qui tardus ad credendum
" prius fuit, uno eodemque die per totum regnum suum
" de criminibus et conditionibus eorundem inquiri fecit.
" Qui ipso eodemque die uniformiter in diversis partibus
" regni idem, et eodem modo, confessi sunt, talia, sunt
" quæ horrenda audiri. Nam confessi sunt, et com-
" pertum est, quod illi, quando recipiunt aliquem ad
" Ordinem illorum, primo ad exequendum homines
" fideles illis, recipiunt intra Ordinem suum, amotis
" omnibus, exceptis fratribus ejusdem Ordinis, et ad-
" ducunt illum ad locum privatum, et illum denudant
" totaliter, et tunc unus accedit ad illum, et eum oscula-
" tur in posteriori parte. Deinde induit et cingit eum
" corrigia de cambuco. Tertio, portatur crux, et ibi
" dicitur sibi quod crucifixus non est Christus, sed
" quidam falsus propheta deputatus per Judæos, propter
" delicta sua, ad mortem; et faciunt eum ter spuere
" super illam. Et postea projicitur ad terram, et faciunt
" conculcari pedibus: et ista statuta et constitutiones
" suas observant inter se. Quinto, ostendunt sibi
" caput cujusdam idoli, et illud cotidie adorant. Sexto,
" de vitio Sodomitico,—quomodo statuunt quod nullus
" utatur mulieribus, sed quilibet utatur alterutro, cum
" voluerint. Ex hiis Rex, tanquam minister fidei, se-

A.D. 1307. "cundum Apostolum, qui dixit;—[1] 'Nemini cito manus
" ' imponas,' volens scire veritatem de præmissis, processit
" per diversas vias; primo, per inquisitionem hæreticæ
" pravitatis, Pater sancte, etiam de licentia vestra et
" voluntate; postea, per Prælatos Franciæ, per con-
" fessiones emissas coram Universitate Parisiacensi.
" Et ex multis aliis indiciis et argumentis apparet de
" eorum enormitatibus—sequitur secundum membrum
" —quod ista victoria progressum habuit jocundum
" et incomparabilem, et hoc propter ministrum talem
" qualis est Rex Franciæ. Nam, Pater sancte, pro-
" videntia solius Dei fuit, per talem et tantum sicut
" est Rex Franciæ, deputare voluit ad extirpationem
" prædictorum. Et vere miraculosum est, quicquid
" accidit in hoc facto; primo, quod sub Rege Franciæ
" hoc accidit. Nam si fuissetis Romæ, Pater sancte,
" nunquam accidisset, propter multas rationes et
" impedimenta diversa. Sed hoc Deus ordinavit, vos,
" Papam et Regem, similiter mente et corpore con-
" jungi ad perficiendum tantum ministerium Dei. Item,
" secundo, notabiliter per Regem Franciæ hoc factum
" est, quia ipse et progenitores sui specialiter, plus
" quam omnes reges de mundo,—dico sine præjudicio
" aliorum regum,—prompte et devote se exposuerunt
" pro fide Catholica. Nam semper in tribulatione
" Ecclesia consuevit ipsum Regem, et ipsius auxilium,
" invocare, prout apparet per scripta Canonum sancto-
" rum et Decretorum super hiis edita. Item, non credat
" aliquis quod Rex hoc faciat propter cupiditatem; nam
" hoc in præsentia nostra, sancte Pater, Rex profitetur,
" quod nunquam habuit, nec intendit habere aut recipere,
" quicquam de donis eorum; sed per Ecclesiam conver-
" tantur in usum bonum, et ad honorem Dei, et exalta-
" tionem fidei sanctæ. Nam ipse Rex Catholicus se et
" filios suos, et omnia bona sua, pro Ecclesia sancta Dei,

[1] 1 Tim. v. 22.

" et exaltatione, ad vindicandum istam immunem, ipsi A.D. 1307.
" Deo, irrogatam obligat et exponit. Unde ex pura et
" sincera conscientia ad vindicandam tantam blasphe-
" miam Deo irrogatam procedat. Et narravit de hæresi
" quadam, quod Magister ipsorum absolvit ipsos in
" Capitulo suo a pœna et a culpa.—Sequitur iterum
" membrum istius victoriæ, quod habet exitum certum
" et indubitabilem ; et narravit quomodo omnia facta
" sunt notoria, quæ dicta sunt de illis, præsumptione
" juris et facti. Quia omnes Catholici ubi faciunt
" Capitula et consilia de die et in luce, ipsi de nocte
" faciunt Capitula sua, ubi nullus apparet. Item, nec
" Missam faciunt, nec alia, more Catholico. Item,
" per confessionem eorum factum est notorium, et nar-
" ravit, quomodo in die Parasceues præterito fuerunt
" quinque Templarii, qui in præsentia populi adora-
" bant crucem, sed statim, finito officio, clausis januis,
" conspuebant in eam, et calcabant pedibus : hoc
" idem morientes confessi sunt in articulis fidei. Quis,
" Pater sancte, poterit illis parcere ? Item, si sint
" notoria per instrumenta publica tabellionum istius
" Sedis. Item, per famam publicam. Item, per rela-
" tionem Catholici Principis, juxta auctoritatem quæ
" dicit,—' Sufficiat nobis in testimonium relatio Principis
" ' Catholici' contra hujusmodi delinquentes. Item,
" Ecclesia Gallicana hoc testatur, et Universitas Pari-
" siensis. Item, Comites et Barones, et tota militia
" Gallicana. Item, omnes communitates civitatum, et
" sub periculo mortis. Item, per illos Terra Sancta
" capta est, nam—[1] 'Ex fructibus eorum cognoscetis
" ' eos,' quia nihil boni faciunt. Sequitur conclusio, et
" petit fieri, quod Christus præcepit Moysi,—quod
" moriantur tales ; et qui non fecerit judicium, judi-
" cium Dei sit super illum, ut semen illorum tollatur
" in sæcula. Item, secundo petit quod illi qui confessi

---

[1] *Matthew* vii. 16.

A.D. 1307. "sunt, reddantur judicio sæculari. Tertio, quod Ordo
"illorum fuisset semper reprobatus, et quod deleatur,
"nec nomen Ordinis Catholici habeatur. Quarto, petit
"quod, ad cautelam futurorum, concedantur Regi
"scripta Apostolica, qui ad honorem Dei hæc fecit,
"[1] et ne forte processu temporis aliquid sibi impingi
"possit, quod alia intentione processit contra illos."

Sermons preached before the Pope, in reference to the Templars.

Præmissis itaque per Dominum Willelmum propositis, surrexit primo Archiepiscopus Narbonensis, et proposuit illud thema,—[2] "Ulciscere filios Israel de Madianitis;" et retulit de Moyse, qui fuit mitissimus hominum, qui tantam injuriam factam nunquam remisit. De hoc quod Papa debet prospicere, adduxit Canones, et Canonum auctoritates, de Julio Papa et aliis qui hoc fecerunt. Item conclusit, et petiit pro Ecclesia Gallicana, quod cum immineat periculum, ex qualitate ita placeat Domino Papæ remedium celeriter apponere.

Postea surrexit Archiepiscopus Bituricensis, et proposuit istud thema,—[3] "Nunc autem flens dico inimicos crucis Christi," et prosequebatur, sed breviter.

Sermon preached by the Pope in reference to the Templars.

Post hæc omnia proposita, Papa assumpsit tale thema,—[4] "Odite malum, et diligite bonum; constituite "judicium;" et allegavit prophetias multas, et processit in themate faciendo brevem sermonem de singulis membris. Postea descendit ad propositum negotium per hujusmodi verba, vel consimilia,—"Scimus quod nulla
"ecclesia triumphans, cui ille Summus Sacerdos, Do-
"minus noster [5]possidet Iesus Christus, ecclesiam mili-
"tantem cui, ipso auctore, præsidemus, instruit viam,
"et exemplum nobis præbet in singulis actibus; ipse
"enim justas sententias et justa judicia profert. Apud
"illum non est personarum acceptio. Dicimus quod
"isti Templarii boni reputati sunt, et multum per Ec-
"clesiam approbati fuerunt etiam illi, pro Ecclesia

---

[1] Probably, *ut ne.*
[2] *Numbers* xxxi. 2.
[3] *Philippians* iii. 18.
[4] *Amos* v. 15.
[5] The context here is evidently corrupt, *præsidet* is probably intended.

" Universali expositi contra hostes. Item, Pontifices A.D. 1307.
" Romani semper constituerunt et consueverunt illos
" muneribus ditare, et privilegiis decorare: et ideo
" stupenda sunt, et admiranda, quæ de illis alias et
" modo audivimus. Tamen dicimus, si boni sint, sicut
" adhuc credimus, debemus illos diligere; si mali
" sint, debemus illos odire. Verum quia multa [1][sunt]
" proposita, et, inter cætera, quod statim fiat executio
" de præmissis, hoc dicimus, sicut dicitur in themate,
" quod constituere debemus judicium. Nam ista facta
" Romana Ecclesia non consuevit præcipitare, sed ma-
" ture procedere. Unde dicimus quod volumus scire et
" examinare quæ gesta sunt; et postea, de consilio et
" consensu fratrum nostrorum, talem sententiam dare,
" prout nobis Deus dabit, servato semper ordine juris.
" Scimus tamen, Domine Rex, quod vos et progenitores
" vestri multum honorastis istam sanctam Ecclesiam,
" et etiam sublevastis, et semper devoti fuistis eidem.
" Dicimus tamen, quod, sine comparatione, prædeces-
" sores nostri, Romani Pontifices, ipsam plus decorave-
" runt et firmarunt, utpote quorum sanguine fundata
" et firmata est. Litterarum enim modum et formam
" intendimus servare, et procedendo in isto negotio.
" Et rogamus Dominum quod dignetur lumen suæ
" sapientiæ et scientiæ nobis dare ad perseverandum
" et inquirendum veritatem, et statuendum, in isto
" negotio; quod ad ejus honorem cedat, et exaltatio-
" nem fidei nostræ orthodoxæ. Et hoc omnibus sup-
" plicationibus concedimus, indulgentiam quadraginta
" dierum, dicendo septies—Ave Maria." Et sic finitur
Sermo.

Edictum Regis Franciæ contra Templarios.

" Semper nostri genitores, ad hæreses et errores alios Edict of
" ab Ecclesia Dei pellendos, et specialiter a regno Philip the Fair, King

[1] Omitted in orig.

A.D. 1307. "Franciæ, præ cæteris Principibus temporum suorum,
of France, "fuerunt soliti pretiosam Catholicæ fidei margaritam,
against the "utpote thesaurum incomparabilem, a furibus et latro-
Templars. "nibus egregie defendentes. Attendentes igitur ad pe-
"tram ex qua simus excisi, et progenitorum nostrorum
"inhærentes vestigiis, guerrarum temporalium quibus
"nos et vos Dominus nisi cavit pacem nobis dedisse
"supponimus, ut, guerris contra fidem Catholicam susci-
"tatis remedium ab hostibus patentibus, sed potius, ab
"occultis, qui tanto nobis assistunt propinquius quanto
"nocent latentibus, tanto periculosius existunt, totis
"viribus intendimus.[1] Scitis quod fides est Catholica
"ex qua id quod sumus in Christo consistimus, ex ea
"vivimus, et ex ea nos, sicut exules et mortales, nobiles
"facti sumus in Domino Jesu Christo, ut Dei vivi, Patris,
"et æterni filii veri simus, cum Christo, necnon cœles-
"tis regni hæredes. Hæc nos spes fovet pulcherrima;
"hæc est ergo tota nostra gloria; si quis igitur hanc
"catenam violare nititur, nos Catholicos conatur oc-
"cidere. Christus est nobis via, vita, et veritas. Quis
"ergo potest ipsum negare, per quem et in quo sub-
"sistimus, quin destruere nos satagit? Cogitet unus-
"quisque quod ipse nos in tantum dilexit, quod pro
"nobis carnem assumere, in carne quoque mortem
"subire crudelissimam, non expavit. Diligamus ergo
"nos talem Dominum Salvatorem, qui sic nos prius
"dilexit, qui sumus unum corpus, simul regnaturi cum
"eo; pariter ad ejus injurias vindicandas intendamus.
"[2] Proh O doli Templariorum! error damnabilis, tam
"amarus, tam flebilis, nos non latet. Jesum Christum,
"nostrum Dominum, in sua professione negabant, sed in-
"gredientes suum profanum Ordinem negare cogebant;
"et ejus opera, quæ sunt vitæ nostræ necessaria, nec-
"non omnia quæcunque a Deo creata. Super crucem
"ejus, qua sumus redempti, spuebant, calcabant pedibus,

---

[1] The above passage is evidently corrupt.

[2] *Prothodoli*, in one word, in orig.

"et, in creaturæ Dei contemptum, loca vilia per oscu- A.D. 1307.
"lum visitabant ad invicem. Idola adorabant; contra
"naturam, quod bruta animalia recusant, ritu suo
"tam reprobo, sibi licere dicebant. Cœlum et terra
"moventur tanti flatu sceleris, et elementa turbantur.
"Enormitates hujusmodi per partes regni nostri
"singulas commisisse probantur, ac ex depositionibus
"majorum ejusdem Ordinis, si sic appellari valeant,
"clare patent. Nec est verisimile per tot et tantos
"communiter commissa in regno nostro, commissa quin-
"immo etiam ultra mare, fuisse commissa probata,
"quin generaliter ubique terrarum sint eodem modo
"commissa. Contra tam sceleratam pestem debent
"insurgere leges et arma, pecudes, et omnia quatuor
"elementa."[1]

---

[1] This document is followed (MS. Bibl. Reg. 14 C. I. 17 a.) by the Bull of Pope Clement the Fifth, "*Regnans in Cælis*," against the Templars (printed in Du Puy's *Histoire de l'Ordre Militaire des Templiers*, 1751, page 242 *et seq*). It is transcribed, however, in so corrupt a form, and rendered valueless by such multitudes of errors and omissions, that it has been thought advisable to omit it.

GLOSSARY.

GLOSSARY.

ACELLA (70). The arm-pit. More commonly "*ascella*," or "*axella*."

ADMIRALIUS (69). An Emir, or superior lord; a Latinized form of an Arabic word.

AFORESTARE (461). To afforest, to turn ground into a forest, to render it subject to the Forest laws.

ALLOGIARE (441). To encamp, to pitch tents.

AMMERCIARE (39). To amerce, to fine.

APPODIARE (69). To lean against.

ARCUBALISTARIUS (413). An arbalester, or crossbow-man.

ARIDA (45). Dry land.

ARTETICUS (109). Caused by gout; a corrupt form of the classical word "*arthriticus.*"

AVUNCULUS (448). In classical Latin this word means a maternal uncle, or uncle on the mother's side; in the present instance, it means a first cousin through the father.

BANERETTUS (441). A knight banneret. The knights banneret led their vassals to battle under their own flag; they were an intermediate order between the simple knight and the baron.

BARNAGIUM (405). Baronagium (*passim*). The baronage, or nobility.

BIBLIENSIS (255). Probably, for *Bybliensis*, "of Byblus," in Egypt: the See of which was *in partibus infidelium*. See the New *Fœdera*, I. p. 969, where this Prelate is mentioned.

BIRRATUS (97). Striped, of bar pattern. The Carmelites, or White Friars, were originally called "*Fratres Birrati*," or rather, "*Barrati*," from the "bar" patterns of their dress.

CANTREDUS (58, 90). A Cantred, a division of land in Wales, somewhat resembling our Hundred. See Holinshed, *Hist. Ireland*, p. 4, and the Glossary to *Liber Custumarum*, p. 712, s.v. *Commote*.

CAPELLA REGIS SCOTIÆ, CHAPELE DE ESCOCE (274, 334, 336). The Chapel Royal of the Scottish Kings, where the national muniments appear to have been preserved. As to this usage, see Mr. Hardy's Introduction to the *Close Rolls* (8vo. Edition, 1833), p. 106.

CARETTA (442). A cart. See the Glossary to *Liber Custumarum*, p. 708, s.v. *Charette*.

CARIARE (440). To carry.

CASSARE (71). To quash, to render invalid.

CASTRUM PUELLARUM (363). The Maidens' Castle. Edinburgh was so called in mediæval times.

CAUDATUS (131). There is a long discussion on this word in Du Cange, which seems in the Middle Ages to have been a common epithet used by the French in disparagement of the English; though also used by English writers on English affairs. See Rishanger's *Chronicle of the Wars of the Barons*, printed for the Camden Society, 1840. The exact meaning and the origin of it seem to be unknown; but it not improbably is a Latinized form of the word *couard*, "coward," which apparently is derived from the old French *cou* (queue), the tail; probably, from the fact of frightened animals dropping the tail in fear, or "turning tail" in flight.

COMITAS (487.) A community.

CRUMBACHIN (363). Probably, the present Cromarty, in Scotland.

CURIALITAS (391.) Courtesy.

CURTESANUS (491.) A follower, or adherent of the Court, of Rome, in this instance.

DEAFFORESTARE (461). To disafforest, to discharge from being forest, to exempt from the Forest laws.

DEROBARE (491). To rob, to plunder of.

DEXTRARIUS (27). A war-horse, a charger.

DOMICELLUS (114). A young nobleman, in wardship, and in this instance, probably, acting as a page.

DUBING' (263). Qy. as to this locality.

DUNBRETAN (363). Dumbarton, in Scotland.

ELING' (363). A misspelling, no doubt, of Elgyn, or Elgin, in Scotland.

ESTRIVLIN (363). Stirling, in Scotland.

EXBANNIARE (228). To banish, to send away.

GALEYA, GALEA (106). A galley, a war-vessel.

GARALANDECHE (339). Coronation — if that term may be used — with a garland, a circlet or coronet of precious metal, inferior in dignity to a royal crown.

GEDEWORTHE (363). Jedburgh, in Scotland.

GLOIGUX (363). The locality of this Castle, in Scotland, cannot probably now be identified.

GUERRA (377). War, warfare. See *Werra*.

HAUST' (363). The locality of this Castle, in Scotland, cannot probably now be identified.

HEREMUS (381). A place of seclusion, probably, a cell of a recluse, or hermitage.

HERNESIUM (442). Harness, trappings, equipment.

HOKEDAI, HOKEDAY. Engl. (390, 391.) Hock Day, the second Tuesday after Easter. See the Glossary to *Liber Albus*, in this Series, *s.v.*, p. 328.

INFORTUNIUM (70). A mischance, an unfortunate event.

INGENALL' (363). The locality of this Castle, in Scotland, cannot probably now be identified.

INVORNAME (363). The present Invernairn, in Scotland.

KENOILES. Norm. Fr. (313.) The meaning of this word has not been ascertained.

KILINDBRYTHE (363). Probably, Kilbride, one of the places of that name in Scotland.

LABELLUS (4). In Heraldry, a fillet with pendants, or points.

LEPORARIUS (442). A harrier, or hound for chasing the hare.

meditullium (103). Midland, the inland parts of a country.

MENAGIUM (159). Retainership.
MONACHA (113). A nun.
MORA (442). A moor.

NOMINATUS (193). Of great name, or high repute.

PERIZOMATA (226). Breeches, coverings for the nakedness of the body.

PRÆTAXATUS (461). Before-mentioned.

RECIDIVARE (461). To renew, to put in force again.

RECONSIGNARE (389). To resign.

REFEOFFARE (389). To re-enfeoff, to restore to his fee.

RIBALDUS (70, 487). A ribald, a rascal.

ROTUNDA TABULA (94, 110). A Round Table. A festival celebrated by feasting and tournaments, in honourable remembrance of King Arthur and his Knights of the Round Table.

SCABINUS (153). An Echevin, a superior officer of a city in France or Flanders.

SOMETARIUS (440, 441). A sumpter-horse.

SORORITAS (194). Sistership, or sisterhood; the fact of becoming a sister, or female member, of the Order.

SORORIUS (84). A sister's husband.

STERLINGUS (380, 400). A penny sterling. As to the origin of this word, see the Glossary to *Liber Custumarum*, in this Series, p. 828.

STRAGULATUS (97). Parti-coloured.
STUDIUM (81). A University.
SUMMARIUS (26). A sumpter-horse.
SYMBOLUM (53, 81). The Apostle's Creed.

TIMORATUS (18). Fearing God, conscientious.

TRANSFRETORIUM (373). A passing, or passage, beyond sea.

UNGULARE (441). To prance, or ride, to and fro.

WERRA (51). War, warfare. See *Guerra*.

INDEX.

INDEX.

A.

Abbey Chronicles of England, the, ordered by King Edward to be sent to Norham, 234.

Aber Conway (Abertoun) the Abbey transferred from, and a Castle built at, 105; the Archbishop of Canterbury joins Edward I. at, 147.

Aberdeen, the Castle of, 363.

Abimelech, 15.

Aboyne, the Castle of, 363.

Abundance of corn, great, in England, 117.

Achaia, Charles, Prince of. *See* Charles II. of Sicily.

Acquitaine. *See* Aquitaine.

Acre, or Acres, the Princess Eleanor delivered there, of the Princess Johanna of Acre, 64; besieged by the Soldan of Babylon, 68; Prince Edward arrives at, 68; on the point of surrender to the Saracens, 68; Prince Edward wounded at, by an assassin, 69; Edward I. leaves, 78; the King of Cyprus is crowned King of Jerusalem at, 114; the Christians in, ask a truce of the Soldan of Babylon, 116; besieged by the Soldan of Babylon, 122; the inhabitants send the women to Cyprus, 122; is taken by the Saracens, 122; its danger from the attacks of the Pagans, 400; Prince Edward sets out for, 429; the Battle of, 443.

Acton Burnel, the Parliament and Statutes of, 106.

Adam, years to, from the Creation, 424.

Ada, sister of William, King of Scotland, allegations as to, 276, 277, 278, 279, 280, 281, 282, 284, 285, 288, 290, 293, 294, 295, 298, 299, 306, 308, 343, 359.

Adnulf, leader of the people of Anagni against Pope Boniface VIII., 216, 217, 482.

Adolph, Count of Nassau, elected King of the Romans, 131; Edward I. makes an alliance with, 143; Edward promises the envoys of Pope Boniface that he will ask his assent to making peace with France, 150; he refuses his assent, 166; purposes meeting Edward in Flanders, 178; Pope Boniface attempts to prevent it, 178; Adolph breaks his agreement with Edward, 178; slain by Albert, 178, 188.

Adrian V., Ottoboni is elected Pope as, 88; suspends a Constitution of Gregory X., 88; dies at the end of two months, 88. *See* Ottoboni.

Agen, Philip the Fair at, cites Edward the First to appear at Paris, 139.

Albano, the Cardinal Bishop of, dies at Tunis, 65; (another) Cardinal Bishop of, is sent to England, 150; joins King Edward at Berwick, 166; returns to France, 166.

Albemarle, the Count of, slain at Courtrai, 211.

Albemarle, William de. *See* Avelina.

Albemarle, the Honour of, 333.

Albert, son of Rudolph, slays Adolph of Nassau in battle, 178, 188; becomes King of the Romans, 178, 196; marriage of his son, Rudolph, 196.

510 INDEX.

Alexander IV., Pope, excommunicates Manfred, 2 ; death of, 4, 9.

Alexander II., son of William, King of Scotland, 298, 300, 316.

Alexander III., King of Scotland, present at the Coronation of Edward I., 84; visits King Edward, 93 ; his aid against the Welch, 93 ; marries the daughter of the Count of Flanders, after Margaret of England, 118, 119; his death, 119; his issue, 119 ; son of Alexander II., King of Scotland, 299, 300, 321, 342, 343, 351, 359.

Alexander, son of Alexander III., of Scotland, dies before his father, 119.

Alfonso III., son of Peter, succeeds to the throne of Arragon, 111; Eleanor, daughter of Edward I., King of England, affianced to, 111 ; imprisons Charles, Prince of Achaia, 114; requests to be reconciled to the Church, 114 ; liberates Charles of Achaia, 116; Charles of Achaia is absolved from his oath to, 118 ; death of, 131.

Alfonso X. of Castille. *See* Ferdinand.

Alfonso [de la Cerda,] and Ferdinand, on the death of their uncle Sancho, take the kingdom of Leon, 166; Alfonso bestows it on his uncle Juan, 166; ransoms Juan, 170; abandoned by his allies, seeks aid from France and Rome, 170.

Alfonso, death of Prince, 108, 481; his body buried at Westminster, 108 ; son of Edward I., 416. *See* Black Friars.

Alfred, King, crowned by Pope Leo, 425 ; buried at Winchester, 425.

Algorum, Master P., 132.

Alianor. *See* Eleanor.

Almaine, alleged re-appearance of the Emperor Frederic II. in, 108 ; Adolph, Count of Nassau, made King of, 131 ; Antony, Bishop of Durham, sent as envoy to, 143 ; Boniface VIII. tries to rouse the Princes of, against Adolph, King of 178; the kings of Savern' and Vaxen' hold of the King of, 341. *See* Adolph, Albert, Henry, Richard, *and* Rudolph.

Ambresbury [*now*, Amesbury], King Edward and his mother, Queen Eleanor, at 98 ; the Princess Mary, daughter of Edward I., becomes a nun at, 108, 416; Edward I. visits his mother at, 109; Queen Eleanor of Provence takes the veil at, 113 ; she dies, and is buried at, 129.

Amiens, award given by Louis IX. at, 11 ; certain English Bishops summoned by the Legate to, 31 ; interview between the Kings of England and France appointed at, 140 ; Edward I. prepares to set out for, 141 ; William Wallace at, 387 ; love of the people of, for King Edward I., 387.

Amundesham, Walter de, appointed Keeper of the Seal of Scotland, 251.

Anagni, Boniface VIII. a native of, 145 ; insurrection at, against Pope Boniface VIII., 216–220, 483, 484 ; the people of, protect him, 488.

Anglesey, the Isle of, left to Llewelyn by Edward I., 90 ; Edward I. proceeds to, 99 ; causes a bridge to be made from the mainland to, 99 ; several English knights are drowned on the bridge being made, 101 ; Edward takes it, 103 ; Edward builds the Castle of Beaumaris in, 148.

Angus (Anegos), Gilbert, Earl of, present at Norham, 253 ; at Berwick, 263, 358.

Anjou, surrendered to the King of France, 1, 2 ; Henry III. resigns the title of Count of, 2 ; the County of, given to Charles of Valois, 122.

Annan, burnt by Robert de Clifford, 185.

Annandale, Robert de Brus, Lord of, 21 ; the Scots levy an army in, to invade England, 156 ; Edward I. in, 439.

Antioch, taken by the Soldan of Babylon, 58.

Anudoys and Foix, mediation of the Count of, at the siege of St. Sever, 149.

Anzazin, an assassin who wounds Prince Edward at Acre, 69, 70; his singular treachery, 69.

Apamia, the Bishop of, expelled from France, 197. *See* Urbannia.

Apineris, 82.

INDEX.

Apulia, debts contracted by Prince Edmund in, 52; invaded by Conradin, 61; Charles of Anjou returns to, 106; the property of the Templars and Hospitallers confiscated in, 114. *See* Luceria.

Aquinas, Count, appearance to him of his brother, Thomas Aquinas, after his death, 82.

Aquinas, Thomas, a Dominican, flourishes at Paris, 40; death of, at Fossa Nova, 82; his literary works, 82; singular circumstances attending his death, 82, 83.

Aquitaine (or Acquitaine), the Constable of France is ordered to seize, 139; Prince Edward (afterwards Edward III.) is made Duke of, 433.

Arezzo, Pope Gregory X. dies, and is buried, at, 87.

Argyle, Alexander de, at Berwick, 263; at Norham, 364, 366.

Armenia, laid waste by the Soldan of Babylon, 58; the daughter of the King of, bears a miraculous child, 189; the King of, opposes the Soldan of Babylon, 466.

Arragon (or Aragon), the daughter of the King of, married to Philip III. of France, 83; the kingdom of, taken from King Peter, by Pope Martin IV., and given to Charles of Valois, 100; invaded by Philip III. of France, in behalf of Charles of Valois, 110; death of Peter, formerly King of, 110; Alfonso III., son of Peter, succeeds to the throne of, 111; the people of, capture the French fleet, 111; retake Gerona, 111; Edward I., King of England, sets out for, 114; James, brother of Alfonso, becomes King of, 152; return of Edward I. from, 419; the King of, 341, 342. *See* Alfonso, Isabella, *and* Peter of Arragon.

Arthur, King of the Britons, his crown and others jewels given up to the English, 107; his Coronation, 425; buried at Glastonbury, 425.

Artois, Robert, Count of, appointed by the Pope Guardian of the sons of Charles of Anjou, 107; confiscates the property of

Artois, the Count of—*cont.*
the Templars and Hospitallers in Apulia, 114; makes a truce with James, the King of Sicily, 118; sent into Gascoigne, 155; has some success there, 155; besieges Bellegarde, 168; defeats the English, 168, 169; sends his prisoners to Paris, 169; takes Furnes in Flanders, 170; is defeated and slain at Courtrai, 211, 417.

Artois, Philip the Fair returns from, to Paris, 212.

Ashridge (Asrugge), the entrails and heart of Edmund, Earl of Cornwall, buried at, 448. *See* Assherngere.

Aspremont, the Sieur de, taken prisoner at Bayonne by John de St. John, 147.

Assherngere (*now*, Ashridge), a religious house founded at, by Edmund, Earl of Cornwall, who is buried there, 195. *See* Ashridge.

Athelstan, King. *See* Ethelstan.

Athol, the Earl of, invades England, 156; is captured, 160, 376; is liberated, 173.

Audeley, James de, takes measures against the Earl of Leicester, 30.

Audeley, Sir William de, slain, 103.

Augi, the Count of, slain at Courtrai, 211.

Augustin, Saint, converts Ethelbert, 425.

Augustinians, Order of the, tolerated by Gregory X., 81.

Austria, the Emperor Rudolph, Duke of, 178; Albert, Duke of, 188.

Auxerre, Guido, Bishop of, 41.

Avelina, daughter of William de Albemarle, married to Edmund, son of Henry III., 63; early death of her and her children, 63.

Axholme, the disherisoned retire to the Island of, 41.

Aymer de Valence. *See* Valence.

Ayr (Are), Henry de Percy arrives at, with his army, 171; the Castle of, burnt by Robert de Brus, 188; the Castle of, named, 363.

B.

Babylon, in Egypt, the Soldan of, lays waste Armenia, and takes Antioch, 58; besieges Acre, 68; approves the wisdom of Prince Edward, 71; is slain, 89; the Soldan of, captures Tripolis, 116; dies, 122; his son, the Soldan, besieges Acre, 122; captive Christians confined in the city of, 443; defeat of the Saracens at, 443; the Soldan of, defeated by the King of the Tartars, 443, 466.

Bailleul, in France, John de Balliol is banished to, 191.

Baldwin II., the Emperor, is expelled from Constantinople, 9; an exile in France, 9.

Balliol (or Baliol), Alexander de, Lord of Canerez, at Norham, 364, 366.

Balliol, Edward, the Princess Johanna of Valois asked in marriage for, 151.

Balliol, Guido de, slain at Evesham, 36.

Balliol, John de, joins Henry III., 21.

Balliol, John de, Lord of Galloway, claimant to the Scottish crown, Letters of, 125, 126; award of the kingdom of Scotland to, 128; recognizes the King of England as his superior lord, and does homage and fealty, 128; the throne of Scotland is awarded to, 135; his Coronation on Jacob's Stone, 135; his homage to King Edward, 135; present at a Parliament held at London, 142; twelve peers chosen as a Council to aid, 151; departs from the English Parliament without taking leave, 151; his English property is confiscated, 151; sends envoys to France, and enters into an alliance, 151; Edward I. prepares to punish his treachery, 153; is cited to appear before Edward at Newcastle-on-Tyne, 155; fails to appear, 155; renounces his homage and fealty to Edward I., 158; sues for peace, 161; Edward summons him to the Castle of Brechin, 161; he meets the Bishop of

Balliol, John de—*cont.*
Durham there, 161; form of his submission, 161; is sent to the Tower of London, 165; the King of France demands his liberation, which is refused, 185; his liberation is demanded by Pope Boniface, 191; he is deprived of the regalia of Scotland, 191; taken to Bailleul, in France, 191; a claimant to the Scottish crown, his submission to the award of King Edward, 234–238; his claims to the crown of Scotland are preferred, 238; he does homage to King Edward at Newcastle-on-Tyne, 238, 239; agrees to abide by the award of King Edward, 248, 249; the bishops and nobles are directed to examine his claim to the Scottish crown, 254; opinions given in favour of his claim, 255, 256; acknowledgment by him that the King of England is superior lord of Scotland, but that the kingdom of Scotland is not partible, 257; judgment given in his favour, as against Robert de Brus, 261, 262; the rights of other claimants, as against him, are expressly reserved, 265; he again appears before the arbitrators, 265, 266; the discussion of his claims is entered into, and then postponed, 267; gives in his reasons, 268; again appears, 272; final appearance of, and delivery of his reasons and answers, 273; reasons first alleged by him against the Count of Holland, 281; further reasons alleged by him against the Count of Holland, 291, 297; his answers to John de Hastings, 321, 324, 327, 339; reasons proffered by him against John de Hastings and Robert de Brus, 351; final judgment pronounced in favour of, 358; Letters of King Edward, commanding seisin of the kingdom of Scotland to be given to him, 361, 362; does fealty to King Edward, at Norham, 364, 365; the Scots receive him as King with a bad grace, 371; his ignorance and incompetence, 371; twelve peers elected as a Council for

Balliol, John de—*cont.*
him, 372; he attends the English Parliament, 372; secretly takes to flight, 372; King Edward confiscates his property in England, 373; he prepares for war with England, 373; marches against King Edward, 373; finally submits to him, 376; is confined in the Tower of London, 376; his abject submission to Edward, 377; Edward shews mercy to him, 377; Pope Boniface demands him to be delivered up to him, 390, 391; the crown and seal of Scotland are taken from him at Dover, 391; he is sent to a Castle in Wales [France], 391; the kingdom of Scotland, awarded to, by King Edward I., 421; he rebels against Edward, 422; submits, and is sent into France, 422; deprived of his kingdom, 431; the Scots demand that he shall reign over them, 440; the crown of Scotland awarded to, by King Edward I., 482.

Bangor, a bridge thrown over to Anglesey, near, 99.

Bar, the Count de, the Princess Eleanor married to, 139, 416; their son, Edward, 139; their daughter, married to John de Warenne the Younger, 139, 223.

Barde, Robert, a Scottish Esquire, is captured, 442.

Bardolf, William, taken prisoner at Lewes, 28.

Barons, the, meet at Oxford, 5, 6; take measures against Aymer and William de Valence, 6; make provisions as to holding churches belonging to Romans, 6, 7; Henry III. determines to break his compact made with the, 7; they encamp without London, 8; they humiliate themselves, and propose to make terms with the King, 8; Prince Edward enters into a compact with them, 9; the King determines to break his compact with them, 10; they move towards Winchester, 10; the Prelates of England and France try to establish peace, 11; they and the King submit to the arbitration of the King of France, 11; he awards against

Barons—*cont.*
them, 11; machinations of the King's party against them, 12; they are deserted by some of their supporters, 12, 13; they capture the Bishop of Hereford, 17; the King makes a temporary peace with them, 18; heads of a treaty made, but soon broken, 18; letter of complaint sent to the King on behalf of the, 22, 23; Letter of Defiance sent by the King, in answer, 23; Letter of Defiance from Richard, King of Almaine, and Prince Edward, 23, 24; they offer terms to the King, 25; they are thwarted by Richard, King of Almaine, 25; they defeat King Henry at the Battle of Lewes, 25, 26; take him prisoner, 27. *See* Leicester, Simon, Earl of.

Basset, Philip, joins Henry III., 21; taken prisoner at Lewes, 28; an arbitrator between Simon Montfort and King Henry, 42; by his influence, the Earl of Gloucester is reconciled to the King, 57.

Basset, Ralph, slain at Evesham, 36; is previously recommended by the Earl of Leicester to take to flight, 37.

Bath, Walter, Bishop of, made Archbishop of York, 50; Button, William de, Archdeacon of Wells, made Bishop of, 50; William, Bishop of, borrows money at the Roman Court, 52; William, Bishop of, is chosen to consecrate Archbishop Kilwardby at Canterbury, 72; Robert Burnel, Bishop of, elected Archbishop of Canterbury, but the Pope quashes the election, 93; two brothers of Robert Burnel, Bishop of, are drowned near Anglesey, 102; and Wells, Robert, Bishop of, reads a message of King Edward, announcing his intention as to examination of the claims of the candidates for the Scottish crown, 242-246; Robert, Bishop of, present at Berwick-upon-Tweed, 253; William de March, Bishop of, is censured by the King, and removed from his office of Treasurer, 473. *See* Wells.

K K

Bayonne, stipulations as to, 140; captured by the English, 147; many of its citizens sent to England, 147; the garrison of St. Sever send to, for aid, 149; the Earl of Leicester (and Lancaster) returns to, 154; he dies there, 154; the English leave, for Bellegarde, and are defeated by the French, 168.

Beatrice, daughter of Henry III., married to John de Bretagne, 74.

Beauchamp, John de, slain at Evesham, 36.

Beauchamp, Walter de, Seneschal to Edward I., present at Norham, 253; at Berwick, 256, 260; peace made between, and the Earl of Warwick, by King Edward, 406.

Beaumaris, building of the Castle of, 148. *See* Anglesey.

Beersheba, 135.

Bekle, the English army encamps at the village of, 154.

Bellegarde, besieged by the Count of Artois, 168; the English defeated near, 168, 169.

Belmarini, war in the territory of the King of the, 14.

Benedict X., election of Pope, 492; his death, 492.

Benedict XI. elected Pope, 221; verses concerning, 221; made Bishop of Ostia by Boniface VIII., 221; pardons the Cardinals Colonna, 221; makes Nicholas de Prato Bishop of Ostia, 221; makes William de Macclesfield Cardinal Priest of St. Sabina, 221; appoints Walter de Wynterburne Cardinal Priest of St. Sabina, 221; absolves Philip the Fair, King of France, from sentence of excommunication, 224; dies at Perusium, 224.

Benedict, a clerk of Winchester, miraculous cure of, 56.

Benevento, Manfred slain at, by Charles of Anjou, 50.

Bere, the Castle of, taken by the Earl of Pembroke, 104.

Berkeley, Thomas de, made Constable of his army by Edward I., 173; present at Norham, 253; at Berwick, 256, 260.

Berkeley, William de, defeated and drowned, at Minehead, 41.

Berkhamstead, Richard, King of the Romans, dies at, 68.

Bermengham, William de, taken prisoner in France, 169.

Bertrand, Archbishop of Bordeaux, elected Pope as Clement V., 227.

Berwick, John de, is sent by Edward I. to escort the Archbishop of Canterbury, 147.

Berwick, King Edward demands the surrender of the Castle of, 153; taken by Edward, 157; he causes a foss to be dug to the north of, 157; a Parliament is held at, 163; the Scottish nobles submit to Edward I. at, 163, 164; the Cardinal Bishop of Albano joins Edward at, 166; surrender of the Castle of, 170; William Douglas is confined in the Castle of, 172; the Earl de Warenne leaves, 179; the Earl de Warenne flees to, 180; he again leaves, for England. 180; the Scots regain, 180; evacuated by the Scots, and reoccupied by the English, 185; the English fleet arrives at, 186; King Edward proceeds to. 192; he passes Christmas at, 195; the Countess of Buchan is confined in a wooden cage at, 229; meeting at, in reference to the claims to the Scottish crown, 253; the King's Council assembles at, on the claims of John de Hastings and Robert de Brus, 354; great meeting at, to hear final judgment. 357; Letter of King Edward, commanding seisin of the Castle of, to be given to John de Balliol, 362; King Edward takes, and slays the inhabitants. 373; he orders a foss to be dug between. and the Scots, 375; recaptured by the Scots, 384; King Edward retakes it, 385; the garrison of Stirling Castle are escorted to, by the Scots, 407; the

Berwick—*cont.*
Castle of, restored to the King of Scotland, 458, 459.
Beverley, Cottingham near, 188, 189.
Bierne, Edward I. besieges Gaston de, 80, 83; he appeals to the King of France, but in vain, 83; makes his submission to Edward, 85; is confined in Winchester Castle, 85; is liberated, 85.
Biggor', Th. de, at Berwick, 256.
Bigot, Hugh, takes to flight, 27.
Bizeto (qy. Diceto), the Chronicle of Ralph de, 123.
Black Friars, John, Archbishop of Dublin, is buried at the church of the, in London, 108; the heart of Prince Alfonso is buried there, 108; the heart of Queen Eleanor, wife of Edward I., is buried there, 121.
Blanche, widow of Ferdinand of Castille, her two sons, Alfonso and Ferdinand, 166.
Blanche of Navarre, wife of Edmund, brother of Edward I., and mother of Johanna, Queen of France, 141.
Blanche, sister of Philip, King of France, married to Rudolph, son of the King of the Romans, 196.
Blankeforde, Edward I. assumes the Cross at, 116.
Blaye, taken by the English fleet, 144; the English garrison of Bourg sur Mer sends to, for succour, 155.
Blund, William, slain at the Battle of Lewes, 28.
Bocard, Count of Vendome, a leader of the Crusade against Manfred, 41.
Bohemia, the King of, defeats the King of Hungary, 5.
Bonaventura, a Franciscan, flourishes at Paris, 40.
Bonekil, Alexander de, at Berwick, 264.
Bonekil, Master Thomas de, at Berwick, 264.
Boniface VIII., Benedict Caietan elected Pope as, 145; deprives the Bishop of Ostia of the pall, but is consecrated by him, 145; grants indulgences, 145;

Boniface VIII.—*cont.*
prophecy of his predecessor concerning him, 146; deprives the Cardinals Colonna, 146; his violent death, 146; sends two Cardinals to treat of peace between France and England, 150; by reason of his Constitutions, the clergy refuse a subsidy to Edward I., 165; keeps his predecessor, Cœlestinus V., in close confinement, 165; divides the Bishopric of Toulouse, 166; his attempts to restore peace are again frustrated, 169; dissensions between, and the Cardinals Colonna, 170; tries to raise the princes of Almaine against Adolph, King of the Romans, 178; canonizes Louis IX. of France, 178; his troops besiege Nepesina, 178; the Constitutions of, 178; he makes William de Hothum, Archbishop of Dublin, 179; makes fresh proposals for peace between England and France, 183; a truce consented to, 184; the Cardinals Colonna ask pardon of, 188; establishes peace between England and France, 189; Peter and James de Colonna flee from, 190; demands the liberation of John de Balliol, 191; King Edward sends envoys to, against the Scots, 195, 196; envoys sent to him by the Scots, 195, 196; he obtains a truce for them, 196; excommunicates Philip the Fair, 197; summons all the prelates of France to Rome, 197; Philip retaliates, 197; answer of his envoy to the Pope, 197; legitimizes the sons of Sancho of Castille, 198; claims Scotland in behalf of the Romish Church, 198–200; King Edward's Letter to, declaratory of his rights to the kingdom of Scotland, 200–208; Letter to, in behalf of the people of England, in reference to King Edward's claim to the kingdom of Scotland, 208–210; urges King Edward to wage war with the King of France, 211, 213; who declines for the present, 211; sends an envoy to the French Prelates, 212; is accused of heresy, simony, and homi-

Boniface VIII.—*cont.*
cide, 215, 216; the King of France appeals against him, 216; insurrection against, by the Cardinals Colonna and others, 216–220; he is maltreated by them, 219; returns to Rome, 220, 221; his death, 221; prophecy as to his end, 221; the kindred of Philip the Fair, King of France, are afflicted with erysipelas, in retribution for his having persecuted the Pope, 222; his election as Pope, 382; sends Cardinals to England and France, to treat of peace, 382; rapacity of the one sent to England, 382; attempts of, to make peace between England and France, 389; he demands the delivery to him of John de Balliol, 390; Letter of, in reference to the reconciliation of the Kings of England and France, 393; engages King Edward in the cause of the Holy Land, 400; Edward sends envoys to him, 408; his decree against the taxation of ecclesiastical property, 419; complaint made to, by King Edward, against Robert de Winchelsea, Archbishop of Canterbury, 421; Letter of the Patriarch of Jerusalem to, 442–444; Letter of Cassanus, King of the Tartars, to, 444; alleged to be corrupted by bribes of the Scots, 447; provisions made by, for the year of Jubilee, 449; his Letter, granting certain indulgences to penitents resorting to Rome, 449; intercedes with Edward I. on behalf of the Scots, 446, 450, 451; Letter of Edward I. in answer thereto, 451; through his intercession, King Edward makes a truce with the Scots, 453; Constitution of, enjoining that Prelates of the Church shall not pay tribute to princes, without the authority of the Holy See, 462–464; Bull of, in reference to the recovery of the Holy Land, 465–470; prohibits payments by the clergy to the King, 474; consecrates Thomas de Colebrugge (Corbridge) Archbishop of York, 476; insurrection against, by the Cardinals

Boniface VIII.—*cont.*
Colonna and others, and maltreatment of him by them, 483–491; death of, 491.

Bordeaux, Peter of Arragon challenges Charles of Anjou to meet him on the plains of, 100, 106; the property of the King of England, 140; the English fleet arrives at, 144; the French in possession of, are defeated, 154; the people of, expel the French, 213; submits to Edward, 214. See Bertrand.

Bosco, R. de, at Berwick, 260.

Boston, dreadful incendiarism at, 117.

Boteturte, John de, commands the Yarmouth fleet, 143; at Berwick, 256, 260.

Botevelyne, Roger, taken prisoner at Northampton, 21.

Boulogne-sur-Mer, certain English Bishops summoned by the Legate to, 31; (*Urbs Morinorum*), burnt by Philip of Flanders, 214.

Boulogne, the Count of, flees from Courtrai, 212.

Bourg-sur-Mer, taken by the English, 144; besieged by the Sieur de Sully, 155; the siege raised, 155.

Bourges, the Archbishop of, preaches before the Pope, in reference to the Templars, 496.

Brabant, Godfrey, brother of the Duke of, slain at Courtrai, 211.

Brabant, John, son of the Duke of, marries the Princess Margaret, daughter of Edward I., 120, 416.

Brabant, Mary of, married to Philip III. of France, 83.

Brabazon, Sir Roger, Justiciar, acts for King Edward at Norham, 240; reads a Letter of King Edward in reference to the claims to the Scottish crown, 240; at Berwick, 256; pronounces, in behalf of King Edward, in favour of the claims of John de Balliol, 358; the King's Clerk, delivers the King's message to Parliament, at Lincoln, 454.

Brandon, R. de, Canon of London, at Berwick, 256, 260.

Brechin, John de Balliol meets the Bishop of Durham at the Castle of, 161; he submits there to Edward I, 161.

Brecknock (Brekenoke) the Castle of, taken by Prince Edward, and given in charge to Roger de Mortimer, 13.

Bretagne, the Port of St. Matthew in, 137; the English fleet arrives in, 144.

Bretagne, John de. *See* Richmond, John, Earl of.

Bristol, Prince Edward escapes from the Castle, 19; the garrison of Tonbridge retire to, 29; ships of, capture the daughter of Simon de Montfort, 87, 92; Edward I. keeps Christmas at, 107; King Edward leaves, for Canterbury, 109; Eleanor, daughter of Edward I., is married to the Count de Bar at, 139; Ralph de Moynhermer, husband of the Princess Johanna of Acre, imprisoned at, 173, 416.

Britain, invasion of, by the Saxons, 425.

Brokenford (? Drokeneford), J. de, at Berwick, 256.

Brotherton. *See* Thomas de Brotherton.

Bruges, Edward I. at, 177; Charles of Valois is peacefully received at, 190; the people of, expel the Count de St. Pol, 211.

Brunham, William de, Prior of Norwich, 73.

Brus, Robert de, joins Henry III., 21; taken prisoner, 27; Lord of Annandale, claimant to the Scottish crown, Letters of, 125, 126; the chief opponent of Balliol for the crown of Scotland, 135; sprung from the second daughter of King David, 135; his submission to the award of King Edward, 234-238; agrees to abide by the award of King Edward, 246; the Bishops and nobles are directed to examine the claim of, to the Scottish crown, 254; answer of, to the question, if he acknowledges the King of England as superior lord of Scotland, 258; he obtains time to produce further

Brus, Robert de—*cont.*
precedents, 259; his precedents are deemed of no value, 259; judgment given in favour of Balliol as against him, 261, 262; presents a further claim to the crown of Scotland, 271, 272; final appearance of, and delivery of his reasons and answers, 273, 274; allegations made by, 298, 299, 300; a second demand made by, for partition of Scotland, 342, 346; answers given by the King's Council against his claim, 354-359. *See* Balliol *and* Carrick.

Brus, Robert de, [the Younger,] burns the Castle of Ayr, 188; slays John Comyn at Dumfries, 229, 422; is crowned King of Scotland, at Scone, 229; approaches Perth, 230; sends a challenge to the Earl of Pembroke, 230; is crowned King of Scotland, 422; flees from before Edward I., 422.

Bry, John de, attorney for Robert de Brus, 272.

Buchan (Bowan), John, Earl of, invades England, 156; besieges Carlisle, 156; by King Edward's order returns to Scotland, 171; at Berwick, 263, 358; at Norham, 364, 365; an envoy to Edward, 440; a leader of the Scottish troops, 441.

Buchan, the Countess of, crowns Robert de Brus, 229; is confined by Edward I. at Berwick, in a wooden cage, 229.

Builth (Buelde), Prince Llewelyn procceds towards, 101.

Burgh on the Sands, Edward I. dies at, 422.

Burgundy [Robert II.], Duke of, present at the agreement between England and France, 141; present at the marriage of Edward I. to Margaret of France, 192.

Burgundy, anger of the people of, on the defeat of the Count of Chalons by Edward I., 80.

Burtone, R. de, at Berwick, 260.

Bury St. Edmund's, Henry III. summons his nobles to a Parliament at, 50; he dies at the Abbey of, 74; Edward I. holds a Parliament at, 165.

Byblus, the Bishop of, present at Berwick-upon-Tweed, 253, 255, 260.

C.

Caen, William, Duke of Normandy, buried at, 427.
Caen, J. de, at Berwick, 260.
Caerlaverock Castle, besieged by Edward I., 439; captured, 440.
Caermarthen, ravaged by the insurgents, 144.
Caernarvon (Karnervan), birth of Prince Edward, son of Edward I, at, 106, 197, 430, 481; discovery of the body of the father of the Emperor Constantine at, 107; the Castle of, burnt, 144.
Caietan, Benedict, by his advice Pope Cœlestinus abdicates, 145. *See* Boniface VIII.
Caithness, Edward I. proceeds as far as, 215.
Caithness, Alan, Bishop of, appointed Chancellor of Scotland, 250; at Norham, 253.
Calabria, debts contracted in, 52.
Caldecote, Geoffrey de, attorney for Robert de Brus, 272.
Caldestreme. *See* Coldstream.
Cambelle, Nigel, at Berwick, 265.
Cambiskinel, the Abbot of, at Berwick, 263.
Cambridge, plundered by the disherisoned, 44.
Cambrun Killigirnank', R. de, at Berwick, 263.
Cametleches, Giles de, attorney for Robert de Brus, 272.
Camhou, W. de, attorney for William de Vescy, 266, 267, 268.
Canterbury, King Edward leaves Bristol for, 109; he keeps Easter at, 141; the clergy of, make a grant to Edward, 182; Edward is married to Margaret of France

Canterbury—*cont.*
at, 192, 395; Hardecnute crowned at, 427; martyrdom of Saint Thomas at, 428; the two envoys of King Edward meet at, before leaving for Rome, 451.
Canterbury, Boniface, Archbishop of, returns from France, 12; death of Boniface, Archbishop of, 68; the Prior [William Chillenden] is elected Archbishop by the monks, 68; the election is quashed by Gregory X., and Robert Kilwardby is made Archbishop, 71, 72; his previous life and writings, 72; Kilwardby is allowed by the Pope to receive consecration from such Bishop as he may select, 72; he chooses William, Bishop of Bath, and is consecrated at Canterbury, 72; he recognizes Prince Edward as King, 75; he crowns King Edward and Queen Eleanor, 84; he is made a Cardinal by Pope Nicholas III., 92; Robert Burnel, Bishop of Bath, is elected Archbishop of, 93; the election is quashed, 93; the Pope confers the dignity on John de Peccham, a Minorite, 93, 94; a Doctor of Paris and Oxford, 94; Peccham holds a Council at Reading, 95; holds a Council at Lambeth, 96; enactments there, 96; he intercedes, effectually, for Emeric de Montfort, 99; he tries to conciliate Llewelyn and David, 99; is unsuccessful, and excommunicates them, 99; great commendation by Archbishop Kilwardby, of Thomas, Bishop of Hereford, 102; Thomas de Cantilupe, Bishop of Hereford, proceeds to Rome, to prosecute the cause of his church against Peccham, 115; Robert de Winchelsea is consecrated Archbishop, 145; he appoints John de Monmouth, Bishop of Llandaff, 145; joins Edward I. at Aber Conway, 146; measures of King Edward against him, on refusal of a subsidy, 168; he is taken back to the royal favour, 172; marries King Edward and Margaret of France, 192; King Edward's Letter to him, 193; King Ed-

Canterbury—*cont.*
ward inflicts a pecuniary penalty on him, 227 ; he marries King Edward to the Princess Margaret of France, 395 ; Edward sends a Letter to him, requesting his prayers, 399 ; he requests King Edward to confirm Magna Charta, 404 ; he receives orders from Edward as to confirmation of Magna Charta, 405 ; opposition of, to the arbitrary measures of King Edward, 419 ; he is deprived of spirituals and temporals, on complaint of King Edward, 421 ; Stephen, Archbishop of, crowns Henry III., 428 ; Robert, Archbishop of, accompanies the Pope's envoy, in his mission to King Edward, in behalf of the Scots, 446, 447, 451 ; William, King of Scotland, does homage to Richard I. at, 458 ; Hubert, Archbishop of, present at the interview between King John and William, King of Scotland, 459 ; excommunication pronounced by Robert, Archbishop of, against violators of Magna Charta, 461 ; he refuses a grant to King Edward of one fifteenth, 462 ; censures the King for his rapacity, 473 ; resists King Edward's demand of a fifth part of the goods of the Church, 474 ; opposition to the Cross of the Archbishop of York being borne before him in the Province of the Archbishop of, 477. *See* Kilwardby.

Cantreds, the Four, are restored to Prince Llewelyn, 58 ; to become the possession of the King of England, 90.

Cardigan, Llewelyn enters the lands of, 100.

Cares, John de Striveline de, at Berwick, 263.

Carier', Charles de, 482. *See* Charles II., King of Sicily.

Carlisle, besieged by the Scots, 156 ; partly burnt, 156 ; an army raised in the County of, sent into Scotland, 171 ; King Edward I. arrives at, 188 ; King Edward summons his army to, 230 ; Prince Edward arrives there, 230 ; Edward I.

Carlisle—*cont.*
arrives at, 439 ; King Edward purposes wintering at, 446.

Carlisle, Ralph, Bishop of, present at Norham, 240, 253, 364 ; at Berwick-upon-Tweed, 253, 255, 260, 357, 363.

Carmelites, Order of the, tolerated by Pope Gregory X., 81 ; alteration in the garb of the, 97.

Carrick, Robert, Earl of, present at Norham, 253. *See* Brus, Robert de.

Carthage, taken possession of by Louis IX. of France, 63.

Cassanus, King of the Tartars, defeats the Saracens at Babylon, in Egypt, 443, 444 ; he liberates Geoffrey de Semari, 444 ; his Letter to Pope Boniface VIII., 444.

Cassino, Henry of Castille flees to, 61.

Castille, death of the Queen of, 93. *See* Alfonso, Eleanor of Castille, Henry, Sancho, *and* Ferdinand.

Castillione Arretino, Master H. de, 132.

Chalons, the Count of, engages Edward I. in a tournament, and is defeated, 79, 80.

Chamberlain, Robert, sets fire to Boston, 117.

Champagne, the County of, given to Prince Philip, with Johanna of Navarre, 107.

Champagne, P. de, at Berwick, 256, 260.

Charles (I.) of Anjou, brother of Louis IX., made King of Sicily by Pope Urban IV., 4, 20 ; is made Senator of Rome, 20 ; crowned King of Sicily at Rome, 41 ; defeats Manfred at Beneventum. and slays him, 50 ; defeats Conradin, and puts him to death, 61 ; joins the French army at Tunis, 65, 66 ; the King of Tunis becomes tributary to him, 66 ; his army and treasure lost at sea, 66, 67 ; his surprise at the grief of Edward I. for the loss of his father, 78 ; his son escorts King Edward, 78 ; expelled from Sicily by Peter of Arragon, 100 ; requests the aid of his nephew, the King of France, 100 ; challenged by Peter, 100 ; accepts the challenge of Peter, 106 ; who declines the combat,

520   INDEX.

Charles (I.) of Anjou—*cont.*
106 ; Charles returns to Apulia, 106 ; death of 107 ; Charles of Valois marries his daughter, 122.

Charles II., Prince of Achaia, King of Sicily, captured by Peter of Arragon, 106 ; taken to Messina, 106 ; Edward I. sets out for Arragon, to liberate him, imprisoned by Alfonso, King of Arragon, 114, 412; liberated, on certain conditions, 116; absolved from his oath to the King of Arragon, by Pope Nicholas IV., and crowned King of Sicily, 118; Philip and Robert, his sons, invade Sicily, and Philip is taken, 189; imprisoned by Peter, the Bastard of Arragon, is liberated through the agency of his kinsman, King Edward I., 482 ; he is crowned King of Sicily and Jerusalem, but does not obtain the kingdom, 482.

Charles of Valois, the kingdom of Arragon given to, by Pope Martin IV., 100 ; Philip III. invades Arragon, on behalf of, 110 ; renounces his claim to the kingdom of Arragon, 122 ; marries the daughter of Charles II. of Sicily, 122 ; taken prisoner, 145 ; besieges and retakes St. Sever, 149 ; returns to France, 149 ; his daughter Johanna asked in marriage for Edward Balliol, 151 ; sent to Flanders against the Count, 190 ; is peacefully received at Bruges, 190 ; the Count of Flanders surrenders to him, 196; he returns from Sicily to France, 212 ; his hostility to King Edward, 377 ; attacks the Count of Flanders, 438.

Chauvent, Peter de, at Berwick, 256, 261.

Chensi, Payen de, ravages West Wales, 88; takes the Castle of Stredewy, 90.

Cherbourg, burnt by sailors of Yarmouth, 150.

Chester, the County and March of, ravaged by Llewelyn, 20 ; the people of, join Prince Edward, 34 ; Edward I. summons Llewelyn to do homage at, 86 ; King Edward leaves, for Wales, 88 ; King Edward founds an Abbey in the County of, 105.

Chester, the Earldom of, 316, 327 ; conferred on Prince Edward, 464 ; Alfonso, Earl of, son of Edward I., his death and burial, 481.

Chester, Robert de Radewelle, Archdeacon of, at Norham, 253; at Berwick, 260.

Chichester, Richard, Bishop of, canonized, 11, 12 ; Stephen, Bishop of, excommunicated, 47 ; goes to Rome, 47 ; his banishment complained of, 55. *See* Saint Richard.

Chitan, John de, imprisoned by Pope Boniface VIII., 217, 484 ; his two sons rise against the Pope, 217, 484.

Choræum Gigantum [? Caerleon], King Arthur crowned at, 425.

Christ, year of the Crucifixion of, 424.

Christian, miracle in reference to a, made captive by the Saracens, 14–17.

Christians, wars of the, with the Saracens, 14, 15 ; defeated by the Saracens, 428.

Churches of England, taxation of, at their true value, 119.

Cinque Ports, the men of the, make peace with Henry III., 22 ; they hold the seas, 31 ; sentence of excommunication pronounced by the Legate against them, 31

Cisteaux, Philip the Fair, King of France, is offended with the Abbot of, 224 ; who resigns the Abbacy, 224.

Cistercian Abbey, a, founded by Edward I. in the County of Chester, 105.

Cistercian Order, the, molested by Philip the Fair, King of France, 224.

Claremont, the son of the Count of, flees from Courtrai, 212.

Clement IV., accession of, Pope, previously Bishop of Le Puy, and Archbishop of Narbonne, 39 ; Legate in England previous to his election, 40 ; sends a Legate to England, 40 ; crowns Charles of Anjou King of Sicily, 41 ; grants King Henry a tenth of the church property for seven years, 47 ; death of, at Viterbo, 61 ; his prophecy as to the defeat of Conradin, 62 ; canonizes St. Edwiga, 62.

Clement V., Bertrand, Archbishop of Bordeaux, elected Pope as, 227 ; Philip

Clement V.—*cont.*
the Fair present at the Coronation of, at Lyons, 227 ; accident at his Coronation, 227 ; appoints Thomas de Jort, Cardinal Priest of St. Sabina, 227 ; King Edward sends presents to, 227 ; grants the ecclesiastical tenths to Edward I., 228 ; appropriates for himself the first-fruits in England for three years, 228 ; succession of Pope, 492 ; accusation, before him, of the Templars, 492–496 ; preaches at Poitiers, in reference to the charges against the Templars, 496.

Clergy, the, of England, refuse a subsidy to Edward I., 165 ; measures of King Edward against the, on refusal of a subsidy, 168. *See* Boniface VIII.

Clifford, Robert de, ravages Scotland, 183 ; burns Annan, 185 ; sent to Scotland by Edward I., 229.

Clifford, Sir Roger de, forsakes the Barons, 13 ; joins Henry III., 21 ; takes measures against the Earl of Leicester, 30 ; meets Prince Edward on his escape, 34 ; taken prisoner by David, brother of Llewelyn, 97.

Clifford, Sir Roger de, the Younger, slain, 103.

Clifton [? Clipston], near Sherwood, a royal manor, 401.

Clive, the town of, 35.

Cnovile, Hogo de, at Berwick, 256.

Cnute, King, Coronation of, 426 ; burial of, 426 ; he conquers Malcolm, King of the Scots, 456.

Cœlestinus V., election of Pope, 144 ; abdicates the Papacy, 145 ; prophecy of, concerning Boniface VIII., 146, 221 ; kept in confinement by Pope Boniface, 165 ; his death, 165 ; his election and abdication, 381.

Coin, alleged clipping of the, by the Jews, 92.

Coinage, alteration in the, 94. *See* Crocards, *and* Pollards.

Coket Island, a windmill erected on, destroyed by Sir Robert Fitz-Roger, 477, 478.

Colne, near St. Alban's, 59.

Coldstream (Caldestreme), Edward I. encamps in the house of the nuns of, near Berwick, 157.

Colonna, the Cardinals Peter and James de, deprived by Pope Boniface VIII., 146 ; discord between, and Pope Boniface, 170 ; they retire to Nepesina, 170 ; a Crusade is preached against them, 170 ; they flee to Colonna, 178 ; they flee to Palestrina, 188 ; ask pardon of the Pope, 188 ; again take to flight, 190 ; insurrection by, against Pope Boniface VIII., 216–220 ; they are pardoned by Pope Benedict XI., 221 ; their insurrection against Pope Boniface VIII., and maltreatment of him by them, 483–491. *See* Schiarra.

Colonna, the Cardinals Colonna retire to, 178 ; the Castle of, destroyed, 188.

Columbiers, Sir John de, takes a French galley at Hythe, 150.

Comets, appearances of, 39, 80, 190.

Compiegne, the Count of Flanders is sent to, 196.

Comyn, Edmund, of Kilbride, captured, 160.

Comyn, John, joins Henry III., 21 ; taken prisoner at Lewes, 27.

Comyn, John, Lord of Badenoch, claimant to the Scottish crown, Letters of, 125, 126 ; his submission to Edward I., 163 ; is sent into England by Edward I., 165 ; is forbidden to return to Scotland, 165 ; by Edward's order returns to Scotland, 171 ; slain by Robert de Brus, at Dumfries, 229, 422 ; vow to avenge his death, 230 ; a claimant of the Scottish crown, his submission to the award of King Edward, 234, 238 ; agrees to abide by the award of King Edward, 249 ; he is appointed a Guardian of the kingdom of Scotland, by King Edward, 250 ; is summoned, but does not appear, 266 ; pronounced in default, 358 ; leads a division of the Scottish army, 441.

Comyn of Badenoch, John, son of John, invades England, 156 ; is captured, 160, 376 ; liberated, 173 ; an envoy to Edward I., 440.

"Concordances," the "Great," or "English," 89.

Conrad, father of Conradin, 61.

Conradin, his death pretended by Manfred, 2; grandson of Frederic II., and son of Conrad, aspires to the throne of Sicily, 61; is defeated by Charles of Anjou, and put to death, 61; his defeat prophesied by Pope Clement IV., 62.

Constance, mother of James, and widow of Peter of Arragon, accompanies her son to Sicily, 111.

Constantine, the body of the father of the Emperor, found at Caernarvon, 107; buried by order of Edward I., 107.

Constantine, King of the Scots, twice defeated by Ethelstan, 456.

Conway, Edward I. crosses the river, 148.

Corfe Castle, Emeric de Montfort, son of the Countess of Leicester, confined in, 87.

Cornwall, Edmund, Earl of, Guardian of the kingdom, 116; leads an army into Wales against Rees ap Meredith, 116; dies without issue, 195; his body is buried at Asheruggere, which he had founded, 195; death of, 440, 465; his entrails buried at Ashridge, 443; King Edward I. his heir, 195, 443.

Cornwall, a grant made by Parliament to the widow of Edmund, Earl of, 465.

Cornwall, Richard de, brother of the Earl of Cornwall, slain at Berwick, 157, 374.

Cornwall, Richard, Earl of. *See* Richard, King of Almaine.

Cornwall, the Earldom of, reverts to the crown, 195, 443.

Corri, W., present at Norham, 253.

Cottingham (Codingham), near Beverley, King Edward visits, 188, 189.

Council of London, 58, 59; General, of Lyons, 81; of Reading, 95; of Lambeth, 96.

Courtrai, defeat of the French by the Flemings at, 211, 212, 432.

Coventry, Henry III. spends Christmas at, 46; meeting at, of commissioners for redemption of lands of the disherisoned,

Coventry—*cont.*
49; oath made at, by the Prelates, to aid King Henry, 53.

Coverweythe, J. de, at Berwick, 265.

Cranford, Reginald de, at Berwick, 264.

Crepingge, Walter de, slain at Evesham, 36.

Cressingham, Sir Hugh de, appointed Treasurer of Scotland, 164; slain, 180, 380, 452; his body flayed by the Scots, 180.

Cretynge, Adam de, slain through the treachery of Walter Giffard, 149.

Cretyngge, John de, captured at Risonce, 149.

Crocards, the circulation of, prohibited, 195, 418.

Cross of St Neot, the, 104.

Crosses, white, worn by the adherents of the Earl of Leicester at the Battle of Lewes, 26; sewn on the dress of King Edward's troops, 439.

Crosses, erected to the memory of Queen Eleanor, 121.

Crown, signification of the flowers on the, 341.

Croydon, the Londoners attacked by the garrison of Tunbridge at, 29.

Crumbachin (? Cromarty), the Castle of, 363.

Crusade, preached at Northampton by the Legate, 50, 60, 63; against the Cardinals Colonna, 170.

Cumberland ravaged by Wallace, 414.

Cumbria granted by King Edward I. to Malcolm, King of the Scots, 456.

Cupar, the Abbot of, at Berwick, 263.

Cyprus, the King of, is crowned King of Jerusalem, 114; aids the people of Acre against the Saracens, 122; takes to flight, 122.

D.

Damascus, defeat of the Saracens by the Tartars on the plain of, 443.

Damme, in Flanders, a Spanish fleet bound for, taken by the men of Portsmouth, 151.

Dartmouth, the English fleet puts in to, 144.
David, King of Scotland, submits to King Stephen, 457; gives his son Henry as a hostage, 457.
David, brother of Llewelyn, flees from him, and joins King Edward, 91; receives the Castle of Dimby in Wales, 91; is knighted, 91; marries the daughter of the Earl of Derby, 91; revolts against King Edward, 97; excommunicated by the Archbishop of Canterbury, 99; is taken prisoner, with his family, and brought to Rhudlan, 104; is refused an interview with the King, 104; is sent to Shrewsbury, 104; is executed, 104, 105; his head is exposed at London, 105; decapitation of, 430.
David. *See* Huntingdon, Earl of.
Dax, the town of, (*Urbs Aquensis*) besieged by the English, 154.
De la Souche, Alan, his lawsuit with John de Warenne, 58; he and his son are wounded by Warenne, 58. *See* La Souche.
Dearth, of corn at London, 119; of provisions in England, 143; of corn and wine, 153.
Dee Bridge, Edward I. at, 440.
Derby, Robert de Ferrers, Earl of, his perfidy, 13; takes Worcester, and destroys the Jewry, 13; lays waste the royal parks, 13; is imprisoned at London, 13; is taken prisoner, 48; excluded from the provision as to redemption of lands of the disherisoned, 49; David, brother of Llewelyn, marries his widowed daughter, 91.
Derlington, John de, a Friar Preacher, sent into England as collector of the Pope's tenths, 89; formerly confessor to King Henry, 89; made Archbishop of Dublin, 95.
Desart (Dissard), the Castle of, destroyed by Llewelyn, 20.
Despenser, Hugh, Justiciar of England, slain at Evesham, 36; previously recommended by the Earl of Leicester to take to flight, 37.

Despenser, Hugh, sent envoy to the Pope against the Scots, 195, 196, 451; present at Norham, 253; at Berwick, 256, 260; accompanies King Edward to Flanders, 379, 413.
Devizes, Edward I. at, 97.
Devonshire, the County of, the property of William de Albemarle, 63.
Diceto. *See* Bizeto.
Dimby, the Castle of, given to David, brother of Llewelyn, 91; belonging to the Earl of Lincoln, 145.
Disherisoned, the, commit ravages, 38; their leaders, 38; capture the Isle of Ely, 44; plunder Norwich and Cambridge, 44; defeat the people of Lynn, 44, 45; the Earl of Gloucester and the Legate propose that they shall be restored to their lands, 45; Roger de Mortimer opposes it 45, 46; order made as to the redemption of their lands, 49; in the Isle of Ely, are summoned to obedience by the Legate, 53; answer by the, to such demands, 53–56; are besieged by the King and Legate in the Isle of Ely, 56; the Earl of Gloucester raises an army in favour of, 57. *See* Barons.
Dominicans, the. *See* Black Friars, *and* Friars Preachers.
Douai, surrendered to the King of France, 224.
Douglas, William, governor of Berwick Castle, is detained, 157; goes over to the Scots, 170; had surrendered at Berwick to King Edward, 170; again surrenders himself, 172; is confined in Berwick Castle, 172.
Dover, Henry III. retires to, 10; Sir E. de Waleram receives charge of the Castle of, 10; the Castle besieged by Henry III., 20; Prince Edward and Henry of Almaine confined in the Castle, 30; the Castle is surrendered to Prince Edward, 47; Guido de Montfort is confined there, 47; he escapes from it, 47; it is ravaged by a French fleet, 150; John de Balliol embarks for France at, 191; the crown and seal of Scotland are taken from

Dover—*cont.*
  Balliol at, 391; the Archbishop of York has his Cross borne before him at, 477.
Dragon, the, at the head of the royal army, implying death to the enemy, 26.
Driby, Philip de, taken prisoner at Northampton, 21.
Driltone, the Castle of, taken by the Bishop of Durham, 186.
Drought, intense, 111.
Drusselan, the Castle of, William de Munchensy slain at, 117.
Dubing', the Abbot of, present at Berwick, 263.
Dublin, John de Derlingtone made Archbishop of, 95; death of John, Archbishop of, 108; he is buried in the church of the Friars Preachers at London, 108; William de Hothum made Archbishop of, 179; he elects to be consecrated by Antony, Bishop of Durham, in Flanders, 179; a truce with France, through his mediation, 179; John, Archbishop of, present at Berwick, 253, 255, 260, 357, 363; at Norham, 364.
Dumbarton (Dunbretan), the Castle of, 363.
Dumfries, Robert de Brus slays John Comyn at, 229; the Castle of, 363.
Dunbar, the Castle of, treacherously surrendered to the Scots, 160; recaptured, 160; the Scots are defeated with great slaughter at, 375; the Castle taken, 376.
Dunbar, Patrick de, Earl of March. *See* March.
Dundee, the Castle of, 363.
Dunfermline, King Edward winters at, 215, 222.
Dunkeld, William, Bishop of, sent as envoy by John de Balliol to France, 151; Matthew, Bishop of, at Berwick, 264, 357.
Dunstaple, the sons of the Earl of Leicecester proclaim a tournament at, 32; the tournament is forbidden by their father, 32; miraculous event on the road to, 40; a cattle-stealer from, beheaded at St. Alban's, 59.

Dunster, (Donesterre), the Castle of, in Somerset, 41.
Durham, visited by Edward I., 188; allegation as to the Bishopric of, 316, 327.
Durham, death of Robert de Lisle, Bishop of, 106; Antony de Bek is promoted to the see of, 106; Antony, Bishop of, sent as envoy to Adolph, King of the Romans, 143; sent by Edward I. to meet Balliol at Brechin, 161; precedes King Edward on his progress to the North of Scotland, 162; reports to King Edward on the rising of the Scots, 171; consecrates William de Hothum, Archbishop of Dublin, in Flanders, 179; is surety for King Edward, as to reconfirmation of the Charters, 186; is sent to take the Castle of Driltone, 186; Pope Clement V. creates him Patriarch of Jerusalem, 228, 424; present at Norham, 240, 252, 364; at Berwick, 253, 255, 260, 363; John de Vaux and William de Ros agree to abide by his award, 266, 267; accompanies Edward I. to Flanders, 379; crosses over to Flanders, 413; celebrates Mass at the funeral of Edward I., 424.

E.

Earthquake, instances of, 80, 86, 183, 190.
East Anglia, the Conquest of, 455.
Edgar, King, his Coronation, 426; he renovates the church at Westminster, 426; buried at Glastonbury, 426.
Edinburgh, King Edward demands the surrender of the Castle of, 153; Edward is reinforced by Welch troops at, 160; the Castle taken by Edward, 160; John de Segrave is taken, near, 214; the Castle of, to be surrendered to Balliol. 363.
Edmund, King, brother of Ethelstan, his Coronation, 426; burial of, 426; grants Cumbria to Malcolm, King of the Scots, 456.

INDEX.   525

Edmund Ironside, his Coronation, 426; burial of, 426.

Edmund, son of Henry III., debts contracted in his name, 52; assumes the Cross from the Legate, Ottoboni, 59; marries Avelina, daughter of William de Albemarle, 63; prepares to set out for the Holy Land, 64; Earl of Leicester and Lancaster, 74. *See also* Lancaster.

Edmund, Prince, son of King Edward and Queen Margaret, 416; birth of, 432.

Edmund, Earl of Cornwall. *See* Cornwall.

Edred, Coronation of King, 426; burial of, 426.

Edward (the Elder), son of King Alfred, Coronation of, 425; burial of, 425; his conquest of the Scots and other nations, 455, 456.

Edward, King, martyred, 426; buried at Shepton, 426.

Edward, the King and Confessor, second Translation of his body, 36; Coronation of 427; burial of, 427; first Translation of, by Saint Thomas of Canterbury, 428; enshrined by Henry III. at Westminster, 429; gives the kingdom of Scotland to Malcolm, son of the King of Cumbria, 457.

Edward I., son of Henry III., 8; refuses to be absolved from his oath, 8; abroad, 8; returns to England, with William de Valence, 9; enters into a compact with the Barons, 9; his lands are ravaged by Llewelyn, Prince of Wales, 12; grants the Honour of Tickhill to Henry of Almaine, 12; takes certain Castles of the Earl of Hereford, 13; takes Brecknock Castle, and entrusts it to Roger de Mortimer, 13; takes Gloucester, and ransoms it, 13; fortifies Windsor Castle, 18; escapes from Bristol Castle, by the aid of the Bishop of Worcester, to Windsor, 19; is seized by the Earl of Leicester, 19; two Castles of his, are destroyed by Llewelyn, 20; joins his father, with an army, against the Barons, 20; with his father, at the siege of Northampton, 21; arrives at the Castle of Lewes, 22;

Edward I.—*cont.*
jointly with Richard, King of Almaine, sends a Letter of defiance to the Barons, 23, 24; commands the front rank at the Battle of Lewes, 26; defeats the Londoners, and pursues them, 27; yields himself a prisoner, instead of his father, 28; is sent to the Castle at Wallingford, 29; is taken thence, and accompanies the Earl of Leicester, 30; is confined in Dover Castle, 30, 31; is removed to Hereford Castle, 31; escapes from Hereford, 33; is met by Sir Roger de Mortimer and Sir Roger de Clifford, 34; is joined by several Counties, 34; takes the city of Gloucester, 34; is joined by the Earl of Gloucester, 34; captures the Earl of Oxford, 34; returns from Kenilworth to Worcester, 35; moves from Worcester, and cuts off the Earl of Leicester's passage to Kenilworth, 35; reaches Eversham, 35; takes part in the defeat of the Earl of Leicester, 35, 36; his sorrow at the death of Henry de Montfort, 37; escorts the widow of the Earl of Leicester to her native home, 38; Dover Castle is surrendered to him, 47; he confines Guido de Montfort there, 47; his single combat with Adam Gurdoun, near Winchester, 48, 49; his admiration of Gurdoun's bravery, 49; sends him to his mother, 49; the Earl of Gloucester agrees not to bear arms against him, except in self-defence, 50; joins in the siege of Ely, and enters the island, 57; assumes the Cross from the Legate, Ottoboni, 59, 61; Louis IX., King of France, requests the Prince to join him in the Crusade, 60; he consents thereto, and obtains his father's sanction, 60; borrows money of Louis on the security of Gascoigne, 60; prepares to set out for the Holy Land, 64; with his wife Eleanor sets out for the Holy Land, 64; birth of his daughter Johanna of Acre, 64; arrives in France, and at Tunis, 64; he is met there by King

Edward I.—*cont.*
Louis, 64, 65; hears of the disaster of Charles, King of Sicily, and resolves to proceed to Ptolemais, or Acre, 67, 68; is wounded at Acre by an assassin, 69, 70; his singular prowess on the occasion, 70; singular friendship of a Saracen Emir for him, 70; his reasons for not taking revenge on the Saracens, 70; the Soldan applauds his wisdom, 71; succeeds his father, 74; acknowledged as King, in his absence, 75, 76; Eleanor of Savoy, his mother, 76; his person, 76; the protection of Providence extended to him, 76; his character, and an instance of his magnanimity, 77; leaves Acre, 78; arrives in Sicily, 78; is honourably received by King Charles, 78; receives news of the death of his son Henry and of his father, 78; his great grief for his father, 78; is escorted by Prince Charles, son of Charles, King of Sicily, 78; meets the Pope at Orvieto, 78; complains to the Pope of the murder of his cousin, Henry of Almaine, 79; visits Savoy, 79; contends with the Count of Chalons in a tournament, and defeats him, 79, 80; does homage to the King of France, 80; in Gascoigne, with Queen Eleanor, 81; besieges Gaston de Bierne, who appeals to the Court of France, but in vain, 83; Edward returns to England, 83; crowned, with Queen Eleanor, at Westminster, 84; Gaston de Bierne makes his submission, 85; is liberated, and is faithful from thenceforth, 85; holds a Parliament at London [Westminster], 85; enacts the Statute as to Mortmain, 85; proceeds to Chester, and summons Llewelyn to do homage, 86; on his refusal, prepares to attack him, 86; receives a fifteenth from the people of England, 86; seizes the daughter of Simon de Montfort, 87; leaves Chester for Wales, and takes Rhudlan Castle, 88; terms of peace made with Llewelyn, Prince of Wales, 90–92; builds a Castle at Lampader Vaur, 91; a twentieth is

Edward I.—*cont.*
granted to him as a subsidy, 92; deprives certain Monasteries, Westminster in the number, of their privileges, 92; honours the nuptials of Prince Llewelyn with his presence, 92; holds a Parliament at Gloucester, 93; holds a conference with the King of France, 93; obtains restitution of certain lands, 93; decorates the tomb of his father, at Westminster, with precious stones, 96; sends an army into Wales, 97; at Devizes, 97; goes to Ambresbury, 97; anecdote of him and his mother, 98; his words to Hugh de Manchester, 98; proceeds to Wales, 98; marches from Rhudlan through Anglesey, towards Snowdon, 99; causes a bridge to be thrown over from Bangor to Anglesey, 99; his cousin, William de Valence, the Younger, slain, 100; the bridge from Bangor to Anglesey, is broken, 101; the head of Llewelyn is brought to him, 101; he again enters Wales, and experiences losses there, 103; enters the Castle of Opa, 103; takes the Isle of Anglesey, 103; subdues the whole of Wales, 103, 104; subsidies granted to him, 103; passes to Snowdon, 104; refuses an interview with Prince David, 104; St. Neot's Cross is brought to him, 104; transfers the Abbey of Conway, 105; builds a Castle there, 105; founds the Abbey of Valley Royal, in the County of Chester, 105; a subsidy is granted to him, 105; holds a Parliament at Acton Burnel, 106; birth of his son, Edward of Caernarvon, 106; causes the English laws to be established in Wales, 106; orders the body of the father of the Emperor Constantine to be buried, 107; is received by the Earl of Gloucester in Glamorgan, while proceeding from Snowdon through West Wales, 107; keeps Christmas at Bristol, 107; death of his son, Prince Alfonso, 108; his daughter, Mary, becomes a nun, 108; leaves Bristol for Canterbury, to go to

Edward I.—*cont.*
France, 109; visits his mother at Ambresbury, and sends his excuses to the King of France, 109; enactment by him as to secular possessions of the religious, 110; his daughter, Eleanor, married to Alfonso, King of Arragon, 111; does homage to the King of France at Paris, 112; attends the Chapter of the Friars Preachers there, 112; leaves Paris for Gascoigne, 112; his mother takes the veil at Ambresbury, 113; his decision, while in Gascoigne, between a Christian knight and a Jew, 113; his marvellous escape from lightning, 114; sets out for Arragon, to liberate Charles II., King of Sicily, imprisoned by Alfonso, King of Arragon, 114; who is consequently liberated, on conditions, 116; Edward assumes the Cross, 116; expels the Jews from Gascoigne, 116; expels them from England, 118, 418; arrives in London from Gascoigne, 118; punishes the corrupt Justiciars, 118; holds a Parliament at London [Westminster], 118; a grant made to him for the expulsion of the Jews, 118; by his advice, the nobles of Scotland acknowledge Margaret of Norway as Queen, 119; sets out for Scotland, after the marriage of his daughters Margaret and Johanna, 120; returns to London, on the death of Queen Eleanor, 120; he meets the body at London, 121; holds a Parliament at Norham, 123–125; issues his Letters patent to the Scots at Norham, 125; Letters of the claimants of the crown of Scotland, signifying that they will abide by his award, 125, 126; the Castles of Scotland are surrendered into his hands, 126; he sends the letters of the claimants to the crown of Scotland to the Monasteries of England, 128; he gives surety that he will restore the kingdom of Scotland to the rightful owner, 128; awards the kingdom to John de Balliol, who does homage and fealty for the same, 128, 135; returns from Scotland, to attend the funeral of his mother, 129;

Edward I.—*cont.*
returns to Scotland, and condemns Rees ap Meredith at York, 129; summons the candidates for the throne of Scotland to appear before him, 129; Pope Nicholas IV. appoints him leader of the intended Crusade, 130; appoints commissioners to examine the claims to the Scottish throne, 131; Balliol does homage to him, at Newcastle-on-Tyne, 135, 136; Edward restores to him the kingdom of Scotland, 136; sends an envoy to France, to treat of peace, 136, 137; demand made of him by the King of France, 137; sends Richard, Bishop of London, with an answer to King Philip's demands, 137, 138; is cited to appear at Paris, 138; sends John de St. John to Aquitaine, 139; he attempts, but in vain, to make peace with the King of France, 139; instructs his brother Edmund to that effect, 139; spends Christmas at St. Alban's, 140; terms of peace are agreed upon with the King of France, 140, 141; he keeps Easter at Canterbury, 141; depends on the promises of the King of France, 141; prepares to set out for Amiens, 141; the overtures of peace are finally rejected by the King of France, 142; his officers in Gascoigne are taken prisoners to Paris, 142; his brother informs him of the falsehood of the King of France, 142; he sends envoys to the King of France, renouncing his homage, 142; convenes a Parliament at London, 142; forms an alliance with Adolph, King of the Romans, 143; orders his army, for Gascoigne, to assemble at Portsmouth, 143; forms three English fleets, 143; a subsidy is granted to him, 143; he arrives in Bretagne, 144; his successes in France, 144; enters Wales, and summons the Earl of Leicester and the Earl of Lincoln, who are about to embark for Gascoigne, 145; his army is defeated, 145; is joined by the Archbishop of Canterbury at Aber Conway, 147; he crosses the river Conway, 148; his army

Edward I.—*cont.*
is in great straits, 148 ; builds the Castle of Beaumaris, in the Isle of Anglesey, 148; takes Madoc prisoner, and finally subdues the Welch, 148; two Cardinals are sent by Pope Boniface, to treat of peace, 150 ; Edward, in Wales, requests them await his return, 150 ; he returns to London, 150; agrees that he will ask the consent of the King of the Romans to making peace, 150 ; orders the property of Balliol to be confiscated, 151 ; demands the surrender of three Castles in Scotland, 152, 153 ; which is refused, 153 ; prepares to punish the treachery of Balliol, 153 ; he seizes the moneys of the English Monasteries, 153; the Count of Holland sends his son to him, to be educated, 155 ; Edward intends to give his daughter Elizabeth in marriage to his son, 155 ; proceeds to Newcastle-on-Tyne, and cites Balliol thither, 155 ; proceeds to Wark Castle, 156 ; enters Scotland, and takes Berwick, 157 ; orders a foss to be dug to the north of Berwick, 157 ; Balliol renounces his homage and fealty to him, 158; he orders his Chancellor to register the letter of renunciation, 159 ; the Earl of Dunbar submits, 159, 160 ; Edward recaptures Dunbar Castle, 160 ; takes the Castle of Roxburgh, 160 ; takes Edinburgh Castle, 160; takes Stirling Castle, 160; the Earl of Ulster comes from Ireland to his aid, 161 ; he crosses the Frith of Forth, and comes to Perth, 161 ; sends the Bishop of Durham to meet Balliol, who sues for peace, 161; form of his submission to King Edward, 161 ; who then proceeds to the North of Scotland, 162 ; after reaching Elgin, he returns to Berwick, 162 ; he carries away the Coronation Stone from the Abbey of Scone, 162, 163 ; form of submission of the nobles of Scotland, 163, 164 ; he appoints high officers over Scotland, 164, 165; sends Balliol to the Tower, 165 ; returns to England, and holds a Parliament at Bury St. Edmund's, 165 ; a grant is made

Edward I.—*cont.*
to him, 165 ; the clergy refuse him a subsidy, 165; Guido, Count of Flanders, allies himself with Edward, 166 ; the Cardinal Bishop of Albano joins Edward at Berwick, who informs him that the King of the Romans will not assent to his proposal for peace, 166 ; sends Justiciars to Oxford, to restore peace between the burgesses and the scholars, 167 ; his daughter Elizabeth married to the son of the Count of Holland, at London, 167, 168 ; the King sends him back under the escort of the Earl of Hereford, 168 ; his measures against the clergy and Archbishop of Canterbury, on their persisting in the refusal of a subsidy, 168 ; he increases the duty on wools, 169 ; he summons certain nobles to cross over to Gascoigne, 169; on their refusal, dissensions arise, 169 ; he summons all to London, who owe knight-service, 169; the Scots rise, under Wallace, 170 ; the Bishop of Durham reports to him thereon, 171 ; he condoles with the Count of Flanders, 171 ; takes measures to punish the Scots, 171 ; the Scots make submission, 172 ; the King takes back the Archbishop of Canterbury into his favour, 172 ; he commands the nobles to do fealty to his son, 172 ; he proceeds to St. Alban's, 173 ; releases Ralph de Moynhermer, who had married his daughter Johanna, 173 ; liberates certain Scottish prisoners, that they may serve with him in Flanders, 173 ; collects an army at Winchelsea, to pass over to Flanders, 173 ; his narrow escape from death, at Winchelsea, 173, 174 ; grievances presented to him by the nobles and commons of England, 175, 176 ; he answers the same, at Odemer, near Winchelsea, 176, 177 ; sets sail for Flanders, and lands at Sluys, 177; arrives at Bruges and Ghent, 177 ; the King of France removes to a distance, 178; the Earl Marshal and the Earl of Hereford forbid the subsidy to be raised for him, 178 ; Adolph,

Edward I.—*cont.*
King of the Romans, breaks his agreement, 178; a truce is made with the King of France, 179 ; Prince Edward represents his father, while in Flanders, 179 ; confirms certain Articles to be added to Magna Charta, 182 ; reconciliation with the Earl Marshal and the Earl of Hereford, 182; a grant made by the clergy and laity, 182 ; he summons the nobles to aid against the Scots, 182 ; spends Christmas at Ghent, 183 ; the Pope, by his envoys, makes fresh proposals for peace ; Edward deems it prudent to consent to a truce, 184 ; sedition at Ghent against him, 184 ; he prevents the Welch troops from burning the city, 184 ; sends word to the English commanders at Berwick of his intended return, 185 ; arrives in England, and sends to King Philip for the liberation of prisoners, 185 ; Philip demands the liberation of Balliol, which is refused, 185 ; Edward holds a Parliament at York, 185; summons the nobles of Scotland, 186 ; they not appearing, he assembles his forces at Roxburgh, 186 ; the Bishop of Durham, and several nobles, become his sureties for re-confirmation of the Charters, 186 ; arrives at Temple Histon, 186 ; sends the Bishop of Durham to take Drilton Castle, 186 ; prepares to meet the Scots, 186; accident to him, 187 ; gains the Battle of Falkirk, 187, 188 ; takes Lochmaban Castle, 188; arrives at Carlisle, 188 ; visits Durham, Tynemouth, and Cottingham, 188; spends Christmas at Cottingham, 189 ; returns south, 189 ; Pope Boniface establishes peace between England and France, 189; Edward re-confirms the Charters, 190 ; is at Canterbury, 191 ; envoys of the Pope demand the liberation of Balliol, 191 ; he delivers Balliol to the envoys, 191 ; gives the crown of Scotland to St. Thomas, the Martyr, 191; his intended marriage with Margaret of France, and frustration of his expectations therefrom,

Edward I.—*cont.*
192 ; he marries Margaret of France, at Canterbury, 192; proceeds to Berwick, 192; abandons his intention of relieving Stirling Castle, 193 ; visits St. Alban's, 193 ; a Mass in honour of the Saint, to be celebrated daily, at his request, 193 ; writes to the Archbishop of Canterbury, requesting prayers to be offered up for him, 193, 194 ; he orders chains and manacles to be stored in the Tower of London, 194 ; passes Christmas at Berwick, 195 ; prohibits the circulation of Pollards and Crocards, 195 ; he returns from Northumberland, 195, 196 ; sends envoys to the Pope against the Scots, 195, 196 ; grants a truce to the Scots, 196; birth of his youngest son, Edmund, 197 ; holds a Parliament at Stamford, 198 ; conciliates the nobles, 198 ; Boniface VIII. claims of him the kingdom of Scotland, 198-200 ; Edward's Letter to Pope Boniface, declaratory of his rights to the kingdom of Scotland, 200-208 ; Letter addressed to Pope Boniface on behalf of the people of England, in reference to King Edward's claim to the crown of Scotland, 208-210 ; Edward proceeds to Scotland, and winters there, 210 ; loses many horses there, 210 ; passes Christmas at Linlithgow, 211; at the request of the King of France, he grants a truce to the Scots, 211 ; returns to England, and summons a Parliament at London, 211 ; the Pope urges him to wage war against the King of France, 211; he declines, for the present, 211 ; sends an army into Scotland, 212, 213 ; passes Christmas at Westminster, 213 ; the Scots again rebel, 213 ; Edward passes through Scotland, 213 ; Philip, King of France, restores Gascoigne, 213 ; Bordeaux submits to Edward, 214; the Earl Marshal transfers his lands to him, 215; Edward assembles his army at Roxburgh, 215 ; proceeds as far as Caithness, 215 ; receives the submission of the Scots, 215 ; besieges

Edward I.—*cont.*
Stirling Castle, 215; winters at Dunfermline, 215; Walter de Wynterburne, his Confessor, made Cardinal Priest of St. Sabina, 221; the King's Exchequer, at Westminster, is robbed, 222; he passes Christmas at Dunfermline, 222; joins in the siege of Stirling Castle, 222; is struck by a dart, but not wounded, 222, 223; it surrenders, 223; he imprisons the governor, 223; returns to England, 223; transfers the Justiciars of Bank and Exchequer from York to London, 223; with Queen Margaret, passes Christmas at Lincoln, 225; liberates the monks of Westminster, imprisoned on suspicion of robbing the Exchequer, 225; the Earl Marshal, being disgraced for disloyalty, makes Edward his heir, 227; he inflicts a pecuniary penalty on the Archbishop of Canterbury, 227; sends gifts to Pope Clement V., 227; the Pope grants him the ecclesiastical tenths for two years, 228; the King of France expels the Scots from France, at his request, 228; he expels the Flemings from England, at the request of King Philip, 228; spends Christmas at London, 229; orders the Countess of Buchan, who had crowned Brus, to be confined in a wooden cage, at Berwick, 229; sends the Earl of Pembroke and others to Scotland, 229; summons his army to Carlisle, 230; is displeased at the cruelty of his son, Prince Edward, 230; he orders the Abbey Chronicles of England to be sent to Norham, 234; it is ascertained that he is superior lord of Scotland, 234; Letters of submission of the claimants of the crown of Scotland to his award, 234-238; the claims of John de Balliol are preferred, 238; he does homage to King Edward at Newcastle-on-Tyne, 238, 239; Edward proceeds to Norham, in reference to the claims to the Scottish crown, 240; his Letter is read there, in reference to the same, 241; he grants

Edward I.—*cont.*
time for enquiry, 242; his message, conveying his intention as to examination of the claims of the candidates for the Scottish crown, 242-246; the several candidates agree to abide by his award, 246-249; the kingdom of Scotland is surrendered to him, 250; he appoints Guardians and other officers, 250, 251; the Bishops and nobles of Scotland take the oath of fealty to him, as superior lord of Scotland, 251; present at Berwick-upon-Tweed, at a meeting in reference to the claims to the Scottish crown, 253, 262; the candidates again appear before him, 265, 266; present at the final meeting as to claims to the Scottish throne at Berwick-upon-Tweed, 357; pronounces final judgment in favour of John de Balliol, 358; Letters of, commanding seisin of the kingdom of Scotland to be given to Balliol, 361, 362; Balliol does fealty to him at Norham, 364, 365; he returns to England, 371; styled " Edward the Third," 371; his marriage to Margaret of France alluded to, 372; he confiscates the property of John de Balliol in England, 373; takes Berwick, and slaughters the inhabitants, 373; the ecclesiastics implore his mercy, with success, 374; he orders a foss to be dug between Berwick and the Scots, 375; aids personally in the work, 375; grants terms to the Scots, and confines Balliol in the Tower of London, 376; entrusts the custody of Scotland to Guardians, 376; shews mercy to Balliol, 377; adversaries whom he had to contend against, 377; commendation of him, 378; the Count of Flanders proposes an alliance with him, 378, 379; Edward arrives in Flanders, 379; at Ghent, 379; large grant made to him, 381; direful effects of his rapacity, 381; he prepares to meet the Scots, 384; enters Berwick, 385; defeats the Scots at Falkirk, 385, 386; the King of France offers to deliver William Wallace up to him, 387;

Edward I.—*cont.*
his answer, 387; he intends to parcel out Scotland among his troops, 388; he garrisons Stirling Castle with Northumbrian troops, 388; Pope Boniface proposes his marriage to Margaret of France, 389; he is advised by his nobles to follow the Pope's suggestion, 390; he assents to the delivery of John de Balliol to Pope Boniface, 390, 391; presents the crown of Scotland to St. Thomas of Canterbury, 391; he promises that he will ratify Magna Charta, 392; awaits, in Kent, the answer of the King of France, 392; listens to the suggestions of the Pope, 394; agrees to marry the Princess Margaret of France, 394; awaits the arrival of the Princess Margaret, in Kent, 394; universal fame of his magnificence, 395; his marriage to the Princess Margaret, 395, 396; he visits Langley and St. Alban's, 397, 398; requests the aid of the Martyr, 398; sends a Letter to the Archbishop of Canterbury, requesting his prayers, 399; Letter of Pope Boniface to Edward, engaging him in the cause of the Holy Land, 400; Edward promises that he will give due attention to the Pope's request, 401; requests Queen Margaret to spend Christmas at Clifton (? Clipston), near Sherwood, 401; is at Berwick, 402; his nobles dissuade him from marching against the Scots in winter, 402, 403; he returns to Windsor, 403; orders that two Pollards shall pass for one penny, 403; orders chains and manacles to be stored in the Tower, 403; the Prelates and nobles request him to confirm Magna Charta, 404; he makes terms with the nobles individually, and obtains a grant, 404; confirms Magna Charta, 405; makes peace between the Earl of Warwick and Sir Walter de Beauchamp, 405; with Queen Margaret, keeps Easter at St. Alban's, 406; declares that he will be avenged on the Scots for the capture of Stirling Castle,

Edward I.—*cont.*
407; sends envoys to the Pope, 408; verses in praise of him, 408; his death alluded to, 411; his prowess, wisdom, and prudence, 411; recapitulation of the principal events of his reign, 412; arrives with his army in Flanders, 412; the people of Ghent shut him out from the city, 413; he burns part of the city, 413; returns to England, and proceeds to Scotland, 414; defeats the Scots at Falkirk, 415; his marriage to Margaret of France, 415; Gascoigne delivered to him by the King of France, 415; his children by Queen Eleanor, 415, 416; by Queen Margaret, 416; he enacts the Statute against Mortmain, as to religious houses, 418; hardships inflicted by him as to subsidies and military service, 418; opposition of certain of the clergy thereto, 419; on his return from Arragon, he punishes certain Justiciars for corruption, 419; makes complaint against the Archbishop of Canterbury to Pope Boniface, 421; he awards the kingdom of Scotland to John de Balliol, 421; confers knighthood on Prince Edward, 422; proceeds against Robert de Brus, 422; dies at Burgh-on-the-Sands, 422; honours paid to his body, 423; he is buried at Westminster, 423, 424; is succeeded by his son Edward, 424; birth of Edward I., 429; he departs for Acre, 429; his accession to the throne, 429; his Coronation, 429; birth of his son Edward, 430; he enacts certain Statutes, 430; crosses over to France, 430; assumes the Cross, 430; returns to England, 430; marriage of his daughter, 431; death of his wife, 431; he crosses over to Flanders, 431; ensures the liberties of his people, 432; marries Queen Margaret, 432; birth of her two sons, 432; his death and burial, 432; Edward proceeds towards Scotland, and reaches Carlisle, 439; has the emblem of the cross sewn on the vestments of his

INDEX.

Edward I.—*cont.*
troops, 439; takes Lochmaban Castle, 439; demands the surrender of Caerlaverock Castle, 439; takes it, 440; marches into Galloway, 440; the Scots treat for peace with him, 440; they request that Balliol may reign over them, 440; he indignantly refuses, 440; he repulses the Scots, 441, 442; is deserted by his Welch troops, 442; puts the Scots to flight, but is disappointed, 445; is forsaken by many of his nobles, 446; by advice of his nobles, dismisses his army, 446; remains for a time in Galloway, 446; his answer to the Pope's envoy, that he will maintain his rights, 447; he dismisses the Scottish envoys with disdain, and threatens to devastate the whole of the country, 447; he commands his daughter, the Princess Elizabeth, to return from France to England, 448; his grief for the death of his cousin, Edmund, Earl of Cornwall, 448; he succeeds as his heir, 448; receives Letters from Pope Boniface, in behalf of the Scots, 450, 451; sends envoys to the Pope, to oppose the Scots, 451; his Letter to the Pope, 451-453; he again invades Scotland, but finally makes a truce with the Scots, 453; holds his Court at Northampton, 453; holds a Parliament at Lincoln, 454; asks for a grant of a fifteenth, and discontent caused thereby, 454; he requests the Convent of St. Alban's, and other Monasteries, to collect evidence in support of his claim to the crown of Scotland, 454; the nobles request him to confirm Magna Charta, 460; he censures them for their presumption, 460; they humble themselves to him, 461; he promises finally that he will maintain the liberties of Magna Charta, 461; he asks of the clergy a grant of one fifteenth, 462; the Archbishop of Canterbury, on the Pope's authority, refuses, 462; the King makes his son Edward Prince of Wales and Earl of Chester,

Edward (I.)—*cont.*
464; he obtains a grant from the clergy and laity, 473; his exactions upon Monasteries and other ecclesiastical institutions, 473; the Archbishop of Canterbury censures him, 473; Edward throws the blame on his Treasurer, 473; he demands a fifth part of the goods of the Church, 474; the Archbishop of Canterbury resists him, 475; he withdraws his protection from the clergy, 474; his remark, on hearing of a knight being beaten by a rector, 474; the ecclesiastics make their peace with him, 474; he grants them letters of protection, 475; Thomas de Colebrugge (Corbridge), Archbishop of York, has an interview with him at York, 477; he procures the liberation of Charles of Achaia, 482.

Edward II., Prince, born at Caernarvon, and thence called, 106, 197, 430, 481; his death alluded to, 119; proposition that he shall marry the daughter of the Count of Flanders, 153; represents his father, absent in Flanders, 179; his Council, 179; offers terms of reconciliation to the Earl Marshal and the Earl of Hereford, 180; is knighted at London, 229, 422; proceeds towards Scotland, 229; ravages Scotland, 230; his father is displeased at his cruelty, 230; accession of, 432; his Coronation, 432; he takes to flight, 433; is deprived of the crown, 433; leads a division of the English army against the Scots, 441; made Prince of Wales and Earl of Chester, 464.

Edward III., birth of, 432; he crosses the sea, 433; is made Duke of Aquitaine, 433; returns to England, with his mother, 433; is chosen King, in place of his father, 433.

Edwiga, St., Duchess of Poland, canonized, 62.

Edwin, Coronation of King, 426; burial of, 426.

Eleanor (*or* Alianor) of Provence, Queen, her foreign connexions, 2; at Windsor, 7; at the Tower of London, 10, 11; returns from France, 12; at London, 17; attempts to escape from the Tower to Windsor, 18; is insulted by the Londoners, 18; at Northampton, 42; at Coventry, 46; at Guildford, 49; Prince Edward sends Adam Gurdoun to her, 49; at Winchester, 63; at London, 64, 69; mother of Edward I., 76; present at his Coronation, 84; orders the heart of Prince Alfonso to be buried in the church of the Black Friars at London, 108; through her influence, the Princess Mary becomes a nun at Ambresbury, 108; is visited by her son Edward at Ambresbury, 109; takes the veil at Ambresbury, 113; dies at Ambresbury, 129, 416; her body is buried there, but her heart in the church of the Grey Friars at London, 129.

Eleanor (*or* Alianor), of Castille, sets out with Prince Edward for the Holy Land, 64; gives birth to the Princess Johanna at Acre, 64; with King Edward in Gascoigne, 81; is crowned, with King Edward, at Westminster, 84; honours the nuptials of Prince Llewelyn with her presence, 92; death of her mother, the Queen of Castille, 93; the County of Ponthieu devolves on her, 93; attends a general Chapter of the Friars Preachers, held at Paris, 112; her miraculous escape from lightning, 114; dies at Herdeby, near Lincoln, 120; her character and virtues, 121; honours paid to her memory, 121; her body brought to St. Alban's, 121; buried at Westminster, 121; crosses erected to her memory, 121; her children by King Edward, 415, 416; her death, 430, 431.

Eleanor (*or* Alianor), daughter of Edward I. King of England, affianced to Alfonso, King of Arragon, 111; is married to the Count de Bar, 139, 416; their children, 139; John de Warenne marries her daughter by the Count de Bar, 139, 223.

Eleanor (*or* Alianor), daughter of the Count of Savoy, 74.

Elgin, Edward I. proceeds to, 162. *See* Eling'.

Eling' (? Elgin), the Castle of, 363.

Elizabeth, daughter of Edward I., intended to be given in marriage to the son of the Count of Holland, 155; married to John, son of the Count of Holland, 167, 168, 416; on his death, is married to Humphrey, Earl of Hereford, 213, 416; death of the Count of Holland, her husband, 437; by her father's desire, returns to England, 448.

Ely, the Isle of, taken by the Earl of Leicester, 17; taken by the disherisoned, 44; the Bishop of, brings news of the capture of the Isle of Ely to King Henry, 44; he is received with coldness, and the capture by many is imputed to him, 44; King Henry summons his nobles to Bury St. Edmund's, for the attack of, 50; besieged by the King and Legate, 56; the disherisoned in, are summoned to obedience, 53.

Ely, William, Bishop of, present at Norham, 240, 252, 364; at Berwick, 253, 255, 260, 357, 363; refuses to submit to King Edward's demands, 475. *See* Ely.

England, Prelates of, at the Council of London, 58; Llewelyn professes that he does not dare enter, 85; the Jews expelled from, 118; taxation of the churches of, 119; enquiry as to the rights of the King of, as superior lord of Scotland, 123; origin of the discord of, with France, 130; fight between sailors of, and sailors of Normandy, 130, 131; a ship of, attacked by the French, 131; John de St. John returns to, 142; Edmund, Earl of Leicester, returns to, 142; many captured citizens of Bayonne sent to, 147; the people of Flanders expelled from, 228; Clement V. appropriates the first-fruits in, for three years, 228; placed under Interdict, 428; invaded by Prince Louis of France, 428; laid waste by Malcolm, King of Scotland, 457.

English, the, oppressed by foreigners in the Court of Henry III., 2.
Eric, King of Norway, marries Margaret, daughter of the King of Scotland, 119; his claim to the Scottish throne, 132; a day is given to his envoys, 134; and a further day, 135; he appears, by attorney, before the arbitrators, 266; claim presented on his behalf, 269-271; he is pronounced in default, 358.
Ertari, John, of Caen, Notary public, his solemn attestation of transactions at Norham and the vicinity, in reference to the conflicting claims to the crown of Scotland, 253.
Essex, the conquest of, 455.
Ethelbert, the Conversion of, 425.
Ethelred, King, Coronation of, 426; buried at London, 426.
Ethelstan, or Athelstan, son of King Edward the Elder, Coronation of, 425; burial of, 426; twice conquers Constantine, King of the Scots, 456.
Evesham, the Earl of Leicester is defeated at, and slain, 35, 36, 429.
Exchequer, the, at Westminster, robbed, 222, 223.
Eyvile, John de, joins the Earl of Gloucester, against the King, 57.

F.

Falaise, William, King of Scotland, imprisoned at, 458.
Falkirk, Edward I. gains the Battle of, over the Scots, 187, 226, 385, 386, 431; the English march through the Forest of, 188; the words of William Wallace at the Battle of, 226, 385.
Famine, instances of, 3, 7. See Dearth.
Farnham, the Castle of, 48.
Farthings first coined, 94.
Faversham, King Stephen buried at, 427.
Fentone, W. de, at Berwick, 264.
Ferdinand IV., of Castille, legitimized by the Pope, 198.
Ferdinand, son of Alfonso X., of Castille, 166.
Ferdinand, grandson of Alfonso X., 166.

Ferrers, John de, included in the conditions extorted from Edward I., 181, 182.
Ferrers, Robert. See Derby.
Ferrers, William de, taken at Northampton, 21.
Fife (Fyf), the Earl of a prisoner in England, 229; his office to crown the Kings of Scotland, 229.
First Statutes of Westminster, 85.
Fisseburne, T. de, at Berwick, 256, 260.
Fitz-Alan, Brian, appointed a Guardian of Scotland, 250; at Berwick, 256, 260.
Fitz-Alan, John, son of the Earl of Arundel, taken prisoner at Lewes, 28.
Fitz-Bertrand (Bertrandi), taken prisoner at Northampton, 21.
Fitz-Burnel, Robert, the Chancellor, demanded by Llewelyn as a surety, on his attending Parliament, 85.
Fitz-Geoffrey, John, meets other nobles at Oxford, with a view to expel the foreigners, 6.
Fitz-John, John, at the Battle of Lewes, 26, 27.
Fitz-John, Nicholas, meets other nobles at Oxford, with a view to expel the foreigners, 5, 6.
Fitz-Roger, R., at Berwick, 250, 260.
Fitz-Roger, Sir Robert, orders a windmill on Coket Island to be destroyed, 477.
Fitz-Simon, Simon, taken prisoner at Northampton, 21.
Fitz-Warin, Fulk, Justiciar, drowned at the Battle of Lewes, 28.
Flanders, disobedience of the Echevins of, to the Count of, 153; they appeal to the French Court, 153; the Count is detained by the French King at Paris, until he surrenders his daughter, 153; certain merchants of, join in the defence of Berwick, 157; they are burnt, 157; the Earls Marshal and of Hereford decline to go to, 173; certain Scottish prisoners liberated, that they may serve in, 173; part of King Edward's Council crosses over to, 177; Edward sets sail for, 177; William, Archbishop of Dublin, conse-

INDEX.   535

Flanders—*cont.*
crated in, 179 ; Charles of Valois sent into, against the Count of, 190; the people of, defeat the son of the Count of Hainault and the Bishop of Utrecht, 214; Philip, King of France, makes a truce with the people of, 214; the people of, are defeated by Philip, King of France, 224 ; disloyalty of the Earl Marshal, while King Edward is in, 227 ; the people of, are expelled from England, at the request of the King of France, 228; King Edward arrives in, 379, 412, 431 ; the people of, slay the Count of Artois, 417 ; the weavers of, defeat the French, 421. *See* Courtrai.

Flanders, Guido, Count of, is detained by the French King at Paris, 153; renounces his homage to the King of France, and allies himself with the King of England, 166; King Edward condoles with him, 171; Adolph, King of the Romans, purposes aiding him against the French, 178 ; his sons raise a sedition at Ghent against the English, 184; he surrenders to Charles of Valois, with his two sons, 196; is sent to Paris, then to Compiegne, 196; his son Guido, Count of Namur, chosen ruler by the people of Bruges, 211; is released by King Philip from prison, 214; is unable to bring about peace, and returns to prison, 214; he proposes an alliance with King Edward, 378, 379 ; he sides with Edward against the King of France, 413; anger of Philip, King of France, against him, 417; is imprisoned by him, 417; hostilities of King Philip against him, 438; he is taken prisoner, and carried to Paris, 438. *See* Philip, *and* Robert.

Flanders, the daughter of a Count of, married to Alexander III. of Scotland, 118, 119.

Fleets, three English, formed, 143.

Flemings, the. *See* Flanders.

Flemming, J. le, at Berwick, 256, 260.

Flexing, the Barons encamp at the village of, 25.

Florentines, design of the, to destroy Sienna, 5 ; they are conquered by Manfred, 5.

Flote, Peter de, envoy of Philip the Fair, his answer to the Pope, 197 ; slain at Courtrai, 212.

Fontevraud, Henry II. buried at, 428 ; burial of Prince Henry, son of Henry II., at, 428.

Forfar, the Castle of, 363.

Forres, the Castle of, 363.

Fossa Nova, Death of Thomas Aquinas at the Abbey of, 82.

Fowin. *See* Sowin.

France, King Henry III. crosses over to, 1 ; arms of the Kings of, adopted by the Kings of Sicily, 4 ; Baldwin II. flees to, 9 ; Henry III. and his nobles visit, 11, 12 ; auxiliaries of Henry III. from, 31 ; Simon de Montfort escapes to, 48 ; Prince Edward arrives in, on his way to the Holy Land, 64 ; a rich man of, brings a diseased sheep into England, 84 ; Edward I. crosses over to, to hold a conference with Philip III., 93 ; Emeric de Montfort goes to, 99 ; Charles of Anjou flees to, 100 ; Edward I. sets out for, 109 ; a fleet of, captured at Rosas, by the Arragonese, 111 ; William Wykewane, Archbishop of York, dies in, 111 ; the Jews of England receive their expenses to, 118 ; origin of the discord of England with, 130 ; men of, attack an English ship, 131 ; a fleet of, taken by the English, 137 ; preparations for war with, 143; a fleet of, ravages Dover, and slays a monk, 150 ; a galley of, taken at Hythe, 150 ; John de Balliol sent to Bailleul in, 191 ; the people of, are defeated by the Flemings at Courtrai, 211, 212, 432 ; the prelates of, send an excuse for not appearing at the summons of the Pope, 212; Charles of Valois returns to, from Sicily, 212 ; Philip, son of the Count of Flanders, commits ravages in, 214; the Scots expelled from, at the request of Edward I., 228 ; leave granted to the merchants of,

France—*cont.*
to circulate pollards in England, 380; William Wallace crosses over to, 387; provisions made by the English Parliament against light money, circulated by merchants of, 392; John de Balliol is sent by Edward I. to, 422. *See* French, Louis, *and* Philip.

Franciscans. *See* Friars Minors.

Francisco, Cardinal, nephew of Pope Boniface VIII., rising against, 484.

Fraser, R., at Berwick, 263.

Fraser, Simon, the Abbot of Neubotel substitute at Berwick, for him, deceased, 263.

Frederic II., Emperor, father of Manfred, 2; grandfather of Conradin, 61; alleged reappearance of, in Almaine, 108; his excommunication by Pope Innocent IV., 109.

Frederic, his elder brother, James of Arragon, resigns the kingdom of Sicily to, 152; Charles of Valois holds communication with, but to no purpose, 212.

French, followers of Baldwin II. expelled, 9; many, engage in a Crusade against Manfred, 41. *See* France.

Friars Minors, with the Dominicans, carry news of his election as Pope to Theobald of Placentia, 71; extraordinary favour shown to the, by Pope Nicholas IV., 112; alleged avarice of the, 129. *See* Grey Friars.

Friars Preachers, the, have leave to preach in Tunis, 66; and Minors, carry news of his election as Pope to Theobald of Placentia, at Acre, 71; excellence of the Order of, 72; Robert Kilwardby, Archbishop of Canterbury, a member of, 72; a General Chapter of the, held at Paris, 112. *See* Black Friars.

Frideswide, the Shrine of Saint, at Oxford, visited by Henry III., 20; superstitious notion in reference thereto, 20.

Frith of Forth (*Mare Scoticanum*), Edward I. crosses the, 161.

Frost, intense, 96.

Furnes, the town of, taken by the Count of Artois, 170.

G.

Galantyr, J. de, at Berwick, 264.

Galloway, John de Balliol, Lord of, 21; a noble of, slain at Carlisle, 156; the people of, prepare to submit to King Edward, 171; Edward I. remains in, for a time, 446; conquest of, by Edward the Elder, 455, 466.

Gannok. *See* Glamorgan.

Garivache, the land of, 275, 276, 290, 295, 300, 309.

Garoneta, besieged by Philip III. of France, 110; captured 110; retaken by the Arragonese, 111.

Garonne, the English fleet enters the river, 144.

Garton, a Norman sailor attempts to stab an English sailor at, 130.

Gascoigne, lands in, promised to be surrendered to Henry III., 2; pledged to Louis IX. by Prince Edward, 60; Edward I. besieges Gaston de Bierne, in, 80; King Edward and Queen Eleanor in, 81; Edward proceeds to, 112, 113; Edward returns from Spain to, 116; he expels the Jews from, 116; Edward I. leaves, 118; alleged rebellion in, of Edward against the King of France, his superior lord, 138; places in, to be delivered up to the King of France, 140; the Constable of France recalled from, when about to attack, 141; the officers of Edward I. in, are taken prisoners to Paris, 142; successes of the English in, 147, 154; the Count of Artois is sent into, 155; the English nobles are summoned to cross over to, 169; certain of them refuse, 169; the Count of Artois leaves, 170; restored to King Edward by Philip, King of France, 213, 415; slaughter of English and French in, 372; King Henry III. first crosses over to, 429; a second time, 429.

Gaveston, Piers de, buried at Langley, 432.

Gedeworth (*now*, Jedburgh), the Castle of, 363.

INDEX.

Gedeworth, the Abbot of, at Berwick, 264.

Genelestone, Sir J. de, at Berwick, 263.

Genoese, the, aid the Emperor Baldwin II., 9.

Gentili, Cardinal, rising against, 484.

Georgia, the King of, opposes the Soldan of Babylon, 466.

Germany. *See* Almaine.

Geynesburg. *See* Grenesburg, *and* Teynesburge.

Ghent, Edward I. at, 117; he spends Christmas at, 183; a sedition at, 184; King Edward arrives at, 379; the people of, sympathize with the King of France, and shut Edward out from, 413; he commands part of it to be burnt, 413; his Welch troops devastate the neighbourhood, 413, 414.

Giffard, John, surprises Llewelyn, 101; one of the Council of Prince Edward, 179; at Berwick, 256, 260.

Gifford, Walter, his treachery, 149.

Ginesburn, William de, an envoy of Edward I. to the King of France, 142.

Glamorgan (Gannok), the Castle of, destroyed by Llewelyn, 20; the property of the Earl of Gloucester, 34; is entered by the Earl of Leicester, 34; the Earl of Gloucester receives King Edward I. in, 107; the Earl of Gloucester driven from, by Morgan, 144.

Glasgow, Robert, Bishop of, a leader of the Scottish army, 172; surrenders himself to Edward I., 172; is confined in the Castle of Roxburgh, 172; appointed a Guardian of Scotland, 250; at Norham, 253, 364, 365; at Berwick, 264, 357, 363.

Glastonbury, King Arthur buried at, 425; King Edward the Elder, buried at, 426; King Edgar buried at, 426; Edward Ironside buried at, 426.

Gloigux (?), the Castle of, 363.

Gloucester, is taken by Prince Edward, and ransomed for 1000 marks, 13; taken by the Earl of Leicester, 17; a Parliament at, 93; the Statutes of, 93; first Coronation of Henry III. at, 428.

Gloucester, Gilbert de Clare, Earl of, Kingston Castle, his property, 22; he sends a letter of complaint, jointly with the Earl of Leicester, to King Henry, 22, 23; receives a Letter of defiance from the King in answer, 23; receives a similar letter from Richard, King of Almaine, and Prince Edward, 23, 24; at the Battle of Lewes, 26; a dissension arises with the Earl of Leicester, 32; vain attempts made for his reconciliation with the Earl of Leicester, 33; becomes reconciled to the nobles of the March, just banished by the Earl of Leicester, 33; takes the city of Gloucester, 34; Glamorgan, his territory, ravaged by the Earl of Leicester and Llewelyn, 34; joins Prince Edward, 34; arrives at Evesham, and takes part in the defeat of the Earl of Leicester, 35; his envy of Simon de Montfort, on his receiving the King's pardon, 43; recommends the restoration of their lands to the disherisoned, 45; dissensions between him and Roger de Mortimer thereon, 45, 46; a reconciliation unsuccessfully attempted, 46; declines the King's invitation to a feast at London, 46, 47; makes certain demands of the King, with threats, 47; refuses to attend a summons to Parliament at Bury St. Edmund's, 50; raises an army in the borders of Wales, 50; agrees only to bear arms against the King and his son, in his own defence, 50; his vengeance against Roger de Mortimer, 50; raises an army in Wales, in favour of the disherisoned, 57; arrives at London, and is joined by John de Eyvile, 57; expels the Legate from the Tower, 57; is reconciled to the King, 57; assumes the Cross from the Legate, 59; his subsequent marriage to Johanna of Acre, daughter of Edward I., 64, 120, 152; accompanies Henry III. to Norwich, 73; recognises Prince Edward as King, 75; demanded by Llewelyn as a security on his attending Parliament, 85; fights with the Welch at Lantilowhyr, 100; receives King Edward in Glamorgan,

Gloucester, Gilbert, Earl of—*cont.*
107; driven from Glamorgan by Morgan, 144; his death, 152, 431; issue by his wife Johanna, 152.

Gloucester, Ralph, Earl of, is surety for King Edward, as to re-confirmation of the Charters, 186. *See* Moynhermer.

Gloucester, Richard de Clare, Earl of, cruelty shown by, to a Jew, 4; meets other nobles at Oxford, with a view to expel the foreigners, 5, 6.

Gloucester, the Countess of, taken at Tunbridge, 22; liberated by King Henry, 22.

Gnevolo, 67.

Godfrey, brother of the Duke of Brabant, slain at Courtrai, 211.

Godwin, father of King Harold, 427.

Golieztly (*or* Galythly), Patrick de, withdraws his petition, 358.

Gorges, Ralph de, captured at Risonce, 149.

Goseford, Master W. de, at Berwick, 264.

Graham, David de, at Berwick, 263.

Graham, N. de, at Berwick, 264.

Graham, Patrick de, at Norham, 253, 364, 366; at Berwick, 263.

Gray, Reginald de, one of the Council of Prince Edward, 179.

Greece, the people of, send envoys to the General Council at Lyons, 81.

Greeks, Baldwin II., Emperor of the, 9; their envoys promise to return to the Roman Church, 31.

Gregory X., Pope, election of, 71; accompanies Prince Edward to Acre, 71; receives news of his election there, 71; proceeds to Viterbo, 71; receives Edward I. at Orvieto, 78; excommunicates Guido de Montfort, 79; holds a General Council at Lyons, 81, 430; favours certain of the Mendicant Orders, 81; tolerates the Carmelites and Augustinians, 81; disapproves of the Friars of the Penance, 81; dies, and is buried, at Arezzo, 87; Constitution of, as to the election of a Pope, 224.

Grenesburg, Brother W. de (? Geynesburge), at Berwick, 260. *See* Teynesburge.

Grenefeld, W. de, Canon of York, at Berwick, 256, 260.

Grey, R. de, at Berwick, 256, 260.

Grey Friars, London, the heart of Eleanor of Provence is buried in the church of the, 221. *See* Friars Minors.

Grievances presented to King Edward I. by the nobles and commons of England, 175, 176; answer thereto, 176, 177.

Griffin ap Meredith, takes Lampader Vaur, 98.

Grosteste, Robert. *See* Lincoln, Bishop of.

Gubyon, Hugh, taken prisoner at Northampton, 21.

Guido, Bishop of Auxerre, a leader of the Crusade against Manfred, 41.

Guido, Bishop of Utrecht, is captured by the Flemings, 214.

Guido, Count of Flanders. *See* Flanders.

Guido, brother of Ralph de Nigella. *See* Nigella.

Guildford, Queen Eleanor at, 49.

Gule of August, the, 289.

Gurdoun, Adam, one of the disherisoned, his combat with Prince Edward, 48, 49; he is pardoned, 49.

Gurdun, Adam, Governor of Dunster Castle, defeats the Welch under William de Berkeley, 41.

Guy. *See* Guido.

H.

Hagr, Aduenus de, 132.

Hailstorm, a violent, 7; many thousands of Saracens slain by, 115.

Hainault, the son of the Count of, slain at Courtrai, 212; William, son of the Count of, is defeated by the Flemings, 214.

Halfpennies, round, first coined, 94.

Haran, 135.

Harcla (Hercele), Andrew, hanged and beheaded, 432.

Harcourt, John de, 110.

Hardeby (Herdeby), Queen Eleanor dies at, 120.

INDEX.

Hardecnute, King, Coronation of, 427; burial of, 427.

Harold, son of Cnute, crowned at Oxford, 427; first buried at Westminster, 427.

Harold, son of Godwin, crowned at Westminster, 427; buried at Waltham, 427.

Hastings, John de, Lord of Abergavenny, claimant to the Scottish crown, Letters of, 125, 126; his submission to the award of King Edward, 234–238; he agrees to abide by the award of King Edward, 247; appears before the arbitrators, 266; again appears, 272; a further day is given to, 273; he finally delivers his reasons and answers, 273, 274; reasons of, first alleged against the Count of Holland, 281; reasons in support of the claim of, 309, 320, 322, 325, 328, 335; answer given by the King's Council against his claim, 354, 355, 356, 357, 358, 359. *See* Balliol, John de.

Haust' (?), the Castle of, 363.

Hawarden, the Castle of, taken by David, 97.

Hay, the Castle of, taken by Prince Edward, 13; recovered by the Earl of Leicester, 31.

Haye, N. de, at Berwick, 263.

Haye, W. de la, at Berwick, 264.

Hayles, the Cistercian Monastery at, founded by Richard, King of Almaine, 68; his body buried there, 68.

Hengist, leads the Saxons into Britain, 425.

Henry I., Coronation of, 427.

Henry II., King of England, 292; Coronation of, 427; burial of, 428; he receives the submission of William, King of Scotland, 458; the first Coronation of, 461.

Henry III., crosses over to France, 1; demands of Louis IX. the lands taken from his father, John, 1; makes peace with the King of France, and surrenders Normandy and Anjou, 1, 2; lands in Gascoigne promised to be surrendered to him, 2; no longer styles himself Duke

Henry III.—*cont.*
of Normandy, or Count of Anjou, 2; insolence of his alien connexions, 2; at Paris with Louis IX., 3; dissensions with the nobles of England as to the Provisions of Oxford, 4; he is absolved by the Pope from his oath, 4, 5; at Windsor, 7; determines to break his compact with the Barons, 7, 8; shuts himself in the Tower of London, 8; orders London to be strengthened with bolts and bars, 8; requests to be absolved from his oath by the Pope, 8; the Barons humiliate themselves, and propose to make terms with him, 8; on hearing of the compact of Prince Edward with the Barons, retires to the Tower of London, 9, 10; retires to Dover and Rochester, 10; determines to break his compact with the Barons, 10; dismisses the Justiciar and Chancellor, appointed by the Barons, at Winchester, 10; he returns to the Tower of London, 10, 11; he and the Barons submit to the arbitration of the King of France, 11; the King of France decides against the Barons, 11; King Henry returns from France, 12; at London, 17; makes a temporary peace with the Barons, 18; besieges Dover Castle, but in vain, 20; regardless of the superstitious opinions, relative thereto, he visits Saint Frideswide at Oxford, 20; is joined by his son, Edward, against the Barons, 20; besieges and takes Northampton, 21; prisoners taken by him there, 21; proceeds to Nottingham, 21, 22; threatens London, 22; takes Kingston Castle, 22; relieves Rochester, 22; takes Tonbridge Castle, and the Countess of Gloucester, 22; releases the Countess, 22; proceeds to Winchelsea, and makes peace with the men of the Cinque Ports, 22; arrives at the Priory at Lewes, 22; receives a letter of complaint from the Earls of Leicester and Gloucester, 22, 23; the Barons offer terms, which are rejected, 25; he is defeated at the Battle

Henry III.—*cont.*
of Lewes, 25, 26; is taken prisoner, 27; confined in the Priory, 27; Prince Edward yields himself a prisoner in his place, 28; writes to his adherents at Tunbridge, not to molest the Barons, 29; is removed from place to place by the Earl of Leicester, 30; is taken by the Earl of Leicester to Hereford, 33; the godfather of Henry de Montfort, 37; is wounded unawares at the Battle of Evesham, 37; takes vengeance on his enemies, 37, 38; levies an army at Northampton, against Simon de Montfort, 41; arbitrary exactions by him, in reference to knight-service, 41, 42; spends Christmas at Northampton, 42; pardons Simon de Montfort, at the intercession of Richard, King of the Romans, 43; Kenilworth Castle is surrendered by Simon, and finally given up to the King, 43, 44; Henry receives the Bishop of Ely coldly, 44; spends Christmas at Coventry, 46; celebrates the feast of St. Edward the King there, 46; the Earl of Gloucester refuses to attend, 46; he calls upon the King to observe the Provisions of Oxford, 47; the Pope grants King Henry a tenth of the church property for seven years, 47; he appoints captains of cities, to check depredation, 48; summons his nobles to Bury St. Edmund's, for an attack on the Isle of Ely, 50; the Earl of Gloucester agrees not to bear arms against him, except in self-defence, 50; demands made by him and the Legate in Parliament, 50–53; he besieges the Isle of Ely, 56; the body of Saint Edward, the King, is again translated, at his suggestion, 56; the Earl of Gloucester is reconciled to him, 57; he proceeds to Shrewsbury, to war against Llewelyn, 57; Llewelyn propitiates him with money, 58; with the Queen and the Legate at London, 59; causes peace and justice to be proclaimed throughout England, 59; sanctions his son Edward joining the Crusade, 60;

Henry III.—*cont.*
at Winchester, with Queen Eleanor, 63; his son, Edmund, married to Avelina, daughter of William de Albemarle, 63; peace in England through fear of the King, rather than love, 64; at London, with Queen Eleanor, 64; proceeds to Norwich, and punishes the incendiaries of the Cathedral, 73; proceeds towards London, 73; dies at Bury St. Edmund's, 74; is buried at Westminster, 74; his children, 74; his character, 74; his discourse with Louis IX. as to Mass, 74; description of his person, 75; alleged prophecy of Merlin respecting him, 75; his son Edward's grief for his death, 78; John de Derlingtone, formerly his confessor, 89; his tomb at Westminster adorned by order of his son, Edward I., 96; a man professes to have recovered his sight at the tomb, 98; first Coronation of, 428; second Coronation of, 428; he translates Saint Thomas, 428; his son Edward born, 429; his first and second passages to Gascoigne, 429; he begins the New Work at Westminster, 429; conquers his enemies at Evesham, 429; enshrines Saint Edward at Westminster, 429; death and burial of, 429.

Henry, King of Navarre, death of, 83; his widow married to Edmund, Earl of Lancaster, 83.

Henry, son of Henry II. (miscalled 'Edward'), Coronation of, 428; burial of, 428.

Henry, Prince, son of Edward I., his death, 78; mentioned, 416.

Henry of Lancaster, son of Edmund, 83.

Henry of Almaine, son of Richard, King of the Romans, forsakes the Earl of Leicester, 12, 13; seized by the King's partisans, 18; goes over to King Henry, 20; at the Battle of Lewes, 26; yields himself a prisoner for his father, 28; confined in Dover Castle, 30; slain by Guido de Montfort, 67; Guido is excommunicated for the murder of, 79.

Henry of Spain, escapes from the King of Sicily to his nephew Sancho, 136;

INDEX.

Henry of Spain—*cont.*
on the death of Sancho, is made Guardian of Castille, 152.

Henry, son of David, King of Scotland, given to King Stephen as a hostage, 457.

Henry, Senator of Rome, aids Conradin, 61 ; is imprisoned by Charles of Anjou, 61.

Hereford, the Justiciars Itinerant are repulsed from, 5 ; Prince Edward removed to the Castle of, 31 ; King Henry III. accompanies the Earl of Leicester to, 33 ; Prince Edward confined at, 33 ; he escapes from, 33 ; the County of, joins Prince Edward, 34.

Hereford, Peter, Bishop of, returns from France, 12 ; is taken prisoner by the Barons, 17 ; death of John de Bettone [Britton], Bishop of, 86 ; his skill in English law, 86 ; is succeeded by Thomas de Cantilupe, 86 ; Richard de Swynefeld made Bishop of, 101, 102 ; death of Thomas, Bishop of, 102 ; great commendation of him by Archbishop Kilwardby, 102 ; death of Thomas, Bishop of, on his way to Rome, to prosecute the cause of his church against John, Archbishop of Canterbury, 115 ; miracles wrought in his honour, 115.

Hereford and Essex, Humphrey de Bohun (Boun), Earl of, Prince Edward takes certain of his Castles, 13 ; at the Battle of Lewes, 26 ; taken prisoner at Lewes, 27, 28.

Hereford and Essex, Humphrey de Bohun, Earl of, Rees Vazham surrenders to, 105 ; escorts John, son of the Count of Holland, to that country, 168 ; declines to go to Flanders, 173 ; forbids a subsidy to be raised for the King, 178 ; gains over the citizens of London, 178 ; proposes terms of reconciliation, 181, 182 ; which are accepted, 182 ; requires a re-confirmation of the Charters by King Edward, 186 ; leaves the King at Carlisle, 188 ; his death, 189,

Hereford—*cont.*
213 ; succession of his son, Humphrey, to the title, 213 ; present at Berwick, 254, 256, 260, 358 ; commands in the English army against the Scots, 441.

Hereford and Essex, Humphrey, Earl of, succeeds to the title, 213 ; marries the Princess Elizabeth, daughter of Edward I., 213, 406.

Heringaud, Ralph, slain at the Battle of Lewes, 28.

Herod, the cruelty of, 226.

Hertford, G. de Stoke, Constable of, 38.

Hexham, the Priory of, burnt by the Scots, 159.

Hincmartin, John de, captured, 160.

Hireby, Master W. de, at Berwick, 264.

Hockday, a Parliament held on, 390, 391.

Holderness, William de Albemarle, Earl of, his daughter is married to Prince Edmund, 63.

Holland, Florence, Count of, a claimant to the Scottish crown, Letter of, 125, 126 ; sends his son to be educated by King Edward, 155 ; King Edward intends to give his daughter Elizabeth to his son, 155 ; he is slain, 168 ; his submission to the award of King Edward, 234, 238 ; agrees to abide by the award of King Edward, 246 ; appears by his attorney before the arbitrators, 266 ; discussion of the claims of, entered into, and then postponed, 267 ; gives in his reasons, 268 ; maintains the felony imputed to David, Earl of Huntingdon, 269 ; again appears, by his attorneys, 272 ; final appearance of, and delivery of his reasons and answers, 273 ; reasons proffered by, in support of his claim, 274, 302 ; reasons of John de Balliol and Robert de Brus, first alleged against, 281 ; further reasons alleged by John de Balliol, against, 291 ; withdraws his petition, 358.

Holland, John, son of Florence, Count of, marries the Princess Elizabeth, 168, 416 ; on the death of his father, is escorted

542　　　　　　　　　　　INDEX.

Holland, John, son of the Count of—*cont.*
  to Holland, by the Earl of Hereford, 168;
  death of, 437, 448; his widow returns to
  England, 448.
Holland, William, Count of, King of Almaine, 109.
Holland, Elizabeth, Countess of. *See* Elizabeth.
Holy Land, the Princes Edward and Edmund prepare to set out for the, 60, 64;
  Edward I. in the, when he succeeds to the
  crown, 75; Edmund, Earl of Lancaster,
  returns from the, 75; Edward I. leaves
  the, 78; the Moalli Tartars obtain the,
  89; Pope Nicholas IV. appoints Edward I. leader for the recovery of the,
  130; the Pope grants to Edward I. the
  ecclesiastical tenths, in favour of the,
  228; bad news brought by a Templar
  from the, 400; Pope Boniface engages
  King Edward in the cause of the, 400;
  Bull of Pope Boniface, in reference to
  the recovery of the, 465–470.
Homage, alleged, of the Kings of Scotland to the Kings of England, 124.
Homage and fealty, forms of, 135, 239, 364, 365.
Honorius, the Constitutions of Pope, 146.
Honorius IV., Pope, accession of, 109;
  death of, 112.
Honours, samples of, 316, 333.
Horace quoted, 372.
Horsus leads the Saxons into Britain, 425.
Hospitallers, the property of the, confiscated
  in Apulia, 114; the, at Acre, 122; the
  Master of the, slain at Falkirk, 415.
Hostelee, Thomas de, slain at Evesham, 36.
Hotham (Hozom), Prior Provincial of the
  Friars Preachers in England and Scotland, 255, 260.
Hoveden (Houdene), the Chronicle of
  Roger de, 123, 124.
Hungary, the King of, is defeated by the
  King of Bohemia, 5; apostasy of the
  King of, 115; the nobles of, persist in
  the Christian faith, 115.
Huntercumbe, Walter de, proctor for
  William de Vesci, 247.

Huntingdon, the Castle of, taken by Prince
  Edward, 13; ravaged by the disherisoned, 44.
Huntingdon, David, Earl of, quitclaim
  alleged to have been made by him to
  William, King of Scotland, 268, 269;
  felony imputed to, 268, 269; allegations
  as to, 274, 275, 276, 277, 278, 279, 280,
  281, 282, 283, 286, 287, 288, 289, 290,
  292, 293, 294, 295, 301, 302, 303, 343,
  344, 348, 359.
Huntingdon, the Chronicle of Henry of,
  123.
Hythe, a galley of France taken at, 150.

I.

Ingenall (?), the Castle of, 363.
Innocent, the Constitutions of Pope, 146.
Innocent IV., Pope, excommunicates the
  Emperor Frederic II.,'109; the Norwich
  Taxation, ordered by, 119.
Innocent V., election of Pope, 87; a
  Doctor of Paris, 87; previously Provincial Prior of the Friars Preachers in
  France, 87; then Archbishop of Lyons,
  88; Cardinal, and Bishop of Ostia, 88.
Interdict, England placed under, 428.
Inundations in England, 3.
Inverness, the Castle of, 363.
Invorname (? Invernairn), the Castle of, 363.
Irvine, the Scottish army encamped near,
  171.
Isabella, Queen, wife of Edward II., returns to England, 433.
Isabella of Arragon, married to Philip, son
  of the King of France, 12.
Isabella, daughter of David, Earl of Huntingdon, 343; Robert de Brus descended
  from, 343, 344.
Ireland, miraculous cure of John, a native
  of, 56; Prelates of, at the Council of
  London, 58; the fleet of, 143; the Earl
  of Ulster joins Edward I. from, 161;
  foot-soldiers from, in King Edward's
  army, 414.

J.

Jacob, the stone on which he rested, preserved at Scone, 135.
James, son of Peter of Arragon, is crowned King of Sicily, 111; pretender to Sicily, makes a treaty with the Count of Artois, 118; brother of Alfonso, receives the kingdom of Arragon, 152, 166; resigns Sicily, 152; marries the daughter of Charles, King of Sicily, 152; is reconciled to the Church, 152; aids Alfonso and Ferdinand in obtaining the kingdom of Leon, 166.
James, Seneschal of Scotland, appointed a Guardian of Scotland, 250; at Berwick, 264; at Norham, 364, 366.
Jedburgh. *See* Gedeworth.
Jerusalem, Pope Alexander IV. previously Patriarch of, 4; the Patriarch of, slain, 33; Thomas Aquinas, "Doctor in," 83; the King of Cyprus crowned King of, 114; the Saracens expelled from, 189; Antony de Bek, Bishop of Durham, is made Patriarch of, by Clement V., 228; Letter from the Patriarch of, to Pope Boniface VIII., announcing a victory of the Tartars over the Soldan of Babylon, 442-444; Charles of Achaia crowned King of, 482.
Jew, shocking death of a, at Tewkesbury, 4.
Jews, the, of Cambridge, are taken by the disherisoned, 44; the, punished for clipping the coin, 92; dealings of the Christians with the, 113; the, expelled by Edward I. from Gascoigne, 116; expelled from England, 118, 418; a grant made to King Edward for the expulsion of the, 118; banished beyond sea, 431.
Johanna (*or* Joanna), Queen of France, interests herself in the restoration of peace, 140, 141.
Johanna of Acre, birth of the Princess, 64; afterwards married to Gilbert, Earl of Gloucester, 64, 120; her issue by him, 152; after the death of the Earl of Gloucester, marries Ralph de Moynhermer, 173; daughter of Edward I., 416; marries beneath her rank, 416.
Johanna, daughter of the King of Navarre, married to Philip, son of the King of France, 107; attends the Chapter of the Friars Preachers at Paris, 112; mediates in favour of peace between England and France, 141.
Johanna, daughter of Charles of Valois, and niece of Philip the Fair, asked in marriage for Edward Balliol, 151.
John, King of England, territories taken from him by the French, 1; Charters given by, not to be invalidated, 11; Coronation of, 428; burial of, 428; proceeds into Northumbria, 459; prepares, at Norham, to invade Scotland, 459; at Lincoln, receives the homage of the King of Scotland, 459.
John, King of Scotland. *See* Balliol, John de.
John XXI., Pope, accession of, 88; previously Bishop of Tusculum, 88; his character, 88; is killed at Viterbo, by the fall of a chamber, 89.
John, Prince, son of Edward I., 416.
John, son of Edmund, Earl of Lancaster, 83.
John, son of the Duke of Brabant, marries the Princess Margaret, 120, 416.
John, brother of the Earl Marshal, the Earl is offended with him, 215.
John de Bretagne. *See* Richmond, John, Earl of.
John, Count of Holland. *See* Holland.
John Monachi. *See* Monachi.
John of Ireland, miraculous cure of, 56.
Joinville, Geoffrey de, made Marshal of his army by Edward I., 173.
Jort, Thomas de, appointed Cardinal Priest of St. Sabina, 227.
Juan, the kingdom of Leon given to, by his nephew Alfonso, 166; is taken

Juan—*cont.*
  prisoner, 169; surrenders the kingdom of Leon, and joins the enemies of Alfonso, 170.
Jubilee, years of, 145, 146, 196, 448, 449.
Juliers, William de, leader of the Flemings, slain, 224.
Justiciars, Itinerant, the, are repulsed from Hereford, 5; certain corrupt, are punished by Edward I., 118, 119, 420; of Bank and the Exchequer removed to London from York, 223.

K.

Kein, R. le, at Berwick, 263.
Kelso, the English nobles proceed to, from Roxburgh, 185; the Abbot of, at Berwick, 263.
Kemeseye, a manor of the Bishop of Worcester, Simon, Earl of Leicester, at, 35.
Kenilworth, the Castle of, garrisoned by the party of the Earl of Leicester, 34; Simon de Montfort, the Younger, there, 35; Prince Edward marches from, to Worcester, 35; Simon de Montfort agrees to surrender the Castle to the King, 43; the garrison refuses to surrender, 43; the King besieges it, and it surrenders, 43; the life of Richard, King of Almaine, saved at, 43; a Round Table held by Roger de Mortimer at, 94, 95.
Kent, Edward I. arrives in, and is married to Margaret of France, 192, 394; King Edward in, awaiting the answer of the King of France, 392; sojourns in, with his new Queen, 397.
Keyth, Robert de, taken prisoner, 441.
Kilbride (Kilindbryth), the Castle of, 363.
Kilkenni, W. de, at Berwick, 256, 260.
Kilwardby, death of Cardinal, 95. *See* Canterbury.
Kinkardine, the Castle of, 363.
Kingston, the Castle of, besieged by King Henry, 22; the property of the Earl of

Kingston—*cont.*
  Gloucester, 22; Coronation of King Edward the Elder at, 425; of King Ethelstan at, 425; of King Edmund at, 426; of King Edred at, 426; of King Edwin at, 426; of King Edgar at, 426; of King Ethelred at, 426.
Kircudbright (Kyrctudebrith), Edward I. receives envoys from the Scots at, 440.
Knight, a, beaten by a rector, whom he attempts to despoil, 474.

L.

La Reole, the town of, 140.
La Souche, Alan, his standard-bearer taken by the French, 154. *See* De la Souche.
Lacy, J. de, at Berwick, 260.
Lacy, John de, sent to Gascoigne, 141.
Lambeth (Lambhithe), a Council at, held by Peccham, Archbishop of Canterbury, 96; the river Thames frozen between, and Westminster, 96.
Lamethetone, Henry de, at Berwick, 265.
Lampader Vaur, the Castle of, built by Edward I., 91; taken by Rees ap Maylgon, 98.
Lamure, the Prince of, delivered from captivity under the King of Arragon by Edward I., 412. *See* Charles II., Prince of Achaia.
Lancaster, Edmund, Earl of, and Earl of Leicester, son of Henry III., 74; returns from the Holy Land, 75; marries the widow of the King of Navarre, 83; his three sons, 83; employed by King Edward to negotiate with the King of France, but in vain, 139; summoned by the Queens of France, to aid in restoring peace between England and France, 140, 141; requests the King of France to carry out the terms of his agreement, 142; the King denies that he knows thereof, 142; summoned to Wales, 145; with the Earl of Lincoln, leads an army into Gascoigne, 154; takes

Lancaster, Edmund, Earl of—*cont.*
 the Castle of Spere, 154; returns to Bayonne, 154; dies there, 154; is buried at Westminster, 154, 173; present at Norham, 253. *See also* Edmund.
Lancaster, Henry of, son of Edmund, 83.
Lancaster, Thomas, Earl of, son of Edmund, 83; his violent death alluded to, 432.
Landaff. *See* Llandaff.
Langetone, J. de, at Berwick, 256, 260.
Langetone, W. de, at Berwick, 260.
Langley, King Edward and Queen Margaret at, 397; Peter de Gavestone buried at, 432.
Langley, Geoffrey de, 141.
Lantilowhyr, the Earl of Gloucester fights with the Welch at, 100.
Lateran Council, the, at Rome, 428.
Latin followers of Baldwin II., expelled, 9.
Le Dam. *See* Damme.
Le Mans, the County of, 122.
Le Puy. *See* Puy.
Leicester, Edmund, Earl of. *See* Edmund, *and* Lancaster.
Leicester, Simon de Montfort, Earl of, meets other nobles at Oxford, and determines to expel the foreigners, 5, 6; his death and martyrdom alluded to, 7; he resolves to uphold the Statutes of Oxford, 11, 12; certain of his adherents forsake him, 12, 13; he rebukes Henry of Almaine, 13; enters into an alliance with Llewelyn against Roger de Mortimer, 13; ravages the possessions of the alien connexions of the Queen, 17; takes Gloucester, Worcester, Shrewsbury, and the Isle of Ely, 17; seizes Prince Edward, 19; Windsor Castle is delivered to him, 19; proceeds to London, 22; besieges Rochester, 22; with the Earl of Gloucester, sends a letter of complaint to King Henry, 22, 23; receives a letter of defiance from the King, in answer, 23; a similar letter from Richard, King of Almaine, and Prince Edward, 23, 24; the Earl prepares for battle, 25; confers knighthood on the Earl of Gloucester, 25; defeats

Leicester, Simon de Montfort—*cont.*
 the King at the Battle of Lewes, 25, 26; conspiracy against him by four Londoners, while staying at Southwark, 26; takes King Henry prisoner, 27; Prince Edward and Henry of Almaine yield themselves prisoners to him, 28; takes the King and Prince Edward about the country, 30; certain of the King's supporters move against him, 31; he enters Hereford Castle, 31; recovers Hay Castle, 31; lays waste the lands of Roger de Mortimer, 31; takes the Castle of Ludlow, 31; makes a temporary peace with the King's supporters, 31; returns from Montgomery to the South, to meet the King's auxiliaries from France, 31; a dissension arises with the Earl of Gloucester, 32; his sons proclaim a tournament at Dunstaple, 32; they are reproved by the Earl, 32; the Earl of Gloucester is indignant thereat, 32; and deserts his cause, 33; the Earl moves with King Henry to Hereford, 33; vain attempts are made to reconcile him with the Earl of Gloucester, 33; he loses the city of Gloucester, which he had taken, 34; destroys Monmouth Castle, 34; enters Glamorgan, 34; is joined by Llewelyn, and lays waste the country, 34; arrives from South Wales at Kemeseye, 35; his passage to Kenilworth is cut off by Prince Edward, 35; he is defeated at Evesham, and slain, 35; great storm at the moment of his death, 35; his character described, 36; his intimacy with Robert Grosteste, Bishop of Lincoln, 36; alleged prophecy of Grosteste as to him and his son, 36; alleged miracles performed through his agency, after his death, 36, 37; how he anticipated his defeat, and exhorted his friends to fly, 37; his speech on that occasion, 37; his head is sent to the wife of Roger Mortimer, 37; certain Bishops excommunicated for having taken part with him, 47; aid given by the King of Scotland against him, 198.

M M

Leicester, the Countess of, wife of Simon de Montfort, is escorted by Prince Edward to her native home, 38; the garrison of Kenilworth declare they hold the Castle for, 43; her daughter is captured at the Scilly Islands, 87; she is brought to the King's presence, 87; is honourably treated, 87; sister of Henry III., 87; takes refuge in the Convent of Montargis, 87; her daughter is married to Prince Llewelyn, 92.

Leicester, the daughter of Simon de Montfort, Earl of, is captured, and brought to the King's presence, 87; married to Prince Llewelyn, 92.

Leon, the kingdom of, given by Alfonso to his uncle Juan, 166; the kingdom of, surrendered by Juan, 170.

L'Estrange, Haymo de, forsakes the Barons, 13; takes measures against the Earl of Leicester, 30.

Levenake, Malcolm, Earl of, at Berwick, 264.

Lewes, Henry III. arrives at the Priory of, 22; Prince Edward at the Castle of, 22; Henry III. dates his letter of defiance to the Barons from, 23; Henry III. defeated, and taken prisoner, at the Battle of, 25–27, 429.

Leybourne, William de, commands the Portsmouth fleet, 143.

Leyburne, Roger de, forsakes the Barons, 13; at the siege of Northampton, with Henry III., 21; takes measures against the Earl of Leicester, 30; captured at Risonce, 149.

Lichfield, the Bishop of, an envoy of Edward I. to the Pope, 227.

Lichfield, J., Dean of, at Norham, 253; at Berwick, 255, 260.

Liege, the Archdeacon of, elected Pope, 71.

Lightning, marvellous escape of King Edward and Queen Eleanor from, 114.

Lille, taken by Philip the Fair, King of France, 170, 224.

Lincoln, Translation of the body of St. Hugh, Bishop of, 99; Queen Eleanor

Lincoln—*cont.*
dies at Herdeby, near, 120; King Edward and Queen Margaret at, 225; a Parliament at, 454, 455; interview at, between King John and William, King of Scotland, 459.

Lincoln, Robert Grosteste, Bishop of, intimacy of Simon, Earl of Leicester, with, 36; alleged prophecy by him as to the death of the Earl and his eldest son, 36; the Bishop of, his banishment complained of, 55; death of Richard de Gravesende, Bishop of, 95; Oliver de Sutton, Dean of Lincoln, elected Bishop of, 96; Richard, Bishop of, one of the Council of Prince Edward, son of Edward I., 179; opposition of Oliver de Sutton, Bishop of, to the arbitrary measures of Edward I., 419; Oliver, Bishop of, refuses to submit to King Edward's demands, 475; his death, 475; John de Daldebi elected Bishop of, 476. *See* Saint Robert.

Lincoln, Henry de Lacy, Earl of, his suit at Westminster with John de Warenne, 58; sent as envoy to Philip, King of France, to treat of peace, 137; summoned to Wales, 145; his Castle of Dimeby, 145; accompanies the Earl of Leicester to Gascoigne, 154; leads the English forces against the Count of Artois, 168; is defeated, and takes to flight, 168; defeats the French, 177; sent as envoy to the Pope, against the Scots, 195, 196, 227, 451; present at Norham, 253, 364; present at Berwick, 254, 256, 357; William de Ros and John de Vaux agree to abide by his award, 266, 267.

Linlithgow (Linsinco), King Edward passes Christmas at, 211.

Lindeseie, J. de, at Berwick, 264.

Lindeseie, W. de, at Berwick, 264.

Liziniac, Guido de, takes to flight, 27.

Llandaff, John de Monmouth appointed Bishop of, 145; long vacancy of the See, 145.

Llewelyn, Prince of Wales, ravages the lands of Prince Edward, 12; is allied

Llewelyn—*cont.*
with the Earl of Leicester against Roger de Mortimer, 13; ravages the County and March of Chester, 20; joins the Earl of Leicester, 31; joins the Earl of Leicester in Glamorgan, and lays waste the County, 34; Henry III. intends to march against him, 57; he propitiates Henry with money, 58; the Four Cantreds are restored to him, 58; refuses to attend a Parliament, and demands securities, 85; Edward I. summons him at Chester to do homage, 86; on his refusal, prepares to attack him, 86; arrangement that he shall marry the daughter of the Countess of Leicester, 87; terms of peace made by him with Edward I., 90-92; his behaviour to his brothers, 92; agrees to do homage to King Edward, in England, 91; is to have Baronies in the vicinity of Snowdon, 91; agrees to give hostages, 91; agrees to liberate his brother, whom he has imprisoned, 91; marries the daughter of Simon de Montfort, 92; is excommunicated by the Archbishop of Canterbury, 99; enters the lands of Cardigan and Stredewy, and ravages those of Rees ap Meredith, 100; proceeds to Builth, 101; is slain, 101; his head is carried to London, 101; verses in reference to him, 101; the Castle of Bere, formerly belonging to, taken, 104; his hostility to King Edward, 377; decapitation of, 430.

Lochmaban, the Castle of, taken by the English, 188, 439.

Lombard, a certain, an emissary of Pope Boniface to Edward I. in behalf of the Scots, 446, 451.

Lombards, the, aid Conradin, 61.

London, a famine at, 3; Henry III. orders, to be guarded with bolts and bars, 8; the Barons encamp without, 8; Henry III., his Queen, and Richard, King of Almaine, at, 17; the populace of, insult Queen Eleanor, 18; a Parliament at, 20; the people of, imprison the Justiciars and Barons of the Exchequer, 21; the Earl

London—*cont.*
of Leicester at, 22; King Henry threatens to besiege it, 22; four citizens of, conspire against the Earl of Leicester, 26; the people of, aid the Earl of Leicester, at the Battle of Lewes, 27; they are defeated by Prince Edward, 27; the King's supporters from, are slain by his troops, by mistake, 27; the supporters of the Earl of Leicester from, attacked by the garrison of Tunbridge, 29; sentence of excommunication pronounced by the Legate against, 31; multitudes resort from, to the Tournament at Dunstaple, 32; the people of, punished by Henry III. for supporting the Earl of Leicester, 38; King Henry celebrates the feast of St. Edward, the King, at, 46; the Earl of Gloucester arrives at, with an army, 57; King Henry and Queen Eleanor spend Christmas at, 64; King Henry and Queen Eleanor at, 69; King Henry proceeds towards, from Norwich, 73; the New Temple at, 75; a Parliament at, 85; Prince Llewelyn refuses to attend, 85; at the instigation of the people of, the Abbey of Westminster is deprived of many of its privileges, 92; the head of Llewelyn is brought to, 101; the head of Prince David is exposed at, 105; Edward I. arrives in, from Gascoigne, 118; a Parliament held at, 118; respect paid to the remains of Queen Eleanor at, 121; the heart of Eleanor of Provence buried in the Church of the Grey Friars at, 129; a Parliament held at, 142; Madoc, the leader of the Welch, is brought to, 148; the Cardinals sent by Pope Boniface to treat of peace, arrive at, 150; King Edward causes the money of the Monasteries to be brought to, 153; a Parliament appointed to be held at, 165; the Princess Elizabeth is married to the son of the Count of Holland at, 167; a Parliament held at, 168; all who owe knight-service are summoned to, 169; a Parliament at, 172; part of King Edward's Council left at, 177; the citizens of, join the Earl

London—*cont.*
Marshal and the Earl of Hereford, in opposing Edward, I., 178; a Parliament at, 190; a Parliament at, 211; the Justiciars of Bank and Exchequer are removed to, from York, 222; William Wallace is sent to, and executed at, 225; Wallace is said to have promised the Scots that he would take, 225, 383; King Edward spends Christmas at, 229; Prince Edward is knighted at, 229; John de Balliol attends a Parliament at, 372; King Edward arrives at, from Scotland, 376; Balliol is allowed his liberty within 20 miles around, 377; King Edward sojourns at, 390; King Edward and Queen Margaret leave Kent for, 397; persons imprisoned at, for contravening the royal decree as to Pollards, 403; execution of William Wallace at, alluded to, 408, 414; the first See of England, 425; King Ethelred buried at, 426; Edmund Ironside crowned at, 426. *See* St. Paul, the Church of.

London, Henry, Bishop of, negotiates with King Henry on behalf of the Barons, 25; Henry, Bishop of, is excommunicated, 47; he goes to Rome, 47; his banishment complained of, 55; Richard, Bishop of, sent as an envoy to the King of France, 137; Pope Clement V. confirms the election of the Bishop of, 228.

London Bridge, five arches of, broken by the frost, 96.

London, Tower of. *See* Tower of London.

Longarete, William de, Seneschal of France, conspires with the Cardinals Colonna against Boniface VIII., and contributes to his death, 146. *See* Negaret.

Lothian (Lewenes), the Earl of, invades England, 156.

Louis VIII., King of France, territories taken by him from the King of England, 1.

Louis IX., King of France, Henry III. demands territories of him, taken from his father John, 1; surrenders to him Normandy and Anjou, 1, 2; entertains

Louis IX.—*cont.*
King Henry at Paris, 3; promises to aid Henry against the Barons, 10; the King of England and the Barons submit to his arbitration, 11; he awards against the Barons, 11; he requests Prince Edward to join him in the Crusade, 60; advances money to Edward, on the security of Gascoigne, 60; sets out on the Crusade, 63; lands at Tunis, 63; meets Prince Edward there, 64, 65; dies of the plague at Tunis, 65; his pious end, 65; his discourse with King Henry III. as to Mass, 75; is canonized by Pope Boniface VIII., 178; his body is translated, 188.

Louis, Prince, of France, invades England, 428.

Louis, son of the King of Sicily, is made Bishop of Toulouse, 166.

Louis, son of the Count de Claremont, flees from Courtrai, 212.

Luceria, in Apulia, Saracens slain at, 196.

Lucius, King of the Britons, 425.

Ludlow (Lodelowe), the Castle of, taken by the Earl of Leicester, 31.

Lundy ["Lividi," in Walsingham], Richard de, deserts the Scots, and joins King Edward, 172.

Lynn, the people of, promise the King, on certain conditions, that they will capture the disherisoned, 44; they are disgracefully defeated, 44, 45.

Lyons, General Council of, 81, 84, 430; Innocent V. previously Archbishop of, 88; excommunication of the Emperor Frederic II. at the Council of, 109; Pope Clement V. crowned at, 227; accidents at his Coronation, 227.

M.

Macclesfield (Makelesfelde), William de, made Cardinal Priest of St. Sabina, by Benedict XI., 221; his speedy death, 221.

Machotus, King of Scotland, defeated by Siward, Duke of Northumbria, 457.

Madoc, of the family of Llewelyn, chosen chieftain by the people of Snowdon, 144; is taken prisoner, and brought to London, 148.

Magna Charta, the Provisions of Oxford founded upon, 12; articles agreed by Edward I. to be added to, 181; King Edward promises to ratify, 392; Robert, Archbishop of Canterbury, requests Edward to confirm, 404; he confirms it, 405; the nobles request Edward to confirm, 460; he accedes thereto, 461.

Mahomet, 15, 16, 115.

Mailgon. *See* Maylgon.

Maine, the County of, given to Charles of Valois, 122.

Malcolm I., King of the Scots, Edmund I. grants Cumbria to, to be held under him, 456.

Malcolm II., King of the Scots, conquered by King Cnute, 456.

Malcolm III., son of the King of Cumbria, King Edward the Confessor gives Scotland to, 457; lays waste England, 457; submits to King William II., 457.

Malet, R., at Berwick, 256, 260.

Malmecestre (? Manchester), Brother W. de, at Berwick, 255, 260.

Malmesbury, King Ethelstan buried at, 426.

Malmesbury, the Chronicle of William of, 123.

Manchester, Hugh de, Prior Provincial of the Order of Preachers, 98; an envoy of Edward I. to the King of France, 142. *See* Malmecestre.

Mandeville, William de, slain at Evesham, 36.

Manfred, crowned King of Sicily, 2; excommunicated by Pope Alexander IV., 2; conquers the Florentines, 5; Sicily taken from, by Pope Urban IV., 20; a Crusade against, 41; slain at Beneventum, by Charles of Anjou, 50; uncle of Conradin, 61.

Mar, the Earl of, invades England, 156; Donald, Earl of, at Berwick, 264; at Norham, 253.

March, nobles of the, banished by the Earl of Leicester, 33; the Earl of Gloucester becomes reconciled to them, 33.

March, Patrick de Dunbar, Earl of, claimant to the Scottish crown, Letters of, 125, 126; submits to the decision of Edward I., 159, 160; his submission to the award of King Edward, 234-238; agrees to abide by the award of King Edward, 243; at Berwick, 264; withdraws his petition, 358; at Norham, 364, 366; made Guardian of Scotland, 376.

Margaret of France, half-sister to King Philip, Edward I. is married to, 192; joins with King Edward in requesting a Mass to be said daily at St. Alban's, in honour of the Saint, 193; she visits that Monastery, and makes offering to the Saint, 194; becomes one of the sisterhood, 194; passes Christmas at Windsor, 195; gives birth to Prince Edmund, 197; at Lincoln, 225; her marriage to King Edward alluded to, 372; her marriage to King Edward, proposed by Pope Boniface, 389; King Edward agrees to marry her, 395; her arrival in England, 394, 395; account of her marriage to King Edward, at Canterbury, 395, 396; his love for her, 397; with him in Kent, 397; leaves Kent for London, 397; visits Langley and St. Alban's, 397; visits St. Alban's, 401; her preference for it, 401; spends Christmas at Windsor, 401; with King Edward, keeps Easter at St. Alban's, 406; her marriage to King Edward, 415; her children by King Edward, 416; a Cardinal sent, to negotiate her marriage with King Edward, 417; her marriage, 432; gives birth to her son, Thomas, at Brotherton, 438; invokes the aid of St. Thomas, 438; with King Edward at Northampton, 453.

Margaret, daughter of Henry III., King of England, married to Alexander III., King of Scotland, 74, 119.

Margaret, daughter of Edward I., married to John, Duke of Brabant, 120, 416.

Margaret, daughter of Alexander III., 119, 199 ; married to Eric, King of Norway, 119, 299 ; her death, 119, 120.

Margaret of Norway, daughter of Eric and Margaret, acknowledged by the Scottish nobles as Queen, 119; dies on her voyage, 119, 120; allegations as to, 132-134, 281, 285, 288, 296, 306, 342, 343, 359, 360, 361, 362.

Margaret, daughter of David, Earl of Huntingdon, 343, 359.

Marianus Scotus, the Chronicle of, 123.

Marlborough (Marleberge), the Statutes of, 46.

Marmyun, Philip, joins Henry III., 21.

Marshal, Roger de Bigod [or Bigot], Earl, and Earl of Norfolk, declines to go to Flanders, 173; forbids the subsidy to be raised for King Edward, 178; gains over the citizens of London, 178; proposes terms of reconciliation, 181, 182; which are accepted, 182; requires a re-confirmation of the Charters, 186 ; leaves the King at Carlisle, 188 ; transfers his lands to King Edward, 215; is offended with his brother, John, 215; is disgraced for disloyalty, 227; makes the King his heir, 227; present at Norham, 253; present at Berwick, 254, 256, 260; requests King Edward to confirm Magna Charta, 405.

Marshal, Thomas de Brotherton, son of Edward I., made Earl, 416.

Martin, IV., Pope, accession of, 95; made a Senator of Rome, 97; causes an alteration in the garb of the Carmelites, 97; sends an army against Count Guido, 97 ; excommunicates Peter of Arragon, 100 ; takes the kingdom from him, and gives it to Charles of Valois, 100; liberates Guido de Montfort, 105 ; appoints the Count of Artois, Guardian of Sicily, 107; death of, 109.

Martin, a recluse, causes a windmill to be erected on Coket Island, 477, 478.

Mary, year of the Assumption of the Virgin, 425.

Mary of Brabant, married to Philip III., 83; the Queen mother of France, interests herself in the restoration of peace, 140, 141.

Mary, the Princess, daughter of Edward I., takes the veil at Ambresbury, 108, 416.

Matilda, the Empress, mother of Henry II., 427.

Mauley, the two brothers of Peter de, are taken by the French at Bordeaux, 154.

Maundeville, Roger de, under age, summoned as a claimant to the Scottish crown, but does not appear, 266 ; pronounced in default, 358.

Maunsel, Sir John, is left in charge of the Tower of London, 10 ; gives notice of his danger to King Henry, 10 ; returns from France, 12 ; his wealth, 17, 18 ; a supporter of the King, 18; flees from the Tower, 18.

Maunsel, Thomas, taken prisoner at Northampton, 21.

Maxwelle, Herbert de, at Berwick, 263.

Maylgon, chosen chief by the people in West Wales, 144.

Maylgon, Rees ap, takes Lampader Vanr, 98.

Melgredon, W. de, at Berwick, 263.

Melitus, Saint, founds the Church of Westminster, 425 ; his right hand found uncorrupted after 700 years, 425.

Melrose (Meuros), the Abbot of, his counsel to Balliol on attending the English Parliament, 151 ; Brother Reginald, a monk of, 265.

Mendicant Orders, Gregory X. favours certain of the, 81.

Menteth, the Earl of, ravages England, 156 ; captured, 160, 376 ; is liberated, 173; Walter, Earl of (Menethez), at Berwick, 264 ; at Norham, 364, 366.

Mentz, Adolph of Nassau slain near, 178.

Mercia, the conquest of, 455.

Meredith. See Rees ap Meredith.

Merlin, his alleged prophecy as to Henry III., 75 ; prophecy of, applied to the alteration in the coinage, 94.

INDEX.   551

Messina, Charles, Prince of Achaia, taken captive to, 106.
Minehead (Minneheuede), the Welch, under William de Berkeley, defeated near, 41.
Minorites. *See* Friars Minors.
Miracles, 14–17, 40, 56, 189, 190.
Miramomelin, seizes the King of Hungary, with his subjects, 115.
Moalli, the Tartars, so called, obtain the Holy Land, 89.
Monachi, John, a Cardinal, sent as his envoy to the French Prelates by Pope Boniface VIII., 212.
Monasteries, many, deprived of their privileges by Edward I., 92 ; of England, Scotland, and Wales, searched, to ascertain the right of the King of England as superior lord of Scotland, 123 ; of England, Edward I. sends the letters of the claimants of the crown of Scotland to, 128; the moneys of the, ordered by King Edward to be carried to London, 153 ; of England, half of the treasures of, seized by King Edward, 381 ; Edward I. requests the Monasteries of England to collect evidence in support of his claim to the Scottish crown, 454.
Monmouth, the Castle of, taken by the Earl of Gloucester, 34 ; retaken by the Earl of Leicester, and destroyed, 34.
Montacute, Simon de, his bravery at Bourg-sur-Mer, 155.
Montargis, the Countess of Leicester takes refuge in the Convent of, 87.
Montfort, Aymer (*or* Emeric), de, escorts his sister, to be married to Llewelyn, 87; is confined in Corfe Castle, 87; in Sherborne Castle, 87; is liberated from confinement, 99; goes to France and Rome, and dies, 99.
Montfort, Guido de, a leader of the disherisoned, 38 ; is confined in Dover Castle, 47 ; escapes from Dover, 47; goes to Tuscany, and joins Count Ruffo, 48 ; marries his daughter, 48 ; excluded from the ordinance as to the redemption of lands of the disherisoned, 49; slays Henry of Almaine at Viterbo, 67 ; is ex-

Montfort, Guido de—*cont.*
communicated by Pope Gregory X., 79 ; is liberated by Pope Martin IV., 105 ; enters the service of the Pope, and gains successes, 105; besieges Urbino, 105 ; returns to Tuscany, 105.
Montfort, Henry de, at the Battle of Lewes, 26 ; slain at Evesham, 36 ; Prince Edward's sorrow at his death, 37 ; King Henry, his godfather, 37.
Montfort, Peter de, slain at Evesham, 36.
Montfort, Simon de, the Younger, taken at Northampton, 21 ; a leader of the disherisoned, 38; King Henry levies an army against, 41 ; submits to the arbitration of certain persons, 42 ; presents himself to the King at Northampton, 42; Richard, King of Almaine, intercedes for him, successfully, 42, 43 ; says he is indebted to him for his life, 43 ; the Earl of Gloucester envies him, 43; agrees to surrender the Castle of Kenilworth to the King, 43 ; its garrison refuses to surrender, 43; is besieged, and finally surrenders, 43 ; escapes to France, 48; excluded from the ordinance as to redemption of lands of the disherisoned, 49; aids in the murder of Henry of Almaine, 67.
Montgomery, the Earl of Leicester makes peace with the King's supporters at, 31.
Mont Revel, William de, present at Norham, 253 ; at Berwick, 260.
Monthermer. *See* Moynhermer.
Moray, King Edward reaches, 162.
Moray, Alexander de, captured, 160.
Moray, Andrew de, Seneschal of Scotland, 172 ; at Berwick, 263.
Moray, J. de Strivelin de, at Berwick, 264.
Moray de Tolebardie, W., at Berwick, 263.
Moray, Sir William de, present at Norham, 253 ; taken prisoner, 376.
More, Master John de, his election to the Bishopric of Winchester is quashed, 103.
Morgan (Marganus), heads the people of South Wales, 144 ; drives the Earl of Gloucester from Glamorgan, 144.

Mortimer, Edmund de, surprises Llewelyn, 101.

Mortimer, Roger de, the Earl of Leicester allied with Llewelyn against, 13; receives charge of the Castle of Brecknock, 13; at the siege of Northampton, with Henry III., 21; takes measures against the Earl of Leicester, 30; his lands laid waste by the Earl of Leicester, 31; meets Prince Edward, on his escape, 34; arrives at Evesham, and takes part in the defeat of the Earl of Leicester, 35; the head of the Earl of Leicester is sent to his wife, 37; opposes the restoration of their lands to the disherisoned, 45; dissension with the Earl of Gloucester thereon, 45, 46; a reconciliation unsuccessfully attempted, 46; is accused of conspiracy against the life of the Earl of Gloucester, 46; implacable vengeance of the Earl of Gloucester against him, 50; holds a Round Table at Kenilworth, 94, 95.

Mortimer, William de, taken prisoner in France, 169.

Mortmain, Statutes against, 85, 418.

Moubray (Mombrai), Geoffrey de, present at Norham, 253.

Mounteflaunkone, 140.

Moynhermer (or Monthermer), Ralph de, marries the Princess Johanna, widow of the Earl of Gloucester, 173; is confined in Bristol Castle, 173; is released, 173. *See* Johanna.

Munchensi, William de, at the Battle of Lewes, 27; killed at the Castle of Drusselan, 117.

Murrone (or Maroni), Peter de, his election as Pope, 381. *See* Cœlestinus V.

N.

Namur, Guido, Count of, chosen by the people of Bruges to be their ruler, 211; defeats the French at Courtrai, 211.

Naples, a Sicilian fleet attacks, in favour of Peter of Arragon, 106.

Narbonne, the flesh and entrails of Philip III. buried in the church of, 110.

Narbonne, Clement IV. previously Archbishop of, 39; the Archbishop of, preaches before the Pope, in reference to the Templars, 496.

Navarre, the King of, joins King Louis IX. on the Crusade, 63; letter of the King of, descriptive of the pious end of Louis IX., 65; death of Henry, King of, 83; the kingdom of the Navarres given to Prince Philip, with Johanna of Navarre, 107. *See* Johanna.

Negaret, William de, Seneschal of the King of France, joins in the conspiracy against Pope Boniface VIII., 216. *See* Longarete.

Nepesina, taken by the troops of Pope Boniface VIII, 178; the Cardinals Colonna retire from, to Colonna, 178.

Nero, the madness of, 226.

Neubotel, the Abbot of, at Berwick, as substitute for Simon Fraser, deceased, 263.

Neuyn in Snowdon, a Round Table celebrated at, 110.

Nevyle, Sir Robert de, his prowess against the Scots, 214, 215.

New Temple, London, meeting of Prelates and nobles at the, on the accession of Edward I., 75.

Newcastle-on-Tyne, Edward I. receives the homage of John de Balliol at, 135, 136; passes Christmas there, 136; Edward I. at, 155; cites John de Balliol thither, 155; Balliol does homage to King Edward at, 238, 239; spared from the attacks of the Scots, 414.

Newmarket, Adam de, taken prisoner at Northampton, 21.

Newyntone, Robert de, taken prisoner at Northampton, 21.

Neyrmithe, Fulk de, rector of Pichelesthorne, slain at Oxford, 167.

Nicholas III., accession of John Caietan as Pope, 89; his exposition of the Rule of St. Benedict, 90; raises Archbishop Kil-

INDEX.

Nicholas III.—*cont.*
wardby to the Cardinalate, 92; creates John de Peccham Archbishop of Canterbury, 93, 94; death of, 95.

Nicholas IV., Pope, accession of, 112, 481; his favour for the Minorites, 112; absolves Charles of Achaia from his oath to the King of Arragon, 118; the Taxation of the English Churches by, 119; death of, 130, 482; crowns Charles of Achaia, King of Sicily and Jerusalem, 482; causes a Crusade to be preached, and makes a grant to Edward I. from the revenues of the English Church for that purpose, 482.

Nigella, Guido de, slain at Courtrai, 212.

Nigella, Ralph de, Constable of France, 110; slain at Courtrai, 212.

Nivernois, John, Count of, son of Louis IX., dies of the plague at Tunis, 65.

Norfolk, Roger, Earl of. *See* Marshal, Earl.

Norfolk, Alan de Frestone, Archdeacon of, at Berwick, 255.

Norham, Edward I., holds a Parliament at, 123-125; transactions at, in reference to the Scottish crown, 124, 125; King Edward orders the Abbey Chronicles of England to be sent to, 234; Letters of submission of the claimants to the crown of Scotland dated at, 235, 238; meetings at, in reference to the claims to the Scottish crown, 240, 252; meeting at Upsetelintone, near to, on the same matter, 242; King Edward at, 243; the parish church of, named, 252; the Castle of, 252; fealty done by John de Balliol, as King of Scotland, to the King of England at, 364, 366, 368; John, King of England, prepares to invade Scotland at, 459; a Parliament held at, in reference to the Scottish succession, 482.

Normandy, alleged to have been seized by Duke Rollo, from the French, 1; surrendered to the King of France, 1, 2; Henry III. resigns the title of Duke of, 2; the sale of, mentioned, 80, 93; a sailor of, attempts to stab an English

Normandy—*cont.*
sailor, and disastrous consequences thereof, 130; fight between sailors of, and English sailors, 130, 131; ships of, taken by the English, 137; naval combat with the people of, 431.

Northampton, besieged and taken by King Henry III., 21; prisoners taken by him at, 21; King Henry levies an army at, 41; he spends Christmas at, 42; a Council convened at, by Ottoboni, the Legate, 47; the Legate, Ottoboni, preaches the Crusade at, 59; Edward I. holds his Court at, 453.

Northumberland, disease of sheep in, through one sheep brought thither, 84; King Edward returns from, 195; ravaged by Wallace, 226, 384; knights of, garrison Stirling Castle, 388.

Northumbria, the conquest of, 455, 456; Siward, Duke of, 457; King John proceeds to, 459.

Norway, requisition made of the attorneys of the King of, 271, 272. *See* Eric.

Norwich, plundered by the disherisoned, 44; the Cathedral of, is almost wholly burnt by incendiaries, 72, 73; the Chapel of St. Walter only escapes, 72; King Henry III. punishes the incendiaries, 73; the town of, condemned in a fine, for the burning of the Cathedral, 73.

Norwich, the Bishop of, visits St. Alban's, 193; visits King Edward at Langley, 397; refuses to submit to King Edward's demands, 475.

Norwich, William de Brunham, Prior of, 73.

O.

Odemer, near Winchelsea, Edward I. at, 176.

Olifard, William, the governor of Stirling Castle, is sent to the Tower of London, by King Edward, 223.

Opa, Edward I. builds the Castle of, 103.

Ordeley, the Bishop of Hereford is taken to the Castle of, 17.

Orkney Islands, Margaret of Norway dies at the, 119.

Ormesby, William de, appointed Justiciar of Scotland, 165 ; condemns many of the Scots to exile, 170; with difficulty escapes the vengeance of the Scots, 171.

Orsini, Pope Nicholas III. of the family of the, 90.

Orvieto, Edward I. meets the Pope at, 78.

Ostia, Innocent V. previously Bishop of, 88 ; the Bishop of, deprived of the pall by Boniface VIII., 145 ; the Bishop of, made Pope, under the title of Benedict XI., 221 ; Nicholas de Prato, Bishop of Spoleto, made Cardinal Bishop of, 221.

Otto and Ottoboni, the Constitutions of, renewed by Archbishop Peccham, at the Council of Lambeth, 96.

Ottoboni, Cardinal, sent Legate to England, 40 ; at Northampton, 42 ; an arbitrator between Simon de Montfort and King Henry, 42 ; recommends the restoration of their lands to the disherisoned, 45; at Coventry, 46 ; occupies the royal chair, 46 ; convenes a Council at Northampton, and excommunicates certain Bishops for taking part with the Earl of Leicester, 47; joins with the King in certain demands made in Parliament, 50–53 ; summons the disherisoned in the Isle of Ely to obedience, 53 ; charges made against, by the disherisoned, 53–56 ; with the King, besieges the Isle of Ely, 56 ; is expelled from the Tower, by the Earl of Gloucester, 57 ; proceeds to the Church of St. Paul, 57 ; procures the pardon of Prince Llewelyn, 58 ; holds a Council at St. Paul's, London, 58, 59 ; preaches the Crusade at Northampton, 59 ; invests the Princes Edward and Edmund with the Cross, 59, 61 ; as Adrian V. is elected Pope, 88. *See* Adrian V., *and* Otto.

Oulton, near Winchester, 48.

Owen, imprisoned by his brother Llewelyn, 91 ; is liberated, 91.

Oxford, a Parliament at, 4 ; meeting of the English nobles at, to take measures against the foreigners, 6 ; visited by Henry III., 20 ; the heart of Richard, King of the Romans, buried in the church of the Friars Minors at, 68 ; John de Peccham, Archbishop of Canterbury, Doctor of, 94 ; Thomas [de Cantilupe], Bishop of Hereford, at, 102 ; disturbances at, between the scholars and the burgesses, 167; the burgesses are compelled to pay a fine, 167 ; Coronation of King Harold I. at, 427. *See* Provisions of Oxford.

Oxford, the Earl of, is taken by Prince Edward, 34; present at Berwick, 254, 256, 260.

Oxford, Andrew, Dean of, at Norham, 253.

Oxford, P., Archdeacon of, at Norham, 253.

P.

Palæologus [Michael VIII.], accession of, 9.

Palestrina (Præneste), the Cardinal of, 150; the Cardinals Colonna flee to, 188.

Paris, Henry III. with Louis IX. at, 3 ; learned men at, 40 ; Robert Kilwardby, a Regent in Arts, at the University of, 72 ; Innocent V. a Doctor of the University of, 87 ; John de Peccham, Archbishop of Canterbury, a Doctor of, 94 ; the heart of Philip III. buried in the church of the Friars Preachers at, 110 ; Edward I. does homage to Philip the Fair at, 112 ; a General Chapter of the Friars Preachers at, 112 ; John de St. John comes to, on his road to England, 141 ; the officers of Edward I. in Gascoigne are taken prisoners to, 142 ; knights captured at Risonce are sent to, 149 ; Sir Thomas Turberville kept

INDEX. 555

Paris—*cont.*
  prisoner at, 152; the Count of Flanders is treacherously detained at, 153; the Count of Artois sends his prisoners to, 169; the Count of Flanders is sent to, 196, 438; Blanche, sister of King Philip, married to Rudolph at, 196; Philip the Fair returns to, from Artois, 212; Pope Boniface is accused at, of heresy, simony, and homicide, 216.
Parliaments held, 20, 37, 38, 50, 85, 93, 104, 106, 118, 123, 142, 151, 163, 165, 168, 172, 186, 190, 192, 198, 211, 372, 388, 390, 391, 397, 404, 454, 482.
Patriarch of Jerusalem. *See* Jerusalem.
Paunsenont, Grimbald, taken prisoner at Northampton, 21.
Pelvestone, Thomas de, aids the Earl of Leicester at the Battle of Lewes, 27.
Pembroke, John de Warenne and William de Valence land at, 33; ravaged by the insurgents, 144.
Pembroke, Aymer (*or* Emeric) de Valence, succeeds to the Earldom of, 152; sent to Scotland by Edward I., 229; Robert de Brus sends a challenge to, 230; passes over to Flanders, 413. *See* Valence, Aymer de.
Pembroke, William de Valence, Earl of, takes the Castle of Bere, 104; death of, 152; he is buried in Westminster Abbey, 152; at Lincoln, 253; at Berwick, 255, 260. *See* Valence, William de.
Penance, Friars of the, disapproved of by Pope Gregory X., 81.
Penne, the town of 140.
Penrith, the lands of, 198.
Perambulation of the Forest, 190.
Percy, Henry de, joins Henry III., 21; taken prisoner at Lewes, 28; sent with an army into Scotland, 171, 229; arrives at Ayr, 171; receives the submission of the Scots, 172.
Perpignan, Philip III. dies at, 110.
Perth (*Villa Sancti Johannis de Porte*), Edward I. comes to, 161.

Perugia, death of Pope Urban IV., and burial at, 39; Pope Benedict XI. dies at, 224.
Pestilence, 7, 143. *See* Plague.
Peter, King of Arragon, expels Charles of Anjou from Sicily, 100; is excommunicated by Pope Martin IV., 100; challenges Charles to meet him on the plains of Bordeaux, 100; declines, for reasons assigned, to meet Charles, 106; defeats and captures Charles, Prince of Achaia, 106; death of, 110; is succeeded by his son, Alfonso, 111; his youngest son, James, is crowned King of Sicily, 111; Peter imprisons Charles of Achaia, 482; liberates him at the request of Edward I., 482. *See* Charles II., Prince of Achaia.
Peter of Savoy, uncle of Queen Eleanor, his insolence, 2; returns from France, 12.
Peter d'Espaigne, a Cardinal, sent to negotiate the marriage of King Edward to Margaret of France, 417; he exacts heavy sums for procurations, 417; pays honour to the body of King Edward I., 423; rising against him, 484.
Pichelesthorne, the rectory of, 167.
Pinkeny, Robert de, a candidate for the Scottish crown, agrees to abide by the award of King Edward, 247; withdraws his petition, 358.
Philip III. of France, son of Louis IX., marries Isabella of Arragon, 12; accession of, 65; Edward I. does homage to, for lands in France, 80; pronounces against the appeal of Gaston de Bierne, and in favour of Edward, 83; on the death of his first wife, marries Mary of Brabant, 83; Edward I. holds a conference with, 93; Edward is about to meet him, but sends his excuses, 109; invades Arragon, in behalf of his son, Charles of Valois, 110; besieges Garoneta, 110; takes it, 110; dies at Perpignan, 110; his burial, 110.
Philip IV. of France (while Prince), marries Johanna, daughter of the King of Navarre, 107; receives the kingdom of

Philip IV.—*cont.*
the Navarres and the County of Champagne, 107; accession of, to the crown of France, 111; styled "the Fair," from his beauty, 111; meets Edward I. at Amiens, 112; Edward does homage to him at Paris, and attends the Parliament there, 112; attends the General Chapter of the Friars Preachers there, 112; his anger is moved against the English, 131; an envoy is sent to him by King Edward, to demand reparation, 136, 137; makes certain demands of King Edward, 137; answer to such demands, 137, 138; at the city of Agen, cites the King of England to appear at Paris, 138; orders the Constable of France to seize Aquitaine, 139; Edward attempts to make peace with him, but in vain, 139; certain terms of peace with England are agreed upon by him, 140, 141; he recalls the Constable of France, who has been sent to attack Gascoigne, 141; the overtures of peace are finally rejected by him, 142; he is guilty of treachery and falsehood, 142; Edward sends envoys to him, renouncing his homage, 142; Pope Boniface VIII. attempts to depose him, 146; two Cardinals are sent by Pope Boniface to treat of peace, 150; John de Balliol sends an embassy to him, to contract an alliance with France, 151; Philip treacherously detains the Count of Flanders at Paris, until he surrenders his daughter, 153; he sends the Count of Artois into Gascoigne, 155; Guido, Count of Flanders, renounces his homage to him, 166; he takes the city of Lille, 170; on hearing of the arrival of Edward in Flanders, he withdraws to a distance, 177; a truce is made with the King of England, 179; the Pope makes fresh proposals for peace, 183; Philip consents to a truce, 184; King Edward sends to him for the liberation of prisoners, 185; Philip demands the liberation of Balliol, which is refused, 185; Pope Boniface establishes

Philip IV.—*cont.*
peace between England and France, 189; King Edward marries Margaret, half-sister to Philip, 192; his sister, Blanche, is married to Rudolph, son of the King of the Romans, 196; he expels the Bishop of Apamia from France, 197; is excommunicated by Pope Boniface, 197; Philip retaliates, 197; answer of his envoy, Peter de Flote, to the Pope, 197, 198; at his request, King Edward grants a truce to the Scots, 211; Pope Boniface urges King Edward to wage war against him, 211; Edward declines for the present, 211; Philip's chief Councillor, Peter de Flote, slain at Courtrai, 212; he returns from Artois to Paris, 212; he restores Gascoigne to King Edward, 213; makes a truce with the Flemings, 214; releases the Count of Flanders, and his son, from confinement, 214; they return to prison, 214; Philip appeals against Pope Boniface, 215; his kindred are afflicted with erysipelas, in retribution for his persecution of Pope Boniface VIII., 222; is absolved by Pope Benedict XI., from sentence of excommunication, 224; is offended with the Abbot of Cisteaux, and molests the Cistercian Order, 224; defeats the Flemings, 224; Lille and Douay surrender to him, 224; is present at the Coronation of Pope Clement V., at Lyons, 237; expels the Scots from France, at King Edward's request, 228; Edward expels the Flemings from England, at his request, 228; his hostility to King Edward, 377; his anger at the proposed alliance between Edward I., and the Count of Flanders, 379; offers to deliver William Wallace to King Edward, 387; imprisons the Count of Flanders, 417; his hostilities against the Count of Flanders, 437; takes him prisoner, 438; aids Schaira Colonna in his attack on Pope Boniface VIII., 483; accusation, on his behalf, of the Knights Templars, 492-496; his Edict against them, 497-499.

INDEX.   557

Philip Augustus, King of France, 1.
Philip, son of Charles, the late King of Sicily, is taken by the Sicilians, 189.
Philip, son of the Count of Flanders, besieges St. Omer, 214; burns Boulogne, 214.
Plague, the, at Tunis, 65; the King of France dies of it, 65. *See* Pestilence.
Plokenet, Alan, one of the Council of Prince Edward, 179.
Poitevins, in the Court of Henry III, oppress the English, 2; hatred of them by the English nobles, 3; meet the Barons at Oxford, 6.
Poitiers, accusation of the Templars in the King's Palace at, 492.
Poland, St. Edwiga, Duchess of, canonized, 62.
Pollards, the circulation of, prohibited, 195, 406; leave granted for the circulation of, 380; decree that two, shall pass for one penny, 403.
Pomerel, 140.
Ponthieu, the County of, devolves to Queen Eleanor, 93.
Pontigny, William Wykewane, Archbishop of York, dies at, 111.
Portsmouth, the fleet of, 143; the English army sails from, 144; the men of, take a merchant fleet of Spain, 151; fight of the sailors of, with those of Yarmouth, 177.
Portugal, the King of, 341.
Poskardyn (*or* Pluscardine), the Priory of, 308.
Prato, Nicholas de, made Cardinal Bishop of Ostia, 221.
Prestfen, the English defeated in the village of, 156.
Provence, the Count of, father of Eleanor, mother of Edward I., 76. *See* Savoy.
Provisions of Oxford, dissensions between the King and nobles as to the, 4, 5; William and Aymer de Valence decline to assent thereto, 6; the question as to, submitted to the arbitration of the King

Provisions of Oxford—*cont.*
of France, 11; founded upon Magna Charta, 12; King Henry III. promises to observe the, 18; saving clause in support of, 25; the Earl of Gloucester calls upon the King to observe the, 47; demand by the disherisoned that they shall be observed, 55.
Ptolemais, the same as Acre, 68.
Puy, Le, 39.

R.

Ramelay, the Nunnery of, burnt by the Scots, 159.
Reading, a Council at, 95.
Rector, a, defeats a knight who attempts to despoil him, 474.
Redburn, near St. Alban's, 59; the mill of the Chamberlain of Saint Alban's at, is burnt, 476.
Rees ap Maylgon. *See* Maylgon.
Rees ap Meredith, sides with King Edward, 100; his lands are ravaged by Llewelyn, 100; rises in Wales, 116; the Earl of Cornwall marches against him, 116; is condemned, at York, 129.
Rees Vazham surrenders to the Earl of Hereford, 105; is sent to the Tower, 105.
Regalia, the, of Scotland, taken from John de Balliol, 191, 391.
Reginald, the Danish King of Northumbria, submits to King Edward the Elder, 455, 456.
Religious, enactment by Statute as to secular possessions of the, 110.
Reole, La. *See* Reole.
Rette, Adam de, at Berwick, 265.
Rhudlan, the Castle of, taken by Edward I., 88; besieged by David, brother of Llewelyn, 97; the siege of, raised, 98; Edward I. proceeds from, to Anglesey, 99; Prince David is brought prisoner to, 104.

Richard, King, brother of King John, 428; receives the homage of William, King of Scotland, 458; restores certain Castles to him, 459.

Richard, Earl of Cornwall, King of Almaine, at London, 17; at the siege of Northampton, 21; jointly with Prince Edward, sends a Letter of defiance to the Barons, 23, 24; prevents peace being made with the Barons, before the Battle of Lewes, 25; at the Battle of Lewes, 26; taken prisoner, 27; confined in the Tower of London, 30; is demanded of the Earl of Leicester by the Earl of Gloucester, 32; at Northampton, 42; an arbitrator between Simon de Montfort the Younger and King Henry, 42; intercedes for Simon, 42, 43; says that he is indebted to him for his life, 43; by his influence, the Earl of Gloucester is reconciled to the King, 57; his son Henry is slain by Guido de Montfort, at Viterbo, 67; dies at Berkhamstead, 68; his heart buried in the church of the Friars Minors at Oxford, and his body in the Cistercian Monastery founded by him at Hayles, 68; when Earl of Cornwall, is made King of Almaine, 109.

Richard, brother of the Earl of Cornwall, slain at Berwick, 157, 374.

Richard, Abbot of Westminster. *See* Westminster.

Richmond, John de Bretagne, Earl of, marries Beatrice, daughter of Henry III., 74; present at the Coronation of Edward I., 84; appointed by Edward I. commander of the army for Gascoigne, 143; flies from Risonce, 149; his standard-bearer taken by the French, 154; through his influence, a truce made between England and France, 179; present at the marriage of Edward I. to Margaret of France, 192; is killed at the Coronation of Pope Clement V., 227.

Rihil, Reginald de, monk of Melrose, at Berwick, 265.

Rishanger, William de, the Chronicler, mentions himself by name, 411.

Risonce, taken by the English fleet, 144; retaken by Charles of Valois, 149.

Risset, W., at Berwick, 263.

Robert, son of Guido, Count of Flanders, a leader of the Crusade against Manfred, 41; is released by King Philip from prison, 214, returns to prison with his father, 214. *See* Flanders, Guido, Count of.

Robert [Curthose], Duke of Normandy, invades Scotland, 457.

Robert, son of Charles, the late King of Sicily, enters that island, 189.

Robiri [? Rothbury], W. de, at Berwick, 260.

Robiria [? Rothbury], G. de, at Berwick, 256, 260.

Rochester, Henry III. retires to, 10; besieged by the Earl of Leicester, 22; defended by John, Earl de Warenne, 22; relieved by King Henry, 22.

Rochester, Laurence, Bishop of, borrows money at the Roman Court, 52; the Bishop of, attends King Henry to Norwich, 73; he anathematises the incendiaries of the Cathedral there, 73; Walter de Merton, late Chancellor of King Henry, is made Bishop of, 84.

Roderic, imprisoned by his brother Llewelyn, 91; flees to England, 91.

Rodewurthe, the Scottish army unites at the Castle of, 159.

Roger, Abbot of Saint Alban's, death of, 431.

Rollo, Duke, alleged to have seized Normandy, 1.

Romaniola, an expedition sent to, by Pope Martin IV., 97, 105.

Romans, provisions made by the Barons as to churches held by, 6, 7.

Rome, Charles of Anjou crowned at, 41; certain English Prelates borrow money at the Court of, 52; Conradin comes to, 61; Henry of Castille, Senator of, 61; many of the people of, aid Conradin, 61; the See of, vacant for three years, 62; Pope Martin IV. made Senator of, 97; a fine to be paid at, in aid of the Holy

INDEX. 559

Rome—*cont.*
Land, 128; earthquake at, 183; the Kings of England and France send envoys to, to treat of peace, 184; Boniface VIII. summons the Prelates of France to, 197; the Lateran Council at, 428; great resort to, in the Year of Jubilee, 448, 449.

Ros, Robert de, owner of the Castle of Werke, 155; deserts Edward I., and goes over to the Scots, 155, 156; defeats William de Ros, 156.

Ros, William de, claimant to the Scottish crown, Letters of, 125, 126; with his troops, is overpowered by Robert de Ros, 155, 156; a claimant to the Scottish crown, his submission to the award of King Edward, 234-238; agrees to abide by the award of King Edward, 247; again appears before the arbitrators, 266; agrees to abide by the award of the Earl of Lincoln and the Earl de Warenne, 266, 267; a fresh inquest ordered to be summoned, as to the claim of, 266; abandonment of his claim by, 266; withdraws his petition, 358.

Ros, William, Earl of, lays waste the English borders, 156; is taken prisoner by the English, 160; at Berwick, 263; at Norham, 364, 365, 366.

"Rosars," coins so called, prohibited, 195.

Rosas, a French fleet captured at, by the Arragonese, 111.

Ross, Robert, Bishop of, at Berwick, 263, 357.

Round Table, a, held by Roger de Mortimer, at Kenilworth, 94, 95; a, celebrated in the district of Snowdon, 110.

Rowlee, Roger de, slain at Evesham, 36.

Roxburgh, King Edward demands the surrender of the Castle of, 153; the Guardian of the Friars Minors of, an envoy from Balliol to Edward I., 158; the Castle of, taken by the English, 160; the Bishop of Glasgow is confined in the Castle of, 172; Wallace abandons the siege of, 184; Earl Warenne and the

Roxburgh—*cont.*
English nobles arrive at, 185; the English forces summoned at, 186; King Edward assembles his army at, 215; the Castle of, restored to Balliol, as King of Scotland, 363, 458, 459.

Rudolph, King of Almaine, 109; death of, 131; his son Albert becomes King of Almaine, 178.

Rudolph, son of Albert, King of Almaine, marries Blanche, sister of King Philip, at Paris, 196.

Ruffo, Count, is joined by Guido de Montfort, who marries his step-daughter, 48; death of, 105.

S.

Sabbath, respect of the Jews for the, 4.

Sabina, the Legate, Cardinal Bishop of, summons certain English Bishops to Amiens and Boulogne, 31; Pope Clement IV. formerly Bishop of, 39.

St. Alban, invoked by King Edward, 398; a daily Mass of, performed for King Edward and Queen Margaret, 398; Queen Margaret makes offering to, 401.

St. Alban's, the town of, strongly guarded, at the time of the Battle of Evesham, 38; G. de Stoke, Constable of Hertford, slain there, 38, 39; miraculous event at St. Giles' Wood near, 40; arbitrary exactions upon, in reference to knight-service, 41, 42; a stealer of cattle beheaded at, 59; the Abbot of, appeals against a mandate of the Archbishop of Canterbury, at the Council of Lambeth, 96; the Church of St. Michael at, 121; the body of Queen Eleanor brought to, 121; the Chronicles of, quoted, 124; Edward I. spends Christmas at, 140; King Edward visits, 173; Edward again visits, with the Bishop of Norwich and the Count of Savoy, 193; Queen Margaret stays three weeks at, and makes offering to the Saint, 194; she becomes one of the sisterhood, 194; the

St. Alban's—*cont.*
Abbot of, at Langley, 397 ; King Edward and Queen Margaret visit, 397 ; Queen Margaret visits, 401 ; her preference for, 401; King Edward and Queen Margaret keep Easter at, 406 ; heavy sums exacted from, by Cardinal Peter d'Espaigne, 417 ; King Edward requests the Abbot and Convent of, to collect materials in support of his claim to Scotland, 454 ; contribution made by that house thereto, 455–460 ; the mill of the Chamberlain of, at Redburn, is burnt, 476.

St. Amand, Anutus de, captured at Risonce, 149.

St. Amand, Emery de, released from captivity, 415.

St. Andrew's, the town of, ravaged, 188.

St. Andrew's, William, Bishop of, sent as envoy, by Balliol, to France, 151 ; appointed a Guardian of Scotland, by Edward I. 250 ; at Norham, 253, 364, 365; at Berwick, 262, 357, 363; William de Ros and John de Vaux agree to abide by his award, 266, 267.

St. Andrew's, the Prior of, at Berwick, 263.

St. Andrew's, Master N. de, at Berwick, 263.

St. Clair, Sir William de, taken prisoner, 160, 376 ; at Norham, 253, 364, 366 ; at Berwick, 263.

St. Denis, the bones of Philip III. of France buried at, 110.

St. Dunstan induces King Edgar to repair the church at Westminster, 426.

St. Edmund, the Archbishop, 53.

St. Edmund, the King, his Passion, 425.

St. Edmund's Bury. *See* Bury St. Edmund's.

St. Francis, the Rule of, 90. *See* Friars Minors.

St. Frideswide. *See* Frideswide.

St. Giles' Wood, near St. Alban's, miraculous event at, 40.

St. Hugh, formerly Bishop of Lincoln, Translation of, 99.

St. John, John de, sent by Edward I. to Aquitaine, 139 ; he fortifies the cities and castles, 139 ; passes through Paris on his way to England, 141 ; appointed adviser of the Earl of Richmond in Gascoigne, 143 ; his successes against the French, 147 ; is defeated by the French, 168 ; taken prisoner, 169 ; at Berwick, 256, 260 ; delivered from captivity, 415.

St. John de Sordes, capture by the English of the town of, 147.

St. Kitern, the people of Toulouse besiege the town of, 177.

St. Laurence, the church of, at Viterbo. 67, 89.

St. Mary, the church of, at Anagni, set fire to by the adversaries of Pope Boniface VIII., 218.

St. Matthew, in Bretagne, a French fleet taken in the port of, 137 ; the English fleet arrives in the port of, 144.

St. Melitus. *See* Melitus.

St. Neot, the Cross of, presented to King Edward I., 104.

Saint Nicholas, foretells his elevation to the future Pope, Nicholas IV., 481.

St. Omer, besieged by Philip, son of the Count of Flanders, 214.

St. Paul, London, the Legate, Ottoboni, at the Church of, 57 ; Council held at, by Ottoboni, 58.

St. Pol, the Count de, flees from Courtrai, 212.

St. Pol, James de, expelled by the people of Bruges, 211 ; slain at Courtrai, 212.

St. Richard of Chichester, 53; Translation of, 89. *See* Chichester, Bishops of.

St. Robert, the Bishop, 53. *See* Lincoln, Robert Grosteste, Bishop of.

St. Sever, taken by the English, and retaken by the French, 149 ; retaken by the English, 149, 150.

St. Thomas the Martyr, the crown of Scotland is presented to, by Edward I., 191,

St. Thomas the Martyr—*cont.*
391; translates the body of Edward the Confessor, 428; his Passion, 428; his aid is invoked by Queen Margaret, in the pains of childbirth, 438.

St. Thomas of Hereford. *See* Hereford, Bishops of.

St. William, Archbishop of York. *See* York, Archbishops of.

Saintonge, 140.

Salisbury, the nobles summoned to a Council at, 169; certain of them refuse to attend, 169.

Salisbury, death of Walter de la Wyle, Bishop of, 63; accession of Robert de Wykhamtone, Dean of that church, 63; death of Robert de Wykhamtone, Bishop of, 108; is succeeded by Walter Scammel, 108; death of Nicholas Longespee, Bishop of, 166; accession of Simon de Ghent, 166.

Samon (?), disturbances at the town of, between the townsmen and the English, 177.

Sampson, 15.

Sancho IV., King of Castille, Henry of Spain escapes from Sicily to, 136; death of, 152, 166; the Pope legitimizes his sons, 198.

Sandwich, a captured Spanish fleet brought to, 151.

Saracens, the, Manfred alleged to favour, 2; wars of the, with the Christians, 14, 15; invade Spain, and are defeated, 49; attempt to smother the Christians with sand, at Tunis, 66; make peace with the Christians, 66; besiege Acre, 68; singular friendship of an Emir of the, for Prince Edward, 70; Prince Edward's reasons for not taking revenge upon the, 70; many thousands slain by the Moalli Tartars, 89; the errors of the, 115; multitudes of, slain by a hailstorm, 115; besiege and take Acre, 122; under the rule of the King of Sicily, slain at Luceria, 196; victory of the, over the Christians, 428; defeated by the Tartars, on the plain of

Saracens—*cont.*
Damascus, 443; defeat of the, by the King of Tartary and others, 466.

Savoy, Edward I. visits, 79.

Savoy, the Count of, father of Eleanor, wife of Henry III., 74. *See* Provence.

Savoy, the Count of, visits St. Alban's, 193; visits King Edward, at Langley, 397.

Savoy, the King of, mentioned, 341.

Saxons, or Angles, year of their first invasion of England, 425.

Schaira [Sciarra] Colonna, insurrection of, with his brothers, against Pope Boniface VIII., 220, 483, 490.

Scilly Islands, the daughter of the Countess of Leicester, is captured near the, 87, 92.

Scone, John de Balliol is crowned in the church of, 135; the stone preserved there, on which Jacob rested, 135; King Edward removes the Coronation stone from the church of, to Westminster, 163; the Scots attempt to surprise William de Ormesby, the Justiciar, at, 171; Robert de Brus is crowned at, 229.

Scotland, prelates of, at the Council of London, 58; Alexander III., King of, visits King Edward, 93; Alexander, King of, marries Margaret, daughter of Henry III., King of England, 119; the nobles of, acknowledge Margaret of Norway as Queen, 119; question as to the succession to the throne of, 120; Edward I. sets out for, 120; the nobles of, summoned to meet Edward I. at Norham, 123; enquiry as to the King of England's right as superior lord of Scotland, 123; transactions at Norham in reference to the crown of, 124, 125; Letters of the claimants to the crown of, 125, 126; the Castles of, surrendered into King Edward's hands, 126; Edward gives surety that he will restore the kingdom of, to the rightful owner; 128; award of the crown of, to John de Balliol, 128; Edward leaves, to attend the funeral of his mother, 129; he re-

Scotland—*cont.*
turns to, 129; Edward appoints commissioners to examine the claims to the crown of, 131; claim of Eric, King of Norway, to the throne of, 132; the crown of, awarded to John de Balliol, 135; he is crowned on the Coronation Stone of, 135; King Edward demands of Balliol the surrender of three Castles in, 153; the Scots besiege Carlisle, 156; the Scots burn the Priory of Hexham; 159; the Seneschal of, surrenders Roxburgh Castle to Edward I., 160; King Edward proceeds to the north of, 162; form of submission of the nobles of, to Edward, 163, 164; high officers are appointed over, 164; the people of, rebel against Edward, 170; he takes measures to punish them, 171; they submit, 172; the Scottish prisoners are liberated, 173; the Scots defeat the English at Stirling, 179, 180; they flay the body of Sir Hugh de Cressingham, 180; the nobles of, summoned by King Edward, 183; the country ravaged by Robert de Clifford, 180; Robert de Clifford again ravages, 185; the Scots in Edward's army forsake him, and go over to the King of France, 185; John de Balliol is deprived of the regalia of, 191; the Scots send envoys to Pope Boniface VIII., 195, 196; he obtains a truce for them, 196; Pope Boniface claims the kingdom of, 198; Letter sent by Edward I. to Pope Boniface, declaratory of his right to the kingdom of, 200, 208; Letter addressed to Pope Boniface in behalf of the people of England, in reference to King Edward's claim to the kingdom of, 208–210; Edward makes a truce with the people of, 210; he proceeds to, and winters there, 210; at the request of the King of France, Edward prolongs the truce with the Scots, 211; he sends an army into, 212, 213; the Scots again rise against Edward, under Wallace, 213; they capture John de

Scotland—*cont.*
Segrave, 214; they submit to King Edward, 215; John de Segrave made Guardian of, by Edward, 223; the body of William Wallace is quartered, and sent to, 225; the Scots expelled from France, at the request of King Edward, 228; Robert de Brus aspires to the throne of, 229; is crowned King, 229; the country ravaged by Prince Edward, 230; it is ascertained that the King of England is the superior lord of, 234; Letters of submission of the claimants to the crown of, to the award of King Edward, 234–238; the kingdom of, is surrendered to Edward, who appoints Guardians and other officers, 250; the Bishops and nobles of, take the oath of fealty to King Edward, as superior lord of Scotland, 251; acknowledgments that the King of England is superior lord of, 257; the kingdom of, pronounced not to be partible, 354–357; the seal temporarily used by the Guardians of, is broken, 363; the care of, entrusted to Guardians, 376; the perfidy of the people of, inveighed against, 383; disaster to women of, after the Battle of Falkirk, 387; King Edward contemplates parcelling it out among his troops, 388; award of the kingdom of, to John de Balliol, 421; at the disposal of the English, 431; the Scots treat for peace with Edward, 440; they are again repulsed, 441; treacherous plan of a Scottish refugee, 445; Pope Boniface VIII. intercedes on behalf of the Scots, 446, 450, 451; the Scots send envoys to Edward, whom he dismisses with disdain, 447; he threatens to devastate the country, 447; it is alleged to belong to the Chapel of the Pope, 450; Edward, at the intercession of Pope Boniface, finally makes a truce with the Scots, 453; conquest of, by Edward the Elder, 455, 456; by King Ethelstan, 456; by King Cnute, 456; by Siward, Duke of Northumbria,

Scotland—*cont.*
457; given by Edward the Confessor to Malcolm, son of the King of Cumbria, 457; William the Conqueror invades, and receives the homage of the King of, 457; Malcolm, King of, lays waste England, 457; it is invaded by William Rufus, 457; invaded by King Stephen, 457; it submits to him, 457; its King makes terms with Henry II., 458; he does homage to Richard I., 458; he swears fealty to King John, 459; King Edward I. collects materials in support of his claim to the crown of, 454–460. *See* Alexander III., Balliol, Brus, *and* Edward I.

Scott, Michael, at Berwick, 263.
Second Statutes of Westminster, 111.
Segebert, conversion of King, 425.
Segrave, Sir John de, sent with an army into Scotland, 212; is captured by the Scots, 214; is recaptured, 214; made Guardian of Scotland by Edward I., 223.
Segrave, N. de, at Berwick, 256, 260.
Segrave, Nicholas de, at the Battle of Lewes, 27.
Seine, the fleet of Philip the Fair, at the mouth of the river, 437.
Selelarke, slaughter of the Scots near the Forest of, 160.
Semary, Geoffrey de, taken prisoner at the Battle of Acre, 443; is liberated by Cassanus, King of the Tartars, 444.
Semary, John de, slain at the Battle of Acre, 443.
Severn, inundation of the river, 2.
Sheep, disease among, 84, 86; its alleged origin, 84.
Shepton, King Edward the Martyr buried at, 426.
Sherborne Castle, Aymer de Montfort, son of the Countess of Leicester, is confined in 87.
Shrewsbury, taken by the Earl of Leicester, 17; Henry III. arrives at, to march against Llewelyn, 57; Prince David is sent prisoner to, 104; a Parliament held at, 104; David is sentenced to death there, and executed at, 104.

Shropshire, the County of, joins Prince Edward, 34.
Sicily, Manfred is crowned King of, 4; given by Pope Urban IV. to Charles of Anjou, 4, 20; the arms of the Kings of France adopted by the Kings of, 4; Charles of Anjou crowned King of, 41; Charles, King of, slays Manfred, 50; debts contracted in, 52; Conradin aspires to the throne of, 61; is defeated, and put to death, 61; Charles, King of, joins the French army at Tunis, 65, 66; the King of Tunis becomes tributary to the King of, 66; Edward I. arrives in, 78; the kingdom of, claimed by Peter of Arragon, 100; Charles, King of, expelled by him, 100; contests for the crown of, 106; James, son of Peter of Arragon, is crowned King of, 111; Charles II., Prince of Achaia, crowned King of, 118, 482; Henry of Spain escapes from the King of, 136; Philip, son of Charles, the late King of, is taken by the people of, 189; Saracens living under the rule of the King of, slain, 196; Charles of Valois returns from, to France, 212.
Sienna, the city of, design of the Florentines to destroy, 5.
Siward, Duke of Northumbria, defeats Machotus, King of Scotland, 457.
Siward, Richard, the Elder, captured, 160.
Sluys, Edward I. lands at, 177. *See* Suyna.
Snowdon, Edward I. proceeds towards, 99; John, Archbishop of Canterbury, repairs to the districts of, 99; Edward takes and burns the Castles in the vicinity of, 104; Edward proceeds from, 107; a Round Table celebrated in the district of, 110; the people in the vicinity of, choose Madoc for their chief, 144.
Sodor, Mark, Bishop of, at Norham, 253; at Berwick, 262, 357.
Soldan, the, of Babylon. *See* Babylon.
Someri, Roger de, taken prisoner at Lewes, 28.
Somerset, laid waste by the Welch, 41.
Souche, La. *See* De la Souche, *and* La Souche.

Soules, John de, sent as an envoy by Balliol to France, 151; at Berwick, 264.
Soules, Nicholas de, a claimant to the Scottish crown, Letter of, 125, 126; his submission to the award of King Edward, 234-238; agrees to abide by the award of King Edward, 247; withdraws his petition, 358.
Southwark, conspiracy against Simon de Montfort, Earl of Leicester, while staying at, 26.
Sowin (? Fowin), the palfreyman of Edward I., 68.
Spain, harassed by the Saracens, 49; a sheep of, brings disease into England, 84; Henry of, escapes from Sicily to, 136; a merchant fleet of, taken by the men of Portsmouth, 151; the Kings of, 341; the King of, his remark upon the smallness of King Edward's forces in Flanders, 379.
Spain, Cardinal Peter of. *See* Peter d'Espaigne.
Spaldegtone, R. de, at Berwick, 260.
Spere, the Earl of Leicester takes the Castle of, 154.
Stamford, a Parliament held at, 198.
Statutes of Westminster, the Second, 111.
Stephen, Coronation of King, 427; burial of, 427; he invades Scotland, 457.
Stirling (Estrivelin), the Castle of, taken by Edward I., 160; Earl Warenne is defeated by Wallace near, 180; the Castle of, given in charge to Marmaduke de Twenge, 180; Edward I. abandons his intention of relieving the Castle of, besieged by the Scots, 193; the Castle, fortified against King Edward, who passes near it, 213; Edward besieges it, 215, 222, 223; captures it, 223; its governor is sent to the Tower of London, 223; the Castle of, mentioned, 363; Earl Warenne is defeated by the Scots near, 380; the Castle is garrisoned with Northumbrian troops, 388; surrenders to the Scots, 388; the Castle taken by the Scots, 402; particulars of the capture of

Stirling—*cont.*
the Castle of, 407; the town of, is spoiled, and the garrison are escorted to Berwick, 407.
Stoke, G. de, Constable of Hertford, slain at St. Alban's, 38, 39.
Storm, a great, at the moment of the death of the Earl of Leicester, 35.
Stowe, Durand, Archdeacon of, at Norham, 253.
Stratherne (Stradeherne), the Earl of, invades England, 156; at Berwick, 263, 358.
Stratherne (Straserne), Alpine de, at Berwick, 263.
Stratton, Adam de, a Justiciar, punished for corruption, 420.
Strattone, R. de, at Berwick, 263.
Stredewy, the Castle of, in South Wales, taken by Payen de Chensi, 90; Llewelyn enters the lands of, 100.
Strivelin, W. de, at Berwick, 264.
Suard, Sir Richard, taken prisoner, 376.
Suffolk, Thomas, Archdeacon of, at Norham, 253; at Berwick, 255, 260.
Sules, Nicholas de. *See* Soules.
Sully (? Suliac) the Sieur de, besieges Bourg-sur-Mer, 155.
Sulwatlandes, the March between England and Scotland, 439.
Supine, Reginald de, an adversary of Pope Boniface VIII., 217, 484.
Surrey and Sussex, John, Earl of. *See* Warenne, John, Earl.
Suyns (? Sluys) a port of Flanders, 437.
Swyn, in Scotland, Edward I. at, 440.

T.

Talemunde, 140.
Tancreville, the Chamberlain of, slain at Courtrai, 212,
Tarentaise in Burgundy, Pope Innocent V. a native of, 87.
Tartars, the, send envoys to the General Council of Lyons, 81; their envoys are baptized, 81; called "Moalli" obtain

INDEX. 565

Tartars—*cont.*
 the Holy Land, 89; the King of the, expels the Saracens from Jerusalem, 189, 196; miracle in reference to a son of the King of the, 189, 196; the King of the, defeats the Soldan of Babylon, 443.
Tateshale, Robert de, taken prisoner at Lewes, 28.
Taxation, the Norwich, cessation of the, 119; of Pope Nicholas IV., 119.
Tempest, a great, 119.
Templar, bad news brought by a, from the Holy Land, 400.
Templars, Knights, the property of the, confiscated in Apulia, 114; the, at Acre, 122; accused before Pope Clement V., on behalf of the King of France, 492-496; Sermons preached before the Pope, in reference to them, 496; Sermon preached by the Pope, in reference to them, 496; Edict of Philip the Fair, King of France, against the, 497-499.
Temple, the Preceptors of the, in England and Scotland, slain at Falkirk, 189.
Temple Histon [now, Temple Liston], King Edward at, 186.
Teutonic Knights, the, at Acre, 122.
Teutons the, aid Conradin, 61.
Tewkesbury, shocking death of a Jew at, 4.
Teynesburge (? Geynesburge), Brother W. de, at Berwick, 255. *See* Grenesburg.
Thames, the river, frozen between Lambeth and Westminster, 96.
Thaney, Luke de, drowned near Anglesey, 101.
Theobald of Placentia, becomes Pope, as Gregory X., 71.
Third Statutes of Westminster, 118.
Tholouse. *See* Toulouse.
Thomas de Brotherton, son of King Edward and Queen Margaret, 416, 432, 438; made Earl Marshal, 416; circumstances attending the birth and nursing of, 439.
Thorehorald, David de, at Berwick, 264.
Thornet', Gilbert de, at Berwick, 260

Thunder and lightning, great, 80.
Tickhill (Tykhul), the Honour of, granted to Henry of Almaine, 12.
Titebetoft, R., at Berwick, 256, 260. *See* Typetot.
Tonbridge. *See* Tunbridge.
Tonsborg, 132, 271.
Toulouse, hostages from St. Sever removed to, 149; the Bishopric of, is divided by Pope Boniface VIII., 166; is reunited, 166; the people of, besiege the town of St. Kitern, 177; are defeated, 177.
Tournament at Dunstaple, 32.
Tournay (? Courtrai), 211.
Tournun, to be surrendered to the King of France, 140.
Touy, Ralph de, captured at Risonce, 149.
Tower of London, Henry III. shuts himself in the, 8; Henry retires to the, 9, 10; returns to the, 10, 11; Queen Eleanor tries to escape from the, 18; Sir John Maunsel flees from the, 18; the King of the Romans is confined in, 30; Ottoboni, the Legate, is expelled from, by the Earl of Gloucester, 57; the head of Llewelyn is exposed upon the, 101; Rees Vazham is sent to the, 105; John de Balliol is sent to the, 165, 376; King Edward orders chains and manacles to be stored in the, 194, 403; Olifard, the Governor of Stirling Castle, is sent to, 223.
Traylebaston, Justiciars of, appointed, 224.
Treasury, Robbery of the King's, at Westminster, 420.
Tregoz, Robert de, slain at Evesham, 36.
Trent, John Comyn of Badenoch is sent beyond the river, 165; the army beyond the, under the command of John de Warenne, 171.
Trie, Reginald de, slain at Courtrai, 212.
Tripolis, captured by the Soldan of Babylon, 116.
Triveth, Nicholas, his Chronicle alluded to, 82.
Triveth, Thomas, a Justiciar, sent to try the incendiaries of Norwich Cathedral, 73.

Trojans, the, 101.
Tunbridge, the garrison of, instructed by King Henry not to molest the Barons, 29; the garrison of, attack the Londoners fleeing from the Battle of Lewes, 29; retire to Bristol, 29.
Tungelonde, the Abbot of, at Berwick, 263; Master J., his nephew, present 263.
Tunis, taken possession of by Louis IX. of France, 63; Prince Edward arrives at, 64; the Plague at, 65; Louis IX., King of France, dies at, 65; the Christian army prepares to besiege, 66; the Saracens make peace with the Christians, 66; the King of, becomes tributary to the King of Sicily, 66.
Turbevile, H. de, at Berwick, 256, 260.
Turbeville, Hugh de, takes measures against the Earl of Leicester, 30.
Turberville, Sir Thomas, taken in Gascoigne, and carried to Paris, 152; is executed for treason against King Edward I., 152.
Tuscany, Guido de Montfort flees to, 48; the people of, aid Conradin, 61; Guido de Montfort returns to, 105.
Tusculum, letter of the King of Navarre to the Bishop of, descriptive of the pious end of King Louis IX., 65.
Tweed, the Scots cross the river, to hold conference with King Edward, 125; Edward I. crosses the, 157; meetings near the, in reference to the claims to the crown of Scotland, 240, 252.
Twenge, Marmaduke de, his bravery at the battle of Stirling, 180; the Castle of Stirling is placed in his charge, 180.
Tyndale, the lands of, 198.
Tynemouth, visited by Edward I., 188; spared from the attacks of the Scots, 414.
Typetot, Robert, appointed adviser of the Earl of Richmond in Gascoigne, 143; left to defend Risonce, 149. *See* Titebetoft.

U.

Ulster, the Earl of, joins Edward I., 161.
Umfraville, Ingelram de, sent as envoy by Balliol to France, 151; at Berwick, 263.
Upsetelintone, meetings at, in reference to the claims to the Scottish crown, 240, 252.
Urban IV., Pope, accession of, 4; Patriarch of Jerusalem, 4; defeats the troops of Manfred, 4; absolves King Henry from his oath as to the Provisions of Oxford, 4, 5; charges sent to, by the Barons, against Aymer de Valence, 6; canonizes Richard, Bishop of Chichester, 11, 12; gives Sicily to Charles of Anjou, 20; sends, as Legate, to England, the Cardinal Bishop of Sabina, 31; death of, 39.
Urbannia (Apamia?), is separated from the Bishopric of Toulouse, 166.
Urbino, besieged by Guido de Montfort, 105.
Utrecht. *See* Guido, Bishop of.

V.

Valence, Aymer de, Bishop Elect of Winchester, his insolence, 2; meets the Barons at Oxford, 6; declines to assent to the Provisions of Oxford, and takes to flight 6; is compelled to fly the kingdom, 6; charges sent to the Pope against, by the Barons, 6. *See* Pembroke, Aymer, Earl of.
Valence, William de, uterine brother of Henry III., 2; insolence of him and his dependents, 2; the nobles order him to be expelled from England, 4; meets the Barons at Oxford, 6; declines to assent to the Provisions of Oxford, 6; is compelled to fly the kingdom, 6; is brought back to England by Prince Edward, 9; makes oath that he will observe the Provisions of Oxford, 9; with Henry III.

Valence, William de—*cont.*
at the siege of Northampton, 21; at the Battle of Lewes, 26; takes to flight, 27; lands at Pembroke, and joins the Earl of Gloucester, 33. *See* Pembroke, William, Earl of.

Valence, William de, the Younger, slain, 100.

Valley Royal, foundation by Edward I. of the Abbey of, 105.

Valois. *See* Charles of Valois.

Vaux, John de, forsakes the Barons, 13; at the siege of Northampton, with Henry III., 21.

Vaux, John de, agrees to abide by the award of certain nobles, 266, 267.

Vaxen' (?) the King of, 341.

Vazham. *See* Rees Vazham.

Venedi, the, 101.

Vendome, Bocard, Count of, 41.

Verdun, Theobald de, present at Norham, 253.

Vere, Hugh de, son of the Earl of Oxford, 141; named Captain of St. Sever, 149.

Vesci, John de, (in behalf of his father, claimant to the Scottish crown,) Letters of, 125, 126, 234–238.

Vesci, William de, claimant to the Scottish crown, agrees to abide by the award of King Edward, 247; Walter de Huntercumbe, his proctor, 247; appears by W. de Camhon, his attorney, 266; a further day is given to, 267; withdraws his petition, 358.

Vezano, Geoffrey de, Nuncio, at Berwick, 255, 260.

Viterbo, John Gernesy, Bishop of Winchester, is buried at, 58; Clement IV. dies, and is buried, at, 61; Church of the Friars Preachers at, canonization there of St. Edwiga, 62; Henry of Almaine is slain by Guido de Montfort at, 67; the people of, cause a painting to be made of the murder, 67; Gregory X. proceeds to, on hearing of his election as Pope, 71; Pope John XXI., is killed by the fall of a chamber, and buried at, 89.

Vortigern, King, 425.

W.

Wake, Baldwin, taken prisoner at Northampton, 21.

Wake, Nicholas, taken prisoner at Northampton, 21.

Waleram, Sir E. de, receives charge of Dover Castle, 10.

Wales, the people of, laying waste Somerset, are defeated, 41; the Earl of Gloucester raises an army in the borders of, 50; the Earl of Gloucester raises an army in, 57; Henry III. intends to invade, 57; Prelates of, at the Council of London, 58; Payen de Chensi is sent into West, 88; revolt in, under David, brother of Llewelyn, Prince of, 97; surrender of Llewelyn in, 98; the Earl of Gloucester ravages the country, 100; Edward I. again enters, and experiences losses there, 103; almost wholly subdued by King Edward, 103; English laws established in, 106; Sheriffs appointed there, 106; the glory of, transferred to England, 107; Rees ap Meredith rises in, 116; rising in, against Edward I, 144; the people in South, choose Maylgon for their chief, 144; Edward enters, and summons his army to, 145; his army is defeated in, 145; straits of the English army in, 148; the people of, are finally subdued, 148; they adopt the English mode of life, 148; Sir Thomas Turberville promises to raise, against Edward I., 152; foot-soldiers from, reinforce Edward I. at Edinburgh, 160; Edward prevents his Welch troops from burning the city of Ghent, 184, 413; contemplated treachery of the Welch troops at the Battle of Falkirk, 187, 386; allegations as to the Principality of, 316, 327, 328, 329, 339; mercenary troops from, resort to King Edward in Flanders, 379; his Welch troops set fire to the city of Ghent, 413; they devastate the

Wales—*cont.*
neighbourhood, 413, 414; Llewelyn and David, Princes of, 430; revolt of the Welch against Edward I., 430; final conquest of, 431; the Welch troops desert King Edward in Scotland, 442; the Principality of, conferred on Prince Edward of Caernarvon, 464; Prince Edward is born in, 481. *See* Edward I., *and* Llewelyn.

Wallace (Waleys), William, is elected chief of the Scots, in rebellion against King Edward, 170; commits great outrages upon the English, 171; in command of the Scottish army, 172; defeats Earl Warenne at Stirling, 179, 180; abandons the siege of Roxburgh Castle, 184; is defeated at the Battle of Falkirk, 187; words alleged to have been used by him before the Battle, 187, 226, 385; the Scots again rise under, 213; he is taken prisoner, and brought to London, 225; is executed, 225; particulars of his previous life, 225; ravages Northumberland, 226, 384; particulars of his execution, 226; elected their chief by the Scots, 383, 384; his alleged origin, and first propositions to the Scots, 383; his promise to lead the Scots to London, 383, 384; receives knighthood, 384; defeated at Falkirk, 385, 386; takes to flight, 387; crosses over to France, 387; King Philip offers to deliver him to Edward, 387; verses on his execution, 408; ravages Cumberland and Westmoreland, 414; his execution alluded to, 414; defeated by King Edward at Falkirk, 415.

Wallingford Castle, Prince Edward is confined in, 29; Prince Edward is removed from, 30.

Walsingham, St. Mary of, highly venerated by Edward I., 77.

Waltham, the Abbot of, appeals against a mandate of the Archbishop of Canterbury, at the Council of Lambeth, 96; the body of Edward I. rests at, 423; King Harold buried at, 427.

Warenne, John, Earl de, Earl of Surrey and Sussex, defends Rochester Castle, 22; at the Battle of Lewes, 26; takes to flight, 27; lands at Pembroke, and joins the Earl of Gloucester, 33; sent by the King to summon the Earl of Gloucester to Parliament, 50; has a suit at Westminster with Alan de la Souche, 58; and with Henry de Lacy, 58; wounds Alan de la Souche and his son, 58; is sent to recover the Castle of Dunbar, 160; defeats the Scots, 160; is appointed Guardian of Scotland, 164, 182, 376; in England at the outbreak of the Scots, 171; the army beyond Trent placed under his command, 171; sends Henry de Percy with an army into Scotland, 171; arrives in Scotland, 172; leaves Berwick, 179; is defeated by Wallace, near Stirling, 180, 380; flees to Berwick, 180; flees to England, 180; the nobles of England summoned by the King, to aid, 182; proceeds to Scotland, 184; is surety for King Edward as to re-confirmation of the Charters, 186; death of, 223; succeeded by his grandson, 223; William de Ros and John de Vaux agree to abide by his award, 266, 267; leads a division of the English army against the Scots, 441, 442.

Warenne, John de, the Younger, marries the daughter of the Princess Eleanor and the Count de Bar, 139, 223; succeeds his grandfather, 223.

Wark (Werke), Robert de Ros, owner of the Castle of, 155; Edward I. proceeds to, 156.

Warwick, William, Earl of, his successes against the Welch, 148; is sent to recover the Castle of Dunbar, 160; defeats the Scots, 160; one of the guardians of Prince Edward, son of Edward I., 179; is surety for King Edward as to re-confirmation of the Charters, 186; his death, 189; peace made between, and Sir Walter de Beauchamp, by King Edward, 406.

Watervyle, Berenger de, taken prisoner at Northampton, 21.
Wells, William de Buttone, Archdeacon of, made Bishop of Bath, 50. *See* Bath.
Wells, Thomas, Dean of, at Norham, 253.
Wells, W., Archdeacon of, at Norham, 253.
Wemeys, M. de, at Berwick, 263. *See* Wymes.
Westminster, Richard, Abbot of, borrows money at the Roman Court, 52; second Translation of Edward the Confessor at 56; suits at, between John de Warenne and Alan de la Souche, and de Warenne and Henry de Lacy, 58; the New Work at, begun by Henry III., 74; Henry III. buried at, 74; Edward I. and Queen Eleanor crowned at, 84; the Abbey deprived of many of its privileges, at the instigation of the Londoners, 92; the Abbot of, appeals against a mandate of the Archbishop of Canterbury, at the Council of Lambeth, 96; the King's Palace at, 96; the tomb of Henry III. at, adorned by order of Edward I., 96; Prince Alfonso is buried at, 108; enactment at, by Statute, as to secular possessions of the religious, 110; Queen Eleanor, wife of Edward I., buried at, 121; Edmund, Earl of Lancaster, brother of Edward I., is buried at, 154, 173; the Coronation Stone of Scotland is removed to, 163; King Edward I. keeps Christmas at, 213; the King's Exchequer at, is robbed, 222, 420; ten monks of the Abbey of, are wrongfully accused of having robbed the Exchequer, 222, 420; the monks of, imprisoned on suspicion of robbing the Exchequer, are liberated, 225; a Parliament at, 388, 397, 404; discord in the Abbey of, 420; Edward I. buried at, 424; foundation of the Church of, 425; the Church of, renovated by King Edgar, at the instance of Saint Dunstan, 426; Harold, son of Cnute, first buried at, 427; the Abbey rebuilt by Edward

Westminster—*cont.*
the Confessor, 427; he is buried there, 427; King Harold crowned at, 427; William, Duke of Normandy, crowned at, 427; William Rufus crowned at, 427; Henry I. crowned at, 427; Stephen crowned at, 427; Henry II. crowned at, 427; Translation of Edward the Confessor at, 428; Coronation of Prince Henry, son of Henry II., at, 428; Coronation of King John at, 428; second Coronation of Henry III. at, 428; the New Work begun at, by Henry III., 429; Edward the Confessor enshrined at, 429; Henry III. buried at, 429; Edward I. crowned at, 429; Edward II. crowned at, 432; Prince Alfonso, son of Edward I., buried at, 431. *See* Parliaments.
Westminster Hall, Parliament in, 404; King Edward confirms Magna Charta in, 405.
Westminster, Statutes of. *See* First, Second, *and* Third.
Westmoreland ravaged by Wallace, 414.
Whitherne (*Candida Casa*) the Abbot of Dubing', substitute at Berwick for the Bishop of, 263; the Bishop of, an envoy of the Scots to Edward I, 440.
Wight, the Isle of, the property of William de Albemarle, 63.
Wigmore, Prince Edward escapes to the Castle of, 84.
Wigton, the Castle of, 363.
Wilers, the Sieur William de, accuses the Templars before the Pope, on behalf of the King of France, 492.
William, Duke of Normandy, his Coronation, 427; buried at Caen, 427; invades Scotland, and receives the homage of the King, 457.
William Rufus, his Coronation, 427; his burial, at Winchester, 427; invades Scotland, 457; King Malcolm submits to, 457.
William, King of Scotland, quitclaim alleged to have been made to, by David, Earl of Huntingdon, 268; allegations as

William, King of Scotland—*cont.*
to, 275, 276, 277, 278, 279, 280, 281, 282, 283, 284, 288, 289, 290, 291, 292, 293, 294, 297, 298, 299, 300, 343; kept in prison at Falaise, 458; makes terms with Henry II., 458; does homage to Richard I., at Canterbury, 458; makes terms with King John, 459; swears fealty to him, 459.

William, Count of Holland, King of Almaine, 109.

William, son of the Count of Hainault, is defeated by the Flemings, 214.

Wiltone, William de, Justiciar, slain at the Battle of Lewes, 28.

Winchelsea, Henry III. arrives at, 22; Edward I. collects an army at, to pass over to Flanders, 173; narrow escape of King Edward from death at, 173, 174; he stays at Odemer, near, 176.

Winchester, Henry III. at, 10; a Parliament at, 37, 38; combat near, between Prince Edward and Adam de Gurdoun, 48, 49; King Henry and Queen Eleanor spend Christmas at, 63; Gaston de Bierne is confined in the Castle of, 85; King Alfred buried at, 425; King Edmund the Elder, buried at, 425; King Edred buried at, 426; burial of King Edwin at, 426; King Cnute buried at, 426; King Hardecnute buried at, 427; William Rufus buried at, 427. *See* Benedict.

Winchester, Aymer de Valence, Bishop Elect of, 2; John, Bishop of, excommunicated, 47; goes to Rome, 47; banishment of the Bishop of, complained of, 55; death of John Gernesy, Bishop of, 58; he is buried at Viterbo, 58; Nicholas de Ely, Bishop of Worcester, made Bishop of, 62; the election of Richard de More is quashed, and John de Pontisserra is appointed, 103; the Bishop of, present at Berwick, 253, 254, 260, 357, 363. *See* Valence, Aymer de.

Winchester, Philip, Archdeacon of, at Berwick, 255, 256, 260.

Windsor, Henry III. at, 7; the Castle of, fortified by Prince Edward, 18; Queen Eleanor attempts to escape to, 18; the Castle of, fortified and victualled, 19; Prince Edward arrives there from Bristol, 19; the Castle surrenders to the Earl of Leicester, 19; death of Prince Alfonso at, 108, 481; Queen Margaret passes Christmas at, 195, 401, 402; King Edward returns to, from Scotland, 403.

Wools, increase of the duty on, 169.

Worcester, taken by the Earl of Derby, and the Jewry destroyed, 13; taken by the Earl of Leicester, 17; the County of, joins Prince Edward, 34; Prince Edward marches back to, 35; the wife of Roger Mortimer resides in the Castle of, 37; burial of King John at, 428.

Worcester, Walter, Bishop of, aids Prince Edward in his escape from Bristol Castle, 19; Walter (miscalled, "William") de Cantilupe, Bishop of, negotiates with King Henry on behalf of the Barons, 25; gives absolution to the Barons before the Battle of Lewes, 25; Kemeseye, a manor of the Bishop of, 35; Walter, Bishop of, excommunicated, 47; his death, 47; Nicholas de Ely, Bishop of, made Bishop of Winchester, 62; the Bishop of, an envoy of Edward I. to the Pope, 227

Wossemarmut, J. de, attorney for the Count of Holland, 274.

Wulvesey, the Castle of, William and Aymer de Valence flee to, 6; it is taken by the Barons, 6.

Wye (Wey), the river, 33.

Wymes, Michael de, present at Norham, 253. *See* Wemeys.

Wynterburne, Walter de, Confessor to King Edward, made Cardinal Priest of St. Sabina, by Benedict XI., 231.

Y.

Yarmouth, the fleet of, 143; the men of, burn Cherbourg, 150; fight of the sailors of, with those of Portsmouth, 177.

York, King Edward condemns Rees ap Meredith at, 129; the clergy of, make a grant to Edward I., 182; the nobles of England summoned to, to aid against the Scots, 182, 183; Parliament held at, 186, 192; the Justiciars of Bank and Exchequer leave, for London, after sitting there seven years, 222; the Archbishop of, has an interview with King Edward I. at, 477.

York, death of Godfrey, Archbishop of, 50; accession of Walter, Bishop of Bath, 50; death of Walter Giffard, Archbishop of, 95; William de Wykewane elected, 95; translation of the remains of St. William, Archbishop of, 106; death of William de Wykewane, Archbishop of, 111; accession of John le Romayne, 111; death of Henry, Archbishop of,

York—*cont.*
194; accession of Thomas de Colebrugge (Corbridge), 194; death of Thomas, Archbishop of, 223; accession of William de Grenefelde, 223; Pope Clement V. confirms the election of the Archbishop of, 228; John, Archbishop of, present at Norham, 240, 252; Thomas de Colebrugge (Corbridge) is elected Archbishop of, 477; is consecrated by Pope Boniface VIII., 477; opposition to his Cross being borne before him in the Province of Canterbury, 477.

York, H., Dean of, at Norham, 253; at Berwick, 255, 260.

York, W., Archdeacon of, at Norham, 253.

York, William de, slain at Evesham, 36.

LONDON:
Printed by GEORGE E. EYRE and WILLIAM SPOTTISWOODE,
Printers to the Queen's most Excellent Majesty.
For Her Majesty's Stationery Office.
[152.—1000.—4/65.]

LIST OF WORKS

PUBLISHED

By the late Record and State Paper Commissioners, or under the Direction of the Right Honourable the Master of the Rolls, which may be purchased of Messrs. Longman and Co., London; Messrs. J. H. and J. Parker, Oxford and London; Messrs. Macmillan and Co., Cambridge and London; Messrs. A. and C. Black, Edinburgh; and Mr. A. Thom, Dublin.

PUBLIC RECORDS AND STATE PAPERS.

ROTULORUM ORIGINALIUM IN CURIA SCACCARII ABBREVIATIO. Henry III.—Edward III. *Edited by* HENRY PLAYFORD, Esq. 2 vols. folio (1805—1810). *Price* 25s. boards, or 12s. 6d. each.

CALENDARIUM INQUISITIONUM POST MORTEM SIVE ESCAETARUM. Henry III.—Richard III. *Edited by* JOHN CALEY and JOHN BAYLEY, Esqrs. Vols. 2, 3, and 4, folio (1806—1808; 1821—1828), boards: vols. 2 and 3, *price* 21s. each; vol. 4, *price* 24s.

LIBRORUM MANUSCRIPTORUM BIBLIOTHECÆ HARLEIANÆ CATALOGUS. Vol. 4. *Edited by* the Rev. T. HARTWELL HORNE. (1812), folio, boards. *Price* 18s.

ABBREVIATIO PLACITORUM, Richard I.—Edward II. *Edited by* the Right Hon. GEORGE ROSE and W. ILLINGWORTH, Esq. 1 vol. folio (1811), boards. *Price* 18s.

LIBRI CENSUALIS vocati DOMESDAY-BOOK, INDICES. *Edited by* Sir HENRY ELLIS. Folio (1816), boards (Domesday-Book, vol. 3). *Price* 21s.

LIBRI CENSUALIS vocati DOMESDAY-BOOK, ADDITAMENTA EX CODIC. ANTIQUISS. *Edited by* Sir HENRY ELLIS. Folio (1816), boards (Domesday-Book, vol. 4). *Price* 21s.

STATUTES OF THE REALM, large folio. Vols. 4 (in 2 parts), 7, 8, 9, 10, and 11, including 2 vols. of Indices (1819—1828). *Edited by* Sir T. E. TOMLINS, JOHN RAITHBY, JOHN CALEY, and WM. ELLIOTT, Esqrs. *Price* 31s. 6d. each; except the Alphabetical and Chronological Indices, *price* 30s. each.

VALOR ECCLESIASTICUS, temp. Henry VIII., Auctoritate Regia institutus. *Edited by* JOHN CALEY, Esq., and the Rev. JOSEPH HUNTER. Vols. 3 to 6, folio (1810, &c.), boards. *Price* 25s. each.

∗∗* The Introduction is also published in 8vo., cloth. *Price* 2s. 6d.

ROTULI SCOTLÆ IN TURRI LONDINENSI ET IN DOMO CAPITULARI WESTMONASTERIENSI ASSERVATI. 19 Edward I.—Henry VIII. *Edited by* DAVID MACPHERSON, JOHN CALEY, and W. ILLINGWORTH, Esqrs., and the Rev. T. HARTWELL HORNE. 2 vols. folio (1814—1819), boards. *Price* 42s.

" FŒDERA, CONVENTIONES, LITTERÆ," &c.; or, Rymer's Fœdera, New Edition, 1066—1377. Vol. 2, Part 2, and Vol. 3, Parts 1 and 2, folio (1821—1830). *Edited by* JOHN CALEY and FRED. HOLBROOKE, Esqrs. *Price* 21s. each Part.

DUCATUS LANCASTRIÆ CALENDARIUM INQUISITIONUM POST MORTEM, &c. Part 3, Calendar to the Pleadings, &c., Henry VII.—Ph. and Mary; and Calendar to the Pleadings, 1—13 Elizabeth. Part 4, Calendar to the Pleadings to end of Elizabeth. (1827—1834.) *Edited by* R. J. HARPER, JOHN CALEY, and WM. MINCHIN, Esqrs. Folio, boards, Part 3 (or Vol. 2), *price* 31s. 6d.; and Part 4 (or Vol. 3), *price* 21s.

CALENDARS OF THE PROCEEDINGS IN CHANCERY, IN THE REIGN OF QUEEN ELIZABETH; to which are prefixed, Examples of earlier Proceedings in that Court from Richard II. to Elizabeth, from the Originals in the Tower. *Edited by* JOHN BAYLEY, Esq. Vols. 2 and 3 (1830—1832), folio, boards, *price* 21s. each.

PARLIAMENTARY WRITS AND WRITS OF MILITARY SUMMONS, together with the Records and Muniments relating to the Suit and Service due and performed to the King's High Court of Parliament and the Councils of the Realm. Edward I., II. *Edited by* Sir FRANCIS PALGRAVE. (1830—1834.) Folio, boards, Vol. 2, Division 1, Edward II., *price* 21s.; Vol. 2, Division 2, *price* 21s.; Vol. 2, Division 3, *price* 42s.

ROTULI LITTERARUM CLAUSARUM IN TURRI LONDINENSI ASSERVATI. 2 vols. folio (1833—1844). The first volume, 1204—1224. The second volume, 1224—1227. *Edited by* THOMAS DUFFUS HARDY Esq. *Price* 81s., cloth; or separately, Vol. 1, *price* 63s.; Vol. 2, *price* 18s.

PROCEEDINGS AND ORDINANCES OF THE PRIVY COUNCIL OF ENG-
LAND. 10 Richard II.—33 Henry VIII. *Edited by* Sir N. HARRIS
NICOLAS. 7 vols. royal 8vo. (1834—1837), cloth. *Price* 98s.; or
separately, 14s. each.

ROTULI LITTERARUM PATENTIUM IN TURRI LONDINENSI ASSERVATI.
1201—1216. *Edited by* THOMAS DUFFUS HARDY, Esq. 1 vol.
folio (1835), cloth. *Price* 31s. 6d.

₊ The Introduction is also published in 8vo., cloth. *Price* 9s.

ROTULI CURIÆ REGIS. Rolls and Records of the Court held before
the King's Justiciars or Justices. 6 Richard I.—1 John. *Edited
by* Sir FRANCIS PALGRAVE. 2 vols. royal 8vo. (1835), cloth.
Price 28s.

ROTULI NORMANNIÆ IN TURRI LONDINENSI ASSERVATI. 1200—1205;
also, 1417 to 1418. *Edited by* THOMAS DUFFUS HARDY, Esq.
1 vol. royal 8vo. (1835), cloth. *Price* 12s. 6d.

ROTULI DE OBLATIS ET FINIBUS IN TURRI LONDINENSI ASSERVATI,
tempore Regis Johannis. *Edited by* THOMAS DUFFUS HARDY,
Esq. 1 vol. royal 8vo. (1835), cloth. *Price* 18s.

EXCERPTA E ROTULIS FINIUM IN TURRI LONDINENSI ASSERVATIS.
Henry III., 1216—1272. *Edited by* CHARLES ROBERTS, Esq.
2 vols. royal 8vo. (1835, 1836), cloth, *price* 32s.; or separately,
Vol. 1, *price* 14s.; Vol. 2, *price* 18s.

FINES, SIVE PEDES FINIUM; SIVE FINALES CONCORDIÆ IN CURIÂ
DOMINI REGIS. 7 Richard I.—16 John (1195—1214). *Edited by*
the Rev. JOSEPH HUNTER. In Counties. 2 vols. royal 8vo.
(1835—1844), cloth, *price* 11s.; or separately, Vol. 1, *price* 8s. 6d.;
Vol. 2, *price* 2s. 6d.

ANCIENT KALENDARS AND INVENTORIES OF THE TREASURY OF HIS
MAJESTY'S EXCHEQUER; together with Documents illustrating
the History of that Repository. *Edited by* Sir FRANCIS PAL-
GRAVE. 3 vols. royal 8vo. (1836), cloth. *Price* 42s.

DOCUMENTS AND RECORDS illustrating the History of Scotland, and the
Transactions between the Crowns of Scotland and England;
preserved in the Treasury of Her Majesty's Exchequer. *Edited
by* Sir FRANCIS PALGRAVE. 1 vol. royal 8vo. (1837), cloth.
Price 18s.

ROTULI CHARTARUM IN TURRI LONDINENSI ASSERVATI. 1199—1216.
Edited by THOMAS DUFFUS HARDY, Esq. 1 vol. folio (1837),
cloth. *Price* 30s.

REPORT OF THE PROCEEDINGS OF THE RECORD COMMISSIONERS,
1831 to 1837. 1 vol. folio, boards. *Price* 8s.

REGISTRUM vulgariter nuncupatum "The Record of Caërnarvon," e codice MS. Harleiano, 696, descriptum. *Edited by* Sir HENRY ELLIS. 1 vol. folio (1838), cloth. *Price* 31*s.* 6*d.*

ANCIENT LAWS AND INSTITUTES OF ENGLAND; comprising Laws enacted under the Anglo-Saxon Kings, from Æthelbirht to Cnut, with an English Translation of the Saxon; the Laws called Edward the Confessor's; the Laws of William the Conqueror, and those ascribed to Henry the First; also, Monumenta Ecclesiastica Anglicana, from the 7th to the 10th century; and the Ancient Latin Version of the Anglo-Saxon Laws; with a compendious Glossary, &c. *Edited by* BENJAMIN THORPE, Esq. 1 vol. folio (1840), cloth. *Price* 40*s.* Or, 2 vols. royal 8vo. cloth. *Price* 30*s.*

ANCIENT LAWS AND INSTITUTES OF WALES; comprising Laws supposed to be enacted by Howel the Good; modified by subsequent Regulations under the Native Princes, prior to the Conquest by Edward the First; and anomalous Laws, consisting principally of Institutions which, by the Statute of Ruddlan, were admitted to continue in force. With an English Translation of the Welsh Text. To which are added, a few Latin Transcripts, containing Digests of the Welsh Laws, principally of the Dimetian Code. With Indices and Glossary. *Edited by* ANEURIN OWEN, Esq. 1 vol. folio (1841), cloth. *Price* 44*s.* Or, 2 vols. royal 8vo. cloth. *Price* 36*s.*

ROTULI DE LIBERATE AC DE MISIS ET PRÆSTITIS, Regnante Johanne. *Edited by* THOMAS DUFFUS HARDY, Esq. 1 vol. royal 8vo. (1844), cloth. *Price* 6*s.*

THE GREAT ROLLS OF THE PIPE FOR THE SECOND, THIRD, AND FOURTH YEARS OF THE REIGN OF KING HENRY THE SECOND, 1155—1158. *Edited by* the Rev. JOSEPH HUNTER. 1 vol. royal 8vo. (1844), cloth. *Price* 4*s.* 6*d.*

THE GREAT ROLL OF THE PIPE FOR THE FIRST YEAR OF THE REIGN OF KING RICHARD THE FIRST, 1189—1190. *Edited by* the Rev. JOSEPH HUNTER. 1 vol. royal 8vo. (1844), cloth. *Price* 6*s.*

DOCUMENTS ILLUSTRATIVE OF ENGLISH HISTORY in the 13th and 14th centuries, selected from the Records in the Exchequer. *Edited by* HENRY COLE, Esq. 1 vol. fcp. folio (1844), cloth. *Price* 45*s.* 6*d.*

MODUS TENENDI PARLIAMENTUM. An Ancient Treatise on the Mode of holding the Parliament in England. *Edited by* THOMAS DUFFUS HARDY, Esq. 1 vol. 8vo. (1846), cloth. *Price* 2*s.* 6*d.*

MONUMENTA HISTORICA BRITANNICA, or, Materials for the History of Britain from the earliest period. Vol. 1, extending to the Norman Conquest. Prepared, and illustrated with Notes, by the late HENRY PETRIE, Esq., F.S.A., Keeper of the Records in the Tower of London, assisted by the Rev. JOHN SHARPE, Rector of Castle Eaton, Wilts. Finally completed for publication, and with an Introduction, by THOMAS DUFFUS HARDY, Esq., Assistant Keeper of Records. (Printed by command of Her Majesty.) Folio (1848). *Price* 42*s*.

REGISTRUM MAGNI SIGILLI REGUM SCOTORUM in Archivis Publicis asservatum. 1306—1424. *Edited by* THOMAS THOMSON, Esq. Folio (1814). *Price* 15*s*.

THE ACTS OF THE PARLIAMENTS OF SCOTLAND. 11 vols. folio (1814—1844). Vol. I. *Edited by* THOMAS THOMSON and COSMO INNES, Esqrs. *Price* 42*s*. Also, Vols. 4, 7, 8, 9, 10, 11 ; *price* 10*s*. 6*d*. each.

THE ACTS OF THE LORDS AUDITORS OF CAUSES AND COMPLAINTS. 1466—1494. *Edited by* THOMAS THOMSON, Esq. Folio (1839). *Price* 10*s*. 6*d*.

THE ACTS OF THE LORDS OF COUNCIL IN CIVIL CAUSES. 1478—1495. *Edited by* THOMAS THOMSON, Esq. Folio (1839). *Price* 10*s*. 6*d*.

ISSUE ROLL OF THOMAS DE BRANTINGHAM, Bishop of Exeter, Lord High Treasurer of England, containing Payments out of His Majesty's Revenue, 44 Edward III., 1370. *Edited by* FREDERICK DEVON, Esq. 1 vol. 4to. (1835), cloth. *Price* 35*s*. Or, royal 8vo. cloth. *Price* 25*s*.

ISSUES OF THE EXCHEQUER, containing similar matter to the above; James I.; extracted from the Pell Records. *Edited by* FREDERICK DEVON, Esq. 1 vol. 4to. (1836), cloth. *Price* 30*s*. Or, royal 8vo. cloth. *Price* 21*s*.

ISSUES OF THE EXCHEQUER, containing similar matter to the above; Henry III.—Henry VI. ; extracted from the Pell Records. *Edited by* FREDERICK DEVON, Esq. 1 vol. 4to. (1837), cloth. *Price* 40*s*. Or, royal 8vo. cloth. *Price* 30*s*.

NOTES OF MATERIALS FOR THE HISTORY OF PUBLIC DEPARTMENTS. *By* F. S. THOMAS, Esq., Secretary of the Public Record Office. Demy folio (1846), cloth. *Price* 10*s*.

HANDBOOK TO THE PUBLIC RECORDS. *By* F. S. THOMAS, Esq. Royal 8vo. (1853), cloth. *Price* 12*s*.

STATE PAPERS, DURING THE REIGN OF HENRY THE EIGHTH. 11 vols. 4to., cloth, (1830—1852), with Indices of Persons and Places. *Price 5l. 15s. 6d.* ; or separately, *price 10s. 6d.* each.

 Vol. I.—Domestic Correspondence.
 Vols. II. & III.—Correspondence relating to Ireland.
 Vols. IV. & V.—Correspondence relating to Scotland.
 Vols. VI. to XI.—Correspondence between England and Foreign Courts.

HISTORICAL NOTES RELATIVE TO THE HISTORY OF ENGLAND; from the Accession of Henry VIII. to the Death of Queen Anne (1509—1714). Designed as a Book of instant Reference for ascertaining the Dates of Events mentioned in History and Manuscripts. The Name of every Person and Event mentioned in History within the above period is placed in Alphabetical and Chronological Order, and the Authority whence taken is given in each case, whether from Printed History or from Manuscripts. *By* F. S. THOMAS, Esq. 3 vols. 8vo. (1856), cloth. *Price 40s.*

In the Press.

CALENDARIUM GENEALOGICUM; for the Reigns of Henry III. and Edward I. *Edited by* CHARLES ROBERTS, Esq.

CALENDARS OF STATE PAPERS.

[IMPERIAL 8vo. *Price* 15s. each Volume or Part.]

CALENDAR OF STATE PAPERS, DOMESTIC SERIES, OF THE REIGNS OF EDWARD VI., MARY, and ELIZABETH, preserved in Her Majesty's Public Record Office. *Edited by* ROBERT LEMON, Esq., F.S.A. 1856-1865.
    Vol. I.—1547-1580.
    Vol. II.—1581-1590.

CALENDAR OF STATE PAPERS, DOMESTIC SERIES, OF THE REIGN OF JAMES I., preserved in Her Majesty's Public Record Office. *Edited by* MARY ANNE EVERETT GREEN. 1857-1859.
    Vol. I.—1603-1610.
    Vol. II.—1611-1618.
    Vol. III.—1619-1623.
    Vol. IV.—1623-1625, with Addenda.

CALENDAR OF STATE PAPERS, DOMESTIC SERIES, OF THE REIGN OF CHARLES I., preserved in Her Majesty's Public Record Office. *Edited by* JOHN BRUCE, Esq., V.P.S.A. 1858-1864.
    Vol. I.—1625-1626.
    Vol. II.—1627-1628.
    Vol. III.—1628-1629.
    Vol. IV.—1629-1631.
    Vol. V.—1631-1633.
    Vol. VI.—1633-1634.
    Vol. VII.—1634-1635.

CALENDAR OF STATE PAPERS, DOMESTIC SERIES, OF THE REIGN OF CHARLES II., preserved in Her Majesty's Public Record Office. *Edited by* MARY ANNE EVERETT GREEN. 1860-1864.
    Vol. I.—1660-1661.
    Vol. II.—1661-1662.
    Vol. III.—1663-1664.
    Vol. IV.—1664-1665.
    Vol. V.—1665-1666.
    Vol. VI.—1666-1667.

CALENDAR OF STATE PAPERS relating to SCOTLAND, preserved in Her Majesty's Public Record Office. *Edited by* MARKHAM JOHN THORPE, Esq., of St. Edmund Hall, Oxford. 1858.
    Vol. I., the Scottish Series, of the Reigns of Henry VIII., Edward VI., Mary, and Elizabeth, 1509-1589.
    Vol. II., the Scottish Series, of the Reign of Elizabeth, 1589-1603; an Appendix to the Scottish Series, 1543-1592; and the State Papers relating to Mary Queen of Scots during her Detention in England, 1568-1587.

CALENDAR OF STATE PAPERS relating to IRELAND, preserved in Her Majesty's Public Record Office. *Edited by* HANS CLAUDE HAMILTON, Esq., F.S.A. 1860.
    Vol. I.—1509-1573.

CALENDAR OF STATE PAPERS, COLONIAL SERIES, preserved in Her Majesty's Public Record Office, and elsewhere. *Edited by* W. NOEL SAINSBURY, Esq. 1860-1862.
    Vol. I.—America and West Indies, 1574-1660.
    Vol. II.—East Indies, China, and Japan, 1513-1616.

CALENDAR OF LETTERS AND PAPERS, FOREIGN AND DOMESTIC, OF THE REIGN OF HENRY VIII., preserved in Her Majesty's Public Record Office, the British Museum, &c. *Edited by* J. S. BREWER, M.A., Professor of English Literature, King's College, London. 1862-1864.
    Vol. I.—1509-1514.
    Vol. II. (in Two Parts)—1515-1518.

CALENDAR OF STATE PAPERS, FOREIGN SERIES, OF THE REIGN OF EDWARD VI., preserved in Her Majesty's Public Record Office. *Edited by* W. B. TURNBULL, Esq., of Lincoln's Inn, Barrister-at-Law, and Correspondant du Comité Impérial des Travaux Historiques et des Sociétés Savantes de France. 1861.

CALENDAR OF STATE PAPERS, FOREIGN SERIES, OF THE REIGN OF MARY, preserved in Her Majesty's Public Record Office. *Edited by* W. B. TURNBULL, Esq., of Lincoln's Inn, Barrister-at-Law, and Correspondant du Comité Impérial des Travaux Historiques et des Sociétés Savantes de France. 1861.

CALENDAR OF STATE PAPERS, FOREIGN SERIES, OF THE REIGN OF ELIZABETH, preserved in Her Majesty's Public Record Office, &c. *Edited by* the Rev. JOSEPH STEVENSON, M.A., of University College, Durham. 1863-1865.
    Vol. I.—1558-1559.
    Vol. II.—1559-1560.

CALENDAR OF LETTERS, DESPATCHES, AND STATE PAPERS relating to the Negotiations between England and Spain, preserved in the Archives at Simancas, and elsewhere. *Edited by* G. A. BERGENROTH. 1862.
    Vol. I.—Hen. VII.—1485-1509.

CALENDAR OF STATE PAPERS AND MANUSCRIPTS, relating to ENGLISH AFFAIRS, preserved in the Archives of Venice, &c. *Edited by* RAWDON BROWN, Esq. 1864.
    Vol. I.—1202-1509.

In the Press.

CALENDAR OF STATE PAPERS relating to IRELAND, preserved in Her Majesty's Public Record Office. *Edited by* HANS CLAUDE HAMILTON, Esq., F.S.A. Vol. II.—1574–1585.

CALENDAR OF STATE PAPERS, DOMESTIC SERIES, OF THE REIGN OF CHARLES I., preserved in Her Majesty's Public Record Office. *Edited by* JOHN BRUCE, Esq., F.S.A. Vol. VIII.—1635.

CALENDAR OF LETTERS AND PAPERS, FOREIGN AND DOMESTIC, OF THE REIGN OF HENRY VIII., preserved in Her Majesty's Public Record Office, the British Museum, &c. *Edited by* J. S. BREWER, M.A., Professor of English Literature, King's College, London. Vol. III.—1519, &c.

CALENDAR OF STATE PAPERS, DOMESTIC SERIES, OF THE REIGN OF CHARLES II., preserved in Her Majesty's Public Record Office. *Edited by* MARY ANNE EVERETT GREEN. Vol. VII.—1667–1668.

CALENDAR OF STATE PAPERS AND MANUSCRIPTS, relating to ENGLISH AFFAIRS, preserved in the Archives of Venice, &c. *Edited by* RAWDON BROWN, Esq. Vol. II.—Henry VIII.

CALENDAR OF STATE PAPERS, FOREIGN SERIES, OF THE REIGN OF ELIZABETH. *Edited by* the Rev. JOSEPH STEVENSON, M.A., of University College, Durham. Vol. III.—1560–1561.

In Progress.

CALENDAR OF LETTERS, DESPATCHES, AND STATE PAPERS relating to the Negotiations between England and Spain, preserved in the Archives at Simancas, and elsewhere. *Edited by* G. A. BERGENROTH. Vol. II.—Henry VIII.

CALENDAR OF STATE PAPERS, COLONIAL SERIES, preserved in Her Majesty's Public Record Office, and elsewhere. *Edited by* W. NOËL SAINSBURY, Esq. Vol. III.—East Indies, China, and Japan.

CALENDAR OF STATE PAPERS, DOMESTIC SERIES, OF THE REIGN OF ELIZABETH (continued), preserved in Her Majesty's Public Record Office. *Edited by* ROBERT LEMON, Esq., F.S.A. 1591, &c.

THE CHRONICLES AND MEMORIALS OF GREAT BRITAIN AND IRELAND DURING THE MIDDLE AGES.

[ROYAL 8vo. *Price* 10s. each Volume or Part.]

1. THE CHRONICLE OF ENGLAND, by JOHN CAPGRAVE. *Edited by* the Rev. F. C. HINGESTON, M.A., of Exeter College, Oxford. 1858.
2. CHRONICON MONASTERII DE ABINGDON. Vols. I. and II. *Edited by* the Rev. JOSEPH STEVENSON, M.A., of University College, Durham, and Vicar of Leighton Buzzard. 1858.
3. LIVES OF EDWARD THE CONFESSOR. I.—La Estoire de Seint Aedward le Rei. II.—Vita Beati Edvardi Regis et Confessoris. III.—Vita Æduuardi Regis qui apud Westmonasterium requiescit. *Edited by* HENRY RICHARDS LUARD, M.A., Fellow and Assistant Tutor of Trinity College, Cambridge. 1858.
4. MONUMENTA FRANCISCANA; scilicet, I.—Thomas de Eccleston de Adventu Fratrum Minorum in Angliam. II.—Adæ de Marisco Epistolæ. III.—Registrum Fratrum Minorum Londoniæ. *Edited by* J. S. BREWER, M.A., Professor of English Literature, King's College, London. 1858.
5. FASCICULI ZIZANIORUM MAGISTRI JOHANNIS WYCLIF CUM TRITICO. Ascribed to THOMAS NETTER, of WALDEN, Provincial of the Carmelite Order in England, and Confessor to King Henry the Fifth. *Edited by* the Rev. W. W. SHIRLEY, M.A., Tutor and late Fellow of Wadham College, Oxford. 1858.
6. THE BUIK OF THE CRONICLIS OF SCOTLAND; or, A Metrical Version of the History of Hector Boece; by WILLIAM STEWART. Vols. I., II., and III. *Edited by* W. B. TURNBULL, Esq., of Lincoln's Inn, Barrister-at-Law. 1858.
7. JOHANNIS CAPGRAVE LIBER DE ILLUSTRIBUS HENRICIS. *Edited by* the Rev. F. C. HINGESTON, M.A., of Exeter College, Oxford. 1858.
8. HISTORIA MONASTERII S. AUGUSTINI CANTUARIENSIS, by THOMAS OF ELMHAM, formerly Monk and Treasurer of that Foundation. *Edited by* CHARLES HARDWICK, M.A., Fellow of St. Catharine's Hall, and Christian Advocate in the University of Cambridge. 1858.

9. EULOGIUM (HISTORIARUM SIVE TEMPORIS): Chronicon ab Orbe condito usque ad Annum Domini 1366; a Monacho quodam Malmesbiriensi exaratum. Vols. I., II., and III. *Edited by* F. S. HAYDON, Esq., B.A. 1858–1863.

10. MEMORIALS OF HENRY THE SEVENTH: Bernardi Andreæ Tholosatis Vita Regis Henrici Septimi; necnon alia quædam ad eundem Regem spectantia. *Edited by* JAMES GAIRDNER, Esq. 1858.

11. MEMORIALS OF HENRY THE FIFTH. I.—Vita Henrici Quinti, Roberto Redmanno auctore. II.—Versus Rhythmici in laudem Regis Henrici Quinti. III.—Elmhami Liber Metricus de Henrico V. *Edited by* C. A. COLE, Esq. 1858.

12. MUNIMENTA GILDHALLÆ LONDONIENSIS; Liber Albus, Liber Custumarum, et Liber Horn, in archivis Gildhallæ asservati. Vol. I., Liber Albus. Vol. II. (in Two Parts), Liber Custumarum. Vol. III., Translation of the Anglo-Norman Passages in Liber Albus, Glossaries, Appendices, and Index. *Edited by* HENRY THOMAS RILEY, Esq., M.A., Barrister-at-Law. 1859–1860.

13. CHRONICA JOHANNIS DE OXENEDES. *Edited by* Sir HENRY ELLIS, K.H. 1859.

14. A COLLECTION OF POLITICAL POEMS AND SONGS RELATING TO ENGLISH HISTORY, FROM THE ACCESSION OF EDWARD III. TO THE REIGN OF HENRY VIII. Vols. I. and II. *Edited by* THOMAS WRIGHT, Esq., M.A. 1859–1861.

15. The "OPUS TERTIUM," "OPUS MINUS," &c., of ROGER BACON. *Edited by* J. S. BREWER, M.A., Professor of English Literature, King's College, London. 1859.

16. BARTHOLOMÆI DE COTTON, MONACHI NORWICENSIS, HISTORIA ANGLICANA. 449–1298. *Edited by* HENRY RICHARDS LUARD, M.A., Fellow and Assistant Tutor of Trinity College, Cambridge. 1859.

17. BRUT Y TYWYSOGION; or, The Chronicle of the Princes of Wales. *Edited by* the Rev. J. WILLIAMS AB ITHEL. 1860.

18. A COLLECTION OF ROYAL AND HISTORICAL LETTERS DURING THE REIGN OF HENRY IV. *Edited by* the Rev. F. C. HINGESTON, M.A., of Exeter College, Oxford. 1860.

19. THE REPRESSOR OF OVER MUCH BLAMING OF THE CLERGY. By REGINALD PECOCK, sometime Bishop of Chichester. Vols. I. and II. *Edited by* CHURCHILL BABINGTON, B.D., Fellow of St. John's College, Cambridge. 1860.

20. ANNALES CAMBRIÆ. *Edited by* the Rev. J. WILLIAMS AB ITHEL. 1860.

21. THE WORKS OF GIRALDUS CAMBRENSIS. Vols. I., II., and III. *Edited by* J. S. BREWER, M.A., Professor of English Literature, King's College, London. 1861–1863.

22. LETTERS AND PAPERS ILLUSTRATIVE OF THE WARS OF THE ENGLISH IN FRANCE DURING THE REIGN OF HENRY THE SIXTH, KING OF ENGLAND. Vol. I., and Vol. II. (in Two Parts). *Edited by* the Rev. JOSEPH STEVENSON, M.A., of University College, Durham, and Vicar of Leighton Buzzard. 1861–1864.

23. THE ANGLO-SAXON CHRONICLE, ACCORDING TO THE SEVERAL ORIGINAL AUTHORITIES. Vol. I., Original Texts. Vol. II., Translation. *Edited and translated by* BENJAMIN THORPE, Esq., Member of the Royal Academy of Sciences at Munich, and of the Society of Netherlandish Literature at Leyden. 1861.

24. LETTERS AND PAPERS ILLUSTRATIVE OF THE REIGNS OF RICHARD III. AND HENRY VII. Vols. I. and II. *Edited by* JAMES GAIRDNER, Esq. 1861–1863.

25. LETTERS OF BISHOP GROSSETESTE, illustrative of the Social Condition of his Time. *Edited by* HENRY RICHARDS LUARD, M.A., Fellow and Assistant Tutor of Trinity College, Cambridge. 1861.

26. DESCRIPTIVE CATALOGUE OF MANUSCRIPTS RELATING TO THE HISTORY OF GREAT BRITAIN AND IRELAND. Vol. I. (in Two Parts) ; Anterior to the Norman Invasion. *By* THOMAS DUFFUS HARDY, Esq., Deputy Keeper of the Public Records. 1862.

27. ROYAL AND OTHER HISTORICAL LETTERS ILLUSTRATIVE OF THE REIGN OF HENRY III. From the Originals in the Public Record Office. Vol. I., 1216–1235. *Selected and edited by* the Rev. W. W. SHIRLEY, Tutor and late Fellow of Wadham College, Oxford. 1862.

28. CHRONICA MONASTERII S. ALBANI.—1. THOMÆ WALSINGHAM HISTORIA ANGLICANA ; Vol. I., 1272–1381 : Vol. II., 1381–1422. 2. WILLELMI RISHANGER CHRONICA ET ANNALES, 1259–1307. *Edited by* HENRY THOMAS RILEY, Esq., M.A., of Corpus Christi College, Cambridge, and of the Inner Temple, Barrister-at-Law. 1863–1865.

29. CHRONICON ABBATIÆ EVESHAMENSIS, AUCTORIBUS DOMINICO PRIORE EVESHAMIÆ ET THOMA DE MARLEBERGE ABBATE, A FUNDATIONE AD ANNUM 1213, UNA CUM CONTINUATIONE AD ANNUM 1418. *Edited by* the Rev. W. D. MACRAY, M.A., Bodleian Library, Oxford. 1863.

30. RICARDI DE CIRENCESTRIA SPECULUM HISTORIALE DE GESTIS REGUM ANGLIÆ. Vol. I., 447–871. *Edited by* JOHN E. B. MAYOR, M.A., Fellow and Assistant Tutor of St. John's College, Cambridge. 1863.

31. YEAR BOOKS OF THE REIGN OF EDWARD THE FIRST. Years 30-31, and 32-33. *Edited and translated by* ALFRED JOHN HORWOOD, Esq., of the Middle Temple, Barrister-at-Law. 1863-1864.

32. NARRATIVES OF THE EXPULSION OF THE ENGLISH FROM NORMANDY, 1449-1450.—Robertus Blondelli de Reductione Normanniæ: Le Recouvrement de Normendie, par Berry, Herault du Roy: Conferences between the Ambassadors of France and England. *Edited, from MSS. in the Imperial Library at Paris, by* the Rev. JOSEPH STEVENSON, M.A., of University College, Durham. 1863.

33. HISTORIA ET CARTULARIUM MONASTERII S. PETRI GLOUCESTRIÆ. Vol. I. *Edited by* W. H. HART, Esq., F.S.A.; Membre correspondant de la Société des Antiquaires de Normandie. 1863.

34. ALEXANDRI NECKAM DE NATURIS RERUM LIBRI DUO; with NECKAM'S POEM, DE LAUDIBUS DIVINÆ SAPIENTIÆ. *Edited by* THOMAS WRIGHT, Esq., M.A. 1863.

35. LEECHDOMS, WORTCUNNING, AND STARCRAFT OF EARLY ENGLAND; being a Collection of Documents illustrating the History of Science in this Country before the Norman Conquest. Vols. I. and II. *Collected and edited by* the Rev. T. OSWALD COCKAYNE, M.A., of St. John's College, Cambridge. 1864-1865.

36. ANNALES MONASTICI. Vol. I.:—Annales de Margan, 1066-1232; Annales de Theokesberia,1066-1263; Annales de Burton, 1004-1263. Vol. II.:—Annales Monasterii de Wintonia, 519-1277; Annales Monasterii de Waverleia, 1-1291. *Edited by* HENRY RICHARDS LUARD, M.A., Fellow and Assistant Tutor of Trinity College, and Registrary of the University, Cambridge. 1864-1865.

37. MAGNA VITA S. HUGONIS EPISCOPI LINCOLNIENSIS. From Manuscripts in the Bodleian Library, Oxford, and the Imperial Library, Paris. *Edited by* the Rev. JAMES F. DIMOCK, M.A., Rector of Barnburgh, Yorkshire. 1864.

38. CHRONICLES AND MEMORIALS OF THE REIGN OF RICHARD THE FIRST. Vol. I. ITINERARIUM PEREGRINORUM ET GESTA REGIS RICARDI. *Edited by* WILLIAM STUBBS, M.A., Vicar of Navestock, Essex, and Lambeth Librarian. 1864.

39. RECUEIL DES CRONIQUES ET ANCHIENNES ISTORIES DE LA GRANT BRETAIGNE A PRESENT NOMME ENGLETERRE, par JEHAN DE WAURIN. From Albina to 688. *Edited by* WILLIAM HARDY, Esq., F.S.A. 1864.

40. A COLLECTION OF THE CHRONICLES AND ANCIENT HISTORIES OF GREAT BRITAIN, NOW CALLED ENGLAND, by JOHN DE WAVRIN. From Albina to 688. (Translation of the preceding.) *Edited and translated by* WILLIAM HARDY, Esq., F.S.A. 1864.

41. POLYCHRONICON RANULPHI HIGDEN, with Trevisa's Translation. Vol. I. *Edited by* CHURCHILL BABINGTON, B.D., Senior Fellow of St. John's College, Cambridge. 1865.

In the Press.

LE LIVERE DE REIS DE BRITTANIE. *Edited by* J. GLOVER, M.A., Vicar of Brading, Isle of Wight.

THE WARS OF THE DANES IN IRELAND: written in the Irish language. *Edited by* the Rev. J. H. TODD, D.D., Librarian of the University of Dublin.

A COLLECTION OF SAGAS AND OTHER HISTORICAL DOCUMENTS relating to the Settlements and Descents of the Northmen on the British Isles. *Edited by* GEORGE W. DASENT, Esq., D.C.L. Oxon.

OFFICIAL CORRESPONDENCE OF THOMAS BEKYNTON, SECRETARY TO HENRY VI., with other LETTERS and DOCUMENTS. *Edited by* the Rev. GEORGE WILLIAMS, B.D., Senior Fellow of King's College, Cambridge.

ROYAL AND OTHER HISTORICAL LETTERS ILLUSTRATIVE OF THE REIGN OF HENRY III. From the Originals in the Public Record Office. Vol. II. Selected and edited by the Rev. W. W. SHIRLEY, D.D., Regius Professor in Ecclesiastical History, and Canon of Christ Church, Oxford.

ORIGINAL DOCUMENTS ILLUSTRATIVE OF ACADEMICAL AND CLERICAL LIFE AND STUDIES AT OXFORD BETWEEN THE REIGNS OF HENRY III. AND HENRY VII. *Edited by* the Rev. HENRY ANSTEY, M.A.

ROLL OF THE PRIVY COUNCIL OF IRELAND, 16 RICHARD II. *Edited by* the Rev. JAMES GRAVES, A.B., Treasurer of St. Canice, Ireland.

RICARDI DE CIRENCESTRIA SPECULUM HISTORIALE DE GESTIS REGUM ANGLIÆ. Vol. II., 872-1066. *Edited by* JOHN E. B. MAYOR, M.A., Fellow and Assistant Tutor of St. John's College, and Librarian of the University, Cambridge.

THE WORKS OF GIRALDUS CAMBRENSIS. Vol. IV. *Edited by* J. S. BREWER, M.A., Professor of English Literature, King's College, London.

HISTORIA ET CARTULARIUM MONASTERII S. PETRI GLOUCESTRIÆ. Vol. II. *Edited by* W. H. HART, Esq., F.S.A.; Membre correspondant de la Société des Antiquaires de Normandie.

HISTORIA MINOR MATTHÆI PARIS. *Edited by* Sir FREDERICK MADDEN, K.H., Keeper of the Department of Manuscripts, British Museum.

CHRONICON RADULPHI ABBATIS COGGESHALENSIS MAJUS; and, CHRONICON TERRÆ SANCTÆ ET DE CAPTIS A SALADINO HIEROSOLYMIS. *Edited by* the Rev. JOSEPH STEVENSON, M.A., of University College, Durham.

CHRONICLES AND MEMORIALS OF THE REIGN OF RICHARD THE FIRST. Vol. II. *Edited by* WILLIAM STUBBS, M.A., Vicar of Navestock, Essex, and Lambeth Librarian.

YEAR BOOKS OF THE REIGN OF EDWARD THE FIRST. 20th, 21st, and 22nd Years. *Edited and translated by* ALFRED JOHN HORWOOD, Esq., of the Middle Temple, Barrister-at-Law.

RECUEIL DES CRONIQUES ET ANCHIENNES ISTORIES DE LA GRANT BRETAIGNE A PRESENT NOMME ENGLETERRE, par JEHAN DE WAURIN (continued). *Edited by* WILLIAM HARDY, Esq., F.S.A.

CHRONICA MONASTERII DE MELSA, AB ANNO 1150 USQUE AD ANNUM 1400. *Edited by* EDWARD AUGUSTUS BOND, Esq., Assistant Keeper of the Department of Manuscripts, and Egerton Librarian, British Museum.

POLYCHRONICON RANULPHI HIGDEN, with Trevisa's Translation. Vol. II. *Edited by* CHURCHILL BABINGTON, B.D., Senior Fellow of St. John's College, Cambridge.

ITER BRITANNIARUM : THE PORTION OF THE ANTONINE ITINERARY OF THE ROMAN EMPIRE RELATING TO GREAT BRITAIN. *Edited by* WILLIAM HENRY BLACK, Esq., F.S.A.

DESCRIPTIVE CATALOGUE OF MANUSCRIPTS RELATING TO THE HISTORY OF GREAT BRITAIN AND IRELAND. Vol. II. 1066–1200. *By* THOMAS DUFFUS HARDY, Esq., Deputy Keeper of the Public Records.

In Progress.

DOCUMENTS RELATING TO ENGLAND AND SCOTLAND, FROM THE NORTHERN REGISTERS. *Edited by* the Rev. JAMES RAINE, M.A., of Durham University.

WILLELMI MALMESBIRIENSIS DE GESTIS PONTIFICUM ANGLORUM, LIBRI V. *Edited by* N. E. S. A. HAMILTON, Esq., of the Department of Manuscripts, British Museum.

ANNALES MONASTICI. Vol. III. *Edited by* HENRY RICHARDS LUARD, M.A., Fellow and Assistant Tutor of Trinity College, and Registrary of the University, Cambridge.

CHRONICA MONASTERII S. ALBANI.— S. JOHANNIS DE TROKELOWE. CHRONICA ET ANNALES. *Edited by* HENRY THOMAS RILEY, Esq., M.A., of Corpus Christi College, Cambridge, and of the Inner Temple, Barrister-at-Law.

CHRONIQUE DE PIERRE DE LANGTOFT. *Edited by* THOMAS WRIGHT, Esq., M.A.

CHRONICLE OF ROBERT OF BRUNNE. *Edited by* FREDERICK JAMES FURNIVALL, Esq., Barrister-at-Law.

LIBER DE HYDA. *Edited by* EDWARD EDWARDS, Esq.

CHRONICLE ATTRIBUTED TO BENEDICT, ABBOT OF PETERBOROUGH. *Edited by* WILLIAM STUBBS, M.A., Vicar of Navestock, Essex, and Lambeth Librarian.

CHRONIÇON SCOTORUM: A CHRONICLE OF IRISH AFFAIRS, from the EARLIEST TIMES to 1135. *Edited and translated by* W. MAUNSELL HENNESSY, Esq., M.R.I.A.

April 1865.

www.ingramcontent.com/pod-product-compliance
Lightning Source LLC
Chambersburg PA
CBHW021223300426
44111CB00007B/406